Korndörfer · Allgemeine Betriebswirtschaftslehre

Prof. Dr. Wolfgang Korndörfer

Allgemeine Betriebswirtschaftslehre

- Aufbau
- Ablauf
- Führung
- Leitung

6., verbesserte Auflage

CIP-Kurztitelaufnahme der Deutschen Bibliothek

Korndörfer, Wolfgang:
Allgemeine Betriebswirtschaftslehre: Aufbau,
Ablauf, Führung, Leitung / Wolfgang Korndörfer. —
6., verb. Aufl. — Wiesbaden: Gabler, 1985
    ISBN 3-409-32050-4

5. Auflage 1983
6. Auflage 1985
© Betriebswirtschaftlicher Verlag Dr. Th. Gabler GmbH, Wiesbaden 1985
Druck und Buchbinderei: Wilhelm & Adam, Heusenstamm
Alle Rechte vorbehalten. Auch die fotomechanische Vervielfältigung des Werkes (Fotokopie, Mikrokopie)
oder von Teilen daraus bedarf der vorherigen Zustimmung des Verlages.
Printed in Germany

ISBN 3 409 32050 4

Vorwort

Die „Allgemeine Betriebswirtschaftslehre" — geht man von der Bezeichnung des Faches aus — ist die Lehre vom „allgemeinen" Wirtschaftsbetrieb schlechthin, dessen Erscheinungen und Probleme sie zu *beschreiben* und zu *erklären* und für den sie *praktische Entscheidungshilfen* bereitzustellen hat. Da es den „allgemeinen" Wirtschaftsbetrieb in der Praxis jedoch nicht gibt, orientiert man sich in der betriebswirtschaftlichen Literatur meist am Industriebetrieb, da hier noch am ehesten alle betrieblichen Funktionsbereiche mehr oder weniger intensiv angesprochen werden. Sehr viele Abhandlungen zur „Allgemeinen Betriebswirtschaftslehre" haben deshalb den Charakter von sog. „Industriebetriebslehren" mit besonderer Betonung der Zusammenhänge im Produktionsbereich. Auch bei der vorliegenden Untersuchung steht der Industriebetrieb im Mittelpunkt. Es soll allerdings versucht werden, alle betrieblichen Bereiche mit annähernd gleichem Gewicht darzustellen. Dabei läßt es sich jedoch nicht vermeiden, daß entsprechend dem jeweils behandelten Bereich dessen natürliche Beziehungen zur korrespondierenden Wirtschaftszweiglehre (z. B. Finanzbereich = Bankbetriebslehre, Material- und Produktionsbereich = Industriebetriebslehre, Absatzbereich = Handelsbetriebslehre) stärker betont werden. Daß dabei die in den betrieblichen Teilbereichen zu fällenden Einzelentscheidungen nicht alle behandelt werden können liegt in der Natur der Sache. Wir haben jedoch versucht, die für die einzelnen Bereiche jeweils typischen Entscheidungen aufzuzeigen.

Im Rahmen der vorliegenden „Allgemeinen Betriebswirtschaftslehre" soll der Leser mit dem gesicherten Wissen einer modernen Betriebswirtschaftslehre vertraut gemacht werden. Dabei spielt die betriebswirtschaftliche Theorie nur insoweit eine Rolle, als sie erforderlich ist, um bestimmte Zusammenhänge in der Unternehmenssphäre erkennbar und überschaubar zu machen. Im Mittelpunkt steht vielmehr die Betriebswirtschaftslehre als eine *angewandte Wissenschaft*.

Die Gliederung der vorliegenden Abhandlung orientiert sich im großen und ganzen an der Einteilung der Betriebswirtschaftslehre nach Grundfunktionen. Dabei wird versucht, die einzelnen betrieblichen Teilbereiche nicht nur zu beschreiben, sondern sie an Hand typischer Entscheidungen in ihrem Ablauf zu charakterisieren. Der Darstellung dieses zentralen Kapitels der Abhandlung vorangestellt wird eine Einführung in wichtige Zusammenhänge, Grundtatbestände und Begriffe, deren exakte begriffliche Fassung, Abgrenzung und verständnisvolle Aufnahme seitens des Lesers wichtige Voraussetzungen für ein fruchtbares Arbeiten bilden. Außerdem wird zu Beginn der Untersuchung der Aufbau der Unternehmung eingehend behandelt Die Betriebswirtschaftslehre als Unternehmungsführungslehre rundet die Abhandlung ab. Dabei wird versucht, dem Erkenntnisstand der modernen Betriebswirtschaftslehre Rechnung zu tragen und eine Lehre von der Führung und Leitung der Unternehmen zu entwickeln, in der u. a. auch Planspiele, Fallstudien und Rollenspiele als Simulationsinstrumente des unternehmerischen Entscheidungsprozesses Erwähnung finden.

Wolfgang Korndörfer

Vorwort zur 6. Auflage

Gegenüber der in allen Abschnitten vollständig überarbeiteten und erweiterten vierten Auflage sind in der vorliegenden Auflage nur wenige Änderungen vorgenommen worden. Neben der Korrektur von Fehlern und Unklarheiten sind die Literaturhinweise auf den neuesten Stand gebracht worden.

Für wertvolle Anregungen zur Verbesserung von Inhalt und Darstellung, die in allen bisherigen Auflagen ihren Niederschlag gefunden haben, darf ich mich bei Lesern, Studenten und Kollegen recht herzlich bedanken.

Wolfgang Korndörfer

Inhaltsverzeichnis

Erster Teil: Einführung in die Betriebswirtschaftslehre 21

A. Der Betrieb als Gegenstand der Gesamtwirtschaft 23
   I. Wesen und Aufgaben des Wirtschaftens 23
   II. Die Träger der Wirtschaft 24
      1. Betriebe und Haushaltungen als Träger der Volkswirtschaft 24
      2. Die Gliederung der Betriebe (Betriebstypologie) 25
         a) Sachleistungs- und Dienstleistungsbetriebe 25
         b) Sonstige Gliederungsgesichtspunkte 27
            ba) Die Betriebsgröße als Gliederungsgesichtspunkt 27
            bb) Der Standort als Gliederungsgesichtspunkt 28
            bc) Gliederungsgesichtspunkte, die in der Regel nur
                für Sachleistungsbetriebe von Bedeutung sind 28
      3. Der Einfluß des Staates auf die Wirtschaft
         und ihre Betriebe. 29
      4. Die Bedeutung der Wirtschaftsordnung für die Träger
         der Wirtschaft. 30

B. Betrieb und Unternehmung als Objekt der Betriebswirtschaftslehre 32
   I. Betrieb und Unternehmung. 32
   II. Die Betriebswirtschaftslehre als Lehre von der Unternehmung 34
      1. Die Bedeutung der Betriebswirtschaftslehre für die Praxis 34
      2. Gegenstand und Gliederung der Betriebswirtschaftslehre. 35
         a) Das Erkenntnisobjekt der Betriebswirtschaftslehre. 35
         b) Die Gliederung der Betriebswirtschaftslehre 36
            ba) Die Gliederung nach Wirtschaftszweigen 36
                (1) Die allgemeine Betriebswirtschaftslehre 36
                (2) Die spezielle Betriebswirtschaftslehre 37
            bb) Die Gliederung nach Funktionen 37
         c) Betriebswirtschaftslehre und benachbarte Wissenschaften 38
            ca) Volkswirtschaftslehre. 38
            cb) Betriebs- und Arbeitswissenschaft. 38
            cc) Arbeitsphysiologie, Betriebspsychologie und
                Betriebssoziologie 39
            cd) Wirtschaftsrecht 39

III.	Einrichtungen der betriebswirtschaftlichen Ausbildung und Forschung	40
IV.	Geschichte der Betriebswirtschaftslehre	41
V.	Literaturhinweise	43

C. Der betriebswirtschaftliche Umsatzprozeß: Darstellung und Klärung betriebswirtschaftlicher Grundbegriffe. 45
    I. Abgrenzung des betriebswirtschaftlichen vom gesamtwirtschaftlichen Umsatzprozeß (Wirtschaftsprozeß) 45
    II. Der betriebswirtschaftliche (betriebliche) Umsatzprozeß. 47
        1. Vermögen und Kapital als Träger des (güter- und finanzwirtschaftlichen) Umsatzprozesses 47
        2. Die kinetischen Werte des betriebswirtschaftlichen Umsatzprozesses: Ausgaben – Aufwand – Kosten; Einnahmen – Ertrag – Leistung. 49
        3. Die Bestimmungsgrößen des finanzwirtschaftlichen Umsatzprozesses: Liquidität und Rentabilität. 53
            a) Die Liquidität. 54
            b) Die Rentabilität 57
            c) Vergleich von Rentabilität und Liquidität 59
        4. Das ökonomische Prinzip als Maßstab betrieblicher Leistung: Wirtschaftlichkeit, Produktivität und Rentabilität. 59
    III. Literaturhinweise 61

Zweiter Teil: *Der Aufbau der Unternehmung* 63

A. Leistungsfaktoren und Faktorkombinationen 65
    I. Die betrieblichen Leistungsfaktoren 65
        1. Die menschliche Arbeit als Leistungsfaktor. 66
        2. Die Betriebsmittel als Leistungsfaktor 68
            a) Grundstücke. 68
            b) Gebäude 69
            c) Maschinen und maschinelle Anlagen 69
            d) Das betriebliche Förderwesen 71
        3. Die Werkstoffe als Leistungsfaktor 71
        4. Der dispositive Faktor als Leistungsfaktor 72
    II. Die optimale Kombination der betrieblichen Leistungsfaktoren 75
    III. Literaturhinweise 76

B. Rechtsformen. 77
   I. Die Bedeutung der Rechtsform für unternehmerische Entscheidungen . . 77
  II. Die einzelnen Grundtypen und spezielle Mischformen 78
      1. Die Einzelunternehmung. 78
      2. Die Personengesellschaften 80
         a) Die Offene Handelsgesellschaft (OHG). 80
         b) Die Kommanditgesellschaft (KG) 82
         c) Die stille Gesellschaft 84
         d) Die Gesellschaft des bürgerlichen Rechts
            (BGB-Gesellschaft) 85
      3. Die Kapitalgesellschaften 86
         a) Die Aktiengesellschaft (AG) 86
            aa) Entstehung, Geschichte, Herkunft 86
            ab) Gründung und Kapitalbeschaffung 87
            ac) Die Organe der Aktiengesellschaft 90
                (1) Der Vorstand 90
                (2) Der Aufsichtsrat 91
                (3) Die Hauptversammlung. 93
            ad) Die Rechnungslegung der Aktiengesellschaft. 94
            ae) Die Bedeutung der Aktiengesellschaft 95
            af) (Wirtschaftliche) Sonderformen der Aktien-
               gesellschaft. 95
         b) Die Kommanditgesellschaft auf Aktien (KGaA). 96
         c) Die Gesellschaft mit beschränkter Haftung (GmbH). 98
            ca) Begriff und Wesen 99
            cb) Pflichten und Rechte der Gesellschafter. 100
            cc) Die Organe der Gesellschaft mit beschränkter Haftung . . . 100
                (1) Der Geschäftsführer 101
                (2) Die Gesellschafterversammlung 101
                (3) Der Aufsichtsrat 102
            cd) Vergleich von GmbH und AG 102
            ce) Exkurs: Die „Einmann-GmbH" 103
         d) Übersicht über AG und GmbH 104
         e) Sonstige Kapitalgesellschaften (besondere Gesell-
            schaftsformen) 105
            ea) Die bergrechtliche Gewerkschaft 105
            eb) Der Versicherungsverein auf Gegenseitigkeit (VVaG) 106
      4. Die GmbH und Co. als Beispiel für eine Grundtypenmischung
         von Rechtsformen 107
      5. Die Doppelgesellschaften 109
         a) Trennung in Besitz- und Betriebs-Kapitalgesellschaft
            (Produktionsgesellschaft) 109
         b) Trennung in Betriebs- und Vertriebsgesellschaft. 112
      6. Die Genossenschaft 112
         a) Historischer Überblick 112

		b)	Begriff und Wesen	113
		c)	Errichtung	113
		d)	Mitgliedschaft, Geschäftsanteil und Haftung	114
		e)	Die Organe der Genossenschaft	115
			ea) Der Vorstand	115
			eb) Der Aufsichtsrat	115
			ec) Die Generalversammlung	115
		f)	Rechnungslegung und Prüfung	116
		g)	Arten der Genossenschaften	116
		h)	Bedeutung der Genossenschaften	117
	7.	Die öffentlichen Betriebe		118
		a)	Unterscheidung nach betriebswirtschaftlichen Gesichtspunkten	118
			aa) Reine Erwerbsbetriebe	118
			ab) Betriebe, die nach dem Kostendeckungsprinzip ausgerichtet sind	119
			ac) Zuschußbetriebe	119
		b)	Unterscheidung nach rechtlichen Gesichtspunkten	119
III.	Literaturhinweise			121

C. Unternehmenszusammenschlüsse ... 123
   I. Wachstum, Unternehmenszusammenschluß und Konzentration ... 123
   II. Zweck und Arten der Untenehmenszusammenschlüsse ... 124
   III. Die einzelnen Formen der Unternehmenszusammenschlüsse ... 126

	1.	Vorübergehende Zusammenschlüsse		126
		a)	Die Partizipation oder das Metageschäft	126
		b)	Das Konsortium	127
	2.	Dauernde Zusammenschlüsse		128
		a)	Kartelle	128
			aa) Begriff und Arten	128
			(1) Konditionenkartell	129
			(2) Submissionskartell	129
			(3) Preiskartell	129
			(4) Normungs- und Typungskartell	130
			(5) Rationalisierungskartell	130
			(6) Strukturkrisenkartell	130
			(7) Exportkartell	131
			(8) Importkartell	131
			(9) Syndikat	131
			(10) Ministerkartell	131
			ab) Rechtliche Regelung: Die deutsche Kartellgesetzgebung im Vergleich zum Ausland	132
			(1) Der Werdegang des Kartellrechts in Deutschland	132
			(2) Das deutsche Kartellgesetz im Vergleich zum Ausland	133

		Exkurs: Vertikale Wettbewerbsbeschränkungen, besonders „Preisbindung der zweiten Hand"	136
		b) Konzerne	136
		c) Die Interessengemeinschaft (IG)	138
		d) Der Trust	139
	IV.	Gesamtwirtschaftliche und betriebswirtschaftliche Würdigung von Unternehmenszusammenschlüssen	140
	V.	Literaturhinweise	141
D.	Der Standort der Unternehmung		142
	I.	Begriff und Wesen des Standortes	142
	II.	Allgemeine Betrachtung zur Bestimmung des Standortes	143
	III.	Die wichtigsten Standort-Bestimmungsfaktoren	144
		1. Das Fertigungsmaterial als Standortfaktor	144
		2. Die Arbeitskraft als Standortfaktor	146
		3. Die Abgaben als Standortfaktor	146
		4. Die Energie als Standortfaktor	147
		5. Der Verkehr als Standortfaktor	147
		6. Der Absatz als Standortfaktor	148
		7. Sonstige Standortfaktoren	149
	IV.	Die Ermittlung des optimalen Standortes	150
	V.	Literaturhinweise	153

Dritter Teil: Die Teilbereiche der Unternehmung und ihre Koordination 155

A.	Allgemeiner Überblick über die Teilbereiche der Unternehmung		157
B.	Der Personalbereich der Unternehmung (Personalwirtschaft)		158
	I.	Die menschliche Arbeit als Produktionsfaktor	158
	II.	Personalplanung und Personalbeschaffung	160
		1. Die Bestimmung des Personalbedarfs	160
		a) Quantitative Bestimmung des Personalbedarfs	161
		b) Qualitative Bestimmung des Personalbedarfs	164
		2. Die Beschaffung von Arbeitskräften	165
		3. Die Bestimmungsfaktoren bei der Auslese von Arbeitskräften (Eignungsanalyse)	167
	III.	Der Lohn und die Arbeitsleistung	172
		1. Lohnhöhe und Lohngerechtigkeit	172

		2.	Arbeitsleistung und Leistungsbedingungen	173

- 2. Arbeitsleistung und Leistungsbedingungen 173
  - a) Methoden der Arbeitsgestaltung 174
    - aa) Gestaltung der Arbeitsverfahren 174
    - ab) Gestaltung des Arbeitsplatzes bzw. des Werkraumes 174
    - ac) Gestaltung der Arbeitszeit bzw. Arbeitspausen 175
  - b) Methoden der Arbeitsbewertung 176
    - ba) Die summarische Methode 176
    - bb) Die analytische Methode 177
    - bc) Auswertung 180
  - c) Methoden der Leistungsbewertung 180
- 3. Der Arbeitslohn und seine Formen 182
  - a) Der Zeitlohn 182
  - b) Der Akkordlohn 183
  - c) Der Prämienlohn 185

IV. Betriebliche Sozialpolitik 186
  1. Begriff und Wesen 186
  2. Arten und Bedeutung der betrieblichen Sozialleistungen 187
  3. Die betriebliche Altersversorgung 188
  4. Gewinnbeteiligung und Miteigentum der Arbeitnehmer 192

V. Arbeitsordnung und Betriebsverfassung 194
VI. Literaturhinweise 196

C. Der Beschaffungs- und Lagerbereich der Unternehmung
   (Beschaffungs- und Lagerwirtschaft) 197
  I. Beschaffung und Beschaffungsplanung 197
    1. Begriff und Wesen der Beschaffung 197
    2. Bedarfsplanung und Beschaffungsplanung 198
    3. Der Ablauf der Beschaffung 200
      - a) Die Vorbereitung der Beschaffung 200
        - aa) Bedarf und Bestellung 200
        - ab) Anfrage und Angebotsanalyse 201
      - b) Die Abwicklung des Beschaffungsvorganges 201
        - ba) Die Bestellung 201
        - bb) Die optimale Bestellmenge 202
      - c) Terminüberwachung und Lieferung 205
    4. Kontrolle und Statistik im Beschaffungsbereich 205
  II. Lagerhaltung und Lagerplanung 206
    1. Begriff und Wesen der Lagerhaltung 206
    2. Arten und Aufgaben der Läger im Industriebetrieb 207
    3. Lagerplanung und Lagerpolitik 209
  III. Optimale Beschaffungs- und Lagerpolitik 212
  IV. Literaturhinweise 213

D. Der Produktionsbereich der Unternehmung (Produktionswirtschaft) 214
   I. Begriff und Wesen der Produktion: Abgrenzung der
       Sachleistung von der Dienstleistung. 214
   II. Inhalt und Aufgabe der Produktionswirtschaft —
       dargestellt am Sachleistungsbetrieb 215
       1. Programmplanung und Vollzugsplanung als wichtigste
          Phasen des Produktionsprozesses 215
       2. Die Planung des Produktionsprogramms als
          Ausgangspunkt des Produktionsprozesses 215
          a) Die Bestimmungsfaktoren des Produktionsprogramms 215
          b) Überlegungen bei der Aufnahme eines neuen Produktes
             in das Produktionsprogramm 218
          c) Die Bestimmung des optimalen Produktionsprogramms:
             Lösungsversuch mit Hilfe eines einfachen „linearen
             Programmierungs-Ansatzes" 222
       3. Die Vorbereitung des Produktionsprozesses
          (Bereitstellungsplanung) 228
          a) Die Planung von Betriebsmitteln, Arbeitsplätzen
             und Werkstoffen 228
          b) Die Planung der Fertigungsverfahren 230
          c) Exkurs: Die optimale Losgröße 233
       4. Der Ablauf des Produktionsprozesses (Ablaufplanung) 235
          a) Aufgaben und Probleme einer Ablaufplanung 235
          b) Ablaufplanung und Terminplanung: Lösungsansätze
             mit Hilfe des „Balken-Diagramms" und der
             „Netzplantechnik" 237
   III. Produktions- und Kostentheorie 240
       1. Die Aufgaben einer Produktions- und Kostentheorie 240
       2. Die Produktionsfunktionen als Grundlage einer
          Produktionstheorie 241
          a) Die Produktionsfunktion auf der Grundlage des
             Ertragsgesetzes 241
             aa) Inhalt und Darstellung des Ertragsgesetzes 241
             ab) Die Minimalkostenkombination 243
             ac) Die Gültigkeit des Ertragsgesetzes im industriellen Bereich 243
          b) Die Produktionsfunktion auf der Grundlage von
             Verbrauchsfunktionen 244
       3. Die Beziehung zwischen Produktions- und Kostentheorie 245
          a) Die aus dem Ertragsgesetz abgeleiteten Kostenverläufe 245
          b) Die aus Verbrauchsfunktionen abgeleiteten Kostenverläufe . . . 247
       4. Sonderfragen der Kostentheorie 247
          a) Kosteneinflußfaktoren und Kostentheorie 247
             aa) Der Einfluß von Faktorpreisen und Faktorqualitäten 248
             ab) Der Einfluß von Beschäftigungsänderungen auf die
                Kostenstruktur 248

	(1) Die fixen Kosten	249
	(2) Die proportionalen Kosten	250
	(3) Die progressiven Kosten	250
	(4) Die degressiven Kosten	250
	(5) Die regressiven Kosten	251
	ac) Der Einfluß der Betriebsgröße auf die Kostenstruktur	251
	ad) Der Einfluß des Produktionsprogramms auf die Kostenstruktur	251
	b) Betriebliche Anpassungsmöglichkeiten und Kostenstruktur	252
	c) Exkurs: Die Kostenremanenz	253
	d) Die sog. sechs kritischen Kostenpunkte	254
IV.	Literaturhinweise	256

E. Der Investitions- und Finanzbereich der Unternehmung (Investitions- und Finanzwirtschaft) 257
   I. Die Investitionswirtschaft der Unternehmung 257
      1. Begriff und Wesen der Investition 257
      2. Die Aufgabe der Investitionswirtschaft 257
      3. Investitionsarten (Investitionsanlässe) 258
      4. Investitionsplanung und Investitionspolitik 260
         a) Wesen und Inhalt der Investitionsplanung 260
         b) Investitionsplanung und Investitionsentscheidung 261
            ba) Die Methoden der Investitionsrechnung 262
               (1) Hilfsverfahren der Praxis („statische" Verfahren) 262
               (2) (Finanz-)mathematische Methoden der Investitionsrechnung („dynamische" Verfahren) 265
            bb) Die Bedeutung der Imponderabilien bei der Investitionsentscheidung 272
   II. Die Finanzwirtschaft der Unternehmung 272
      1. Begriff und Wesen der Finanzierung 272
      2. Die Aufgabe der Finanzwirtschaft 273
      3. Finanzierungsarten (Finanzierungsanlässe) 274
      4. Die Beschaffung von „disponiblem" Geldkapital 277
         a) Die Beteiligungsfinanzierung („externe Eigenfinanzierung") 277
            aa) Die Beteiligungsfinanzierung personenbezogener Unternehmen 277
            ab) Die Beteiligungsfinanzierung börsenfähiger Publikumsgesellschaften 279
         b) Die Kreditfinanzierung („externe Fremdfinanzierung") 284
            ba) Die langfristige Kreditfinanzierung 284
               (1) Wesen und Probleme langfristiger Kreditfinanzierung 284

(2) Möglichkeiten einer langfristigen Kredit-
finanzierung für Klein- und Mittelbetriebe 285
(3) Die langfristige Kreditfinanzierung von Großunternehmen 287
– Die Finanzierung mit Effekten. 287
– Die Finanzierung ohne Effekten: Die
Finanzierung mit Schuldscheindarlehen 290
– Die Finanzierung durch langfristige
Lieferantenkredite 292
bb) Die kurzfristige Kreditfinanzierung 293
(1) Der Lieferantenkredit 293
(2) Der Kundenkredit 293
(3) Die kurzfristigen Bankkredite 293
– Der Kontokorrentkredit 294
– Der Diskontkredit 294
– Der Akzeptkredit 294
– Der Lombardkredit 295
– Der Avalkredit 295
bc) Exkurs: Die Außenhandelsfinanzierung 295
(1) Der Rembourskredit 296
(2) Der Negoziationskredit 296
(3) Der Privatdiskontkredit 297
(4) Die langfristige Außenhandelsfinanzierung: Exportfinanzierung „à forfait" 297
c) Die interne Finanzierung 298
ca) Die Finanzierung aus einbehaltenem Gewinn
(Selbstfinanzierung) 298
cb) Die Finanzierung aus Abschreibungserlösen 300
cc) Die Finanzierung aus langfristigen Rückstellungen 304
cd) Die Finanzierung durch Vermögensumschichtung
im engeren Sinne 305
d) Betriebswirtschaftliche Beurteilung der Finanzierungs-
quellen 305
e) Exkurs: Finanzierungsähnliche Vorgänge: Leasing und
Factoring 308
ea) Leasing 308
eb) Factoring 312
5. Die Finanzierungsregeln und ihre Bedeutung für das finanzielle
Gleichgewicht der Unternehmung 314
a) Vertikale Proportionsregeln (Kapitalstrukturregeln) 315
b) Horizontale Proportionsregeln (Bindungsregeln) 316
ba) Die sogenannte goldene Finanzierungsregel 316
bb) Die sogenannte goldene Bilanzregel 316
bc) Liquiditätsregeln 317
bd) Prinzip der Wertgleichheit in der Bilanz 317

		6.	Die Finanzplanung und -kontrolle als Instrumente zur Erhaltung der Zahlungsbereitschaft und des finanziellen Gleichgewichtes.	318
	III.		Beziehungen und Abstimmung zwischen Investitions- und Finanzbereich.	321
	IV.		Literaturhinweise	322

F. Der Absatzbereich der Unternehmung (Absatzwirtschaft) 324
   I. Begriffliche Klarstellung und Wesen des Absatzes. 324
   II. Absatzpolitik und Absatzentscheidung 327
   III. Der Ablauf des Absatzprozesses............................ 328
      1. Beschaffung und Bereitstellung von Informationen 328
      2. Absatzplanung und Planungsprozeß 330
         a) Absatzmengen- oder Umsatzplanung................. 331
         b) Aktionsprogrammplanung......................... 332
            ba) Die Planung der absatzpolitischen Maßnahmen 332
                (1) Arten und Systematik der absatzpolitischen Maßnahmen. 332
                (2) Entscheidungen und Probleme bei der Planung der einzelnen absatzpolitischen Mittel 333
                   — Entscheidungen im Bereich der Produkt- und der Programm- oder Sortimentspolitik. 333
                   — Entscheidungen in bezug auf die räumlichen Absatzbereiche und die Abnehmergruppen. 335
                   — Entscheidungen über Absatzwege und Verkaufsorganisation. 336
                   — Entscheidungen im Bereich der betrieblichen Preispolitik. 337
                   — Entscheidungen im Bereich der Werbepolitik und der Verkaufsförderung 342
                   — Entscheidungen im Bereich der Servicepolitik. 345
                   — Entscheidungen im Bereich der Zahlungs- und Lieferungsbedingungen. 345
            bb) Die Abstimmung der absatzpolitischen Mittel und ihre Koordination im „Marketing-Mix". 346
         c) Die Bestimmung der voraussichtlich anfallenden Vertriebskosten (Vertriebskostenplanung). 348
         d) Die Planung der Absatzabwicklung 348
      3. Absatzdurchführung. 348
      4. Absatzkontrolle 349
   IV. Literaturhinweise 351

G. Exkurs: Das Rechnungswesen der Unternehmung 353
   I. Begriffliche Klarstellung und Wesen des betrieblichen
      Rechnungswesens 353
   II. Aufgaben des betrieblichen Rechnungswesens................ 353
   III. Gliederung des betrieblichen Rechnungswesens 355
      1. Übersicht über die herkömmlichen Gliederungsmöglichkeiten
         und ihre Problematik 355
      2. Wesen und Aufgaben der traditionellen Teilbereiche des
         betrieblichen Rechnungswesens 356
         a) Buchführung und Jahresabschluß: Wesen und Aufgaben 356
         b) Kosten- und Leistungsrechnung: Wesen und Aufgaben 357
         c) Betriebsstatistik: Wesen und Aufgaben 359
         d) Planungsrechnungen: Wesen und Aufgaben.............. 359
      3. Neuere Ansätze zur Gliederung des betrieblichen
         Rechnungswesens 360

H. Die Koordination der Teilbereiche der Unternehmung 361

*Vierter Teil: Unternehmensführungslehre und betrieblicher
Entscheidungsprozeß* 363

A. Begriff, Wesen und Abgrenzung der Unternehmensführung 365

B. Entscheidungsprozeß und Unternehmensführung 369
   I. Die Aufgaben der Unternehmensführung als Ausgangspunkt des
      Entscheidungsprozesses 369
   II. Die Stufen des Entscheidungsprozesses 369
   III. Die Instrumente zur Realisierung unternehmerischer Ent-
      scheidungen 370
      1. Der Informationsprozeß als Hilfsmittel der Unternehmens-
         führung 370
         a) Wesen und Arten der Führungsinformationen 370
         b) Die Aufbereitung und Verarbeitung von Führungsinfor-
            mationen 371
            ba) Das Problem der Informationsverarbeitung........... 371
            bb) Die Bedeutung betrieblicher Kennzahlen im Rahmen des
               Informationsprozesses 371
               (1) Begriff und Aufgaben betrieblicher Kennzahlen..... 371
               (2) Arten betrieblicher Kennzahlen 372
         c) Die Bedeutung der Datenverarbeitung im Rahmen des
            betrieblichen Informationsprozesses 374

2. Die Planung als unternehmerisches Prinzip 375
   a) Begriff, Wesen und Aufgaben der Unternehmensplanung 375
   b) Die Stufen der Planung 376
   c) Grundsätze und Prinzipien der Planung 377
      ca) Grundsatz der Vollständigkeit 377
      cb) Grundsatz der Genauigkeit 377
      cc) Grundsatz der Elastizität bzw. der Flexibilität 377
      cd) Grundsatz der Einfachheit und Klarheit 378
      ce) Grundsatz der otpimalen Wirtschaftlichkeit 378
   d) Die Arten der Planung 379
      da) Grob- oder Umrißplanung – Detail – oder
          Feinplanung 379
      db) Starre Planung – elastische Planung 379
      dc) Kurzfristige Planung – langfristige Planung 380
      dd) Gesamtplanung – Teilplanung 381
   e) Optimalplanung mit Hilfe der Methoden des „Operations
      Research" 381
      ea) Historische Entwicklung und Entstehung 381
      eb) Begriff, Wesen und Methodik 382
      ec) Die Bedeutung des „Operations Research" im
          Entscheidungsprozeß 383
      ed) Offene Fragen und Probleme einer Anwendung des
          „Operations Research" 384
3. Die Organisation als Instrument der Unternehmensführung 385
   a) Begriff, Wesen und Aufgaben der Organisation 385
   b) Die Organisation des Aufbaus der Unternehmung 386
      ba) Wesen und Probleme des horizontalen Aufbaus 386
      bb) Wesen und Probleme des vertikalen Aufbaus 387
          (1) Begriff und Aufgaben 387
          (2) Formen des vertikalen Aufbaus 387
   c) Die Prinzipien der Untenrehmensorganisation 392
   d) Die Organisation des Ablaufs der Unternehmung 393
   e) Die Fixierung der Organisation als Hilfsmittel der
      Unternehmensführung 394
4. Die Kontrolle und Revision als Schlußphase des
   unternehmerischen Führungsprozesses 394
   a) Begriff und Aufgabe der Kontrolle 394
   b) Wesen und Bedeutung der Kontrolle auf der Ebene der
      Unternehmensführung 395
      ba) Der Ablauf des Kontrollprozesses 395
      bb) Die Kontrollinformationen im Rahmen des Kontroll-
          prozesses 395
      bc) Die Kontrolle als Schlußglied des Führungsprozesses 396
   c) Die Interne Revision als Instrument der Unternehmens-
      führung 396

		ca) Begriff und Wesen der Internen Revision	396
		cb) Die Mitwirkung der Internen Revision im Rahmen des unternehmerischen Führungsprozesses.	397
	IV.	Der Entscheidungsprozeß unter Unsicherheit	398
		1. Begriff und Wesen der Entscheidung unter Unsicherheit	398
		2. Die Bedeutung von Entscheidungsregeln bei mehrwertigen Erwartungen.	399

C. Möglichkeiten und Wege zur Ausbildung unternehmerischer Führungskräfte. 405
    I.   Das Problem der Ausbildung unternehmerischer Führungskräfte 405
    II.   Möglichkeiten und Methoden zur Ausbildung unternehmerischer Führungskräfte 406
    III. Literaturhinweise 408

Stichwortverzeichnis 411

Erster Teil

Einführung in die Betriebswirtschaftslehre

A. Der Betrieb als Gegenstand der Gesamtwirtschaft

I. Wesen und Aufgaben des Wirtschaftens

Die Betriebswirtschaftslehre beschreibt und erklärt Tatbestände von Betrieben, die unter wirtschaftlichen Aspekten arbeiten. Betriebe sind nicht Selbstzweck, sondern ihnen obliegt eine ganz bestimmte Aufgabe im System der Gesamtwirtschaft. Eine Klarstellung dieser Aufgabe muß vom Wesen der Wirtschaft und des Wirtschaftens ausgehen. Unter Wirtschaft verstehen wir zunächst die *Einrichtungen* der Wirtschaft, die sich mit der Hervorbringung und Verteilung von *Gütern* befassen. Güter sind entweder materielle Gegenstände (Sachgüter) oder aber auch Dienstleistungen oder Rechte, soweit sie geeignet sind, menschliche Bedürfnisse direkt oder indirekt zu befriedigen. Mit Wirtschaft kann´ aber auch die *Tätigkeit* der Menschen — das wirtschaftliche Handeln — gemeint sein, deren Ziel in der Bedürfnisbefriedigung liegt.

Wir verstehen deshalb unter Wirtschaft die Gesamtheit der Einrichtungen und Maßnahmen zur planvollen Deckung des menschlichen Bedarfs.

Als *Bedürfnis* bezeichnen wir einen tatsächlich vorhandenen oder nur subjektiv empfundenen Mangel, der sich im Begehren bestimmter Güter ausdrückt. Wir unterscheiden *Individualbedürfnisse* (Bedürfnisse, die vom einzelnen Menschen ausgehen) und *Kollektivbedürfnisse* (Bedürfnisse, die aus dem Zusammenleben von Menschen entstehen), sowie *Existenzbedürfnisse* (Nahrung, Kleidung, Wohnung), deren Befriedigung lebensnotwendig ist, und *Kultur- und Zivilisationsbedürfnisse*, die zwar nicht unmittelbar der Existenzerhaltung dienen, die aber dem Menschen unserer Tage gleichwohl unentbehrlich geworden sind. Bedürfnisse sind keine wirtschaftlichen, sondern seelische Tatbestände. Wenn aus dem Bedürfnis — losgelöst von der Einzelperson — ein objektiv wirtschaftlicher, d. h. von der Kaufkraft unterstützter Tatbestand geworden ist, dann spricht man von *Bedarf*.

Gegenstände, Tätigkeiten und Rechte erhalten immer erst dann den Charakter eines Gutes (Guteigenschaft), wenn der Mensch in Betracht zieht, seine Bedürfnisse damit zu befriedigen. Könnten wir nun mit den vorhandenen Gütern alle Bedürfnisse befriedigen, dann würde das Gefühl des Mangels erst gar nicht aufkommen. Nur wenige Güter (z. B. Luft) stehen aber den Menschen in unbegrenzten Mengen zur Verfügung. Sie stehen außerhalb wirtschaftlicher Überlegungen und Tätigkeiten und werden als *„freie" Güter* bezeichnet. Bei allen anderen Gütern besteht zwischen der Höhe der Bedürfnisse und der Gütermenge, die zur Verfügung steht, ein Spannungsverhältnis: Die Natur stellt die Mittel, die von den Menschen zur Bedürfnisbefriedigung benötigt werden, nicht in der erforderlichen *Form*, nicht in der erforderlichen *Menge*, nicht am erforderlichen *Ort* und der erforderlichen *Zeit* zur Verfügung. Die Mittel sind also *knapp*, d. h., die Menge der Güter ist in jedem Fall im Hinblick auf die vorhandenen Bedürfnisse gering. Diese Situation löst bei den Menschen den Wunsch aus, diese Mangellage so gut wie möglich zu überwinden oder, anders ausgedrückt, eine Übereinstimmung zwischen der Bedürfnisbefriedigung und den vorhandenen Mitteln in möglichst vorteilhafter Weise herbeizuführen. Der Mensch ist also gezwungen zu wirtschaften, d. h. nach dem *ökonomischen Prinzip* (Rationalprinzip oder Vernunftprinzip) zu handeln: Als *Maximalprinzip* besagt es, daß mit gegebenen Mitteln ein möglichst großer Erfolg erreicht werden soll; als *Minimalprinzip* (Sparprinzip) verlangt es, daß ein bestimmter Erfolg mit möglichst geringen Mitteln zu erzielen ist. Das Denken und Handeln nach dem ökonomischen Prinzip prägt die Entscheidungen des wirtschaftenden Menschen. Diese auf die Bedarfsdeckung abzielenden Entscheidungen dürfen allerdings nicht dem Zufall überlassen werden, sondern müssen immer auch einem Plan unterliegen.

> *Wirtschaftliches Handeln ist demnach planvolle Verfügung über knappe Mittel, die direkt oder indirekt der Befriedigung von Bedürfnissen dienen.*

Die Institutionen innerhalb der Gesamtwirtschaft — und damit kommen wir zum Ausgangspunkt unserer Betrachtung zurück —, denen die Aufgabe der *Gewinnung, Herstellung* und *Verteilung* der Güter im Hinblick auf eine planvolle Bedürfnisbefriedigung zukommt, nennen wir *(Wirtschafts-) Betriebe*.

II. Die Träger der Wirtschaft

1. Betriebe und Haushaltungen als Träger der Volkswirtschaft

Alles Wirtschaften geht vom einzelnen aus. Wirtschaft ist aber auch gleichzeitig eine gesellschaftliche Erscheinung, d. h., die Menschen wirken nicht isoliert nebeneinander, sondern sie sind Glieder eines vielfältigen Systems von Einzelwirtschaften, die im Rahmen des Wirtschaftslebens miteinander in Beziehung treten. Einzelwirtschaften können *Produktions-* oder *Konsumtionsstätten* sein. Es sind organisatorische Gebilde, d. h., sie stellen eine Zusammenfassung von Personen und Sachen zu einer organisatorischen Einheit dar. Beide Institutionen wollen wir als die *Träger der Volkswirtschaft* bezeichnen.

> *Unter Volkswirtschaft kann man demnach ein arbeitsteilig verbundenes System von Einzelwirtschaften innerhalb eines Staatsraumes verstehen*

oder, anders ausgedrückt:

> *ein Gefüge, das gekennzeichnet ist durch das Ineinandergreifen von zahlreichen Einzelwirtschaften, die voneinander abhängig sind.*

In den Produktionsstätten wird — geht man von der Bezeichnung aus — *produziert*, und zwar im weitesten Sinne des Wortes, in den Konsumtionsstätten oder Haushaltungen wird dagegen *konsumiert*. Dabei bleibt jedoch festzustellen, daß in einem Haushalt nicht nur konsumiert, sondern auch produziert wird, wie etwa die Zubereitung der Nahrung bis hin zur endgültigen Konsumreife, die Durchführung von kleineren Reparaturen und das Selbstanfertigen von Konsumgütern. Auf der anderen Seite läßt sich der Konsum auch aus dem Haushalt auslagern wie beispielsweise Essen im Restaurant.

Für unsere „typisierende" Betrachtungsweise ist allerdings die generelle Einteilung in Produktionswirtschaften und Konsumwirtschaften ausreichend. Als wesentliche Unterscheidungsmerkmale wollen wir das *„Erwerbsprinzip"* (das Erstellen von Gütern für andere zur Gewinnerzielung) und das *rationale Handeln* der Produktionswirtschaften dem *„Bedarfsdeckungsprinzip"* (das Erreichen eines möglichst hohen Grades an Bedürfnisbefriedigung) und dem meist *irrationalen Handeln* der Haushaltungen gegenüberstellen.

Haushaltungen lassen sich unterteilen in:

1. öffentliche Haushaltungen (Haushaltungen der Gemeinden und des Staates),
2. private Haushaltungen.

Die öffentlichen Haushaltungen, die u. a. auch produktive Aufgaben zu erfüllen haben, wie u. a. Straßen- und Brückenbau, Straßenreinigung, Energieversorgung, sind nicht Gegenstand der vorliegenden Untersuchung. Der private Haushalt ist zwar nach herrschender Meinung Forschungsobjekt der Betriebswirtschaftslehre, man hat ihm bisher jedoch relativ wenig Aufmerksamkeit geschenkt. Der Grund dafür liegt in erster Linie wohl in der Tatsache, daß die betriebswirtschaftlichen Probleme des Haushalts unkompliziert sind, daß die „Produktion" sehr stark von Unsicherheiten und Unwägbarkeiten (Imponderabilien) gekennzeichnet ist und daß die „Produkte" oft aus immateriellen Gütern bestehen, die quantitativ nur schwer zu fassen sind. Auch die privaten Haushaltungen sind damit von unserer Untersuchung ausgeschlossen. Gegenstand der vorliegenden Arbeit sind also die *Produktionswirtschaften oder Produktivbetriebe*, die Güter (Leistungen) für andere hervorbringen. Wir haben sie der Einfachheit halber als (Wirtschafts-) *Betriebe* bezeichnet.

2. Die Gliederung der Betriebe (Betriebstypologie)

Eine Betriebstypologie hat die Aufgabe, durch Hervorhebung bestimmter Merkmale der einzelnen Betriebstypen eine sinnvolle Systematisierung und damit eine bessere Überschaubarkeit zu ermöglichen. Die Anzahl der Gliederungsmöglichkeiten ist groß. Die wichtigsten seien im folgenden aufgeführt.

a) Sachleistungs- und Dienstleistungsbetriebe

Nach ihrer Funktion innerhalb der Volkswirtschaft kann man die Betriebe einteilen in:

1. *Sachleistungsbetriebe* oder Produktionsbetriebe, Betriebe also, die Sachgüter erzeugen, und
2. *Dienstleistungsbetriebe* oder Mittlerbetriebe, Betriebe also, die Dienstleistungen bereitstellen.

Die Sachleistungsbetriebe werden wieder unterteilt in:
a) *Urproduktionsbetriebe* oder Gewinnungsbetriebe; sie ringen der Natur Rohstoffe und Naturprodukte ab. Dazu zählen:
   aa) Betriebe der Land- und Forstwirtschaft und der Fischerei,
   ab) Bergbau-Betriebe (Montan-Industrie i. e. S. einschließlich Hüttenwerke = Montan-Industrie i. w. S.),
   ac) Betriebe zur Gewinnung und Verarbeitung von Steinen und Erden: Steinbrüche, Kiesgruben, Ziegeleien, Zementfabriken usw.,
   ad) energiewirtschaftliche Betriebe zur Wasser-, Gas- und Elektrizitätsversorgung;
b) *Verarbeitende Betriebe* oder Veredlungsbetriebe; sie verarbeiten Rohstoffe oder bearbeiten Halbfabrikate zu technisch fertigen Erzeugnissen. Dazu zählen:
   ba) Betriebe der Grundstoff- und Produktionsgüterindustrie: weiterverarbeitende Hüttenwerke, Gießereien, Sägewerke, chemische Industrie usw.,
   bb) Betriebe der Investitionsgüterindustrie:
       Stahlbau (Brücken- und Stahlhochbau), Maschinenbau, elektrotechnische Industrie usw.,
   bc) Betriebe der Verbrauchsgüter- oder Konsumgüterindustrie: Textil-, Leder-, Glasindustrie, Bekleidungs-, Schuh- und Genußmittelindustrie usw.,
   bd) Baubetriebe:
       (1) Bauhauptgewerbe: Hochbau, Tiefbau usw.,
       (2) Baunebengewerbe: Maler, Dachdecker usw.

Unternehmen und Beschäftigte nach Wirtschaftsbereichen[1]

Wirtschaftsbereiche	Zahl der Unternehmen	Anteil in %	Zahl der Beschäftigten	Anteil in %
1. Land- und Forstwirtschaft	21 591	1,13	99 947	0,46
2. Bergbau / Energie	3 357	0,18	935 456	4,32
3. Verarbeitendes Gewerbe	417 456	21,88	10 310 460	47,59
4. Baugewerbe	156 340	8,19	2 173 652	10,03
Summe 1—4	598 744	31,38	13 519 515	62,40
5. Großhandel	114 010	5,97	1 239 980	5,72
6. Handelsvermittlung	91 597	4,80	194 578	0,90
7. Einzelhandel	441 297	23,13	2 173 827	10,03
8. Verkehr / Nachrichtenübermittlung	73 964	3,88	1 444 901	6,67
9. Kreditinstitute / Versicherungen	43 265	2,27	659 911	3,05
10. Sonstige Dienstleistungsunternehmen und freie Berufe	545 183	28,57	2 432 694	11,23
Summe 5—10	1 309 316	68,62	8 145 891	37,60
Summe 1—10	1 908 060	100,00	21 665 406	100,00

1 *Quelle:* Statistisches Bundesamt, Unternehmen und Arbeitsstätten, Arbeitsstättenzählung vom 27. Mai 1970, Heft 6.

Die Dienstleistungsbetriebe werden unterteilt in:
a) *Handelsbetriebe:*
   Sie besorgen die Verteilung der Waren des Sachleistungsbetriebes.
b) *Verkehrsbetriebe:*
   Sie übernehmen den Transport von Gütern und Personen und die Nachrichtenübermittlung.
c) *Bankbetriebe:*
   Sie bieten Dienstleistungen im Zahlungs- und Kreditverkehr sowie im An- und Verkauf von Wertpapieren u. a. an.
d) *Versicherungsbetriebe:*
   Sie übernehmen gegen Prämien die Deckung im einzelnen zufälliger, im ganzen aber abschätzbarer Risiken.
e) *Sonstige Dienstleistungsbetriebe:*
   u. a. Rechtsanwälte, Steuerberater, Wirtschaftsprüfer; Kino, Theater, Gaststätten- und Beherbergungsgewerbe; Schneider, Friseure usw.

Über die Bedeutung der einzelnen Wirtschaftsbereiche gibt die Übersicht auf Seite 26 einige bemerkenswerte Hinweise.

b) Sonstige Gliederungsgesichtspunkte

ba) *Die Betriebsgröße als Gliederungsgesichtspunkt*

Nach ihrer Betriebsgröße kann man die Betriebe auch noch einteilen in: Groß-, Mittel- und Kleinbetriebe. Leider fehlt aber eine einheitliche Bezugsgröße, so daß ein exakter Vergleich zwischen Betriebsgrößen unterschiedlicher Wirtschaftszweige fast unmöglich ist. Ein Dienstleistungsbetrieb kann mit einer relativ großen Anzahl von Beschäftigten vielleicht einen nur relativ geringen Umsatz machen; ein hochmechanisierter Sachleistungsbetrieb erzielt dagegen mit nur wenig Beschäftigten einen enormen Umsatz. Würde man als Bezugsgröße die Anzahl der Beschäftigten wählen, so wäre der Dienstleistungsbetrieb unter die Großbetriebe, der Sachleistungsbetrieb dagegen nur unter die Klein- oder Mittelbetriebe einzuordnen. Unterstellt man auf der anderen Seite den Umsatz als Bezugsgröße, so ist es gerade umgekehrt. Außerdem gelten für die Bezugsgrößen unterschiedlicher Wirtschaftszweige verschieden hohe Meßzahlen. Ein Dienstleistungsbetrieb kann — gemessen am investierten Kapital — in seiner Branche ein Großbetrieb, im Vergleich mit dem Kapital in Sachleistungsbetrieben jedoch nur ein Kleinbetrieb sein. Ein einzelnes Merkmal reicht in der Regel zur näheren Charakterisierung also nicht aus. Man sucht deshalb nach anderen — möglichst quantifizierbaren — Bezugsgrößen. Genannt werden meist: Anzahl der Beschäftigten, Umsatz je Zeiteinheit und investiertes Kapital. Daneben werden noch erwähnt: Anzahl der Arbeitsplätze, die Lohn- und Gehaltssumme und vor allem bei Sachleistungsbetrieben die Ausbringungsmenge oder der Rohstoffeinsatz je Zeiteinheit.

Es müssen also jeweils mehrere Bezugsgrößen herangezogen werden, um zu entscheiden, ob es sich im konkreten Fall um einen Klein-, einen Mittel- oder um einen Großbetrieb handelt.

Für die drei zuerst erwähnten Kriterien — Umsatz, Beschäftigtenzahl und Kapital — ist auf folgende Faustregel hinzuweisen:

	Kleinbetrieb	Mittelbetrieb	Großbetrieb
Zahl der Beschäftigten	bis 50	bis 500	über 500
Investiertes Kapital	bis 1/2 Mill. DM	bis 3 Mill. DM	über 3 Mill. DM
Höhe des Umsatzes	bis 1,5 Mill. DM	bis 8 Mill. DM	über 8 Mill. DM

bb) *Der Standort als Gliederungsgesichtspunkt*

Die Betriebe können auch nach ihrer Standortabhängigkeit eingeteilt werden. Man unterscheidet:

1. material- oder rohstofforientierte Betriebe,
2. arbeitsorientierte Betriebe,
3. abgabenorientierte Betriebe,
4. energie- bzw. kraftorientierte Betriebe,
5. verkehrsorientierte Betriebe,
6. absatzorientierte Betriebe.

Wir werden im Verlauf der vorliegenden Untersuchung auf den Standort und seine Bestimmungsfaktoren noch näher eingehen.

bc) *Gliederungsgesichtspunkte, die in der Regel nur für Sachleistungsbetriebe von Bedeutung sind*

Nach dem vorherrschenden *Produktionsfaktor* kann man unterteilen in:
1. *arbeitsintensive* Betriebe = charakterisiert durch einen hohen Lohnkostenanteil an den gesamten Produktionskosten;
2. *materialintensive* Betriebe = charakterisiert durch einen hohen Rohstoffkostenanteil an den Produktionskosten;
3. *anlagenintensive* Betriebe = charakterisiert durch einen hohen Bestand an Betriebsmitteln und — dadurch bedingt — relativ hohe Abschreibungskosten.

Nach den vorherrschenden *Fertigungsverfahren* kann man unterteilen in Betriebe mit
1. Massenfertigung,
2. Serienfertigung,
3. Sortenfertigung,
4. Partiefertigung,
5. Chargenfertigung,
6. Einzelfertigung.

Nach der *Art der Maschinenaufstellung und der zeitlichen Abstimmung* bei der Produktion kann man unterteilen in Betriebe mit

1. Werkstattfertigung,
2. Reihenfertigung,
3. Fließbandfertigung,
4. Baustellenfertigung.

Da wir bei der Behandlung der einzelnen Bereiche im Verlauf der Untersuchung noch näher auf die einzelnen Abgrenzungs- und Unterscheidungsmerkmale eingehen werden, wollen wir uns bei der Betriebstypologie mit einer nur aufzählenden Darstellung begnügen. Auf eine nähere begriffliche Klarstellung und die Problematik mancher Bezeichnungen kann deshalb hier nicht eingegangen werden.

3. Der Einfluß des Staates auf die Wirtschaft und ihre Betriebe

Der Staat kann zunächst einmal über seine Finanzpolitik die Wirtschaft beeinflussen. Solange der Anteil des Staates am Sozialprodukt noch relativ gering war, bestand kein Anlaß anzunehmen, daß von seinen finanzpolitischen Maßnahmen ein nennenswerter Einfluß auf die Wirtschaft und damit auf ihre Betriebe ausging. Seit dem ersten Weltkrieg allerdings hat der staatliche Sektor in zunehmendem Maße an Ausdehnung gewonnen, ein Zustand, den der deutsche Finanzwissenschaftler *Adolph Wagner* bereits 1860 in dem von ihm formulierten *„Gesetz" von den wachsenden Staatsaufgaben und -ausgaben* vorausgesagt hatte. Die Finanzdispositionen des Staates bewegen sich heute in Größenordnungen, von denen zwangsläufig ein entscheidender Einfluß auf den betrieblichen Entscheidungsprozeß ausgehen muß.

Auf der einen Seite sind es die *Ausgaben* des Staates, die den Wirtschaftsprozeß bestimmend beeinflussen: *Staatsaufträge* (Rüstungsaufträge, Aufträge für öffentliche Bauten, Schulen und Krankenhäuser, Aufwendungen für den Verkehr, das Straßen- und Bauwesen), *Subventionen* für bestimmte Wirtschaftszweige sowie die sogenannten *Transferzahlungen*[2], die die Nachfrageseite der Betriebe beeinflussen.

Auf der anderen Seite sind es die *Einnahmen* des Staates, neben Erwerbseinkünften aus Beteiligungen an privaten Unternehmen (z. B. VW-Werk) in erster Linie in Form von Steuern einschließlich Zöllen, aber auch in Form von Gebühren[3] und Beiträgen[4], die einen sehr großen Einfluß auf die Dispositionen der Betriebe ausüben. Man denke hier nur an die Einwirkung von Einkommensteueränderungen auf die Investitionsneigung der Betriebe, an die steuerlichen Vergünstigungen gegenüber bestimmten Wirtschaftszweigen oder an die Mehrwertsteuer, die die Begünstigung vertikaler Konzerne durch die herkömmliche (Brutto-Allphasen-)Umsatzsteuer aufgehoben hat.

Neben seiner Einflußnahme durch Ausgaben und Einnahmen kann der Staat auch durch Lenkungsmaßnahmen verschiedener Art in den Wirtschaftsprozeß eingreifen. Je

---

2 Transferzahlungen sind Zahlungen an Wirtschaftssubjekte ohne ökonomische Gegenleistung (z. B. Zinszahlungen des Staates und Pensionen).
3 Gebühren sind Abgaben, die ein öffentlich-rechtliches Gemeinwesen für unmittelbar in Anspruch genommene Leistungen erhebt (z. B. Gebühren für eine Beglaubigung).
4 Beiträge sind Abgaben mit Zuschußcharakter, die ein öffentlich-rechtliches Gemeinwesen zum Ausgleich indirekter Vorteile aus einer öffentlichen Leistung erhebt (z. B. Straßenanliegerbeiträge).

nach der praktizierten Wirtschaftsordnung wird es sich dabei mehr um *marktkonforme* (marktgerechte) oder um mehr *marktkonträre* (marktwidrige) Maßnahmen (u. a. Lohn- und Preisstopp) handeln.

Staatliche Dispositionen sind für die Betriebe einer Volkswirtschaft in der Regel ein *Datum*, d. h. eine Größe, die zwar ihre Entscheidungen in mehr oder minder großem Umfang beeinflußt, die aber selbst nicht von diesen Entscheidungen beeinflußt werden kann. Die Betriebe müssen sich den Dispositionen des Staates anpassen. Je schneller und besser sich ein Betrieb anpassen kann, desto reibungsloser wird sich seine Leistungserstellung vollziehen.

4. Die Bedeutung der Wirtschaftsordnung für die Träger der Wirtschaft

Eine Gesellschaft, die alle Gebiete des menschlichen Zusammenlebens ordnen will, hat nicht nur wirtschaftliche Aufgaben zu erfüllen. Der einzelne erwartet nämlich nicht nur eine für ihn optimale Versorgung mit Gütern, sondern er fordert auch die Lösung bestimmter kultureller, politischer und sozialer Probleme. Die *Ordnung der Wirtschaft* ist deshalb stets nur eine Teillösung im Rahmen der Gesellschaftsordnung.

Wie wir gesehen haben, stehen sich in einer Volkswirtschaft produzierende Einzelwirtschaften und Haushalte gegenüber. Aufgabe einer Wirtschaftsordnung muß es deshalb sein, die Produktion auf den Bedarf abzustimmen. Diese Abstimmung kann ohne Planung nicht zustande kommen. Die Pläne der Betriebe untereinander (auf den vor- und nachgelagerten Stufen) sind deshalb mit den Plänen der Haushaltungen in Übereinstimmung zu bringen. Sind die am Wirtschaftsprozeß Beteiligten in ihrer Planung frei, dann können sie ihre Pläne unabhängig voneinander aufstellen. Das bedeutet aber, daß die Betriebe nicht in jedem Fall die Güter in Menge und Zusammensetzung produzieren, wie sie die Haushalte nachfragen. Vollzieht sich nun der Anpassungsprozeß auf dem Markt über den *Preis*, dann haben wir es mit einem *marktwirtschaftlichen* System in seiner reinen Prägung zu tun.

> *Eine marktwirtschaftliche Ordnung ist demnach dadurch charakterisiert, daß die am Wirtschaftsprozeß Beteiligten ihre Pläne in freier Wahl aufstellen können und daß die Preise als eigentliches Ordnungsinstrument gelten. Daneben setzt die Markwirtschaft Privateigentum an Produktionsmitteln und Konsumgütern voraus.*

Auf der anderen Seite besteht die Möglichkeit, daß der Koordinationsprozeß nicht durch den Markt, sondern durch eine zentrale Stelle durchgeführt wird. Wir sprechen dann von einer *Zentralverwaltungswirtschaft*. Sie entspricht einem politischen System, in welchem die Träger der Staatsgewalt alle politischen Maßnahmen unabhängig von der Zustimmung der Individuen durchführen können.

In der Praxis gibt es die beiden Systeme — vor allem das System der „klassischen" freien Marktwirtschaft — in ihrer extremen Ausprägung nicht. Es gibt vielmehr Mischformen, in denen marktwirtschaftliche und zentralverwaltungswirtschaftliche Regulative nach der einen oder anderen Seite stärker vertreten sind.

Für die Betriebe innerhalb einer Volkswirtschaft ist die jeweilige Wirtschaftsordnung im Hinblick auf die wichtigsten betrieblichen Entscheidungsbefugnisse von grundsätzlicher Bedeutung. Für unsere Untersuchung sei das System einer „interventionistischen" Marktwirtschaft unterstellt, in dem der Staat zwar Rahmenbedingungen schafft und hier auch unter bestimmten Voraussetzungen zu intervenieren (einzugreifen) sich vorbehält – wenn seine wirtschaftspolitischen Ziele (u. a. das sog. magische Viereck[5]: Stabilität des Preisniveaus, hoher Beschäftigungsstand, außenwirtschaftliches Gleichgewicht und stetiges Wirtschaftswachstum) in Gefahr sind –, unter denen sich jedoch das Marktgeschehen unter weitgehender Beachtung marktwirtschaftlicher Grundsätze abspielt. Es ist die Wirtschaftsordnung, wie wir sie zur Zeit in der Bundesrepublik Deutschland und anderen westeuropäischen Ländern antreffen.

---

5 Vgl. dazu insbesondere: Frisch, H., Stabilität der Wirtschaft – Das „magische Viereck" der Wirtschaftspolitik, München 1979.

B. Betrieb und Unternehmung als Objekt der Betriebswirtschaftslehre

I. Betrieb und Unternehmung

In der deutschsprachigen Betriebswirtschaftslehre sind die Begriffe „Betrieb" und „Unternehmung" und ihre Beziehung zueinander nicht einheitlich bestimmt. Zum Teil werden beide Begriffe als Synonyma gebraucht, zum Teil stehen sie in einem Verhältnis der Über- oder Unterordnung.

Betrachten wir zunächst den Begriff *Betrieb*, so sind grundsätzlich vier Interpretationen des Begriffs denkbar:

1. Der Betrieb ist ein *geistiges oder soziologisches Phänomen*, d. h. eine allgemeine organisatorische Einheit. Danach ist jedes „Betreiben" eines Betriebes gemeint, also auch das „Betreiben" von Krankenhäusern, Theatern oder Schulen.
2. Der Betrieb ist eine *Wirtschaftseinheit*, d. h. eine Organisation von Stoffen und Werten mit dem Ziel der Bedürfnisbefriedigung. In dieser Begriffsfassung sind also neben den Produktionsbetrieben auch die Haushaltungen einbezogen.
3. Der Betrieb ist eine *Produktiveinheit*, d. h. eine durch dispositive Arbeit planmäßig organisierte Zusammenfassung von Mitteln zu dem Zweck, Sachgüter zu produzieren oder Dienstleistungen zu erbringen. Bei dieser Definition sind die Haushalte ausgegliedert.
4. Der Betrieb ist eine *technische Einheit*, d. h. eine Zusammenfassung einzelner technischer Fertigungsbereiche mit eigener technischer Leitung und meist geschlossenem Produktionsprogramm. Mehrere örtlich zusammengefaßte Betriebe bezeichnet man als „Werk".

Da wir es in der Betriebswirtschaftslehre mit *produktiven Wirtschaftseinheiten* zu tun haben — die Haushaltungen haben wir bereits aus unserer Betrachtung ausgeschieden —, spielen die ersten beiden Möglichkeiten der Begriffsbestimmung für unsere Betrachtung keine Rolle.

Die vierte Fassung — Betrieb als technische Kategorie — findet oft in der Praxis bei der Klärung des Begriffes und zur Abgrenzung gegenüber dem Begriff Unternehmung Verwendung. Betrieb und Unternehmung sind danach zwei verschiedene Seiten ein und desselben Objektes: die *Unternehmung* verkörpert die *organisatorisch-rechtliche und finanzielle Seite* der unter dem Oberbegriff „Einzelwirtschaft" zusammengefaßten Wirtschaftseinheit, der *Betrieb* dagegen gilt als *technischer Produktionsapparat*.

Die heute wohl herrschende Auffassung in der Betriebswirtschaftslehre geht von der Definition (3) aus. Danach gilt der Betrieb *als eine zeitlose, von der jeweils herrschenden Wirtschaftsordnung unabhängige Kategorie planvollen Wirtschaftens*. Der Betriebsbegriff gilt damit als der umfassendere. Der Begriff der Unternehmung ist lediglich Ausdruck für einen bestimmten Betriebstyp. Es ist die Form des Betriebes, die unserer gegenwärtigen Wirtschaftsordnung entspricht oder, anders ausgedrückt, der Betriebstyp, der für all die Betriebe gilt, die unter den Bedingungen einer Marktwirtschaft arbeiten. Die *Unternehmung* ist dem spezifischen Betriebstyp der Zentralverwaltungswirtschaft (etwa „volkseigener Betrieb", „Produktionsgenossenschaft" oder „Kombinat") gegenüberzustellen.

Zur näheren Charakterisierung dieser beiden Betriebstypen sind nach *Erich Gutenberg* folgende sog. *systemindifferente* Tatbestände anzuführen:

1. *Das System der Faktorkombination:*
   Verschiedene produktive Faktoren werden im Betrieb miteinander kombiniert, um Leistungen zu erbringen.
2. *Das Wirtschaftlichkeitsprinzip:*
   Jeder Betrieb versucht, nach dem Prinzip sparsamster Mittelverwendung vorzugehen oder, anders ausgedrückt, ein möglichst hohes Maß an Ergiebigkeit für den Einsatz der einzelnen Faktoren zu erreichen.
3. *Das Prinzip des finanziellen Gleichgewichts:*
   Jeder Betrieb muß jederzeit in der Lage sein, seinen Zahlungsverpflichtungen nachzukommen.

Diese Bestimmung des Betriebsbegriffs als eine aus dem Prinzip der Wirtschaftlichkeit und der Faktorkombination heraus zu verstehende Produktiveinheit reicht allerdings nicht aus, um den Gegenstand unserer weiteren Untersuchung eindeutig zu klären. Ein jeder Betrieb erhält nämlich seinen Sinn und seine unmittelbare Zielsetzung nicht aus sich selbst heraus, sondern durch die für ihn geltende Wirtschaftsordnung. Um den unserer Wirtschaftsordnung entsprechenden Betriebstyp — wir nennen ihn *„Unternehmung"* — näher zu charakterisieren, hat Gutenberg drei weitere sog. *systembezogene* Tatbestände herangezogen:

1. *Das Prinzip der äußeren Autonomie:*
   Darunter versteht man die Freiheit, ohne behördliche Einflußnahme die jeweiligen Produktions- und Absatzpläne autonom aufstellen zu können. Damit verbunden ist die Möglichkeit, die im Rahmen der Rechtsordnung bestehenden Marktchancen nutzen zu können, aber auch die Gefahr, das Risiko des Mißlingens selbst ohne Hilfestellung des Staates tragen zu müssen.
2. *Das Prinzip der inneren Autonomie:*
   Darunter versteht man das Recht der Eigentümer, die betrieblichen Entscheidungen unmittelbar oder mittelbar selbst zu treffen.
3. *Das erwerbswirtschaftliche Prinzip:*
   Darunter versteht man das Bestreben, auf lange Sicht einen möglichst hohen Gewinn auf das investierte Kapital zu erzielen.

Diese drei Prinzipien charakterisieren zwar die für die sog. liberalistisch-kapitalistische Wirtschaftsordnung in ihrer reinen Prägung bestimmte Form der *Unternehmung*, sie gelten allerdings für das in der Gegenwart herrschende Wirtschaftssystem nur noch mit Einschränkungen. So ist beispielsweise das „Prinzip der äußeren Autonomie" auch in unserem marktwirtschaftlichen System durch bestimmte Lenkungsmaßnahmen des Staates, das „Prinzip der inneren Autonomie" durch Gewährung von Mitbestimmungsrechten an die Betriebsangehörigen eingeschränkt. Das erwerbswirtschaftliche Prinzip schließlich kann durch das Prinzip angemessener Gewinnerzielung oder gar durch das Prinzip der Kostendeckung, wie es für gewisse Arten von öffentlichen Betrieben gilt, ersetzt werden. Dennoch behalten auch in dieser modifizierten Form die drei systembedingten Bestimmungsfaktoren ihre grundsätzliche Bedeutung für die Charakterisierung des Begriffes *Unternehmung*.

II. Die Betriebswirtschaftslehre als Lehre von der Unternehmung

Wenn wir in Zukunft die *Unternehmung* in den Mittelpunkt unserer Betrachtungen stellen, so soll damit nicht die enge Fassung des Begriffs gemeint sein, die darunter nur die organisatorische, rechtliche und finanzielle Seite einer Einzelwirtschaft versteht, sondern wir wollen einen Produktionsbetrieb im weitesten Sinne darunter verstehen, bei dem unter Beachtung des Wirtschaftlichkeitsprinzips die einzelnen produktiven Faktoren miteinander kombiniert werden, um Leistungen (Sachgüter, Dienstleistungen) zu erstellen. Dabei sind die unserer Wirtschaftsordnung entsprechenden und weiter oben erwähnten drei systembezogenen Faktoren als wesentliche Merkmale für diesen spezifischen Betriebstyp heranzuziehen. Damit ist das System der Marktwirtschaft unterstellt; auf die Probleme des der Zentralverwaltungswirtschaft entsprechenden Betriebstyps kann damit nur in Ausnahmefällen eingegangen werden.

Für uns ist die Betriebswirtschaftslehre eine Lehre von der *Unternehmung*, die in bezug auf die systemindifferenten Tatbestände mit dem *Betrieb* identisch ist, durch die systembezogenen Faktoren aber erst Sinn und Zielsetzung erhält.

Insoweit ist jede Unternehmung zugleich immer Betrieb; jeder Betrieb jedoch ist nicht immer zugleich auch eine Unternehmung.

1. Die Bedeutung der Betriebswirtschaftslehre für die Praxis

Die Betriebswirtschaftslehre hat die Aufgabe, betriebliche Erscheinungen in der Unternehmung zu beschreiben und zu analysieren und — auf der Analyse aufbauend — Instrumente und Verfahren zur Erreichung des jeweiligen Unternehmungsziels bereitzustellen. Als Indiz für die Bedeutung der Betriebswirtschaftslehre im Hinblick auf die Wirtschaftspraxis könnte man die Übernahme des Gedankenguts, d. h. der Prinzipien, Leitsätze und Verfahren der Betriebswirtschaftslehre durch die Praxis werten. Dabei läßt sich in der Regel ein „time-lag" (=Verzögerung) zwischen wissenschaftlicher Entwicklung, Übernahme als gesichertes Gedankengut in die Betriebswirtschaftslehre und Weitergabe an die Praxis feststellen.

Wir wollen im folgenden an einigen Beispielen die Bedeutung der Betriebswirtschaftslehre für die Wirtschaftspraxis kurz andeuten. Geht man davon aus, daß von einer Betriebswirtschaftslehre, wie wir sie verstehen wollen, erst um die Jahrhundertwende gesprochen werden kann. so sind zunächst einmal die verschiedenen Arbeiten zum *Kontenrahmen* zu nennen, auf denen später die Praxis und die Verbände ihre Gemeinschaftskontenrahmen aufbauten. Neben *Schär* (1890/1911) ist hier vor allem *Eugen Schmalenbach* zu nennen, der die gedankliche Konzeption in einen für die Praxis akzeptablen Rahmen gestellt hatte. Daneben gingen von der Betriebswirtschaftslehre entscheidende Impulse auf die Kalkulation, die Kostenrechnungsgrundsätze, ja die gesamte Kostenrechnung aus. Auch hier ist wieder auf die Bedeutung von *Schmalenbach* hinzuweisen. Mit der klaren Trennung der Erfolgselemente in *Aufwand* und *Ertrag* auf der einen Seite und *Kosten* und *Leistungen* auf der anderen Seite schuf er die Basis für die Entwicklung der beiden großen Teilbereiche des Rechnungswesens: die Geschäfts- und die Betriebsbuchhaltung. Darüber hinaus hat die Betriebswirtschaftslehre von Anfang an der *Bilanz* ihre Aufmerksamkeit geschenkt. Das Problem der richtigen Bewertung in Abhängigkeit von der Aufgabe der Bilanz war neben der Frage nach einer optimalen Gliederung Ausgangspunkt, von dem aus die verschiedenen Bilanztheorien ihre Erklärungsversuche ansetzten. Mit großer Schärfe und sachlicher Konsequenz diskutierten die Anhänger der einzelnen Bilanztheorien das Für und Wider ihrer Konzeptionen. Inwieweit die einzelnen Vorschläge Auswirkungen auf die rechtliche und praktische Ausgestaltung der Bilanz hatten, läßt sich vielleicht am deutlichsten an den in die Steuergesetze eingegangenen Ideen der einzelnen Bilanzkonzeptionen und den jeweiligen Verbesserungen des Aktienrechts erkennen.

Die Idee des *Betriebsvergleiches* hat sich in der Praxis durchgesetzt, und auf vielen anderen Gebieten, wie beispielsweise der *Organisation* (Organisationsprinzipien und Organisationsschemata), der *Preispolitik, Marktforschung* und *Werbung,* aber auch im Rahmen der speziellen Wirtschaftszweiglehren, beispielsweise im *Wirtschaftsprüfungswesen*, sind entscheidende Einflüsse der Betriebswirtschaftslehre zu verzeichnen.

Diese rein exemplarische Aufzählung mag genügen, um zu zeigen, wie sehr sich die Betriebswirtschaftslehre im Dienste der Unternehmungspolitik in der Praxis bewährt hat. Dabei ist die gegenwärtige und zukünftige Entwicklung der Betriebswirtschaftslehre nicht einmal berücksichtigt. Es ist anzunehmen, daß auch mit den Verfahren der modernen Planungsrechnung, der Informationstheorie, der Kybernetik und Logistik — hier in Zusammenarbeit mit anderen wissenschaftlichen Disziplinen — betriebswirtschaftliche Probleme gelöst werden können. Großbetriebe bedienen sich heute schon mit Erfolg dieser mathematischen Methoden. Es ist allerdings zu erwarten, daß gerade auf diesem Gebiet der „time-lag" zwischen wissenschaftlicher Erkenntnis und praktischer Anwendung sehr groß sein wird. Obwohl die meisten dieser Methoden formalmathematisch in Ordnung sind, ist die Anwendbarkeit wegen der Schwierigkeit der Beschaffung der notwendigen betrieblichen Informationen oft in Frage gestellt. Der Betriebswirtschaftslehre öffnen sich hier neue Wege und Aufgaben, der Praxis zu dienen.

2. Gegenstand und Gliederung der Betriebswirtschaftslehre

a) Das Erkenntnisobjekt der Betriebswirtschaftslehre

In jeder Wissenschaft unterscheidet man ein *Erfahrungsobjekt* und ein *Erkenntnisobjekt*. Das Erfahrungsobjekt umfaßt den *ganzen* konkreten Gegenstand, auf den sich eine Wissenschaft richtet. Aus dem Erfahrungsobjekt entsteht das Erkenntnisobjekt dadurch, daß man unter einer bestimmten Zielsetzung eine begrenzte Anzahl von Merkmalen aus der unmittelbaren Erfahrung heraushebt. Der *Preis* irgendeines Metalls ist beispielsweise *Erkenntnisobjekt* der Volkswirtschaftslehre, die *chemische Reaktionsfähigkeit* des Metalls dagegen ist *Erkenntnisobjekt* der Chemie. Das *Erfahrungsobjekt* Metall dagegen ist für beide gleich.

Die Auffassungen über das Erfahrungsobjekt bzw. das Erkenntnisobjekt der Betriebswirtschaftslehre sind geteilt. Für uns ist das *Erfahrungsobjekt* der Betriebswirtschaftslehre die Wirtschaft, in der durch Erstellung von Gütern Bedürfnisse befriedigt werden. *Erkenntnisobjekt* der Betriebswirtschaftslehre ist dagegen die *Unternehmung* mit ihrer weiter oben näher definierten spezifischen Zielsetzung.

b) Die Gliederung der Betriebswirtschaftslehre

ba) Die Gliederung nach Wirtschaftszweigen

(1) Die Allgemeine Betriebswirtschaftslehre

Die Aufgabe der Allgemeinen Betriebswirtschaftslehre besteht in der Beschreibung und Erklärung der betrieblichen Erscheinungen und Probleme, die allen Unternehmen gemeinsam sind, unabhängig davon, welchem speziellen Wirtschaftszweig sie angehören. Dabei lassen sich zwei verschiedene Unterteilungsmöglichkeiten finden. Zunächst kann man die Allgemeine Betriebswirtschaftslehre einteilen in:

○ die betriebswirtschaftliche Theorie:
  Aufgabe der Theorie ist es, reale Zusammenhänge und Abläufe zu klären, kausale Regelmäßigkeiten festzustellen und funktionale Größenbeziehungen aufzuzeigen.
○ die betriebswirtschaftliche Politik:
  Aufgabe der betriebswirtschaftlichen Politik ist es, die gewonnenen Erkenntnisse auf konkrete Einzelfragen anzuwenden und zur Entwicklung praktikabler Verfahren beizutragen.

Man kann die Allgemeine Betriebswirtschaftslehre außerdem einteilen in:

○ die Lehre vom Betriebsaufbau:
  Dazu zählen u. a. der finanzielle und der organisatorische Aufbau der Unternehmung, die Unternehmungsformen und die Arten der unternehmerischen Zusammenschlüsse.
○ die Lehre vom Betriebsablauf:
  Dazu zählen u. a. die einzelnen Funktionsbereiche, die Organisation und Überwachung des gesamten Betriebs- und Arbeitsablaufs und der zwischenbetriebliche Verkehr.
○ die soziale Betriebsgestaltung:
  Dazu zählen u. a. die Personaleinstellung und die Personalführung, die innerbetriebliche Aus- und Weiterbildung und die soziale Sicherung der Arbeitnehmer.

(2) Die Spezielle Betriebswirtschaftslehre

Sie beschäftigt sich mit Problemen, die durch die Besonderheiten der einzelnen *Wirtschaftszweige* bedingt, also nicht allen Unternehmen gemeinsam sind. Dazu zählen die *Industriebetriebslehre*, die sich vor allem mit Fragen des Einkaufs, des Lagerwesens, der Produktion, der Betriebsorganisation und dem industriellen Rechnungswesen beschäftigt. Weiterhin die *Handelsbetriebslehre*, die sich in erster Linie dem Warenverkehr, der Organisation des Handels, der Warenkalkulation und der Werbung widmet. Daneben bleibt die *Bankbetriebslehre* zu erwähnen, die ihre primären Aufgaben in der Organisation des Bankwesens, den einzelnen Bankgeschäften, dem bankbetrieblichen Rechnungswesen und der Beschreibung und Analyse der Geld- und Kreditmärkte sieht. Weiterhin unterscheidet man noch die *Versicherungsbetriebslehre*, die *Verkehrsbetriebslehre* sowie die *Betriebswirtschaftslehre des Handwerks* und die *landwirtschaftliche Betriebslehre*. Die in der Fachliteratur z. T. als Wirtschaftszweiglehre bezeichnete *Betriebswirtschaftliche Steuerlehre* und die Lehre vom *Revisions- und Treuhandwesen* sind nach u. M. Teilgebiete der Allgemeinen Betriebswirtschaftslehre.

bb) Die Gliederung nach Funktionen

In jüngster Zeit ist verschiedentlich die Forderung erhoben worden, die Gliederung der Betriebswirtschaftslehre nach Wirtschaftszweigen aufzuheben und zu einer Gliederung nach *Funktionen* überzugehen. Unter Funktionen versteht man dabei die Haupttätigkeitsbereiche, wie u. a. Beschaffung, Produktion und Absatz. Bisher ist es allerdings nicht gelungen, mit Hilfe dieser Funktionsbereiche ein in sich geschlossenes System der Betriebswirtschaftslehre zu entwickeln. Als wichtigste betriebswirtschaftliche Grundfunktionen sind zu nennen:

1. Beschaffung (Arbeitskräfte, Betriebsmittel usw.),
2. Material- und Lagerwirtschaft,
3. Leistungserstellung (Güter/Dienstleistungen),
4. Finanzierung und Investition,
5. Absatz (Vertrieb, Werbung, Marktforschung usw.),
6. Transport (innerbetrieblicher Transport),
7. Personalwesen,
8. Betriebsführung (Leitung/Organisation/Planung),
9. Verwaltung und Kontrolle (Rechnungswesen).

Man ist heute der Auffassung, daß eine Gliederung der Betriebswirtschaftslehre nach *Funktionen* die Gliederung nach *Wirtschaftszweigen* nicht zu ersetzen vermag. Die Eigentümlichkeiten der einzelnen Wirtschaftszweige erfordern nämlich auch im Rahmen der einzelnen Funktionen eine gesonderte Behandlung. So sind beispielsweise die Probleme im Rahmen des Funktionsbereiches „Rechnungswesen" im Industriebetrieb anders gelagert als im Bank- oder Handelsbetrieb. Oder die Funktion „Leistungserstellung" im Industriebetrieb ist mit der Bereitstellung von Dienstleistungen im Bank- oder Versicherungsbetrieb nicht zu vergleichen. Trotz gewisser Mängel, die eine Einteilung der Betriebswirtschaftslehre nach Wirtschaftszweigen aufweist, scheint diese dennoch zweckmäßiger als eine bloße Einteilung nach Funktionen.

c) Betriebswirtschaftslehre und benachbarte Wissenschaften

ca) Volkswirtschaftslehre

Nach herrschender Auffassung sind Betriebswirtschaftslehre und Volkswirtschaftslehre *zwei selbständige wirtschaftswissenschaftliche Disziplinen* mit jeweils *eigenem* Erkenntnisobjekt. Während die Betriebswirtschaftslehre das wirtschaftliche Handeln in der Unternehmung zu beschreiben und zu erklären und darüber hinaus bestimmte Verfahren zur Realisierung der von der Unternehmung vorgegebenen Ziele zu entwickeln hat, den Gegenstand ihrer Disziplin also vorwiegend unter *einzelwirtschaftlichen* Aspekten betrachtet, sieht die Volkswirtschaftslehre ihre Probleme bevorzugt in *gesamtwirtschaftlichen Zusammenhängen*. Beide selbständige Teildisziplinen der Wirtschaftswissenschaft stehen dabei nicht isoliert voneinander, sie betrachten beide das Ganze der Volkswirtschaft, die Betriebswirtschaftslehre allerdings vorwiegend von der einzelnen Unternehmung aus. Die Volkswirtschaftslehre dagegen betrachtet die Wirtschaft unter gesamtwirtschaftlichen Aspekten. Dabei gibt es Gebiete, auf die sich das Interesse beider Disziplinen erstreckt, wie beispielsweise die Produktions-, Kosten- und die Preistheorie, es gibt Gebiete, die nur in begrenztem Maße unmittelbar volkswirtschaftliches Interesse finden, wie beispielsweise das Rechnungswesen, und es gibt Tatbestände, die vorwiegend in den Bereich der Volkswirtschaft fallen, wie z. B. Gleichgewichtsprobleme des Wirtschaftskreislaufs, Bildung und Verteilung des Volkseinkommens oder Währungsprobleme. Für eine vollständige Analyse des wirtschaftlichen Geschehens reicht demnach weder eine lediglich einzelwirtschaftliche noch eine lediglich volkswirtschaftliche Betrachtung aus. Die bis in die Gegenwart immer wieder geforderte Fusion von Betriebswirtschaftslehre und Volkswirtschaftslehre scheint wegen der verschiedenartigen Erkenntnisobjekte nicht möglich. Die vor mehr als einem halben Jahrhundert erfolgte Abtrennung der Betriebswirtschaftslehre von der Volkswirtschaftslehre war damals so begründet, wie sie es heute noch ist, da die Entwicklung der Unternehmen Probleme mit sich brachte und mit sich bringt, die dem Erkenntnisobjekt der Volkswirtschaft nicht zugerechnet werden können. Dem steht allerdings nicht entgegen, daß grundsätzlich alle Probleme der Betriebs- und Volkswirtschaftslehre formal im Rahmen einer übergeordneten Wirtschaftswissenschaft behandelt werden können.

cb) Betriebs- und Arbeitswissenschaft

Neben der Betriebswirtschaftslehre befassen sich auch noch andere Wissenschaften mit dem Betrieb. Sie richten ihr Interesse nicht auf *wirtschaftliche* Fragen des Betriebsprozesses, sondern in erster Linie auf *technische, soziologische, psychologische* und *rechtliche*. Der Betriebswirt sollte im Hinblick auf einen möglichst reibungslosen Ablauf des gesamten Betriebsprozesses auch mit diesen nichtwirtschaftlichen Fragen vertraut sein; ihre Erforschung jedoch ist nicht Aufgabe der Betriebswirtschaftslehre.

Die *wirtschaftlichen* Tatbestände sind besonders innerhalb des Produktionsbereichs sehr eng mit den *technischen* Vorgängen verknüpft. Eine möglichst günstige Gestaltung der Fertigungstechnik bzw. des gesamten Fertigungsprozesses in einem Industriebetrieb ist Gegenstand der *Betriebswissenschaft* und damit in erster Linie Sache der *Ingenieure*.

Ähnlich gelagert sind auch die grundsätzlichen Probleme der *Arbeitswissenschaft*, die, auf der Arbeits- und Zeitstudientechnik aufbauend, eine optimale Gestaltung der menschlichen Arbeitsleistung anstrebt. Allerdings gibt es hier schon Überschneidungen mit Grenzgebieten der Betriebswirtschaftslehre, wie beispielsweise mit dem Gebiet der Arbeits- und der Leistungsbewertung.

cc) Arbeitsphysiologie, Betriebspsychologie und Betriebssoziologie

Während die *Arbeitsphysiologie* mit Hilfe medizinischer Forschungsmethoden auf eine möglichst günstige *körperliche* Voraussetzung der menschlichen Arbeitsleistungen im Betrieb zu achten hat, versucht die *Betriebspsychologie* u. a. mit Hilfe von spezifischen Eignungstests, die psychischen Bedingungen für die im Betrieb tätigen Menschen positiv zu beeinflussen. Insoweit kann man die *Arbeitsphysiologie* und die *Betriebs-* oder *Arbeitspsychologie* als Hilfswissenschaften einer übergeordneten *Arbeitswissenschaft* betrachten, da beide ihre unmittelbare Zielsetzung in der optimalen Gestaltung des Einsatzes der körperlichen, geistigen und seelischen Kräfte der Menschen im Betrieb finden.

Die *Betriebssoziologie* betrachtet den Betrieb primär als eine soziale Organisation menschlicher Kräfte und versucht, die im Betrieb entstehenden Gruppen- und Gemeinschaftsbeziehungen zu analysieren. Als Ergebnis dieser Analysen propagiert man heute eine bewußte *Gruppenpflege*, da man der Auffassung ist, daß das kameradschaftlich-gemeinschaftliche Verhalten einer (Fertigungs-)Gruppe („Team") eine positive Einstellung des Arbeitenden zur Arbeit mit sich bringt.

cd) Wirtschaftsrecht

Eine andere Nachbardisziplin der Betriebswirtschaftslehre ist das (Wirtschafts-) Recht. Sehr viele rechtliche Tatbestände müssen im Rahmen der Betriebswirtschaftslehre diskutiert werden, da sie als Ergänzung bestimmter wirtschaftlicher Vorgänge unbedingt notwendig erscheinen. Solche Gebiete sind beispielsweise die *Rechtsformen* der Unternehmung und damit eng verbunden die spezifischen Vorschriften des *Gesellschaftsrechts* (besonders im Hinblick auf das Aktienrecht), die *Sicherung* von Forderungen, Teile des Schuldrechts, wie der *Kaufvertrag*, der *Werk-* und der *Dienstvertrag* und das *Wertpapierrecht*. Probleme dieser Art werden vom Betriebswirt in erster Linie unter ökonomischen Aspekten behandelt; die korrespondierenden Rechtsbetrachtungen sind bloße, allerdings oft notwendige *Ergänzungen*.

Die Grenzen zwischen der Betriebswirtschaftslehre und ihren Nachbardisziplinen läßt sich nicht immer scharf ziehen. Die Betriebswirtschaftslehre kann nicht gleichzeitig die spezifischen Fragen und Probleme der anderen Wissenschaften mit erforschen; das ist nicht ihre Aufgabe. Die Betriebswirtschaftslehre muß aber auf jeden Fall die Ergebnisse und Erkenntnisse der anderen Disziplinen im Rahmen ihrer eigenen Zielsetzung berücksichtigen. Der Betriebswirt von heute sollte sich in der Praxis auch mit einem Techniker, einem Psychologen oder einem Wirtschaftsjuristen im Rahmen der in der Unternehmung anfallenden Probleme unterhalten können.

III. Einrichtungen der betriebswirtschaftlichen Ausbildung und Forschung

Stätten der betriebswirtschaftlichen Lehre sind in erster Linie die verschiedenen *Lehrstühle an den Universitäten*, daneben aber auch die vorwiegend praxisorientierten *Fachhochschulen und Akademien*. Während jedoch letztere ihre primäre Aufgabe in der Vermittlung der gesicherten Erkenntnisse der Betriebswirtschaftslehre an die Studierenden sehen, erfüllen die den betriebswirtschaftlichen Lehrstühlen meist angeschlossenen Institute vor allem auch Aufgaben der *wissenschaftlichen Forschung*. So gibt es fast an jeder größeren Universität mit eigener wirtschaftswissenschaftlicher Fakultät ein *„Institut für Industriewirtschaft"* (u. a. in Berlin, Frankfurt, Münster und Köln) und/oder ein *„Bankbetriebliches Institut"* (u. a. in Berlin, Köln und Münster) und/oder ein *„Institut für Handelsbetriebslehre"* (u. a. in Berlin, Frankfurt, Köln, München und Nürnberg). Daneben gibt es der Universität angeschlossene Institute im Bereich des *Handwerkswesens, Verkehrsinstitute*, spezielle Institute für *Prüfungs- und Treuhandwesen* und *Betriebliche Steuerlehre* oder für die *Landwirtschaftliche Betriebswirtschaftslehre* bzw. für das *Genossenschaftswesen*. An all diesen Stätten wird mehr oder weniger intensiv betriebswirtschaftliche Forschungsarbeit geleistet, die von privaten und öffentlichen Gutachten, über Dissertationen und Habilitationsschriften bis hin zu Forschungsarbeiten im Rahmen der Deutschen Forschungsgemeinschaft (u. a. Arbeiten im Rahmen des Schwerpunktprogramms „Operations Research") reichen.

Neben diesen in erster Linie wissenschaftlich-theoretisch orientierten betriebswirtschaftlichen Forschungsstätten gibt es zahlreiche Einrichtungen praktischer Forschung und Ausbildung. Dazu zählen u. a. das *Rationalisierungskuratorium der Deutschen Wirtschaft — RKW —* (vormals Reichskuratorium für Wirtschaftlichkeit) in Frankfurt, das neben gesamtwirtschaftlichen Aufgaben auch *Rationalisierungsmaßnahmen* durch Gemeinschaftsarbeiten von Sachverständigen durchführt und damit also eindeutig betriebswirtschaftliche Ziele verfolgt. Daneben ist der *Verband für Arbeitsstudien — Refa —* (vormals Reichsausschuß für Arbeitszeitermittlung) in Darmstadt zu erwähnen, dessen primärer Aufgabenbereich in den engeren Rahmen der *Betriebswissenschaft* fällt und damit auf eine Erforschung rationeller Methoden bei der Arbeitsgestaltung, Arbeitsbewertung, Arbeitsunterweisung und der Arbeitsvorbereitung abzielt. Stätten praktischer betriebswirtschaftlicher Forschung stellen außerdem die einzelnen Verbände dar, wie u. a. der *„Verband der Chemischen Industrie"*, der *„Verband der Eisen- und Stahlerzeugenden Industrie"* oder der *„Verein Deutscher Maschinenbauanstalten"*, die z. T. über gute eigene betriebswirtschaftliche Forschungsabteilungen verfügen. Daneben sind die *Industrie- und Handelskammern* zu erwähnen, die neben der betriebswirtschaftlichen *Ausbildung* (u. a. Lehrabschlußprüfung, Bilanzbuchhalterprüfung) auch zu wichtigen betriebswirtschaftlichen Grundsatzfragen Stellung nehmen.

Schließlich sind die wirtschaftswissenschaftlichen Institute der *Gewerkschaften* und der *Arbeitgeber* zu nennen, die neben vorwiegend gesamtwirtschaftlichen Fragen z. T. auch grundsätzliche betriebswirtschaftliche Probleme diskutieren, sowie die betriebswirtschaftlichen Stabsabteilungen größerer Unternehmen, Wirtschaftsprüfungsgesellschaften oder Beratungsfirmen, die sich allerdings meist nur spezifischen betriebswirtschaftlichen Problemen aus ihrer unmittelbaren Umgebung widmen.

IV. Geschichte der Betriebswirtschaftslehre

Die Betriebswirtschaftslehre als eigenständige wirtschaftswissenschaftliche Disziplin hat eine relativ junge Geschichte. Sie entstand erst Anfang des 20. Jahrhunderts, also wesentlich später als die Volkswirtschaftslehre. Zwar kann man schon vor dieser Zeit von einer wissenschaftlichen Erforschung und Beschreibung des betrieblichen Geschehens sprechen, die sich aber meist nur auf den *Handelsbetrieb* bezogen.

Sieht man davon ab, daß sich bereits bei den Ägyptern und Babyloniern, vor allem aber bei den Griechen und Römern Schriften nachweisen lassen, die u. a. auch *betriebstechnische* Erörterungen enthalten, so beginnt die „Frühzeit verkehrs- und rechnungstechnischer Anleitungen" wohl mit dem in jener Zeit bedeutendsten „wirtschaftsmathematischen Buch des Venezianer Mönches *Luca Pacioli* „Summa de Arithmetica, Geometria, Proportioni et Proportionalita". Das im Jahre 1494 erschienene Buch ist u. a. dadurch bekanntgeworden, daß es die erste vollständige und in sich geschlossene Darstellung des „doppischen Systems" enthielt. Daneben sind aus jener Zeit noch das „Handelsbuch" von *Lorenz Meder* aus Nünberg (1558) und eine Art „Geschäftsbuch" des Genueser Kaufmanns *Giovanni Domenico Peri* zu erwähnen. Insgesamt gesehen kann man allerdings bei den wenigen Büchern jener Zeit noch nicht von einer systematischen Bearbeitung eines bestimmten Stoffgebietes sprechen.

Der Beginn einer *systematischen Handelswissenschaft* fällt in das „merkantilistische" Zeitalter ausgangs des 17. Jahrhunderts. Es ist die Zeit des Auf- und Ausbaus umfangreicher Handels- und Verkehrsorganisationen und der damit verbundenen starken Ausbreitung von Handels- und Verkehrsunternehmen. Diese Entwicklung führte auch auf literarischem Gebiet zu einem umfangreichen Schrifttum, das für die damalige Zeit ein verhältnismäßig hohes Niveau erreichte, obwohl es sich dabei lediglich um *beschreibende*, dabei aber z. T. systematische Abhandlungen handelte. Das für diese Zeit wohl repräsentativste Werk ist das Buch „Le Parfait Negociant" von *Jacques Savary (1622—1690)*, einem engen Mitarbeiter des damaligen französischen Finanzministers *Colbert*. Sein Buch wurde in mehrere Sprachen, u. a. auch ins Deutsche, übersetzt („Der vollkommene Kauf- und Handelsmann"). *Savary*, der daneben auch maßgeblich an der „Ordonnance pour le Commerce" Ludwigs XIV. beteiligt war, behandelt im „Parfait Negociant" betriebswirtschaftliche Fragen der Handelstechnik und der Handelsgeschäfte, wobei sich eine straffe Systematik gegenüber früheren Veröffentlichungen abzeichnet. Daneben sind in Deutschland vor allem zu nennen: *Paul Jacob Marperger* (1656—1730), der etwa 60 handelskundliche Bücher schrieb, die z. T. als erste Versuche einer lexikalischen Zusammenfassung zu werten sind; *Carl Günther Ludovici*, mit dessen fünfbändigem Lexikon (1752—1756) „Eröffnete Akademie der Kaufleute: oder vollständiges Kaufmannslexicon" sich eine Trennung der Handelswissenschaften von den Kameralwissenschaften vollzog, *Johann Georg Büsch*, der 1792 ein Buch über die theoretisch-praktische Darstellung der „Handlung" schrieb, und schließlich *Johann Michael Leuchs* (1763—1836), dessen Werk „System des Handels" als Höhepunkt, zugleich aber auch als Ende der Handelswissenschaften des 17. und 18. Jahrhunderts gewertet werden kann.

Im 19. Jahrhundert tritt ein rascher Niedergang der Handelswissenschaften ein. Die Ablösung des kameralistischen Wirtschaftsdenkens durch den ökonomischen Liberalismus jener Zeit führte zu einem Verfall der Kameralwissenschaften und gleichzeitig auch zu einem Niedergang der Handelswissenschaften. Statt dessen erzielte die *Volkswirtschaftslehre* einen starken Aufschwung und konnte bereits als eigenständige wissenschaftliche Disziplin an allen größeren Universitäten Fuß fassen. Für die Handelswissenschaft war kaum noch Interesse vorhanden; was blieb, war eine bloße Kunde von der Technik der Buchhaltung, des Schriftverkehrs sowie unergiebige Diskussionen über Rechen-, Münz- und Gewichtsfragen.

Erst mit der Gründung und dem Ausbau der Handelshochschulen beginnt eine völlig neue Epoche. 1898 wurden Handelshochschulen in Leipzig und Aachen, 1901 in Köln und Frankfurt, etwas später in Berlin, Mannheim, München, Königsberg und Nürnberg gegründet. Zwar standen zunächst auch hier die sog. *Kontorwissenschaften* (Buchhaltung, kaufmännisches Rechnen, Finanzmathematik usw.) im Mittelpunkt, doch wurden schon vor dem ersten Weltkrieg mit den Arbeiten von *Josef Hellauer* („System der Welthandelslehre" — 1910 —), von *Johann Friedrich Schär* („Allgemeine Handelsbetriebslehre" — 1911 —) und von *Heinrich Nicklisch* („Allgemeine kaufmännische Betriebslehre als Privatwirtschaftslehre des Handels und der Industrie" — 1912 —) entscheidende Anstrengungen unternommen, die Betriebswirtschaftslehre in ein wissenschaftliches System zu fassen. Die durch die fortschreitende Industrialisierung immer stärker in den Mittelpunkt des Interesses tretenden betriebswirtschaftlichen Fragen boten der sich gerade entwickelnden jungen Wissenschaft eine Reihe von Problemen, an deren Behandlung und Lösung sich ihre Bedeutung für die Praxis abzeichnete. Neben den bereits genannten betriebswirtschaftlichen Fragen boten der sich gerade entwickelnden jungen Wissenschaft eine Reihe von Problemen, an deren Behandlung und Lösung sich ihre Bedeutung für die Praxis abzeichnete. Neben den bereits genannten betriebswirtschaftlichen Forschern und Autoren müssen hier vor allem *Eugen Schmalenbach* und *Fritz Schmidt* genannt werden, die der jungen Disziplin ihr Gepräge gaben. Daneben sind zu erwähnen *Friedrich Leitner*, *Ernst Walb, Alexander Hoffmann, Wilhelm Rieger* und *Walter de Coutre*, die alle wegweisende Arbeiten über betriebswirtschaftliche Spezialthemen veröffentlicht haben.

Neben *bilanztheoretischen Fragen, Problemen der Finanzierungs- und Liquiditätspolitik* standen *bis zum zweiten Weltkrieg* vor allem *Fragen der Kostenrechnung* im Mittelpunkt der Betriebswirtschaftslehre. Daneben hat man von Anfang an die Frage diskutiert, ob die Betriebswirtschaftslehre eine *angewandte* bzw. *empirisch-realistische* Wissenschaft (Schmalenbach), eine *normativ-wertende* (Nicklisch) oder eine *reine Wissenschaft* (Rieger) sei — methodologische Fragen der Betriebswirtschaftslehre, die auch heute noch nicht endgültig entschieden sind.

Die Zeit *nach dem zweiten Weltkrieg* ist auf der einen Seite durch ein intensiveres *marktgerechtes* Denken, auf der anderen Seite durch eine starke Hinneigung zu *betriebssozialen* Problemen charakterisiert. Daneben ist auf die wachsende Bedeutung *mathematischer Verfahren* in fast allen Bereichen der Betriebswirtschaftslehre hinzuweisen. Während mathematische Modelle zunächst nur in den Bereichen „Kostenrechnung", „Investition" und „Produktion" Anklang fanden, diskutiert man heute auch über eine Verwendung mathematischer Methoden in primär qualitativen Bereichen, wie beispielsweise dem *Personalbereich* oder dem Bereich *werbewirtschaftlicher* Entscheidungen. Der Nutzen derartiger Methoden für die praktische Unternehmensführung ist — abgesehen von bestimmten Ausnahmen — nach wie vor umstritten. Die Zukunft wird zeigen, ob und inwieweit diese „mathematische Wirtschaftslehre" eine für die Praxis wichtige Entscheidungshilfe sein kann.

V. Literaturhinweise

1. Gesamtdarstellungen, Sammelwerke und Zeitschriften, die auch für die folgenden Kapitel Gültigkeit besitzen

(A) Gesamtdarstellungen

Fischer, Guido, Allgemeine Betriebswirtschaftslehre, 10. Aufl., Heidelberg 1964.
Gutenberg, Erich, Einführung in die Betriebswirtschaftslehre, Wiesbaden 1958.
Heinen, Edmund, Einführung in die Betriebswirtschaftslehre, 9. Aufl., Wiesbaden 1984.
Jakob, H. (Hrsg.), Allgemeine Betriebswirtschaftslehre in programmierter Form, 4. Aufl., Wiesbaden 1981.
Lehmann, Max Rudolf, Allgemeine Betriebswirtschaftslehre, 3. Aufl., Wiesbaden 1956.
Löffelholz, Josef, Repetitorium der Betriebswirtschaftslehre, 6. Aufl., Wiesbaden 1980.
Lohmann, Martin, Einführung in die Betriebswirtschaftslehre, 4. Aufl., Tübingen 1964.
Mellerowicz, Konrad, Allgemeine Betriebswirtschaftslehre, 11. Aufl., Berlin 1964 (Göschen).
Mellerowicz, Konrad, Unternehmenspolitik, 3. Aufl., Freiburg 1976–1978.
Rössle, Karl, Allgemeine Betriebswirtschaftslehre, 5. Aufl., Stuttgart 1956.
Sandig, Curt, Betriebswirtschaftspolitik, Stuttgart 1966.
Schäfer, Erich, Die Unternehmung, 10. Aufl., Wiesbaden 1980.
Schierenbeck, Henner, Grundzüge der Betriebswirtschaftslehre, 7. Aufl., München-Wien 1983.
Wöhe, Günter, Allgemeine Betriebswirtschaftslehre, 14. Aufl., Berlin und Frankfurt 1981.

(B) Sammelwerke

„Gablers Wirtschaftslexikon", 2 Bde., 11. Aufl., Wiesbaden 1983.
„Handwörterbuch der Betriebswirtschaft", 4 Bde., 4. Aufl., 1974–1976; abekürzt: HWB oder HdB.
„Die Wirtschaftswissenschaften" (Sammelwerk), 60 jeweils in sich abgeschlossene Lieferungen, Wiesbaden 1958 ff.
„Handwörterbuch der Wirtschaftswissenschaft", 9 Bd., 1976–1982; abgekürzt HdWW.
„Handbuch der Wirtschaftswissenschaften", 2 Bde. 2. Aufl., 1966; abgekürzt HdW.

(C) Betriebswirtschaftliche Zeitschriften

Zeitschrift für Betriebswirtschaft (ZfB) (Wiesbaden).
Schmalenbachs Zeitschrift für Betriebswirtschaftliche Forschung (ZfbF); vormals Zeitschrift für handelswissenschaftliche Forschung (ZfhF) (Wiesbaden).
Betriebswirtschaftliche Forschung und Praxis (BFuP) (Herne–Berlin).
Management International Review (Wiesbaden).

Unternehmensforschung (Würzburg).
Die Unternehmung (Bern).
Die Betriebswirtschaft (DBW) (Stuttgart).

2. Spezielle Literatur zu Abschnitt B

Bierfelder, W., Wege und Irrwege mathematischen Denkens in Wirtschaftstheorie und Unternehmenspolitik, Kallmünz 1958.
Blohm, H. (Hrsg.), Deutsche Gesellschaft für Betriebswirtschaft, Stuttgart 1983.
Bredt, O., Die Krise der Betriebswirtschaftslehre, Düsseldorf 1956.
Eisfeld, C., Betrieb, Firma, Unternehmung. Die drei Einheiten, in: Der Betrieb in der Unternehmung, Festschrift f. W. Rieger, hrsg. von J. Fettel u. H. Linhardt, Stuttgart 1963, S. 1 ff.
Fischer-Winkelmann, W., Methodologie der Betriebswirtschaftslehre, München 1971.
Grochla, E., Unternehmung und Betrieb, in: HdSW, Bd. 10, S. 583 ff.
Gutenberg, E., Betriebswirtschaftslehre als Wissenschaft, Krefeld 1957.
Hasenack, W., Zur Entwicklung der Betriebswirtschaftslehre, in: BFuP (1952), S. 459 ff.
Hasenack, W., Funktions- oder Wirtschaftszweiglehren als spezielle Betriebslehre?, in: Die Wirtschaftsprüfung (1954), S. 310 ff.
Hax, K., Stand und Aufgabe der Betriebswirtschaftslehre in der Gegenwart, in: ZfhF (1956), S. 133 ff.
Hax, K., Die Unternehmung als Erkenntnisobjekt von Betriebswirtschaftslehre und Betriebssoziologie, in: ZfbF (1965), S. 233 ff.
Jehle, E., Über Fortschritt und Fortschrittskriterien in betriebswirtschaftlichen Theorien, Stuttgart 1973.
Kirsch, W., Einführung in die Theorie der Entscheidungsprozesse, Wiesbaden 1977.
Kirsch, W., Bamberger, J., Fabele, E. und Klein, H. K., Betriebswirtschaftlich Logistik, Wiesbaden 1973.
Koch, H., Das Wirtschaftlichkeitsprinzip als betriebswirtschaftliche Maxime, in: ZfhF (1951), S. 160 ff.
Kröger, J., Der Normativismus in der Betriebswirtschafslehre, Stuttgart 1981.
Kosiol, E., Erkenntnisgegenstand und methodologischer Standort der Betriebswirtschaftslehre, in: ZfB (1961), S. 129 ff.
Kosiol, E., Modellanalyse als Grundlage unternehmerischer Entscheidungen, in: ZfhF (1961), S. 318 ff.
Lehmann, M. R., Die Stellung der Betriebswirtschaftslehre im Rahmen der Wirtschafts- und Sozialwissenschaften, in: Festschrift für Proessler, Erlangen 1953.
Lisowsky, A., Betriebswirtschaftslehre als normative Wissenschaft, in: ZfB (1950), S. 605 ff.
Löffelholz, J., Betriebswirtschaft, Geschichte der . . . , in: HWB, Bd. I, Sp. 970 ff.
Mellerowicz, K., Die Stellung der Betriebswirtschaftslehre im Rahmen der Wirtschaftswissenschaften, in: ZfB (1951), S. 385 ff.
Moxter, A., Methodologische Grundfragen der Betriebswirtschaftslehre, Köln und Opladen 1957.
Popper, K. R., Objektive Erkenntnis, Hamburg 1973.
Raffee, H., Abel, B., Wissenschaftstheoretische Grundfragen der Wirtschaftswissenschaften, Berlin und Frankfurt 1979.
Schäfer, E., Über einige Grundfragen der Betriebswirtschaftslehre, in: ZfB (1950), S. 553 ff.
Schneider, D., Geschichte betriebswirtschaftlicher Theorie, München-Wien 1981.
Schreiber, R., Erkenntniswert betriebswirtschaftlicher Theorien. Einführung in die Methodik der Betriebswirtschaftslehre, Wiesbaden 1960.
Seyffert, R., Betriebswirtschaftslehre, Geschichte der . . . , in: HWB, Bd. I, Sp. 995 ff.
Seyffert, R., Über Begriff, Aufgaben und Entwicklung der Betriebswirtschaftslehre, 4. Aufl., Stuttgart 1957.
Szyperski, N., Zur wissenschaftsprogrammatischen und forschungsstrategischen Orientierung der Betriebswirtschaftslehre, in: ZfbF (1971), S. 261–282.
Wittmann, W., Entwicklungsweg und Gegenwartsauftrag der Betriebswirtschaftslehre, in: ZfhF (1963), S. 1 ff.
Wöhe, G., Methodologische Grundprobleme der Betriebswirtschaftslehre, Meisenheim 1959.

C. Der betriebswirtschaftliche Umsatzprozeß: Darstellung und Klärung betriebswirtschaftlicher Grundbegriffe

I. Abgrenzung des betriebswirtschaftlichen vom gesamtwirtschaftlichen Umsatzprozeß (Wirtschaftsprozeß)

Der gesamtwirtschaftliche Umsatzprozeß führt von den gegebenen Naturgrundlagen über zahlreiche Zwischendistanzen zur Befriedigung menschlicher Bedürfnisse.

In der Umsetzung der Naturgegebenheiten in Bekleidung, Ernährung, Wohnung usw. findet danach der gesamtwirtschaftliche Umsatzprozeß seine Erfüllung, seinen Sinn und sein Ende. Alle Zwischenstufen in diesem Prozeß sind letztlich Mittel zur Erreichung des Zieles Bedürfnisbefriedigung. Dabei liegen manche dieser Zwischenstufen, die wir Wirtschaftsbetriebe nennen, der Naturgrundlage näher, wie etwa eine Eisenhütte oder Gerberei; andere dagegen besitzen eine größere Konsumnähe, wie etwa eine Tuchweberei, eine Automobilfabrik oder eine Möbelfabrik. Immer aber sind die einzelnen Zwischenglieder in den übergeordneten Gesamtprozeß zwischen *Naturgegebenheiten* und *menschlichen Bedarfszielen* eingespannt. Der einzelne Wirtschaftsbetrieb bildet innerhalb des Gesamtprozesses nur ein Teilstück, eine Phase:

Natur — — — Wirtschaftsbetrieb 1 — Wirtschaftsbetrieb 2 — Wirtschaftsbetrieb 3 — — — menschlicher Bedarf

Im gesamtwirtschaftlichen Umsatzprozeß wird jeder in den Prozeß eingeschaltete Wirtschaftsbetrieb die von der Vorstufe übernommene Leistung um einiges konsumreifer machen. Dabei ist der Anteil des einzelnen Betriebes am Gesamtreifeprozeß unterschiedlich groß. Ein Blechwalzwerk, das z. B. Zinkbarren von der Zinkhütte übernimmt, um sie zu Blechen auszuwalzen, übernimmt ein weitaus kürzeres Phasenstück des gesamten Prozesses zwischen Naturgrundlage (Erzvorkommen) und Konsumprodukt (Zinkeimer) als etwa eine Maschinenfabrik. Außerdem darf man sich den gesamtwirtschaftlichen Umsatzprozeß nicht als eine gerade Linie vorstellen, sondern es spalten sich auf jeder Produktionsstufe des Gesamtprozesses verschiedene Verwendungsmöglichkeiten ab. Die Ausgangsprodukte Eisen, Zellstoff oder Leder verbinden sich bis zum Endprodukt mit unterschiedlichen Produktionsketten. Jeder Wirtschaftsbetrieb ist danach Schnittpunkt von mehreren solcher Produktionsketten. So laufen beispielsweise in einer Automobilfabrik, die ja bekanntlich einen sehr großen Bedarf an Vorprodukten aller Art, wie u. a. verschiedene Metalle, Leder, Holz, Gummi usw., besitzt, zahlreiche Fäden zusammen.

Der *Anteil* eines Unternehmens am jeweils spezifischen Umsatzprozeß kann zusammenfassend durch folgende Faktoren näher charakterisiert werden:

1. durch seine *„Phasenstellung"*, d. h. durch seine Einordnung zwischen Naturprodukt und Konsumprodukt;
2. durch seine *„Phasenlänge"*, d. h. durch die Größe des Phasenstückes im gesamten Prozeß;
3. durch seinen *„Verflechtungsgrad"*, d. h. den Umfang, mit dem der einzelne Betrieb als Schnittpunkt verschiedener Produktionsketten dient.

Diese drei Faktoren sind letztlich auch gleichzeitig mitbestimmend für die Eigenart der betrieblichen Leistung eines jeden Unternehmens.

Zwischen den einzelnen Unternehmen im Rahmen des gesamtwirtschaftlichen „Umsetzungsprozesses" liegen in einem marktwirtschaftlich orientierten System die jeweiligen *Märkte*.

Unter der Bezeichnung „Markt" kann man einmal räumlich konkretisierte Veranstaltungen, wie z. B. Wochenmärkte, Messen oder Börsen, verstehen, zum andern aber auch die gedankliche Zusammenfassung aller Geschäftsbeziehungen zwischen Käufern und Verkäufern hinsichtlich bestimmter Produkte oder Produktarten.

Man unterscheidet *Beschaffungs-* und *Absatzmärkte*; erstere dienen der Beschaffung der für die Leistungserstellung seitens der Unternehmung notwendigen Produktionsmittel, letztere sollen der Unternehmung helfen, ihre Betriebsleistung abzusetzen. Der gesamtwirtschaftliche Umsatzprozeß in einer Marktwirtschaft ist also gekennzeichnet durch zahlreiche Zwischenstufen auf dem Weg vom Naturprodukt zum Konsumgut, nämlich die einzelnen Unternehmen, die durch zahlreiche Beschaffungs- und Absatzmärkte miteinander verbunden sind.

Betrachten wir nun eine einzelne am Gesamtprozeß beteiligte Unternehmung, so kann man das „Leben" innerhalb dieser Unternehmung als einen Strom von kontinuierlichen Vorgängen auffassen.

Dieser betriebswirtschaftliche Umsatzprozeß unterscheidet sich vom gesamtwirtschaftlichen Prozeß dadurch, daß er aus der Gesamtphase eine Stufe herausgreift und die innerbetrieblichen Vorgänge als Prozeß darstellt.

Die einzelne Unternehmung arbeitet dabei jedoch nicht isoliert, sondern sie beteiligt sich am Gesamtprozeß, und sie bedient sich seiner: Die Unternehmung zieht aus der Fülle der vorgelagerten Stufen die für ihre Leistungserstellung notwendigen Vorleistungen heraus und stellt durch Hinzufügen der eigenen spezifischen „Mehrleistung" ein für den Betriebszweck typisches Produkt her.

In den gesamtwirtschaftlichen Umsatzprozeß gestellt, kann dieses Produkt entweder schon das Endprodukt sein, es kann sich aber auch erst um ein weiteres Zwischenprodukt handeln.

II. Der betriebswirtschaftliche (betriebliche) Umsatzprozeß

1. Vermögen und Kapital als Träger des (güter- und finanzwirtschaftlichen) Umsatzprozesses

Der Begriff „Umsatz" kann einmal in seiner engeren Fassung als Geldwert der abgesetzten Leistung definiert werden.

> Der „Umsatz"(prozeß), wie wir ihn an dieser Stelle verstehen wollen, umfaßt dagegen die Umwandlung von Geld in Sachgüter, die Umformung dieser Sachgüter in Produkte und schließlich den Verkauf dieser Produkte und damit ihre Umwandlung in Geld. Der Umsatzprozeß ist hier gleichbedeutend mit dem Betriebsprozeß; er umfaßt die drei großen Teilbereiche Beschaffung, Leistungserstellung und Absatz.

Der betriebliche Umsatzprozeß verbindet den *Kapitalbereich* mit dem *Vermögensbereich*. Als Ausgangspunkt des Umsatzprozesses wollen wir die Beschaffung von finanziellen Mitteln aus außerhalb der Unternehmung liegenden Quellen bezeichnen. Dieser Vorgang schlägt sich im Kapitalbereich (Passivseite der Bilanz in Form von Eigen- oder Fremdkapital) und gleichzeitig im Vermögensbereich (Aktivseite der Bilanz in Form von Zahlungsmitteln = Finanzbereich) nieder. Nun beginnt der eigentliche innerbetriebliche Umsatzprozeß: Die Zahlungsmittel werden zur Beschaffung sog. konkreter Güter, d. h. Sachgüter, Arbeits- und Dienstleistungen, verwendet. Dadurch verringert sich der Bestand an sog. *abstrakten* Gütern (Zahlungsmitteln), und es vergrößert sich der Bereich an konkreten Gütern (u. a. Grundstücke, Maschinen, Patente, Rechte usw.). Dieser Umwandlungsprozeß vollzieht sich im Hinblick auf die Bilanz als ein bloßer *Aktivtausch*. In der nächsten Phase des Umsatzprozesses werden die Sachgüter, Arbeits- und Dienstleistungen in einem Leistungserstellungsprozeß zu *Ertragsgütern* (Halb- und Fertigfabrikaten) umgewandelt. Der sich daran anschließende Absatzprozeß hat die marktliche Verwertung dieser Ertragsgüter zum Inhalt und führt zu einem Rückfluß finanzieller Mittel in den Finanzbereich der Unternehmung. Der innerbetriebliche Umsatzprozeß ist abgeschlossen. Faßt man den Umsatzprozeß allerdings weiter, so kann man die Verwendung der zurückgeflossenen Mittel – entweder in Form neuerlicher Investitionen oder in Form der Zurückzahlung bestimmter Kapitalteile – ebenfalls mit einbeziehen. Denkt der Unternehmer an eine Rückzahlung des Kapitals, so sind wir wieder beim Kapitalbereich angelangt, und der betriebliche Umsatzprozeß im weiteren Sinne findet seinen endgültigen Abschluß; es beginnt ein neuer Prozeß.

Man kann demnach insgesamt *vier Phasen des betrieblichen Umsatzprozesses* im weiteren Sinne unterscheiden:

1. die Aufnahme von Geldkapital und dessen Umwandlung in abstraktes (Geldform) und konkretes (Sachform) Vermögen;
2. die Umwandlung der Sachgüter, Arbeits- und Dienstleistungen im Rahmen eines Leistungserstellungsprozesses zu absatzfähigen Gütern;
3. die Umwandlung der Ertragsüter im Rahmen eines Leistungsverwertungsprozesses in Zahlungsmittel;
4. die Verwendung der Zahlungsmittel zu Investitionen oder zur Rückzahlung bestimmter Kapitalteile.

Die beiden betriebswirtschaftlichen Größen „Vermögen" und „Kapital" haben wir als die Träger des einzelwirtschaftlichen Umsatzprozesses bezeichnet. Eine Beziehung zwischen beiden Größen kann nur über eine Bewertung des Vermögens, d. h. durch eine Bezifferung der Güter in Geld, hergestellt werden. Der Wert, den das Vermögen im Rahmen des Betriebsprozesses für die Unternehmung bildet, ist zugleich betriebswirtschaftlich Kapital. Wert hat das Vermögen aber nur, wenn es ertragbringend angelegt ist.

Kapital ist also die abstrakte Geldwertsumme für das in der Unternehmung arbeitende Vermögen.

Betrachten wir die beiden Begriffe in ihrer in der Betriebswirtschaftslehre gebrauchten Fassung und Unterteilung, so kann man im Hinblick auf das *Vermögen* zunächst einmal unterteilen in:

1. konkretes Vermögen (Sachvermögen) und
2. abstraktes Vermögen (Finanzvermögen).

Das *konkrete Vermögen* oder die *Sachgüter* kann man wieder danach unterteilen, ob:

a) sie *dauernd* für die Leistungserstellung genutzt werden können und sich durch ihren dauernden Einsatz im Leistungserstellungsprozeß nicht verbrauchen (z. B. Grundstücke ohne Gebäude).
b) sie *wiederholt* für die Leistungserstellung genutzt werden können (z. B. Maschinen). Es handelt sich hierbei um Gebrauchsgüter, deren Gebrauch zeitlich beschränkt ist, sich aber meist über mehrere Jahre erstreckt. Es erfolgt also auch bei diesen Gütern letztlich ein Verbrauch.
c) sich ihre Nutzung in *einem* Produktionsakt erschöpft (z. B. Rohstoffe). Man spricht hierbei auch von Verbrauchsgütern.

Fassen wir die in der Unternehmung vorhandenen konkreten und abstrakten Vermögensteile zusammen, so können wir das betriebswirtschaftliche Vermögen als die Gesamtheit der der Unternehmung zur Erreichung des Unternehmensziels dienenden Güter definieren.

Abzugrenzen von diesem betriebswirtschaftlichen Vermögensbegriff bleibt der *Bilanz*begriff „Vermögen"; letzterer ist enger gefaßt, da nur das ausweispflichtige, d. h. das sich im Eigentum des Bilanzierenden befindende Vermögen dazu zählt. Gepachtetes oder gemietetes Vermögen wird in der Regel nicht bilanziert. Beim bilanziellen Vermögensbegriff kennt man noch die Unterteilung in *Anlagevermögen* und *Umlaufvermögen*. Während das Anlagevermögen im Unternehmen längerfristig gebunden ist, gehören die Vermögensgüter des Umlaufvermögens dem Unternehmen im allgemeinen nur kurzfristig an, da sie zum Umsatz bestimmt sind.

Schließlich gibt es in der Betriebswirtschaftslehre noch eine weitere Unterteilung des Vermögens, nämlich die nach der *Bindung* an den *Betriebszweck*. Hier unterscheidet man:

a) *gebundenes Vermögen* (das sind alle Vermögensteile, die vom Betriebsprozeß unmittelbar und nachhaltig erfaßt werden);
b) *Reservevermögen* (das sind die Vermögensteile, die in Bereitschaft stehen, um unter Umständen eine Betriebserweiterung zu ermöglichen);
c) *Verwaltungsvermögen* (alle Vermögensteile, die dem Betriebsprozeß nur mittelbar dienen).

Die zweite entscheidende Größe des betriebswirtschaftlichen Umsatzprozesses, das *Kapital*, unterteilt man in der Regel nach zwei unterschiedlichen Gesichtspunkten: nach der Herkunft und nach der Fristigkeit.
Nach der *Herkunft* des Kapitals unterscheidet man:

1. *Eigenkapital:*
Darunter versteht man den Wert des von den an der Unternehmung Beteiligten eingebrachten Vermögens *und* den Wert des von der Unternehmung selbst erarbeiteten und an die Beteiligten nicht ausgeschütteten Vermögenszuwachses.
2. *Fremdkapital:*
Darunter versteht man den Wert des von unbeteiligten Dritten eingebrachten Vermögens, das als Kreditkapital Anspruch auf die vereinbarten Zinsen und eine fristgerechte Rückzahlung hat.

Die Grenzen zwischen beiden Kapitalarten sind nicht immer exakt zu ziehen. Es gibt eine Reihe von *Zwischenformen*, wie u. a. „Wandelschuldverschreibungen" oder „stille Beteiligungen".
Nach der *Fristigkeit* des Kapitals unterscheidet man:

a) langfristiges Kapital,
b) mittelfristiges Kapital,
c) kurzfristiges Kapital.

Da das Eigenkapital in der Regel langfristigen Charakter hat, ist die Einteilung nach der Fristigkeit vor allem für das Fremdkapital von Bedeutung. Als kurzfristig gilt, betriebswirtschaftlich gesehen, das Kapital, das die Dauer des Betriebsprozesses vom Einsatz des Geldkapitals bis zu seinem Rückfluß aus den Erlösen umfaßt. Länger gebundene Kapitalteile gelten danach als mittel- oder langfristig.

Konkreter dagegen ist die in Bankkreisen übliche Gewohnheit: Als kurzfristig gilt die Dreimonatsfrist — teilweise bis zu 12 Monaten. Als mittelfristig bezeichnet man die über diese kurze Frist hinausgehenden und etwa bis zu vier Jahren zur Verfügung stehenden Kapitalteile. Als langfristig gilt dann die darüber hinausreichende Kapitalbereitstellung.

2. Die kinetischen Werte des betriebswirtschaftlichen Umsatzprozesses: Ausgaben — Aufwand — Kosten; Einnahmen — Ertrag — Leistung

Die betrieblichen Entscheidungen in den einzelnen Bereichen der Unternehmung wirken sich über sog. kinetische Werte (Wertanfall innerhalb bestimmter Zeit) auf den Vermögens- und Kapitalbereich aus. Dazu zählen auf der einen Seite die Ausgaben, Aufwendungen und Kosten, auf der anderen Seite die Einnahmen, Erträge und Leistungen. Sie schlagen sich auf unterschiedlichen Buchhaltungskonten nieder und führen zu einer Veränderung der Vermögens- und Kapitalbestände in der Bilanz.

Um die einzelnen Grundbegriffe näher kennenzulernen, wollen wir sie zunächst einmal definieren und gegeneinander abgrenzen, und zwar zunächst die Begriffe *Ausgaben* und *Aufwand*.

Ausgaben sind alle von der Unternehmung geleisteten Zahlungen mittels Bar- oder Buchgeld. Aufwendungen oder Aufwand dagegen sind die von der Unternehmung innerhalb einer Periode verbrauchten Güter- und Dienstleistungen.

Je nachdem, ob sie dem *Betriebszweck* dienen oder nicht, kann man die Aufwendungen unterteilen in:

a) *Betriebs- oder Leistungsaufwand:*
Dazu zählen alle mit der betrieblichen Leistungserstellung bzw. -verwertung im Zusammenhang stehenden Aufwendungen. Diese können sein:
(1) *periodisch:* innerhalb der Abrechnungsperiode anfallender Aufwand;
(2) *aperiodisch:* außerhalb der Abrechnungsperiode verursachter und innerhalb der Periode verrechneter Aufwand, wie z. B. Versicherungsbeiträge, Gewerbesteuernachzahlung;
(3) *außergewöhnlich:* einmaliger, auf Grund ungewöhnlicher Umstände anfallender Aufwand, z. B. außerordentliche Wagnisverluste, Schadensfälle usw.

b) *betriebsfremder Aufwand:*
Dazu zählen alle Aufwendungen, die nicht mit der betrieblichen Tätigkeit in Zusammenhang stehen bzw. nicht zur Erreichung des Betriebszweckes gemacht werden. Diese können sein:
(1) *periodisch:* innerhalb der Periode anfallender Aufwand, wie z. B. regelmäßige Spenden oder Schenkungen;
(2) *aperiodisch:* außerhalb der Abrechnungsperiode anfallender und innerhalb der Periode verrechneter Aufwand, wie z. B. Verluste aus Verkäufen betrieblich nicht genutzter Grundstücke;
(3) *außergewöhnlich:* auf Grund ungewöhnlicher Umstände anfallender Aufwand, wie z. B. außergewöhnlich hohe Verluste aus Wertpapier-Spekulationen.

Für die Zwecke der *Erfolgsrechnung* unterteilt man in den sog. *Zweckaufwand*, dazu zählt der periodische bzw. periodenzugehörige Betriebsaufwand, und den sog. *neutralen Aufwand*, dazu zählt der periodenfremde oder aperiodische und der außergewöhnliche Betriebsaufwand sowie der gesamte betriebsfremde Aufwand.

Ausgaben und Aufwand können sich sowohl in sachlicher als auch in zeitlicher Hinsicht voneinander unterscheiden: So gibt es Ausgaben, die kein Aufwand sind, wie z. B. Privatentnahmen oder die Zahlung von Einkommensteuer durch den Unternehmer. Auf der anderen Seite kann es Aufwand geben, der nicht in Ausgaben wurzelt, wie z. B. Abschreibungen einer durch Schenkung erworbenen Maschine.

Im Hinblick auf zeitliche Unterschiede besteht einmal die Möglichkeit, daß die Ausgaben *zeitlich vor* dem Aufwand liegen, wie z. B. beim Kauf einer Maschine, bei der zunächst die Ausgaben in Höhe der Anschaffungskosten entstehen, der Aufwand sich dagegen in Form von Abschreibungen auf die Jahre der späteren Nutzung verteilt. Zum anderen können die Ausgaben auch *zeitlich später* als der Aufwand eintreten, wie z. B. beim Kauf von Rohstoffen, die sofort verarbeitet, aber erst später bezahlt werden.

Was versteht man nun aber unter den *Kosten?*

Unter Kosten versteht man den bewerteten Verbrauch von Gütern und Diensten zur Erstellung und Verwertung der betrieblichen Leistung.

Dieser auf *Schmalenbach* zurückgehende sog. *wertmäßige* Kostenbegriff enthält drei Merkmale:

1. Es muß ein *Verzehr* (Verbrauch) von Gütern und Diensten vorliegen.
2. Der Werteverzehr muß durch die Erstellung bzw. Verwertung der *betrieblichen Leistung* hervorgerufen sein.
3. Es muß eine *Bewertung* des Verzehrs (Verbrauchs) erfolgen, durch die der Werteverzehr in Geldziffern dargestellt und damit vergleichbar wird.

Es gibt nun auf der einen Seite Aufwand, der kostengleich ist (*Zweckaufwand* = aufwandsgleiche Kosten = Grundkosten), und es gibt Aufwand, dem keine Kosten gegenüberstehen (*neutraler Aufwand*). Auf der anderen Seite gibt es Kosten, denen kein Aufwand gegenübersteht. Man bezeichnet sie als *Zusatzkosten* („kalkulatorische Kosten"). Dazu zählen u. a. Zinsen auf das Eigenkapital oder Unternehmerlohn; Kostenbestandteile also, die nicht in der Erfolgsrechnung, sondern nur in der Kostenrechnung erscheinen.

Schmalenbach hat die Zuordnung der Begriffe Aufwand und Kosten im folgenden Schema erstmals dargestellt:

Aufwand		
neutraler Aufwand	Zweckaufwand	
	Grundkosten	Zusatzkosten
	Kosten	

Man unterscheidet also:

a) neutralen Aufwand, d. h. Aufwand, dem keine Kosten gegenüberstehen;
b) Zweckaufwand, d. h. kostengleichen Aufwand;
c) Zusatzkosten, d. h. Kosten, denen kein Aufwand entspricht.

Die literarische Auseinandersetzung mit den Begriffen Ausgaben, Aufwand und Kosten hat in der Betriebswirtschaftslehre unterschiedliches Gewicht angenommen: Der Ausgabenbegriff wird bei theoretischen Diskussionen meist vernachlässigt. Auch das Interesse am Aufwandsbegriff ist erheblich geringer als am Begriff der Kosten. Das ist verständlich, wenn man die Bedeutung des Begriffs und damit des Inhalts und Umfangs der Kosten für die Selbstkostenrechnung und für die Angebotspreisbildung berücksichtigt. Ohne daß wir auf das Wesen der einzelnen Kostenbegriffe – u. a. wertmäßiger/pagatorischer/normativer Kostenbegriff – näher eingehen wollen, kann doch zusammenfassend im Hinblick auf den Kostenbegriff gesagt werden,

> *daß alle Kostenbestandteile nicht nur eine bestimmte Menge umfassen, sondern daß auch die jeweiligen Werte dazugehören. Die meisten Betriebswirte erkennen deshalb an, daß die Kosten ein Mengen- und ein Wertgerüst aufweisen und daß sie sich als ein Produkt aus Menge und Wert ergeben.*

Neben den Ausgaben, Aufwendungen und Kosten zählen auf der anderen Seite auch die Einnahmen, Erträge und Leistungen zu den sechs entscheidenden Wertgrößen des betriebswirtschaftlichen Umsatzprozesses. Auch sie sollen definiert und gegeneinander abgegrenzt werden. Wir beginnen mit den *Einnahmen* und *Erträgen*.

> *Einnahmen sind alle von der Unternehmung in Form von Buch- oder Bargeld vereinnahmten Zahlungen. Erträge sind alle in einer Periode erfolgten Wertzugänge.*

Die Erträge bilden den Gegenbegriff zu den Aufwendungen. Je nachdem, ob sie dem Betriebszweck dienen oder nicht, kann man die Erträge unterteilen in:

a) *betriebliche Erträge (Leistungsertrag)*:
Dazu zählen alle mit der betrieblichen Leistungserstellung anfallenden Erträge. Diese können sein:
(1) *periodisch*: innerhalb der Abrechnungsperiode anfallende Erträge;
(2) *aperiodisch*: außerhalb der Abrechnungsperiode verursachte und innerhalb der Periode verrechnete Erträge, wie z. B. Eingänge auf bereits abgeschriebene Forderungen;
(3) *außergewöhnlich*: einmalige, auf Grund ungewöhnlicher Umstände anfallende Erträge, wie z. B. Erträge auf Grund von Kapitalherabsetzungen oder Erträge aus Anlageverkäufen.

b) *betriebsfremde Erträge*:
Dazu zählen alle Erträge, die nicht auf Grund der betrieblichen Tätigkeit entstanden sind bzw. nicht mit dem Betriebszweck in Zusammenhang stehen. Diese können sein:
(1) *periodisch*: innerhalb der Periode anfallende Erträge, wie z. B. Einnahmen aus der Vermietung oder Verpachtung nicht für den Betriebszweck benötigter Gebäude oder Grundstücke;
(2) *aperiodisch*: unregelmäßig anfallende Erträge, wie z. B. Erträge aus der Veräußerung betriebsfremder Grundstücke bzw. Beteiligungen;
(3) *außergewöhnlich*: auf Grund ungewöhnlicher Umstände und einmalig anfallende Erträge, wie z. B. außergewöhnlich hohe Erträge aus Wertpapier-Spekulationen.

Für die Zwecke der *Erfolgsrechnung* unterteilt man in den periodischen *Betriebsertrag* auf der einen Seite und den *neutralen Ertrag* auf der anderen Seite. Zu letzterem zählt der aperiodische und außergewöhnliche Betriebsertrag und der gesamte betriebsfremde Ertrag.

Von den Betriebserträgen sind die *Erlöse* abzugrenzen. Während die Erlöse nur den geldlichen Gegenwert für die verkauften Leistungen umfassen, zählen zu den Erträgen auch die sog. innerbetrieblichen Erträge (Instandsetzungen usw.) und die auf Lager produzierten Betriebsleistungen, die erst später abgesetzt werden und dann zu Erlösen führen.

Und was sind nun *Leistungen?*

Unter Leistungen versteht man das in Geld bewertete Ergebnis der betrieblichen Tätigkeit, d. h. die im Rahmen des Leistungserstellungs-Prozesses erzeugten, nicht jedoch die abgesetzten Güter und Dienste.

Die Leistung kann innerbetriebliche Leistung oder Marktleistung sein. Sie ist in der Regel mit dem Teil des Betriebsertrages identisch, der, mit Herstellkosten bewertet, entweder innerbetrieblicher Ertrag oder Produktion auf Lager darstellt. Der mit Absatzpreisen angesetzte und zum Verkauf bestimmte Betriebsertrag dagegen stimmt wertmäßig mit der an sich sachlich identischen Betriebsleistung nicht überein.

Zusammenfassend kann man feststellen, daß sich die sechs Wertgrößen unseres Umsatzprozesses paarweise wie folgt ordnen lassen:

a) *Ausgaben – Einnahmen:* kennzeichnend für alle betrieblichen Zahlungsvorgänge (manchmal werden auch Kreditvorgänge mit einbezogen);
b) *Aufwendungen – Erträge:* kennzeichnend für den gesamten Werteverbrauch bzw. Wertezuwachs einer Abrechnungsperiode;
c) *Kosten – Leistungen:* kennzeichnend für den Werteverbrauch bei der Erstellung der Betriebsleistung und den durch die Betriebsleistung angefallenen Wertezuwachs.

In der *Ergebnisrechnung* stehen sich einmal periodischer Ertrag und periodischer Aufwand gegenüber; die Differenz ergibt den *Betriebserfolg*. Zum anderen stehen sich neutraler Ertrag und neutraler Aufwand gegenüber; die Differenz ergibt den *neutralen Erfolg*. Der gesamte *Unternehmungserfolg* ist dann gleich der Summe aus Betriebs- und neutralem Erfolg. Daraus ergibt sich, daß der Unternehmungserfolg positiv sein kann, obwohl der betriebliche Umsatzprozeß zu Verlusten geführt hat, der Betriebserfolg also negativ ist. Das ist z. B. dann der Fall, wenn Gewinne aus dem Verkauf nicht mehr benötigter Anlagen oder aus dem Verkauf von Beteiligungen oder Wertpapieren den „betrieblichen" Verlust mehr als ausgleichen. Die Bedeutung einer Erfolgsanalyse im Sinne einer isolierten Aufspaltung von Betriebserfolg und neutralem Erfolg ist damit offensichtlich.

3. Die Bestimmungsgrößen des finanzwirtschaftlichen Umsatzprozesses: Liquidität und Rentabilität

Wir haben bei der Definition des Umsatzprozesses den finanzwirtschaftlichen Teil relativ weit gefaßt. Er enthält nicht nur die finanziellen Vorgänge auf der Aktivseite, sondern auch die kapitalwirtschaftlichen Vorfälle (Beschaffung, Rückzahlung von Kapital) auf der Passivseite der Bilanz. Insgesamt umfaßt der finanzwirtschaftliche Prozeß folgende Tatbestände:

1. die jeweiligen Verkaufserlöse und deren Umwandlung in Bankguthaben und Bargeld;
2. die Verwendung dieser finanziellen Mittel zum Einkauf von Roh-, Hilfs- und Betriebsstoffen, zu Lohn- und Steuerzahlungen, zur Neuinvestition und Tilgung usw.,
3. die Auffüllung der flüssigen Mittel — sofern die Erlöse nicht ausreichen — durch Aufnahme neuen Eigen- und Fremdkapitals (Außenfinanzierung);
4. die Anlage der finanzwirtschaftlichen Überschüsse, d. h. die „internen Finanzierungsmöglichkeiten" und die Anlagemöglichkeiten außerhalb der Unternehmung.

Innerhalb des finanzwirtschaftlichen Prozesses spielen zwei (Richt-)Größen eine entscheidende Rolle: die *Liquidität* und die *Rentabilität*. Sie bestimmen zum großen Teil die unternehmerischen Entscheidungen im Finanzbereich. Wir wollen deshalb zunächst beide Größen definieren und in ihrem Wesen zu erfassen suchen und anschließend ihre gegenseitige Beziehung näher erörtern.

a) Die Liquidität

Unter Liquidität kann man ganz allgemein die Fähigkeit einer Unternehmung verstehen, ihren Zahlungsverpflichtungen fristgerecht nachzukommen.

Man spricht aber auch von der Liquidität als der Eigenschaft einer Sache und versteht darunter die Möglichkeit, diese Sache in Geld umtauschen zu können. Die Beziehung zwischen beiden Definitionen ist offensichtlich: Die Zahlungsbereitschaft einer Unternehmung wird letztlich davon abhängen, wie groß ihre jederzeit erreichbaren finanziellen Mittel sind bzw. wie schnell sich die sonstigen Vermögenswerte in Geld umwandeln lassen. Da die einzelnen Vermögenswerte von der „Wiedergeldwerdung" unterschiedlich weit entfernt sind, kann man bei den Aktivposten in der Bilanz unterschiedliche Liquiditätsstufen („Liquiditätsgrade") unterscheiden:

- *Liquide Mittel erster Ordnung:* Dazu zählen alle „Güter", die schon Geld sind, also eines Umtauschs nicht mehr bedürfen, wie z. B. sämtliche Geld- und Bankguthaben.
- *Liquide Mittel zweiter Ordnung:* Dazu zählen alle „Güter", die relativ leicht umgewandelt werden können, wie z. B. diskontfähige Wechsel, kurzfristige und gute Debitoren, börsengängige Wertpapiere.
- *Liquide Mittel dritter Ordnung:* Dazu zählen all die Vermögenswerte, die nicht sofort umgewandelt werden können, deren mögliche Liquidierbarkeit jedoch nicht in Frage gestellt ist, wie z. B. Fertigprodukte, sonstige gute Debitoren usw.
- *Liquide Mittel vierter Ordnung:* Dazu zählen alle sonstigen Vermögenswerte, die als illiquide gelten und auch nur in besonderen Notlagen veräußert werden, wie z. B. Grundstücke, Gebäude, Maschinen, aber auch die Vermögenswerte des sog. „eisernen Bestandes", wie Roh- und Hilfsstoffe sowie Halbfabrikate, die allerdings unterschiedlich gut zu liquidieren sind. So sind Roh- und Hilfsstoffe meist leichter abzusetzen als Halbfabrikate, wenn eine anderweitige Weiterverarbeitung nicht möglich ist.

Auf der anderen Seite werden die Passiven entsprechend ihrer Zahlungsdringlichkeit nach sog. *Dringlichkeitsstufen* („Dringlichkeitsgrade") geordnet:

○ *Verbindlichkeiten erster Ordnung:* Dazu zählen u. a. sofort fällige Wechsel, Bankschulden, Lieferantenverbindlichkeiten und sonstige kurzfristige Verbindlichkeiten.
○ *Verbindlichkeiten zweiter Ordnung:* Dazu zählen u. a. Wechsel mit längerer Laufzeit, Bankgelder und sonstige Kreditoren mit längerer Laufzeit (30 bis 90 Tagen Ziel).
○ *Verbindlichkeiten dritter Ordnung:* Dazu zählen alle längerfristigen Schulden und Darlehen.

Je nach der Relation zwischen den liquiden Mitteln der verschiedenen Grade und den unterschiedlich fristigen Verbindlichkeiten lassen sich sog. *Liquiditätskennzahlen*, meist bezogen auf die kurzfristige finanzwirtschaftliche Umlaufsphäre, aufstellen:

○ *Barliquidität:* $\dfrac{\text{Barbestand + Bankguthaben}}{\text{kurzfristige Verbindlichkeiten}}$

○ *Einzugsbedingte Liquidität:*

$$\dfrac{\text{Barbestand + Bankguthaben + Wechsel + Warenforderungen + sonstige kurzfristige Forderungen}}{\text{kurzfristige Verbindlichkeiten}}$$

○ *Umsatzbedingte Liquidität:* $\dfrac{\text{gesamtes Umlaufvermögen}}{\text{kurzfristige Verbindlichkeiten}}$

Eine aus Amerika stammende Faustregel nennt zur ungefähren Orientierung bei der Barliquidität ein Verhältnis 1:5 als normal, bei der einzugsbedingten Liquidität ein solches von 1:1, und bei der umsatzbedingten Liquidität lautet das „Normalverhältnis" 2:1. Grobe Orientierungen also, die mit der nötigen kritischen Einstellung betrachtet werden müssen und nicht unabhängig von der Branche ohne weiteres verallgemeinert werden können.

Die Aussagekraft der obigen Kennzahlen — man spricht auch von *statischer Liquidität* — ist im Hinblick auf die Zahlungsfähigkeit und die Kreditwürdigkeit einer Unternehmung äußerst begrenzt. Einmal bietet die Bilanz auch nach dem Aktiengesetz im Hinblick auf eine Gliederung nach Liquiditätsgesichtspunkten (Aktivseite) bzw. Fristigkeiten (Passivseite) keine eindeutige Grundlage zur Aufstellung von Liquiditätskennzahlen, obwohl gerade hier Anstrengungen unternommen worden sind, um den Einblick in die Liquidität einer Unternehmung zu verbessern (u. a. sind bei Forderungen aus Lieferungen und Leistungen solche mit einer Restlaufzeit von mehr als einem Jahr unter der betreffenden Position zu vermerken; Verbindlichkeiten mit einer Laufzeit von mindestens vier Jahren sind von anderen Verbindlichkeiten zu trennen). Außerdem beziehen sich die Liquiditätskennzahlen auf einen *Zeitpunkt*. So kann beispielsweise am Bilanzstichtag eine glänzende Liquidität ausgewiesen werden, während schon einige Tage später auf Grund mehrerer Zahlungsverpflichtungen sich die Unternehmung am Rande einer Zahlungsunfähigkeit bewegen kann; umgekehrt kann durch die Beschaffung oder Prolongation kurzfristiger Kredite die Zahlungsbereitschaft auf kurze Sicht verbessert werden, ohne daß man das aus der Bilanz ersehen kann. Eine Unternehmung ist also kein Zustand, sondern sie befindet sich fortlaufend in Bewegung. Es werden täglich Verträge aus der Vergangenheit erfüllt, neue für die Zukunft abgeschlossen. Eine aussagefähige Liquiditätsbetrachtung kann sich deshalb nicht an einem Zeitpunkt orientieren, sondern muß den Zeitablauf berücksichtigen. Es ist eine *Zeitraumrechnung* aufzumachen. Man spricht auch von *dynamischer* Liquidität. Dabei sind der Barbestand und die voraussichtlichen Zahlungseingänge den voraussichtlichen Zahlungsverpflichtungen gegenüberzustellen. Da es hierbei auf die Höhe der Fälligkeit zahlreicher Einzelposten ankommt, ist ein nach kurzen Zeitabschnitten gegliederter Plan der zu erwartenden Einnahmen und der erwarteten Ausgaben aufzustellen. Ein solcher *Finanzplan* kann im einfachsten Falle folgendes Aussehen haben:

Finanzplan

	Einnahmen	Ausgaben	Differenz	Bestände an		
				Kasse	Bank	Postsch:
Bestände				12 000		
in der 1. Woche fällig/ zu erwarten	20 000	22 000	− 2 000	10 000		
in der 2. Woche fällig/ zu erwarten	35 000	11 000	+ 24 000	34 000		
in der 3. Woche fällig/ zu erwarten	4 000	45 000	− 41 000	− 7 000		
in der 4. Woche fällig/ zu erwarten	22 000	10 000	+ 12 000	+ 5 000		
⋮	⋮	⋮	⋮	⋮		

Durch das Aufstellen eines solchen Finanzplanes läßt sich rechtzeitig abschätzen, ob und wann finanzielle Beengungen auftreten können und wann und wieviel neue finanzielle Mittel zur Überbrückung aufzunehmen sind. Mit zunehmendem zeitlichem Abstand wird diese Vorausschätzung der Einnahmen und Ausgaben allerdings an Genauigkeit verlieren. Man wird deshalb keine starren, sondern elastische Pläne aufstellen, d. h. die Pläne laufend revidieren, sobald neue Informationen vorliegen. Das läßt sich vor allem durch eine sog. *überlappende Planung* erreichen: Man budgetiert etwa im Dezember für die Monate Januar, Februar und März; im Januar für Februar, März, April und im Februar für März, April, Mai usw.

Mit Hilfe eines solchen Finanzplanes ist die Liquidität einer Unternehmung besser zu überwachen als auf Grund einzelner statischer Kennzahlen. Allerdings ist auch hier zu beachten, daß starke Liquiditätsunterschiede je nach der Aufbauphase einer Unternehmung durchaus natürlich sein können: In der Gründungs- und Anlaufzeit wird die Liquidität meist stärker angespannt sein. Außerdem gibt es auch saisonale Liquiditätsunterschiede je nach Branche: So werden Unternehmen, deren Hauptverkaufszeit im Frühjahr und Sommer liegt, am Ende des Sommers eine besonders hohe Liquidität aufweisen; im Winter dagegen — wenn auf Vorrat gearbeitet wird — muß die Liquidität notgedrungen absinken, bis sie vor der neuen Verkaufssaison ein Minimum erreicht. Meist werden die Unternehmen aus eigener Kraft mit dieser extremen Beanspruchung nicht fertig und müssen deshalb saisonale Überbrückungskredite aufnehmen. Eine verallgemeinernde Beurteilung der Liquidität kann deshalb nicht von einzelnen Jahreszeiten, sondern sie muß von einem „gewichteten" Jahresdurchschnitt ausgehen.

Abschließend sei die Liquidität in der folgenden Abbildung nochmals systematisch zusammengefaßt.

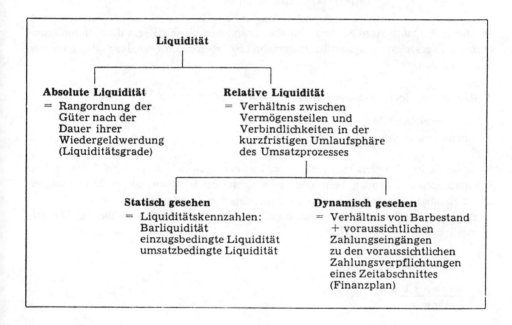

b) Die Rentabilität

Die Rentabilität einer Unternehmung läßt sich zunächst einmal durch einen absoluten Betrag numerisch ausdrücken. Es ist die Differenz zwischen wertmäßigem Ertrag und Aufwand. Ist diese Differenz positiv, dann liegt ein Erfolg oder Gewinn vor, und die Unternehmung ist — nach diesem Sprachgebrauch — „rentabel".

In der Betriebswirtschaftslehre versteht man jedoch unter der Rentabilität in der Regel eine *Verhältniszahl*, durch die der „Erfolg" einer Unternehmung zu dem eingesetzten „Kapital" in Beziehung gesetzt wird. Man spricht auch von *relativer Rentabilität*. Da man unter „Erfolg" sowohl den Unternehmungserfolg als auch den Betriebserfolg verstehen kann und da die Größe „Kapital" das bilanzmäßige Eigenkapital (Nominalkapital + Rücklagen), das bilanzmäßige Gesamtkapital (Eigen- und Fremdkapital), ja sogar das betriebsnotwendige Vermögen als äquivalenten Faktor enthalten kann, kann man mehrere Rentabilitätsbegriffe unterscheiden:

1. Rentabilität des Eigenkapitals (Unternehmer-Rentabilität)

$$= \frac{\text{Unternehmungserfolg (Reingewinn)} \times 100}{\text{bilanzmäßiges Eigenkapital}}$$

2. Rentabilität des Gesamtkapitals (Unternehmungs-Rentabilität)

$$= \frac{[\text{Unternehmungserfolg (Reingewinn)} + \text{Fremdkapitalzinsen}] \times 100}{\text{bilanzmäßiges Gesamtkapital}}$$

Bei dieser Rentabilitätsgröße sind also die für das Fremdkapital gezahlten Zinsen anzusetzen, da sie als *Ertrag* des in der Unternehmung arbeitenden Fremdkapitals betrachtet werden müssen.

3. Rentabilität des betriebsnotwendigen „Vermögens"

$$= \frac{\text{Betriebserfolg} \times 100}{\text{betriebsnotwendiges Vermögen}}$$

Diese Größe ist besonders aussagefähig, da hier der eigentliche Betriebserfolg zu dem im Umsatzprozeß arbeitenden Vermögen (einschl. der betriebsnotwendigen Reserveanlagen und -bestände) nach Auflösung der stillen Rücklagen in Beziehung gesetzt wird.

Bezieht man schließlich den Gewinn auf den Umsatz, so erhält man die sog. Umsatzrentabilität:

4. Umsatzrentabilität

$$= \frac{\text{Gewinn} \times 100}{\text{Umsatz}}$$

Rentabilitätskennzahlen gehören zu den ältesten Kennzahlen überhaupt. Man will damit zunächst nur eine Aussage über die Wirtschaftlichkeit des eingesetzten Kapitals machen. Außerdem glaubt man im *zwischenbetrieblichen Vergleich* mit Hilfe des Quotienten $\frac{\text{Gewinn}}{\text{Kapital}}$ unterschiedliche Betriebsgrößen eliminieren zu können, um dadurch eine Aussage im Hinblick auf die Rentabilität des eingesetzten Kapitals zu erzielen. Man sollte sich allerdings davor hüten, die Genauigkeit von Rentabilitäts-Kennzahlen bei unterschiedlichen Betriebsgrößen zu hoch einzuschätzen, da beispielsweise Bedeutung und Intensität des Faktors „Kapital" in den zu vergleichenden Unternehmen völlig verschieden sein können.

Zur Ermittlung von Rentabilitätszahlen läßt sich außerdem feststellen, daß ihr Aussagewert von den Genauigkeiten der Zähler- und Nennergrößen abhängt; und hier muß auf jeden Fall mit erheblichen Ungenauigkeiten gerechnet werden.

c) **Vergleich von Rentabilität und Liquidität**

Wir haben die Größen „Rentabilität" und „Liquidität" als Bestimmungsfaktoren oder (Richt-)Größen des finanzwirtschaftlichen Umsatzprozesses bezeichnet. Sie sind als Zielgrößen mitbestimmend für die unternehmerischen Entscheidungen im Finanzbereich der Unternehmung. Vergleichen wir die beiden Größen einmal miteinander, so erhebt sich die Frage, wie sich beide im Auf und Ab des Umsatzprozesses verhalten: Bedeutet eine hohe Rentabilität gleichzeitig eine hohe Liquidität, oder steigt die Liquidität, wenn die Rentabilität fällt und umgekehrt?

Betrachten wir vorübergehend die (absolute) Rentabilität in Form des Bilanzgewinns einer Periode, so braucht — da der Gewinn ja nicht identisch ist mit einer konkreten Geldsumme — ein hoher Gewinn *nicht* gleichbedeutend zu sein mit einer hohen Liquidität. Zwar wird eine Unternehmung, die mit Gewinn arbeitet und diesen nur zum Teil investiert oder ausschüttet, eine Verbesserung ihrer Liquidität erfahren, während umgekehrt eine Unternehmung, die dauernd mit Verlust arbeitet, schneller illiquide sein wird; aber verallgemeinern läßt sich diese Auffassung nicht. Es kann durchaus der Fall sein, daß eine Unternehmung, deren Bilanz einen Verlust aufweist, bedeutend liquider ist als eine andere mit einem hohen Gewinn. In der Regel wird es sogar so sein, daß beide Begriffe, Rentabilität und Liquidität, in der Unternehmung in einem gewissen Gegensatz stehen: Ein Unternehmen, das seine sämtlichen Mittel als Kassen- oder Bankguthaben hält, hat eine äußerst geringe Rentabilität bei höchster Liquidität. Ein Unternehmen dagegen, das seine finanziellen Mittel in rentablen Investitionen angelegt hat, kann eine gute Rentabilität erreichen, dabei aber vielleicht, wenn es trotz guter Rentabilität keine Geldgeber findet, seine Zahlungen einstellen müssen. Man kann diese Beziehung zwischen Rentabilität und Liquidität auch mit dem einfachen Merksatz umschreiben:

Der Siedepunkt der Rentabilität ist der Gefrierpunkt der Liquidität.

In der Praxis wird es so sein, daß die Unternehmensführung nach höchster Rentabilität strebt, ohne dabei allerdings das Ziel der Erhaltung der Liquidität zu vernachlässigen.

4. Das ökonomische Prinzip als Maßstab betrieblicher Leistung: Wirtschaftlichkeit, Produktivität und Rentabilität

Wir haben zu Beginn dieser Untersuchung festgestellt, daß das wirtschaftliche Handeln wie jedes auf bestimmte Zwecke gerichtete Handeln, sei es in der Technik oder im Sport, einem allgemeinen Vernunftprinzip, dem Rationalprinzip, unterliegt.

Auf die Wirtschaft übertragen, besagt dieses Rationalprinzip oder ökonomische Prinzip, daß mit einem gegebenen Aufwand an Produktionsfaktoren der größtmögliche Güterertrag zu erzielen ist bzw. daß ein vorgegebener Güterertrag mit geringstmöglichem Einsatz an Produktionsfaktoren zu erwirtschaften ist.

Dieses ökonomische Prinzip sagt nichts über die eigentlichen Motive und Zielsetzungen des Handelns aus — es ist ein bloß *formales* Prinzip. Ein Unternehmer kann nach diesem

Prinzip handeln, um seinen Gewinn zu maximieren, ein anderer, um wirtschaftliche Macht zu erringen, und ein dritter, um die Güterversorgung der Allgemeinheit sicherzustellen oder zu verbessern.

Im Gegensatz zum ökonomischen Prinzip in seiner allgemeinen Fassung ist das Streben nach *Wirtschaftlichkeit* in einer für die Unternehmung aussagefähigen Begriffsfassung von größter Bedeutung für die Betriebswirtschaftslehre. Weitgehend wird die Auffassung vertreten, daß das Streben nach Wirtschaftlichkeit systembildend für die Betriebswirtschaftslehre sei. Daneben werden die Größen „Produktivität" und „Rentabilität" als ähnlich entscheidend in diesem Zusammenhang diskutiert. Wir wollen diese drei Begriffe im folgenden näher definieren und gegeneinander abgrenzen bzw. miteinander vergleichen.

Als Wirtschaftlichkeit bezeichnet man zunächst das Verhältnis:

$$\frac{Ertrag}{Aufwand}$$

Man spricht dabei auch von *Marktwirtschaftlichkeit* oder von „marktwirtschaftlicher" Wirtschaftlichkeit. Die Wirtschaftlichkeit ist dabei um so günstiger, je größer als 1 diese Kennzahl ist bzw., in Prozenten ausgedrückt, je weiter sie über 100 % liegt.

Wählt man dagegen das Verhältnis $\frac{Leistung}{Kosten}$, so spricht man von der sog. *Kostenwirtschaftlichkeit*. Bei beiden Definitionen ergibt sich die Wirtschaftlichkeit als eine reine Wertgröße. Setzt man dagegen die Leistungs*menge* zu den *Kosten* oder einzelnen *Kostenarten* (Material-, Lohn-, Anlagekosten usw.) in Beziehung, so erhalten wir die sog. *betriebliche Wirtschaftlichkeit* und damit eine Mengen-Wertgröße.

Die Produktivität (Technizität, technische Wirtschaftlichkeit oder technischer Wirkungsgrad) ist ein reines Mengenverhältnis, nämlich

$$\frac{Ausbringungsmenge}{Einsatzmenge}$$

betrieblicher Produktionsfaktoren, jeweils bezogen auf eine Zeiteinheit.

In der Regel bereitet die rechnerische Erfassung der so definierten Produktivität als *Gesamtproduktivität* einer Unternehmung erhebliche Schwierigkeiten, da sowohl die Ausbringungsmengen als auch die Einsatzmengen meist qualitativ unterschiedlicher Art sind und sich deshalb nicht messen und addieren lassen. Man begnügt sich deshalb oft damit, *Teilproduktivitäten* festzustellen, d. h., die Produktivität einzelner Produktionsfaktoren zu ermitteln, so z. B. die Produktivität des Kapitals, des Materialeinsatzes oder die Produktivität der Arbeit. Letztere könnte man u. a. darstellen als:

$$\frac{Ausbringungsmenge}{Einsatz\ an\ menschlicher\ Arbeitskraft}$$
(Zahl der Beschäftigten/Arbeitsstunden)

Vergleicht man nach der obigen Definition der Produktivität die *Wirtschaftlichkeit* mit der *Produktivität*, so kann die Produktivität eines Produktionsprozesses durchaus hoch sein, während die Wirtschaftlichkeit ungünstig ist. Das ist dann der Fall, wenn dem an sich guten Mengenergebnis keine entsprechenden wirtschaftlichen Verwendungsmöglichkeiten gegenüberstehen.

Wir haben bereits unter *Rentabilität* das Verhältnis einer Gewinngröße zu einer Kapitalgröße verstanden. Die Beziehungen zwischen den Begriffen Wirtschaftlichkeit und Rentabilität sind immer wieder Gegenstand eingehender Diskussionen in der Betriebswirtschaftslehre gewesen; sie sind es auch heute noch. Hauptsächlich behandelt man dabei folgende Fragen: Gibt es eine Wirtschaftlichkeit ohne Rentabilität? Gibt es eine Rentabilität ohne Wirtschaftlichkeit? In der Regel wird eine wirtschaftlich arbeitende Unternehmung auch rentabel sein. Die Grenze liegt dort, wo ihre Kosten im Preis gedeckt werden. Ein außerbetrieblich bedingter Preisverfall kann deshalb die Rentabilität einer Unternehmung auch bei guter Wirtschaftlichkeit schmälern. Und umgekehrt: Es kann durchaus eine gute Rentabilität geben, wenn das Optimum der Wirtschaftlichkeit noch nicht erreicht ist, dann nämlich, wenn die erbrachte Leistung hohe Preise ermöglicht. Dennoch gilt für eine in einer Marktwirtschaft arbeitende Unternehmung, daß es auf lange Sicht keine Rentabilität ohne Wirtschaftlichkeit geben kann. Mit der Wirtschaftlichkeit ist ein Prinzip gefunden, das unabhängig von der jeweiligen Wirtschaftsordnung als Ziel des Wirtschaftens für alle Betriebe gilt. In der Marktwirtschaft wird dieses Prinzip durch das Streben nach Rentabilität näher bestimmt: Das Wirtschaftlichkeitsprinzip ist voll wirksam, es ist jedoch dem erwerbswirtschaftlichen Prinzip, der Rentabilität, untergeordnet.

Die Rentabilität ist deshalb stets eine Folge der Wirtschaftlichkeit, nicht aber deren Ursache!

III. Literaturhinweise

Antoine, Herbert, Kennzahlen, Richtzahlen, Planungszahlen, Wiesbaden 1958.
Bamberg, G., Bauer, F., Statistik, 3. Aufl., München 1984.
Berschin, H. H., Kennzahlen für die betriebliche Praxis, Wiesbaden 1980.
Fettel, Johannes, Kapital, in: HWB, Bd. II, Sp. 2960–2963.
Hofmann, R., Bilanzkennzahlen, 4. Aufl., Wiesbaden 1977.
Hunziker, A., Scheerer, F., Statistik – Instrument der Betriebsführung, 5. Aufl., Stuttgart 1975.
Kosiol, Erich, Rentabilität, in: HWB, Bd. III, Sp. 4642–4649.
Le Coutre, Walter, Vermögen, in: HWB, Bd. IV, Sp. 5785–5791.
Lehmann, M. R., Wirtschaftlichkeit, Produktivität und Rentabilität, in: ZfB (1958), S. 537 ff., 614 ff., 746 ff. und (1959), S. 218 ff.
Nowak, P., Betriebswirtschaftliche Kennzahlen, in: HdW, Bd. 1, S. 701–726.
Philipp, Fritz, Vermögen und Kapital, Beziehungen zwischen ..., in: HWB, Bd. IV, Sp. 5795–5800.
Schott, G., Kennzahlen, Instrument der Unternehmensführung, 3. Aufl., Stuttgart 1970.
Staehle, W. H., Kennzahlen und Kennzahlensysteme als Mittel der Organisation und Führung von Unternehmen, Wiesbaden 1969.
Weber, H. K., Rentabilität, Produktivität, Liquidität der Unternehmung, Stuttgart 1983.
Wissenbach, Heinz, Betriebliche Kennzahlen und ihre Bedeutung im Rahmen der Unternehmerentscheidung, Berlin 1967.

Zweiter Teil

Der Aufbau der Unternehmung

A. Leistungsfaktoren und Faktorkombinationen

I. Die betrieblichen Leistungsfaktoren

Unter der Produktion oder Leistungserstellung einer Unternehmung im weiteren Sinne wollen wir die *Herstellung von Sachgütern oder die Bereitstellung von Dienstleistungen* verstehen. Abzugrenzen ist dieser Begriff von dem der Produktion im engeren Sinne, worunter wir den betrieblichen Funktionsbereich verstehen, der sich mit der technischen Erzeugung von Sachgütern befaßt.

Zur Durchführung der Produktion im weiteren Sinne benötigt jede Unternehmung *Produktions- oder Leistungsfaktoren*, die ein System produktiver Faktoren bilden.

Nach der (klassischen) Volkswirtschaftslehre gibt es drei Produktionsfaktoren: die beiden originären (ursprünglichen) Faktoren *Boden* und *Arbeit* und den derivativen (abgeleiteten) Faktor *Kapital*. Dabei enthält das Kapital nicht auch das Geldkapital, sondern das sog. Realkapital, d. h. die „produzierten Produktionsmittel". Der Faktor Kapital wird deshalb als derivativ bezeichnet, weil er selbst erst produziert werden muß.

Die Volkswirtschaftslehre versucht nun zu erklären, wie sich der durch eine Kombination dieser drei Faktoren erzielte Ertrag auf die beteiligten Produktionsfaktoren verteilt. Man gelangt dadurch zu den drei funktionellen Einkommenskategorien *Arbeitslohn*, *Grundrente* und *Zins*, die vom Standpunkt der Produktion zugleich die Produktionskosten im volkswirtschaftlichen Sinne bilden. Eine so geartete volkswirtschaftliche Betrachtungsweise, die letztlich in eine Theorie der Einkommensbildung und Einkommensverteilung einmündet, erscheint für eine umfassende Analyse des betriebswirtschaftlichen Leistungserstellungsprozesses nicht geeignet.

In der Betriebswirtschaftslehre gibt es verschiedene Auffassungen über Art und Zusammensetzung der Leistungsfaktoren. Allerdings hat sich in den letzten Jahren wohl eine herrschende Meinung herauskristallisiert. Danach erfordert der betriebliche Leistungserstellungsprozeß den Einsatz menschlicher Arbeitsleistung, von Maschinen, Werkzeugen und Werkstoffen. *Arbeitsleistungen*, *Betriebsmittel* und *Werkstoffe* sind deshalb die drei in erster Linie auf den *Sachleistungsbetrieb*[1] abgestellten Faktoren eines Produktionsprozesses, dessen Ziel die Leistungserstellung ist. Die Kombination dieser Leistungsfaktoren vollzieht sich allerdings nicht von selbst, sondern sie ist das Ergebnis *leitender, planender* und *organisierender* Tätigkeit des Menschen. Auch diese Tätigkeiten gehören an sich in den Bereich der menschlichen Arbeitsleistung, ebenso wie die nur ausführende Tätigkeit eines Mechanikers oder einer Sekretärin. Man kann also im Rahmen des Leistungsfaktors *Arbeitsleistung* zwei Arten unterscheiden:

---

[1] Produktionsfaktorensysteme für Dienstleistungsbetriebe (u. a. Bankbetriebliches Faktorensystem, Handelsbetriebliches Faktorensystem, Versicherungsbetriebliches Faktorensystem) unterscheiden sich z. T. erheblich.

1. ausführende (vollziehende) Arbeit,
2. leitende (dispositive) Arbeit.

Da die Kombination der Leistungsfaktoren ohne eine *dispositive* Tätigkeit kaum ökonomisch sinnvoll durchgeführt werden kann, erscheint es zweckmäßig, die dispositive Arbeit als selbständigen Leistungsfaktor aus dem Faktor menschliche Arbeitskraft auszugliedern.

Es lassen sich demnach folgende betriebliche Leistungsfaktoren unterscheiden:

1. „elementare" Leistungsfaktoren:
   a) menschliche Arbeitsleistung,
   b) Betriebsmittel,
   c) Werkstoffe (vor allem in Sachleistungsbetrieben);
2. dispositive Leistungsfaktoren, wie:
   a) Geschäfts- und Betriebsleitung,
   b) Planung und Betriebsorganisation,
   c) Kontrolle.

Wir wollen im folgenden nur sehr *kurz* auf die einzelnen Leistungsfaktoren eingehen, da sie weiter unten bei der Behandlung der einzelnen unternehmerischen Funktionsbereiche und bei der Darstellung einer Unternehmungsführungslehre noch intensiver behandelt werden.

1. Die menschliche Arbeit als Leistungsfaktor

Die menschliche Arbeit ist als „primärer Leistungsfaktor" die die Unternehmung determinierende (bestimmende) Größe. Sie ist nach den Worten des Volkswirtes *Carell* der entscheidende und wertvollste elementare Wirtschaftsfaktor in der Volkswirtschaft.

Unter menschlicher Arbeit im betriebswirtschaftlichen Sinne wollen wir den Einsatz der körperlichen und geistigen Fähigkeiten des Menschen zur Erreichung bestimmter betrieblicher Ziele verstehen.

Die Arbeit im so definierten Sinne kann nach folgenden Gesichtspunkten unterteilt werden:

1. nach der *Art* der betrieblichen Tätigkeit in:
   a) körperliche Tätigkeit und
   b) geistige Tätigkeit.

Die Grenze zwischen den beiden Tätigkeitskategorien ist meist nur sehr schwer zu ziehen, da es in der Praxis wohl keine körperliche Arbeit ohne geistige Arbeit und umgekehrt gibt. Man kann höchstens von überwiegend körperlicher Arbeit (Arbeit am Hochofen) oder von überwiegend geistiger Arbeit (Arbeit am Zeichenbrett) sprechen. Mit zunehmender Mechanisierung und Maschinisierung wird der Anteil der geistigen Arbeit an der gesamten menschlichen Arbeit laufend zunehmen: Der Arbeiter, der eine komplizierte, hochmechanisierte Maschine zu bedienen hat, benötigt dazu weniger körperliche als geistige Fähigkeiten.

2. nach der *betrieblichen Funktion* in:
   a) leitende oder dispositive Arbeit und
   b) ausführende Arbeit.

Diese Unterteilung deckt sich nicht mit der obigen Systematik nach der Art der Tätigkeit. So gibt es beispielsweise sehr viel geistige Arbeit in der Unternehmung, die durchaus ausführenden Charakter hat.

3. nach der *Ausbildung* in:
   a) gelernte Arbeit,
   b) angelernte Arbeit,
   c) ungelernte Arbeit.

Bei der gelernten Arbeit liegen Ausbildungszeit und Abschlußprüfung vor, bei der angelernten Tätigkeit handelt es sich meist um eine kurzfristige Anlernzeit von vier Wochen bis zu sechs Monaten, in der der Arbeiter für eine bestimmte Tätigkeit, beispielsweise Drehen oder Fräsen, angelernt wird.

Die Arbeit ist einmal **objektbezogen**, d. h., sie formt und bildet ein bestimmtes *Arbeitsobjekt*. Sie verleiht dem jeweiligen Objekt einen Wert oder erhöht einen bereits vorhandenen Wert. Das Ergebnis dieses wertbildenden Prozesses ist die Arbeitsleistung.

Die Arbeit ist aber auch **subjektbezogen**, d. h., sie ist unmittelbar mit der Person des Arbeitenden und mittelbar — bedingt durch innerbetriebliche und zwischenbetriebliche Arbeitsteilung — mit fremden Personen verknüpft. **Die Ergiebigkeit der menschlichen Arbeit im Unternehmen ist vor allem von drei Faktoren abhängig:**

1. von den subjektiven Leistungsbedingungen,
2. von den objektiven Leistungsbedingungen,
3. vom Arbeitsentgelt und der Entgeltfestsetzung.

Unter den **subjektiven Leistungsbedingungen** werden zunächst die *körperlichen, seelischen* und *geistigen* Anlagen verstanden, die der Arbeitende mitbringt, die weitere *Entwicklung* dieser Anlagen, die *spezielle Erfahrung* für die jeweilige Arbeit und die *Leistungsbereitschaft*.

Die Ergiebigkeit menschlicher Arbeit in der Unternehmung ist jedoch nicht nur von den aufgezeigten subjektiven, sondern auch von den *objektiven* Bedingungen der Arbeit abhängig. Unter den **objektiven Bedingungen der Arbeitsleistung** verstehen wir u. a. die Gestaltung der *Arbeitsverfahren* und *Arbeitstechniken*, die Gestaltung des *Arbeitsplatzes* und des *Werkraumes*, die Gestaltung der *Arbeitszeit* und die *Pausenregelung*.

Schließlich ist auf die *Höhe des Arbeitsentgeltes* zu verweisen, das dann einen positiven Einfluß auf die Ergiebigkeit der menschlichen Arbeit ausübt, wenn die Entgeltfestsetzung von den Arbeitenden als „gerecht" empfunden wird und wenn in bestimmten Grenzen Methoden der Entgeltfestsetzung gewählt werden, die einen Leistungsanreiz schaffen. Man sollte allerdings die Höhe des Arbeitsentgelts als Leistungsanreiz nicht überschätzen, sondern auch auf weitgehend emotionale Motive achten. Eine im Jahre 1955 von dem „Frankfurter Institut für Sozialforschung" durchgeführte Befragung von

1176 Arbeitern verschiedener Betriebe eines Montankonzerns, die auch heute noch aussagefähig ist, brachte insgesamt folgende von den Arbeitern als wichtig erachtete Bestimmungsfaktoren[2]:

1. gute Bezahlung,
2. fester Arbeitsplatz,
3. Anerkennung der Arbeit,
4. guter Kontakt mit Vorgesetzten,
5. Sicherung gegen Unfälle,
6. Rat und Hilfe bei persönlichen Sorgen,
7. gute Aufstiegsmöglichkeiten,
8. umfassendes Sozialprogramm.

Insgesamt stellten „nur" rund ein Drittel aller Befragten die „gute" Bezahlung an die Spitze ihres Wunschkataloges. Fast ebensoviel Prozent der Befragten legten Wert auf eine „Anerkennung" ihrer Arbeit. Ohne daß wir dieses auf einen bestimmten Wirtschaftszweig abgestellte Ergebnis verallgemeinern wollten, sollte die Befragung dennoch denen zu denken geben, die in der Höhe des Entgelts den einzigen Leistungsanreiz sehen.

Je mehr es einer Unternehmung gelingt, günstige subjektive und objektive Arbeitsbedingungen zu schaffen, und je mehr die persönlichen Wünsche der Arbeitenden im Hinblick auf die oben angeführten Faktoren berücksichtigt werden können, um so höher wird die Ergiebigkeit der menschlichen Arbeit zu veranschlagen sein.

2. Die Betriebsmittel als Leistungsfaktor

Zu den Betriebsmitteln zählt die gesamte „*technische Apparatur*", deren sich die Unternehmung zur Durchführung des Betriebsprozesses bedient. Neben Maschinen und maschinellen Anlagen, Verkehrsmitteln und Transporteinrichtungen, Büromaschinen und Werkzeugen aller Art zählen dazu nach betriebswirtschaftlicher Auffassung auch die Grundstücke und Gebäude. Ohne daß ein Anspruch auf Vollständigkeit erhoben werden kann, wollen wir *vier Hauptkategorien* unterscheiden:

(1) Grundstücke, (2) Gebäude, (3) Maschinen und maschinelle Anlagen, (4) das betriebliche Förderwesen (innerbetriebliches Transportwesen).

a) Grundstücke

Mit der Wahl des Betriebsgrundstücks wird über den zukünftigen *Standort* der Unternehmung entschieden. Neben den bekannten ökonomischen Bestimmungsfaktoren (wie u. a. Rohstoffe, Energie, Arbeit, Absatz, Abgaben) sind oft auch außerökonomische Faktoren für die Standortwahl von Bedeutung. Neben dem Standort müssen auch *Umfang* und

---

2 Vgl. dazu eine Untersuchung von *Sahm*, A., in: Management Enzyklopädie, Bd. 4, München 1971, S. 737–747, der bei einer Umfrage industrieller Führungskräfte feststellte, daß fast 75 % der genannten Leistungsanreize auf „Aufgabenstellung", „Aufstiegs- und Weiterbildungsmöglichkeiten", „Führungsstil" und „Mitsprachemöglichkeiten" entfallen.

Eigenschaften des jeweiligen Grundstücks (Beschaffenheit des Baugrundes, eventuelle Niveauunterschiede u. a.) beachtet werden.

b) Gebäude

Bei den Gebäuden kann man zunächst zwischen *Verwaltungsgebäuden*, deren äußerliche Gestaltung sich oft nach werblichen Gesichtspunkten richtet (Repräsentation), und zwischen sog. *Produktionsstätten*, die in der Regel am jeweiligen Produktionsprogramm oder Fertigungsverfahren orientierte Zweckbauten sind, unterscheiden. Diese Unterteilung trifft in erster Linie auf Sachleistungsbetriebe zu, da bei reinen Dienstleistungsbetrieben beide Gebäudetypen (die Verwaltung der Unternehmung und die Erbringung der Dienstleistung) zusammenfallen. Bei der Wahl der Produktionsstätten eines Sachleistungsbetriebes kann sich die Unternehmensleitung entweder für sog. Eingeschoßbauten (auch Flachbauten genannt) entscheiden oder für sog. Mehrgeschoßbauten. *Eingeschoßbauten* bieten eine meist kürzere Errichtungszeit, bessere Aufstockmöglichkeiten, vollkommene Versorgung mit Tageslicht, bessere Entlüftungsmöglichkeiten, und sie erlauben größere Belastungen, wie es vor allem für Hüttenwerke oder Maschinenbaubetriebe unbedingt als notwendig verlangt werden muß. *Mehrgeschoßbauten* dagegen nutzen den Boden intensiver, sind mit geringeren Baukosten je Kubikmeter umbauten Raums und meist mit geringeren Heizungskosten verbunden. Überall dort, wo die Besonderheiten der Leistungserstellung nicht die eine oder andere Bauart erzwingen, werden letztlich auch die Baukosten mitentscheidend sein.

c) Maschinen und maschinelle Anlagen

Das Problem der Grundstücksbeschaffung und auch die mit der Errichtung von Gebäuden zusammenhängenden Fragen treten – von der Errichtungsperiode abgesehen – im allgemeinen selten an die Unternehmungsleitung heran. Demgegenüber gehört die Beschaffung und Bereitstellung von Maschinen und maschinellen Anlagen zu den Aufgaben, die laufend neu entschieden werden müssen. Die in der Unternehmung arbeitenden Maschinen kann man grob in *Krafterzeugungsmaschinen* (Maschinen, die den Betrieb mit Wärme, mechanischer und elektrischer Energie versorgen) und *Arbeitsmaschinen* (u. a. Bearbeitungs- und Werkzeugmaschinen) unterteilen. Bei den Arbeitsmaschinen erscheint die Einteilung in Spezialmaschinen und Universalmaschinen entscheidend für Produktivität und Verwendbarkeit.

Fragt man bei den Maschinen und maschinellen Anlagen genau wie beim Leistungsfaktor „Arbeit" nach der Ergiebigkeit des Faktors Betriebsmittel und nach den Bedingungen, von denen die Leistungsfähigkeit dieses Faktors abhängt, so sind nach *Gutenberg* vor allem zwei Bestimmungsfaktoren von Bedeutung:

1. die technische Beschaffenheit und Leistungsfähigkeit des jeweiligen Aggregats;
2. die Eignung der Maschinen für die konkreten Aufgaben der betrieblichen Leistungserstellung.

Zu 1:

Für die technische Leistungsfähigkeit eines Aggregats sind der *Grad der Modernität*, der *Grad der Abnutzung* und der *Zustand der Betriebsfähigkeit* von Bedeutung.

Unternehmen, die über moderne technische Anlagen verfügen, besitzen meist eine größere Leistungsfähigkeit als Betriebe mit veralteten Anlagen; eine Feststellung, die sich aus der Tatsache ergibt, daß der technische Fortschritt sich als ein kontinuierlicher Prozeß vollzieht und daß sich dabei jede technische Verbesserung regelmäßig auch in einer Steigerung der Leistungsfähigkeit ausdrückt. Unternehmen, die über relativ unmoderne Betriebsmittel verfügen, werden auf die Dauer im Hinblick auf Kosten und Preise nicht mehr konkurrenzfähig sein. Aber selbst wenn bei einer Unternehmung der Grad der Modernität noch verhältnismäßig groß ist, kann durch den *Grad der Abnutzung* das qualitative Niveau der Anlage so verschlechtert werden, daß bei weiterer Benutzung des Aggregats die Arbeitsgenauigkeit und Sparsamkeit der Maschine abnimmt. Obwohl das Aggregat im Hinblick auf die technische Nutzungsdauer noch genutzt werden kann, ist es oft nicht mehr in der Lage, wirtschaftliche Nutzungen von sich zu geben, und wird aus dem Betriebsprozeß ausscheiden müssen. Entscheidungen über die *technische* und über die *wirtschaftliche Nutzungsdauer* von Maschinen gehören allerdings mit zu den schwierigsten betriebswirtschaftlichen Problemen, da sie als in die Zukunft gerichtete Wahlhandlungen vor der Frage der Ungewißheit zukünftigen Geschehens stehen. Neben dem Grad der Modernität und dem Abnutzungsgrad spielt auch der Zustand der Betriebsfähigkeit bei der Beurteilung der Leistungsfähigkeit eine große Rolle. Eine planmäßige und systematische Pflege der Betriebsmittel, besonders durch regelmäßige Kontrolle und Überholung der Anlagen, kann für den technischen Stand eines Betriebes und damit für einen reibungslosen Ablauf des Produktionsprozesses von ausschlaggebender Bedeutung sein.

Zu 2:

Die Eignung der Betriebsmittel für die konkreten Aufgaben der Leistungserstellung hängt von der jeweils vorhandenen *qualitativen* und *quantitativen* Kapazität sowie von der *technischen Elastizität* ab. In bezug auf die *quantitative* Kapazität oder Leistungsfähigkeit ist die Eignung des Betriebsmittelbestandes für die betrieblichen Zwecke dann besonders groß, wenn die einzelnen Aggregate im Rahmen ihrer *Optimalkapazität*, d. h. bei ihrem technisch günstigsten Wirkungsgrad, beschäftigt werden und wenn darüber hinaus die *Kapazitätsbereiche* miteinander in Beziehung stehender Betriebsmittel innerhalb der *gleichen Beschäftigungsgrade* liegen. Die Eignung der Betriebsmittel hängt aber nicht nur von der quantitativen, sondern auch von der qualitativen Kapazität, d. h. von der möglichen Güte der abgegebenen Leistungen, ab. Die qualitative Kapazität einer Unternehmung sollte mit den gestellten Anforderungen übereinstimmen, damit weder eine *qualitative Unternutzung* noch eine *qualitative Überbeanspruchung* der einzelnen Aggregate vorliegt. In beiden Fällen ergeben sich die gleichen ungünstigen Effekte wie im Falle einer ungeeigneten quantitativen Kapazität.

Die Eignung der Betriebsmittel hängt schließlich noch von ihrer betriebstechnischen Elastizität ab. Je mehr eine Unternehmung mit Mehrzweckmaschinen ausgestattet ist, um so höher ist ihre betriebstechnische Elastizität. Da jedoch der technische Wirkungsgrad der Betriebsmittel um so höher ist, je mehr die Anlagen auf die Herstellung bestimmter Erzeugnisse spezialisiert sind (Einzweckmaschinen), ist eine hohe fertigungstechnische Elastizität für einen Betrieb immer nur dann angebracht, wenn Produktionsprogramm und Fertigungsverfahren öfters umgestellt werden.

d) Das betriebliche Förderwesen

Der letzte Teilbereich der Betriebsmittel, auf den wir hier nur ganz kurz eingehen wollen, enthält das betriebliche Förderwesen (innerbetriebliches Transportwesen). Die Bedeutung des innerbetrieblichen Förderwesens ist um so größer, je weniger die Anordnung der Abteilungen, Arbeitsplätze und Produktionsmittel der Reihenfolge der einzelnen Produktionsakte entspricht. Die ökonomische Bedeutung des Förderwesens kann man an den Kosten messen, die die Innentransporte verursachen. Hier liegen Steinkohlenzechen und Eisenhütten an der Spitze aller Wirtschaftszweige; denn bei ihnen betragen die „Förderkosten" zwischen 20 % und 30 % der jeweiligen Betriebskosten. In der Bauindustrie rechnet man mit Transportkosten zwischen 15 % und 20 % der gesamten Gebäudekosten und in der Glashüttenindustrie mit ca. 12 % der Gesamtkosten.

3. Die Werkstoffe als Leistungsfaktor

Während die beiden bisher behandelten Leistungsfaktoren „Arbeit" und „Betriebsmittel" — letzterer in begrenztem Umfang — auch für Dienstleistungsbetriebe von Bedeutung sind, tritt der Faktor „Werkstoff" nur bei Sachleistungsbetrieben in Form der Fertigungsbetriebe auf.

> *Unter Werkstoffen versteht man zunächst alle Roh-, Hilfs- und Betriebsstoffe, Halb- und Zwischenfabrikate, die als Ausgangs- und Grundstoffe für die Herstellung der neuen Erzeugnisse zu dienen bestimmt sind.*

In fertigungstechnischer Hinsicht werden die Werkstoffe **um so ergiebiger** im Leistungserstellungsprozeß eingesetzt werden können, **je weniger** „Werkstoffverluste" durch Materialfehler oder Bearbeitungsfehler entstehen. Darüber hinaus sollten Werkstoffersparnisse durch bessere Materialausnutzung angestrebt werden. Der **Materialverbrauch wird um so geringer sein, je mehr** von der Möglichkeit, *genormtes* oder *standardisiertes* Material zu verwenden, Gebrauch gemacht wird und je *werkstoffgerechter* die Verarbeitung und je *werkstattgerechter* die jeweils konstruktive *Formgebung* des benutzten Materials ist.

Wir haben versucht, im Überblick die wesentlichsten Bestimmungsgründe für die Ergiebigkeit der drei Elementarfaktoren aufzuzeigen. Im folgenden wollen wir uns noch dem übergeordneten Faktor, dem sog. dispositiven Leistungsfaktor, zuwenden.

4. Der dispositive Faktor als Leistungsfaktor

Die Unternehmungsführung hat die *Ziele*, die erreicht werden sollen, vorzugeben und zugleich die *Formen*, in denen das Gewollte verwirklicht werden kann, festzulegen. Die Führung einer Unternehmung ist dispositive Tätigkeit und umfaßt damit jede leitende, anleitende oder disponierende Tätigkeit von der obersten Unternehmensspitze über die Abteilungsdirektoren bis hinunter zu den Meistern. Insgesamt lassen sich drei Stufen der Unternehmungsführung, des Managements, unterscheiden:

1. *„Top Management"*
   Dazu zählen meist die Vorstandsmitglieder bzw. der Generaldirektor, die Direktoren und eventuell die Bereichsdirektoren.
2. *„Middle Management"*
   Dazu zählt man alle leitenden Mitarbeiter zwischen der obersten und untersten Stufe der Unternehmensführung, wie z. B. die Leiter selbständiger Abteilungen (u. a. Leiter des Verkaufsbüros).
3. *„Lower Management"*
   Dazu zählt man in der Regel die Meister, denen unmittelbar Arbeiter unterstellt sind, und alle Mitarbeiter in ähnlichen Stellungen in der kaufmännischen Verwaltung.

Als primäre Aufgabe hat die oberste Unternehmungsführung die unternehmerische *Zielsetzung* vorzugeben. Unter marktwirtschaftlichen Voraussetzungen — wie wir sie hier unterstellen — wird die Unternehmung in der Regel dem erwerbswirtschaftlichen Prinzip folgen, d. h. ihre Entscheidungen so treffen, daß auf das investierte Kapital ein möglichst hoher Gewinn erzielt wird. Das muß nun nicht heißen, daß jede sich bietende Gewinnchance ohne Einschränkung ausgenutzt wird. Das Streben nach Sicherheit kann nämlich dazu führen, daß günstige Gewinnchancen ausgelassen werden. So wird die Unternehmungsführung gegebenenfalls darauf verzichten, einen möglichen Gewinn zu realisieren, weil sie beispielsweise befürchten muß, daß hohe Preise und damit hohe Gewinne die Käufer auf lange Sicht veranlassen, zu „Substitutionserzeugnissen" (Ersatzgütern) überzugehen, oder daß weitere Anbieter angelockt werden oder daß der Staat zum Eingreifen veranlaßt wird. Die Führungsspitze wird in einem solchen Fall auf kurzfristige Erfolge verzichten, um auf die Dauer einen möglichst hohen Gewinn zu erzielen.

Eine *langfristige Gewinnmaximierung* soll deshalb als Zielsetzung unterstellt werden. Allerdings kann diese Maxime auch in unserem marktwirtschaftlichen System keinen Anspruch auf Allgemeingültigkeit erheben. Eine Reihe von Unternehmen strebt nämlich nicht nach einem maximalen, sondern nach einem *angemessenen* Gewinn. Das gilt vor allem für die sog. öffentlichen Betriebe, soweit sie elementare Kollektiv- oder Individualbedürfnisse befriedigen. Für sie gilt das Bedarfsdeckungsprinzip, d. h., ihre Zielsetzung ist auf eine möglichst optimale Gesamtbedarfsdeckung abgestellt. Zum Teil werden diese Betriebe noch einen angemessenen *Gewinn* erzielen, zum Teil handelt es sich dabei aber auch um reine *Zuschußbetriebe*.

Sieht man einmal von diesen systembedingten Einschränkungen des Strebens nach langfristiger Gewinnmaximierung ab, so haben in jüngster Zeit vor allem in den USA durchgeführte Untersuchungen ergeben, daß es in der Praxis einige andere nicht ohne weiteres von der Hand zu weisende Motive des unternehmerischen Handelns gibt, die die primäre Zielsetzung „Gewinnmaximierung" begrenzen. Peter F. *Drucker* berichtet beispielsweise, daß es sehr viele Unternehmen gibt, deren Zielsetzung einfach lautet: to survive — „zu überleben". In Deutschland hat Helmut *Koch* in seinem Buch „Betriebliche Planung" festgestellt, daß die Unternehmungsführung auch andere, meist mehrere Ziele gleichzeitig anstrebt. Koch hat folgenden Katalog unternehmerischer Zielvorstellungen entwickelt:

1. Gewinnstreben oder Erwerbsprinzip;
2. Selbständigkeit beim Einkommenserwerb: Ein Arbeitnehmer gründet ein Unternehmen, um Einkommen aus *selbständiger* Position zu beziehen;
3. höhere soziale Stellung;
4. größere wirtschaftliche Machtstellung: Gründung und Ausbau von Konzernen als Zusammenballung wirtschaftlicher und eventuell politischer Macht;
5. Unterstützung von Verwandten;
6. Pflege der Firmen-Tradition;
7. Wohlergehen der Belegschaft (etwa die „Familie" der „Kruppianer");
8. Wohlergehen des Staatsganzen.

Ohne daß wir auf die einzelnen Motive und Zielsetzungen unternehmerischen Handelns näher eingehen wollen, kann man allerdings auch die Auffassung vertreten, daß sich eine Unternehmung all diese Nebenziele „leisten" kann, wenn sie ihren Gewinn langfristig zu maximieren versteht. Primäre Zielsetzung bliebe demnach weiterhin die Gewinnmaximierung[3].

Unterstellt man also trotz aller Einwände das Ziel (langfristige) Gewinnmaximierung, so erhebt sich die Frage, ob diese doch sehr allgemeine Zielsetzung für alle Unternehmensbereiche ausreicht oder ob es nicht notwendig ist, die Zielsetzung in den einzelnen Funktionsbereichen, wie u. a. dem Beschaffungs-, Produktions- oder Absatzbereich, konkreter zu formulieren. Jeder Bereich der Unternehmung soll dem allgemeinen Unternehmensziel auf seine besondere Weise dienen, und dementsprechend müssen besondere *Zwischenziele* formuliert werden. Im *Produktionsbereich* kommt es zum Beispiel vor allem darauf an, daß die vorhandenen Kapazitäten möglichst optimal ausgelastet werden, weil nur dann mit geringstmöglichen Stückkosten produziert werden kann. Im *Absatzbereich* gilt das Ziel: Erhöhung des absoluten Umsatzes und darüber hinaus: Steigerung des Marktanteils. Im *Finanzbereich* schließlich kommt es darauf an, das erforderliche Geldkapital zu günstigen Bedingungen zu beschaffen und das finanzielle Gleichgewicht laufend aufrechtzuerhalten.

Die für die einzelnen Funktionsbereiche vorzugebenden Zwischenziele sind jeweils so zu formulieren, daß einerseits die spezifischen Zielsetzungen der einzelnen Bereiche zum Ausdruck kommen, andererseits die Beziehung zur gesamtbetrieblichen Maxime nicht verlorengeht.

---

[3] In der Praxis findet man heute in bezug auf unternehmerische Ziele oft folgende Prioritäten: 1. Wachstum, 2. Sicherheit, 3. Gewinnmaximierung. Vgl. dazu auch die Untersuchungen von Heinen, E., Grundlagen betriebswirtschaftlicher Entscheidungen. Das Zielsystem der Unternehmung, 3. Aufl., Wiesbaden 1976, S. 37 ff.

Oft reicht sogar für den jeweiligen Funktionsbereich ein einzelnes Ziel nicht aus. So ist es beispielsweise im Absatzbereich zweckmäßig, für die einzelnen absatzpolitischen Instrumente eigenständige *Unterziele* vorzugeben.

Es entsteht dadurch in der Unternehmung eine *Zielhierarchie*, die sich schematisch wie folgt darstellen läßt:

Zielhierarchie in der Unternehmung

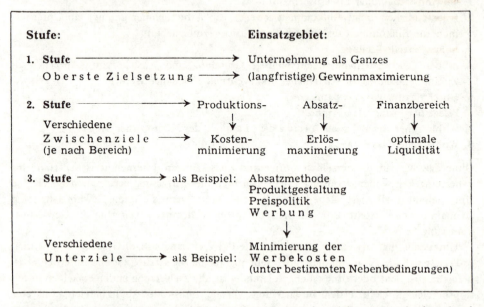

Es fragt sich nun, ob aus einer solchen Konkretisierung der Zielsetzungen in den einzelnen Bereichen nicht zwangsläufig *Zielkonflikte* entstehen. Der Verkaufsleiter wird nämlich im Interesse einer Absatzsteigerung geneigt sein, individuelle Kundenwünsche in bezug auf Erzeugnis oder Liefertermin zu berücksichtigen, während der Produktionsleiter im Hinblick auf eine kostenoptimale Fertigung an einer einheitlichen Massenproduktion interessiert ist. Jeder der in der Unternehmung Arbeitenden denkt naturgemäß zunächst an seine eigenen unmittelbaren Ziele, die sich in seinem Funktionsbereich ergeben, und versucht, diese zu fördern. Er sollte allerdings dabei die Auswirkungen auf die anderen Bereiche und auf das Unternehmensganze nicht übersehen. Die Entscheidungen auf den einzelnen Stufen müssen miteinander und im Hinblick auf die oberste Zielsetzung abgestimmt werden. Die einzelnen *unternehmerischen* Entscheidungen tragen damit den Charakter von sog. *integrierten Entscheidungen*.

Neben der Vorgabe der unternehmerischen Zielsetzung findet die Unternehmensführung in der Koordinationsfunktion einzelner untergeordneter Entscheidungen die zweite wesentliche Führungsaufgabe.

Die Unternehmensführung hat aber nicht nur die oberste Zielsetzung vorzugeben und die untergeordneten Ziele miteinander zu koordinieren, sondern sie hat auch die *Unterneh-*

menspolitik festzulegen, d. h. Entscheidungen darüber zu treffen, auf welchen Wegen und mit welchen Mitteln diese Ziele anzustreben sind. Sie bedient sich dabei sog. *Führungsinstrumente*, wie *Planung*, *Organisation* und *Kontrolle*. Wir wollen an dieser Stelle nur summarisch auf diese Instrumente der Unternehmensführung eingehen, da sie im weiteren Verlauf der Abhandlung noch Gegenstand einer „Unternehmungsführungslehre" sein werden.

Mit Hilfe der *Planung* sollen Unternehmensziel und Unternehmenspolitik für einen gewissen Zeitraum ihren zahlenmäßigen Niederschlag finden.

Planen bedeutet das Entwerfen einer bestimmten Ordnung, nach der sich bestimmte Vorgänge vollziehen sollen.

Alle für einen bestimmten Plan notwendigen Entscheidungen sind in die Zukunft gerichtet und sollen die zukünftige Form des gesamten betrieblichen Ablaufs vorwegnehmen. Dadurch wird eine bestmögliche Vorausschau erzielt und das betriebliche Geschehen gegen Störungen abgesichert.

Der Vollzug einer jeden Planung erfordert eine Verteilung der Aufgaben, eine Übertragung von Anordnungsbefugnissen und eine planvolle Zuordnung von Menschen und Sachen.

Das ist Sache der *Organisation*, die neben der Planung der Unternehmensführung als zweites Führungsinstrument für die Bewältigung der Aufgaben zur Verfügung steht. Ihre Bedeutung mag daraus hervorgehen, daß manche Betriebswirte (u. a. *Mellerowicz*) die Organisation sogar als einen eigenen, selbständigen Leistungsfaktor betrachten. Die Aufgabe der Organisation sehen wir im praktischen betrieblichen Vollzug der in der Planung niedergelegten Unternehmenspolitik. *Die Planung ist damit Voraussetzung organisatorischer Maßnahmen; Organisation wiederum die Bedingung dafür, daß das Geplante zur betrieblichen Wirklichkeit wird.* Beide Führungsinstrumente stehen in einem komplementären Verhältnis zueinander: *Ohne Planung fehlt der Organisation der sinnvolle Bezug; ohne eine Realisierungsmöglichkeit bleibt das Geplante bloße Konzeption.*

Die Unternehmungsführung muß sich jederzeit darüber einen Überblick verschaffen können, inwieweit die von ihr vorgegebenen Ziele realisiert worden sind und inwieweit Abweichungen vom Plansoll eingetreten sind. Das dafür vorgesehene Instrument der Führungsspitze ist die *Kontrolle*. Voraussetzung für die Wirksamkeit dieses Instrumentes ist ein leistungsfähiges betriebliches Informationswesen. Nur dann wird das Kontrollinstrument voll zur Auswirkung gelangen, wenn die betrieblichen Zahlenspeicher, insbesondere das Rechnungswesen, jederzeit in der Lage sind, Informationen bereitzustellen.

II. Die optimale Kombination der betrieblichen Leistungsfaktoren

Die einzelnen Leistungsfaktoren stehen im Produktionsprozeß nicht isoliert nebeneinander. Sie sind verbunden durch einen planmäßigen *Kombinationsprozeß*, der auf die

Leistungserstellung ausgerichtet ist. Zwar werden die drei Elementarfaktoren — je nach Wirtschaftszweig und Betriebstyp — mit unterschiedlichem Gewicht beteiligt sein — in kapitalintensiven Betrieben wird der Faktor „Betriebsmittel" und in arbeitsintensiven Betrieben der Faktor „Arbeit" überwiegen —, im Prozeß der Leistungserstellung werden sie jedoch alle miteinander kombiniert. Damit ein geordneter, planmäßiger Prozeß zustande kommt, bedarf es des dispositiven Faktors. Dieser hat darauf zu achten, daß die Faktorkombination so erfolgt, daß das Verhältnis von *Faktorertrag* und *Faktoreinsatz* am günstigsten ist.

Zusammenfassend können wir feststellen, daß der gesamte betriebliche Prozeß der Leistungserstellung und Leistungsverwertung als ein Kombinationsprozeß aufgefaßt werden kann, bei dem die sog. Elementarfaktoren durch den dispositiven Faktor so miteinander in Beziehung gesetzt werden, daß eine größtmögliche Ergiebigkeit des Faktoreinsatzes erzielt wird.

III. Literaturhinweise

Arthur D. Little International (Hrsg.), Management im Zeitalter der Strategischen Führung, Wiesbaden 1985.
Bender, K., Die Führungsentscheidung im Betrieb, Stuttgart 1957.
Beste, Th., Fertigungswirtschaft und Beschaffungswesen, in: HdW, 2. Aufl., S. 111 bis 275.
Bleicher, K., Organisation — Formen und Modelle, Wiesbaden 1982.
Carell, E., Produktionsfaktoren, in: HdSW, Bd. 8, S. 571 ff.
Gasser, Ch., Der Mensch im modernen Industriebetrieb, 3. Aufl., Köln 1958.
Grochla, E., Grundlagen der Materialwirtschaft, 3. Aufl., Wiesbaden 1978.
Grochla, E., Planung, betriebliche, in: HdSW, Bd. 8, S. 314 ff.
Hax, K., Planung und Organisation als Instrumente der Unternehmensführung, in: ZfhF (1959), S. 605 ff.
Heinen, E. (Hrsg.), Betriebswirtschaftliche Führungslehre, 2. Aufl., Wiesbaden 1984.
Kern, W., Der Betrieb als Faktorkombination, in: Jacob, H. (Hrsg.): Allgemeine Betriebswirtschaftslehre in programmierter Form, 3. Aufl., Wiesbaden 1976, S. 117 ff.
Kilger, W., Der Faktor Arbeit im System der Produktionsfaktoren, in: ZfB (1961), S. 597 ff.
Kilger, W., Produktionsfaktor, in: HWB, 4. Aufl. (1975), Sp. 3097 ff.
Koch, H., Betriebliche Planung, Grundlagen und Grundfragen der Unternehmenspolitik, Wiesbaden 1961.
Korndörfer, W., Unternehmensführungslehre, 3. Aufl., Wiesbaden 1983.
Kosiol, E., Organisation der Unternehmung, 2. Aufl., Wiesbaden 1976.
Kosiol, E., Planung als Lenkungsinstrument der Unternehmungsleitung, in: ZfB (1965), S. 389 ff.
Meyer, L., Betriebswirtschaftliche Kennzahlen und Kennzahlensysteme, Stuttgart 1976.
Nordsieck, F., Betriebsorganisation, Stuttgart 1961.
Schwarz, H., Betriebsorganisation als Führungsaufgabe, 7. Aufl., München 1974.
Wagner, H., Die Bestimmungsfaktoren der menschlichen Arbeitsleistung im Betrieb, Wiesbaden 1966.
Witte, E., Kallmann, A., Sachs, G., Führungskräfte der Wirtschaft, Stuttgart 1981.

B. Rechtsformen

I. Die Bedeutung der Rechtsform für unternehmerische Entscheidungen

In der einschlägigen Literatur werden die Begriffe „Rechtsform" und „Unternehmungsform" oft als identisch behandelt. Wir wollen jedoch im folgenden den Terminus „Rechtsform" deshalb verwenden, weil wir auch öffentliche Betriebe mit einbeziehen wollen, denen – da sie als öffentliche Organe u. a. *nicht* nach dem maximalen Gewinn streben – das an sich Kennzeichnende des Unternehmensbegriffes fehlt. Der Begriff Rechtsform ist also weiter gefaßt und schließt neben den öffentlichen Betrieben auch die Genossenschaften in die Behandlung mit ein.

Eine Darstellung der Rechtsformen im Rahmen der Betriebswirtschaftslehre kann nicht auf die damit zusammenhängenden Rechtsbeziehungen im Detail eingehen. Das ist ein Aufgabe, die dem Wirtschaftsrecht zufällt. Auf der anderen Seite sind jedoch die Rechtsformen der Unternehmen aus den Bedürfnissen der Wirtschaft heraus entstanden, und als Folge der bestehenden Rechtsformen ergibt sich eine Reihe bedeutsamer betriebswirtschaftlicher Probleme. Ob der Gesetzgeber etwa im Aktiengesetz die Möglichkeit, stille Rücklagen zu bilden, erlaubt oder nicht, ist im Hinblick auf Folge und Auswirkung primär wohl eine betriebswirtschaftliche und keine rechtliche Frage.

Von der Wahl der Rechtsform, die nach den Normen des Privatrechts im jeweiligen Land frei gewählt werden kann, wird eine Reihe betriebswirtschaftlicher Kernfragen entscheidend beeinflußt. So wird zunächst einmal die Möglichkeit der *Kapitalbeschaffung* je nach der Wahl der Rechtsform beschnitten oder – wenn sich eine Unternehmung an den Kapitalmarkt wenden und Aktien emittieren kann – erweitert. Daneben legen sich die gründenden Unternehmer mit der gewählten Rechtsform in bezug auf die *Haftung,* die *Geschäftsführung,* die *Publizität und Prüfungspflicht,* die *Mitbestimmung,* die *Risikoübernahme* und die *Gewinnverteilung* fest. Schließlich entscheidet der Unternehmer mit der Wahl der Rechtsform auch über die *steuerliche Behandlung* der in der Unternehmung entstandenen und zurückbehaltenen bzw. ausgeschütteten Gewinne.

Wenn man weiterhin unterstellt, daß sich der Unternehmer mit der Wahl einer bestimmten Rechtsform – sieht man einmal von der Möglichkeit der Umgründung ab – für einen längeren Zeitabschnitt und damit für die oben erwähnten betriebswirtschaftlichen Entscheidungen festlegt, so mag daraus die Bedeutung der Rechtsform als ein in der Regel langfristig gesetztes Datum hervorgehen.

Da im folgenden nur auf die wichtigsten Rechtsformen eingegangen werden kann, soll als Indiz für die Bedeutung in der Praxis die *Arbeitsstättenzählung* vom 9. 5. 1970 zitiert werden: Danach sind von den etwa 1,9 Mill. Betrieben rund 91 % Einzelunternehmen, 5,8 % Personengesellschaften, 1,9 % Kapitalgesellschaften, 0,7 % Genossenschaften, 0,2 % sonstige private Betriebe, 0,2 % öffentliche Betriebe. – Betrachtet man dagegen die *Beschäftigten* in den wichtigsten Rechtsformen, so sind von insgesamt rd. 21,5 Mill. in den Einzelunternehmungen nur ca. 35 %, in den Personengesellschaften 24 % und in den relativ wenigen Kapitalgesellschaften rd. 33,5 % aller Beschäftigten tätig. Diese letzteren Zahlen sind Ausdruck einer Konzentration wirtschaftlicher Aktivitäten auf die zahlenmäßig geringe Anzahl von Kapitalgesellschaften[1].

Bevor wir auf die einzelnen Rechtsformen näher eingehen, soll in Form der folgenden Systematik ein allgemeiner Überblick über die Grundtypen gegeben werden.

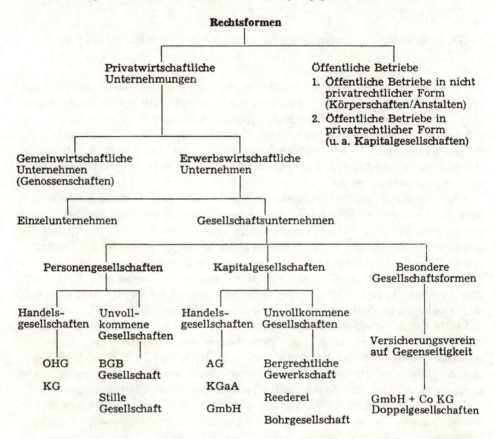

II. Die einzelnen Grundtypen und speziellen Mischformen

1. Die Einzelunternehmung

Bei der Einzelunternehmung als der ursprünglichen Rechtsform steht die Persönlichkeit des „Unternehmers" im Vordergrund. Der Unternehmer ist nicht nur alleiniger Träger des Risikos – das sich grundsätzlich auf das gesamte und nicht nur auf das in die Unternehmung eingebrachte Vermögen erstreckt –, sondern man kann sagen, daß darüber hinaus

---

1 Vgl. dazu: Fachserie C: Unternehmen und Arbeitsstätten, Heft 6: Arbeitsstättenzählung vom 27. 5. 1970, Veröffentlichungen des Statistischen Bundesamtes, Stuttgart und Mainz 1972.

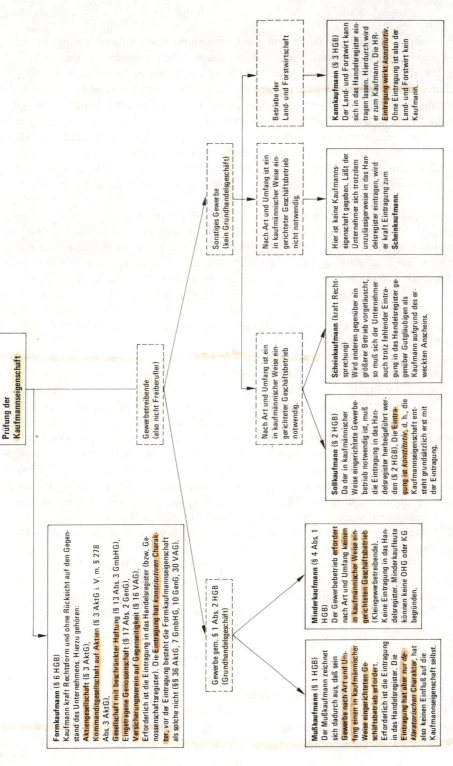

Quelle: WISU-Studienblatt 9 (September 1978).

der gesamte Aufbau, das Leben und die Entwicklung seiner Unternehmung im großen und ganzen durch seine Initiative und das Maß seiner Verantwortung geprägt werden. Da der Einzelunternehmer außerdem im Rahmen der bestehenden Wirtschafts- und Rechtsordnung frei in seinen Entscheidungen ist, ist die Einzelunternehmung hinsichtlich der Fassung von Entschlüssen gemäß den jeweils gegebenen Umständen durch ein hohes Maß an Elastizität charakterisiert. Die der Einzelunternehmung darüber hinaus nachgesagte Kristenfestigkeit ist mit eine Folge davon, daß die persönliche Entschlußkraft und der Betätigungsdrang des Unternehmers mit der Kapitalkraft eng verschmolzen sind.

Neben den geschilderten *Vorteilen* der Elastizität und Krisenfestigkeit der Einzelunternehmungen steht eine Reihe von mehr oder weniger wichtigen *Nachteilen:* Zunächst einmal hängt das Wohlergehen der Einzelunternehmung im hohen Maße von der Arbeitsfähigkeit und Arbeitsleistung des Unternehmers bzw. der mitarbeitenden Familienangehörigen ab. Langfristig ist hier gleichzeitig auf die mangelnde Kontinuität der Unternehmungsleitung hinzuweisen. Ein Weiterbestehen und eine Fortentwicklung auf lange Sicht ist meist nur dann möglich, wenn die Nachfolgeschaft mindestens über die gleichen unternehmerischen Fähigkeiten verfügt wie der seitherige Inhaber. Man kann als Nachfolger zwar eine leistungsfähige Belegschaft, eine ausreichende Kapitalausstattung und einen guten Marktbereich und Kundenstamm erben, nicht immer jedoch die notwendigen Unternehmerqualitäten. Der Tod des Inhabers einer Einzelunternehmung stellt deshalb oft den Fortbestand in Frage.

Darüber hinaus sind die beschränkte Kapitalkraft und die äußerst schmale Kreditbasis als weitere einschneidende Nachteile aufzuzeigen. Die Kapitalknappheit setzt der vollen Entfaltung der Initiative des Einzelunternehmers oft Grenzen. Da die Selbstfinanzierung aus Gewinn wegen der progressiven Besteuerung des Einkommens meist nicht in Frage kommt und die Beschaffung von langfristigem Kapital seitens der Banken in der Regel wegen der bereits hypothekarisch belasteten Liegenschaften auf Schwierigkeiten stößt, besteht das Hauptproblem darin, sog. Mittelstandskredite für die Einzelunternehmung zu erhalten. Auf die Förderungsmaßnahmen seitens des Staates wird im Kapitel „Finanzierung" noch näher einzugehen sein. Wenn man diese Nachteile, die gegenüber den Vorteilen doch stärker zu Buche schlagen sollten, im Hinblick auf die in der Praxis vorkommenden Einzelunternehmungen betrachtet, so muß man den Schluß ziehen, daß die immer noch überwältigend große Anzahl von Einzelunternehmen die Vorteile des freien Unternehmertums höher einschätzt als die damit verbundenen Nachteile.

Einzelunternehmungen findet man bevorzugt im Handel und Handwerk und weniger in der Industrie. Zur Klärung bestimmter handels- und steuerrechtlicher Fragen ist für Einzelunternehmen die Prüfung der Kaufmannseigenschaft ein oftmals umstrittenes Problem. Die Übersicht auf Seite 79 soll helfen, der Lösung dieses Problems näherzukommen.

2. Die *Personengesellschaften*

a) Die Offene Handelsgesellschaft (OHG)

Die Offene Handelsgesellschaft ist eine Gesellschaft, deren Zweck auf den Betrieb eines Handelsgewerbes unter gemeinschaftlicher Firma gerichtet ist, wobei die Gesellschafter den Gläubigern *unmittelbar, unbeschränkt* und *solidarisch* mit ihrem vollen Vermögen haften. Die unbeschränkte persönliche Haftung aller Gesellschafter, die sich auch auf deren Privatvermögen erstreckt, kennzeichnet die OHG und grenzt sie gegenüber der Kommanditgesellschaft ab. Die wichtigsten rechtlichen Vorschriften (Errichtung, Rechtsverhältnisse der Gesellschafter untereinander, Rechtsverhältnisse der Gesellschafter zu anderen, Eintritt und Ausscheiden von Gesellschaftern, Auflösung der Gesellschaft usw.) sind in den §§ 105 ff. HGB geregelt. Einige wenige Vorschriften seien hier erwähnt:

1. Die OHG setzt eine gemeinschaftliche *Firma* voraus, unter der sie Rechte erwerben, Verbindlichkeiten eingehen, Eigentum erwerben und vor Gericht klagen und verklagt werden kann. Unter ihrer Firma ist die OHG in das Handelsregister einzutragen; dabei hat die Firma den Familiennamen wenigstens eines Gesellschafters mit einem Zusatz zu enthalten, der das Vorhandensein einer Gesellschaft andeutet (z. B. Mayer OHG *oder* Mayer & Co.). Die Firma kann auch die Namen mehrerer oder aller Gesellschafter aufnehmen.

2. Die *Rechtsverhältnisse der Gesellschafter* untereinander (Beschlußfassung, Geschäftsführung usw.) können im Gesellschaftsvertrag frei vereinbart werden. Die *Geschäftsführung* einer OHG, die alle laufenden Maßnahmen umfaßt, die erforderlich sind, um den Gesellschaftszweck zu fördern und zu verwirklichen, hat nur für das Innenverhältnis der Gesellschaft Geltung. Grundsätzlich gilt die Einzelgeschäftsführung, d. h., jeder Gesellschafter ist zur Geschäftsführung berechtigt und verpflichtet. Ausgenommen sind lediglich „ungewöhnliche" Geschäfte (Abänderung des Gesellschaftsvertrages, Auflösung der Gesellschaft, aber auch Grundstückskäufe und -verkäufe), bei denen ein Beschluß aller Gesellschafter einschließlich derer, die von der Geschäftsführung ausgeschlossen sind, erforderlich ist.
Die Geschäftsführung ist scharf von der *Vertretung* zu unterscheiden, die das Außenverhältnis, d. h. die Beziehung der Gesellschaft gegenüber anderen, betrifft. Ein Gesellschafter kann zur Geschäftsführung berechtigt, aber von der Vertretung ausgeschlossen sein; der Umfang seiner Geschäftsführerbefugnis kann geringer sein als derjenige seiner Vertretungsmacht. Für die Vertretung der OHG gilt der Grundsatz der Alleinvertretung, d. h., jeder Gesellschafter hat für sich allein Vertretungsmacht. Allerdings kann der Gesellschaftsvertrag eine abweichende Regelung treffen und eine Gesamtvertretung in dem Sinne vorschreiben, daß alle oder mehrere Gesellschafter nur in Gemeinschaft bzw. mit einem Prokuristen die Gesellschaft vertreten dürfen. Beschränkungen der Vertretungsmacht müssen in das Handelsregister eingetragen werden.

3. Bei der *Gewinnverteilung* werden den Gesellschaftern ihre Einlagen zunächst mit 4 % verzinst — wenn der Jahresgewinn dazu nicht ausreicht, mit einem geringeren Prozentsatz —, der Rest wird unter den Gesellschaftern nach Köpfen verteilt. Die Aufteilung nach Köpfen gilt auch bei Verlusten für den Verlustanteil. Meist wird jedoch der Gesellschaftsvertrag eine von den obigen gesetzlichen Vorschriften abweichende Regelung vorsehen.

4. Die OHG wird *aufgelöst*, wenn die im Gesetz (§ 131 HGB) genannten Auflösungsgründe vorliegen. Außerdem kann der Gesellschaftsvertrag weitere Auflösungsgründe aufnehmen. Im Folgenden seien die wichtigsten kurz genannt:
   ○ Auflösung durch Zeitablauf;
   ○ Auflösung durch Beschluß der Gesellschafter;

- Auflösung durch Kündigung eines Gesellschafters (eine Weiterführung ist meist im Gesellschaftsvertrag vorgesehen);
- Auflösung wegen Eröffnung eines Konkursverfahrens über das Gesellschaftsvermögen;
- Auflösung bei Zwangsvollstreckung durch den Privatgläubiger eines Gesellschafters;
- Auflösung durch Tod eines Gesellschafters (eine Weiterführung ist meist im Gesellschaftsvertrag vorgesehen);
- Auflösung durch gerichtliche Entscheidung auf Klage eines Gesellschafters aus wichtigem Grund, z. B. grobe Pflichtverletzung eines Gesellschafters.

Auch die Offene Handelsgesellschaft vereinigt in sich die Merkmale persönlichen Unternehmertums, wie unbeschränkte Haftung, Selbständigkeit und grundsätzliche Unübertragbarkeit und Unvererblichkeit der Gesellschaftsrechte. Die durch die nachgiebige Natur der rechtlichen Vorschriften u. a. im Innenverhältnis bedingte große Anpassungsfähigkeit und der volle Einsatz des Personalkredits aller Gesellschafter haben die OHG zu einer krisenfesten Rechtsform gemacht. Im Vergleich zu den Konkurszahlen der Kapitalgesellschaften zeigt sie den weitaus niedrigsten Prozentsatz.

Die Bildung einer OHG ist einmal durch einen wachsenden Kapitalbedarf bedingt. Die finanziellen Möglichkeiten im Hinblick auf das Eigenkapital einer OHG sind wegen der größeren Anzahl der Gesellschafter meist besser als die einer Einzelunternehmung. Da in der Solidarhaftung der Gesellschafter eine erhöhte Sicherheit für die Gläubiger liegt, steht der OHG im allgemeinen auch Fremdkapital zur Verfügung.

Zur Gründung einer OHG kommt es aber auch dann, wenn sich Personen mit einander ergänzenden Fähigkeiten zusammenschließen, um eine Gesellschaft zu gründen. So kann der eine Gesellschafter die notwendigen finanziellen Mittel, ein anderer bestimmte Kenntnisse und Fähigkeiten oder verwertbare Recht einbringen. Schließlich kann die OHG auch aus einer Erbengemeinschaft, d. h. aus der Fortsetzung einer Einzelunternehmung, hervorgehen; sie ist darum auch meist eine ,,Familiengesellschaft".

Betrachtet man abschließend einmal die OHG aus der Sicht des einzelnen Gesellschafters, so ist das Risiko — da jeder mit seinem Geschäfts- und Privatvermögen für die Verbindlichkeiten der Gesellschaft haftet — verhältnismäßig groß. Dabei soll nicht unerwähnt bleiben, daß der ausscheidende Gesellschafter für fünf Jahre für alle bis zu seinem Ausscheiden begründeten Gesellschaftsschulden haftet, der neu eintretende Gesellschafter für alle früheren Gesellschaftsschulden unbeschränkt, auch mit seinem Privatvermögen. Das erhöhte Risiko ist mit ein Grund dafür, daß in vielen Fällen die GmbH der OHG vorgezogen wird.

b) Die Kommanditgesellschaft (KG)

Die Kommanditgesellschaft ist eine Gesellschaft, deren Zweck auf den Betrieb eines Handelsgewerbes unter gemeinschaftlicher Firma gerichtet ist. Die Haftung der Gesellschafter ist teils unbeschränkt, teils beschränkt. Die unbeschränkt haftenden Gesellschafter werden als persönlich haftende Gesellschafter oder *Komplementäre*, die beschränkt bis zur Höhe ihrer Einlage haftenden als *Kommanditisten* bezeichnet. Die rechtlichen Vorschriften sind in den §§ 161 ff. HGB geregelt. Die wichtigsten seien kurz erwähnt:

1. Die *Firma* der Gesellschaft muß den Familiennamen mindestens eines persönlich haftenden Gesellschafters und einen Zusatz enthalten, der das Vorhandensein einer Gesellschaft andeutet (z. B. Meyer KG oder Meyer & Co.). Es können auch mehrere oder alle persönlich haftenden Gesellschafter angegeben werden; die Kommanditisten allerdings dürfen nicht genannt werden. Komplementäre und Kommanditisten sind ins Handelsregister namentlich und mit der Höhe der Einlage einzutragen. Bei der Bekanntmachung ist nur die *Zahl* der Kommanditisten anzugeben.
2. Die *Geschäftsführung* in der KG obliegt allein den Komplementären. Ein Mitspracherecht der Kommanditisten ist jedoch für all die Maßnahmen gegeben, die außerhalb der Geschäftsführung liegen und z. B. das Gesellschaftsverhältnis selbst betreffen. Davon unabhängig besteht natürlich die Möglichkeit, im Gesellschaftsvertrag den Kommanditisten ein weitgehendes Mitspracherecht bei der Geschäftsführung einzuräumen. Das könnte dann der Fall sein, wenn ein Gläubiger seine „eingefrorenen" Forderungen in einen Gesellschaftsanteil verwandelt und sich als Kommanditist ein weitgehendes Mitspracherecht ausbedingt. Zur Vertretung berechtigt sind allein die Komplementäre, wobei – ähnlich wie bei der OHG – grundsätzliche Einzelvertretung herrscht. Die Kommanditisten sind von der Vertretung ausgeschlossen, wenn man davon absieht, daß ein Kommanditist mit einer Vollmacht als Prokurist zum Beispiel an einer Gesamtvertretung beteiligt sein kann.
3. Für die Gewinnverteilung gilt ähnliches wie bei der OHG. Vom Gewinn werden den Gesellschaftern einschließlich der Kommanditisten zunächst 4 % ihres Kapitalanteils gutgeschrieben. Darüber hinausgehende Gewinne werden aber nicht nach Köpfen, sondern nach einem „angemessenen" Verhältnis verteilt. Auch für Verlustbeteiligungen gilt ein angemessenes Verhältnis. Die Verteilung nach Köpfen, wie man sie bei der OHG kennt, wäre im Normalfall einer KG deshalb ungerecht, weil die Kommanditisten von der Mitarbeit befreit sind und in der Regel nur kapitalmäßig beteiligt werden.
In der Praxis wird man auch bei einer KG im Gesellschaftsvertrag eine Gewinn- und Verlustbeteiligung besonders bestimmen, da man von vornherein wohl einem Streit aus dem Wege gehen möchte, was „angemessen" im Sinne des Gesetzes ist.
4. Die Auflösungsgründe sind dieselben wie bei der OHG. Eine Ausnahme gilt beim Tod eines Kommanditisten. Hier ist der Tod kein Auflösungsgrund; die Erben rücken vielmehr in seine Rechtsstellung ein.

Die Kommanditgesellschaft bietet infolge ihrer personellen, wirtschaftlichen und juristischen Struktur günstige Voraussetzungen für den Aufbau einer Unternehmung, da die Leistungsfaktoren Arbeit und Kapital so miteinander kombiniert werden können, daß der Einfluß der Kapitalgeber der Unternehmung an sich keine Bindungen auferlegt. Die Vorteile der Personengesellschaft lassen sich mit denen der Kapitalgesellschaft vereinen. Die Kapitalbeschaffung durch Aufnahme von neuen Kommanditisten ist wegen der beschränkten Haftung meist nicht allzu schwierig. Die Kapitalbasis läßt sich also durch neue Kommanditeinlagen erheblich erweitern[2], was sich letztlich auch auf die Kredit-

---

[2] Da es heute eine Reihe von großen Kommanditgesellschaften gibt, die auf die Mitgliedschaft einer Vielzahl rein kapitalistisch beteiligter Gesellschafter angelegt sind, spricht man auch von „Publikumspersonengesellschaften".

fähigkeit der Gesellschaft positiv auswirken wird. Zu dem Vorteil der relativ einfachen Kapitalbeschaffung kommt nach den gesetzlichen Vorschriften der Vorteil, daß die Geldgeber (Kommanditisten) von der Geschäftsführung ausgeschlossen sind; ihre Kontrollrechte sind gering. Die Praxis hat jedoch gezeigt, daß entsprechend dem Umfang der Kapitalbeteiligung die Kommanditisten einen großen, oft sogar einen beherrschenden Einfluß auf die Geschäftsführung ausüben. Das Verhältnis von Unternehmensleitung und Kapitaleinfluß ist in der Kommanditgesellschaft eine besonders schwierige Frage. Es ist mit ein Grund dafür, daß trotz der offensichtlichen Vorteile einer Haftungsbeschränkung seitens der Kommanditisten die Kommanditgesellschaft nicht ganz so verbreitet ist wie die Offene Handelsgesellschaft.

c) **Die stille Gesellschaft**

Die stille Gesellschaft entsteht dadurch, daß sich jemand am Handelsgewerbe eines anderen mit einer in dessen Vermögen übergehenden Einlage beteiligt (§ 335 HGB). Ähnlich wie die Kommanditgesellschaft zeigt auch die stille Gesellschaft zwei Arten von Gesellschaftern, den *Geschäftsinhaber* (der als eine Art Komplementär persönlich haftend sein volles Vermögen einsetzt) und den stillen Gesellschafter, der nur beschränkt mit einer bestimmten Einlage beteiligt ist. Von der KG unterscheidet sich die stille Gesellschaft allerdings dadurch, daß sie nach außen hin nicht in Erscheinung tritt, sondern eine bloße *Innengesellschaft* bildet. Im Außenverhältnis tritt jeweils nur die Rechtsform des Geschäftsinhabers in Erscheinung, während der stille Gesellschafter verborgen bleibt, was auch den Namen der Gesellschaftsform erklärt. Weder der Name des „stillen" Kapitalgebers noch die Höhe seiner Einlage tritt nach außen hin in Erscheinung; das Gesellschaftsverhältnis wird weder in der Firma noch im Handelsregister erwähnt. Da die gemeinschaftliche Firma fehlt, gibt es auch kein „Gesellschafts"-vermögen und keine „Gesellschafts"-schulden. Vermögensträger ist allein der Geschäftsinhaber, der als solcher auch allein für die Geschäftsschulden haftet. Geschäftsinhaber kann nicht nur jede natürliche Person sein, sondern auch eine OHG, KG oder eine Kapitalgesellschaft. Durch den Eintritt eines stillen Gesellschafters bleibt die jeweilige Rechtsform also erhalten. Auch mehrere stille Gesellschafter sind gleichzeitig möglich

Bei der Einlage des stillen Gesellschafters handelt es sich normalerweise um ein langfristiges Gläubigerverhältnis mit Gewinn- und Verlustbeteiligung je nach vertraglicher Vereinbarung. Eine Abgrenzung gegenüber dem Darlehen, bei dem regelmäßig ein fester Zins und die volle Kapitalrückzahlung ohne Rücksicht auf Verluste des Kapitalnehmers vereinbart sind, fällt nicht schwer. Die Grenzen werden aber dann flüssig, wenn der Geldgeber im Gesellschaftsvertrag eine Teilnahme am Verlust ausschließt und sich das Recht ausbedingt, sein Kapital zurückzufordern. Hier kann dann auch ein Darlehen mit Gewinnbeteiligung („partiarisches" Darlehen) vorliegen. Als Unterscheidungskriterium wird oft der Umfang der Mitwirkungs- und Kontrollrechte angeführt, die beim Darlehen eine Ausnahme, bei der stillen Gesellschaft wenigstens formal nach § 338 HGB vorgesehen sind.

In diesem Zusammenhang sei der Unterschied zwischen dem sog. *typischen* und dem sog. *atypischen* stillen Gesellschafter erwähnt. Die typische stille Gesellschaft — wie wir sie bisher geschildert haben — ist ein Gläubigerverhältnis mit Gewinn- und Verlustbeteiligung. Eine atypische stille Gesellschaft liegt dagegen dann vor, wenn der Gesellschafter nicht nur am Gewinn und Verlust, sondern darüber hinaus am gesamten Geschäftsvermögen und damit am Vermögenszuwachs (stille Rücklagen u. a.) beteiligt ist. Seine Vermögenseinlage wird dabei so bewertet, als stünde ihm ein fester prozentualer Betrag am gesamten Geschäftsvermögen zu. Der atypische stille Gesellschafter nimmt damit auch an betriebsfremden Erlösen teil, an Rücklagen (u. a. auch stille Rücklagen), Rückstellungen und dem gesamten „Firmenwert". Von Bedeutung wird dieses Verhältnis deshalb bei der Verteilung des Liquidations- oder Verkaufserlöses; der Anteil des atypischen stillen Gesellschafters wird dann eventuell größer sein als seine ursprüngliche Einlage. Dem typischen stillen Gesellschafter stehen demgegenüber keine Anteile u. a. aus stillen Rücklagen zu.

Wichtig ist die Trennung in einen typischen und atypischen stillen Gesellschafter auch noch für das *Steuerrecht:* Während die Einkünfte des typischen stillen Gesellschafters zu den Einkünften aus Kapitalvermögen zählen, gehören die des atypischen stillen Gesellschafters zu den Einkünften aus Gewerbebetrieb.

Über die Bedeutung der stillen Gesellschaft lassen sich – da sie nach außen ja nicht in Erscheinung tritt – nur Vermutungen anstellen. Danach ist sie ein besonders in Bankkreisen sehr beliebtes Instrument für eine „Beteiligung". Der Vorteil, daß weder der Kapitalgeber noch die Höhe der Einlage der Öffentlichkeit bekannt werden, wird relativ hoch veranschlagt. Auf der anderen Seite bleibt die Geschäftsführung allein bei dem Geschäftsinhaber, und der stille Gesellschafter hat selbst bei ungewöhnlichen Geschäften kein Widerspruchsrecht. Der Vorteil der alleinigen Geschäftsführung deckt sich mit dem einer relativ einfachen Kapitalbeschaffung. Hinsichtlich der Kreditbasis allerdings ändert sich nichts; denn die stille Gesellschaft tritt ja nach außen hin nicht in Erscheinung.

Abgesehen davon, daß dem stillen Gesellschafter ein beschränktes Überwachungs- und Kontrollrecht zukommt, kann natürlich der Gesellschaftsvertrag den stillen Gesellschafter sogar an der Geschäftsführung beteiligen. Das wird immer dann der Fall sein, wenn ein Großgläubiger seinen Kredit in eine stille Einlage umwandelt und sich entsprechend der tatsächlichen „Machtverhältnissen" vorbehält, mehr oder weniger aktiv an der Geschäftsführung mitzuwirken. Dann erscheint die vorher als Vorteil apostrophierte alleinige Geschäftsführung bei der Aufnahme eines stillen Gesellschafters in einem anderen Licht.

d) Die Gesellschaft des bürgerlichen Rechts (BGB-Gesellschaft)

Die BGB-Gesellschaft ist eine vertragliche Vereinigung von natürlichen oder juristischen Personen, die sich verpflichten, die Erreichung eines gemeinsamen Zieles in der durch den Vertrag bestimmten Weise zu fördern. Die Gesellschaft als solche ist keine Handelsgesellschaft und demzufolge nicht nach Handelsrecht, sondern nach bürgerlichem Recht (§§ 705 ff. BGB) zu behandeln. Eine kurze Behandlung dieser Gesellschaftsform in diesem Zusammenhang ist deshalb angebracht, weil die BGB-Gesellschaft auch im Wirtschaftsleben eine gewisse Rolle spielt.

Die Gesellschafter gehen keine dauernde Bindung ein, sondern sie vereinigen sich meist nur *vorübergehend*, um ein gemeinsames Projekt zum Abschluß zu bringen, wie beispielsweise bei der Durchführung gemeinsamer Gelegenheitsgeschäfte oder Arbeitsgemeinschaften. Die Gesellschaft endet mit der Erfüllung des beabsichtigten Zweckes. Man spricht deshalb auch oft von einer *„Gelegenheitsgesellschaft"*

In der Praxis wird die BGB-Gesellschaft wie etwa bei einem Zusammenschluß von Minderkaufleuten allerdings auch als *„Dauergesellschaft"* und damit auf unbestimmte Zeit eingegangen.

Von Bedeutung ist die BGB-Gesellschaft auch bei einem Zusammenschluß von Banken (Bankkonsortium), um gemeinsam Wertpapiere beim Publikum unterzubringen (Emission von Aktien u. a.), bei der Zusammenarbeit von mehreren Industriebetrieben, um umfangreiche Projekte (u. a. in Entwicklungsländern) gemeinsam durchzuführen, bei Gewinn- und Interessengemeinschaften und bei Holdinggesellschaften und Konzernen, bei denen sich selbständige Unternehmen oft zu einer BGB-Gesellschaft zusammenschließen.

3. Die Kapitalgesellschaften

Während bei den Personengesellschaften Eigenkapitalgeber und Unternehmer in der Regel identisch sind, liegen nach den gesetzlichen Vorschriften bei Kapitalgesellschaften Kapitaleigentum und Unternehmungsführung grundsätzlich in verschiedenen Händen. Das Risiko der Gesellschafter ist meist auf die Kapitaleinlage beschränkt; ihr Einfluß auf die Geschäftsführung ist je nach der Rechtsform verschieden, beschränkt sich jedoch in der Regel auf ihr Stimmrecht in der „Gesellschafterversammlung". Unternehmer sind dagegen die „Geschäftsführer" der Gesellschaften, die sog. Manager.

Kapitalgesellschaften sind sog. *juristische Personen*, d. h., die Gesellschaft „an sich" ist eine eigene Rechtspersönlichkeit und als solche Rechtsträger ihres Vermögens und Schuldner der für sie entstandenen Verbindlichkeiten. Ihr Fortbestand ist vom Wechsel der Gesellschafter unabhängig. Die ausgeprägteste Form der Kapitalgesellschaft ist die Aktiengesellschaft, in der die Anonymität der juristischen Person ihr Höchstmaß erreicht. erreicht hat.

a) Die Aktiengesellschaft (AG)

aa) Entstehung, Geschichte, Herkunft

Die Aktiengesellschaft entstand im 19. Jahrhundert mit der gewaltigen wirtschaftlichen Entwicklung in Deutschland. Zur Gründung der großen Schiffahrts- und Eisenbahngesellschaften, der Versicherungsgesellschaften und der Großindustrie war so viel Kapital erforderlich, daß die Kapitalkraft von Einzelpersonen oder von Personenunternehmen zur Finanzierung dieser Aufgaben nicht mehr ausreichte. Nach dem Vorbild der alten überseeischen Handelskompagnien (am bekanntesten war die niederländisch-ostindische Handelskompagnie), die zwar auch schon „Teilhaberpapiere" ausgaben, deren Zielsetzung aber vorwiegend politisch motiviert war, wurde die moderne Aktiengesellschaft gegründet. Mit Hilfe dieser Rechtsform war es möglich, riesige Kapitalien dadurch aufzubringen, daß man Teilhaberpapiere über Banken an ein breites Publikum verkaufte und dadurch eine beinah unbegrenzte Zahl von Teilhabern aufnehmen konnte. Es gibt heute Kapitalgesellschaften, die weit über hunderttausend Gesellschafter haben.

ab) Gründung und Kapitalbeschaffung

> *Die Aktiengesellschaft ist eine Gesellschaft mit eigener Rechtspersönlichkeit, deren Gesellschafter mit Einlagen auf das in Aktien zerlegte Grundkapital beteiligt sind, ohne daß sie persönlich für die Verbindlichkeiten der Gesellschaft haften* (in Anlehnung an § 1 AktG).

Zur Gründung einer Aktiengesellschaft sind mindestens *fünf* Gründer notwendig. Diese stellen einen Gesellschaftsvertrag (Satzung) auf, der einer gerichtlichen oder notariellen Beurkundung bedarf. Die *Satzung* bestimmt u. a. Firma und Sitz der Gesellschaft, Gegenstand des Unternehmens, Höhe des Grundkapitals, Zusammensetzung des Vorstandes. Der eigentliche Gründungsvorgang bis zur Registereintragung und seine Durchführung sind im Gesetz eingehend geregelt (vgl. besonders die §§ 23—53).

Man unterscheidet zwei Hauptformen der Gründung:

○ *Die Einheitsgründung* (**Simultangründung**), bei der die Gründer selbst alle Aktien übernehmen, sich bei fehlendem Eigenkapital allerdings der Banken bedienen, welche zu eigenem Nutzen die von den Gründern übernommenen Aktien in den Verkehr bringen (sog. Emissionsgeschäft).
○ *Die Stufengründung* (**Sukzessivgründung**), bei der die Gründer nur einen Teil der Aktien übernehmen; der Rest wird durch Zeichnung von anderen Personen übernommen.

Nachdem in der Praxis bereits seit Jahren die Einheitsgründung im Vordergrund stand, hat sich 1965 auch der Gesetzgeber für die Einheitsgründung entschieden. Wird das Grundkapital in Bargeld aufgebracht, dann spricht man von einer *„Bargründung"*; werden Sacheinlagen vorgenommen, dann spricht man von einer *„Sachgründung"*. Daneben findet man noch den Begriff einer *„qualifizierten"* Gründung, wenn beispielsweise einzelnen Aktionären Sondervorteile gewährt werden sollen, wenn ein sog. Gründerlohn als Entschädigung oder Belohnung für die Gründertätigkeit gezahlt werden soll oder auch im Fall der Sacheinlagen. Auch diese Angaben sind in der Satzung festzuhalten, vor allem wohl deshalb, weil hier die Gefahr von Unlauterkeit besteht.

In der zeitlichen Reihenfolge läßt sich der Gründungsvorgang bei einer Einheitsgründung etwa wie folgt skizzieren:

1. Feststellung einer notariell beurkundeten Satzung.
2. Übernahme der Aktien durch die Gründer; ein Vorgang, der ebenfalls notariell beurkundet werden muß.
3. Schaffung der Organe der Gesellschaft: Die Gründer bestellen den ersten Aufsichtsrat; dieser bestellt den ersten Vorstand.
4. Einzahlung eines Teils des Grundkapitals (bei Inhaberaktien Volleinzahlung).
5. Gründungsbericht: Er ist von den Gründern schriftlich zu erstatten; eine Gründungsprüfung, die den gesamten Hergang der Gründung umfaßt, ist vorzunehmen.

6. Sämtliche Gründer, die Vorstands- und Aufsichtsratsmitglieder müssen danach die Gesellschaft beim Amtsgericht des Gesellschaftssitzes zur Eintragung in das Handelsregister anmelden. Sie haben dabei nachzuweisen, daß die notwendigen Einzahlungen auf das Grundkapital erfolgt sind, sie müssen alle Urkunden über die Gründung sowie den Gründungs- und einen Prüfungsbericht beifügen. Mit der Eintragung ins Handelsregister wird die Aktiengesellschaft rechtsfähig, und sie tritt nun als solche ins Leben.

Das *Grundkapital* ist die Summe der Nennbeträge aller Aktien, die die Aktionäre aufzubringen sich verpflichtet haben. Der Mindestnennbetrag des Grundkapitals beträgt 100 000 DM, der Mindestnennbetrag der Aktien 50 DM. Höhere Aktien-Nennbeträge müssen auf volle hundert Deutsche Mark lauten.

Die Aktie ist damit ein fester Bruchteil des Grundkapitals; gleichzeitig bezeichnet der Ausdruck die Mitgliedschaft an einer Aktiengesellschaft, und schließlich gilt die Aktienurkunde als Wertpapier.

Aktien dürfen nicht unter ihrem Nennwert abgegeben werden (Verbot einer „Unter-pari-Emission" – vgl. § 9). In der Regel werden sie „über pari", d. h. mit einem Aufgeld oder Agio, verkauft. Das Aufgeld ist der gesetzlichen Rücklage zuzuführen.

Grundkapital und Rücklagen ergeben das in der Bilanz ausgewiesene *Eigenkapital*. Es kann also schon bei der Gründung größer sein als das Grundkapital. Es wird sich später u. a. durch nichtausgeschüttete Gewinne, die der Rücklage zugewiesen werden müssen oder dürfen, weiter erhöhen.

Bei den Aktien kann man zunächst unterscheiden in:

1. *Quotenaktien* (nennwertlose Aktien) = Aktien, die nicht auf eine feste Summe, sondern auf eine bestimmte Quote, einen Anteil am Gesellschaftskapital lauten (bei 10 000 ausgegebenen Aktien lautet die Quotenaktie auf 1/10 000 des Kapitals). Sie sind u. a. in USA, Kanada, Belgien und Italien, *nicht jedoch in Deutschland zulässig.*
2. *Nennwert- oder Nominalaktie* = Aktie, die auf eine in Geld ausgedrückte feste Summe lautet, z. B. 50 DM.

Bei der bei uns üblichen Nennwertaktie kann man wieder unterscheiden in sog. *Aktiengattungen*, nämlich:

1. *Stammaktien:* Darunter versteht man den Normaltyp der mit Stimmrecht, aber ohne besondere Vorzüge ausgestatteten Aktie.
2. *Vorzugsaktien*: Darunter faßt man alle Aktienarten zusammen, die ein gewisses Vorrecht gegenüber dem Normaltyp der Aktie gewähren (§ 11).
   Das können sein:
   a) Vorzugsaktien mit *festem Ertrag* im Hinblick auf eine nach oben begrenzte Vorzugsdividende. Damit verbunden ist meist auch eine Bevorzugung bei der Verteilung eines etwaigen Liquidationserlöses.
   b) Vorzugsaktien mit *veränderlichem Ertrag*, die über einen festen Ertrag hinaus noch einen Anteil am Reingewinn (Überdividende) gewähren.
   c) *Stimmrechtslose* Vorzugsaktien (§ 12 Abs. 1), die pekuniäre Vorzüge, aber kein Stimmrecht haben. Sie dürfen bis zur Höhe des Gesamtnennbetrages der anderen Aktien ausgegeben werden.

d) *Mehrstimmrechtsaktien* (§ 12 Abs. 2), die dem Inhaber der Aktie auf der Hauptversammlung mehrere Stimmen gewähren. Sie sind in Deutschland grundsätzlich verboten. Eine Ausnahme ist nur bei überwiegend gesamtwirtschaftlichen Gründen möglich.

Eine andere Unterteilung der Aktien ist die in Aktienarten (§ 10 und § 24):

1. *Inhaberaktien*, d. h. Aktien, die auf den Inhaber lauten. Es ist die Normalform der Aktie, deren einfache Form der Übertragung (Einigung und Übergabe) die Aktie dem Börsenhandel zugänglich gemacht hat. Sie hat allerdings den Nachteil, daß sich der Mitgliedschaftswechsel ohne Kenntnis des Vorstandes und Aufsichtsrates vollzieht und daß sich dadurch Mehrheitsverhältnisse in den Hauptversammlungen unbeobachtet und unerwartet ändern können.
2. *Namensaktien*, d. h. Aktien, die auf den Namen lauten. Die Inhaber von Namensaktien sind im sog. Aktienbuch zu vermerken; im Falle einer Übertragung ist der Name des Erwerbers einzutragen. Ist die Übertragung von Namensaktien durch die Satzung an die Zustimmung der Gesellschaft gebunden, so spricht man von sog. *gebundenen* oder *vinkulierten* Namensaktien.

Nach dem Aktiengesetz müssen die Gesamtnennbeträge der Aktien jeder Gattung gesondert ausgewiesen werden. Neben den Stammaktien müssen danach Aktien mit verschiedenen Sonderrechten (Vorzugsaktien) extra ausgewiesen werden.

Neben diesen einzelnen Aktiengattungen bzw. Aktienarten kennt man noch die Bezeichnungen:

1. „eigene Aktien",
2. „Vorratsaktien",
3. „Gratisaktien",
4. „Belegschaftsaktien".

1. *Eigene Aktien* (§ 71) sind Aktien, die ausgegeben und in den Verkehr gelangt sind, die jedoch von der Gesellschaft selbst zurückgekauft worden sind. Würde ein Erwerb eigener Aktien in größerem Umfange geschehen, so bestünde die Gefahr, daß Vorschriften, die das Grundkapital schützen sollten (Verbot einer Rückzahlung des Grundkapitals), umgangen werden und dessen Bestand gefährdet wird. Der Erwerb eigener Aktien ist deshalb nur beschränkt zugelassen, u. a. dann, wenn der Erwerb notwendig ist, um einen schweren Schaden von der Gesellschaft abzuwenden, oder wenn die Aktien den Arbeitnehmern der Gesellschaft zum Erwerb angeboten werden sollen.
2. *Vorratsaktien* (§ 56) — auch Verwaltungs- oder Verwertungsaktien genannt — bilden keine besondere Aktiengattung. Es sind Aktien, die bei der Emission von einem Fremden, meist einem Bankenkonsortium, übernommen und von diesem zur Verfügung der Verwaltung der AG gehalten werden, die über ihre Verwendung entscheidet. Der AG fließen bei der Transaktion keine neuen Mittel zu. Durch die Schaffung des sogenannten *genehmigten Kapitals* (§ 202) sind Vorratsaktien praktisch überflüssig geworden.
3. *Gratis- oder Zusatzaktien*, ihrer eigentlichen Aufgabe nach besser Berichtigungsaktien genannt, sind nach dem „Gesetz über die Kapitalerhöhung aus Gesellschaftsmitteln ..." vom 23. 12. 1959 möglich. Durch die Ausgabe von Berichtigungsaktien will

man das Nennkapital und die Rücklagen durch Umwandlung von Rücklagen in Nennkapital in ein ausgewogenes Verhältnis bringen. Da die Rücklagen in der Praxis oft die Höhe des Grundkapitals erreichten bzw. übertrafen, bestand ein akutes Bedürfnis nach einer Kapital„berichtigung". Man versprach sich dadurch eine realistischere Kurs- und Dividendenpolitik: Überhöht erscheinende Aktienkurse, die ihren Grund in zu knapp bemessenem Nennkapital haben, lassen sich auf diese Weise „entzerren".

4. *Belegschaftsaktien* sind Aktien, die die AG ihren Arbeitnehmern entweder im Rahmen einer *Kapitalerhöhung* (Umwandlung von Rücklagen in Nennkapital) oder dadurch zukommen läßt, daß sie *eigene Aktien* aus ihren Beständen der Belegschaft zu einem Vorzugskurs anbietet: Belegschaftsaktien — in Deutschland gibt es bereits über eine halbe Million Belegschaftsaktionäre — gelten als das flexibelste Instrument der Vermögensbildung in Arbeitnehmerhand. Von der letzteren Möglichkeit hat beispielsweise die Hoechst AG Gebrauch gemacht und jedem Belegschaftsmitglied durch Anbieten eigener Aktien zum Vorzugskurs einmalig einen Vorteil von 500 DM zukommen lassen.

ac) Die Organe der Aktiengesellschaft

Die Aktiengesellschaft kennt drei Organe:

1. den Vorstand als leitendes Organ (§§ 76–94),
2. den Aufsichtsrat als überwachendes Organ (§§ 95–116),
3. die Hauptversammlung als das Organ, das die Interessen der Aktionäre wahrt und darüber hinaus in den Fällen beschließt, die das Gesetz oder die Satzung ihr vorbehält (§§ 118–147).

(1) Der Vorstand

Der Vorstand einer AG wird vom Aufsichtsrat auf die Dauer von höchstens fünf Jahren „bestellt". Er kann aus einer oder mehreren Personen bestehen, die keine Aktionäre zu sein brauchen. Aufsichtsratsmitglieder können nicht gleichzeitig Vorstandsmitglieder sein. Dem Vorstand obliegt die *Geschäftsführung*, in der er weder Weisungen des Aufsichtsrats noch der Hauptversammlung unterworfen ist. Beim mehrgliedrigen Vorstand gilt der Grundsatz der *Gesamtgeschäftsführung*, der aber dadurch abgeändert werden kann, daß ein *Vorsitzender* bestellt wird. Nach dem „Gesetz über die Mitbestimmung" von 1976 gehört dem Vorstand ein Arbeitsdirektor als gleichberechtigtes Mitglied an. Seine Aufgaben liegen praktisch vor allem bei Fragen, welche die Arbeitnehmer berühren, erschöpfen sich aber nicht darin.

Neben der Geschäftsführung und der Interessenvertretung nach außen hin hat der Vorstand dafür zu sorgen, daß die erforderlichen Handelsbücher geführt werden; er hat den Jahresabschluß und den Geschäftsbericht aufzustellen und prüfen zu lassen, und er muß die Hauptversammlung einberufen. Darüber hinaus nennt der Gesetzgeber weitere Vorstandspflichten im Falle eines Verlustes, einer Überschuldung oder einer Zahlungsunfähigkeit. Außerdem muß der Vorstand dem Aufsichtsrat regelmäßig, mindestens vierteljährlich, über den Gang der Geschäfte berichten, besonders über den Umsatz und die Lage der Gesellschaft, sowie einmal im Jahr über die beabsichtigte Geschäftspolitik und andere grundsätzliche Fragen der Geschäftsführung. Man hoffte u. a. auch dadurch, das an sich vom Gesetzgeber vorgesehene „Führerprinzip" des Vorstandes zugunsten einer Überwachung seitens des Aufsichtsrats einzuschränken.

Der Vorstand vertritt die Gesellschaft gerichtlich und außergerichtlich. Es besteht Gesamtvertretung. Die Satzung kann jedoch bestimmen, daß auch einzelne Vorstandsmitglieder allein oder in Gemeinschaft mit einem Prokuristen zur Vertretung der Gesellschaft befugt sind. Beides ist im Handelsregister einzutragen.

(2) Der Aufsichtsrat

Das Aktiengesetz hat die Wahl und die Abberufung des *Aufsichtsrats*, für dessen Zusammensetzung es gewisse zwingende Vorschriften gibt, der *Hauptversammlung* und damit — entsprechend dem Wesen der Kapitalgesellschaft — dem Kapitalbesitz überlassen. Der Aufsichtsrat wird auf vier Jahre gewählt. Wählbar sind nur natürliche Personen, die aber nicht zugleich Aktionäre zu sein brauchen, auf jeden Fall aber keine Vorstandsmitglieder der AG sein dürfen.

Nach dem „Gesetz über die Mitbestimmung" (Mitbestimmungsgesetz) gilt seit dem 1. 7. 1976 für etwa 600 deutsche Kapitalgesellschaften mit mehr als 2 000[3] Beschäftigten eine sog. *paritätische* Mitbestimmung im Aufsichtsrat. Danach besteht der Aufsichtsrat:

        bei   2 000 bis 10 000 Beschäftigten aus 12 Mitgliedern.
        bei 10 000 bis 20 000 Beschäftigten aus 16 Mitgliedern.
        und bei über   20 000 Beschäftigten aus 20 Mitgliedern.

Für die Zusammensetzung des Aufsichtsrats gilt beispielsweise bei 20 Mitgliedern folgende Regelung:

10 Vertreter der Anteilseigner (Eigentümer),
 9 Vertreter der Arbeitnehmer, von denen die Gewerkschaften 3 — auch Firmenfremde — bestimmen können,
 1 „leitender Angestellter"[4].

Der Aufsichtsratsvorsitzende und sein Stellvertreter werden vom Aufsichtsrat mit Zweidrittelmehrheit (also mindestens 14 Stimmen) gewählt. Kommt diese Mehrheit nicht zustande, so folgt im zweiten Durchgang eine Gruppenwahl: Die Eigentümer wählen unter

---

[3] Unternehmen mit weniger als 2 000 Beschäftigten bleiben der Mitbestimmungsregelung des Betriebsverfassungsgesetzes unterworfen, nach denen den Arbeitnehmern *ein Drittel* der Aufsichtsratsmandate zufällt.

[4] Nach der Rechtsprechung des Bundesarbeitsgerichts gilt als „leitender Angestellter", wer *entweder* bedeutende Arbeitgeberfunktionen ausübt oder besonders hochqualifizierte, mit besonderer Verantwortung verbundene Arbeit leistet. Der „Leitende" muß unternehmensbezogene Leitungsaufgaben mit einem eigenen, erheblichen Entscheidungsspielraum wahrnehmen *und* in einer Interessenpolarität zur übrigen Arbeitnehmerschaft stehen.

sich den Vorsitzenden und die Arbeitnehmer seinen Stellvertreter. Ergibt sich bei Abstimmungen eine Stimmengleichheit („Pattsituation"), so müssen diese wiederholt werden. Für den Fall der Wiederholung erhält der Vorsitzende dann den sog. Stichentscheid, d. h., seine Stimme entscheidet.

Die Vorschriften über die Zusammensetzung des Aufsichtsrats, über die Wahl des Aufsichtsratsvorsitzenden und seines Stellvertreters sowie das Phänomen des „Stichentscheids" des Vorsitzenden begünstigen die Anteilseigner und geben ihnen ein leichtes Übergewicht. Man sollte deshalb treffenderweise besser von einer *„unterparitätischen* Mitbestimmungsregelung" sprechen.

Der Aufsichtsrat in den Gesellschaften der Montanindustrie besteht nach dem „Gesetz über die Mitbestimmung der Arbeitnehmer in Betrieben des Montanbereiches" von 1951 und 1956 („Mitbestimmungsergänzungsgesetz") in der Regel aus elf Mitgliedern. Sie werden zwar alle von der Hauptversammlung gewählt, aber unter folgender Einschränkung:

1. fünf Mitglieder auf Vorschlag der Hauptversammlung, davon vier Aktionäre und ein weiterer Vertreter, der eine gewisse Unabhängigkeit haben soll;
2. fünf Mitglieder auf Vorschlag des Betriebsrats und der Gewerkschaften, davon eine unabhängige Persönlichkeit wie bei dem fünften Aktionärsvertreter;
3. ein weiteres Mitglied auf Vorschlag der zehn übrigen Aufsichtsratsmitglieder.

Besteht der Aufsichtsrat aus fünfzehn oder einundzwanzig Mitgliedern, so gilt analog eine paritätische Besetzung.

Der Aufsichtsrat wählt aus seiner Mitte einen Vorsitzenden und mindestens einen Stellvertreter. Er kann aus seiner Mitte einen oder mehrere Ausschüsse (z. B. Investitionsausschuß) bestellen, um schwierige Verhandlungen oder Beschlüsse vorzubereiten bzw. zu überwachen.

Die *Hauptaufgabe* des Aufsichtsrats besteht darin, den Vorstand zu bestellen und gegebenenfalls abzuberufen *und* dessen Geschäftsführung zu überwachen. Zu diesem Zweck kann er die Bücher und Schriften der Gesellschaft einsehen und prüfen; der Vorstand hat ihm Bericht zu erstatten (siehe Aufgaben des Vorstandes). Darüber hinaus hat der Aufsichtsrat den Jahresabschluß, den Vorschlag für die Gewinnverteilung und den Geschäftsbericht zu prüfen und der Hauptversammlung darüber zu berichten. Schließlich kommt dem Aufsichtsrat eine gewissen Repräsentationsfunktion zu, er knüpft neue und pflegt alte Geschäftsverbindungen zu Banken, Lieferanten und Abnehmern. Neben einer *Kontrollfunktion* kommt dem Aufsichtsrat einer AG damit auch eine gewisse *Beratungsfunktion* zu. Oft ist es in der Praxis deshalb auch vorgekommen, daß Industrie, Handel und Bankgewerbe ihre führenden Persönlichkeiten gegenseitig in die Organe entsandt haben. Dem setzt das Aktienrecht eine gewisse Beschränkung: zunächst einmal kann eine natürliche Person nur zehn Aufsichtsratssitze innehaben, wobei allerdings bis zu fünf im Rahmen eines Konzerns nicht angerechnet werden. Außerdem ist die sog. *Überkreuzverflechtung* verboten, d. h. die Entsendung von gesetzlichen Vertretern anderer Kapitalgesellschaften in den Aufsichtsrat der AG, wenn bereits ein Vorstandsmitglied dieser AG im Aufsichtsrat der anderen Gesellschaft ist. Schließlich kann ein Vorstandsmitglied eines „abhängigen" Unternehmens nicht gleichzeitig im Aufsichtsrat der herrschenden Gesellschaft sein.

(3) Die Hauptversammlung

Die Hauptversammlung ist das Gesellschaftsorgan, in dem die Aktionäre ihre Rechte ausüben dürfen. Sie sind in ihrer Beschlußfassung auf diejenigen Fälle beschränkt, die das Gesetz oder die Satzung ihnen vorbehalten; vor allem sind die Aktionäre von der Geschäftsführung ausgeschlossen. Sie nehmen ihr Recht in der Hauptversammlung durch Ausübung ihres Stimmrechts wahr, das nach Aktiennennbeträgen und nicht nach Köpfen ausgeübt wird.

Folgende Aufgaben stehen der Hauptversammlung nach Gesetz oder Satzung zu:

○ Wahl und Abberufung der Aufsichtsratsmitglieder, soweit sie nicht auf Grund anderer Vorschriften und Gesetze in den Aufsichtsrat zu „entsenden" sind.
(Damit besteht gleichzeitig seitens der Hauptversammlung ein *indirekter* Einfluß auf die Wahl des Vorstandes, der ja bekanntlich vom Aufsichtsrat bestellt wird.)
○ Die Hauptversammlung beschließt über die Verwendung des *festgestellten* Gewinns (Bilanzgewinns) und damit über die „Restgewinnverteilung".
○ Die Hauptversammlung entlastet Vorstand und Aufsichtsrat.
○ Die Hauptversammlung wählt den Abschlußprüfer und den Prüfer für Sonderprüfungen.
○ Die Hauptversammlung beschließt über Satzungsänderungen und über alle Grundfragen der AG, wie u. a. über Kapitalerhöhungen, Kapitalherabsetzungen, Fusionen und Auflösung der Gesellschaft.

Die Aktionäre sind nach dem Gesetz von der Geschäftsführung ausgeschlossen. Dem steht in der Praxis allerdings nicht entgegen, daß ein Großaktionär mit einem umfangreichen „Aktienpaket" einen entscheidenden Einfluß auf die Geschäftsführung nimmt. Er kann als Aktionär gleichzeitig Mitglied des Vorstandes *oder* des Aufsichtsrats sein, wozu ihn seine Stellung in der Hauptversammlung jederzeit „ermächtigen" kann. In einem solchen Fall, der häufig vorkommt, sind damit „Unternehmer" (Vorstand) und Kapitalgeber in einer Hand vereinigt. Ein Großaktionär kann natürlich auch dann einen entscheidenden, meist schwerer zu durchschauenden Einfluß auf die Geschäftsleitung ausüben, wenn er weder im Vorstand noch im Aufsichtsrat ist. Eine Konzentrierung der wirtschaftlichen Macht in der Hauptversammlung wird sich — wenn auch nur indirekt — immer auch auf die Geschäftsführung auswirken.

Die Hauptversammlung (*ordentliche* Hauptversammlung) wird regelmäßig einmal im Jahr vom Vorstand einberufen; eine *außerordentliche* Hauptversammlung kann u. a. auch von Aktionären, deren Anteile zusammen mindestens den zwanzigsten Teil des Grundkapitals ausmachen, schriftlich und unter Angabe des Zweckes und der Gründe einberufen werden. Außerdem wird eine außerordentliche Hauptversammlung einberufen, wenn nicht regelmäßig vorkommende Fälle, wie u. a. Verschmelzung, Kapitalerhöhung oder Kapitalherabsetzung, zur Diskussion stehen.

Die Beschlüsse in der Hauptversammlung werden nach dem Mehrheitsgrundsatz — in der Regel genügt die *einfache Stimmenmehrheit* — gefaßt. Für eine Reihe von Beschlüssen mit besonderer Tragweite (u. a. Nachgründung, Kapitalbeschaffung, Kapitalherabsetzung, Fusion) verlangt das Gesetz bei der Abstimmung bestimmte Kapitalmehrheiten. Bei Satzungsänderungen ist eine sog. *qualifizierte Mehrheit*, d. h. eine Mehrheit von 75 %

des bei der Beschlußfassung vertretenen Grundkapitals, notwendig. Der Aktionär braucht sein Stimmrecht nicht persönlich auszuüben, sondern er kann sich durch einen Bevollmächtigten vertreten lassen. Da die Aktien sehr oft in Banken deponiert sind, liegt es nahe, daß diese den Aktionär vertreten. Sie üben das sog. **Depotstimmrecht** aus, zu dem sie nach dem neuen Aktiengesetz eine schriftliche Bevollmächtigung mit ausdrücklichen Weisungen zu den einzelnen Gegenständen der Tagesordnung benötigen. Die Vollmacht darf nur einem bestimmten Kreditinstitut und nur für längstens fünfzehn Monate erteilt werden. Wenn der Aktionär dem Kreditinstitut keine Weisungen für die Ausübung des Stimmrechts erteilt hat, so kann das Kreditinstitut das Stimmrecht entsprechend seinen eigenen, den Aktionären mitzuteilenden Vorschlägen ausüben.

ad) *Die Rechnungslegung der Aktiengesellschaft*

Der Vorstand hat in den ersten drei Monaten des Geschäftsjahres nach einem bestimmten Schema den Jahresabschluß sowie den Geschäftsbericht aufzustellen und den Abschlußprüfern vorzulegen. Nach Prüfung durch die Abschlußprüfer hat der Vorstand den Jahresabschluß dem Aufsichtsrat vorzulegen, der innerhalb eines Monats dazu Stellung nehmen muß. Billigt der Aufsichtsrat den Abschluß, so ist dieser damit *festgestellt*. Die Hauptversammlung ist von der Feststellung ausgeschlossen, wenn sich nicht Vorstand und Aufsichtsrat dahin entscheiden, daß sie die Feststellung treffen soll. Das ist aber die Ausnahme und nicht die Regel. Der Vorstand hat in den ersten acht Monaten des neuen Geschäftsjahres die Hauptversammlung zur Entgegennahme des festgestellten Jahresabschlusses und zur Beschlußfassung über die Verwendung des Jahresgewinns einzuberufen. Er hat den festgestellten Jahresabschluß unverzüglich in den Gesellschaftsblättern bekanntzugeben und ihn mit dem Geschäftsbericht und dem Bericht des Aufsichtsrats zum Handelsregister einzureichen.

Die gesetzlichen Vorschriften zur Rechnungslegung sind in den §§ 151–156 (Jahresbilanz), den §§ 157/158 (Gewinn- und Verlustrechnung) und in dem § 160 AktG niedergelegt[5]. Außerdem hat der Jahresabschluß den „Grundsätzen ordnungsmäßiger Buchführung" zu entsprechen. Gliederung und Bewertung sind damit nicht ins Ermessen des Vorstandes gestellt, sondern teils im *Gesetz*, teils auf Grund der *Rechtsprechung*, teils auf Grund von *Fachgutachten* (vgl. die Fachgutachten des Instituts der Wirtschaftsprüfer) vorgeschrieben.

Neben der Bilanz und der Gewinn- und Verlustrechnung gehört auch die Aufstellung eines *Geschäftsberichts* zur ordnungsgemäßen Rechnungslegung von Aktiengesellschaften. Neben einem „allgemeinen" Teil, der den Geschäftsverlauf und die Lage der Gesellschaft zum Inhalt hat, wird ein „spezieller" Teil unterschieden, der den Jahresabschluß zu erläutern und wesentliche Abweichungen gegenüber dem letzten Jahr zu begründen hat.

Mit der Feststellung des Jahresabschlusses ist gleichzeitig seitens des Vorstandes mit Zustimmung des Aufsichtsrats eine Entscheidung über die *Gewinnfeststellung* gefallen.

---

[5] Für die Zukunft sind auch die Rechnungslegungsvorschriften nach der „4. EG-(Bilanz-)Richtlinie" aus dem Jahre 1976 zu beachten.
Vgl. dazu den Entwurf eines „Bilanzrichtlinie-Gesetzes" (Bundesratsdrucksache 61/82) vom 19.3. 1982.

Die Hauptversammlung beschließt damit nur noch über den auf Grund des festgestellten Jahresabschlusses vorgegebenen Bilanzgewinn. Auch hier kann der Vorstand mit Billigung des Aufsichtsrats einen Vorschlag zur Gewinnverwendung vorlegen, die Hauptversammlung kann allerdings ohne Bindung an diesen Vorschlag selbständig entscheiden. Im einzelnen sieht die Gewinnverwendung wie folgt aus:

- *Gesetzliche Rücklage:* Der zwanzigste Teil des um einen Verlustvortrag aus dem Vorjahr geminderten Jahresüberschusses ist so lange zuzuführen, bis die gesetzliche Rücklage den zehnten Teil des Grundkapitals umfaßt.
- *Freie Rücklagen:* Vorstand und Aufsichtsrat können die Hälfte des Jahresüberschusses, der nach dem Abzug der gesetzlichen Rücklage und eines eventuellen Verlustvortrages bleibt, den freien Rücklagen zuführen. Die Satzung kann einen höheren Anteil festsetzen.
  Die Hauptversammlung kann darüber hinaus in ihrem Beschluß über die Verwendung des Restbetrages des Jahresüberschusses (Bilanzgewinn) weitere Beträge in die freie Rücklage einstellen.
- *Dividende:* Die Hauptversammlung beschließt auf Vorschlag des Vorstandes über die Gewinnanteile der Aktionäre.
- *Gewinnvortrag:* Die Gewinnreste sind auf neue Rechnung vorzutragen.

ae) Die Bedeutung der Aktiengesellschaft

Vor dem Krieg gab es ca. 7 000 Aktiengesellschaften; heute bestehen dagegen nur noch rund 2 100 (einschließlich der Kommanditgesellschaften auf Aktien). Das sind zwar nur rund 0,1 % aller Unternehmen in der Bundesrepublik, sie beschäftigen aber annähernd 20 % aller in der Wirtschaft tätigen Personen. Das Grundkapital aller Aktiengesellschaften beträgt über 70 Mrd. DM. In anderen europäischen Ländern spielt die Aktiengesellschaft eine weitaus größere Rolle, da dort die GmbH als Kapitalgesellschaft höchst unpopulär ist. So gibt es in der relativ kleinen Schweiz immerhin rund 121 000 Aktiengesellschaften, von denen allerdings nur ca. 70 ein Grundkapital von über 100 Mio. fr. haben. In Großbritannien bestehen sogar ca. 150 000 Aktiengesellschaften.

af) (Wirtschaftliche) Sonderformen der Aktiengesellschaft

(1) Die „Einmanngesellschaft"

Eine „Einmann-Aktiengesellschaft" entsteht durch Vereinigung aller Aktien in einer Hand. Rechtspolitisch gesehen bestehen erhebliche Bedenken gegen diese Form, da sie ein Verstecken hinter der Anonymität der juristischen Person in besonderer Weise ermöglicht. Das Gesetz hat sie gleichwohl akzeptiert, da das Erfordernis einer Mindestzahl von Aktionären leicht durch Aufnahme einiger „Strohmänner" erreicht werden könnte und weil Fälle denkbar sind, in denen sie wirtschaftlich vertretbar ist.
Auch die Einmanngesellschaft muß alle gesetzlich vorgeschriebenen Verpflichtungen beachten: Wahl des Aufsichtsrats, Bestellung eines Vorstandes, Pflichtprüfung und öffent-

licher Abschluß. Der „Einmann-Aktionär" kann sich natürlich selbst zum Aufsichtsrat bestimmen *oder* sich von dem von ihm gewählten Aufsichtsrat als Vorstand bestellen lassen; beides zugleich kann er nicht.

Strenggenommen liegt eine „Einmanngesellschaft" schon dann vor, wenn ein Aktionär eine Aktienmehrheit von über 75 % in seiner Hand vereinigt; denn dann kann er jeden Satzungsänderungsbeschluß in der Hauptversammlung durchbringen. Oft hat ein Aktionär schon dann die absolute Herrschaft über eine Aktiengesellschaft, wenn er bei gleichzeitig starker Streuung der Aktien selbst über 50 % verfügt; denn bekanntlich üben sehr viele Kleinaktionäre ihr Stimmrecht gar nicht aus.

(2) Die „Familiengesellschaft"

Von einer Familien-Aktiengesellschaft spricht man dann, wenn deren Aktionäre aus einer einzelnen natürlichen Person („Einmanngesellschaft") oder mehreren natürlichen Personen bestehen, die untereinander verwandt oder verschwägert sind im Sinne des § 15 AO.

Anlaß zur Gründung einer solchen Familien-AG können u. a. sein: Erbfälle größerer Einzelunternehmungen und im Anschluß daran die Umwandlung in eine Aktiengesellschaft, bei der die Erben ihren Erbteil nicht in bar, sondern in Form von Aktien ausgezahlt bekommen. Oft werden auch Personengesellschaften mit weitverzweigten Besitzverhältnissen deshalb in eine Aktiengesellschaft umgewandelt, um diese Besitzverhältnisse einfacher und übersichtlicher zu gestalten. Die Aktien einer reinen Familien-AG sind ganz im Familienbesitz und werden an der Börse nicht gehandelt.

b) Die Kommanditgesellschaft auf Aktien (KGaA)

Nach der Legaldefinition des § 278 AktG ist die *Kommanditgesellschaft auf Aktien*

> „*eine Gesellschaft mit eigener Rechtspersönlichkeit, bei der mindestens ein Gesellschafter den Gesellschaftsgläubigern unbeschränkt haftet (persönlich haftender Gesellschafter) und die übrigen an dem in Aktien zerlegten Grundkapital beteiligt sind, ohne persönlich für die Verbindlichkeiten der Gesellschaft zu haften (Kommanditaktionäre)*".

Wie der Name schon andeutet, ist die KGaA eine *Mischform* zwischen einer AG und einer KG. Da sie als juristische Person in ihren Grundzügen der AG wesentlich näher steht als der KG, wird sie in der Literatur oft auch als eine „Abart" der Aktiengesellschaft bezeichnet. Dennoch ist die Beziehung zur KG unverkennbar: Mindestens ein Gesellschafter haftet den Gläubigern unbeschränkt und nimmt deshalb eine ähnliche Stellung ein wie der *Komplementär* einer KG; die übrigen Gesellschafter sind mit den *Kommanditisten* der KG vergleichbar. Aus dieser Eigenart der KGaA resultiert die rechtliche Regelung: Im AktG finden sich einige Sondernormen (§§ 278–290). Im übrigen verweist § 278 Abs. 3 auf Vorschriften über die AG, die sinngemäß Anwendung finden. Nur soweit die Stellung der persönlich haftender Gesellschafter („Komplementäre") berührt wird, und zwar sowohl untereinander wie gegenüber den Aktionären und gegenüber Dritten, finden die Vorschriften über die KG Anwendung.

Die *Gründung* einer KGaA erfolgt nach den Vorschriften für die AG: Es sind demnach mindestens fünf Gründer notwendig, zu denen alle persönlich haftenden Gesellschafter gehören müssen. Wegen ihrer vorstandsähnlichen Stellung dürfen letztere nur *natürliche* Personen sein. Zu den Gründern können aber auch solche Personen gehören, die Aktien als Kommanditaktionäre übernehmen. Die *Firma* der KGaA ist in der Regel, aber nicht notwendigerweise *Sachfirma* und muß den Zusatz: Kommanditgesellschaft auf Aktien enthalten. Hinsichtlich des Grundkapitals und der Aktien gelten im Vergleich zur AG keine Besonderheiten.

Die Verfassung der KGaA kennt ähnlich wie die der AG drei Organe:

1. persönlich haftender Gesellschafter (§ 283),
2. Aufsichtsrat (§ 287),
3. Hauptversammlung (§ 285).

(1) Die persönlich haftenden Gesellschafter haben *Geschäftsführungsbefugnis* und *Vertretungsmacht*, und zwar — wenn nichts anderes vertraglich vereinbart ist — jeder für sich allein. Als Verwaltungsorgan nehmen die persönlich haftenden Gesellschafter innerhalb der Gesellschaft eine ähnliche Stellung ein wie der Vorstand in der AG. So verweist das Gesetz für eine Reihe von Aufgaben ausdrücklich auf die Vorschriften, die für den Vorstand einer AG gelten. Beispielsweise gilt für die persönlich haftenden Gesellschafter einer KGaA die gleiche Sorgfaltspflicht und Verantwortlichkeit wie für den Vorstand. Die im Vergleich zum Vorstand einer AG allerdings stärkere Stellung der „Komplementäre" zeigt sich vor allem darin, daß sie nicht wie bei der AG vom Aufsichtsrat bestimmt werden, sondern als „Vollhafter" kraft Gesetzes („geborener Vorstand") Mitglieder der Geschäftsführung sind. Sie können nicht vom Aufsichtsrat abberufen werden, und die Beschlüsse der Hauptversammlung bedürfen weitgehend ihrer Zustimmung. Schließlich kann ihnen Geschäftsführungsbefugnis und Vertretungsmacht nur nach den für die Personengesellschaften geltenden Grundsätzen entzogen werden, d. h. durch gerichtliche Entscheidung bei Vorliegen eines wichtigen Grundes.

(2) Der *Aufsichtsrat* wird von der Hauptversammlung der Kommanditaktionäre ohne Mitwirkung der persönlich haftenden Gesellschafter gewählt. Er ist einerseits Organ der Gesamtgesellschaft und hat die gleichen Aufgaben wie bei der AG, also vor allem die Überwachung der „Komplementäre". Er ist andererseits Organ der Gesamtheit der Kommanditaktionäre und führt als solches deren Beschlüsse aus (§ 287). Für die Beteiligung der Arbeitnehmer am Aufsichtsrat gelten die gleichen Vorschriften wie für die AG. Das Mitbestimmungsgesetz für die Montanindustrie dagegen findet für die KGaA keine Anwendung. Da dem Aufsichtsrat auf der einen Seite eine überwachende Funktion zukommt und er auf der anderen Seite die Rechte der Kommanditaktionäre gegenüber den persönlich haftenden Gesellschaftern zu wahren hat, können die persönlich haftenden Gesellschafter nicht gleichzeitig Mitglieder des Aufsichtsrats sein.

(3) Die *Hauptversammlung* (§ 285) ist nur das Willensorgan eines Teils der Gesellschafter, nämlich der Kommanditaktionäre. Die „Komplementäre" haben in ihr kein Stimmrecht. Anders ist es jedoch, wenn sie Aktien besitzen, also zugleich Kommanditaktionäre sind. Aber auch dann ist ihr Stimmrecht bei verschiedenen Abstimmungen ausgeschlossen, um Interessenkonflikte zu vermeiden. So z. B. bei der Wahl und der Abberufung des Aufsichtsrats, bei der Entlastung der persönlich haftenden Gesellschafter und des Aufsichtsrats, bei der Wahl des Abschlußprüfers.

Die Hauptversammlung einer KGaA beschließt nicht nur über die Gewinnverwendung, sondern auch über die *Feststellung* des Jahresabschlusses. Hierzu bedarf die Hauptversammlung allerdings der Zustimmung der persönlich haftenden Gesellschafter (§ 286).

Die KGaA hat bei der *Kapitalbeschaffung* die Vorteile der AG; denn sie hat die Möglichkeit, sich das notwendige Kapital durch eine Aktienemission auf dem Kapitalmarkt zu besorgen. Da die persönlich *haftenden* Gesellschafter zugleich den „Vorstand" bilden, sind sie an der wirtschaftlichen Entwicklung der Gesellschaft in der Regel wesentlich stärker interessiert als der Vorstand einer AG. Die volle Haftung der „Komplementäre" fördert außerdem eine sehr sorgfältige und gewissenhafte Geschäfts- und Bilanzpolitik. Das sind ohne Zweifel *Vorteile*, die diese Rechtsform aufzuweisen hat.

Auf der anderen Seite ist der Einfluß der Kommanditaktionäre auf die Geschäftsführung noch geringer als bei der AG. Das Gedeihen des Unternehmens ist damit auf lange Sicht von der Tüchtigkeit der persönlich haftenden Gesellschafter abhängig. Das sind Wesenszüge, die den Charakter einer Kapitalgesellschaft und einen großen Teil ihrer Vorteile verwässern und ins Gegenteil verkehren. Außerdem entsteht unter den Gesellschaftern oft ein Widerspruch bei der Höhe der Dividendenfestsetzung: Während die „Komplementäre" noch mehr als der Vorstand einer AG dazu neigen, die Gewinne in der Unternehmung zu belassen, wünschen die Kommanditaktionäre eine möglichst hohe Dividendenausschüttung.

Die bisher aufgezeigten *Nachteile* und die besonders gestalteten Zuständigkeiten der Gesellschaftsorgane sind Gründe dafür, daß die KGaA bei uns bisher nur sehr geringe Bedeutung gewonnen hat. Das Gesellschaftsrecht bietet ohne Zweifel genügend andere Rechtsformen, die weitaus einfacher zu handhaben sind. Es gibt in Deutschland heute nur noch knapp 25 Kommanditgesellschaften auf Aktien, von denen die Firmen E. Breuninger KGaA in Stuttgart, die Sektkellereien Matheus Müller KGaA in Eltville, Deinhard & Co KGaA in Koblenz und Chr. Adt, Kupferberg & Co. KGaA in Mainz sowie die Henninger KGaA, die Kundenkreditbank KGaA und die Steigenberger KGaA in Frankfurt am bekanntesten sind.

c) Die Gesellschaft mit beschränkter Haftung (GmbH)

Im Gegensatz zu den bisher besprochenen Handelsgesellschaften, die bereits seit einigen Jahrhunderten bestehen, ist die GmbH vom Gesetzgeber ohne geschichtliches Vorbild quasi als eine „Konstruktion am grünen Tisch" Anfang der neunziger Jahre des vergangenen Jahrhunderts (GmbHG vom 20. April 1892) geschaffen worden. Man wollte eine Gesellschaftsform etwa zwischen der OHG auf der einen und der AG auf der anderen Seite schaffen, welche die Vorteile der jeweiligen Rechtsform in sich vereint. Kleinen und mittleren Unternehmen wollte man die Möglichkeit der Haftungsbeschränkung geben, ohne daß sie die recht komplizierte und teuere Form der AG wählen mußten. Allerdings wurde die GmbH vielfach auch für Großunternehmen verwendet, für die sie ursprünglich nicht bestimmt war.

Nimmt man die zahlenmäßige Entwicklung der GmbH (1909 = 16 508; 1954 = 27 907; 1975 = 122 248; 1981 = 255 940) als Kriterium, so kann die „Konstruktion am grünen Tisch" als gelungen bezeichnet werden, denn die GmbH hat sich in allen Wirtschaftszweigen durchgesetzt. Die wirtschaftliche Bedeutung der GmbH – die 255 940 GmbH's verkörperten 1981 ein Stammkapital von 99,1 Mrd. DM – wird in den letzten Jahren allerdings dadurch geschmälert, daß mit dieser Gesellschaftsform oftmals Mißbrauch getrieben wurde, und daß die Insolvenzanfälligkeit der GmbH besonders hoch ist. So wurde im Jahre 1983 der Anteil der GmbH-Insolvenzen an der Gesamtzahl der Unternehmens-Insolvenzen in der Bundesrepublik Deutschland auf nahezu 50 % geschätzt.

In den fast 90 Jahren seines Bestehens wurde das GmbH-Gesetz von 1892 zwar oft geändert, nie jedoch ernsthaft revidiert. Mit der zum 1.1.1981 in Kraft getretenen GmbH-Novelle vom 4.7.1980 wurde vor allem versucht, durch einen verstärkten Gläubigerschutz die Seriosität der GmbH als Rechtsform zu erhöhen. Darüber hinaus trug die Novelle zur Verbesserung der Rechtsposition des einzelnen Gesellschafters im GmbH-Innenrecht bei.

Fragen der Rechnungslegung werden dagegen in der GmbH-Novelle nicht berührt; zwingende Vorschriften sind hier allerdings mit der Übertragung vorgesehener Regelungen nach der „4. EG-Richtlinie" auf deutsches Bilanzrecht zu erwarten[6].

ca) Begriff und Wesen

Die GmbH wird im GmbHG begrifflich nicht näher bestimmt.

> *Im Anschluß an die Definition der Aktiengesellschaft kann man sie als eine Gesellschaft mit eigener Rechtspersönlichkeit bezeichnen, deren Gesellschafter mit Einlagen an dem in Stammeinlagen zerlegten Stammkapital beteiligt sind, ohne persönlich für die Verbindlichkeiten der Gesellschaft zu haften.*

Die Gläubiger können sich damit nur an das Gesellschaftsvermögen und nicht an die Gesellschafter halten. Insofern ist die Bezeichnung der Gesellschaft mit beschränkter Haftung nicht ganz richtig; denn niemand haftet „beschränkt": Die Gesellschaft an sich haftet unbeschränkt und die Gesellschafter haften überhaupt nicht, wenn man davon absieht, daß sie für die Gesellschaft eventuell ihre Einlage „opfern" müssen.

Die Kapitalgrundlage der Gesellschaft mit beschränkter Haftung bildet das *Stammkapital*, dessen Höhe in der Satzung genau festgelegt werden muß und nur durch Satzungsänderung verändert werden kann. Es beträgt mindestens 50 000 DM[7] und ist — ähnlich wie das Grundkapital der AG — u. a. einer Garantiezahl für die Gläubiger. Das Stammkapital besteht aus den *Stammeinlagen* der Gesellschafter. Sie betragen mindestens 500 DM und müssen durch 100 teilbar sein. Bei der Errichtung der GmbH kann jeder Gesellschafter nur *eine* Stammeinlage übernehmen, die allerdings verschieden hoch sein kann (§ 5 GmbHG).

Durch die Stammeinlage erwirbt der Gesellschafter als Mitgliedsrecht den sog. *Geschäftsanteil*, der die wertmäßige Beteiligung des Gesellschafters am Gesellschaftsvermögen im ganzen bezeichnet. Der Geschäftsanteil ist wie die Aktie grundsätzlich frei veräußerlich und vererblich. Die Satzung kann allerdings die Veräußerung von der Genehmigung der Gesellschaft abhängig machen (vinkulierte Geschäftsanteile). Der Geschäftsanteil kann nicht in einem Wertpapier verbrieft werden, allenfalls in Form einer Urkunde, wobei es sich dann lediglich um eine *Beweisurkunde* handelt, d. h., ihr Besitz ist zur Geltendmachung der Mitgliedsrechte nicht erforderlich, sondern erleichtert nur die Legitimation. Der Geschäftsanteil wird nicht an der Börse gehandelt.

Betrachtet man die GmbH im Vergleich zur AG, so bestehen Berührungspunkte vor allem in dem beiden Rechtsformen gemeinsamen Ausschluß der persönlichen Haftung der Gesellschafter für Verbindlichkeiten der Gesellschaft und in der lediglich anteilsmäßigen Beteiligung (Aktien bzw. Geschäftsanteile) der Gesellschafter am Gesellschaftsvermögen. Die Unterschiede liegen u. a. in der bei der GmbH wesentlich leichteren Gründung (Errichtung), sie liegen darin, daß die GmbH in der Regel nicht geprüft wird und nicht zu publizieren braucht und daß sie auf weniger Formvorschriften (z. B. für die Gesellschaf-

---

6 Vgl. dazu die für GmbH's im Entwurf eines „Bilanzrichtlinie-Gesetzes" (Bundesratsdrucksache 61/82 vom 19.3.1982) vorgesehenen Bilanzierungs-, Prüfungs- und Publizitätsvorschriften.
7 Vor dem 1.1.1981 bereits bestehende „Altgesellschaften" müssen sich bis Ende 1985 an die neuen Vorschriften über das Mindeststammkapital anpassen.

terversammlung) zu achten hat. Ein sehr wesentlicher Unterschied liegt auch darin, daß die Anteile an der AG (Aktien) zum Verkehr bestimmt und daher leicht veräußerlich sind, wohingegen die Veräußerung von Geschäftsanteilen an einer GmbH durch die erforderliche notarielle Beurkundung der Abtretung erschwert wird.

cb) Pflichten und Rechte der Gesellschafter

Die Rechte der Gesellschafter entsprechen im allgemeinen den Rechten der Aktionäre. Dagegen weicht das GmbHG in der Gestaltung der Pflichten sehr wesentlich vom Aktienrecht ab. Die Gesellschafter haben zunächst einmal die sog. *Einlagepflicht*. Die Mindesteinzahlung beträgt 25 % der jeweiligen Stammeinlage; alle Gesellschafter gemeinsam haben mindestens 25 000 DM in Geld und/oder Sacheinlagen *vor* der Anmeldung zum Handelsregister zu leisten. Diese Stammeinlagen müssen unverzüglich gezahlt werden, nachdem die Gesellschafter dazu aufgefordert wurden. Säumige Gesellschafter müssen die nicht gezahlten Beträge verzinsen (Verzugszinsen) (§ 20 GmbHG), *und* sie können darüber hinaus unter bestimmten Voraussetzungen ihres Geschäftsanteils und ihrer etwa bereits geleisteten Teilzahlungen zugunsten der Gesellschaft verlustig gehen (*Kaduzierungsverfahren*). Für einen bei einem etwaigen Verkauf dieses „kaduzierten" Geschäftsanteils erzielten Mindererlös haftet der ausgeschiedene Gesellschafter bzw. die übrigen Gesellschafter ersatzweise (§§ 21–24). Diese kollektive Deckungspflicht aller Gesellschafter einer GmbH kann je nach Umständen das Risiko der Beteiligung an einer GmbH gegenüber der Beteiligung an einer AG erheblich erhöhen.

Im Gegensatz zur AG, bei der eine *Nachschußpflicht* seitens der Aktionäre ausgeschlossen ist, kann sie bei der GmbH in der Satzung vorgesehen werden (§ 26). Das kann allerdings nur in der ursprünglichen Satzung geschehen; später ist die Einführung einer Nachschußpflicht nur mit Zustimmung aller betroffenen Gesellschafter möglich. Das Festsetzen einer Nachschußpflicht bedeutet für den Gesellschafter, daß er über den Betrag seiner Stammeinlage hinaus verpflichtet wird, Nachschüsse zu leisten, die u. a. der Erhöhung der Kreditwürdigkeit dienen. Die Nachschußpflicht kann auf einen Höchstbetrag, der sich nach dem Verhältnis der Geschäftsanteile richtet, beschränkt werden (beschränkte Nachschußpflicht), oder aber sie kann unbeschränkt sein (unbeschränkte Nachschußpflicht). Bei der begrenzten Nachschußpflicht haftet der Gesellschafter für die eingeforderten Nachschüsse in gleicher Weise wie für die rückständigen Einlagen. Beim Versäumnis der rechtzeitigen Einzahlung ist auch hier eine Kaduzierung möglich. Allerdings besteht bei der Nachschußpflicht keine kollektive Deckungspflicht der übrigen Gesellschafter. Bei der unbeschränkten Nachschußpflicht hat der Gesellschafter ein sog. *Abandonrecht* (abandonnieren = aufgeben); er kann seinen Geschäftsanteil der Gesellschaft zur Verfügung stellen. Dieser wird öffentlich versteigert. Einen nach Deckung des rückständigen Nachschusses verbleibenden Überschuß erhält der Gesellschafter. Deckt das höchste Kaufgebot den eingeforderten Nachschuß nicht, dann fällt der Anteil der GmbH zu; der Gesellschafter haftet für den entstandenen Ausfall nicht. Von der Möglichkeit, Nachschußpflichten festzusetzen, wird praktisch nur selten Gebrauch gemacht.

cc) Die Organe der Gesellschaft mit beschränkter Haftung

Die Organe der Gesellschaft sind:

1. die (der) Geschäftsführer (§§ 35 ff.),
2. die Gesamtheit der Gesellschafter (Gesellschafterversammlung) (§ 46),
3. der Aufsichtsrat (§ 52).

(1) Der Geschäftsführer

Der oder die *Geschäftsführer* einer GmbH entsprechen dem Vorstand einer AG. Ihre Bestellung erfolgt durch den Gesellschaftsvertrag oder einen Beschluß der Gesellschafter. Geschäftsführer sind meist mehrere oder alle Gesellschafter; aber auch Nichtgesellschafter können in die Geschäftsführung berufen werden. Die Geschäftsführer führen im Innenverhältnis die Geschäfte der GmbH und vertreten sie nach außen. Ähnlich wie für den Vorstand einer AG gelten Gesamtgeschäftsführung und Gesamtvertretungsmacht, soweit die Satzung nicht etwas anderes vorschreibt. Für diejenigen Gesellschaften mit beschränkter Haftung, die auf dem Gebiet der Montanindustrie arbeiten und mehr als 1 000 Arbeitnehmer beschäftigen, muß nach dem „Mitbestimmungsgesetz" ein *Arbeitsdirektor* als gleichberechtigter Geschäftsführer bestellt werden.

Neben der normalen Geschäftsführung obliegt den Geschäftsführern der GmbH auch die Pflicht zur *Rechnungslegung*, die allerdings nicht so eingehend geregelt ist wie bei der Aktiengesellschaft; aktienrechtliche Vorschriften sind nur insoweit zu berücksichtigen, als sie zu den „Grundsätzen ordnungsmäßiger Buchführung und Bilanzierung" (GoB) gehören[8]. Der *Jahresabschluß* braucht außer bei den Gesellschaften, die Bankgeschäfte betreiben, bisher nicht veröffentlicht zu werden.

(2) Die Gesellschafterversammlung

Das oberste Organ der GmbH ist die *Gesellschafterversammlung*. Die Zuständigkeit geht wesentlich über diejenige der Hauptversammlung nach heutigem Aktienrecht hinaus. Soweit die Satzung nichts anderes bestimmt, erstreckt sich die Zuständigkeit der Gesellschafterversammlung u. a. auch auf die Feststellung des Jahresabschlusses, die Bestellung und Abberufung der Geschäftsführer, die Prüfung und Überwachung der Geschäftsführung, die Bestellung von Prokuristen und Generalbevollmächtigten sowie auf die Beschlußfassung über die Einforderung von Nachschüssen, Satzungsänderungen und Auflösung der Gesellschaft. Nach § 51a, b GmbHG haben die Gesellschafter außerdem ein Auskunftsrecht sowie ein Recht auf Einsicht in Bücher und Schriften.

Die Gesellschafterversammlung wird von den Geschäftsführern meist mittels eingeschriebenen Briefes einberufen; oft genügt sogar – vor allem bei kleineren Gesellschaften – zur Beschlußfassung die Abgabe einer schriftlichen oder gar einer fernmündlichen Erklärung, ohne daß die eigentliche Versammlung einberufen werden muß. Die Beschlüsse werden in der Regel mit einfacher Mehrheit gefaßt, wobei je 100 DM eines Geschäftsanteils *eine* Stimme gewähren.

---

[8] Mit der Übertragung zwingender Vorschriften zur Rechnungslegung und Bilanzierung nach der „4. EG-Richtlinie" auf deutsches Bilanzrecht wird insbesondere auch die Rechnungslegung der GmbH schärfer gefaßt. Vgl. dazu u. a.: Schruff, L., Rechnungslegung und Prüfung der AG und GmbH nach neuem Recht (4. EG-Richtlinie), Düsseldorf 1978. Vgl. auch Entwurf eines „Bilanzrichtlinie-Gesetzes" (Bundesratsdrucksache 61/82) vom 19.3.1982.

(3) Der Aufsichtsrat

Nach dem GmbHG ist der Aufsichtsrat kein notwendiges Organ. Die Satzung kann jedoch eine Bestellung vorsehen und seine Aufgaben festlegen. Für Gesellschaften der Montanindustrie, die in der Rechtsform der GmbH firmieren, ist nach dem Mitbestimmungsgesetz (§ 3 MBE und §§ 34 ff. MBE) wie bei Aktiengesellschaften der meist elfgliedrige, paritätisch besetzte Aufsichtsrat obligatorisch. Bei mehr als 500 Arbeitnehmern ist der Aufsichtsrat auch für Unternehmen im Geltungsbereich des Betriebsverfassungsgesetzes zwingend vorgeschrieben; bei mehr als 2 000 Arbeitnehmern gelten die weiter oben dargestellten Mitbestimmungsregelungen nach dem „Mitbestimmungsgesetz" von 1976.

Ist ein Aufsichtsrat bestellt, so verweist § 52 GmbHG auf die Vorschriften über den Aufsichtsrat einer AG. Damit hat der Aufsichtsrat einer GmbH zwar das Recht und die Pflicht, die Geschäftsführung zu überwachen, auf der anderen Seite verbleiben aber so wichtige Aufgaben wie die Bestellung und Abberufung der Geschäftsführer, die Feststellung des Jahresabschlusses und die Möglichkeit, bindende Weisungen an die Geschäftsführer zu erteilen, im Aufgabenbereich der Gesellschafterversammlung (§ 46 GmbHG).

cd) Vergleich von GmbH und AG

Wenn man die Rechtsform der GmbH mit der der AG vergleicht, so sind folgende Vorteile der GmbH aufzuzeigen:

1. niedrigere Gründungs- und Verwaltungskosten,
2. weniger Kapital bei der Gründung,
3. weitgehendes Mitverwaltungsrecht der Gesellschafter,
4. nach dem GmbHG bisher *keine* Publizitätsvorschriften.

Der grundlegende *Nachteil* der GmbH gegenüber der AG besteht in einer wesentlich kleineren Kapital- und Kreditbasis, die oftmals nicht größer ist als die einer OHG. Die geringere Publizität und die Möglichkeit der Einführung einer Nachschußpflicht sowie die schwere Übertragbarkeit der Geschäftsanteile (notarielle Beurkundung notwendig) verstärken das Risiko der Beteiligung an einer GmbH. Da die GmbH-Anteile außerdem nicht an der Börse gehandelt werden, hat man auch nicht die Möglichkeit, sich über die Entwicklung des „inneren Wertes" der Anteile zu unterrichten.

Dennoch ist die GmbH heute eine der wichtigsten Rechtsformen für Unternehmen *mittlerer* Größe, obwohl diese Form der Kapitalgesellschaft auch manchmal für Großunternehmen und bei der Bildung von Kartellen und Konzernen eine Rolle spielt. Die Bedeutung dieser Rechtsform ist gerade in den letzten 10 Jahren enorm gestiegen: Während die Zahl der Aktiengesellschaften auf etwa 2 100 (davon nur etwa 500 börsennotiert) zurückging, stieg im gleichen Zeitraum die Anzahl der Gesellschaften mit beschränkter Haftung — wie bereits erwähnt — auf etwa 256 000. Dabei zeigt auch das Stammkapital dieser Gesellschaften mit rd. 100 Mrd. DM die wirtschaftliche Bedeutung dieser Rechtsform. Die in den letzten Jahren zu beobachtende stärkere Dynamik der Gesellschaften mit beschränkter Haftung liegt ohne Zweifel darin, daß zahlreiche Familien-Aktiengesellschaften im Zuge der verschärften Publizitätsvorschriften in eine GmbH umgewandelt wurden. Für die Zukunft könnte sich diese Tendenz noch fortsetzen, wenn nicht schärfere Publizitätsvorschriften — etwa im Zusammenhang mit dem weitaus strengeren Bilanzrecht nach der „4.-EG-Richtlinie" — eine diesbezügliche Angleichung an die AG bringen[9]. Ein anderer Grund für das starke Anwachsen der Gesellschaften mit beschränkter Haftung bei gleichzeitigem Rückgang der Aktiengesellschaften könnte in der *steuerlich* unterschiedlichen Behandlung der Außenfinanzierungselemente Fremd- und Eigenkapital gesehen werden. Wegen der steuerlichen Praxis der *Fremdfinanzierung* (Fremkapitalzinsen sind steuerlich abzugsfähig), die nach wie vor *billiger* ist als die Aufnahme von neuem Eigenkapital, strapazieren viele Familienunternehmen aus steuerlichen Überlegungen heraus lieber ihren Kreditrahmen bis zur Grenze, als daß sie nach Umwandlung in eine AG neue Aktionäre in die Unternehmung aufnehmen. Auch hier kann nur eine Gleichstellung der Außenfinanzierungsmöglichkeiten eine Änderung bringen.

ce) Exkurs: Die „Einmann-GmbH"

Die „Einmann-GmbH" („originäre" Einmann-GmbH) wird wie eine gewöhnliche GmbH durch *eine* natürliche oder *eine* juristische Person mit nur einem Geschäftsanteil (§ 1 GmbHG) gegründet. Der Gesellschaftsvertrag wird durch eine Erklärung über die Errichtung ersetzt. Die „Einmanngesellschaft" („derivative" Einmann-GmbH) war seit langem als „Strohmanngründung" in Rechtsprechung und Wissenschaft anerkannt (vgl. RG Bd. 68, S. 172; Bd. 98, S. 289), obwohl Mißbräuche in der Vergangenheit immer wieder vorgekommen sind. Wirtschaftlich bedeutet eine „Einmann-GmbH" ein „Einzelunternehmen mit beschränkter Haftung", wobei die im Unternehmen begründeten Verbindlichkeiten Schulden der GmbH sind und nicht des „Einzelunternehmers". Der einzige Gesellschafter ist alleiniges Mitglied der Gesellschafterversammlung und der Geschäftsführung, nicht jedoch des Aufsichtsrates, sofern dieser notwendig ist.

Die Beliebtheit der „Einmann-GmbH" — fast ein Drittel aller Gesellschaften mit beschränkter Haftung sind solche Einmanngesellschaften — resultiert einmal aus der Haftungsbeschränkung eines seinem Wesen nach „Einzelunternehmers", zum anderen aus steuerlichen Gründen. So mindert beispielsweise der eine Gesellschafter dann die Einkommensteuer, wenn er eine echte Gewinnausschüttung weitgehend vermeidet. Er kann sich statt dessen zum alleinigen Geschäftsführer ernennen, sich ein Geschäftsführergehalt auszahlen, das als Betriebsausgabe steuerlich abzugsfähig ist. Allerdings darf die Höhe des Geschäftsführergehaltes nicht willkürlich angesetzt werden; sie muß angemessen sein. Es besteht immer die Gefahr, daß unangemessen hohe Geschäftsführergehälter als verdeckte Gewinnausschüttungen dem Gewinn hinzugerechnet werden.

---

9 Nach dem sog. *Publizitätsgesetz* (15. 9. 1969) sind auch „Gesellschaften mit beschränkter Haftung" zur Prüfung und Veröffentlichung des Jahresabschlusses verpflichtet, wenn mindestens *zwei* von drei Merkmalen zutreffen (§ 1):
1. Bilanzsumme mehr als 150 Mio. DM,
2. Umsatzerlös mehr als 250 Mio. DM,
3. Beschäftigte mehr als 5 000.

d) Übersicht über AG und GmbH

Abschließend wollen wir noch einmal einige wesentliche Unterschiede zwischen den beiden wichtigsten Kapitalgesellschaften AG und GmbH in Form einer Übersicht darstellen.

	GmbH	AG
Gründung	1. Sachgründungsbericht	1. Gründungsprüfung
	2. Mindestzahl von Gründern: 1	2. Mindestzahl von Gründern: 5
Firma	Personen-, Sach- oder gemischte Firma möglich; Zusatz GmbH	bei Neugründung nur noch Sachfirma möglich: Zusatz AG
Mindestkapital	Stammkapital: 50 000 DM	Grundkapital: 100 000 DM
Anteil	1. Stammeinlage (mindestens: 500 DM)	1. Aktie (mindestens: 50 DM)
	2. Teilbarkeit des Geschäftsanteils bei höheren Beträgen mit Genehmigung der Gesellschaft	2. Unteilbarkeit der Aktie
	3. nur *eine* Stammeinlage kann bei Gründung übernommen werden	3. mehrere Aktien können bei der Gründung übernommen werden
	4. *persönliche* Bindung an den Anteil; kein börsenmäßiger, nur freihändiger Verkauf; notarielle Beurkundung des Abtretungsvertrags	4. keine persönliche Bindung an den Anteil; börsenmäßiger Handel; formlose Eigentumsübertragung bei Inhaberaktien; durch Indossament bei Namensaktien
	5. Anmeldung der Veräußerung bei der Gesellschaft; Genehmigung nur dann notwendig, wenn in Satzung vorgeschrieben	5. Anmeldung bei Namensaktien; Genehmigung nur bei vinkulierten Namensaktien (gebunden an Genehmigung) notwendig
Nachschußpflicht	kann im Gesellschaftsvertrag vorgesehen werden	nicht möglich
Leitung	1. Geschäftsführer	1. Vorstand
	2. ohne Zeitbeschränkung	2. auf 5 Jahre; Wiederwahl ist aber zulässig
Aufsichtsrat	1. nach dem BetrVG nur wenn mehr als 500 Arbeitnehmer bzw. mehr als 2000 Beschäftigte nach dem MitbG	1. durch das AktG zwingend vorgeschrieben
	2. bei Montangesellschaften nach dem MBE wie bei der AG	
Gesamtheit der Gesellschafter	1. Gesellschafterversammlung	1. Hauptversammlung
	2. Einberufung durch eingeschriebenen Brief; schriftliche oder gar fernmündliche Abstimmung kann an die Stelle der Versammlung treten	2. ,,formschwere" Einberufung (Veröffentlichung in den Gesellschaftsblättern: Firma, Ort, Sitz der AG; Zeit der Hauptversammlung; Einberufungsmindestfrist; eventuell Aktienhinterlegung) und Beschlußfassung der Aktionäre
	3. je 100 DM Geschäftsanteil gleich 1 Stimme	3. Stimmrecht nach Aktiennennbeträgen

Jahresabschluß	1. Feststellung durch die Gesellschafterversammlung	1. Feststellung in der Regel durch den Aufsichtsrat (in Ausnahmefällen durch die Hauptversammlung)
	2. keine eingehende Regelung des Jahresabschlusses	2. eingehende Regelung des Jahresabschlusses gemäß Aktienrecht (§§ 151–160 AktG)
	3. nach dem GmbHG keine Pflichtprüfung	3. Pflichtprüfung
	4. bisher keine Publizität des Jahresabschlusses mit Ausnahme von Kreditinstituten und gemeinnützigen Wohnungsbauunternehmen sowie von Unternehmen nach den Kriterien des „Publizitätsgesetzes"	4. eine Veröffentlichung ist zwingend vorgeschrieben
	5. keine gesetzliche Rücklage vorgeschrieben	5. gesetzliche Rücklage vorgeschrieben
Gewinn- und Verlustverteilung	1. die Gewinnverteilung richtet sich nach dem Gesellschaftsvertrag (meist nach der Höhe der Geschäftsanteile)	1. Gewinnverteilung nach Aktiennennbeträgen
	2. über die Gewinnverteilung beschließt die Gesellschafterversammlung	2. über die Gewinnverteilung beschließt die Hauptversammlung auf Vorschlag des Vorstandes

e) Sonstige Kapitalgesellschaften (besondere Gesellschaftsformen)

Von den sonstigen Kapitalgesellschaften sollen an dieser Stelle nur die „bergrechtliche Gewerkschaft" und von den besonderen Gesellschaftsformen der „Versicherungsverein auf Gegenseitigkeit" kurz behandelt werden. Die Reederei und die Bohrgesellschaft spielen als Rechtsform heute nur noch eine sehr untergeordnete Rolle.

ea) Die bergrechtliche Gewerkschaft

Die Rechtskonstruktion der bergrechtlichen Gewerkschaft, die im „Allgemeinen Berggesetz" von 1865 verankert ist, erklärt sich aus den besonderen bergbaulichen Gegebenheiten: Der Kapitalbedarf eines Bergbauunternehmens ist zunächst — beim Abteufen (Anlage eines Schachtes) — noch sehr gering, wächst jedoch mit dem Ausbau der Grube. Infolge der Ungewißheit der Schürfung ist der eigentliche Bedarf an Kapital nicht genau vorauszubestimmen. Die bergrechtliche Gewerkschaft hat deshalb kein nominell festgelegtes Grundkapital (keinen fixierten Nennwert), sondern das Kapital ist in verschiedene Anteile eingeteilt, die ein quotenmäßiges Anteilsrecht (Kuxe) darstellen. Ein *Kux* lautet gewöhnlich auf den tausendsten oder hundertsten Teil des Gewerkschaftskapitals. Kuxe sind *Namenspapiere* und werden zu Stückkursen an der Börse gehandelt (z. B. Gute Hoffnung 1 000 Teile, 1 Teil 24 000 DM). Die Kuxe und ihre Inhaber werden in das *Gewerkenbuch* eingetragen. Die Übertragung eines Kuxes geschieht durch Zession (Abtretung) und Umschreibung im Gewerkenbuch. Eine Gewerkschaft darf bis zu 10 000 Kuxe ausgeben.

Da man den Kapitalbedarf im voraus nicht bestimmen kann, müssen die Gewerken – sofern weiterer Kapitalbedarf besteht – sog. *Zubußen* leisten. Die gleiche Verpflichtung ist ihnen auferlegt, wenn es um einen Ausgleich von Verlusten geht. Der Zubußepflicht kann sich der Gewerke nur durch die Preisgabe seines Kuxes (Abandonrecht) entziehen. Die Gewerken sind an der Ausbeute (Gewinn) – wie auch am Verlust – im Verhältnis ihrer Anteile beteiligt.

Die *Organe* der Gewerkschaft sind:

1. der mit Geschäftsführungs- und Vertretungsbefugnis ausgestattete *Grubenvorstand*, der meist aus zwei oder mehreren Personen besteht. Nach dem Mitbestimmungsgesetz muß bei mehr als 1 000 Arbeitnehmern ein Arbeitsdirektor bestellt werden.
2. die *Gewerkenversammlung*, die in ihrer Rechtsstellung der Hauptversammlung einer AG entspricht. Die Abstimmung erfolgt nach Kuxen.
3. ein *Aufsichtsrat*, der allerdings nur bei mehr als 500 Arbeitnehmern gebildet werden muß; bei den übrigen Gewerkschaften ist er freiwillig.

Die Bedeutung der bergrechtlichen Gewerkschaften ist stark zurückgegangen. Besonders der schwerfällige Handel mit Kuxen und der Zwang, gegebenenfalls Zubußen leisten zu müssen, sind als Hauptgründe dafür anzuführen, daß die Beliebtheit des Kuxes sehr stark nachgelassen hat. Bei Neugründungen wird die Form der Gewerkschaft nicht mehr gewählt; viele werden in die Rechtsform der AG übergeführt. Es gibt heute weniger als 50 bergrechtliche Gewerkschaften. Nach dem „Bundesbergbaugesetz" von 1980 *müssen* die noch bestehenden Gewerkschaften bis 1985 eine andere Rechtsform annehmen.

eb) Der Versicherungsverein auf Gegenseitigkeit (VVaG)[10]

Die in der Praxis relativ große Anzahl von Versicherungsvereinen auf Gegenseitigkeit ist der Grund dafür, daß wir an dieser Stelle kurz auf diese Rechtsform eingehen. Der VVaG ist ein privatrechtlicher Verein, dessen Zweck in der Gewährung eines unmittelbaren Versicherungsschutzes für seine Mitglieder besteht. Er gewährt diesen Versicherungsschutz auf genossenschaftlicher Basis; die Mitglieder sind also gleichzeitig auch Versicherer. Man unterscheidet die großen und die kleinen Versicherungsvereine auf Gegenseitigkeit. Letztere haben nur einen sachlich, örtlich oder persönlich eng begrenzten Wirkungskreis; ihnen kommt keine allzu große Bedeutung in der Praxis zu.

Der *große VVaG* entsteht durch Abschluß eines *Gesellschaftsvertrages* unter gleichzeitiger Aufstellung einer *Satzung*. Die Satzung muß in notariell beurkundeter Form erstellt werden, wobei zusätzlich die Versicherungsbedingungen aufzustellen sind. Aufsichtsrat und Vorstand sind anschließend zu wählen; sie müssen die Erteilung der Erlaubnis bei der zuständigen Aufsichtsbehörde beantragen. Mit der Erteilung der Erlaubnis erlangt der VVaG seine Rechtsfähigkeit. Die nachfolgende Eintragung im Handelsregister ist nur rechtsbestätigend.

---

10 Vgl. dazu: „Gesetz über die Beaufsichtigung der privaten Versicherungsunternehmen und Bausparkassen" (VAG); Goldberg-Müller, Kommentar zum VAG, Berlin-New York 1980.

Für die großen VVaG gelten im wesentlichen dieselben Regeln, wie wir sie für die Aktiengesellschaft bereits dargestellt haben, jedoch mit dem Unterschied, daß es keine Aktionäre gibt und die *Versicherten selbst* Träger des Unternehmens sind. Alle Mitwirkungsrechte und sonstige Rechte (u. a. Recht auf Dividende), die das Aktiengesetz dem Aktionär einräumt, entfallen deshalb hier.

Die Organisation eines VVaG ist dagegen an die aktienrechtlichen Bestimmungen angelehnt: Neben dem *Vorstand* und dem *Aufsichtsrat* gibt es eine Art Hauptversammlung, die sog. *Vertreterversammlung*, in der die Versicherten selbst vertreten sind. Die Vertreterversammlung hat die gleichen Befugnisse wie die Hauptversammlung einer AG (u. a. Wahl des Aufsichtsrats), nur mit der Maßgabe, daß der von der Vertreterversammlung festzustellende *Reingewinn* nicht an die „Aktionäre" oder außenstehende Dritte verteilt werden kann, sondern beispielsweise im Wege der Beitragsrückerstattung an die Versicherten zurückfließen muß, soweit er nicht zur Verstärkung der „Eigenkapitaldecke" verwendet wird.

Der VVaG hat kein Aktienkapital, sondern ist mit einem sog. *Gründungsfonds* ausgestattet, der nicht unbedingt von den Versicherten, sondern auch von anderen bereitgestellt werden kann. Der Gründungsfonds soll im Laufe der Zeit zurückgezahlt werden. Er wird auf die Dauer durch die Bildung einer sog. *Verlustrücklage* aus dem Reingewinn ersetzt. Diese „Verlustrücklage" tritt an die Stelle des Eigenkapitals.

Für die Stellung der Versicherten zu ihrem Unternehmen gilt der Grundsatz der absoluten *Gleichbehandlung*, d. h., daß bei gleichen Voraussetzungen Beiträge und Leistungen für jeden Versicherten gleich sein müssen. Größere Versicherungsvereine auf Gegenseitigkeit haben die Möglichkeit, auch Nichtmitglieder zu versichern. Diese haben weder das Recht auf Mitwirkung an der Verwaltung noch ein Recht auf Teilnahme an der Gewinnrückvergütung. Sie werden wie bei anderen Rechtsformen in der Versicherungswirtschaft auf Grund eines frei vereinbarten Versicherungsvetrages zu festen Beiträgen (Prämienprinzip) ohne Rücksicht auf den Gleichheitsgrundsatz versichert (§§ 20 und 21 Abs. 2 VAG).

4. Die GmbH und Co. als Beispiel für eine Grundtypenmischung von Rechtsformen

Bei der Kommanditgesellschaft auf Aktien hatten wir festgestellt, daß sich in *einer* Rechtsform sowohl Wesenszüge einer Kapitalgesellschaft als auch solche einer Personengesellschaft finden lassen. Die in der KGaA bereits angedeutete Mischung von Rechtsformen finden wir in den sog. *kombinierten Rechtsformen* voll ausgeprägt. Da nach herrschender Meinung *juristische Personen* (AG oder GmbH) Gesellschafter von *Personengesellschaften* (OHG oder KG) sein können, gibt es eine Reihe von Möglichkeiten, Rechtsformen miteinander zu mischen. Es entstehen Zwischenformen, die das Wesen der ursprünglichen Rechtsformen zum Teil völlig verändern können und die die ohnehin bei bestimmten Rechtsformen bestehende Anonymität noch weiter erhöhen.

Für die Entstehung solcher Mischformen sind oft *betriebswirtschaftliche* Gründe maßgebend; oft werden solche Formen aber auch mit *steuerlichen* Vorteilen begründet. Allerdings wechselt die Bedeutung dieser Zwischenformen mit der Entwicklung der unterschiedlichen steuerlichen Belastung von Personen- und Kapitalgesellschaften. Wenn es dem Gesetzgeber gelingen würde, eine gleichmäßige steuerliche Belastung für alle Rechtsformen zu erreichen, dann wäre die Bedeutung solcher Mischformen vom *steuerlichen* Standpunkt aus betrachtet oft gleich Null. Damit würde der steuerliche Anreiz zur Bevorzugung dieser Rechtsformen ausgeschaltet und erreicht, daß die Rechtsform einer Gesellschaft den wirklichen Bedürfnissen und Interessen entsprechend nach ausschließlich gesellschaftsrechtlichen und betriebswirtschaftlichen Gesichtspunkten ausgewählt wird. Es besteht immer die Gefahr, daß lediglich aus steuerlichen Rücksichten eine nicht adäquate Rechtsform bevorzugt wird. Bei der in der Regel *langfristig* wirkenden Entscheidung der Wahl der Rechtsform sollte niemals außer acht gelassen werden, daß sich steuerliche Vorschriften kurzfristig ändern können und daß dadurch die eigentliche Grundlage der gewählten Rechtsform wegfallen kann.

Das typischste Beispiel für eine Grundtypenmischung ist die in den zwanziger Jahren entstandene und heute in der Praxis weitverbreitete Form der GmbH und Co. KG.

Es handelt sich bei dieser Rechtsform um eine Kommanditgesellschaft, bei der als persönlich haftender Gesellschafter (Komplementär) eine GmbH fungiert. Dadurch wird eine Personengesellschaft ermöglicht, ohne daß eine natürliche Person unbeschränkt zu haften braucht.

Die völlige Haftungsbeschränkung wie bei der GmbH oder AG beim gleichzeitigen Vorliegen einer Personengesellschaft ist einer der Gründe, warum man diese Mischform wählt. Für die Gründung gelten grundsätzlich die Ausführungen zur KG. Da die GmbH und Co. notwendigerweise eine GmbH voraussetzt, gelten für die Gründung der Komplementär-GmbH die allgemeinen Ausführungen zur GmbH entsprechend.

Steuerlich ist zu dieser Rechtsform folgendes zu sagen: Die GmbH und Co. KG wird steuerrechtlich wie eine KG behandelt; sie ist also selbst nicht körperschaftsteuerpflichtig. Dagegen unterliegt die Komplementär-GmbH der Körperschaftsteuerpflicht vom Zeitpunkt der Gründung an. Unter den verschiedenen Variationsmöglichkeiten, die bei dieser Rechtsform denkbar sind, ist die auch steuerlich wohl interessanteste Konstruktion die sog. *GmbH und Co. KG im engeren Sinne*, bei der die Gesellschafter der GmbH und die Kommanditisten der GmbH und Co. KG die *gleichen* Personen sind. Hier haben alle beteiligten natürlichen Personen ihre Haftung auf ihre Einlagen beschränkt. Auch nach Aufhebung der *Doppelbelastung* (seit dem 1. 1. 1977 wird bei Kapitalgesellschaften die auf den ausgeschütteten Gewinn gezahlte Körperschaftsteuer auf die Einkommensteuerschuld der Anteilseigner angerechnet) bleibt die GmbH und Co. KG durch die unterschiedlichen Formen der Besteuerung von Kapital- und Personengesellschaften weiterhin auch steuerlich interessant.

Nachdem das Reichsgericht (RG) die GmbH und Co. bereits 1922 als zivilrechtlich möglich anerkannt hatte (vgl. RG Bd. 105, S. 101), der Reichsfinanzhof (RFH) ihr dagegen in der Regel die Anerkennung versagte (vgl. RFH Bd. 10, S. 55), war der eigentliche Aufschwung der GmbH und Co. erst nach 1945 mit der dann vollzogenen steuerlichen Anerkennung festzustellen[11].

---

11 Vgl. dazu: Hesselmann, Handbuch der GmbH & Co., 15. Aufl., Köln 1976.

5. Die Doppelgesellschaften

Bei einer Doppelgesellschaft wird ein bisher einheitliches Unternehmen in zwei juristisch selbständige Bestandteile aufgespalten, von denen der eine Teil in Form einer Kapitalgesellschaft und der andere in Form einer Personengesellschaft geführt wird.

Gründe für Betriebsaufspaltungen können auch wieder rechtlicher (Haftungsbeschränkung), betriebswirtschaftlicher oder steuerrechtlicher Art sein. Steuerlich lohnt sich eine Doppelgesellschaft nur dann, wenn die zurückgehaltenen Gewinne in der Kapitalgesellschaft entstehen und die auszuschüttenden in der Personengesellschaft. Die zurückgehaltenen Gewinne unterliegen dann nämlich der *proportionalen* und bei *starker* Einkommensteuerprogression niedrigeren Körperschaftsteuer. Die auszuschüttenden Gewinne unterliegen *nur* der Einkommensteuer und nicht — wie es der Fall wäre, wenn nur eine Kapitalgesellschaft vorliegen würde — auch noch zusätzlich der Körperschaftsteuer. Doppelgesellschaften wurden vor allem nach dem zweiten Weltkrieg in erheblichem Umfang gebildet, als — besonders unter dem Einfluß der alliierten Militärgesetzgebung — der Einkommensteuerspitzensatz (95 %) den Körperschaftsteuersatz (65 %) bei weitem überstieg.

Die in der Praxis üblicherweise vorkommenden Formen der Doppelgesellschaften sind: (a) die Aufspaltung in eine *Besitz-Personenunternehmung* und eine *Betriebs-Kapitalgesellschaft* und (b) die Aufspaltung in eine *Betriebs-Personenunternehmung* und eine *Vertriebs-Kapitalgesellschaft*. Meist sind die gleichen Gesellschafter im gleichen Verhältnis an der Personen- und an der Kapitalgesellschaft beteiligt (Unternehmer-Personenidentität).

a) Trennung in Besitz- und Betriebs-Kapitalgesellschaft (Produktionsgesellschaft)

Die Besitzgesellschaft in der Rechtsform einer OHG, KG oder Einzelunternehmung *verpachtet* ihre Anlagengegenstände an eine für diesen Zweck neu gegründete Betriebs-Kapitalgesellschaft und erhält dafür Gesellschaftsrechte.

Steuerlich ist nun interessant, daß die von der Kapitalgesellschaft zu zahlenden *Pachtzinsen* als Betriebsausgaben deren steuerlichen Gewinn mindern. Außerdem können die Gesellschafter der Personengesellschaft gleichzeitig Geschäftsführer bei der Kapitalgesellschaft sein, so daß auch deren Gehalt als Betriebsausgabe den steuerlichen Gewinn bei der GmbH mindert. *Pacht* und *Gehalt* sind je nach Vereinbarung variierbar. Durch die mögliche Gewinnverlagerung ist die Belastung der Betriebs-Kapitalgesellschaft durch die Körperschaftsteuer und die Gewerbeertragsteuer gering; die Besitz-Personengesellschaft zahlt ohnehin keine Gewerbeertragssteuer, da sie nur „Einkünfte aus Vermietung und Verpachtung" besitzt.

Darüber hinaus ergibt sich noch folgender Vorteil: Die Pachtgegenstände sind in der Bilanz der Verpächterin, also der Personengesellschaft, auszuweisen. Da der Pachtvertrag in der Regel die Klausel enthält, daß die Pachtgegenstände am Ende der Pachtzeit in demselben Zustand zurückzugeben sind, in dem sie sich bei der Übernahme befunden haben, kann die Kapitalgesellschaft für die etwaige Verpflichtung zum Ersatz und zur

Vor- und Nachteil

	Einzelunternehmung	OHG
Rechtsgrundlagen	keine besondere Regelung	§§ 105 ff. HGB
Ökonomische Merkmale	*ein* Kapitalrisiko- und Willensträger	*mehrere* Kapitalrisiko- und Willensträger
Anpassungsfähigkeit	Bewegungsfreiheit und rasche Entscheidung als *Vorteil*	kollektive Disposition und dadurch langsamere Entscheidung
Risikobereitschaft und Haftung	*Vorteil:* Keine Vorwürfe; *Nachteil:* Haftung auch auf eigenes Vermögen	*Nachteil:* Verantwortung gegenüber Mitgesellschaftern; Haftung unmittelbar, unbeschränkt (auch auf eigenes Vermögen) und solidarisch
Kapitalbeschaffung	begrenztes Eigenkapital und damit auch begrenztes Fremdkapital; Zwang zur Selbstfinanzierung	*Vorteil:* Größere Möglichkeit der Eigenkapitalbeschaffung durch Aufnahme neuer Gesellschafter
Dauerhaftigkeit	meist eng an die Person des Unternehmers geknüpft; nicht über mehrere Generationen	oft abhängig von den Erben („Compagnie ist Lumperie")
Geschäftsführung und Vertretungsmacht	beides obliegt dem Inhaber der Einzelunternehmung	alle Gesellschafter sind grundsätzlich berechtigt und verpflichtet (Einzelgeschäftsführung bzw. Einzelvertretungsmacht); der *Gesellschaftsvertrag* kann etwas anderes vorsehen
Kosten	Im Vergleich zu den Kapitalgesellschaften sind die *Errichtungs-* und *Verwaltungskosten* weitaus niedriger	
Steuerliche Belastung des Gewinns	Je nach Höhe der persönlichen Gesamteinkünfte 22–56 % Einkommensteuer; bei Personengesellschaften keine unterschiedliche Besteuerung von einbehaltenen und ausgeschütteten Gewinnen	

der wichtigsten Rechtsformen

KG	GmbH	AG
§§ 161 ff. HGB	GmbH-Gesetz vom 20. 4. 1892 und der Novell vom 4. 7. 1980	Aktiengesetz in der Fassung vom 6. 9. 1965
teilweise *Trennung* von Kapitalrisiko- und Willensträger	in der Regel vollständige Trennung von Kapitalrisiko- und Willensträger	
Bewegungsfreiheit ähnlich der Einzelunternehmung; aber Mitsprache des Kommanditisten	wenn Form der sog. *Eigentümer-Unternehmung* vorliegt, dann ähnlich wie bei der Einzelunternehmung, der OHG oder KG; wenn dagegen sog. *Geschäftsführer-Unternehmung* vorliegt, dann Anpassungsfähigkeit abhängig vom jeweiligen Mitspracherecht, das meist sehr groß ist	
Vorteil: Beschränkte Haftung der Kommanditisten bis zur Höhe ihrer Einlage	wenn „Eigentümer-Unternehmung", Risikoabwälzung bei einer AG in beschränktem Umfang, bei einer GmbH in erheblichem Umfang möglich; wenn „Geschäftsführer-Unternehmung", besteht Pflicht zur Rechenschaftslegung	
	Haftung nur in voller Höhe mit dem Gesellschaftsvermögen; die Festlegung einer *Nachschußpflicht* kann im Gesellschaftsvertrag vereinbart werden	Gesellschaftsvermögen der AG haftet in voller Höhe; keine Nachschußpflicht der Aktionäre
Vorteil: Leichtere Eigenkapitalbeschaffung wegen beschränkter Haftung der Kommanditisten	beschränkte Kreditwürdigkeit, deshalb erschwerte Fremdkapitalbeschaffung	leichte Beschaffung von Eigenkapital; hohe Kreditwürdigkeit wegen Gläubigerschutzvorschriften
Vorteil: Im Vergleich zur OHG anpassungsfähiger an die Bedürfnisse der Gesellschafter (Kommanditisten)	Anpassungsfähigkeit größer als bei Personengesellschaften (wegen Ernennung fremder Geschäftsführer)	auf unendliche Dauer zugeschnittene Rechtsform (unabhängig von dem einzelnen Aktionär)
Geschäftsführung und Vertretung liegen bei den Komplementären	Geschäftsführung und Vertretungsmacht seitens der von der Gesellschafterversammlung eingesetzten Geschäftsführer; es gilt *Gesamtgeschäftsführung* und *Gesamtvertretungsmacht*, soweit der Gesellschaftsvertrag nichts anderes bestimmt	der vom Aufsichtsrat bestellte Vorstand führt die Geschäfte der AG und vertritt die Gesellschaft nach außen; grundsätzlich besteht *Gesamtgeschäftsführungsbefugnis* und *Gesamtvertretungsmacht*, soweit die Satzung nichts anderes bestimmt
	in der Regel keine Prüfungs- und Publizitätskosten; im Vergleich zur AG geringere Gründungs- und Verwaltungskosten (u. a. meist kein Aufsichtsrat)	Gründungs-, Prüfungs- und Publizitätskosten; Kosten des Aufsichtsrats und der Hauptversammlung höher als bei der GmbH
	im Vergleich zu den Personengesellschaften sind auch die Kosten in steuerlicher Hinsicht höher (56 % bei einbehaltenen und 36 % bei ausgeschütteten Gewinnen Körperschaftsteuer mit Steuergutschrift bei der Berechnung der Einkommensteuer)	

Erneuerung der verpachteten Gegenstände eine steuerlich wirksame *Rückstellung* auf den Wiederbeschaffungswert der gepachteten Wirtschaftsgüter vornehmen.

b) Trennung in Betriebs- und Vertriebsgesellschaft

Eine Personengesellschaft oder eine Einzelunternehmung führt nur die Produktionstätigkeit selbst durch und überträgt die Vertriebstätigkeit auf eine für diesen Zweck errichtete Kapitalgesellschaft. Die Betriebsgesellschaft kann nun ihre Produkte zu niedrigeren Preisen an die Vertriebsgesellschaft verkaufen als beim Direktvertrieb. Dadurch kann man den bei der OHG oder einer anderen Personengesellschaft anfallenden Gewinn manipulieren, d. h., es findet eine indirekte Übertragung von Gewinn auf die Vertriebs-GmbH oder Vertriebs-AG statt. Dabei ist jedoch zu beachten, daß der vereinbarte Preis nicht unangemessen niedrig sein darf.

Nach der Rechtsprechung des RFH und des BFH wird die Betriebsaufspaltung steuerlich in aller Regel anerkannt. Allerdings müssen die Vertragsbestimmungen eindeutig sein und tatsächlich praktiziert werden. Es besteht immer die Gefahr, daß von steuerlicher Seite die Höhe der *Pacht*, das *Gehalt* oder die *Preise* als unangemessen bezeichnet und nicht in voller Höhe anerkannt werden.

Auch vom *betriebswirtschaftlichen* Standpunkt aus gesehen sind sowohl Mischformen als auch Doppelgesellschaften durchaus positiv zu bewerten. So können z. B. der Zwang zu einer dezentralen Organisation, Haftungs- und Risikobeschränkungen sowie Regelungen von Familien- und Erbschaftsverhältnissen als anerkennenswerte Gründe für solche Gesellschaftsformen angesehen werden.

6. Die *Genossenschaft*

a) Historischer Überblick

Die Grundidee des Genossenschaftsgedankens ist zuerst in England Mitte des 19. Jahrhunderts festzustellen. Dort haben 1844 Weber der Stadt „Rochdale" nach der Devise „Einheit macht stark" Konsumgenossenschaften gegründet. Durch gemeinsamen Einkauf hauswirtschaftlicher Bedarfsgegenstände wollten sie den in Not geratenen Mitgliedern bessere Lebensbedingungen schaffen.

In Deutschland begann die Genossenschaftsbewegung auch etwa in der Mitte des vorigen Jahrhunderts. Während *Schulze-Delitzsch* (Kreisrichter in Delitzsch) durch die Gründung von Rohstoffgenossenschaften, Konsumgenossenschaften und Kreditvereinen in erster Linie der städtischen gewerblichen Bevölkerung zu helfen suchte, versuchte *Raiffeisen* (Bürgermeister in Heddesdorf bei Neuwied), durch seine Darlehenskassenvereine vor allem der Notlage der ländlichen Bevölkerung entgegenzuwirken. Auf der Grundlage eines Entwurfs von Schulze-Delitzsch (1860) entstand im Jahre 1876 ein preußisches Genossenschaftsgesetz, das später Reichsgesetz wurde. Eine Neuordnung dieses Gesetzes brachte am 1. 5. 1889 ein Genossenschaftsgesetz, das erst am 9. Oktober 1973 wesentlich geändert wurde. Im Mittelpunkt dieser mit Wirkung vom 1. Januar 1974 in Kraft getretenen

Änderungen stehen Verbesserungen bei der *Eigenkapitalbildung* und Regelungen, die für mehr *Demokratie* bei Großgenossenschaften sorgen sollen.

b) Begriff und Wesen

Das Gesetz bezeichnet die Genossenschaften als „Gesellschaften von nicht geschlossener Mitgliederzahl, welche die Förderung des Erwerbs oder der Wirtschaft ihrer Mitglieder mittels gemeinschaftlichen Geschäftsbetriebes bezwecken" (§ 1 GenG).

Die Genossenschaft ist zwar eine *juristische* Person, aber keine Kapitalgesellschaft. Sie ist rechtlich überhaupt keine Handelsgesellschaft, sondern ein wirtschaftlicher Verein, der in seinem verwaltungsmäßigen Aufbau der Kapitalgesellschaft, in seiner personellen Gestaltung mehr der Personengesellschaft ähnelt. Die Genossenschaft unterscheidet sich von den bisher behandelten Rechtsformen in erster Linie durch ihren *Zweck*. Sie treibt im Gegensatz zu den bisherigen Gesellschaften kein eigenes Handelsgewerbe, um selbst Gewinne zu erzielen, sondern um als Hilfsgesellschaft durch das Instrument eines genossenschaftlichen Geschäftsbetriebes ihre Genossen wirtschaftlich zu fördern und zu unterstützen. Der Genossenschaftsgedanke kommt insbesondere in den folgenden Kriterien zum Ausdruck:

1. im *Zweck*, der nicht auf die Erzielung von Gewinn, sondern auf Selbsthilfe der Genossen durch gegenseitige Förderung gerichtet ist;
2. in der Gleichberechtigung der Mitglieder untereinander ohne Rücksicht auf die Höhe der Kapitalbeteiligung an der Genossenschaft;
3. in der Selbstverwaltung durch die Genossenschaftsorgane;
4. im *gemeinschaftlich* begründeten Geschäftsbetrieb;
5. in der *gemeinwirtschaftlichen* Preispolitik von Einkaufs- und Absatzgenossenschaften.

c) Errichtung

Bei der Errichtung einer Genossenschaft müssen zunächst mindestens sieben Genossen schriftlich eine Satzung (Statut) feststellen, die gewissen Mindestanforderungen genügen muß. Eine Änderung dieser Satzung ist in der Folgezeit nur mit 3/4-Mehrheit der erschienenen Genossen möglich. Nach der Aufstellung des Statuts werden *Vorstand* und *Aufsichtsrat* bestellt, deren Mitglieder Genossen sein müssen. Der Vorstand hat die Genossenschaft zum „Genossenschaftsregister" anzumelden, das als selbständiges Register beim zuständigen Handelsregistergericht geführt wird. Erst mit der Eintragung wird die Genossenschaft rechtsfähig. Die Firma der eingetragenen Genossenschaft muß vom Gegenstand her entlehnt werden und darf Personennamen nicht enthalten (also Sachfirma). Die Firma muß die Bezeichnung „eingetragene Genossenschaft" enthalten; darüber hinaus darf *kein* Zusatz beigefügt werden, ob und in welchem Umfang die Genossen zur Leistung von Nachschüssen verpflichtet sind (§ 3).

d) Mitgliedschaft, Geschäftsanteil und Haftung

Mitglieder einer Genossenschaft können natürliche und juristische Personen sein. Die Zahl der jeweiligen Mitglieder kann wechseln, sie muß jedoch immer mindestens sieben betragen. Der Eintritt in eine schon bestehende Genossenschaft erfolgt durch schriftliche Beitrittserklärung. Wirksam wird die Mitgliedschaft allerdings erst, wenn der Vorstand den neuen Genossen in die beim Registergericht geführte Liste der Genossen eintragen läßt.

Jeder Genosse ist verpflichtet, eine *Mindesteinlage* auf den *Geschäftsanteil* zu leisten. Der Geschäftsanteil ist der Betrag, mit dem sich ein Genosse an einer Genossenschaft beteiligen kann. Er ergibt sich aus dem *Statut*. Mit 3/4-Mehrheit kann er auf dem Wege einer Satzungsänderung erhöht werden. Die auf den Geschäftsanteil zu leistende Einlage beträgt nach dem Gesetz mindestens 1/10 des Geschäftsanteils. Das Statut kann bestimmen, daß sich ein Genosse mit mehr als einem Geschäftsanteil beteiligen darf (§ 7 a GenG). (§ 7 a GenG).

Die von dem Genossen eingezahlten Beträge bilden zusammen mit etwaigen Gewinngutschriften und unter Abschreibung etwaiger Verlustanteile das *Geschäftsguthaben* des Genossen, das im Gegensatz zum Geschäftsanteil keinen festen Betrag aufweist, sondern variabel ist. Es ist der Betrag, mit dem ein Genosse tatsächlich an der Genossenschaft beteiligt ist. Dem Geschäftsguthaben werden in der Regel die entstandenen Gewinne nur so lange gutgeschrieben, bis der Geschäftsanteil erreicht ist (§ 19). Das Statut kann bestimmen, daß Geschäftsguthaben verzinst werden (§ 21 a).

Das Statut muß außerdem Vorschriften darüber enthalten, ob die Genossen für den Fall, daß die Gläubiger im Konkurs der Genossenschaft nicht befriedigt werden, Nachschüsse zur Konkursmasse unbeschränkt, beschränkt auf eine bestimmte Summe (Haftsumme) oder *überhaupt nicht* zu leisten haben (§ 6 Nr. 3).

Die *Haftsumme* ist der Höchstbetrag, mit dem im Konkurs ein Genosse *neben* seinem Geschäftsguthaben zuzüglich rückständiger Pflichteinlagen haftet. Die Haftsumme darf nicht kleiner sein als der Geschäftsanteil; sie ist Null, wenn die persönliche Haftung der Mitglieder im Statut ganz aufgehoben ist.

Beispiel:

Geschäftsanteil	300 DM	
Einzahlung	150 DM	
Gewinngutschrift	120 DM	
Geschäftsguthaben	270 DM	(150 + 120)
Haftsumme	500 DM	

Die Haftpflicht der Genossen, ob beschränkt oder unbeschränkt, ist eine ,,Nachschußpflicht" gegenüber der *Genossenschaft*. Eine *unmittelbare* Inanspruchnahme der Genossen durch die *Gläubiger* der Genossenschaft ist damit nicht möglich. Daneben ist auch ein völliger Ausschluß der Nachschußpflicht im Gesetz vorgesehen.

Ein Ausscheiden aus einer Genossenschaft ist unter Einhaltung einer dreimonatigen Kündigungsfrist (Änderungen durch Satzung bis zu fünf Jahren möglich) zum Schluß des Geschäftsjahres durch schriftliche Kündigung möglich. Der Ausgeschiedene erhält sein Geschäftsguthaben ausgezahlt. Ein Genosse kann auch jederzeit in der Weise ausscheiden, daß er sein Geschäftsguthaben schriftlich an einen anderen abtritt, der an seiner Stelle Genosse wird. Beim Tod eines Genossen geht die Mitgliedschaft auf seine Erben über.

e) Die Organe der Genossenschaft (§§ 24 ff.)

Die notwendigen Organe einer Genossenschaft sind der Vorstand, der Aufsichtsrat und die Hauptversammlung (Generalversammlung), die gleichzeitig das oberste Genossenschaftsorgan darstellt.

ea) Der Vorstand (§§ 24 ff.)

Der Vorstand besteht aus mindestens 2 – besoldeten oder unbesoldeten – in der Regel von der Generalversammlung zu wählenden Mitglieder, die Genossen sein müssen. Der Vorstand führt die Geschäfte und vertritt die Genossenschaft nach außen; er ist zur Aufstellung des Jahresabschlusses verpflichtet. Eine Beschränkung der Vertretungsmacht ist Dritten gegenüber wirkungslos; allerdings hat der Vorstand die ihm von der Genossenschaft auferlegten Beschränkungen zu beachten. Verletzen die Vorstandsmitglieder ihre Obliegenheiten, so sind sie der Genossenschaft gegenüber als Gesamtschuldner verantwortlich. Prokura und Handlungsvollmacht darf erteilt werden. Im Statut kann vorgesehen werden, daß die Generalversammlung dem Vorstand für seine Geschäftsführung Weisungen erteilen kann, die er einzuhalten hat.

eb) Der Aufsichtsrat (§§ 36 ff.)

Der Aufsichtsrat besteht aus mindestens drei Mitgliedern, die ebenfalls Genossen sein müssen. Er wird von der Generalversammlung gewählt und hat – ähnlich wie der Aufsichtsrat einer AG – den Vorstand zu überwachen. Er kann jederzeit die Bücher einsehen und vom Vorstand Berichterstattung verlangen. Er ist zur Prüfung des Jahresabschlusses, des Geschäftsberichtes und des Vorschlages über die Gewinn- und Verlustverteilung verpflichtet und hat der Generalversammlung über das Ergebnis der Prüfung zu berichten.
Aufsichtsratmitglieder dürfen nicht gleichzeitig dem Vorstand angehören, sie dürfen außerdem keine vom Gewinn abhängige Vergütung (Tantieme) beziehen, allenfalls ein festes Gehalt, wenn es das Statut vorsieht.

ec) Die Generalversammlung (§§ 43 ff.)

Die Generalversammlung ist das oberste Willensorgan der Genossenschaft. Sie beschließt über alle wichtigen Angelegenheiten der Genossenschaft: Änderung des Statuts, Wahl des Vorstands und Aufsichtsrats, Jahresabschluß und Gewinnverteilung, Entlastung von Vorstand und Aufsichtsrat usw.
Die Beschlüsse in der Generalversammlung werden – wenn das Statut nichts anderes vorsieht – mit einfacher Stimmenmehrheit gefaßt, wobei jeder Genosse ohne Rücksicht auf sein Geschäftsguthaben in der Regel nur *eine* Stimme hat. Für Mitglieder, die ihre Genossenschaft besonders fördern, ist ein beschränktes Mehrstimmrecht (bis zu drei Stimmen) möglich (§ 43 Abs. 3). Die Abstimmung erfolgt nach Köpfen und nicht nach

Geschäftsanteilen. Bei Genossenschaften mit über 3 000 Mitgliedern *muß* die Generalversammlung durch eine *Vertreterversammlung*, die die Rechte der Genossen ausübt, ersetzt werden; bei Genossenschaften mit über 1 500 Mitgliedern *kann* dies bereits auch geschehen. Die Vertreterversammlung besteht aus mindestens fünfzig Vertretern, die von den Genossen in allgemeiner, unmittelbarer und geheimer Wahl gewählt werden.

f) Rechnungslegung und Prüfung

Der Vorstand einer Genossenschaft hat die erforderlichen Bücher zu führen und eine Bilanz, eine Gewinn- und Verlustrechnung und einen Geschäftsbericht vorzulegen. Die *Feststellung* des Jahresabschlusses allerdings obliegt der Generalversammlung. Ähnlich wie bei der Aktiengesellschaft gelten auch für die Genossenschaft Mindesterfordernisse in bezug auf Geschäftsbericht, Gliederungsvorschriften für die Bilanz und die Gewinn- und Verlustrechnung sowie Bewertungsvorschriften für die Bilanz.

Alle Genossenschaften unterliegen der Prüfung ihrer Einrichtungen, ihrer Vermögenslage, der Geschäftsführung und des Jahresabschlusses durch spezielle *Prüfungsverbände*. Jede Genossenschaft muß einem solchen Verband angehören. Genossenschaften mit einer Bilanzsumme von über 1 Mio. DM sind jährlich, andere Genossenschaften alle zwei Jahre zu prüfen. Der Vorstand hat den *Prüfungsbericht* der Generalversammlung vorzulegen und beim Genossenschaftsregister eine Bescheinigung zu hinterlegen, daß eine Prüfung stattgefunden hat.

g) Arten der Genossenschaften

Wirtschaftlich kann man die Genossenschaften nach ihrem Zweck einteilen in:

1. *Förderungsgenossenschaften*, die lediglich Hilfswirtschaften der auch weiterhin *selbständig* bestehenden Mitgliederwirtschaften sind.
   Dazu zählen:
   a) *Warenbezugsgenossenschaften* des Handels (Edeka-Genossenschaft), des Handwerks, der Landwirte sowie Konsumvereine oder Verbrauchergenossenschaften;
   b) *Absatzgenossenschaften* der Handwerker und der Landwirtschaft.
2. *Produktivgenossenschaften*, bei denen keine selbständigen Mitgliederwirtschaften mehr bestehen, da die Genossen in der Genossenschaft *gemeinsam* arbeiten. Man könnte sie mit den landwirtschaftlichen Produktionsgenossenschaften in der DDR vergleichen. Sie spielen bei uns keine Rolle.
3. *Kreditgenossenschaften*, wie Volksbanken und ländliche Spar- und Darlehenskassen (Raiffeisenkassen), die neuerdings auch Darlehen an Nichtmitglieder erteilen können.
4. *Verkehrsgenossenschaften*.
5. *Sonstige Genossenschaften*, zu denen u. a. die Baugenossenschaften zu zählen sind und vor allem die landwirtschaftlichen Genossenschaften in Form der Betriebs-, Nutzungs- und Verwertungsgenossenschaften, wie Molkerei- und Milchverwertungsgenossenschaften, Winzergenossenschaften, Zuchtgenossenschaften oder Maschinen- und Dreschgenossenschaften.

Nach der *Haftung* der Genossen kann man die Genossenschaften unterteilen in:

1. Genossenschaften, bei denen im Konkursfall die Genossen für die Schulden der Genossenschaft mit ihrem ganzen Vermögen haften (unbeschränkte Nachschußpflicht); diese Form findet man meist nur bei ländlichen Genossenschaften.
2. Genossenschaften, bei denen die Genossen im Konkursfall nur eine Nachschußpflicht bis zur Höhe der Haftsumme erbringen müssen.
3. Genossenschaften, bei denen die Genossen über das Vermögen der Genossenschaft hinaus überhaupt nicht haften brauchen.

Die Unterscheidung nach der Art der Haftung ist nicht nur rechtlich, sondern vor allem auch für die *Kreditfähigkeit* der Genossenschaften von erheblicher Bedeutung.

Schließlich kann man die Genossenschaften auch noch nach der *Zugehörigkeit zu Prüfungsverbänden* unterteilen in:

1. *Gewerbliche Genossenschaften* (Deutscher Genossenschaftsverband — Schulze-Delitzsch — e. V. in Bonn). Dazu gehören u. a.: Einkaufs- und Lieferungsgenossenschaften, Binnenschiffer- und Straßenverkehrsgenossenschaften und Kreditgenossenschaften (Volksbanken).
2. *Ländliche Genossenschaften* (Deutscher Raiffeisenverband e. V. in Bonn). Dazu gehören Kreditgenossenschaften (Spar- und Darlehenskassen, Raiffeisenbanken), Warengenossenschaften (Bezugs- und Absatzgenossenschaften), Teilproduktionsgenossenschaften (Milchverarbeitung/Weinbau) und Betriebsgenossenschaften.
3. *Konsumgenossenschaften* (Zentralverband Deutscher Konsumgenossenschaften e. V. in Hamburg). Immer in Form von Einkaufsgenossenschaften.
4. *Wohnungsbaugenossenschaften* (Gesamtverband gemeinnütziger Wohnungsbauunternehmen e. V. in Köln). Immer in Form der Baugenossenschaften.

Ende 1971 gründeten der Deutsche Raiffeisenverband und der Deutsche Genossenschaftsverband mit 6 Mio. Mitglieder einen gemeinsamen Dachverband, den „Deutschen Genossenschafts- und Raiffeisenverband" (DGRV).

h) Bedeutung der Genossenschaften

Die Vorteile eines genossenschaftlichen Zusammenschlusses sind relativ früh erkannt worden und haben dem Genossenschaftswesen eine für die Gesamtwirtschaft außerordentliche Bedeutung verschafft. Bereits im Jahre 1938 bestanden im Deutschen Reich über 50 000 Genossenschaften, darunter fast 39 000 landwirtschaftliche Genossenschaften. Nach der Arbeitsstättenzählung von 1970 gab es im Bundesgebiet einschl. West-Berlin insgesamt 13 260 Genossenschaften oder 0,7 % aller erfaßten Betriebe. Insgesamt 262 181 oder 1,2 % aller Beschäftigten fanden in Genossenschaften ihren Arbeitsplatz. Nach der Umsatzsteuerstatistik von 1962 betrug der Umsatz der Genossenschaften 26 586 Mill. DM, das waren immerhin 3,2 % aller von den verschiedensten Rechtsformen getätigten Umsätze. 1977 gab es in der BdR 12 000 Genossenschaften mit 10 Mio. Mitglieder. Dem „Internationalen Genossenschaftsbund" (IGB) gehörten 1980 weltweit 741 767 Genossenschaften mit über 350 Mio. Mitglieder an.

Zahlenmäßig liegen heute die landwirtschaftlichen Genossenschaften und dabei vor allem die Kreditgenossenschaften vor den Waren- sowie den Molkerei- und Milchabsatzgenossenschaften an der Spitze. So hatten im Jahre 1977 die 418 landwirtschaftlichen Kreditgenossenschaften mit einer Mitgliederzahl von 440 600 einen geschätzten Jahresumsatz von 563 Mio. DM.

7. Die öffentlichen Betriebe

Öffentliche Betriebe sind Betriebe, die sich ganz oder überwiegend im Eigentum einer Gebietskörperschaft (Gemeinde oder Land bzw. Bund) befinden und auf deren Leitung die öffentliche Hand einen maßgeblichen Einfluß ausübt. Der ursprünglichen Zielsetzung entsprechend sollten öffentliche Betriebe nur gemeinwirtschaftlichen Interessen dienen. Heute allerdings stellt dieses Ziel nur noch eines von vielen dar.

Will man die öffentlichen Betriebe nach bestimmten Kriterien systematisieren, so bieten sich in erster Linie zwei Unterscheidungsmerkmale an, nämlich einmal mehr *wirtschaftliche*, zum anderen mehr *rechtliche* Faktoren.

a) Unterscheidung nach betriebswirtschaftlichen Gesichtspunkten

Danach lassen sich folgende Formen öffentlicher Betriebe unterscheiden:

(aa) reine Erwerbsbetriebe (mit maximalem Gewinnstreben),
(ab) Betriebe, die nach dem Kostendeckungsprinzip geführt werden,
(ac) Zuschußbetriebe.

aa) *Reine Erwerbsbetriebe*

Sie unterscheiden sich in der Regel nicht von den Privatunternehmen in der Marktwirtschaft. Sie streben genau wie diese nach maximalem Gewinn. Zu den reinen Erwerbsbetrieben zählen vor allem die Industriebetriebe, Berg- und Hüttenwerke, Elektrizitätswerke und Schiffswerften der öffentlichen Hand. Der unmittelbare Zweck dieser Betriebe ist *finanzwirtschaftlicher* Art, d. h., sie dienen der öffentlichen Hand zur Erwirtschaftung finanzieller Beträge im Haushalt der Bundesregierung. In den zwanziger Jahren hat man die öffentlichen Betriebe dieser Art in vier Konzernen zusammengefaßt, die zum Teil heute noch das Hauptkontingent der öffentlichen Erwerbsbetriebe bilden: 1. Vereinigte Industrieunternehmungen AG (VIAG), 2. Preußische Bergwerks- und Hütten-AG (PREUSSAG), 3. Preußische Elektrizitäts-AG (PREAG), 4. Vereinigte Elektrizitäts- und Bergwerks-AG (VEBA). Dazu kam dann 1941 noch ein fünfter Konzern, und zwar die Reichswerke AG für Berg- und Hüttenbetriebe „Hermann Göring", der heute unter dem Namen AG für Berg- und Hüttenbetriebe (AGBEHUE) – „Salzgitter AG" – firmiert. Die Bundesrepublik besitzt heute bundeseigene Unternehmen und Beteiligungen von nominell rd. 5 Milliarden DM mit einer jährlichen Gewinnausschüttung von ca. 200 Mio. DM. Da in einer Marktwirtschaft eine derart starke Beteiligung des Staates umstritten ist, ist man in den letzten Jahren dazu übergegangen, Teile des Bundesbesitzes zu reprivatisieren, wie z. B. das Volkswagenwerk (zu 60 %, der Rest blieb beim Bund, dem Lande Niedersachsen und der Stiftung Volkswagenwerk) und den VEBA-Konzern (zu ca. 56 %).

ab) Betriebe, die nach dem Kostendeckungsprinzip ausgerichtet sind

Sie streben nicht nach dem maximalen, sondern, wenn überhaupt, nach einem „angemessenen" Gewinn. Sie sehen ihre Aufgabe in erster Linie in der Deckung eines sog. Kollektivbedarfes, wobei in der Regel aus sozialen Gründen nur eine Kostendeckung erreicht wird. Da diese Betriebe außerdem meist eine Monopolstellung einnehmen, spricht man auch von sog. *Bedarfsdeckungsmonopolen.* Zu diesen Betrieben zählen u. a. die Bundesbahn, die Bundespost und die Straßenbahnen. Obwohl diese Betriebe eine Monopolstellung haben, ist das Kapitalinteresse hier nur von sekundärer Bedeutung, im Vordergrund steht vielmehr die Absicht, gemeinwirtschaftliche Leistungen nach dem Prinzip der Kostendeckung zu erbringen.

ac) Zuschußbetriebe

Bei diesen handelt es sich um Betriebe, die ihre Preispolitik durchweg nach sozialen Erwägungen ausrichten, so daß die geforderten Preise (Tarife) meist nicht ausreichen, um die Kosten zu decken. Dazu zählen u. a. Krankenhäuser, Schulen, Universitäten, Theater usw.

b) Unterscheidung nach rechtlichen Gesichtspunkten

Neben einer Einteilung nach betriebswirtschaftlichen Gesichtspunkten können die öffentlichen Betriebe auch nach rechtlichen Gesichtspunkten bzw. nach ihrer Verwaltungsstruktur eingeteilt werden.

Rechtliche Organisationsformen der öffentlichen Betriebe

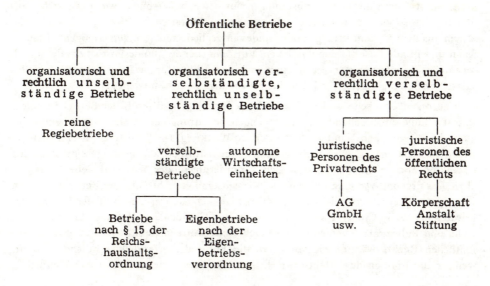

Die sowohl organisatorisch als auch rechtlich unselbständigen Betriebe, die sog. *reinen Regiebetriebe*, werden unmittelbar durch die öffentliche Körperschaft geführt und von weisungsgebundenen Beamten verwaltet. Sie sind Teile der Verwaltung und unterliegen hinsichtlich ihres Vermögens und ihres Jahresergebnisses der finanzrechtlichen Etatbindung. Die Rechnungslegung erfolgt bei den Regiebetrieben mit Hilfe der sog. *kameralistischen* Buchhaltung, die für die eigentlichen Aufgaben unvollständig und unzweckmäßig erscheint. Regiebetriebe in der reinen Form, zu denen man u. a. Schlachthöfe, Gemeindeforsten, Krankenhäuser oder Leihbüchereien zählen könnte, gibt es heute nur noch in kleineren Gemeinden.

Rechtlich unselbständig, aber organisatorisch verselbständigt ist dagegen eine Kategorie öffentlicher Betriebe, die organisatorisch aus der öffentlichen Verwaltung und der öffentlichen Vermögensrechnung ausgegliedert ist, ohne daß sie eine eigene Rechtsfähigkeit besitzt. Dazu zählen vor allem die kommunalen *Eigenbetriebe*, die in den meisten Bundesländern noch immer nach der Eigenbetriebsverordnung von 1938 gesetzlich geregelt sind. Die Vorteile der Verselbständigung eines öffentlichen Betriebes in Form eines Eigenbetriebes liegen in einer verhältnismäßig großen Selbständigkeit der Betriebs- oder Werksleitung, im Ersetzen des meist starren Haushaltsplanes durch einen beweglichen Wirtschaftsplan sowie vor allem in der vorbildlichen Rechnungslegung. Im Gegensatz zu den Regiebetrieben hat bei den Eigenbetrieben die Rechnungslegung nach den Grundsätzen der kaufmännischen Buchführung zu erfolgen. Nur der Reinertrag oder Reinverlust erscheint im Haushaltsplan der Gemeinden als veranschlagter Betrag, die Rechnungslegung jedoch erfolgt völlig verselbständigt und organisatorisch getrennt. Die Eigenbetriebe sind beispielsweise verpflichtet, in der GuV-Rechnung das sog. Bruttoprinzip (keine Saldierung gleichartiger Positionen des Aufwands und Ertrags) anzuwenden, ein Grundsatz, der für Aktiengesellschaften erst seit der Neufassung der aktienrechtlichen Erfolgsrechnung im Jahre 1959 gilt.

Zu den organisatorisch verselbständigten, rechtlich jedoch unselbständigen Betrieben zählen außerdem die sog. *autonomen Wirtschaftseinheiten,* wie die Bundesbahn und die Bundespost. Sie sind keine selbständigen juristischen Personen, wie etwa früher die Reichsbahn, sondern es handelt sich bei ihnen um Anstalten des öffentlichen Rechts mit einem aus dem Gesamtvermögen des Bundes ausgegliederten „Sondervermögen". Bundesbahn und Bundespost werden von einem *Vorstand* (bei der Bundespost ist das der jeweils zuständige Bundesminister) nach einer von den Verwaltungsträgern oder ihnen selbst erlassenen Satzung geleitet und von einem *Verwaltungsrat* beaufsichtigt.

Eine organisatorische und rechtliche Verselbständigung öffentlicher Betriebe erfolgte in erster Linie entsprechend der zunehmenden Bedeutung der unternehmerischen Betätigung der öffentlichen Hand nach dem ersten Weltkrieg. Die Teilnahme öffentlicher Betriebe am Wirtschaftsprozeß verlangte nach Rechtsformen, die in ihrem eigenständigen Charakter und in ihrer Elastizität den Anforderungen des Wirtschaftslebens entsprachen. Das Ergebnis war eine weitgehende Verselbständigung öffentlicher Betriebe in Form von eigenen Rechtspersönlichkeiten, wobei man sich zum großen Teil der Formen des Privatrechts (AG, GmbH usw.) — vor allem aus Gründen der Haftung, Leitung, Kontrolle und Publizität — bediente, aber auch Rechtsformen juristischer Personen des öffentlichen Rechts wählte, wie vor allem die Form der öffentlich-rechtlichen *Anstalt*, weniger die Formen der öffentlich-rechtlichen *Stiftung* bzw. der öffentlich-rechtlichen

Körperschaft[10]. Dabei sind diese öffentlichen Betriebe mit eigener Rechtspersönlichkeit z. T. *gemischtwirtschaftliche* Betriebe, bei denen neben der öffentlichen Hand noch Privatpersonen oder Privatunternehmen beteiligt sind (wie z. B. die oben erwähnten *reprivatisierten* Unternehmen), zum weitaus größen Teil jedoch *reine öffentliche* Betriebe, wie die weiter oben erwähnten bundeseigenen Konzerne. Daneben zählen zu den öffentlichen Betrieben mit eigener Rechtspersönlichkeit auch die öffentlichen Sparkassen und Banken, die meist von einem *Vorstand*, der die laufenden Geschäfte führt, gerichtlich und außergerichtlich vertreten werden und von einem *Verwaltungsrat*, der die Richtlinien für die Geschäftspolitik festlegt, zu beaufsichtigen sind.

Eine juristische Person des öffentlichen Rechts eigener Art ist die *Deutsche Bundesbank*, die zwar bundesunmittelbar ist, jedoch unabhängig von der Bundesregierung besteht. Ihre Organe sind der *Zentralbankrat* als oberstes Organ, das die Richtlinien für die Geschäftsführung, die Währungs- und Kreditpolitik bestimmt, das *Direktorium*, welches die Geschäfte führt und die Bank verwaltet, sowie der *Vorstand einer Landeszentralbank*, der als Organ der Bundesbank die in den Bereich einer Landeszentralbank fallenden Geschäfte durchführt.

III. Literaturhinweise

Adler, Düring, Schmaltz, Rechnungslegung und Prüfung der Aktiengesellschaft, 4. Aufl., Bd. 1, Stuttgart 1968, Bd. 2, Stuttgart 1971, Bd. 3, Stuttgart 1972.
Baumbach/Duden, Handelsgesetzbuch, 22. Aufl., München 1977.
Buchwald, F., Die zweckmäßige Gesellschaftsform nach Handels- und Steuerrecht, 3. Aufl., Heidelberg 1981.
Castan, E., Rechtsformen der Betriebe, Stuttgart 1968.
Fischer, R., GmbH-Gesetz, 10. Aufl., Köln 1983.
Forstmoser, P., Schweizerisches Aktienrecht, Zürich 1981.
Hesselmann, M., Handbuch der GmbH & Co., 16. Aufl., Köln 1980.
Heuser, P. J., Die neue Bilanz der GmbH, ihre Prüfung und Publizität, Köln 1983.
Hubacher, Rudolf, Die betriebswirtschaftliche Bedeutung der Unternehmungsformen, Bern 1954.
Hueck, Alfred, Gesellschaftsrecht, 17. Aufl., München 1975.
Jacobs, O. H., Brewi, K., Schubert, R., Steueroptimale Rechtsform mittelständischer Unternehmen, München 1978.
Klamroth, S., Die Kommanditgesellschaft, Heidelberg 1981.
Klunzinger, E., Grundzüge des Gesellschaftsrechts, Stuttgart 1981.
Kropff, Bruno, Das Aktiengesetz von 1965, Düsseldorf 1966.
Kübler, F., Gesellschaftsrecht, Karlsruhe 1981.
Lehmann, H., Dietz, R., Gesellschaftsrecht, 3. Aufl., Berlin und Frankfurt 1970.

---

12 Unter einer „*Körperschaft des öffentlichen Rechts*" versteht man eine durch Gesetz errichtete rechtsfähige Verwaltungseinheit unter Staatsaufsicht; Körperschaften besitzen Mitglieder. Körperschaften des öffentlichen Rechts sind u. a. Gebietskörperschaften oder Personalkörperschaften, wie etwa Handwerkskammern, Ärztekammern und Berufsgenossenschaften.
  Unter einer „*Anstalt des öffentlichen Rechts*" versteht man Verwaltungseinheiten ohne Mitglieder, die die Verwaltung selbständig durchführen, wie etwa die Staats- und Landesbanken, die öffentlichen Bausparkassen, die Bundesanstalt für Arbeit und die Bundesautobahnen.
  Unter einer „*öffentlich-rechtlichen Stiftung*" versteht man eine durch Gesetz gegründete juristische Person mit eigener Rechtspersönlichkeit, deren Vermögen für bestimmte Zwecke gewidmet ist. So z. B. die „Stiftung Volkswagenwerk", deren Aufgabe die Förderung von Wissenschaft und Technik in Forschung und Lehre ist.

Mihatsch, G., Wahl der Rechtsform nach der Körperschaftsteuerreform: GmbH oder GmbH & Co. KG? in: Der Betrieb (1979), Beilage zu Heft 17.
Maiberg, Hermann, Gesellschaftsrecht, 4. Aufl., München 1981.
Möhle, Fritz, Die Personalgesellschaften OHG — KG — StG, 2. Aufl., Stuttgart 1957.
Nagel, H., Gesellschaftsrecht, München 1981.
Peter, K., Neuzeitliche Gesellschaftsverträge und Unternehmensformen, 3. Aufl., Herne und Berlin 1971.
Schmalenbach, Eugen, Die Aktiengesellschaft, 7. Aufl., Köln und Opladen 1950.
Schnettler, Albert, Öffentliche Betriebe, Essen 1956.
Schnettler, Albert, Betriebe, öffentliche Haushalte und Staat, Berlin/München 1964.
Schumann, Hans, Handelsrecht, Bd. I: Handelsstand — Handelsgesellschaften, Wiesbaden o. J.
Stehle, H., Die GmbH — Unternehmensform mit Zukunft für mittelständische Betriebe, Stuttgart 1983.
    schaftsformen, 2. Aufl., Stuttgart, München, Hannover 1967.
Stehle, H., Die GmbH-Unternehmensform mit Zukunft für mittelständische Betriebe, Stuttgart 1983.
Zartmann, H., Litfin, P., Unternehmensform nach Maß, Stuttgart 1970.

C. Unternehmenszusammenschlüsse

I. Wachstum, Unternehmenszusammenschluß und Konzentration

Wachstum, Unternehmenszusammenschluß und Konzentration gehören zu den Begriffen, die im Mittelpunkt der wirtschaftspolitischen Diskussion der letzten Jahre gestanden haben. Wir wollen am Anfang dieses Abschnittes versuchen, eine für unsere betriebswirtschaftlich motivierte Untersuchung adäquate Begriffsbestimmung und Abgrenzung zu finden. Eine in der wirtschaftswissenschaftlichen Literatur verbreitete Auffassung betrachtet die *Konzentration* als eine übergeordnete Kategorie, die erreicht wird entweder durch „natürliches" Wachstum der einzelnen Unternehmung, durch Aufnahme anderer Unternehmen (Verschmelzung) oder durch mehr oder weniger straff organisierten Zusammenschluß verschiedener Unternehmen zu wirtschaftlichen Verbänden. Diese Abgrenzung und Einteilung wird jedoch nicht allgemein anerkannt. Man differenziert vielmehr nach „natürlichem" Wachstum auf der einen Seite *und* einem Wachstum durch Verschmelzung oder Zusammenschluß auf der anderen Seite. Nur im zweiten Falle spricht man nach dieser Auffassung von Konzentration. Man geht dabei offensichtlich von der Vorstellung aus, daß bei „natürlichem" Wachstum in Form einer Erweiterung durch Kapazitätsausbau das Erzielen von Kostenvorteilen aus dem technischen Produktionsprozeß der Grund für die Erweiterung sei, während im zweiten Falle wirtschaftliches Machtstreben bestimmend sei, wobei im Falle der Verschmelzung sogar selbständige Existenzen vernichtet und dadurch gesellschaftliche Interessen geschädigt werden können.

Das „natürliche" Wachstum der Unternehmen soll an dieser Stelle nicht behandelt werden. Dem Thema entsprechend stehen vielmehr die Unternehmenszusammenschlüsse im Mittelpunkt, die in erster Linie an der fortschreitenden Konzentration unserer Wirtschaft beteiligt sind.

Unternehmenszusammenschlüsse entstehen durch Vereinigung von verschiedenen Unternehmen zu größeren Wirtschaftseinheiten[1].

Dabei reichen die Formen der Zusammenschlüsse von relativ lockeren Bindungen, bei denen die rechtliche und wirtschaftliche Selbständigkeit der Unternehmen erhalten bleibt, bis zur Vereinigung von zwei oder mehreren Unternehmen unter Aufgabe ihrer wirtschaftlichen und rechtlichen Selbständigkeit

---

[1] Wirtschaftsverbände, Kammern und Arbeitgeberverbände fallen nicht unter die Bezeichnung Unternehmenszusammenschlüsse und werden deshalb hier nicht behandelt.

II. Zweck und Arten der Unternehmenszusammenschlüsse

Die Ursachen und Gründe und damit die Zielsetzungen von Unternehmenszusammenschlüssen sind sehr vielseitig. Ohne daß wir Anspruch auf Vollständigkeit erheben können, seien die folgenden Ziele genannt:

1. Erhöhung der *Wirtschaftlichkeit* durch gemeinsame Festlegung von Rationalisierungsmaßnahmen, Nutzung der Massenproduktionvorteile und Einführung produktionstechnischer Verbesserungen;
2. Verbesserung der *Produktionsverhältnisse* durch gemeinsame Entwicklung von Patenten und neuen Produktionsverfahren;
3. Vergrößerung der *Kapitalbasis* durch Erleichterung bei der Eigen- und Kreditfinanzierung sowie bei der Selbstfinanzierung;
4. *steuerliche Vergünstigungen*, besonders durch Ausnutzung der „Organschaft" oder des „Schachtelprivilegs" im Konzern;
5. *Risikoverteilung* oder *Risikominderung* durch Diversifikationen, durch gemeinsame Forschung und Entwicklung, sowie durch Sicherung der Rohstoffversorgung oder Sicherung eines gleichmäßigen Absatzes.

Schließlich muß auf einen besonders häufig genannten Zweck von Unternehmenszusammenschlüssen hingewiesen werden, nämlich auf das *Erringen wirtschaftlicher Macht* überhaupt. Voraussetzung dafür ist meist die Schaffung einer marktbeherrschenden Position und die damit verbundene Ausschaltung des Wettbewerbs. Hier stehen dann nicht mehr die weiter oben genannten Ziele im Vordergrund, sondern sie dienen — wenn überhaupt — als untergeordnete Zielsetzungen dem Primärziel der Schaffung und Erweiterung ökonomischer Macht.

Bei den Unternehmenszusammenschlüssen lassen sich *drei* Arten unterscheiden:

1. Zusammenschlüsse auf *horizontaler* Ebene:
Darunter versteht man Unternehmen, die auf der gleichen Produktions- oder Handelsstufe arbeiten, beispielsweise der Zusammenschluß von mehreren Zementfabriken, Brauereien, Warenhäusern oder Schuhfabriken. Zusammenschlüsse auf horizontaler Ebene dienen der Erweiterung der *Produktionsbreite:* Es wachsen Produktionsmenge und Produktionswert, entweder unter Beibehaltung des ursprünglichen Fertigungsprogramms oder unter Erweiterung des Fertigungsprogramms durch neue Erzeugnisse. Als Maßstab für das Ergebnis eines horizontalen Zusammenschlusses dient — soweit mengenmäßig erfaßbar — die Produktmenge (am einfachsten beim Einproduktbetrieb), in den meisten Fällen aber der Umsatz.
2. Zusammenschlüsse auf *vertikaler* Ebene:
Hier erfolgt eine Vereinigung von *aufeinanderfolgenden* Produktions- oder Handelsstufen. Der Zusammenschluß kann sich dadurch vollziehen, daß entweder eine produktions- oder handelstechnische Vorstufe in den Bereich des Unternehmens einbezogen wird — etwa durch Angliederung einer Spinnerei an eine Weberei —, das ist der Fall der sog. „backward integration", oder daß eine Nachstufe angegliedert wird — etwa eine Färberei an eine Weberei —, das ist der Fall der sog. „forward integration". Zusammen-

schlüsse auf vertikaler Ebene dienen der Erweiterung der *Produktionstiefe*. Als Maß für das Ergebnis eines vertikalen Zusammenschlusses reicht besonders im Falle der „backward integration" der Umsatz oft nicht aus, und man versucht, das Wachstum der neu entstandenen Wirtschaftseinheit mit Hilfe der Wertschöpfung („value added" = Produktionswert abzüglich aller Vorleistungen) zu erfassen.

3. Zusammenschlüsse *anorganischer* (diagonaler) Art:
Darunter versteht man Zusammenschlüsse von Unternehmen unterschiedlicher Branchen. Neben finanzierungspolitischen Gründen kann die Zielsetzung einer solchen Vereinigung u. a. auch in einer optimalen Risikoverteilung gefunden werden. Ein Beispiel für einen Zusammenschluß anorganischer Art bietet der „Oetker-Konzern", der u. a. die Bereiche Schiffahrt und Reederei, Banken, Versicherungen, Getränke und sonstige Markenartikel umfaßt.

Arten der Unternehmenszusammenschlüsse

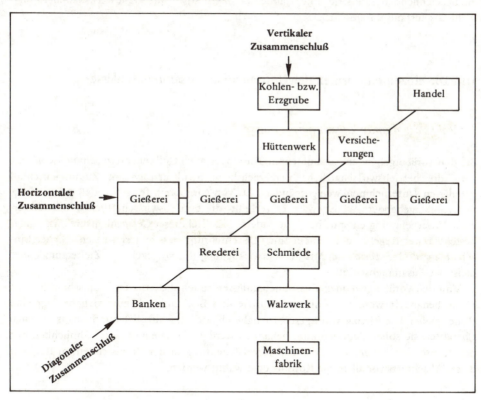

Die verschiedenen *Arten* von Unternehmenszusammenschlüssen sagen noch nichts aus über die Einschränkung der wirtschaftlichen oder der rechtlichen Dispositionsfreiheit der zusammengeschlossenen Mitgliedsfirmen. Je nach der Form der vertraglichen Vereinbarung und der kapitalmäßigen *Bindung* kann die wirtschaftliche und rechtliche Selbständigkeit der Unternehmen voll erhalten oder gänzlich aufgegeben sein. Außerdem ist bei Zusammenschlüssen auf die Dauer der Bindung zu achten. Es lassen sich dabei:

1. *vorübergehende* Zusammenschlüsse und
2. *dauernde* Zusammenschlüsse

unterscheiden.

Zu den vorübergehenden Zusammenschlüssen kann man die sog. Partizipationsgeschäfte (Meta- und Terzogeschäfte), die Konsortien und Arbeitsgemeinschaften zählen. Bei den dauernden Zusammenschlüssen lassen sich Kartelle, Konzerne, Interessengemeinschaften und Trusts unterscheiden. Wir wollen im Rahmen dieser Untersuchung die obige Einteilung nach der Dauer der Bindung beibehalten und zunächst die vorübergehenden Unternehmenszusammenschlüsse kurz, anschließend die dauernden Zusammenschlüsse ihrer Bedeutung entsprechend etwas umfassender behandeln. Die Arbeitgeberverbände, die Gewerkschaften und die mit einer gewissen Einschränkung als Wirtschaftsverbände zu bezeichnenden Industrie- und Handelskammern sowie die Handwerkskammern sind nicht Gegenstand unserer Arbeit.

III. Die einzelnen Formen der Unternehmenszusammenschlüsse

1. *Vorübergehende Zusammenschlüsse*

Bei den vorübergehenden Zusammenschlüssen oder auch Gelegenheitszusammenschlüssen wird die betriebswirtschaftliche und rechtliche Struktur der am Zusammenschluß beteiligten Unternehmen wenig geändert. Da von vornherein feststeht, daß die Bindung nur vorübergehender Art ist, wäre es verfehlt, die betriebswirtschaftlichen Grundlagen einer Unternehmung entsprechend zu ändern. Das Ziel dieser Gelegenheitsorganisationen besteht in der Regel in der gemeinsamen Durchführung bestimmter wirtschaftlicher Einzelaufgaben oder -absichten. Mit der Verwirklichung der vorgegebenen Zielsetzung endet meist der Zusammenschluß.

Von den vorübergehenden Zusammenschlüssen sollen die Arbeitsgemeinschaften nicht näher behandelt werden, da sie in Industrie und Bauhandwerk nur noch bedingt eine Rolle spielen. Die Partizipationsgeschäfte haben heute ausschließlich nur noch historischen Charakter; sie sollen dennoch kurz behandelt werden, da sie eine gewisse Ähnlichkeit mit den Konsortien haben. Entsprechend ihrer Bedeutung in der Praxis sollen im Rahmen dieses Abschnitts vor allem die Konsortien erwähnt werden.

a) Die Partizipation oder das **Metageschäft**

Die Partizipation (das Metageschäft) ist mit dem Konsortialgeschäft nahe verwandt. Sie unterscheidet sich von diesem dadurch, daß sie nach außen hin nicht in Erscheinung tritt und daß sie meist nur wenige Partner umfaßt.

Diese „Partizipienten" oder „Metisten" kauften beispielsweise gemeinsam einen größeren Warenposten und traten beim Absatz im eigenen Namen auf. Es wurde dabei eine gemeinsame Rechnung mit einem „Conto a meta" bei zwei, einem „Conto a terzo" bei drei oder einem „Conto a quarto" bei vier Partizipienten geführt. Obwohl bei einer Partizipation mehr als zwei (meta) Partizipienten beteiligt sein können, bezeichnete man jede Partizipation ungeachtet der Zahl der Partner als Metageschäft, weil dieses am häufigsten vorkam.

Bedeutung hatte die Partizipation in früheren Jahren im Warenhandel und bis zum Ersten Weltkrieg in der Devisen- und Effektenarbitrage (Arbitrage = Ausnutzung der Kursunterschiede an verschiedenen Börsenplätzen). Durch die in der Zwischenzeit guten Telefonverbindungen zwischen den einzelnen Börsenplätzen wurden jedoch die Kurse stark nivelliert und die Möglichkeit, Kursunterschiede auszunutzen, war stark begrenzt.

b) Das Konsortium

Auch die Konsortien haben eine sehr bedeutende Vergangenheit. Bereits im Mittelalter standen Konsortialgeschäfte im Mittelpunkt der zwischenbetrieblichen Zusammenarbeit, teils um die Kapitalbasis zu vergrößern, teils um das Risiko besonders bei der sehr risikoreichen Schiffahrt zu teilen, teils um den Absatzmarkt zu erweitern. Obwohl heute Konsortialgeschäfte nicht mehr so häufig vorkommen wie etwa im Mittelalter, spielen die Konsortien unter den Gelegenheitsorganisationen auch heute noch die weitaus größte Rolle.

Konsortien sind Unternehmenszusammenschlüsse auf vertraglicher Basis (Gelegenheitsgesellschaften des bürgerlichen Rechts) zur Durchführung bestimmter, auf eine gewisse Dauer abgestellter Aufgaben.

Die Mitgliedsfirmen (Konsorten) bleiben wirtschaftlich und rechtlich selbständig. Eine gemeinsachftliche Rechnung wird von einem sog. Konsortialführer speziell für das jeweilige Geschäft durchgeführt. Für diese Tätigkeit erhält er eine Provision. Nach Abschluß des jeweiligen Geschäftes wird die Rechnung abgeschlossen und der Gewinn (Verlust) gleichmäßig auf die Konsorten aufgeteilt.

Die wohl bedeutendste Form des Konsortiums ist das *Bankenkonsortium.* Dabei kann man einmal das sog. Emissionskonsortium, zum anderen das sog. Kreditkonsortium unterscheiden. Das Emissionskonsortium dient der Emission von Effekten (Aktien, Schuldverschreibungen usw.). Dabei schließen sich mehrere Banken zusammen und übernehmen die Gesamtheit der auszugebenden Effekten (Übernahmekonsortien) zu einem festen Kurs und verkaufen sie dann zu einem etwas höheren Kurs (etwa 1 bis 1 1/2 % höher) über die Bankschalter der angeschlossenen Banken. Dadurch wird beispielsweise die Gründung einer AG erheblich erleichtert und beschleunigt, da die Gesellschaft die Aktien nicht erst beim breiten Publikum unterbringen muß, sondern das Aktienkapital vom Konsortium bereits vorher zur Verfügung gestellt bekommt.

Von Bedeutung sind auch sog. Kreditkonsortien, bei welchen sich mehrere Banken zusammenschließen, um auf gemeinsame Rechnung einen Großkredit zu gewähren.

Schließlich sind noch die sog. Garantiekonsortien zu erwähnen, bei denen sich Banken mit dem Ziel der Garantieübernahme für besondere Geschäfte vereinigen. Bedeutung erlangt haben solche Konsortien bei der Garantieübernahme für die Vorfinanzierung großer Exportaufträge (vgl. das Beispiel der Firma Krupp).

Im Bereich der Industrie werden Konsortien vor allem zum Zwecke der Risikoverteilung bei bestimmten Großaufträgen, bei Patentauswertungen oder bei größeren Bauaufträgen im Ausland gegründet. Neben der Verteilung des Risikos spielt dabei auch die gemeinsame Finanzierung eine wichtige Rolle.

Als Konsortialgeschäft kann man schließlich auch die Unterbringung großer Risiken in Form der *Mitversicherung* auffassen. Dabei werden die Versicherungssummen eines Versicherungsvertrages von mehreren Gesellschaften in Deckung genommen (gezeichnet), von denen eine die Verbindung mit dem Versicherungsnehmer im Namen der übrigen Gesellschaften aufrechterhält („führende" Gesellschaft).

2. *Dauernde Zusammenschlüsse*

a) **Kartelle**

aa) *Begriff und Arten*

Kartelle (lat. charta = ein Blatt Papier, eine Urkunde usw.) sind vertragliche Zusammenschlüsse von Unternehmen der gleichen Art (hinsichtlich Branche und Produktionsstufe) unter Beibehaltung ihrer kapitalmäßigen und rechtlichen Selbständigkeit.

Ihre Ziele reichen von der bloßen Vereinbarung über ein gemeinsames Verhalten am Markt, über die Beeinflussung des Marktes zur Beschränkung der Konkurrenz bis hin zur Erringung einer Monopolstellung und damit zu Beseitigung der Konkurrenz.

Nach dem *Grad der Bindung* kann man unterscheiden in:

1. Kartelle *niederer Ordnung*:
Darunter versteht man Kartelle, die keinen direkten Einfluß auf Produktion und Absatz der zusammengeschlossenen Unternehmen ausüben und nach außen hin nicht in Erscheinung treten.
2. Kartelle *höherer Ordnung*:
Darunter versteht man Kartelle, die einen direkten Einfluß auf Produktion und Absatz ihrer Mitgliedsfirmen ausüben und nach außen hin in Erscheinung treten. Dazu gehört etwa das Aufziehen einer gemeinsamen Marktorganisation, so daß die Kartellmitglieder den Kunden nicht mehr selbständig gegenüberstehen (z. B. das frühere Kohlensyndikat, das Stickstoffsyndikat oder das sog. Kunstseiden-Verkaufsbüro).

Diese Einteilung in Kartelle niederer und solche höherer Ordnung wird in der einschlägigen Literatur heute vielfach abgelehnt, da eine exakte Abgrenzung in der Praxis nicht immer möglich ist und da man die Kartelle niederer Ordnung ohne größere nach außen tretende Bedingungen in solche höherer Ordnungen überführen kann.

Wir wollen deshalb für die Darstellung der einzelnen Kartelle diese Einteilung nicht übernehmen, sondern die *Hauptformen* der Kartelle entsprechend dem Grad der Ausschaltung des Wettbewerbs nacheinander aufzählen.

(1) **Konditionenkartell**

Beim Konditionenkartell beziehen sich die Kartellabsprachen auf eine gemeinsame Regelung der Geschäfts-, Lieferungs- und Zahlungsbedingungen (u. a. auf Rabatte, Verzugszinsen, Verpackungsspesen, Versandart, Lieferfristen), nicht jedoch auf die Preise. Die Folge eines solchen Kartells ist meist eine Erhöhung der Markttransparenz (Durchsichtigkeit des Marktes) für den Konsumenten, da der Wettbewerb nun zu einem echten Preiswettbewerb geworden ist; eine Variation der Konditionen ist nicht mehr möglich. Allerdings ist darauf zu verweisen, daß nach wie vor die Möglichkeit des Qualitätswettbewerbs besteht.

(2) **Submissionskartell**

Das Submissionskartell ist eine Sonderform des Preiskartells. Als Submission bezeichnet man eine öffentliche Ausschreibung von Aufträgen. Diese soll dazu führen, daß der preisgünstigste Bewerber zum Zuge kommt und daß Begünstigungen einzelner Bewerber ausgeschlossen werden. Beim Submissionskartell verständigen sich nun die Anbieter im voraus über die Angebote, die sie abgeben wollen. Dabei wird beispielsweise vereinbart, daß einer der Anbieter ein besonders hohes Angebot abgibt, damit die Preise der anderen günstig erscheinen; oder es wird vereinbart, daß bestimmte Firmen der Ausschreibung fernbleiben.

(3) **Preiskartell**

Das Preiskartell hat Absprachen über die Verkaufspreise, manchmal auch über die Handelsspannen zum Inhalt. Beim sog. *Mindestpreiskartell* werden die für die im Kartell zusammengeschlossenen Mitglieder bindenden Mindestpreise meist durch Erfahrungsaustausch über die Selbstkostenrechnung ermittelt. Die vertraglichen Vereinbarungen der Mitgliedsfirmen sind auf diese Mindestpreise gerichtet, die auf keinen Fall unter-, jederzeit jedoch überschritten werden dürfen. Konkurrenz machen sich die Anbieter gegenseitig vor allem durch die äußere Ausstattung ihrer Erzeugnisse. Beim sog. *Einheitspreiskartell* setzt man den Absatzpreis in der Regel in einer Höhe fest, daß das mit den höchsten Kosten produzierende und dem Kartell angeschlossene Unternehmen gerade noch seine Kosten decken kann. Unternehmen, die dennoch mit ihren Kosten über diesem Kartellpreis liegen, erhalten ihre Verluste von den kostengünstigeren und dadurch mit Gewinn produzierenden Mitgliedern des Kartells ersetzt. Dadurch werden auch technisch überalterte Unternehmen erhalten, und der normale Ausleseprozeß des marktwirtschaftlichen Wettbewerbs findet zum Nachteil der Verbraucher keine Anwendung. Da der Kartellpreis in der Regel über dem Wettbewerbspreis liegt, ist der Absatz vergleichsweise gering. Im Kartell besteht deshalb oft die Gefahr der Überkapazität mit all ihren kostenmäßigen Nachteilen. Um dem zu entgehen, setzt das Kartell meist Produktionsquoten fest, die nicht überschritten werden dürfen. Durch die dadurch bedingte geringe Ausnutzung vorhandener Kapazitäten können jedoch Größendegressionen nicht ausgenutzt werden, und die Leerkapazitäten führen darüber hinaus zu einer Erhöhung der Produktionsstückkosten.

(4) Normungs- und Typungskartell

Als Normung bezeichnet man einen Rationalisierungsprozeß, der auf die Festlegung von Abmessungen und Formen von Einzelteilen gerichtet ist. Die Normung regelt stets nur technische Daten, Muster und Ausführungsarten. Unter Typung versteht man einen Rationalisierungsprozeß im Hinblick auf eine Vereinheitlichung von Endprodukten. Normungs- und Typungskartelle versuchen eine Standardisierung von Einzelteilen oder von Endprodukten vertraglich zu regeln. Die dadurch bedingte Herabsetzung der Anzahl der Einzelteile und der Endprodukte liegt eindeutig im Interesse der gesamten Wirtschaft.

(5) Rationalisierungskartell

Rationalisierungskartelle gehen über bestimmte Absprachen hinsichtlich Normung und Typung hinaus und enthalten Vereinbarungen, die der Rationalisierung wirtschaftlicher Vorgänge dienen und zu einer Beschränkung des Wettbewerbs führen können. Dazu zählen u. a. Absprachen über die innere Organisation der Mitgliedsfirmen, über Einkauf, Produktion oder über gegenseitige Respektierung von Absatzgebieten. Wenn beispielsweise vier Produzenten von Waschmaschinen zum Zwecke der Produktionsvereinfachung und der Kostensenkung (Ausnutzung von Größendegressionen bei einheitlicher Massenfertigung) vereinbaren würden, daß jeder Hersteller nur noch Waschmaschinen bis zu einer bestimmten Größe produzieren soll, dann liegt der Grund für ein solches Rationalisierungskartell wohl u. a. im Produktionsbereich, die Auswirkung zeigt sich jedoch in einer Beschränkung des Wettbewerbs; denn die einzelnen Anbieter sind — sieht man von der Existenz von „Außenseitern" ab — in ihrer Größenklasse konkurrenzlos.

(6) Strukturkrisenkartell

Strukturkrisen entstehen, wenn sich die Wirtschaftsstruktur oder die Verbrauchergewohnheiten grundlegend ändern. Eine solche nachhaltige Änderung der Nachfrage kann beispielsweise dadurch entstehen, daß ein Erzeugnis durch ein neues Produkt ersetzt wird (vgl. beispielsweise die Entwicklung vom Rasiermesser über die Rasierklinge zum Elektrorasierer).

Strukturkrisenkartelle haben die Aufgabe, durch gemeinsame Absprachen Überkapazitäten der Mitgliedsfirmen abzubauen, um so einen ruinösen Wettbewerb zu verhindern. Das läßt sich meist nur dadurch realisieren, daß man gleichzeitig ein Produktionskartell mit vorgegebenen Produktionsquoten und ein Gewinnverteilungskartell errichtet.

Strukturkrisenkartelle sind von sog. Konjunkturkrisenkartellen abzugrenzen. Konjunkturkrisen entstehen als Folge einer vorübergehenden Depression. Mit Hilfe von Konjunkturkrisenkartellen wird versucht, durch Preisabsprachen den in Konjunkturkrisen einsetzenden ruinösen Wettbewerb aufzuhalten oder zu beseitigen. Dadurch wird erreicht, daß an sich gesunde „Grenzbetriebe" die vorübergehende Krise überstehen.

(7) Exportkartell

Ein Exportkartell hat die Aufgabe, den Wettbewerb inländischer Produzenten auf Auslandsmärkten auszuschalten, um so die eigene Position gegenüber der ausländischen Konkurrenz zu stärken. Eine Sonderform des Exportkartells ist das Exportkartell mit Inlandswirkung, das nicht nur auf dem Auslandsmarkt, sondern gleichzeitig auch auf dem Inlandsmarkt gilt.

(8) Importkartell

Ein Importkartell enthält Absprachen inländischer Unternehmen über einheitliches Verhalten bei der Einfuhr ausländischer Waren nach Deutschland.

(9) Syndikat

In einem Syndikat richtet sich der Rationalisierungsprozeß auf gemeinsame Beschaffungs- und Verkaufseinrichtungen. Die Mitgliedsfirmen des Syndikats treten nur noch gemeinsam am Markte auf, genauer gesagt: Statt ihrer handelt ein gemeinsamer Einkäufer oder Verkäufer. Zwischen den zusammengeschlossenen Unternehmen entfällt jeglicher Wettbewerb, so daß wir es hier mit der wohl weitestgehenden Form der Wettbewerbsbeschränkung zu tun haben.

Rechtlich gesehen wird die gemeinsame Vertretung aller Kartellmitglieder meist in der Rechtsform einer GmbH realisiert. Die Mitglieder des Kartells sind dann gleichzeitig Gesellschafter der GmbH. Häufig wird allerdings das Syndikat etwas komplizierter in der Form einer Doppelgesellschaft geführt: Die Kartellmitglieder bilden eine Gesellschaft des bürgerlichen Rechts (§ 705 BGB), die den Vorteil hat, daß darin jedes Mitglied gleichberechtigt ist und daß Pflichten aller Art vereinbart und durch Vertragsstrafen gesichert werden können. Für den Verkehr nach außen wird eine GmbH gegründet, die den Vorteil der beschränkten Haftung hat und die durch ihre Geschäftsführer viel schneller handeln kann als eine BGB-Gesellschaft. In der GmbH sind dann die gleichen Unternehmen wiederum Gesellschafter.

Bei einer einheitlichen Regelung des Marktes allein vom Syndikat aus verlieren die angeschlossenen Unternehmen nach und nach jeden Kontakt mit den Abnehmern. Dieser Tatbestand bringt die Unternehmen in sehr große Abhängigkeit vom Syndikat. Dadurch, daß der Kontakt zum Markte verlorengegangen ist, wird ein Ausbrechen aus dem Kartell für das einzelne Unternehmen sehr schwierig.

(10) Ministerkartell

Der Bundeswirtschaftsminister kann zum überwiegenden Nutzen der Gesamtwirtschaft und des Gemeinwohls Kartelle zulassen. Der Gegenstand eines solchen „Ministerkartells" ist nicht beschränkt. Neben Konjunkturkrisenkartellen können u. a. Kartelle bei Krisen innerhalb einer bestimmten Branche zugelassen werden, wenn beispielsweise Arbeitslosigkeit größeren Ausmaßes droht. Sogar Preiskartelle sind auch dann möglich, wenn sie nicht nur Rationalisierungsmaßnahmen dienen. Der bisher einzige Fall eines solchen Ministerkartells war das Konjunkturkrisenkartell in Form des „Kohle-Öl-Kartells" (Verfügung des Bundeswirtschaftsministers vom 20. 12. 1958). Dieses Kartell legte einem Wirtschaftszweig, nämlich den Ölimporteuren, Mindestpreise auf und verpflichtete sie, nichts zur Verdrängung fester Heizstoffe zu unternehmen. Das Kartell hat sich deshalb nicht bewährt, weil zahlreiche Außenseiter den Kartellpreis unterboten.

ab) Rechtliche Regelung: Die deutsche Kartellgesetzgebung im Vergleich zum Ausland

(1) Der Werdegang des Kartellrechts in Deutschland

Kartelle wurden in Deutschland als „Kinder der Not" zur Abwehr gegenseitiger ruinöser Konkurrenz Mitte des 19. Jahrhunderts gegründet. In der Folgezeit entstanden vor allem in der Kohlen-, der Kali- und der Eisenindustrie Zusammenschlüsse größeren Umfangs. Der Grund für die Kartelle gerade in der „Schwerindustrie" lag in erster Linie in der mit wachsender Betriebsgröße zunehmenden Kapitalintensität und der dadurch bedingten Zunahme des Fixkostenanteils an den Gesamtkosten. Wegen der Schwierigkeit des Fixkostenabbaus in Zeiten konjunktureller Anspannung verlangten Industrien mit hohem Fixkostenanteil eine gleichmäßige (Voll-)Beschäftigung. Durch Zusammenschluß und eine gemeinsame Absatzpolitik glaubte man die anzustrebende Beschäftigung besser und nachhaltig sichern zu können. Leider blieben diese Kartelle auch in der Hochkonjunktur bestehen, um eine einmal erreichte Marktstellung nicht wieder zu gefährden und den zukünftigen Arbeitsplatz zu sichern. Die Folge davon war, daß es in Deutschland um 1900 bereits ca. 400 Kartelle mit weit über 1 200 angeschlossenen Unternehmen gab. Das damals bekannteste Kartell war das 1893 gegründete Rheinisch-Westfälische-Kohlensyndikat.

Bis zum Jahre 1923 hatte der Staat in Deutschland an der Kartellfreiheit festgehalten. Verboten war nur die sittenwidrige Knebelung der Kartellmitglieder. Ab diesem Zeitpunkt folgte mit Hilfe der „Kartellverordnung" eine Art staatliche Kartellaufsicht. Kartelle wurden durch den Reichswirtschaftsminister und das Kartellgericht unter eine staatliche Aufsicht gestellt, die gegen jeden Mißbrauch der Kartellmacht einschreiten konnten. Seit 1933 begann dann eine Zeit bewußter Kartellenkung mit der Möglichkeit der Bildung von Zwangskartellen. Kartelle wurden zum Instrument staatlicher Wirtschaftslenkung. Der Reichswirtschaftsminister konnte Unternehmen aus volkswirtschaftlichen Gründen zu Kartellen zusammenschließen. In jener Zeit entstanden Kartelle vor allem in der Kohlen- und Kaliindustrie.

Nach 1945 wurde von den Besatzungsmächten ein allgemeines Kartellverbot ausgesprochen; bestehende Kartelle wurden zerschlagen. Im Jahre 1957 entstand dann ein deutsches *Kartellgesetz* (Gesetz gegen Wettbewerbsbeschränkungen – GWB), das die alliierten Dekartellisierungsgesetze ablöste. Die Kartellnovelle (Gesetz zur Änderung des Gesetzes gegen Wettbewerbsbeschränkungen vom 15. September 1965) brachte mit Wirkung vom 1. Januar 1966 einige geringfügige Änderungen des Kartellgesetzes von 1957. Die wesentlichen Reformen des „2. Gesetzes zur Änderung des Gesetzes gegen Wettbewerbsbeschränkungen" vom 3. 8. 1973 beinhalten: 1. Kooperationserleichterungen für Klein- und Mittelbetriebe (§§ 5 b und 28 GWB), 2. eine Verschärfung der Mißbrauchsaufsicht für marktbeherrschende Unternehmen (§ 22 GWB), 3. Einführung einer vorbeugenden Fusionskontrolle für Umsatzmilliardäre (§ 23 GWB). Im Hinblick auf die Neuregelung der Fusionskontrolle ist schließlich noch das „4. Gesetz zur Änderung des Gesetzes gegen Wettbewerbsbeschränkungen" aus dem Jahr 1978 zu beachten.

(2) Das deutsche Kartellgesetz im Vergleich zum Ausland

Das Kartellrecht wird in den westlichen Industriestaaten unterschiedlich gehandhabt. Wenn man davon ausgeht, daß eine allgemeine Kartellfreiheit, in der entsprechend dem Gedanken liberaler Vertragsfreiheit Kartelle unbeschränkt erlaubt wären, heute in keiner der modernen Industrienationen vorzufinden ist, so lassen sich ganz grob zwei Gruppen von Kartellprinzipien unterscheiden:

○ das *Verbotsprinzip:* danach sind Kartelle und Vertikalverträge (Preisbindung der zweiten Hand) grundsätzlich verboten;
○ das *Mißbrauchsprinzip:* danach sind Kartelle und Vertikalverträge erlaubt; sie sind allerdings einer Aufsicht unterworfen, die darüber wacht, daß die Kartelle nicht zum Schaden der Gesamtheit mißbraucht werden.

Pionierdienste im Hinblick auf die Wettbewerbsgesetzgebung haben ohne Zweifel die USA geleistet, ja man kann sagen, daß das amerikanische Recht der Wettbewerbsbeschränkungen ein Vorbild für die europäische Gesetzgebung geliefert hat. Unter Juristen gilt das amerikanische Recht der Wettbewerbsbeschränkungen als der originellste und größte Beitrag, den die USA zur Rechtsentwicklung in der Welt beigesteuert haben. Im Gegensatz zu den europäischen Ländern, in denen von Anfang an eine sehr nachgiebige Haltung zu wettbewerbsbeschränkenden Zusammenschlüssen zu verzeichnen war, haben die USA mit sehr weitgehenden Gesetzen dazu beigetragen, daß der Wettbewerb ohne Beschränkung laufend verbessert und erweitert werden konnte. Angefangen mit der „Sherman Act" (1890), nach der jeder Zusammenschluß zur Beschränkung einer gewerblichen Tätigkeit verboten war, über die „Clayton Act" (1914) bis hin zur „Celler Merger Act" (1950) gibt es zahlreiche Gesetze und richterliche Entscheidungen, die zu einem weitgehenden Verbot aller wettbewerbsbeschränkenden Zusammenschlüsse geführt haben. Dieses weitgehende Verbot aller Kartelle und Wettbewerbsbeschränkungen wurde allerdings bereits im Jahre 1911 durch die „rule of reason" des „Supreme Court" dahingehend eingeengt, daß Kartelle nur dann verboten sind, wenn sie *gemeinschädlich* sind. Mit der „rule of reason" hat man besonders die Gründung von Exportkartellen gefördert; denn durch diese hat man der heimischen Wirtschaft nicht geschadet. Krasse Kartellabsprachen, Preisregelungen, Gebietsaufteilungen und Kontingentierungen sind jedoch immer gemeinschädlich. In der Geschichte der amerikanischen Kartellgesetzgebung hat sich der Gesetzgeber auch dann mehrfach gegen einen Zusammenschluß zu größeren Wirtschaftseinheiten gewandt, wenn dieser nachweisbar für größere Wirtschaftlichkeit und niedrigere Verbraucherpreise sorgte. So wurde beispielsweise einer der größten Lebensmittelringe (A & P) gesetzlich verboten, obwohl er dank seiner Größe in der Lage war, Lebensmittel mit einem geringeren Gewinnaufschlag zu verkaufen als die Konkurrenz. Man begründete dieses Verbot mit der von Fachleuten als unrealistisch bezeichneten Möglichkeit, daß

A & P, wenn sie die Konkurrenzunternehmen mit Preissenkungen aus dem Felde geschlagen haben würden, ihre Preise erhöhen könnten.

Wie unnachgiebig die Haltung der Rechtsprechung war, geht auch daraus hervor, daß der Oberste Gerichtshof im Jahre 1957 entschied, daß die Firma Du Pont ihr „General-Motors-Aktienpaket" abzustoßen habe, weil Du Pont einen beherrschenden Einfluß auf General Motors ausübe.

> *Zusammenfassend ist festzustellen, daß als Grundtendenz für die USA gilt: Zusammenschlüsse von Unternehmen und alle Absprachen sind verboten, soweit sie den Wettbewerb am Markte behindern.*

In Europa hat sich weitgehend das *Mißbrauchsprinzip* durchgesetzt. Das englische Recht verbietet Kartelle und Konzerne nicht. Eine staatliche Untersuchungskommission kann aber einzelne Wirtschaftszweige durchleuchten und staatliche Eingriffe empfehlen. In den Niederlanden, Norwegen, Österreich und Schweden herrscht für Kartelle ein Registrierzwang. An die Registrierung knüpft sich eine Aufsicht und die Möglichkeit, Mißstände jederzeit zu bekämpfen. In Frankreich dagegen verbietet eine Generalklausel jede kollektive Einwirkung auf die Preise. Preisdiskriminierung ist danach strafbar. Das französische Recht geht also im Hinblick auf die Wettbewerbsbeschränkungen einen etwas anderen Weg als seine europäischen Nachbarn. Auch der *EWG-Vertrag* (Art. 85 und 86) befaßt sich mit den Wettbewerbsregeln eines „europäischen Kartellrechts".

Das *deutsche Kartellgesetz* ist ein echter Kompromiß zwischen dem *Verbotsprinzip* und dem *Mißbrauchsprinzip*. Das Gesetz befaßt sich im großen und ganzen mit drei verschiedenen Komplexen:

1. mit Kartellen;
2. mit Ausschließlichkeitsverträgen (darunter versteht man Verträge zwischen Unternehmen verschiedener Wirtschaftsstufen. Ein Lieferant vereinbart beispielsweise, daß seine Erzeugnisse nur in bestimmter Form und Qualität weiterverarbeitet werden dürfen oder daß eine Maschine ausschließlich für bestimmte Zwecke verwandt werden darf) und Preisbindungen;
3. mit marktbeherrschenden Unternehmen.

Für *Kartelle* gilt ein Verbot mit Erlaubnisvorbehalt. Nach § 1 GWB sind zwar alle Absprachen verboten, die den Wettbewerb beschränken und die Marktverhältnisse beeinflussen; in Wirklichkeit gilt aber nicht dieses generelle Verbotsprinzip, sondern für Kartelle gilt in der Regel ein Konzessionssystem, wonach Kartelle durch Anmeldung oder Erlaubnisantrag zugelassen werden können, wenn sie die Zulassungsvoraussetzungen erfüllen. Sie haben auf der anderen Seite jedoch auch dann keineswegs einen Anspruch auf Zulassung, wenn sie alle gesetzlichen Vorschriften erfüllen.

Insgesamt gesehen lassen sich die Kartelle in drei Kategorien einteilen:

1. Vom Verbot völlig freigestellt sind Angebotsschema-Kartelle, die als Absprachen über einheitliche Methoden der Leistungsbeschreibung oder Preisaufgliederung den Wettbewerb nicht beschränken, sondern durchsichtiger machen (§ 5 Abs. 4 GWB). Absprachen dieser Art sind der Kartellbehörde zu melden; sie gelten allerdings schon vor der Eintragung als verbindlich. Verboten sind dagegen Submissionskartelle.

2. **Kartelle können durch bloße Anmeldung wirksam werden, wenn ihnen die Kartellbehörde nicht innerhalb von drei Monaten widerspricht.**
   Dazu zählen:
   a) Exportkartelle (§ 6 Abs. 1 GWB), soweit sie nicht auf den deutschen Markt zurückwirken.
   b) Konditionenkartelle (§ 2 GWB), soweit in ihnen Preise oder Preisbestandteile nicht festgelegt werden. Der Preiswettbewerb soll auf jeden Fall erhalten bleiben.
   c) Rabattkartelle (§ 3 GWB); man unterscheidet fast 50 Arten von Rabatten, von denen am bekanntesten der „Barzahlungsrabatt", der „Mengenrabatt", der „Treuerabatt" und der „Wiederverkäuferrabatt" sind. Interessant ist, daß das Kartellgesetz den Barzahlungsrabatt nicht zu den Rabatten, sondern zu den Konditionen rechnet.
   Rabattkartelle sind zulässig, sofern die Rabatte ein „echtes Leistungsentgelt" darstellen und nicht gewisse Kunden oder Wirtschaftsstufen ungerechtfertigt bevorzugen.
   d) Normenkartelle (§ 5 Abs. 1 GWB) in Form der weiter oben bereits charakterisierten Normungs- und Typungskartelle.
   e) Kalkulationsverfahrenskartelle (§ 5 Abs. 4 GWB), jedoch nur insoweit, als sich die Absprachen lediglich auf die Rationalisierung der Verfahren und nicht auf die Kalkulationswerte erstrecken.
   f) Spezialisierungskartelle (§ 5a) waren früher genehmigungspflichtig und sind nun nur noch anmeldepflichtig, sofern sie einen „wesentlichen Wettbewerb" auf dem Markte bestehen lassen (vgl. das weiter vorn dargestellte Beispiel mit den Waschmaschinen im Rahmen der Rationalisierungskartelle).
   Mit der Spezialisierungsvereinbarung dürfen auch Preise oder ein gemeinsamer Absatz abgesprochen werden, wenn dies zur Durchführung der Spezialisierung erforderlich ist.

3. **Kartelle, die einer ausdrücklichen Genehmigung der Kartellbehörde bedürfen, ohne daß der Behörde hierfür eine bestimmte Frist gesetzt ist.**
   a) Exportkartelle mit Regelung des Warenverkehrs im Inland (§ 6 Abs. 2 GWB).
   b) Importkartelle (§ 7 GWB).
   c) Strukturkrisenkartelle (§ 4 GWB) bei nachhaltigem Rückgang des Absatzes. Sie haben die Aufgabe, Überkapazitäten abzubauen. Der Inhalt der Kartellabsprachen kann beliebig sein; er reicht von der Festsetzung von Mindestpreisen und Produktionsquoten über Gebietsabsprachen bis hin zu Abfindungen für stillgelegte Unternehmen.
   Der bekannteste Fall eines Strukturkrisenkartells ist die „Mühlenkonvention" der industriellen Mühlen und der handwerklichen Mühlen, die bereits seit dem Jahre 1955 besteht. Jeder Mühle wurde eine bestimmte Quote zugewiesen. Wer mehr verarbeitet, muß je dz einen „Vermahlungsausgleich" von 5 DM zahlen; wer weniger verarbeitet, bekommt den gleichen Satz ausbezahlt.
   Konjunkturkrisenkartelle sind dagegen verboten.
   d) Syndikate (§ 5 Abs. 3 GWB), die auf der Basis gemeinsamer Einkaufs- oder Verkaufseinrichtungen die wohl intensivste Form des Zusammenschlusses verschiedener Unternehmen in einem Kartell verwirklichen.
   e) Minister-Kartelle (§ 8 GWB).

Kartelle, in denen rechtswidrige Absprachen über Preise oder Handelsspannen, über Quotenfestsetzungen und Aufteilung von Absatzgebieten oder Kundengruppen getroffen werden, sind grundsätzlich verboten. Sie können nur dann erlaubt werden, wenn sie gleichzeitig Rationalisierungsmaßnahmen dienen (§ 5 Abs. 3 Satz 1 GWB). Die Erlaubnis hängt von den sehr strengen Voraussetzungen ab, die auch für Syndikate gelten.

Alle Kartelle müssen ins *Kartellregister,* das bei der Kartellbehörde in Berlin geführt wird, eingetragen werden, und sie unterliegen der Mißbrauchsaufsicht. Das *Bundeskartellamt* ist kollegial organisiert, d. h., es entscheidet in sog. Beschlußabteilungen, deren Zuständigkeiten im wesentlichen nach Wirtschaftszweigen eingeteilt sind. In den Jahren 1958 bis 1976 wurden beim Bundeskartellamt 486 Kartelle angemeldet, von denen 313 rechtswirksam geworden sind oder die Erlaubnis erhalten haben.

Exkurs: Vertikale Wettbewerbsbeschränkungen, besonders „Preisbindung der zweiten Hand"

Neben einer horizontalen Wettbewerbsbeschränkung in Form der Kartelle findet man in der Wirtschaft auch eine vertikale Wettbewerbsbeschränkung, d. h. eine Bindung, die von einer Wirtschaftsstufe auf die nächstfolgende übergreift. Der in der Praxis großen Bedeutung vertikaler Absprachen trägt das GWB durch eine gesonderte Behandlung in den §§ 15 bis 17 Rechnung. § 15 GWB sieht ein grundsätzliches Verbot vertikaler Preisbindungsverträge vor, d. h., kein Unternehmer darf seinem Abnehmer vorschreiben, zu welchen Preisen und/oder Geschäftsbedingungen er die Waren weiterverkauft. Dieser generelle Verbotsgrundsatz wird jedoch dadurch unterbrochen, daß nach § 16 GWB eine sog. Preisbindung der zweiten oder dritten Hand bei *Verlagserzeugnissen* zulässig ist und daß Bindungen in anderer Hinsicht als in Preisen (§ 18 GWB) gleichermaßen zulässig sind. So kann beispielsweise vereinbart werden, daß der Abnehmer keine Konkurrenzware führen darf – wie z. B. bei Bierlieferungsverträge zwischen Brauereien und Gastwirten – oder die gelieferte Ware nur in bestimmten Bezirken abzusetzen hat. Diese Bindungen der zweiten Hand unterliegen aber auf jeden Fall der Mißbrauchsaufsicht. Die Kartellbehörde kann Ausschließlichkeitsbindungen dieser Art jederzeit für unwirksam erklären.

Preisbindungen bei Verlagserzeugnissen sind beim Bundeskartellamt anzumelden und in das *Preisbindungsregister* einzutragen. Sie unterliegen der Mißbrauchsaufsicht, d. h., die Kartellbehörde kann die Preisbindung aufheben, wenn sie mißbräuchlich gehandhabt wird.

Neben Preisbindungen haben in der Praxis auch unverbindliche (vertikale) *Preisempfehlungen* Anwendung gefunden. So gab es Ende 1961 in Deutschland ca. 198 000 Preisbindungen und ca. 19 000 Preisempfehlungen, die gleichfalls beim Bundeskartellamt angemeldet werden müssen. Preisempfehlungen sind nach einem BGH-Urteil (vom 8. 10. 1958) grundsätzlich verboten. Dieser Verbotsgrundsatz wird jedoch genau wie im Falle der Preisbindung bei Verlagserzeugnissen durch den Mißbrauchsgrundsatz ersetzt.

Durch die Aufhebung der Preisbindung bei Markenartikeln seit 1. Januar 1974 ist die Anzahl der Preisempfehlungen um ein Vielfaches angestiegen. Das Bundeskartellamt rechnete für das Jahr 1974 mit rund einer Million Preisempfehlungen. Da Preisempfehlungen bereits in vielen Fällen zu überhöhten Preisen am Markt geführt und das Marktbild weiter verfälscht haben, hat die seit Beginn des Jahres 1974 intensivierte Mißbrauchsaufsicht des Bundeskartellamtes dazu geführt, daß zahlreiche betroffene Unternehmen ihre „unverbindlichen Preisempfehlungen" aufgeben mußten.

b) Konzerne

Konzernunternehmen sind rechtlich selbständige Unternehmen, die jedoch in ihrer internen Willensbildung nicht mehr selbständig sind, da sie unter einheitlicher Leitung zusammengefaßt sind.

Die Zusammenfassung wird meist in Form einer Beteiligung realisiert. Im Gegensatz zum Kartell, das den Zusammenschluß auf vertraglicher Basis unter Beibehaltung der kapitalmäßigen Selbständigkeit herbeiführt, bilden die Mitgliedsfirmen des Konzerns kapitalmäßig, meist auch organisatorisch miteinander verbundene Gebilde. Die Bedeutung der Konzerne in Deutschland geht aus der Vermutung hervor, wonach das Ausmaß der Konzernverschachtelung fast 70 % des gesamten Aktienkapitals ausmacht. Dieser Bedeutung entsprechend hat sich auch das Aktiengesetz 1965 in einem relativ umfassenden Konzept dem Konzernrecht gewidmet, wobei der Konzern als solcher nicht bekämpft oder gar verhindert werden soll, sondern man wollte damit erreichen, die konzernartigen Verflechtungen rechtlich in den Griff zu bekommen und diese für die betroffenen Gesellschaften, die „außenstehenden" Aktionäre und die Gläubiger durchsichtiger zu machen. Diesem Ziel dient das gesamte dritte Buch des Aktiengesetzes, besonders der fünfte Teil „Rechnungslegung im Konzern" (§§ 329 bis 338 AktG).

Das AktG unterscheidet in § 15 fünf Gruppen von sog. *verbundenen* Unternehmen: nehmen:

1. in Mehrheitsbesitz stehende Unternehmen und mit Mehrheit beteiligte Unternehmen (§ 16),
2. abhängige und herrschende Unternehmen (§ 17),
3. Konzern und Konzernunternehmen (§ 18),
4. wechselseitig beteiligte Unternehmen (§ 19),
5. Vertragsteile eines Unternehmensvertrages (§§ 291, 292).

Konzernunternehmen sind danach eine Unterkategorie der „verbundenen" Unternehmen. Nach § 18 wird ein Konzern dann vermutet, wenn ein herrschendes und ein oder mehrere abhängige Unternehmen unter der einheitlichen Leitung des herrschenden Unternehmens zusammengefaßt sind. Diese Vermutung kann widerlegt werden. Besteht allerdings ein *Beherrschungsvertrag* (Vertragskonzern) gemäß § 291 oder ist das eine Unternehmen nach § 319 in das andere *„eingegliedert"*, so wird die einheitliche Leitung unwiderlegbar vom Gesetz als gegeben angesehen. In allen übrigen Fällen kann ein Urteil, ob ein Konzern vorliegt, nur im Einzelfall aufgrund eingehender Untersuchungen der organisatorischen Struktur und der laufenden Beziehungen zwischen den beteiligten Unternehmen gefällt werden. Entscheidendes Kriterium ist auf jeden Fall die „einheitliche Leitung".

Von Bedeutung für die Rechnungslegung im Konzern ist die Unterscheidung zwischen *Unterordnungskonzern* (§ 18 Abs. 1) und *Gleichordnungskonzern* (§ 18 Abs. 2). Der in der Praxis am häufigsten vorkommende Unterordnungskonzern setzt ein herrschendes Konzernunternehmen voraus. Bei einem Gleichordnungskonzern werden rechtlich selbständige Unternehmen, ohne daß ein Abhängigkeitsverhältnis besteht, unter einheitlicher Leitung zusammengefaßt. Ein Gleichordnungskonzern ist nach den aktienrechtlichen Bestimmungen nicht verpflichtet, einen Konzernabschluß aufzustellen.

Vom wirtschaftlichen Standpunkt aus gesehen, kann die Konzernbildung auf *horizontaler* oder auf *vertikaler* Ebene erfolgen. Ähnlich wie beim Kartell versucht der horizontale Konzern durch Ausschaltung der Konkurrenz eine marktbeherrschende Position zu erringen, um die Möglichkeit einer autonomen Preispolitik zu schaffen. Vertikale Konzerne, die ein Zusammenschluß von Betrieben aufeinanderfolgender Produktionsstufen sind, zielen im allgemeinen nicht so sehr auf eine Marktbeherrschung als vielmehr auf eine Sicherung der Rohstoffbasen und der Absatzmärkte ab.

Da auch Konzerne marktbeherrschende Stellungen erlangen und eine Beschränkung des Wettbewerbs erreichen können, unterliegen sie ebenso wie die Kartelle dem Gesetz gegen Wettbewerbsbeschränkungen. Im Gegensatz zu dem grundsätzlichen Verbot von Kartellen wird die Entstehung von Konzernen in Deutschland durch das Gesetz nicht verhindert oder von einer Erlaubnis abhängig gemacht. Allerdings unterliegen sog. marktbeherrschende Unternehmen der Mißbrauchsaufsicht der Kartellbehörde. Gemäß § 22 Abs. 1 GWB gilt ein Unternehmen als marktbeherrschend, soweit es als Anbieter oder Nachfrager einer bestimmten Art von Waren oder gewerblichen Leistungen
1. ohne Wettbewerb ist oder keinem wesentlichen Wettbewerb ausgesetzt ist *oder*
2. eine im Verhältnis zu seinen Wettbewerbern überragende Marktstellung hat; dabei sind u. a. Marktanteil, Finanzkraft, Zugang zu den Beschaffungs- oder Absatzmärkten zu berücksichtigen.

Eine Marktbeherrschung in diesem Sinne wird dann *vermutet,* wenn ein Unternehmen für eine bestimmte Art von Waren oder gewerblichen Leistungen einen Marktanteil von mindestens *einem Drittel* hat; die Vermutung gilt allerdings nicht, wenn das Unternehmen im letzten Geschäftsjahr Umsatzerlöse von weniger als 250 Mio. DM hatte.

Eine Marktbeherrschung im Sinne des Gesetzes kann aber auch dann vorliegen, wenn zwischen zwei oder mehr Unternehmen allgemein oder auf bestimmten Märkten ein wesentlicher Wettbewerb nicht besteht (§ 22 Abs. 2 GWB). Es wird vermutet, daß diese Voraussetzungen dann vorliegen, wenn drei oder weniger Unternehmen zusammen einen Marktanteil von 50 % oder mehr haben *oder* wenn fünf oder weniger Unternehmen einen Marktanteil von zwei Drittel oder mehr haben. Die Vermutung gilt nicht, soweit es sich um Unternehmen handelt, die im letzten Geschäftsjahr Umsatzerlöse von weniger als 100 Mio. DM hatten.

Wenn marktbeherrschende Unternehmen ihre Marktstellung mißbrauchen, d. h., „wenn sie bei der Vereinbarung von Preisen, Geschäftsbedingungen und Kopplungskäufen ihren Vorteil mißbräuchlich suchen", dann kann das Kartellamt einschreiten. Die Kartellbehörde kann zwar nicht bestimmen, welche Preise beispielsweise das marktbeherrschende Unternehmen fordern darf, sie kann jedoch den Abschluß geplanter Verträge verbieten, wenn mißbräuchliches Verhalten vorliegt. Die bisherige Praxis hat gezeigt, daß die Mißbrauchsaufsicht seitens des Kartellamts allerdings wenig Erfolg aufzuweisen hat: Von den im Jahre 1975 vom Bundeskartellamt eingeleiteten 842 Verfahren wegen Verdachts eines Mißbrauchs gem. § 22 GWB kam es in keinem Falle zu einer unanfechtbaren Verbotsverfügung der Kartellbehörde; allerdingst ist in insgesamt 666 Fällen das Verfahren eingestellt worden, nachdem u. a. der beanstandete Mißbrauch abgestellt worden ist.

c) Die Interessengemeinschaft (IG)

Unter einer Interessengemeinschaft versteht man in der Regel einen vertraglichen Zusammenschluß von meist auf horizontaler Ebene verbundenen Unternehmen, die sowohl rechtlich als auch wirtschaftlich selbständig bleiben.

Vom Konzern unterscheidet sich die IG einmal dadurch, daß zwischen den in der Interessengemeinschaft verbundenen Unternehmen in der Regel ein Verhältnis der *Neben-*

(Gleichordnung) und nicht der *Unterordnung* besteht, und zum anderen dadurch, daß der Konzern nie nur auf eine Gewinn- und Verlustgemeinschaft abzielt wie die IG, sondern meist auch eine Verwaltungsgemeinschaft bildet. Vom Kartell unterscheidet sich die IG dadurch, daß bei der Interessengemeinschaft der Zusammenschluß und die Zusammenarbeit meist enger ist (u. a. Einfluß auf den verfügbaren Reingewinn der IG) als im Kartell und daß darüber hinaus die Interessengemeinschaft nicht in erster Linie auf eine Wettbewerbsbeschränkung abzielt, sondern vor allem ihre Zielsetzung in einer Steigerung der Wirtschaftlichkeit der angeschlossenen Unternehmen sieht.

Charakteristisch für eine Interessengemeinschaft ist der meist vorhandene *„Gewinnpool"*. Der von den beteiligten Unternehmen erwirtschaftete Gewinn wird in einen gemeinsamen „Topf" geworfen und nach bestimmten Schlüsseln (u. a. Kapital, Umsatz) verteilt. Neben einer vertraglichen Vereinbarung über die Verteilung des Gewinns setzt ein „Gewinnpool" außerdem Vereinbarungen über die Ermittlung des Gewinns (u. a. Bewertung, Abschreibung) voraus.

Unterstellen wir einmal, daß sich drei selbständige Unternehmen, die X-GmbH, die Y-GmbH und die Z-AG, die alle drei Zement herstellen, zu einer Interessengemeinschaft zusammenschließen und vereinbaren, daß jeder Gesellschafter der IG am Gewinn mit einem Drittel beteiligt sein soll, so sieht die Gewinnverteilung wie folgt aus: Wir nehmen an, daß die X-GmbH im Wirtschaftsjahr 19.. einen Gewinn von 300 000 DM erzielt hat, die Y-GmbH einen Gewinn von 250 000 DM und die Z-AG einen Gewinn von 450 000 DM. Der Gesamtgewinn beträgt also 1 Million DM, von welchen jede Gesellschaft nach der Vereinbarung ein Drittel, also 330 000 DM, erhält. Je nach der tatsächlichen Gewinnlage wird die einzelne Unternehmung in Zukunft einmal weniger, einmal mehr erhalten, als sie tatsächlich verdient hat. Unter bestimmten Voraussetzungen wird ein „Gewinnpool" auch steuerlich anerkannt.

Aus der Tatsache, daß die IG in der Regel eine Gewinn- und Verlustgemeinschaft bildet, geht noch nicht hervor, welches nun die gemeinsamen „Interessen" sind, die gefördert werden sollen. Von der Bildung von Rationalisierungsgemeinschaften in Beschaffung, Produktion und Absatz über gemeinsame Forschungs- und Entwicklungsvorhaben bis hin zur Verwertung von Abfallprodukten sind der Interessengemeinschaft von den Aufgaben her keine Grenzen gesetzt. Oft bilden Interessengemeinschaften Vorstufen zur Errichtung von Konzernen. Bei einer einheitlichen Leitung und Vorliegen eines entsprechenden Vertrages (Vertragskonzern) ist ein Konzern schon dann realisiert, wenn noch keine Kapitalbeteiligung vorliegt.

d) Der Trust

Der Trust ist ein Zusammenschluß von Unternehmen, die keine rechtliche und keine wirtschaftliche Selbständigkeit mehr besitzen.

Die Unternehmen fusionieren (verschmelzen) miteinander, und es entsteht eine neue Unternehmung. Man unterscheidet nach dem Aktiengesetz eine *Verschmelzung durch Aufnahme* (§§ 340 bis 352 AktG) und eine *Verschmelzung durch Neubildung* (§ 353 AktG). Obwohl man schon bei einer Verschmelzung kleinerer Unternehmen von einem Trust sprechen könnte, wird dieser Ausdruck eigentlich nur dann verwendet, wenn der Zusammenschluß von Unternehmen zu außergewöhnlich großen Wirtschaftseinheiten führt. Man unterscheidet den *Horizontaltrust,* der auf der gleichen Produktionsstufe stehende Unternehmen zusammenfaßt (wie die früheren „Vereinigten Stahlwerke", der seinerzeit größte Stahltrust Europas, oder auch der deutsche „Mühlenbautrust"), und den *Vertikaltrust,* bei welchem Unternehmen aufeinanderfolgender Produktionsstufen fusionieren (wie beispielsweise der schwedische Zündholztrust von Ivar Kreuger, der vom Sägewerk bis zur Herstellung sämtliche Produktionsstufen zusammenfaßte und fast 70 % des gesamten Weltbedarfs produzierte).

Gegenüber den Kartellen und Konzernen hat der Trust durch die völlige wirtschaftliche und rechtliche Verschmelzung der ursprünglichen Unternehmen den Vorteil einer wesentlich strafferen Unternehmensführung. So lassen sich im Trust einschneidende Rationalisierungsmaßnahmen im Produktionsbereich, weitgehende Spezialisierung einzelner Betriebe, Stillegung von Betrieben mit ungünstiger Kostenlage und ähnliche Maßnahmen einfacher durchführen als beim Kartell oder Konzern, da man auf die beteiligten Unternehmensteile keine Rücksicht mehr zu nehmen braucht. Außerdem ist der Kapitalaufbau übersichtlicher und die Verwaltung einfacher, da nur noch ein Vorstand, ein Aufsichtsrat und eine Hauptversammlung existieren.

IV. Gesamtwirtschaftliche und betriebswirtschaftliche Würdigung von Unternehmenszusammenschlüssen

Über Wert und Unwert von Unternehmenszusammenschlüssen wird seit Jahren gestritten. Es ist unzweifelhaft, daß größere wirtschaftliche Gebilde wirtschaftliche und oft politische Macht garantieren, deren Ausübung nicht immer zum Vorteil des einzelnen gereicht. Unternehmenszusammenschlüsse — so sagt man — beschränken den Wettbewerb und bedrohen die Selbständigkeit kleinerer Unternehmen. In Kartellen zusammengeschlossene Unternehmen werden durch überhöhtes Preisniveau künstlich am Leben erhalten, obwohl Betriebstechnik und Organisation völlig überaltert sind. Auf der anderen Seite kann jedoch auch nicht geleugnet werden, daß Großunternehmen, da sie Größendegressionen besser ausnutzen können und da Forschung und Entwicklung oft nur innerhalb größerer Gebilde zur Geltung kommen können, ohne Zweifel zur Steigerung des Sozialproduktes und des Wohlstandes erheblich beigetragen haben. Eine gesamtwirtschaftliche Würdigung von Unternehmenszusammenschlüssen im Hinblick auf Nutzen und Nachteile für die Gesamtwirtschaft kann deshalb nie generell, sondern immer nur von Fall zu Fall erfolgen.

Auch der betriebswirtschaftliche Nutzen von Unternehmenszusammenschlüssen ist umstritten, obwohl sich ohne Zweifel mehr Vor- als Nachteile aufzeigen lassen. In der einschlägigen Literatur ist man zum großen Teil der Auffassung, daß Großunternehmen in fast allen Bereichen Kostenvorteile gegenüber kleineren Wirtschaftseinheiten besitzen. Vom Beschaffungsbereich über den Produktions-, Finanz- und Absatzbereich bis hin zur Forschung und Entwicklung lassen sich aus der Praxis eine Menge Gründe anführen, wonach wachsende Unternehmenseinheiten enorme Kostenersparnisse aufweisen. Der Nachweis allerdings, ob die Kostenvorteile mit wachsender Unternehmensgröße kontinuierlich zunehmen, läßt sich empirisch nur sehr schwer führen. Von einem gesetzmäßigen Zusammenhang, einem „law of increasing returns to scale" zu sprechen ist auf jeden Fall nicht möglich. Dennoch gilt die Überlegenheit des Großbetriebs im Vergleich zu kleineren Einheiten als eine Tatsache.

In der Fachliteratur wird nun vielfach die Auffassung vertreten, daß die Bildung größerer Unternehmenseinheiten zwar durch technologische, beschaffungs-, absatz- und finanzwirtschaftliche Vorteile begünstigt würde, daß jedoch eine Grenze darin bestünde, derartig große Gebilde zu lenken und zu kontrollieren. Die begrenzte Kapazität der Leitung und Verwaltung sei der Engpaß, an dem schließlich eine weitere Ausdehnung der Unternehmensgröße scheitern müßte. Bei übergroßen Unternehmenseinheiten würden die Verwaltungskosten überproportional ansteigen und die Kostenersparnisse der anderen Bereiche überkompensieren. Diese Auffassung läßt sich unserer Meinung nach nicht halten. Sicherlich bestehen bei Großunternehmen Nachteile in bezug auf Überschaubarkeit und Beweglichkeit; diese Nachteile werden aber auf der anderen Seite durch Vorteile in anderer Beziehung, etwa im Hinblick auf rationellere und besser fundierte Planung oder durch den Einsatz elektronischer Großcomputer, mindestens kompensiert. Man kann außerdem die Auffassung vertreten, daß übergroße wirtschaftliche Gebilde, bei denen die Kostenvorteile in den einzelnen Bereichen durch steigende Verwaltungskosten überkompensiert werden, bei uns in Deutschland noch nicht anzutreffen sind.

Wenn auch eine globale Antwort auf die Frage nach den Vor- und Nachteilen von Unternehmenszusammenschlüssen nicht ohne weiteres möglich erscheint, so sind wir dennoch der Auffassung, daß, betriebswirtschaftlich gesehen, die Vorteile überwiegen. Eine eindeutige Antwort ist jedoch nur im Einzelfall auf empirischem Wege möglich. Empirische Untersuchungen sind aber gerade auf diesem Sektor nur sehr schwer durchzuführen.

V. Literaturhinweise

Adler, Düring, Schmaltz, Rechnungslegung und Prüfung der Aktiengesellschaft, Bd. 3: Rechnungslegung im Konzern, 4. Aufl., Stuttgart 1972.
Arndt, H. (Hrsg.), Die Konzentration in der Wirtschaft, 3 Bände, 2. Aufl., Berlin 1971.
Busse von Colbe, W., Ordelheide, D., Konzernabschlüsse, 3. Aufl., Wiesbaden 1979.
Fischer, C. E., Die Unternehmens-Konzentration als Gegenstand wirtschaftsordnender, gesellschaftsrechtlicher und steuerlicher Gesetzgebung, Bonn 1960.
Havermann, H., Die verbundenen Unternehmen und ihre Pflichten nach dem Aktiengesetz 1965, in: Die Wirtschaftsprüfung 1966, S. 181 ff.
Koberstein, G., Unternehmenszusammenschlüsse, Essen 1955.
Liefmann, E., Kartelle, Konzerne und Trusts, 8. Aufl., Stuttgart 1930.
Mayer, L., Kartelle, Kartellorganisation und Kartellpolitik, Wiesbaden 1959.
Möller, W. P., Der Erfolg von Unternehmenszusammenschlüssen, München 1983.
Nees, H., Beuth, F., Wettbewerbs- u. Kartellrecht, Wiesbaden 1980.
Rasch, H., Wettbewerbsbeschränkungen, Kartell- und Monopolrecht, 2. Aufl., Herne−Berlin 1958.
Rasch, H., Deutsches Konzernrecht, 3. Aufl., Köln−Berlin 1966.
Rinck, G., Wirtschaftsrecht, Köln−Berlin−Bonn−München 1963.
Schubert, W., Unternehmenszusammenschlüsse, München 1981.
Sölter, A., Zimmerer, L., Handbuch der Unternehmenszusammenschlüsse, München 1972.
Schuhmann, W., Der Konzernabschluß, Wiesbaden 1962.
Tolksdorf, M., Multinationale Konzerne, Berlin 1982.
Wrabetz, W., Die Zusammenschlußkontrolle im Regierungsentwurf zur vierten Kartellrechtsnovelle, Würzburg 1979.

D. Der Standort der Unternehmung

I. Begriff und Wesen des Standortes

Die Lehre vom Standort war lange Zeit eine Domäne der Volkswirtschaftslehre. Schon im Jahre 1826 wurde von Johann Heinrich v. *Thünen* in seinem Werk „Der isolierte Staat in Beziehung auf Landwirtschaft und Nationalökonomie" eine landwirtschaftliche Standorttheorie entwickelt, die bereits wesentliche ökonomische Bestimmungsfaktoren, wie u. a. die Frachtkosten vom landwirtschaftlichen Betrieb zum städtischen Absatzmarkt, enthielt. Im Jahre 1909 hat dann Alfred *Weber* mit seiner Untersuchung „Über den Standort der Industrien" eine industrielle Standortlehre entworfen, die auch heute noch in ihrem Grundgehalt diskutiert wird und als Grundlage für die meisten Arbeiten auf dem Gebiet der Standortlehre gilt.

Die Betriebswirtschaftslehre hat sich verhältnismäßig spät mit Standortproblemen beschäftigt. Wenn man davon ausgeht, daß in der Praxis die Wahl des Standortes zu denjenigen grundsätzlichen Unternehmerentscheidungen gehört, die nur schwer und meist nur mit hohen Kosten zu revidieren sind, so ist das Desinteresse an Standortfragen nicht ganz verständlich. Diese Haltung der Betriebswirtschaftslehre wird allerdings dann etwas einleuchtender, wenn man an die Probleme und Schwierigkeiten denkt, die einer Klärung der betriebswirtschaftlichen Standortfrage entgegenstehen. Zunächst einmal ist festzustellen, daß sich die Bestimmungsfaktoren bei der Standortwahl nicht nur von Wirtschaftszweig zu Wirtschaftszweig unterscheiden, sondern daß darüber hinaus auch innerhalb des gleichen Wirtschaftszweiges hinsichtlich bestimmter Betriebstypen bemerkenswerte Unterschiede auftreten können. Die Entwicklung einer betriebswirtschaftlichen Standortlehre, die alle Abweichungen und Besonderheiten der verschiedenen Wirtschaftszweige und Betriebstypen in sich vereint, erscheint schwierig. Außerdem ist es bisher nicht befriedigend gelungen, die jeweiligen Bestimmungsfaktoren einer Standortentscheidung in ihrer vielfältigen und komplexen Art sinnvoll zu systematisieren.

Betriebswirtschaftlich gesehen erscheint das Problem der Standortwahl als eine Entscheidung über den Sitz (Ort) einer gewerblichen oder land- und forstwirtschaftlichen Niederlassung oder Ansiedlung.

Dabei wird die Frage des sog. *innerbetrieblichen* Standortes ausgeklammert, da es sich dabei nicht um den Standort ganzer Unternehmen, sondern um die räumliche Lage der einzelnen Teile des Unternehmens zueinander und ihre möglichst optimale Zuordnung handelt. Der innerbetriebliche Standort ist Gegenstand einer *Industriebetriebslehre*.

Um die Bedeutung der Standortwahl für die Praxis näher zu umreißen, soll als Regelfall einer Standortanalyse nicht allein der Fall der Neugründung einer Unternehmung betrachtet werden, sondern es sind auch Standortverlagerungen mit einzuschließen, sei es, daß standörtlich unrationell gewordene Unternehmen (etwa wegen Erschöpfung eines Rohstofflagers oder wegen einer Änderung der Verkehrswege) zu einem rationelleren Standort wandern oder daß Teilfunktionen einer Unternehmung ausgegliedert werden und einen neuen Standort suchen, so z. B. bei einer Werkstattaussiedlung, bei einer Ausgliederung der gesamten Fabrikation oder bei der Errichtung von Zuliefer- und Teilefabriken oder von Auslieferungslägern. Schließlich ist in jüngster Zeit verstärkt auch auf die Wahl des Standortes bei einer Neugründung im *Ausland* zu verweisen.

II. Allgemeine Betrachtung zur Bestimmung des Standortes

Die Wahl des Standortes ist in unserer Wirtschaftsordnung für die meisten Unternehmen frei. Für eine geringe Anzahl von Unternehmen allerdings ist der Standort wegen der Eigenart ihrer Produktion naturgemäß vorgeschrieben: So sind beispielsweise für Unternehmen der Urproduktion, wie Bergbauunternehmen (Kohle und Erze), Fischereibetriebe oder Kiesgruben, die Standorte meist zwingend vorgegeben; desgleichen werden „Unternehmen des letzten Verbrauchs", wie Friseure, Bäcker, Kaminkehrer, Theater und Gaststätten, ihren Standort zwangsläufig in die Nähe menschlicher Besiedlungen legen müssen. Sieht man außerdem von bestimmten Strukturplanungs-Vorstellungen der jeweiligen Landesregierung oder der Kommune (Landes- oder Städteplanungsgesetz) und von gewerbepolizeilichen Vorschriften u. a. ab, so besteht für alle anderen Unternehmen ein großer Spielraum für ihre räumliche Fixierung.

Bei der Suche nach dem optimalen Standort ist eine große Zahl von *Standort-Bestimmungsfaktoren* zu beachten. Man unterscheidet *allgemeine* Standortfaktoren, die für jede Unternehmung bedeutsam sind, und *spezielle* Faktoren, die nur von Fall zu Fall wirksam werden. Durch Abwägen der Vor- und Nachteile der Bestimmungsfaktoren verschiedener Standorte gelangt man zur Wahl des optimalen Standortes.

> *Wir wollen von einer Standortanalyse sprechen und diese als Folge rationaler, die Vor- und Nachteile verschiedener Standorte abwägender Wahlakte definieren.*

Während noch Alfred *Weber* unter einem Standortfaktor nur einen *Kostenfaktor* verstand und demgemäß nur die *Kosten* in die Standortanalyse einbezog, werden heute auch die *Erlöse* als eine wichtige Komponente bei der Standortentscheidung berücksichtigt. Will man nun, auf diesen beiden Kategorien aufbauend, den optimalen Standort für eine Unternehmung herausfinden, so braucht man ein Kriterium, eine Zielgröße, nach der die Entscheidung getroffen werden kann. Diese allgemeine Zielgröße ist zunächst einmal das *Wirtschaftlichkeitsprinzip,* dessen generelle Gültigkeit auch hier nicht angezweifelt werden kann: Das Prinzip der Wirtschaftlichkeit gilt als umfassendste Determinante des Standortes. Wir haben jedoch bereits am Anfang unserer Untersuchung festgestellt, daß in einer Marktwirtschaft dieses Prinzip durch das Streben nach Rentabilität näher bestimmt wird.

Das Rentabilitätsprinzip, d. h. die Forderung nach Erzielung eines möglichst hohen Gewinns, bezogen auf das eingesetzte Kapital, gilt damit als grundlegendes Standortkriterium.

Der günstigste Standort ist damit nicht derjenige mit den absolut niedrigsten Produktionskosten, sondern vielmehr der mit den *relativ* niedrigsten Kosten im Verhältnis zu den Erlösen. Anders ausgedrückt: Den Ausschlag für einen bestimmten Standort gibt die größere Spanne zwischen Ertrag und Aufwand, bezogen auf das investierte Kapital. Praktisch wird der Unternehmer so vorgehen, daß er für verschiedene in Frage kommende Standorte die anfallenden Kosten errechnet, ihnen die entsprechenden Absatzmengen zuordnet und sich dann für den Standort entschließt, an dem er den höchsten Gewinn im Verhältnis zum Kapitaleinsatz erzielt. Allerdings zeigt sich in der Praxis, daß der Unternehmer das Gewinnmaximum im *voraus* nicht exakt errechnen, sondern nur schätzen kann. Während nämlich die für die zukünftige Leistungserstellung anfallenden Kosten für einen bestimmten Ort noch einigermaßen zuverlässig errechnet werden können, sind die zukünftigen Ertragsgrößen mit großer Unsicherheit behaftet; sie können deshalb nur geschätzt werden. Hier liegt also eine Fehlerquelle für eine rationale Standortentscheidung. Diese Feststellung berührt jedoch nicht die grundsätzliche Gültigkeit des Rentabilitätsprinzips bei der Standortanalyse, sondern sie weist nur auf die Schwierigkeiten hin, mit denen der Unternehmer bei der praktischen Durchführung zu rechnen hat.

III. Die wichtigsten Standort-Bestimmungsfaktoren

Bei der großen Zahl möglicher Bestimmungsfaktoren der Standortentscheidung erhebt sich die Frage, wie man diese Faktoren betriebswirtschaftlich sinnvoll systematisiert. Aus der Tatsache, daß ein Standort um so günstiger ist, je besser er auf der einen Seite den Einsatz der für die Leistungserstellung benötigten Güter und auf der anderen Seite den Absatz der Betriebsleistung ermöglicht, kann man die Bestimmungsfaktoren danach einteilen, ob sie *herkunftsorientiert* oder *einsatzabhängig* sind oder ob sie *hinkunftsorientiert* oder *absatzabhängig* sind. Wir halten diese in der einschlägigen Literatur anzutreffende Unterteilung weder für sprachlich besonders geglückt noch in systematischer Hinsicht für geeignet, da sich nicht alle Bestimmungsfaktoren eindeutig der einen oder anderen Kategorie zuordnen lassen. Wir wollen es deshalb dabei bewenden lassen, die wichtigsten Bestimmungsfaktoren im folgenden einfach aufzuzählen[1].

1. Das Fertigungsmaterial als Standortfaktor

Von einer *Materialorientierung* spricht man bei der Standortanalyse dann, wenn sich der Standort nach den billigsten Transportkosten für die Beschaffung der erforderlichen Roh-,

---

[1] Die Bedeutung einzelner Standortfaktoren bei der Wahl des Standortes hat nach den Berichten des „Bundesministeriums" und des „Instituts für Raumordnung" in Bad Godesberg in den letzten Jahren laufend gewechselt.

Hilfs- und Betriebsstoffe richtet. Dieser Bestimmungsfaktor ist in erster Linie für Standortentscheidungen von Sachleistungsbetrieben von Bedeutung. Die Frage nach dem transportkostenoptimalen Standort spielte bereits bei *Weber* eine entscheidende Rolle. Für ihn waren die Transportkosten allein eine Funktion der Entfernung und des Gewichts. Der optimale Standort der Verarbeitung liegt nach ihm am sog. „tonnenkilometrischen Minimalpunkt", an welchem die Summe der zwischen Rohstofflager, Verarbeitungsort und Verbrauchsort entstehenden Transportkosten am geringsten ist. Dabei spielt die Beschaffenheit des in die verschiedenen Produkte eingehenden Materials eine wichtige Rolle. Man unterscheidet:

1. *lokalisiertes oder lagerfestes Material*, dessen Gewinnung an bestimmte Orte (Fundorte) gebunden ist;
2. *Ubiquitäten*, d. h. überall und zu gleichen Bedingungen vorkommendes Material (z. B. Luft für die Stickstoffgewinnung).

Beim lokalisierten Material ist die folgende Unterscheidung von Bedeutung:

a) *Gewichtsverlustmaterial*, welches gewichtsmäßig *nicht* (Kohle und Treibstoffe) oder nur *zum Teil* (Roherze) im Produkt enthalten ist, und
b) *Reingewichtsmaterial*, welches mit vollem Gewicht in die Produktion eingeht (z. B. Edelmetalle).

Der Standort von Unternehmen, die Gewichtsverlustmaterial verarbeiten, ist stärker materialorientiert als derjenige von Unternehmen, die Material mit geringerem oder gar keinem Gewichtsverlust verarbeiten. So wird die Kohle, die 100 %iges Gewichtsverlustmaterial darstellt, im Gegensatz zu Gold oder Edelsteinen meist an Ort und Stelle verarbeitet. Es werden beispielsweise die hochwertigen Erze aus Schweden zur Verarbeitung ins Ruhrgebiet gebracht. Ähnliches gilt auch für den Standort von Sägewerken, da bei der Herstellung von Rundholz auch mit einem Gewichtsverlust von immerhin 30 % zu rechnen ist. Wo dagegen keine Gewichtsverluste aufweisende Materialien oder gar Ubiquitäten verarbeitet werden können, ist weniger eine Orientierung nach dem Material als meist eine Hinneigung zu einem mehr verbrauchsorientierten Standort festzustellen, wie beispielsweise bei Druckereien und Verlagen, bei der Möbelindustrie oder der Baubedarfsindustrie.

Die Orientierung nach dem Fundort der Stoffe, besonders der Kohle, hat zu einer Ballung der Industrie und damit zur Bildung großer Industriezentren geführt. Dabei handelt es sich meist nicht nur um eine horizontale Ballung gleichartiger Betriebe, sondern es folgt meist auch eine vertikale Ballung aufeinanderfolgender Produktionsstufen. So orientiert sich die Roheisengewinnung an der Kohle, das Walzwerk an dem Hüttenwerk und die Maschinenfabrik an dem Walzwerk. Die Folge davon ist, daß auf einem relativ kleinen Gebiet, wie z. B. dem Ruhrgebiet, die Hälfte aller im Bundesgebiet beheimateten eisen-, blech- und metallverarbeitenden Industriebetriebe angesiedelt sind.

Auch die Chemie, die ursprünglich eine reine „Kohlechemie" war (bei der Verkokung von Steinkohle wird Steinkohlenteer gewonnen, der ursprünglich der wichtigste Rohstoff für die organische Chemie war), hat sich von Anfang an sehr stark im Ruhrgebiet angesiedelt. Aber auch dann, als die „Kohlechemie" weitgehend von der „Petrochemie" (Erdölchemie) abgelöst wurde, die billiger war und neue Grundstoffe (u. a. Acetylen, Propylen) hervorbrachte, blieb Nordrhein-Westfalen entsprechend dem Ausbau der Raffinerien einer der wichtigsten Standorte für die chemische Industrie. Erwähnt seien nur die Chemischen Werke Hüls, die Scholven-Chemie, Bayer Leverkusen und petrochemische Industriewerke in Wesseling, Gelsenkirchen und Dormagen, auf deren Anlagen zur Zeit fast 70 % aller im Bundesgebiet durchgeführten petrochemischen Prozesse entfallen. Entsprechend dem großzügigen Ausbau von Raffinerien im Rhein-Main-Gebiet und in Bayern kann hier für die nächsten Jahre mit einer leichten Verlagerung der ohne Zweifel materialorientierten Schwerpunktbildung gerechnet werden.

Neben der eisen- und stahlverarbeitenden Industrie und der chemischen Industrie gelten auch die Holz-, Zucker- und die Kaliindustrie als weitgehend materialorientiert.

2. *Die Arbeitskraft* als *Standortfaktor*

Arbeitsintensive Unternehmen können unter Umständen ihren Standort nach den erreichbaren Arbeitskräften wählen. Wirtschaftszweige dieser Art sind u. a. die optische Industrie, die Textilindustrie und die Spielwaren- und Musikinstrumentenindustrie. Eine Arbeitsorientierung von Unternehmen dieser Branchen kann es einmal im Hinblick auf *billige* Arbeitskräfte geben: Um einen Kostenvorteil beim Faktor Arbeit zu haben, entscheidet sich eine Unternehmung für einen Standort in abgelegenen Gebieten und kleineren Gemeinden. Oft ist aber auch die *Qualität* des Arbeitsangebots entscheidend für die Standortwahl. So ist das räumlich konzentrierte Angebot von Facharbeitern mit speziellen Fertigkeiten, die seit Jahren erhalten und „vererbt" werden, eine wichtige Ursache für eine bestimmte Standortentscheidung. Als Beispiele für eine diesbezügliche Standortorientierung kann man die Uhrenindustrie im Schwarzwald, die Glasbläser im Thüringer Wald, die Schmuckherstellung im Raume von Pforzheim und die Schuhproduktion in Pirmasens ansehen.

Ein arbeitsorientierter Standort wird also hinsichtlich der *Quantität* und/oder der *Qualität* des verfügbaren Arbeitspotentials gewählt. Dabei sind jedoch nicht nur der unmittelbare zentrale Standort, sondern auch bestimmte Einzugskreise in Frage kommender „Pendler" zu beachten. Für die Größe des Einzugsgebietes sind „Pendelzeiten" und „Pendelkosten", die von den Arbeitnehmern gerade noch in Kauf genommen werden, entscheidend.

3. *Die Abgaben* als *Standortfaktor*

Abgaben sind Steuern, Gebühren und Beiträge, die der Staat den Unternehmen auferlegt. Eine abgabenorientierte Standortwahl liegt dann vor, wenn der Unternehmer seinen Standort nach den für ihn niedrigsten Abgaben wählt. Die für den Unternehmer bedeutendsten Abgaben sind die Steuern. Sieht man einmal von einem internationalen Steuergefälle ab, das aufgrund der Verschiedenheit des jeweiligen Steuersystems begründet werden könnte, so dürfte es innerhalb des nationalen Bereichs — entsprechend dem Grundsatz der Gleichmäßigkeit der Besteuerung — eigentlich keine steuerlichen Unterschiede geben, die eine Standortwahl beeinflussen können. Dennoch gibt es auch im nationalen

Bereich standortbedingte Steuerdifferenzierungen, die man in drei Gruppen einteilen kann:

1. Durch das *Steuersystem* bedingte Unterschiede: Zu nennen ist hier die Gewerbesteuer als kommunale Steuer; hier entstehen Steuerdifferenzierungen durch die Anwendung unterschiedlicher Hebesätze in verschiedenen Gemeinden.
2. Durch eine *dezentrale Finanzverwaltung* bedingte Unterschiede: Die Finanzverwaltungen der Länder sind bei der Auslegung von Steuergesetzen (Ermessensspielräume seitens des Gesetzgebers) unterschiedlich großzügig, beispielsweise bei der Anerkennung von Abschreibungssätzen.
3. Durch die *Steuerpolitik* bewußt geschaffene Unterschiede: beispielsweise Steuervergünstigungen für Westberlin oder das „Zonenrandgebiet".

In bezug auf die Bedeutung der Steuern als Standortfaktor gilt das weiter vorn im Zusammenhang mit den steuerlich begünstigten Rechtsformen Gesagte gleichermaßen: Man sollte bei der in der Regel langfristig wirkenden Entscheidung der Wahl des Standorts nicht außer acht lassen, daß sich steuerliche Vorschriften und Vergünstigungen kurzfristig ändern können und daß damit die ursprünglich bedeutsame Grundlage für die Wahl des Standorts wegfallen kann. Als Beispiel für die Bedeutung des Steuer-Standortfaktors gegenüber den anderen Bestimmungsgrößen kann der Standort „Berlin" gelten. Die Berliner Steuervorteile haben bewirkt, daß eine Abwanderung von Unternehmen unterblieb und daß im Bundesgebiet angesiedelte Unternehmungen Zweigbetriebe nach Berlin verlegt haben.

4. *Die Energie als Standortfaktor*

Eine energiebedingte Standortorientierung findet man heute nur noch selten, da die Elektrizität als das die Wasserkraft verdrängende Antriebselement von den meisten Standorten aus – sieht man einmal von geringfügigen Tarifunterschieden ab – mit annähernd gleichen Kosten bezogen werden kann.

5. *Der Verkehr als Standortfaktor*

Für die meisten Unternehmen ist das Vorhandensein eines vielfältigen Verkehrsnetzes (Straßen/Eisenbahn/Wasserstraßen/Flugverkehr) eine wichtige Bedingung im Hinblick auf einen optimalen Standort. Über die unmittelbare Bedeutung des Standortfaktors „Verkehr" läßt sich allerdings nur im speziellen Fall etwas Konkretes aussagen. Dennoch gibt es bestimmte Branchen, für deren Unternehmen die unmittelbare Nähe großer Umschlag- und Umladeplätze (Hafenplätze und Umladeplätze vom Landschiffs- zum Binnenschiffsverkehr sowie gute Straßen- und Bahnverbindungen zu Produktions- oder Absatzballungsräumen) ein eindeutiges Standortkriterium ist. Dazu zählen der Baumwoll- und Getreidehandel sowie der Kaffee- und Tabakversandhandel.

Ein Beispiel für eine Verkehrs- (und Absatz-)orientierung aus jüngerer Zeit bietet der Standort Ingolstadt (Bayern) mit seinen Großraffinerien. Die Auswahl des Platzes Ingolstadt als Raffineriezentrum war das Ergebnis einer überaus sorgfältigen Standortanalyse. Entscheidend war eine von Computern durchgeführte Optimierungsrechnung mit dem Ziel, die Summe der Transportkosten zur Versorgung der bayerischen Verbraucher zu einem Minimum werden zu lassen. Für diese Zielsetzung brachte der Standort Ingolstadt ideale Voraussetzungen mit: Ein Kreis um Ingolstadt mit dem Radius von 100 Kilometern schließt die vier größten bayerischen Städte München, Nürnberg, Augsburg und Regensburg ein. Da für den Abtransport der Raffinerieerzeugnisse nur Schiene und Straße in Frage kommen (der Wasserweg „Donau" scheidet aus, da er nur bis Regensburg und nicht bis Ingolstadt schiffbar ist), bietet Ingolstadt auch noch den Vorteil, daß es unmittelbar an der Bundesautobahn liegt und als Eisenbahnknotenpunkt direkten Anschluß an die großen Absatzgebiete hat.

6. *Der Absatz als Standortfaktor*

Wir haben bisher Standortfaktoren behandelt, die zum größten Teil für die Durchführung des Leistungserstellungs-Prozesses im weitesten Sinne notwendig sind. Nach diesen Standortkriterien wäre der zu suchende Standort dann optimal, wenn dieser eine Leistungserstellung zu minimalen Kosten ermöglichen würde. Nun entspricht aber dieser Standort — entsprechend unserer übergeordneten Zielsetzung nach höchster Rentabilität — nur dann einem gewinnmaximalen Standort, wenn auch die Erlössituation den Bedingungen dieser Forderung entspricht, d. h., wenn der Standort gleichzeitig auch gewinnoptimale Absatzmengen und -preise ermöglicht. Der für die Zukunft zu erwartende Erlös ist damit eine äußerst wichtige Komponente bei der Wahl des günstigsten Standorts. Dabei spielt der Umfang des potentiellen *Absatzgebietes* eine entscheidende Rolle. Eine Begrenzung erfährt dieser Absatzbereich durch die entstehenden *Absatzkosten* und die *Absatzzeit*. Je höher beispielsweise die Frachtkosten für die abzusetzenden Erzeugnisse sind, sei es aufgrund ihres Wertes, ihrer Sperrigkeit oder ihrer Zerbrechlichkeit, um so unrentabler wird es sein, weit entfernte Absatzmärkte zu beschicken. Ein näheres Herangehen an den Absatzmarkt erscheint angebracht; diese Entscheidung wird noch dadurch erleichtert, wenn die im Endprodukt enthaltenen Materialien zum großen Teil aus Ubiquitäten bestehen, die überall gleich teuer zu erhalten sind.

Im Hinblick auf die *Absatzzeit* ist zu sagen, daß beispielsweise leichtverderbliche Waren oder Produkte, bei denen die Lieferzeit kurz sein muß und Auslieferungsläger nicht möglich oder nicht rentabel sind, das Absatzgebiet gleichermaßen begrenzen.

Absatzkosten und *Absatzzeit* werden ihrerseits wieder durch die jeweils bestehenden Verkehrs- und Transportverhältnisse (örtliche Beförderungsmöglichkeiten, Beförderungstarife und Beförderungszeiten) weitgehend beeinflußt; sie bestimmen dadurch die Größe des Absatzgebietes.

Für Unternehmen bestimmter Branchen allerdings ist die Ausdehnung des Absatzgebietes gleich Null. Das gilt beispielsweise für die Baustellenfertigung, bei der sich die Leistungserstellung am Absatzort vollziehen muß. Ähnliches gilt für Einzelhandelsbetriebe, da sie einen unmittelbaren Kontakt mit dem Kunden haben müssen. Die Bereitstellung ihrer Leistung vollzieht sich meist in unmittelbarer Nähe des Verbrauchers. Allerdings gilt das in erster Linie für Betriebe, die „Waren des täglichen Bedarfs" (Lebensmittel) anbieten, und nicht so sehr für solche, die nur einen in größeren Zeitabständen wiederkehrenden Bedarf (z. B. Möbel) befriedigen. Letztere können sich auch in einiger Entfernung vom Konsumenten ansiedeln, da bei diesen Gütern der Kunde eine bestimmte Entfernung noch in Kauf nimmt.

Für den Einzelhandel, dessen Standortentscheidung innerhalb der Stadt oder Gemeinde von den räumlichen Möglichkeiten, den Grundstückskosten, den Ladenmieten und Ausdehnungsmöglichkeiten usw. abhängt, spielen die standortbedingten Erlöse oft eine größere Rolle als die diesbezüglichen Kosten: Einzelhandelsbetriebe mit regional hohen Raumkosten, dabei aber gleichzeitig günstigen Absatzverhältnissen erzielen oft eine vergleichsweise höhere Rendite als Betriebe mit einsatzoptimalem Standort, aber schlechter Erlössituation.

Als grundsätzliche Bestimmungsfaktoren für eine absatzorientierte Standortwahl gelten außerdem:

1. der gegenwärtige und zukünftige *Bedarf* des in Frage kommenden Standorts (dieser ist u. a. abhängig von der Bevölkerungsstruktur, der Einwohnerdichte und den Verbrauchergewohnheiten);
2. die jeweilige *Kaufkraft* der Bevölkerung am Standort (man unterscheidet „reiche" und „arme" Gebiete);
3. die am Standort bereits vorhandene und noch zu erwartende *Konkurrenz*.

7. Sonstige Standortfaktoren

Neben den bisher aufgezeigten Standortfaktoren spielt besonders in den letzten Jahren die Möglichkeit einer *räumlichen Ausdehnung* bei der Wahl des Standortes eine entscheidende Rolle. Danach folgen die *Arbeitskräfte*, die *Verkehrslage* und die *öffentliche Förderung*[2].

Standortentscheidungen lassen sich allerdings nicht immer auf objektive Bestimmungsfaktoren im Rahmen der Kosten- und Erlössituation zurückführen. Oft geben auch klimatische, kulturelle, politische oder weitgehend psychologische Motive den Ausschlag für die Wahl eines bestimmten Standorts.

Geologische und *klimatische* Verhältnisse sind nicht nur im Hinblick auf die Standortentscheidung von landwirtschaftlichen Betrieben, Bergbau- oder Erdölgewinnungsbetrieben von Bedeutung, sondern sie spielen mitunter auch für Unternehmen anderer Branchen eine entscheidende Rolle. So ist etwa die Zellstoffindustrie am Vorhandensein klarer Betriebswasser interessiert, die Brauindustrie legt großen Wert auf eine bestimmte Qualität des benötigten Wassers, und für die chemische Industrie und die Textilindustrie sind die mit der Abwässerbeseitigung auftretenden Probleme wichtige Bestimmungsfaktoren.

Wichtige Standortfaktoren sind weiterhin die jeweils individuellen *Leistungen eines Staatsgebildes*, angefangen von den grundlegenden Infrastruktur-Maßnahmen, wie etwa für den Verkehr, bis hin zu bestimmten kulturell-zivilisatorischen Einrichtungen und Ausbildungsmöglichkeiten, sowie etwaige wirtschaftslenkende Maßnahmen des Staates.

---

[2] Vgl. dazu: Bundesministerium für Arbeit und Sozialordnung, Die Standortwahl der Unternehmen in der BRD, Bonn 1968, S. 31 ff.

Manchmal sind bestimmte Erzeugnisse mit einem *traditionellen Herkunftsort* verbunden, wie etwa „Solinger Stahl", „Bielefelder Wäsche" oder „Schwarzwälder Uhren", so daß sich schon allein von der Verbrauchermeinung her bestimmte Standorte zwangsläufig anbieten.

Nicht zu unterschätzen sind auch etwaige *Prestigeüberlegungen,* die Unternehmen beispielsweise der kosmetischen Industrie veranlassen könnten, gut gelegene und zweifellos teure Plätze in der City von Großstädten mit Verwaltungs- und Vertriebsgebäuden zu belegen, weil sie sich davon eine besondere Werbewirkung versprechen.

Schließlich sind eindeutig *subjektive* Beweggründe in der Person des Gründers einer Unternehmung als Bestimmungsfaktoren zu erwähnen. So ist die Wahl des Standorts oft von dem zufälligen Domizil der Gründerpersönlichkeit abhängig. Die Tradition als beharrendes Moment und die Verbundenheit des Gründers mit den menschlichen und kulturellen Eigenarten eines bestimmten Gebiets hat in der Vergangenheit oft den Ausschlag für die Wahl des Standorts gegeben. So gibt es für den zufälligen Standort ganzer Industrien in der Industriengeschichte zahlreiche Beispiele[3].

Weder die Entstehung der Kugellagerproduktion während der sechziger Jahre des 19. Jahrhunderts in Schweinfurt und Stuttgart-Cannstatt, die Errichtung von Maschinenfabriken in Kassel, Augsburg und Nürnberg noch die Entstehung einer Automobilproduktion im Raume Mannheim–Stuttgart oder die Herausbildung der Elektroindustrie an Orten wie Berlin, Nürnberg-Erlangen, Frankfurt und Mannheim lassen sich rational begründen.

Der Wohnort des „Erfinders" oder der jeweiligen Unternehmerpersönlichkeiten waren wohl mehr zufällige Komponenten der Standortwahl.

Subjektive Bestimmungsfaktoren werden auch in Zukunft bei Standortentscheidungen eine gewisse Rolle spielen. Wie das weiter oben erwähnte Beispiel der Errichtung eines Raffineriezentrums allerdings beweist, wird man in Gegenwart und Zukunft immer mehr dazu übergehen, die Standortentscheidung mit objektiven Zahlen quantitativ zu untermauern. Beim Vorliegen der erforderlichen Daten müßte es möglich sein, mit Hilfe einer Optimierungsrechnung eine rationale Entscheidung zu fällen.

IV. Die Ermittlung des optimalen Standortes

In älteren betriebswirtschaftlichen Untersuchungen werden die Standortfaktoren hinsichtlich der tatsächlichen oder der zu erwartenden Aufwendungen und Erlöse in einer sog. *Standortkalkulation* überprüft. Das Schema einer solchen Standortkalkulation zeigen wir auf Seite 151.

Die Kopfbezeichnungen der Tabelle A, B, C usw. zeigen jeweils eine bestimmte Standortorientierung. Der Standort A ist also vorwiegend materialorientiert, der Standort B arbeitsorientiert und der Standort F beispielsweise absatzorientiert. Im Hinblick auf die

---

3 Vgl. dazu: *Mauersberg,* H., Deutsche Industrien im Zeitgeschehen eines Jahrhunderts, Stuttgart 1966.

verschiedenen im Rahmen unserer Standortanalyse grundsätzlich möglichen Standorte werden nun die jeweils für eine *vorgegebene Absatzmenge* zu erwartenden Aufwendungen (Kosten) errechnet und in die Tabelle eingetragen. Desgleichen versucht man, die dieser Absatzmenge in den einzelnen Standorten entsprechenden Erlöse zu ermitteln, die man gleichfalls in die Tabelle einträgt. Die sich nun aus der Gegenüberstellung der jeweils gesamten Aufwendungen und der entsprechenden Erlöse je Standort unter Zugrundelegung gleicher Absatzmengen ergebende Differenz gilt als das entscheidende Kriterium.

Schema einer Standortkalkulation

Aufwand	Standort						
	A Material	B Arbeit	C Abgaben	D Energie	E Verkehr	F Absatz	G Sonstige
Material							
Löhne/Gehälter							
Abgaben							
Energie							
usw.							
Ges. Aufwand							
Erlöse							

Gegen eine solche Aufstellung werden zunächst einmal Einwendungen vorgebracht, die mit der Schwierigkeit der Informationsbeschaffung begründet werden. Darin liegt ohne Zweifel ein sehr großes Problem; denn was für die Beschaffung der Aufwandsdaten beim Stand des herkömmlichen Rechnungswesens schon als Problem angesehen werden muß, erscheint für die Ermittlung der Erlösdaten fast unmöglich. Weder die Erfahrung des Unternehmers noch die Anwendung wissenschaftlich erprobter Verfahren der Marktforschung werden in der Lage sein, quantitativ eindeutige Absatzinformationen zu liefern. Der Schätzcharakter der Standortkalkulation ist damit offensichtlich. Das spricht nach unserer Meinung jedoch nicht gegen die Standortkalkulation, sondern verweist nur auf die Schwierigkeiten der Datenbeschaffung, die aber auch dann bestehen, wenn man sich des Hilfsmittels einer systematischen Rechnung nicht bedient.

Ein anderer Einwand, der mehr Gewicht besitzt, richtet sich gegen die starre und statische Betrachtungsweise der Standortkalkulation. Die in einer einzigen Rechnung durchaus notwendige Vereinfachung auf *eine* vorgegebene Absatzmenge entspricht nicht der in der Praxis möglichen Vielfalt und damit nicht allen in die Rechnung unbedingt mit einzubeziehenden Konstellationen. Man müßte vielmehr bei jedem Standort Aufwendungen und Erlöse für *alternative* Absatzmengen errechnen, um den Standort mit der gewinnmaximalen Absatzmenge zu ermitteln. Unterstellt man einmal das Vorliegen einwandfreier Daten, so könnte man aufgrund einer Optimierungsrechnung und des Einsatzes eines Computers den optimalen Standort errechnen und damit dem Unternehmer eine Entscheidungshilfe liefern. Ob dieser Standort letztlich gewählt wird, bleibt eine Unternehmerentscheidung, die bekanntlich nicht immer rational, sondern oft auch emotional motiviert ist.

Bei der großen Zahl der Standortfaktoren wird die Entscheidung oft nicht eindeutig, sondern ein Kompromiß sein. Da für den Unternehmer mitunter mehrere Bestimmungsfaktoren mit unterschiedlichem Gewicht von Bedeutung sind, liegt der optimale Standort meist dort, wo der Widerstreit zwischen den einzelnen Faktoren ein Minimum erreicht. Oft versucht man auch in der Praxis, diesen Schwierigkeiten dadurch aus dem Wege zu gehen, daß man eine Dezentralisation durchführt und beispielsweise Produktion und Vertrieb räumlich trennt. So haben z. B. manche Unternehmen ihre Produktionsstätten „aufs Land" verlegt, wobei Rohstoffnähe, niedrige Löhne und niedrige Grundstückspreise mitentscheidend waren, während Verwaltung und Vertrieb ihren Standort in oder unmittelbar in der Nähe größerer Städte fanden: Die Firma Kathreiner (Malzkaffee) hat ihre Produktionsstätten entsprechend der Rohstoffnähe (Getreideanbaugebiete) übers gesamte Bundesgebiet verteilt, während Verwaltung und Vertrieb ihren Sitz in Berlin haben. Die amerikanische Firma Procter & Gamble hat ihre Produktionsstätten in der Nähe von Mainz, ihre Verwaltung und ihren Vertrieb dagegen in Frankfurt. Manche Unternehmen dehnen die Dezentralisation sogar aufs Ausland aus, indem sie ihre Produktionsstätten nach Italien, Spanien oder Irland verlegen oder indem sie Auslieferungsläger errichten, um den Vertrieb konsumnah zu planen und durchzuführen. Bei einer Umfrage der IHK Koblenz im Jahre 1973 wurden folgende Motive für ein Auslandsengagement („internationaler Standort") deutscher Unternehmen genannt:

1. bessere Erschließung des ausländischen Marktes als durch traditionellen Export	39 %
2. Überwindung von Handelsschranken (Zölle, Steuern)	12 %
3. Erwartung weiterer unternehmerischer Belastungen im Inland	12 %
4. niedrigere Lohn- und Lohnnebenkosten im Ausland	10 %
5. Veränderung der Währungsparitäten	7 %
6. sonstige Gründe	7 %
7. günstigere Versorgung mit Rohstoffen	5 %
8. Investitionsanreize durch ausländische Regierungen und andere Stellen	5 %
9. Mangel an Arbeitskräften im Inland	3 %
	100 %

Abschließend soll noch einmal darauf verwiesen werden, daß die Standortwahl eine *langfristige* Entscheidung ist. Bei einer Standortanalyse sind deshalb die entscheidenden Bestimmungsfaktoren daraufhin zu untersuchen, ob auch in Zukunft mit ihnen zu rechnen ist, um eine möglichst sichere Entwicklung der Unternehmung zu garantieren. Dabei müßte u. a. geprüft werden, ob notwendige Erweiterungen von Betriebsteilen möglich sind, ob sich die gegenwärtigen Verkehrsbedingungen nach der einen oder anderen Seite hin in absehbarer Zeit ändern werden, ob steuerliche Vergünstigungen erhalten bleiben oder ob die Wahrscheinlichkeit besteht, daß sie abgebaut werden, ob schließlich Konkurrenzunternehmen angesiedelt werden oder ob sich Konkurrenzmaßnahmen auf die eigenen unternehmerischen Entscheidungen in Zukunft auswirken können. Obwohl die meisten dieser Möglichkeiten zum Zeitpunkt der Ausarbeitung einer Standortanalyse nicht exakt vorausgesehen werden können, sind sie dennoch bei der endgültigen Standortentscheidung soweit wie möglich zu berücksichtigen. Eine optimale Standortwahl sollte keine nur die gegenwärtige Situation ins Kalkül setzende Betrachtung sein, sondern sie sollte — soweit voraussehbar — zukünftige Veränderungen alternativer Standorte bei der Entscheidung berücksichtigen.

V. Literaturhinweise

Alewell, K., Bleicher, K., Hahn, D., Entscheidungsfälle aus der Unternehmungspraxis, Bd. 2, Standort und Distribution, Wiesbaden 1980.
Bartholdy, K., Seidler, G., Wilhelm, H., Zweigbetriebe, Niederlassungen und Beteiligungen im Ausland, München 1963.
Behrens, K. Ch., Allgemeine Standortbestimmungslehre, 2. Aufl., Opladen 1971.
Bloesch, J., Optimale Industriestandorte, Würzburg–Wien 1970.
Bökemann, D., Theorie der Raumplanung, München 1984.
Domschke, W., Drexl, A., Logistik: Standorte, München 1984.
Grundmann et al., Mathematische Methoden zur Standortbestimmung, Berlin 1968.
Hansmann, K.-W., Entscheidungsmodelle zur Standortplanung, Wiesbaden 1974.
Jacob, H., Zur Standortwahl der Unternehmungen, 3. Aufl., Wiesbaden 1976.
Liebmann, H.-P., Die Standortwahl als Entscheidungsproblem, Würzburg 1971.
Ritschl, H., Standort und Standortlehre, in: HWB, Bd. III, Sp. 5031–5050.
Rüschenpöhler, H., Der Standort industrieller Unternehmungen als betriebswirtschaftliches Problem, Berlin 1958.
Ruppmann, R., Die Standortbestimmung für Verkaufsstätten im Einzelhandel, Berlin 1968.
Schall, H., Die Chemische Industrie Deutschlands unter besonderer Berücksichtigung der Standortfrage, Nürnberg 1959.
Töpfer, K., Regionalpolitik und Standortentscheidung, Bielefeld 1969.
Wäscher, G., Innerbetriebliche Standortplanung bei einfacher und mehrfacher Zielsetzung, Wiesbaden 1982.
Weber, A., Über den Standort der Industrien, Tübingen 1909.
Weber, A., Industrielle Standortlehre, 2. Aufl., Tübingen 1923.

Dritter Teil

Die Teilbereiche der Unternehmung und ihre Koordination

A. Allgemeiner Überblick über die Teilbereiche der Unternehmung

In jeder Unternehmung gibt es verschiedene Funktionsbereiche, in denen sich der betriebswirtschaftliche Umsatzprozeß vollzieht. Aufgabe, Umfang und Bedeutung der einzelnen Bereiche im Rahmen der Gesamtunternehmung hängen zum größten Teil vom *jeweiligen Wirtschaftszweig* ab, dem die Unternehmung angehört. So kommt beispielsweise dem Material- und Produktionsbereich in einem Industriebetrieb, dem Absatzbereich in einem Handelsbetrieb und dem Finanzbereich in einem Bankbetrieb eine zentrale Stellung und Bedeutung zu.

Über Anzahl und Inhalt der einzelnen Teilbereiche der Unternehmung bestehen in der einschlägigen Literatur unterschiedliche Auffassungen. Manchmal werden nur vier Hauptbereiche (Beschaffung, Produktion, Absatz und Finanzen) unterschieden und andere Teilfunktionen mehr oder weniger sinnvoll eingeordnet; manchmal werden auch zehn und mehr detaillierte Aufgabenbereiche aufgezählt. Wir wollen im Rahmen dieser Untersuchung insgesamt fünf Teilbereiche behandeln:

1. den Personalbereich,
2. den Bereich der Beschaffungs- und Lagerwirtschaft,
3. den Produktionsbereich,
4. den Investitions- und Finanzbereich,
5. den Absatzbereich.

Dem Bereich des Rechnungswesens wird abschließend in einem Exkurs ein kurzer Abschnitt gewidmet; die „Bereiche" Planung, Organisation und Kontrolle werden in einem späteren Hauptteil als sog. Führungsinstrumente innerhalb einer Unternehmungsführungslehre dargestellt.

Obwohl wir im folgenden die einzelnen Teilbereiche nacheinander und isoliert behandeln wollen, um die spezifischen Aufgaben und typischen Eigenarten besser herauszuarbeiten zu können, muß bereits jetzt schon darauf hingewiesen werden, daß in der Praxis die in den Teilbereichen zu treffenden Entscheidungen, die den Ablauf des betrieblichen Umsatzprozesses bewirken, nicht losgelöst voneinander getroffen werden können. Entscheidungen im Absatzbereich beispielsweise müssen notgedrungen mit den Entscheidungen im Produktionsbereich und/oder im Finanz- und Investitionsbereich abgestimmt werden. Eine erfolgreiche Werbekampagne wird nämlich nur dann einen Unternehmenserfolg nach sich ziehen, wenn im Produktionsbereich genügend freie Kapazitäten vorhanden sind, um die zusätzlichen Aufträge termingerecht auszuführen. Sind keine freien Kapazitäten mehr vorhanden, so ist zu prüfen, ob genügend finanzielle Mittel zur Verfügung stehen, um im Produktionsbereich investieren zu können. Entscheidungen in den einzelnen Bereichen können also niemals isoliert voneinander getroffen werden, sondern sie sind miteinander abzustimmen; es handelt sich meist um sog. interdependente Entscheidungen. Der innere Zusammenhang aller Entscheidungen in den Teilbereichen ergibt sich durch eine gemeinsame Ausrichtung auf das Unternehmensziel der Gewinnmaximierung.

B. Der Personalbereich der Unternehmung (Personalwirtschaft)

I. Die menschliche Arbeit als Produktionsfaktor

Jede betriebliche Leistungserstellung läßt sich als eine Kombination von *Arbeitsleistungen* mit *Werkstoffen* und *Betriebsmitteln* auffassen. Der Kombinationsprozeß ist so durchzuführen, daß ein Maximum an produktiver Ergiebigkeit erreicht wird. Dieses Ziel ist nur dann zu realisieren, wenn man konsequent dem „Prinzip der Wirtschaftlichkeit" folgt. Gegen diese Zielsetzung wird man kaum Einwendungen erheben, wenn es sich um den Einsatz von Maschinen oder die Verwendung von Werkstoffen handelt. Einwendungen erhebt man jedoch dann, wenn es sich um den Einsatz des Produktionsfaktors „Arbeit" handelt. Der Einsatz dieses Faktors wirft nämlich neben technischen und ökonomischen immer auch menschliche und soziale Probleme auf. Je besser es gelingt der menschlichen Eigenart bei der Gestaltung des Arbeitsprozesses gerecht zu werden, desto wirksamer wird der Einsatz dieses Produktionsfaktors auch in wirtschaftlicher Beziehung sein. Eine Beachtung der vielseitigen Individual- und Sozialbedürfnisse des arbeitenden Menschen ist damit nicht nur ein ethisches und soziales Gebot, sondern zugleich auch vom ökonomischen Standpunkt aus betrachtet als sinnvoll anzusehen. Nur unter dieser Einschränkung hat das „Wirtschaftlichkeitsprinzip" beim Einsatz des Produktionsfaktors Arbeit seine Gültigkeit.

Unter Beachtung der besonderen Eigenart der menschlichen Arbeit kommt der Frage nach einer möglichst optimalen Nutzung eine besondere Bedeutung zu. Dabei sind zunächst die bestimmenden Einflüsse der Ergiebigkeit der menschlichen Arbeit zu analysieren. Wir haben weiter oben festgestellt, daß vor allem die *objektiven* Leistungsbedingungen, d. h. die sachlichen Bedingungen der Arbeitsumwelt, und die *subjektiven*, d. h. die in der Person des Arbeitenden liegenden Bedingungen, die Ergiebigkeit des Faktors Arbeit beeinflussen. Diese beiden Einflüsse auf die Arbeitsleistung werden auf der folgenden Seite dargestellt.

Neben den objektiven und den subjektiven Leistungsbedingungen muß die Entlohnung als weiterer wichtiger Bestimmungsfaktor der Ergiebigkeit menschlicher Arbeit erwähnt werden. Allerdings ist die Erzielung eines möglichst hohen Einkommens heute nicht mehr das alleinige Antriebselement menschlicher Leistungsbereitschaft. Einen ganzen Katalog mehr oder weniger konkreter Zielsetzungen haben wir weiter oben bereits erwähnt. An dieser Stelle soll deshalb nur noch ein mehr qualitatives Antriebselement erwähnt werden, das aus der amerikanischen Praxis und Literatur in den letzten Jahren auch zu uns gelangt ist, nämlich das Ziel, eine Übereinstimmung der Entfaltung der eigenen Persönlichkeit durch eine zufriedenstellende Art der beruflichen Betätigung mit den Zielsetzungen am Arbeitsplatz und den Zielen der Unternehmung herbeizuführen. In der amerikanischen Literatur spricht man von „*identification*" und ist davon überzeugt, daß die Unternehmung nur dann mit einem Höchstmaß an Wirtschaftlichkeit arbeitet, wenn die persönlichen Ziele der in der Unternehmung arbeitenden Menschen mit dem Unternehmensziel übereinstimmen. Allerdings sind die Ziele der Betriebsangehörigen und die Unternehmensziele nicht ohne weiteres identisch. Es wird im Gegenteil sogar starke Interessenkonflikte geben. Diese vermindern sich jedoch bei einer längerfristigen Betrachtung, vor allem dann, wenn es gelingt die Beschäftigten etwa durch die Aufgabenstellung, durch die Teilnahme an unternehmerischen Entscheidungen und durch Mitsprachemöglichkeiten, durch einen entsprechenden Führungsstil oder Weiterbildungsmöglichkeiten zu motivieren. Der systematische Einsatz sinnvoller Motivationsfaktoren erleichtert das Endziel „identification"!

Schematische Darstellung der Einflüsse auf die Arbeitsleistung

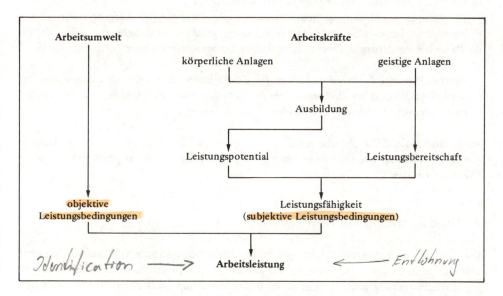

Den gesamten Aufgabenbereich, der sich mit dem optimalen Einsatz der menschlichen Arbeit befaßt, bezeichnet man als *„Personalwirtschaft"* bzw. als *„Personalwesen"* und die Grundsätze und Maßnahmen, mit denen eine Beeinflussung der personellen Verhältnisse in der Unternehmung erreicht werden soll, werden unter dem Begriff *„Personalpolitik"* zusammengefaßt. Die Personalpolitik hat dafür zu sorgen,

> daß die Ziele der Unternehmung vom personellen Einsatz her gesehen in möglichst optimaler Weise erreicht werden.

Man kann im wesentlichen vier Hauptgebiete betrieblicher Personalpolitik unterscheiden:

1. Personalplanung und Personalbeschaffung,
2. Bestimmung leistungsgerechter Entlohnung,
3. betriebliche Sozialpolitik,
4. Mitbestimmung und Betriebsverfassung.

II. Personalplanung und Beschaffung

Die *Personalpolitik* muß zunächst einmal dafür sorgen, daß geeignete Arbeitskräfte in ausreichender Zahl zur Verfügung stehen; eine Aufgabe, die besonders in einer wachsenden Wirtschaft und bei Arbeitskräftemangel von außerordentlicher Bedeutung für die Unternehmung ist. Bei der Beschaffung von Arbeitskräften sind in den letzten Jahren erkennbare Strukturverschiebungen zu beachten: Die moderne Wirtschaft hat einen wachsenden Bedarf an qualifizierten Kräften, vor allem an Führungskräften jeder Art. Das ist zunächst einmal eine Folge wachsender Betriebsgrößen und einer dadurch bedingten Bildung von Stabsstellen, daneben aber auch eine Folge der weitgehenden Spezialisierung und der Verwissenschaftlichung der betrieblichen Arbeit.

Die Personalbeschaffung ist heute keine einmalige, kurzfristige Aufgabe mehr, sie hat vielmehr langfristigen Charakter. Für eine modern geführte Unternehmung sollte deshalb die Personalbeschaffung auf einem langfristigen Personalplan basieren.

Diesem Personalplan obliegt es, den für die Zukunft zu erwartenden Personalbedarf sowohl quantitativ als auch qualitativ festzustellen und Vorsorge für eine dem Bedarf entsprechende Bereitstellung an Arbeitskräften zu treffen.

Dabei sind sowohl die innerbetrieblichen als auch die außerbetrieblichen Möglichkeiten mit in die Planung einzubeziehen. Einen einfachen Personalplan zeigt die schematische Übersicht auf den Seiten 162/163.

1. Die Bestimmung des Personalbedarfs

Die Beschaffung von Arbeitskräften im Hinblick auf eine optimale Stellenbesetzung setzt eine exakte Ermittlung des notwendigen Bedarfs voraus. In der Praxis wird immer wieder gegen die Forderung nach einer genauen Bedarfsermittlung verstoßen. Meist verläßt sich der Personalleiter auf die Personalanforderungen der einzelnen Abteilungen und Werkstätten, oder er läßt ausgeschiedene Kräfte automatisch ersetzen, ohne die Notwendigkeit einer Neu- bzw. Ersatzbeschaffung zu prüfen. Dieses Verfahren ist zwar bestechend einfach, jedoch kann man einem so handelnden Personalleiter den Vorwurf nicht ersparen, daß er seine Aufgabe, auch auf dem Gebiet der Personalbeschaffung und der Personalpolitik für Wirtschaftlichkeit zu sorgen, sträflich vernachlässigt. Der Personalleiter sollte die Bedarfsermittlung nicht allein den unmittelbaren Vorgesetzten überlassen, da deren Fähigkeiten gerade auf diesem Gebiet nicht immer die besten sind. Außerdem sind viele Abteilungsleiter und Vorgesetzte oft der Auffassung, ihre Bedeutung und Stellung in der Unternehmungshierarchie hinge von der Anzahl ihrer Untergebenen ab; eine bewußte *Personalhortung* ist deshalb oft die natürliche Folge.

Der Personalleiter sollte sich in Zusammenarbeit mit den jeweiligen Abteilungsleitern immer selbst ein Bild von dem tatsächlichen Bedarf machen. Eingehende *Arbeitsplatzuntersuchungen* und eine daraus resultierende *Arbeitsplatzbeschreibung* sind auf jeden Fall wertvolle Hilfsmittel bei der Ermittlung des notwendigen Bedarfs. Die mit einer exakten Arbeitsplatzbeschreibung zusammenhängenden Schwierigkeiten und Probleme sind in der Praxis oft auch bei Großbetrieben mit ein Grund dafür, daß der Bedarf meist „über den Daumen" geschätzt wird. Dabei würde sich gerade bei Großbetrieben eine sämtliche Arbeitsplätze umfassende Arbeitsplatzbeschreibung auch aus anderen Gründen lohnen. Aber auch bei Klein- und Mittelbetrieben ist eine vernünftige Bedarfsermittlung und eine darauf aufbauende optimale Stellenbesetzung von großer Bedeutung. Wenn man einmal davon ausgeht, daß ein Großbetrieb es sich eher leisten kann, einen „Versager" durchzuschleppen als ein Kleinbetrieb, ohne Schaden zu erleiden, erscheint eine genaue Bedarfsermittlung für den Kleinbetrieb ebenso wichtig wie für den Großbetrieb.

a) Quantiative Bestimmung des Personalbedarfs

Eine quantitative Bestimmung des Personalbedarfs sollte von einer Einteilung der Belegschaft in
1. direkt produktiv tätige Mitarbeiter und
2. indirekt produktiv tätige Mitarbeiter

ausgehen. Die von der Personalverwaltung der meisten Unternehmen geführte Einteilung der Belegschaft in Arbeiter und Angestellte reicht meist nicht aus, da besonders bei Unternehmen mit ausgedehnter Forschungs- und Entwicklungstätigkeit die Angestellten meist ebenso produktiv sind, wie die direkt im Produktionsprozeß stehenden Arbeiter.

Bei der Planung des Bedarfs an direkt produktiven Arbeitskräften ergeben sich dann keine Schwierigkeiten, wenn *konstante* Produktionsverhältnisse gegeben sind, d. h., wenn Produktionsprogramm, Produktionsverfahren, Produktionsvolumen und Betriebsgröße nicht verändert werden. Hier kann dann meist relativ leicht der zahlenmäßige Bedarf ermittelt werden. So wird die Planung des quantitativen Bedarfs in einer Textilfabrik mit angeschlossener Weberei nach der in der Weberei befindlichen Anzahl von Webstühlen vorgenommen werden können.

Sind dagegen die Produktionsverhältnisse laufend Änderungen unterworfen, weil sich beispielsweise Produktionsprogramm oder Produktionsvolumen kurzfristig ändern, so ist eine Ermittlung des personellen Bedarfs schon weitaus schwieriger. Noch schwieriger gestaltet sich allerdings die Bedarfsplanung für die außerhalb der „Produktion" stehenden Arbeitskräfte. Hier erscheint es ratsam, den zukünftigen Bedarf der einzelnen Abteilungen aufgrund von *Organisationsschemata* und exakten Stellenbeschreibungen zu ermitteln.

Eine sorgfältige Bedarfsplanung sollte auf jeden Fall die *vorhersehbaren* Bedarfsschwankungen, bei den in der Unternehmung arbeitenden Arbeitskräften einbeziehen. Zu einer solchen Planung zählt eine systematische Ersatzplanung der durch Pensionierung, Militärdienst, Teilnahme an Ausbildungslehrgängen, Kursen endgültig oder nur vorübergehend ausscheidenden Betriebsangehörigen. Aber auch den *nicht vorhersehbaren* Abgängen durch Krankheit, Unfall, Tod oder Fluktuation ist durch statistische Werte aus der Vergangenheit Rechnung zu tragen. Dabei zeigt sich, daß ein Unternehmen mit vielseitig verwendbaren Arbeitskräften den Fall unvorhersehbarer Abgänge besser und schneller überwinden kann als eine Unternehmung, die sehr viele hochqualifizierte Fachkräfte aufweist.

Schema der Personalplanung

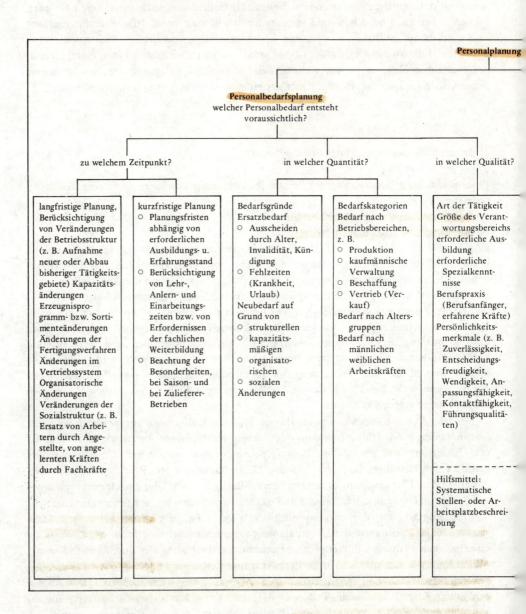

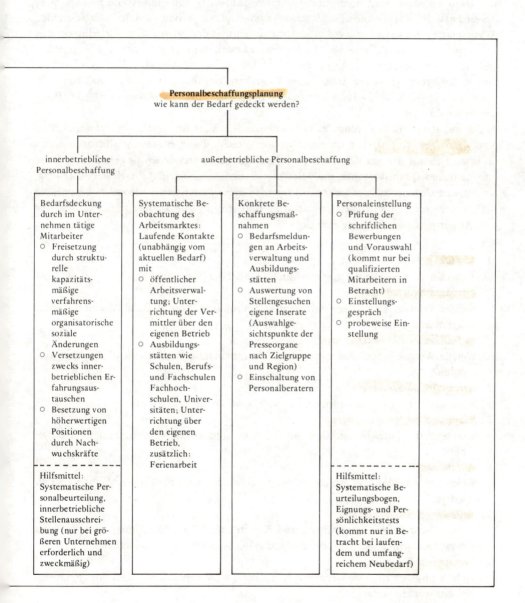

b) **Qualitative Bestimmung des Personalbedarfs**

Eine einfache zahlenmäßige Beschreibung der zu besetzenden Stellen reicht meist nicht aus. Dazu kommen muß noch eine *qualitative* Informationen umfassende Beschreibung des Bedarfs. Je detaillierter und genauer die jeweiligen Eigenschaften des zu besetzenden Arbeitsplatzes umschrieben werden, desto eher wird es der Personalführung gelingen, den Arbeitsplatz optimal zu besetzen. In der Praxis bestehen meist nur sehr vage Vorstellungen über den zu besetzenden Arbeitsplatz und dann natürlich auch über die Eigenschaften, die ein Bewerber aufweisen sollte. Eine sorgfältige Bestimmung des Personalbedarfs in qualitativer Hinsicht aber gilt als wichtigste Vorentscheidung für die optimale Beschaffung von Arbeitskräften.

Die qualitative Bestimmung des Personalbedarfs basiert auf einer *Arbeitsplatzbeschreibung* (job description). Die in einer solchen Beschreibung enthaltenen Informationen beziehen sich auf die Art der Arbeit, die Bedingungen, unter denen sie geleistet wird, die erforderlichen Qualifikationen und die Anstellungsbedingungen. Je nach der Abteilung, für die eine Arbeitskraft gesucht wird, werden einzelne Kriterien besonders betont, die bei der späteren Auswahl der Bewerber zu beachten sind. Folgende Punkte sollte eine gute Arbeitsplatzbeschreibung enthalten:

1. *Abteilung:*
   Zu welcher Abteilung der Unternehmung gehört der Arbeitsplatz?
2. *Titel und Bezeichnung:*
   Welche Titel sind mit dem Arbeitsplatz verbunden? Zum Beispiel Abteilungsleiter, Vorstandsassistent oder Abteilungsdirektor?
3. *Definition des Arbeitsplatzes:*
   Welche Aufgabenbereiche und welche Verantwortung sind mit dem „Posten" verbunden?
4. *Hierarchische Stellung:*
   Wem ist der Betriebsangehörige unterstellt, und wer untersteht ihm?
5. *Hierarchische Verbindungen:*
   Wen muß der Betriebszugehörige unterrichten, und welche Beratungen muß er abhalten?
6. *Aufgaben:*
   Welche regelmäßig und welche fallweise anfallenden spezifischen Aufgaben sind zu erledigen?
7. *Ausbildung und Erfahrung:*
   Welche beruflichen Erfahrungen und Kenntnisse, Allgemeinbildung, Sprachen und sonstige Kenntnisse sind mit der Besetzung des Arbeitsplatzes verbunden?
8. *Körperliche Eignung:*
   Welche physischen Anforderungen (Ausdauer, Widerstandskraft, Reaktionsgeschwindigkeit) werden verlangt?
9. *Charakterliche Eigenschaften*
10. *Arbeitsmittel und Arbeitsbedingungen:*
    Dazu zählt u. a. die Klärung folgender Fragen: Fester oder beweglicher Arbeitsplatz, physische Arbeitsbedingungen (Lärm, Schmutz, Temperatur usw.), psychologische

Arbeitsbedingungen (u. a. Art und Stil des Vorgesetzten und der Kollegen), Arbeitszeiten und Pausenregelungen?
11. *Entlohnung und Sozialleistungen*
12. *Aufstiegsmöglichkeiten:*
Welche Aufstiegsmöglichkeiten auf mittlere und lange Sicht sind mit dem Arbeitsplatz verbunden?

Eine detaillierte Arbeitsplatzbeschreibung, die alle erwähnten Punkte umfaßt, wird in der Praxis für die meisten Unternehmen ein nur schwer erreichbarer Idealzustand sein. Dennoch liegen die Vorteile im Hinblick auf eine exakte Ermittlung des Personalbedarfs auf der Hand: Nur dann, wenn die Unternehmung eine genaue Vorstellung von den spezifischen Anforderungen eines jeden Arbeitsplatzes hat, erscheint eine sinnvolle Beschaffung der notwendigen Arbeitskräfte und damit eine optimale Stellenbesetzung möglich.

Die mit einer schriftlichen Fixierung sämtlicher Arbeitsplätze in einer Unternehmung verbundenen Schwierigkeiten sind bekannt; die meisten Unternehmen scheuen deshalb den Aufwand an Personal und Zeit, die mit der Durchführung detaillierter Arbeitsplatzbeschreibungen verbunden sind. Dennoch würden sich auf lange Sicht gerade diese Investitionen lohnen. Arbeitsplatzbeschreibungen sind nämlich nicht nur eine wichtige Voraussetzung für eine optimale Stellenbesetzung, sondern sie spielen u. a. auch bei der Bestimmung des Arbeitsentgelts im Rahmen der Arbeitsbewertung eine entscheidende Rolle.

2. Die Beschaffung von Arbeitskräften

Der produktive Effekt der menschlichen Arbeit in der Unternehmung wird weitgehend davon bestimmt, ob die mit den Arbeitsplätzen verbundenen Anforderungen von den Arbeitskräften tatsächlich erfüllt werden oder anders ausgedrückt: *die Eignung der Belegschaft ist am größten, wenn sich die „Arbeitsverrichtungskurve" und die „Eignungskurve" decken.* Die Belegschaft kann demnach also — ebenso wie die Betriebsmittel — sowohl quantitativ als auch qualitativ unter- bzw. überbesetzt sein. Damit Divergenzen zwischen der Arbeitsvorrichtungskuve und der Eignungskurve von vornherein ausgeschlossen sind, sollten bei der Personalbeschaffung nur ausgewogene und gründliche, auf sorgfältigen Arbeitsplatzbeschreibungen basierende Entscheidungen getroffen werden. Wenn man einmal davon ausgeht, daß man für die *Einstellung* (Anwerbung, Einarbeitung und Beaufsichtigung) eines ungelernten Arbeiters bis zu 10 000,— DM aufwenden muß und für einen höheren Angestellten sogar bis zu 100 000,— DM, so ist klar ersichtlich, daß man sich auf die Dauer keine irrtümlichen Einstellungen leisten kann.
leisten kann.

Grundsätzlich gibt es zwei Möglichkeiten, frei werdende oder neu geschaffene Stellen zu besetzen:

1. mit Bewerbern aus der eigenen Unternehmung,
2. mit Bewerbern vom freien Arbeitsmarkt.

Bei der Entscheidung darüber, ob freie Stellen mit eigenen oder betriebsfremden Arbeitnehmern besetzt werden sollen, sind die Vor- und Nachteile der beiden Alternativen sorgfältig gegeneinander abzuwägen[1]. Nicht immer sind es quantifizierbare Faktoren, die die eine oder andere Entscheidung herbeiführen. Für eine Besetzung freier Stellen durch *betriebseigene* Arbeitskräfte sprechen folgende Erwägungen:

1. Einsparung der meist erheblichen Einstellungskosten,
2. gute Beurteilungsmöglichkeiten im Hinblick auf das fachliche Wissen und Können des seitherigen Mitarbeiters,
3. Vertrautsein des Mitarbeiters mit den betrieblichen Gegebenheiten (Betriebsverbundenheit),
4. positiver Einfluß auf Arbeitsmoral und Betriebsklima der Mitarbeiter bei innerbetrieblichen Aufstiegsmöglichkeiten.

Eine Unternehmung, die bewußt darauf achtet, daß freie Stellen mit Betriebsangehörigen besetzt werden, wird meist mit gezielten Maßnahmen, von der Berufsausbildung über verschiedene Weiterbildungsmöglichkeiten bis zu einem gelenkten Arbeitsplatzwechsel (job rotation) hin, diese Art der Personalpolitik relativ langfristig betreiben.

Für eine Besetzung freier Stellen mit *betriebsfremden* Arbeitnehmern spricht zunächst einmal die Möglichkeit, daß der neue Mitarbeiter an anderer Stelle gewonnene Erfahrungen und neue Ideen mitbringt. Außerdem kann er aufgrund größerer Objektivität die auf ihn zukommenden betrieblichen Probleme unvoreingenommener analysieren und ist dadurch in der Lage, mit der herkömmlichen „Betriebsblindheit" aufzuräumen und Mißstände zu beseitigen. Inwieweit sich diese Vorteile allerdings in der Praxis realisieren lassen, hängt von den spezifischen Gegebenheiten der jeweiligen Unternehmung ab.

Welche Entscheidungen bei der Besetzung freier Stellen auch immer getroffen werden, sie sollten auf jeden Fall individuelle, die Vor- und Nachteile jeweils abwägende Wahlhandlungen sein. Grundsätzliche Entscheidungen nach der einen oder anderen Seite müssen auf die Dauer Nachteile mit sich bringen. Die Regel sollte sein, beim Besetzen einer freien Stelle zunächst sorgfältig zu prüfen, ob eigene Arbeitnehmer willens und in der Lage sind, den Arbeitsplatz zu besetzen. Nur dann, wenn eine solche Entscheidung auch im Hinblick auf den nun freien Platz des Mitarbeiters für die gesamte Unternehmung optimal erscheint, sollte man sich zu einer Besetzung mit eigenen Arbeitnehmern entschließen. Ist das nicht der Fall, muß man sich an den freien Arbeitsmarkt wenden.

Für eine Beschaffung betriebsfremder Arbeitskräfte durch *Anwerbung* gibt es verschiedene Möglichkeiten. Zunächst einmal ist die öffentliche Arbeitsvermittlung (Arbeitsamt) zu nennen, die in den letzten Jahrzehnten in allen Ländern der Welt zunehmende Bedeutung erlangt hat. Dabei liegt heute allerdings in Deutschland der Hauptakzent wohl in erster Linie bei der Beschaffung von Hilfskräften und Kräften der unteren Ebenen, sowie bei der Personalbeschaffung in Saisonzeiten und bei Stoßgeschäften. Zur Gewinnung *qualifizierter* Arbeitskräfte bedient man sich meist anderer Methoden, wobei vor allem Zeitungsanzeigen, persönliche Empfehlungen von Geschäftsfreunden, das Vermitteln durch Unternehmens- und Personalberater sowie laufende Verbindungen mit Fachhochschulen und Universitäten zu nennen sind.

---

[1] Nach § 93 BetrVG sind auf Verlangen des Betriebsrates freie Arbeitsplätze innerbetrieblich auszuschreiben.

3. Die Bestimmungsfaktoren bei der Auslese von Arbeitskräften (Eignungsanalyse)

Bei der Besetzung freier Stellen sollen die in die engere Auswahl einbezogenen Bewerber geprüft werden, ob sie in der Lage sind, die vom jeweiligen Arbeitsplatz geforderten Anforderungen zu erfüllen. Für die Auswahl der Bewerber können verschiedene Grundsätze festgelegt werden. Nicht immer gilt dabei die Suche den qualifiziertesten Bewerbern. So hat sich beispielsweise in der Praxis gezeigt, daß es für die Zusammenarbeit innerhalb einer Unternehmung nicht günstig ist, wenn allzu viele vorwärtsstrebende, aktive Naturen zusammen kommen. Eine gesunde Mischung von durchschnittlich Begabten mit einer kleinen Zahl aktiver Führungskräfte erweist sich im allgemeinen als vorteilhafter.

Die Auswahlmethoden haben zum Teil rein *empirischen* Charakter, zum Teil handelt es sich aber auch um *wissenschaftliche* Methoden. Die Übergänge sind allerdings flüssig. Als Unterlagen dienen zunächst Bewerbungsschreiben, Lebenslauf, Schul- und Arbeitszeugnisse, Referenzen u. a. Vielfach verwendet man auch Fragebogen, die sich eingehend mit den persönlichen und beruflichen Verhältnissen der Bewerber befassen. Die Problematik dieser Fragebogen ist bekannt; immerhin ergeben sie im Zusammenhang mit einer genauen Analyse des Lebenslaufs, den Zeugnissen und etwaigen Auskünften ein ziemlich umfassendes Bild, das dann im Rahmen des *Einstellungsinterviews*[2] weiter abgerundet werden kann. Die Interviewtechnik ist besonders von amerikanischen Unternehmen in systematischer Weise entwickelt worden, so daß man hier heute bereits von einer *wissenschaftlichen Methodik* sprechen kann.

Oft reichen die geschilderten Ausleseverfahren nicht aus, um den geeigneten Bewerber auszuwählen. Man hat deshalb besondere *Prüfungs-* und *Testverfahren* entwickelt, die zum Teil heute schon so speziell sind, daß sie eigene Testaufgaben im Hinblick auf ganz bestimmte Berufsanforderungen enthalten. Dabei kann man zunächst rein empirisch vorgehen, indem man beispielsweise bei Schreibkräften die Schreibgeschwindigkeit und die einwandfreie Ausführung der Arbeit durch Probeschreiben überprüft. Für Arbeitskräfte, von denen spezielle Fähigkeiten und Eigenschaften gefordert werden, hat man u. a. mechanische Geschicklichkeits- und Handfertigkeitstests, Intelligenztests und psychologische Charakter- und Temperamentstests entwickelt.

Da sich Eignungsprüfungen sowohl auf das fachliche Können und die Leistung als auch auf das Verhalten der Bewerber erstrecken können, kann man grundsätzlich zwei Arten von Prüfungsmethoden unterscheiden:

1. die Methoden der Leistungsanalyse,
2. die Methoden der Charakteranalyse.

Dabei muß man jedoch von vornherein darauf aufmerksam machen, daß in der Praxis *Arbeitsleistung* und *Arbeitsverhalten* so eng miteinander verknüpft sind, daß eine exakte Abgrenzung zwischen Leistungs- und Charakteranalyse nicht immer möglich ist.

---

[2] Das Vorstellungsgespräch dient heute vor allem auch der Überprüfung des *Verhaltens* (äußere Erscheinung, Ausstrahlung, Sympathie, verbaler Ausdruck u. a.) und der *psychischen* Konstitution des Bewerbers.

Zu 1: Methoden der Leistungsanalyse (Leistungstests)

Je nach den Fähigkeiten und Eigenschaften, die man bei den Bewerbern überprüfen will, läßt sich die Vielzahl der in der Praxis angewandten Methoden der Leistungsanalyse einigermaßen systematisieren. Ohne daß wir Anspruch auf Vollständigkeit erheben wollen, sollen im folgenden aus Gründen der besseren Anschauung einige Methoden erwähnt werden.

Zunächst einmal gibt es Methoden, die der Prüfung der Geschicklichkeit dienen. Dazu zählt beispielsweise der sog. *Punktiertest* von *Walter*, bei dem der Prüfling mit einem Stift Punkte in ein mit zahlreichen Feldern besetztes quadratisches Netz eintragen muß, ohne daß ein Feld augelassen wird. Die jeweilige Geschwindigkeit und die Anzahl der ausgelassenen Felder sind ein Maßstab für die Geschicklichkeit des Prüflings. Ähnliches gilt für den sog. *Perlentest,* bei dem dreißig Perlen so schnell wie möglich auf einen Faden aufgereiht werden müssen. Etwas anders aufgebaut ist der sog. *Drahtbiegetest* von *Moede.* Hier muß der Prüfling nach einer Vorlage einen Draht in eine bestimmte Form (Ring, Dreieck) biegen. Der Beobachter kann sich hier leicht ein Bild von der Geschicklichkeit des Bewerbers machen. Schließlich ist in diesem Zusammenhang noch der sog. *Zweihandgeschicklichkeitstest* zu nennen, bei dem ein Mechanismus einen Zeichenstift nur dann „führt", wenn beide Hände gleichzeitig und richtig benutzt werden. Man will sich mit diesem Test vor allem ein Urteil über die *„verteilende"* Aufmerksamkeit des Prüflings bilden.

Eine andere Gruppe von Leistungstests versucht das *Anschauungsvermögen* des Bewerbers zu prüfen. Dazu zählt beispielsweise der sog. *Rybakow*-Test, bei dem geometrisch unregelmäßige Figuren so in zwei Teile zu schneiden sind, daß aus den Teilen ein Quadrat zusammengesetzt werden kann. Dieser Test dient ebenso wie der sog. *Würfeltest,* bei welchem die Anzahl der in einem „Würfelhaufen" befindlichen Würfel geschätzt werden muß, der Prüfung des räumlichen Vorstellungs- und Anschauungsvermögens des jeweiligen Bewerbers.

Schließlich kennt man in diesem Zusammenhang noch Testverfahren, die der Prüfung des technischen Verständnisses dienen. Neben Testaufgaben und Fragen im Hinblick auf technische Zusammenhänge werden hier besonders Arbeiten mit dem „Metallbaukasten" unter einer kontrollierenden Beobachtung ausgeführt. Die drei bisher erwähnten Gruppen von Tests im Rahmen einer Leistungsanalyse werden ihrem Inhalt entsprechend vor allem bei Bewerbern für den *technischen* Bereich einer Unternehmung angewandt. Für die Auslese vor allem kaufmännisch orientierter Bewerber gibt es daneben Methoden, die der Prüfung der Allgemeinbegabung des jeweiligen Bewerbers dienen. Dazu zählt u. a. der sog. *Gedächtnistest*, bei dem zunächst dreißig verschiedene Worte in einem Abstand von zwei Sekunden verlesen werden; danach wird zehn Sekunden gewartet und der Prüfling muß dann versuchen, soviel Worte wie möglich aus seinem Gedächtnis zu wiederholen. Daneben werden im Rahmen der Prüfung der Allgemeinbildung u. a. auch die Konzentrationsfähigkeit, die Kombinationsfähigkeit und die Abstraktionsfähigkeit des Bewerbers getestet[3]. Die Konzentrationsfähigkeit beispielsweise kann man dadurch prüfen, daß man

---

3 Aus der Fülle der bisher nicht erwähnten sog. *Intelligenztests* sei an dieser Stelle nur der von *John Ockert* entwickelte „Allgemeine Intelligenztest" (AIT) erwähnt, der auf der Basis von reinen Wissensfragen bis zu Zahlenreihenergänzungen sog *Intelligenzquotienten* als Vergleichswerte ermittelt.

den Bewerber beauftragt, auf einer Buchseite einen bestimmten Buchstaben anzustreichen. Die Schnelligkeit und Genauigkeit, mit der der Prüfling arbeitet, sind dabei Maßstäbe in bezug auf die Fähigkeit sich gut oder weniger gut zu konzentrieren. Die Kombinationsfähigkeit kann geprüft werden, indem man dem Bewerber unvollständige Sätze zur Ergänzung vorlegt; die Abstraktionsfähigkeit, indem man von ihm sich ergänzende Begriffe verlangt, wie beispielsweise: schmal – breit; heiß – kalt; oder warm – kühl.

Eine Beurteilung der jeweiligen Fähigkeiten und Kenntnisse im Rahmen einer Leistungsanalyse erfordert das Vorliegen brauchbarer *Norm-* oder *Vergleichswerte*. Erst dann, wenn der „Tester" konkrete Vorstellungen darüber hat, was bei den einzelnen Ergebnissen als „normale", durchschnittliche Leistung zu werten ist, erscheint eine Beurteilung der verschiedenen Bewerber entsprechend ihrer tatsächlichen Leistung sinnvoll.

Außerdem ist darauf hinzuweisen, daß der Aussagewert der einzelnen Testergebnisse von der an sich natürlichen Forderung abhängt, daß die jeweilige Testaufgabe tatsächlich die vom Bewerber geforderten Eigenschaften und Fähigkeiten anspricht. Schließlich soll an dieser Stelle noch erwähnt werden, daß bei manchen Leistungstests das reine Mengenergebnis oft noch näher interpretiert werden muß, will man Fehlbeurteilungen vermeiden. Fehlbeurteilungen können nämlich dann auftreten, wenn man es beispielsweise bei schriftlich zu fixierenden Lösungen bestimmter Aufgaben mit „guten", aber schreibungewandten Bewerbern zu tun hat.

Zu 2: Methoden der Charakteranalyse (Psychotests)

In den letzten Jahren hat sich die Eignungsprüfung, vor allem bei der Auslese kaufmännischer Bewerber, von der reinen Leistungsanalyse auf die Diagnose der Persönlichkeit (Charakteranalyse) verlagert. Diese Verlagerung ist zunächst einmal eine Folge davon, daß wissenschaftliche Erkenntnisse auf dem Gebiet der Psychologie verbreitet Anwendung gefunden haben und daß psychologische Verfahren besonders bei der Eignungsanalyse mit Erfolg angewandt wurden. Zum anderen ist man in der Praxis der Auffassung, *daß ein gutes Persönlichkeitsbild ein weniger gutes Begabungsbild besser ausgleichen kann als umgekehrt*. Eine eingehende Analyse der Persönlichkeit der einzelnen Bewerber gewinnt damit immer mehr an Bedeutung.

Die Problematik der Methoden zur Charakteranalyse liegt zunächst einmal darin, daß es im Gegensatz zu den bisher behandelten Methoden der Leistungsanalyse meist keine quantitativ meßbaren Normwerte gibt, um die Persönlichkeit zu beurteilen.

Zur Erfassung der charakterlichen Eigenschaften und Fähigkeiten dient die sog. Exploration, d. h. die Erfassung der charakterlichen Eigenschaften aufgrund mündlicher oder schriftlicher Ausführungen, des Verhaltens oder des Ausdrucks des Bewerbers.

Das Grundprinzip der sog. Charaktertests besteht darin, Situationen zu schaffen, die die jeweilige Versuchsperson veranlassen, ihrer Eigenart entsprechend zu reagieren.

Die zahlreichen Arten von Charaktertests, die in der Praxis Anwendung finden, lassen sich nach verschiedenen Gesichtspunkten systematisieren. So gibt es zunächst einmal

Tests, die aufgrund von *schriftlichen* oder *mündlichen Ausführungen* bzw. *Arbeitsproben* des Bewerbers eine Analyse versuchen. Die Tests sind meist Leistungstests; da sie jedoch auch gleichzeitig eine gewisse Selbstentfaltung der Persönlichkeit ermöglichen, geben sie wesentliche Aufschlüsse über bestimmte Charaktereigenschaften, vor allem über das Arbeits*verhalten* des Bewerbers. Zu diesen Tests zählen u. a. das Anfertigen eines Aufsatzes nach einem vorgegebenen oder frei wählbaren Thema, sowie „freies" Zeichnen oder auch „freie" Werkgestaltung.

Zunehmende Bedeutung erlangen in jüngster Zeit sog. Persönlichkeitsfragebogen („Fragebogentests"), wie etwa „das Freiburger Persönlichkeitsinventar" (FPI) oder „der 16 Persönlichkeitsfaktoren-Fragebogen", bei denen der Bewerber durch die Beantwortung von verschiedenen Fragen Verhaltensweisen, Einstellungen und Eigenschaften offenlegen soll.

Eine andere Gruppe von Tests sind die sog. *Wahltests.* Hierher gehört beispielsweise der sog. *Katalogtest* von Franziska *Baumgarten,* bei dem die Versuchsperson aus einer Reihe von Buchtiteln diejenigen nennen muß, die sie am meisten interessieren. Dazu zählt auch der sog. *Wunschtest* von *Wilde,* bei welchem dem Prüfling eine Reihe von 66 mehr oder weniger gegenständlichen Wörtern genannt werden, wobei ihm jeweils die Frage vorgelegt wird, ob er nach seinem Tode in Form eines dieser Gegenstände weiterleben wollte.

Der Sinn dieser Wahltests liegt darin, daß die Versuchsperson durch das Wählen verborgene Triebwünsche verrät, ohne es zu bemerken.

Daneben sind die sog. *projektiven Tests im engeren Sinne* zu nennen, bei denen der Prüfling aufgrund eines „Reizes" in Form eines Bildes oder einer Zeichnung dazu veranlaßt werden soll, die Problematik seiner eigenen Seele nach außen zu projizieren.

Die bekanntesten projektiven Tests sind der „Rorschach-Test", der „Szondi-Test" und der „TAT-Test" (Thematic Apperception Test). Beim Rorschach-Test muß die Versuchsperson jeweils zehn symmetrische Kleckse („Tintenklecks-Test"), die ihr in einer bestimmten Reihenfolge auf Blättern vorgelegt werden, interpretieren. Beim Szondi-Test werden dem Prüfling 48 Photographien von triebkranken Menschen in insgesamt sechs Serien vorgelegt, und er muß jeweils die zwei ihm sympathischsten und ihm unsympathischsten Bilder aussuchen. Beim TAT-Test schließlich muß der Prüfling aufgrund vorgelegter Bildtafeln, auf denen bestimmte Konfliktsituationen dargestellt sind, zu jedem Bild eine Geschichte erfinden.

Projektive Tests geben dem sachverständigen Psychologen Hinweise darauf, ob bei der Versuchsperson seelische Konflikte oder milieubedingte Spannungen bestehen. Schon bei der *Eignungsanalyse* sollten die Bewerber auch im Hinblick auf ihre seelischen Wesenszüge überprüft werden, da deren Einfluß auf die zwischenmenschlichen Beziehungen (human relations) in der Unternehmung besonders in der modernen Zeit eine sehr große Rolle spielt.

Zu erwähnen ist schließlich noch eine dritte Gruppe von Explorationstests, die auf einer *Ausdrucksanalyse* aufbaut. Dazu zählen Tests, die eine Analyse der Mimik, der Gestik, der Sprache und Sprechweise, der Haltung und des Ganges eines Bewerbers versuchen. Im weitesten Sinne dazu gehören auch die sog. *graphologischen* Tests, die eine Beurteilung der Persönlichkeit aufgrund der Schrift des Bewerbers erwägen. Graphologische Tests sind dann von Vorteil, wenn der Prüfling nicht weiß, daß seine schriftlichen Unterlagen einer Prüfung unterzogen werden und er somit unbefangen reagiert. Obwohl sich zahlreiche deutsche Großunternehmen nach wie vor bei der Eignungsauslese graphologischer Gutachten bedienen – die Gutachten sind *schnell* zu erstellen und vergleichsweise *billig* – ist die Graphologie heute mehr denn je umstritten.

Explorationstests im weitesten Sinne sind schließlich auch Tests, die auf einer *Gruppenarbeit* oder einer *Gruppendiskussion* aufbauen. Hier zeigt sich vor allem das soziale Verhalten eines Bewerbers: Man erhält Hinweise über die Rolle, die ein Mensch in einer Gesellschaft einzunehmen bereit ist. Erwähnt werden kann hier der Test von *Huiskamp*, bei welchem an Hand eines Lageplans von einer Gruppe von Versuchspersonen mit bestimmten Modellen eine kleine Industriestadt aufzubauen ist, in der Fabrikgebäude, Wohnhäuser, Schulen, ein Bahnhof, ein Wasserwerk und ein Rathaus ihren zweckmäßigsten Standort finden sollen. Stellungnahmen und Begründungen sind Maßstäbe für die Beurteilung der einzelnen Personen in der Gruppe.

Zur Erfassung bestimmter Eigenschaften im Rahmen einer Charakteranalyse wird manchmal auch auf die *Typologie* verwiesen. Versuche, die Menschen nach bestimmten Typen einzuteilen, sind so alt wie die denkende Menschheit selbst. So hat man bereits in der Antike (Hippokrates) die Menschen nach ihren „Seelentemperamenten" in vier Gruppentypen eingeteilt:

	ruhig	lebhaft
heiter	Phlegmatiker	Sanguiniker
ernst	Melancholiker	Choleriker

Die Einteilung der Typen in Phlegmatiker, Sanguiniker, Melancholiker und Choleriker und die diesen zugeordneten entsprechenden Charaktereigenschaften werden allerdings heute nur noch selten zur Charakteranalyse herangezogen. Daneben sind in neuerer Zeit eine Reihe von typologischen Theorien entstanden, von denen ohne Zweifel die Typenlehre von C. G. *Jung* und die von E. *Kretschmer* für unsere Belange am bedeutendsten sind. *Jung* unterscheidet in seiner Typenlehre nach den seelischen Funktionen zunächst den Denktyp, den Gefühlstyp, den Empfindungstyp und den Intuitionstyp und entsprechend der jeweils psychischen Anpassung an die Um- und Mitwelt den sog. extravertierten Typ (lebendig, mitteilsam, entgegenkommend und offen) und den sog. introvertierten Typ (ruhig, besonnen, zurückhaltend, nach innen gekehrt). Durch eine Kombination dieser Grundtypen gelangt *Jung* zu insgesamt acht Charaktertypen.

Kretschmer dagegen unterscheidet entsprechend dem Körperbau sog. Konstitutionstypen, und zwar den „pyknischen" Typ (Bauchtyp) als den geselligen Gefühlsmensch, den „leptosomen" Typ, dem man nachsagt, als schlanker, hagerer Typ ein humorloser Verstandesmensch und Fanatiker zu sein und den „athletischen" Typ, der als gedrungen und muskulös und langsam im Denken beschrieben wird.

Mit Hilfe der Typenlehren glaubt man, die Menschen nach bestimmten Kategorien einordnen zu können, um dadurch Aussagen über deren charakterliche Eigenschaften und deren Verhalten zu gewinnen. So wäre es sicherlich bei der Auswahl von Bewerbern für eine *Tätigkeit* am *Fließband* oder eine *Tätigkeit* als *Vertreter* für eine optimale Stellenbesetzung von Vorteil, wenn man die Bewerber danach einteilen könnte, ob es sich um *extravertierte* oder um *introvertierte* Typen handelt oder ob man es mehr mit *Denktypen* oder mit *Gefühlstypen* zu tun hat. Da in der Wirklichkeit jedoch fast nie mit *reinen* Typen, sondern immer nur mit Zwischentypen zu rechnen ist, bei denen *verschiedene* körperliche und chrakterliche Eigenschaften mehr oder weniger stark vorherrschen, ist man bei der *Eignungsanalyse* fast ganz von der Anwendung typologischer Theorien abgekommen.

> *Betrachtet man abschließend die Methoden zur Charakteranalyse bei der Auslese von Bewerbern, so ist an dieser Stelle mit Nachdruck darauf zu verweisen, daß bei der Durchführung und Auswertung von Charaktertests nur geschulte Psychologen eingesetzt werden sollten. Außerdem sollte nie nur eine Methode Anwendung finden, sondern es sollten sog. Testserien oder sog. Testbatterien eingesetzt werden, um die zu testenden Eigenschaften von verschiedenen Seiten her zu beleuchten. Die seelisch-geistige Situation des Menschen ist viel zu kompliziert, als daß man durch einen einzigen Test sämtliche Wesenszüge erfassen könnte.*

Die Bedeutung psychologischer Tests bei der Auswahl von Arbeitskräften in der Praxis ist umstritten. Testverfahren werden auf der einen Seite von unkritischen Enthusiasten überschätzt, auf der anderen Seite von übereifrigen Kritikern völlig abgelehnt. Die Lösung des Problems liegt wie so oft in der Mitte. Psychologische Tests können nie die menschliche Urteilsfähigkeit ganz ersetzen. Sie können immer nur als Ergänzung anderer Auswahlkriterien wie Leistungstests, Zeugnisse, Interviews, Auskünfte und ärztliche Untersuchungen angesehen werden. Wenn man dies beachtet und davon absieht, daß psychologische Testverfahren immer richtig urteilen müßten, so haben sich solche Tests in der Praxis bisher als sehr erfolgreich bewiesen. So wurde beispielsweise von einem Berufsverband ein Eignungstest für *Vertreter* entwickelt, der folgende Ergebnisse zeigte: Vertreter, die den Test mit „sehr gut" bestanden, bringen 206 % mehr Abschlüsse als der durchschnittliche Vertreter; der Umsatz von Vertretern, die das Testverfahren mit „mangelhaft" „bestanden" haben, liegt sogar 59 % unter dem Durchschnitt. Ähnliche Ergebnisse liegen auch auf anderen Gebieten und Branchen vor.

III. Der Lohn und die Arbeitsleistung

1. *Lohnhöhe und Lohngerechtigkeit*

Der Ausdruck „Gerechtigkeit" ist hier nicht im ethischen Sinne gemeint, denn für eine absolute Gerechtigkeit gibt es auch in der Betriebswirtschaftslehre keinen Maßstab. Würde man nämlich den Lohn für eine *bestimmte* Arbeit als gerecht bezeichnen, so müßte das notwendigerweise bedeuten, daß jede andere Lohnhöhe ungerecht ist. Die Betriebswirtschaftslehre kann nur etwas über die *relative* Gerechtigkeit im Sinne einer Einstufung entsprechend der jeweils geleisteten Tätigkeit aussagen.

Eine Entlohnung sollte grundsätzlich immer so gestaltet werden, daß der Arbeitende den Lohn als *gerecht empfindet*. Das setzt allerdings ein Entlohnungssystem voraus, das für gleichartige Beschäftigungen und eine gleichartige Leistung eine gleichartige Entlohnung gewährt. Differenziert wird dieses System dann lediglich noch im Hinblick auf eine „soziale" Entlohnung, d. h. in bezug auf Familienstand, Lebensalter oder Dauer der Betriebszugehörigkeit. Durch das Einbeziehen sozialer Faktoren in die Bemessung des Arbeitsentgelts wird allerdings der obige Grundsatz: gleicher Lohn für gleiche Leistung durchbrochen.

Sehen wir einmal von sozialen Komponenten bei der Lohnfindung ab, so sind im Hinblick auf eine betriebliche Lohngerechtigkeit zwei grundsätzliche Forderungen bei der Lohngestaltung zu beachten:

1. Der Lohn soll der Art der Arbeit, d. h. den körperlichen, geistigen und seelischen Anforderungen entsprechen, die die jeweilige Arbeit an den Menschen stellt.
   Der Lohn sollte anforderungsgerecht sein!
2. Der Lohn soll der Leistung des einzelnen, d. h. dem aus der Wirksamkeit seiner Arbeit und seiner Einsatzbereitschaft resultierenden Leistungsgrad entsprechen.
   Der Lohn sollte leistungsgerecht sein!

Anforderungsgerecht ist eine Entlohnung, deren Höhe nach den Anforderungen, die Arbeitsplatz, Arbeitsvorgang oder Arbeitsbedingungen an den arbeitenden Menschen stellen, gestaffelt ist. Danach muß eine schwierigere Arbeit höher als eine einfachere, eine unangenehme oder lästige Arbeit höher als eine angenehme entlohnt werden. Dabei bleibt die eigentliche Leistung unberücksichtigt. Eine anforderungsgerechte Entlohnung ist also noch keine leistungsgerechte. Sie berücksichtigt nur, *was* einer tut, nicht aber *wieviel* er tut. *Leistungsgerecht* ist eine Arbeitsentlohnung erst dann, wenn sie den konkreten Erfolg der Arbeit im Lohn berücksichtigt. Der „Grundsatz der Äquivalenz von Lohn und Leistung" muß gegeben sein.

Eine *leistungsgerechte* Entlohnung weckt das Leistungsbewußtsein der arbeitenden Menschen und spornt sie an, die Wirksamkeit ihrer Leistung durch Verbesserung der Geschicklichkeit oder Steigerung des Arbeitstempos zu erhöhen. Dabei ist schon jetzt darauf hinzuweisen, daß sich die Leistung nicht immer nur rein *mengenmäßig* in der Anzahl bearbeiteter Sachleistungen oder Dienstleistungen äußert, sondern daß sich Leistungsmaßstäbe auch in einer Verbesserung der Qualität zeigen können.

2. Arbeitsleistung und Leistungsbedingungen

Wir haben weiter oben festgestellt, daß die Arbeitsleistung u. a. von den *objektiven* und den *subjektiven* Arbeitsbedingungen abhängt. Wir wollen im folgenden zunächst einmal auf die objektiven Arbeitsbedingungen näher eingehen und im Anschluß daran ihre Bestimmung als Lohnfaktor mit Hilfe der Methoden der *Arbeitsbewertung* erörtern. Abschließend sollten die subjektiven Arbeitsbedingungen diskutiert werden.

a) Methoden der Arbeitsgestaltung

Die objektiven Arbeitsbedingungen sind so zu gestalten, daß *die eigentliche Arbeitslast vermindert und gleichzeitig die Arbeitsleistung vermehrt wird*. Das bedeutet zum einen, daß Arbeitsverfahren und Arbeitsmittel den Eigenarten des Faktors „Arbeit", zum anderen, daß der Faktor „Arbeit" den Besonderheiten der Arbeitsmittel und Arbeitsverfahren anzupassen sind. Wir wollen für unsere Untersuchung den Begriff „Arbeitsgestaltung" relativ weit fassen und darunter verstehen:

1. die Gestaltung der Arbeitsverfahren,
2. die Gestaltung des Arbeitsplatzes bzw. des Werkraumes,
3. die Gestaltung der Arbeitszeit (u. a. „gleitende" Arbeitszeit, Schicht- und Nachtarbeit) bzw. der Arbeitspausen.

Mit den Fragen der Arbeitsgestaltung haben sich in erster Linie F. W. *Taylor* (1856–1915) und F. B. *Gilbreth* (1868–1924) befaßt und die späteren Autoren bestimmend beeinflußt. In Deutschland hat sich vor allem auch der „Verband für Arbeitsstudien" (REFA) mit diesen Fragen beschäftigt.

aa) Gestaltung der Arbeitsverfahren

Die im Rahmen des Produktionsprozesses von Sachleistungsbetrieben ursprünglich angewandten Arbeitsverfahren beruhten zunächst ausschließlich auf der Tradition und der überkommenen Erfahrung der dort arbeitenden Menschen und nicht auf systematischen Untersuchungen. Erst *Taylor* und *Gilbreth* haben damit begonnen, den Arbeitsablauf durch sogenannte Arbeitsablaufstudien zu analysieren. Während *Gilbreth* den zweckmäßigsten Arbeitsablauf durch *Filmen* (die Versuchspersonen hatten Glühlämpchen an den Händen, um den Bewegungsablauf besser verfolgen zu können) zu finden glaubte, befaßte sich *Taylor* hauptsächlich mit sogenannten Zeitstudien, d. h., er versuchte den Arbeitsablauf durch sorgfältige Zeitstudien zu analysieren. Dabei wurde der gesamte Arbeitsablauf in sinnvolle Teiloperationen aufgespalten, um überflüssige Bewegungen feststellen und ausschalten zu können.

Auch heute dienen *Arbeitsablauf*- bzw. *Bewegungsstudien* der planmäßigen Überwachung zweckmäßiger Arbeitsverfahren. Man verfolgt damit u. a. zwei Ziele: Einmal gilt es, bei umfangreicheren Arbeitsprozessen eine sinnvolle *Arbeitsteilung* zu finden, zum anderen sollen grundsätzlich *rationellere Arbeitsverfahren* entwickelt werden.

ab) Gestaltung des Arbeitsplatzes bzw. des Werkraumes

Einschlägige Studien befassen sich auf diesem Gebiet zum Beispiel mit der räumlichen Anordnung und farblichen Gestaltung von *Büroräumen* (hier etwa auch die Frage: *Großraumbüro* ja oder nein?) oder der Anordnung von Werkzeugen und der systematischen Bereitstellung von Werkstoffen in *technischen Werkstätten* von Industriebetrieben. Licht-, Luft-, Temperatureinflüsse sowie die jeweilige Lärmstärke sind nur einige Bedingungen, die im Hinblick auf eine optimale Gestaltung des Arbeitsplatzes laufend überprüft werden müssen.

Eine sinnvolle Gestaltung des Werkraumes bzw. Arbeitsplatzes spielt besonders in *Industriebetrieben* eine große Rolle. Der Einfluß der objektiven Leistungsbedingungen auf die Arbeitsleistung ist gerade hier offensichtlich. Man hat deshalb bestimmte Forderungen aufgestellt, die an einen guten Arbeitsplatz in Industriebetrieben zu stellen sind[4]:

1. übersichtliche Anordnung der Werkzeuge;
2. Anbringung von Werkzeugen und Schaltern in optimaler Griffhöhe, damit sie jeweils mit geringster Mühe von den Arbeitenden zu erreichen sind;
3. keine statische Muskelbelastung;
4. genügend Raum für die einzelnen Arbeitsplätze innerhalb eines Werkraums, um gegenseitige Behinderungen zu vermeiden;
5. günstige Beleuchtung, Absaugen von Staub und Dunst, richtige Temperatur und Luftfeuchtigkeit, Lärmverminderung;
6. Unfallsicherung.

ac) Gestaltung der Arbeitszeit bzw. Arbeitspausen

Die Notwendigkeit einer Begrenzung der täglichen Arbeitszeit ergibt sich nicht nur aus *sozialpolitischen,* sondern letzten Endes auch aus *ökonomischen* Gründen: Der Grenzertrag der Arbeit sinkt nämlich bei einer Verlängerung der täglichen Arbeitszeit immer mehr. Das gilt in besonderem Maße für schwere körperliche Tätigkeit. Untersuchungen in der Schwerindustrie haben beispielsweise ergeben, daß von den Arbeitenden während des letzten Viertels der Arbeitszeit nur noch 6 % der Tagesleistung vollbracht wurden. Eine Senkung der Arbeitszeit muß also „ceteris paribus" (unter sonst gleichen Bedingungen) zu einer Erhöhung der *Produktivität* als dem Verhältnis von erbrachter Leistungsmenge zur eingesetzten Arbeiterstundenzahl führen. Ähnliche Ergebnisse liegen auch aus amerikanischen Untersuchungen vor, aus denen zu entnehmen ist, daß beispielsweise durch die Einführung der 40-Stunden-Woche die *physiologische* Leistungsbereitschaft der Arbeitenden relativ gestiegen ist.

Neben der Gestaltung der Arbeitszeit wirkt auch eine sinnvolle Anordnung der *Arbeitspausen* leistungssteigernd. Während beispielsweise noch *Taylor* der Auffassung war, Pausen seien Verlustzeiten und müßten ausgemerzt werden, ist man heute der Auffassung, daß Pausen unbedingt notwendig sind. Arbeitspausen sind nicht nur aus *arbeitsrechtlichen* Gründen (u. a. durch die Arbeitszeitordnung, das Mutterschutzgesetz, und das Jugendarbeitsschutzgesetz) zwingend vorgeschrieben, sondern sie entsprechen auch physiologischen Bedürfnissen und damit letzten Endes auch *ökonomischen* Überlegungen.

Für die Gestaltung der Pausen gilt zunächst einmal ganz allgemein, daß mehrere kurze Pausen während der Arbeitszeit vorteilhafter sind als weniger und dafür längere. Das liegt

---

[4] Für die Gestaltung von Arbeitsplatz und Arbeitsumgebung sind folgende Gesetze, Verordnungen oder Vorschriften zu beachten: Gewerbeordnung, Reichsversicherungsordnung, Betriebsverfassungsgesetz, Arbeitsstättenverordnung und die Unfallverhütungsvorschriften.

einmal daran, daß der *Erholungseffekt* zu Beginn der Pause am größten ist und dann sehr schnell abnimmt. Außerdem ist der sogenannte *Übungsverlust* bei kurzen Pausen geringer, d. h., der Arbeitende findet schneller und mit größerer Intensität wieder zu seiner *vor* der Pause unterbrochenen Tätigkeit zurück.

Über den richtigen Zeitpunkt der einzelnen Pausen während der Arbeitszeit kann die sogenannte physiologische Arbeitskurve („Kräpelinsche-Arbeitskurve") Auskunft geben. Sie wurde aufgrund empirischer Untersuchungen in der Schwerindustrie aufgestellt und besagt folgendes:

Zu Beginn der Arbeitszeit am frühen Morgen sind Leistungsbereitschaft und Arbeitsleistung zunächst gering, da sich Körper und Bewußtsein erst auf Arbeitsplatz und Arbeit einstellen müssen. Danach erreicht der Arbeitende relativ schnell ein sogenanntes Vormittagsmaximum, das dann „gegen Mittag" wieder leicht abfällt. Nach der Mittagspause erzielt der Arbeitende dann relativ schnell ein zweites etwas niedrigeres „Nachmittagsmaximum", das gegen Feierabend schnell abfällt.

Empirische Versuche haben ergeben, daß ein Absinken der Leistungskurve verlangsamt werden kann, wenn man Pausen entsprechend dieser Kurve sinnvoll einfügt.

Ähnlich gelagerte Arbeitskurven kann man sich auch auf dem Gebiet kaufmännischer Tätigkeiten vorstellen. Auch hier gibt es ein „Vormittagsmaximum" und ein „Nachmittagsmaximum" an Leistungsbereitschaft und Leistungsfähigkeit. Auch hier kann ein rechtzeitiges Einlegen von Pausen verhindern, daß der Leistungsabfall zu stark erfolgt. Allerdings erweisen sich gerade auf kaufmännischem Gebiet empirische Untersuchungen als weniger aussagefähig, da zunächst einmal Arbeitsleitung und Mengenergebnis meist nicht exakt quantifiziert werden können, und da außerdem bei überwiegend geistiger Arbeit die individuellen Unterschiede der Beschäftigten nur selten allgemeine Aussagen gestatten.

b) Methoden der Arbeitsbewertung

Wir haben weiter oben festgestellt, daß die *Arbeitsanforderungen* neben der individuellen Leistung ein Maßstab für die Entlohnung darstellen. Eine umfassende Berücksichtigung der Anforderungen eines jeden Arbeitsplatzes im einzelnen ist nur mit Hilfe einer *Arbeitsplatzbewertung* oder auch *Arbeitsbewertung* genannt möglich. REFA verwendet dafür auch den Ausdruck „Arbeitswertstudie", der ebenso wie die Begriffe „Arbeitsablaufstudie" und „Zeitstudie" unter dem Oberbegriff „Arbeitsstudie" eingeordnet wird.

Man unterscheidet grundsätzlich zwei Methoden der Arbeitsbewertung:

1. die summarische Methode,
2. die analytische Methode.

ba) Die summarische Methode

Bei der *summarischen* Methode wird der Schwierigkeitsgrad der Arbeit *als Ganzes* beurteilt. Dabei bedient man sich entweder des „*Rangfolgeverfahrens*" oder des „*Lohngruppenverfahrens*".

Beim *Rangfolgenverfahren* werden zunächst alle im Betrieb vorkommende Arbeitsverrichtungen zusammengestellt und durch paarweise Gegenüberstellung und gegenseitigen Vergleich in eine sog. Rangreihe nach Maßgabe der Arbeitsschwierigkeit eingeordnet.

Beim *Lohngruppenverfahren,* das bereits 1942 für die Eisen- und Metallindustrie als lohnordnende Maßnahme eingeführt wurde, wird zunächst im Manteltarifvertrag eine bestimmte Anzahl von Lohngruppen (z. B. acht) festgelegt. Für jede Gruppe werden dabei bestimmte Arbeitsmerkmale wie u. a. *Ausbildung* und *Sachkenntnis, Geschicklichkeit, körperliche* und *geistige* Beanspruchung zugrunde gelegt. Mit Hilfe eines Bewertungskatalogs werden dann alle im Betrieb anfallenden Arbeiten eingestuft. So umfaßt beispielsweise die *Lohngruppe 1*: einfachste Arbeiten, die ohne Ausbildung nach kurzer Anweisung ausgeführt werden können; die *Lohngruppe 8* dagegen: hochwertige Facharbeit, die meisterliches Können, absolute Selbständigkeit, Dispositionsvermögen und Verantwortung verlangt. Um eine Eingruppierung zu erleichtern, enthält der Lohngruppenkatalog meist eine Vielzahl von Richtbeispielen, die bestimmte Arbeiten genau beschreiben und damit eine Einordnung in die jeweils richtige Lohngruppe ermöglichen.

Die *summarische* Arbeitsbewertung ist relativ einfach und leicht verständlich. Bei der praktischen Handhabung sind aber verschiedene Nachteile aufzuzeigen, die dazu geführt haben, daß man heute in der Praxis weitgehend *analytisch* vorgeht:

1. Die Arbeitsbewertung hat den Charakter eines ungenauen Schätzverfahrens, bei welchem die einzelnen Anforderungen des Arbeitsplatzes nicht getrennt analysiert werden.
2. Eine genaue Beschreibung aller im Betrieb vorkommender Arbeiten ist schwierig und es besteht die Gefahr, daß eine Einstufung an Hand von Richtbeispielen schematisch vorgenommen wird.
3. Durch den technischen Fortschritt veralten die Richtbeispiele relativ schnell und müssen immer wieder auf den neuesten Stand gebracht werden.
4. Bei einer Bewertung nach dem Lohngruppenkatalog werden in der Praxis einzelne Faktoren (u. a. die Ausbildung) zu stark betont. Mit anderen Worten, die summarische Arbeitsbewertung stellt zu sehr auf den *Inhaber* und weniger auf den Arbeitsplatz selbst ab.

Die effektive Lohnfestsetzung nach dem Lohngruppenkatalog erfolgt in der Weise, daß beispielsweise für die *Lohngruppe 5* der sogenannte *Ecklohn* gilt, d. h. der tariflich festgesetzte Stundenlohn für die normale Facharbeitergruppe über 21 Jahren.

Er wird mit 100 % angesetzt. Durch Zu- und Abschläge ergeben sich die Tariflöhne der übrigen Gruppen: Für *Lohngruppe 1* werden beispielsweise 75 % und für *Lohngruppe 8* 133 % des Ecklohns gezahlt.

bb) Die analytische Methode

Als das sinnvollste und aussagefähigste Verfahren zur Feststellung der individuellen Anforderungen eines Arbeitsplatzes gilt allerdings die *analytische* Methode. Für die Entwicklung dieser Methode, die erst in den letzten Jahren größere Bedeutung erlangt hat, waren vor allem die Arbeiten von *Bramesfeld*, *Euler*, *Stevens*, *Hagner* und *Weng* richtungsweisend. Im Gegensatz zum summarischen Verfahren wird bei der analytischen Methode der Komplex der Arbeitsschwierigkeiten in einzelne *Anforderungsarten* aufgespalten. Dabei geht man in der Regel von körperlichen, geistigen und seelischen Grundanforderungsarten aus. So unterscheidet beispielsweise das in der Praxis meist zugrundegelegte sogenannte *Genfer Schema* (genannt nach der internationalen Tagung für Arbeitsbewertung der „internationalen Arbeitsorganisation" im Jahre 1950 in Genf) die in der folgenden Abbildung genannten *Grundanforderungsarten*, die noch entsprechend weiter unterteilt werden.

Übersicht über die in der Praxis übliche Unterteilung der Hauptanforderungsarten nach dem „Genfer Schema"

Anforderungen		Die Anforderungen wirken sich aus:
I. Können (Anforderungen an vorhandenes Wissen und Können)	a) Berufsausbildung Berufserfahrung Denkfähigkeit	vorwiegend nicht muskelmäßig (geistig)
	b) Geschicklichkeit Handfertigkeit Körpergewandtheit	muskelmäßig
II. Verantwortung (Anforderungen der Arbeit im Bereich des Willens)	a) Verantwortung für die eigene Arbeit (Betriebsmittel und Erzeugnisse)	geistig
	b) Verantwortung für die Arbeit anderer	
	c) Verantwortung für die Sicherheit anderer	
III. Belastung (Anforderung an Funktionen des Geistes und des Körpers)	a) Aufmerksamkeit Denktätigkeit	vorwiegend nicht muskelmäßig (geistig); Nerven und Sinne
	b) Betätigung der Muskeln	muskelmäßig
IV. Umgebungseinflüsse	a) Schmutz	vorwiegend körperlich
	b) Staub	
	c) Öl	
	d) Temperatur	
	e) Nässe (Säure und dgl.)	
	f) Gase und Dämpfe	
	g) Lärm	
	h) Erschütterung	
	i) Blendung oder Lichtmangel	
	k) Erkältungsgefahr	
	l) hinderl. Schutzkleidung	
	m) Unfallgefahr	

Für jede im Betrieb anfallende Arbeit wird nun untersucht, inwieweit eine Beanspruchung durch die einzelnen Merkmale erfolgt. Das jeweilige Berwertungsergebnis wird dann je nach der zugrundegelegten Methode ermittelt. Man unterscheidet:

1. Das „Rangreihenverfahren" und
2. das „Stufenwertzahlverfahren".

Rangreihen entstehen dadurch, daß eine Vielzahl von Arbeiten bei jeder Anforderungsart in der Reihenfolge geordnet wird, wie sie nach Auffassung des jeweiligen Bewerters der unterschiedlichen Anforderungshöhe bei der jeweils gleichen Anforderungsart entspricht. Jeder Arbeitsplatz wird also auch bei dieser Methode mit dem anderen verglichen, jedoch nicht *summarisch,* sondern jeweils hinsichtlich bestimmter Anforderungsmerkmalen. Geht man beispielsweise von der Anforderungsart „Verantwortung" aus, so sucht man zunächst den Arbeitsplatz, bei dem diese Anforderungsart am stärksten vertreten ist, wie z. B. die Tätigkeit des Kranführers. Diese Beanspruchung setzt man gleich 100 %. Danach sucht man 20 repräsentative Arbeiten (sog. Schlüsselarbeiten) und vergleicht diese im Hinblick auf die Anforderungsart „Verantwortung" mit der 100 % bewerteten Tätigkeit. Man erhält dadurch eine Rangreihe von 20 Arbeitsplätzen im Hinblick auf diese Anforderungsart. Alle übrigen Arbeitsplätze werden nun ebenfalls in die vorhandene Rangreihe eingestuft. Das gleiche Verfahren wird nun auch bei den anderen Anforderungsarten durchgeführt.

In der Praxis entstehen bei einer solchen Einordnung vergleichsweise geringe Schwierigkeiten, und das Verfahren wird trotz des scheinbar subjektiven Vorgehens relativ objektiv gehandhabt. Die Feststellung nämlich, ob eine Arbeit im Verhältnis zu einer anderen im Hinblick auf ein bestimmtes Merkmal schwieriger ist oder nicht, bereitet dem geübten Betriebspraktiker und Beobachter keine großen Schwierigkeiten. Probleme dagegen gibt es bei der vergleichsweisen *Bewertung* der einzelnen Anforderungsarten untereinander und damit der Festsetzung der einzelnen Rangplätze. Gilt beispielsweise hohes Fachkönnen mehr als hohe körperliche Belastung? Da die Wertigkeit der einzelnen Anforderungsarten untereinander nicht gleich ist, gilt es einen Gewichtungsfaktor zu suchen, der eine gemeinsame Basis für eine Addition sämtlicher Anforderungsarten ermöglicht. Theoretisch ist dieses Problem allerdings nicht zu lösen; es gibt keine eindeutig objektiven Maßstäbe. In der Praxis wird man deshalb die *Gewichtung* der einzelnen Anforderungsmerkmale von Wirtschaftszweig zu Wirtschaftszweig je nach den *individuellen* Erfordernissen unterschiedlich durchführen. Rein technisch geht man bei der Bestimmung des Arbeitswertes dann wie folgt vor:

a) $\dfrac{\text{Rangreihenplatz} \times \text{Gewichtungsfaktor}}{10}$ = Teilarbeitswert

b) Summe aller Teilarbeitswerte = *Arbeitswert*

Beim zweiten Verfahren, dem in der Praxis gebräuchlicheren *„Stufenwertzahlverfahren",* wird für jede Anforderungsart eine Anzahl von Wertungsstufen (Punktwerte) festgelegt, denen jeweils eine bestimmte Definition entspricht: gering = 1; mittel = 2; hoch = 3 . . . usw. Für die einzelnen Anforderungsarten eines Arbeitsplatzes werden Punktwerte ermittelt, die durch Addition den „Arbeitswert" des Arbeitsplatzes ergeben. Auch hier erleichtern wieder Richtbeispiele eine exakte Bewertung der Anforderungen. So gab beispielsweise die Metallindustrie eine Sammlung von 618 mustergültig ausgearbeiteten Richtbeispielen heraus und verzichtete sogar ganz auf eine nähere Definition der Wertungsstufen.

bc) Auswertung

Die durch die Arbeitsbewertung ermittelten Gesamtwerte sind eine wichtige Komponente der Lohnfestsetzung. Praktisch geht das so vor sich, daß durch eine Zusammenfassung bestimmter Arbeitswerte zu *Arbeitswertgruppen* und durch eine Zuordnung zu bestimmten Lohngruppen eine Möglichkeit zur Lohnfestsetzung gefunden wird.

Arbeitswertgruppe	Lohngruppe	Abstufung der Lohngruppe in Prozenten
bis 3 Pkt.	1	75 %
4– 6 Pkt.	2	83 %
7– 9 Pkt.	3	89 %
10–12 Pkt.	4	95 %
13–15 Pkt.	5 (Ecklohn)	100 %
. . .	.	. .
. . .	.	. .
22–24 Pkt.	8	133 %

Hat man mit Hilfe der Arbeitsbewertung durch die verschiedenen Arbeitswerte bzw. Arbeitswertgruppen den unterschiedlichen Anforderungen der Arbeitsplätze Rechnung getragen, so ist es Aufgabe der Tarifpartner, die absoluten Geldwerte für die Entlohnung auszuhandeln. Solange sich die Arbeitsverrichtung und damit die Arbeitswerte nicht ändern, braucht bei Lohnerhöhungen nur noch der Ecklohn ausgehandelt zu werden; die anderen Lohngruppen ergeben sich dann durch die prozentuale Abstufung.

Die Methoden der Arbeitsbewertung haben gegenüber den früher üblichen Regelungen, wo in den Tarifverträgen meist nur auf Vorbildung und Berufserfahrung („gelernte", „angelernte", „ungelernte" Arbeitskräfte) abgestellt wurden und wo die objektiven Arbeitsbedingungen kaum berücksichtigt wurden, eindeutig Vorteile. Das kann allerdings nicht darüber hinwegtäuschen, daß es bei der Anwendung eine Reihe von praktischen Schwierigkeiten gibt: Neben der Tatsache, daß eine befriedigende Gewichtung der einzelnen Anforderungsarten sehr schwierig ist, muß vor allem auch darauf hingewiesen werden, daß bei qualifizierten Arbeiten oft deshalb Probleme entstehen, weil das Arbeitsgebiet meist nicht exakt abgegrenzt werden kann und damit von der mehr oder weniger großen Initiative des Arbeitenden abhängig ist. Außerdem entstehen der Unternehmung durch den Einsatz von Arbeitsbewertungsverfahren meist relativ hohe Kosten. Dennoch sollten die Vorteile im Hinblick auf eine „gerechte" Entlohnung überwiegen.

c) Methoden der Leistungsbewertung

Während sich die Arbeitsbewertung auf die Feststellung der Arbeitseinflüsse und -bedingungen bezieht, will die *Leistungsbewertung die individuelle Arbeitsleistung unabhängig von den Anforderungen des Arbeitsplatzes bewerten.* Dabei erhebt sich zunächst die

Leistungsbeurteilungsbogen

Name: Vorname:			Abteilung:	Beurteiler:	
			Merkmals-angaben	Verbaler-ergänzungen	quantitative Bewertung
1. Arbeitsleistung	1.1	Arbeitsgüte			9 8 7 6 5 4 3 2 1
	1.2	Arbeitsmenge			9 8 7 6 5 4 3 2 1
2. Einstellung zur Arbeit	2.1	Interesse/Lernwilligkeit			9 8 7 6 5 4 3 2 1
	2.2	Verantwortungs-bereitschaft			9 8 7 6 5 4 3 2 1
	2.3	Anstrengungs-bereitschaft			9 8 7 6 5 4 3 2 1
3. Geistige Fähigkeiten	3.1	Auffassungsgabe			9 8 7 6 5 4 3 2 1
	3.2	Denk- und Urteilsfähigkeit			9 8 7 6 5 4 3 2 1
	3.3	Fachkenntnisse			9 8 7 6 5 4 3 2 1
4. Wesensart	4.1	Auftreten			9 8 7 6 5 4 3 2 1
	4.2	Verhalten gegenüber gleichgestellten Mitarbeitern			9 8 7 6 5 4 3 2 1
	4.3	Verhalten gegenüber Vorgesetzten			9 8 7 6 5 4 3 2 1
5. Führungs-eigenschaften	5.1	Verhalten gegenüber unterstellten Mitarbeitern			9 8 7 6 5 4 3 2 1
	5.2	Planungs- und Dispositionsvermögen			9 8 7 6 5 4 3 2 1

Frage, wie man die Arbeitsleistung „messen" kann? Grundsätzlich bieten sich zwei Möglichkeiten an: Die Leistung wird am sogenannten *Input*, d. h. am jeweiligen Aufwand oder Einsatz, gemessen; die Leistung kann zweitens auch am sogenannten *Output*, d. h. am jeweiligen Ausstoß bzw. dem Arbeitsergebnis, gemessen werden. Die erste Möglichkeit wäre beispielsweise bei schwerer *körperlicher* Arbeit mit Hilfe eines *Ergometers* denkbar; sie findet jedoch in unserer Zeit, in der die seelisch-nervliche Beanspruchung überwiegt, zur Leistungsmessung keine Anwendung. Die Leistung wird heute ausnahmslos am „Output" gemessen, wobei die jeweilige Mengenleistung, die Arbeitsgüte oder etwa auch bestimmte Ersparnisleistungen *quantifizierbare* Maßstäbe darstellen. Daneben versucht man aber auch weitgehend *qualitative* Merkmale, die sich nicht unmittelbar auf das Arbeitsergebnis beziehen, wie Fleiß, Arbeitsfreude, Geschicklichkeit, Zuverlässigkeit oder gute betriebliche Zusammenarbeit bei der Leistungsbewertung zu berücksichtigen. Allerdings ist offensichtlich, daß eine Bewertung der Leistung an Hand eine quantitativ erfaßbaren Arbeitsergebnisses leichter durchzuführen ist, als beispielsweise eine Beurteilung der Arbeitsfreude, da man hier zu einer stark subjektiven Bewertung gelangt. Sofern Merkmale der quantitativen Gruppe vorliegen, sollte man sich auf meßbare Ergebnisse stützen. Dabei versucht man zunächst aufgrund sachkundiger Arbeitsbeobachtungen und Leistungsuntersuchungen, die sich auf verschiede Arbeitskräfte über einen längeren Zeitraum erstrecken, eine sogenannte normale Leistung (Normalleistung) festzustellen. Vergleicht man dann die durch eine „Zeitstudie" gemessene individuelle Leistung des Arbeitenden mit der „Normalleistung", so ergeben sich bestimmte Unter- bzw. Überschreitungen, die ihren Niederschlag in einer prozentualen Abstufung zur „Normalleistung" finden. Wir werden im folgenden Abschnitt im Rahmen der Lohnformen auf diese Fragen noch etwas näher eingehen.

Für eine Beurteilung der qualitativen Leistungselemente sollte ein Beurteilungs*gremium* herangezogen werden, das aufgrund eines Leistungsbeurteilungsbogens mit verschiedenen Leistungsstufen und diesen zugeordneten Punktwerten versucht, die persönliche Leistung auch in diesem Zusammenhang willkürfrei zu beurteilen. Problematisch bleibt hier jedoch immer der Ansatz, mit Hilfe eines Punktsystems von Haus aus *qualitative* Tatbestände zu *quantifizieren;* eine Feststellung, die insbesondere auch für die Leistungsbewertung vom kaufmännischen Angestellten gilt. Das Schema eines Leistungsbeurteilungsbogens für kaufmännische Führungskräfte ist auf S. 181 abgebildet.

3. Der Arbeitslohn und seine Formen

a) Der Zeitlohn

Die in der Praxis üblicherweise auftretenden Lohnformen sind: der Zeitlohn, der Akkordlohn und der Prämienlohn.

Der Zeitlohn, u. a. in Form des Tageslohns, des Wochenlohns oder des Monatsgehalts, kann als die älteste und in der Praxis im häufigsten angewandte Lohnform bezeichnet werden[5]. *Der Lohn wird dabei nach der aufgewandten Arbeitszeit gemessen; eine direkte Abhängigkeit von der Arbeitsleistung besteht also nicht.*

Das trifft allerdings nur zu für die „reine" Form des Zeitlohns, bei der kein Anreiz für eine Leistungssteigerung besteht, da der Stundenverdienst ohnehin konstant ist. Das

---

5 Obwohl der Zeitlohn nach wie vor die vorherrschende Lohnform geblieben ist, gewinnen die sog. Leistungslöhne (Akkord- und Prämienlohn) ständig an Bedeutung.

Risiko des Arbeitswillens trägt also allein der Unternehmer. In der Praxis haben sich jedoch auch beim Zeitlohn verschiedene Varianten entwickelt, die sich leistungsfördernd auswirken. So könnten beispielsweise die Zeitlohnsätze nach dem Schwierigkeitsgrad des Arbeitsplatzes differenziert sein. Mit Hilfe der Arbeitsbewertung werden die Anforderungen des Arbeitsplatzes berücksichtigt und schlagen sich bei der Lohnfestsetzung nieder. Außerdem ist auf eine Berücksichtigung der individuellen Leistung durch die Leistungsbewertung zu verweisen. Der Zeitlöhner hat hier eine Möglichkeit, durch Steigerung seiner persönlichen Leistung einen höheren Lohnsatz zu erlangen.

Der Vorteil des Zeitlohns liegt zunächst einmal in seiner einfachen Berechnung:

Lohnsatz x Zeiteinheit (6,56 x 40 Stunden) = Arbeitslohn

Daneben wird beim Zeitlohn in aller Regel ein überhastetes Arbeitstempo vermieden, was sich u. a. auf die Qualität der Arbeit auswirkt. Aus diesem Grund findet der Zeitlohn vor allem dort Anwendung, wo die Qualität der Leistung eine überdurchschnittliche Rolle spielt, wie beispielsweise in der „optischen Industrie", der „feinmechanischen Industrie" und in der „Uhrenindustrie". Die Form des Zeitlohns findet man auch überall dort, wo gefährliche Arbeiten behutsam ausgeführt werden müssen, wie u. a. in der „Stahlhochbau-Montage". Neuerdings gewinnt der Zeitlohn auch im Rahmen der modernen Fließbandfertigung zunehmend an Bedeutung, da hier ohnehin nicht der Arbeitswille, sondern das Fließband das Arbeitstempo bestimmt.

b) Der Akkordlohn

Unter Akkordlohn versteht man die Entlohnungsform, bei der – im Gegensatz zum Zeitlohn – nicht die Dauer der Arbeitszeit, sondern das Mengenergebnis der Arbeit im proportionalen Verhältnis zu diesem entlohnt wird. Als Maßstab für das Entgelt dient also die Leistung in Stück – man spricht deshalb auch von einem „Stücklohn" oder einem „unmittelbaren Leistungslohn".

Man geht bei der Akkordentlohnung zunächst von den in den Tarifverträgen festgelegten „Akkordrichtsätzen" aus. Diesen liegt ein „Normallohnsatz" zugrunde, der von einem Zeitlöhner bei „normaler" Leistung erreicht werden kann. Auf diesen Normallohnsatz werden in Deutschland in der Regel zwischen 15 % und 20 % zugeschlagen und man erhält dadurch den eben erwähnten Akkordrichtsatz oder auch kurz Richtsatz genannt. Der Zuschlag wird damit begründet, daß die Arbeitsintensität beim Akkord höher sei als bei vergleichsweisen Arbeiten im Zeitlohn.

Bei der Lohnberechnung muß nun festgestellt werden, wieviel Stück pro Stunde „normalerweise" erarbeitet werden können bzw. wieviel Zeit für die Herstellung eines Stückes „normalerweise" erforderlich ist.

Steht die „Normalleistung" fest, so wird im Falle des sogenannten *Geldakkords* der Richtsatz durch die Anzahl der in der Stunde „normalerweise" hergestellten Stücke dividiert. Man erhält dadurch den Lohnbetrag pro Stück, den der Arbeiter vorgegeben bekommt. Da diese Vorgabe unmittelbar in einem Geldbetrag je Stück erfolgt, bezeichnet man diesen Akkord als Geldakkord.

Beispiel zum Geldakkord:

Der Richtsatz pro Stunde beträgt:	4,– DM
Die „Normalmenge" pro Stunde beträgt:	2 Stück
Der vorzugebende Geldsatz je Mengeneinheit (G) beträgt also:	4 : 2 = 2 (DM pro Stück)
Wurden pro Stunde effektiv 3 Stück hergestellt (M), so errechnet sich der Lohn (L):	L = M × G = 3 × 2 = 6,– DM

Bei der zweiten Variante des Akkordlohns, die in der Praxis am häufigsten vorkommt, dem sogenannten *Zeitakkord*, wird zunächst durch Division des Richtsatzes durch 60 der sogenannte *Geld-* oder *Minutenfaktor,* d. h. der Geldbetrag je Zeitminute errechnet. Dem Arbeiter wird nun pro Stück kein fester Geldbetrag, sondern statt dessen die dazu notwendige „Akkordzeit" in Minuten („Normalminuten") vorgegeben. Durch Multiplikation der effektiv erzielten Menge mit der „Akkordzeit" und dem Geldfaktor erhält man den Verdienst des Arbeitenden.

Beispiel zum Zeitakkord:

Der Richtsatz pro Stunde beträgt:	6,– DM
Die „Akkordzeit" je Stück beträgt:	20 Minuten

Der Arbeiter hat effektiv *vier* Stück hergestellt.

Berechnung:
1. Geldfaktor (Minutenfaktor): 6,– DM : 60 Minuten = 0,10 DM je Minute
2. *Lohn:* 4 Stück × 20 Minuten × 0,10 DM = 8,– DM

Der Arbeiter erhält für die Herstellung von *vier* Stück insgesamt einen Lohn von 8,– DM pro Stunde.

Auf eine einfache Formel gebracht, könnte man die Lohnberechnung beim Zeitakkord wie folgt durchführen:

$$L = M \text{ (erarbeitete Menge)} \times A \text{ (vorgegebene ,,Akkordzeit'')} \times G \text{ (Geld- oder Minutenfaktor)}$$

Ausgangspunkt für die vorzugebende Akkordzeit ist die sog. Normalzeit. Mit der *,,Normalzeit"* soll dem Arbeiter die Zeit vorgegeben werden, die er für die ordnungsgemäße Erledigung eines ihm übertragenen Arbeitsauftrages bei *,,Normalleistung"* benötigt. Um Definition und Inhalt der „Normalleistung" ist in Literatur und Praxis viel gestritten worden. Das liegt in erster Linie daran, daß es den „Normalarbeiter" in der Praxis nicht gibt und daß die „Normalleistung" keine meßbare Größe ist. Der „Normalleistung" liegt vielmehr eine gewisse Vorstellung zugrunde, wonach mit „normaler" Leistung eine durchschnittliche, berufsübliche Leistung zu verstehen ist, die auf einem ruhigen, gleichmäßigen Arbeiten, ohne Überbelastung und ohne Verzögerung basiert.

Um in der Praxis die Normalzeit zu ermitteln, muß bei der Feststellung („Aufnahme") der tatsächlichen Arbeitszeit im Rahmen einer „Zeitstudie" der sog. Leistungsgrad geschätzt werden. Kriterien für den Leistungsgrad sind: Arbeitsintensität (Bewegungsgeschwindigkeit) und Wirksamkeit des Arbeitsvollzugs. *Die Normalzeit ergibt sich nun durch Multiplikation der „Istzeit" mit dem Leistungsgrad.*

Die durch Zeitaufnahme und Leistungsgradschätzung gefundene Normalzeit ist nun in der Praxis nicht zugleich mit der Vorgabe- oder Akkordzeit identisch. Dazu kommen noch sog. *Verteil-* oder *Verlustzeiten* (persönlicher und sachlicher Art, wie u. a. unvermeidbare Bedürfnisse des arbeitenden Menschen, Gespräche mit Vorgesetzten, Wartezeiten, Störung durch Maschinen, Beseitigung von Schäden am Werkstück) und *Erholungszuschläge.* Diese Zuschläge zur sog. Grundzeit betragen in der Industrie meist zwischen 10 und 15 %; im Einzelfall können sie auch weit darunter bzw. darüber liegen.

Zeitstudien werden in der Praxis erst dann durchgeführt, nachdem mit Hilfe einer „Arbeitsablaufstudie" das „Bestverfahren" gefunden ist. *Danach werden bei verschiedenen Arbeitern von verschie-*

denen Zeitnehmern die gleichen Tätigkeiten zu verschiedenen Zeiten „gestoppt" und der Leistungsgrad geschätzt. Dabei ist es zwingend notwendig, daß der Zeitkalkulator eine längere Übung im Schätzen von Leistungsgraden haben soll.

Beim Akkordlohn steigt der Stundenverdienst des Arbeiters *proportional* mit der Leistung. Die meisten Tarife in den Ländern der westlichen Welt geben eine Sicherung nach unten durch den sog. *Mindestlohn,* meist in Höhe des Zeitgrundlohns oder des Akkordrichtsatzes. Eine obere Verdienstgrenze gibt es in der Regel nicht. Würde man sie dennoch fixieren, dann soll sie bewirken, daß der Arbeitende seine Leistung nicht so steigert, daß seine Gesundheit gefährdet wird, daß die Qualität der Arbeit darunter leidet oder daß die Funktionsfähigkeit der Betriebsmittel und Werkstoffe in Mitleidenschaft gezogen wird.

c) **Der Prämienlohn**

Unter Prämienlohn versteht man in der Fachliteratur übereinstimmend einen festen oder veränderlichen Zuschlag zu einem bestimmten Grundlohn, der in irgendeiner Beziehung zu einer Gegenleistung steht, die dem Zwecke des Zuschlages entspricht.

Da also immer eine Gegenleistung vorliegen muß, scheiden Gewinn- und Ertragsbeteiligungen, Gratifikationen, Bonifikationen und Geschenke jeglicher Art aus.
Gegenüber dem Akkordlohn lassen sich folgende Unterschiede aufzeigen:

1. Die Prämienentlohnung besteht aus zwei Teilen: einem Grundlohn und der Prämie; der Akkordlohn dagegen kennt eine solche Zweiteilung nicht.
2. Der effektive Lohn des Arbeiters bei der Akkordentlohnung steigt und fällt im gleichen Maße wie seine Leistung. Beim Prämienlohn erhält der Arbeiter auf jeden Fall den Grundlohn als Fixum; die Prämie wird unabhängig vom Grundlohn lediglich für eine Mehrleistung gegenüber der Norm gezahlt.
3. Beim Akkordlohn ist das Leistungs-Lohn-Verhältnis also proportional, beim Prämienlohn kann es progressiv, degressiv oder stufenförmig verlaufen.
4. Der Prämienlohn ist vielseitiger anwendbar; der Akkordlohn dagegen eignet sich nur dann, wenn das Ergebnis durch einen zeitlich genau bestimmbaren Einsatz der Arbeitskraft zustande kommt, da die Arbeitszeit je Mengeneinheit zum einzigen Maßstab für das Arbeitsergebnis des Akkordarbeiters wird.

Man kann zwei Arten von Prämien unterscheiden:

1. die mehr *quantitativ* orientierte Grundprämie;
2. die mehr *qualitativ* ausgerichtete Zusatzprämie.

Grundprämien beruhen unmittelbar auf den Maßstäben *Zeit* und *Menge* und weisen damit eine Tendenz zur *quantitativen* Feststellung einer über den Grundlohn hinausgehenden Leistungssteigerung auf. Man kann demnach unterscheiden in:

1. Prämien*zeit*löhne: hier wird ein fester *Zeit*lohn zugrunde gelegt und diesem eine Grundprämie (Produktionsprämie) zugeschlagen;
2. Prämien*stück*löhne: hier wird ein fester *Stück*lohn zugrunde gelegt und diesem eine Grundprämie (Produktionsprämie) zugeschlagen.

Zusatzprämien, die für arbeitszeit- und/oder arbeitstückunabhängige Arbeitsergebnisse gewährt werden, sind beispielsweise: Güte- oder Genauigkeitsprämien, Ausbeutegradprämien, Nutzungsgradprämien, Sparsamkeitsprämien, Pünktlichkeitsprämien, Termineinhaltungsprämien und Seßhaftigkeitsprämien.

Diese Zusatzprämien spielen in unserer Wirtschaft u. a. auch deshalb eine bedeutende Rolle, weil die zunehmende Mechanisierung („Taktfertigung") des Fertigungsprozesses eine bestimmte Leistungsmenge allein durch die technischen Einrichtungen ermöglicht. Qualitätsprämien und Ersparnisprämien gewinnen deshalb immer mehr an Bedeutung. Zusatzprämien sind allerdings keine selbständigen Lohnformen. Eine Pünktlichkeits- oder Seßhaftigkeitsprämie für sich allein gezahlt, wäre sinnlos, würde nicht eine bestimmte Leistungsmenge in der Zeiteinheit zugrunde gelegt.

Die bekanntesten *Prämienlohnsysteme*, die manchmal auch als Zwischenformen zwischen dem Zeitlohn und dem Akkordlohn bezeichnet werden, sind:

1. das Prämienlohnsystem nach *F. A. Halsey*,
2. das Prämienlohnsystem nach *J. Rowan*,
3. das Differential-Stücklohnsystem nach *F. W. Taylor*,
4. das Pensum- oder Bonus-System nach *H. L. Gantt*,
5. das Prämienlohnsystem nach *Ch. Bedaux*.

Ein näheres Eingehen auf diese Prämienlohnsysteme muß einer spezifischen Darstellung im Rahmen einer „Industriebetriebslehre" oder „Fertigungswirtschaft" vorbehalten bleiben.

Im vorliegenden Teil der Untersuchung konnten die *Lohnformen* nur im Überblick behandelt werden. Ein näheres Eingehen auf spezifische Probleme sowie eine Diskussion neuzeitlicher Techniken und Methoden, wie beispielsweise im Rahmen der Leistungsbewertung die sog. *Work-Factor-Methode* oder das sog. *MTM-Verfahren* („Methods-Time-Measurement") würden ebenfalls den Rahmen einer „Allgemeinen Betriebswirtschaftslehre" sprengen.

IV. Betriebliche Sozialpolitik

1. Begriff und Wesen

Die betriebliche Sozialpolitik befaßt sich mit den in der Unternehmung tätigen Menschen. Sie gilt als Instrument der Unternehmensführung und findet ihren Ausdruck in bestimmten Leistungen für die Betriebsangehörigen, die man als sog. *Sozialleistungen* bezeichnet. Betriebliche Sozialleistungen führen zum betrieblichen Sozialaufwand. Will man sich deshalb ein Bild über die betriebliche Sozialpolitik einer Unternehmung machen, so beginnt man zweckmäßigerweise mit einer Analyse des Sozialaufwandes.

Der Begriff des betrieblichen Sozialaufwandes und damit auch der betrieblichen Sozialleistungen ist allerdings äußerst verschwommen. Man ist sich in Literatur und Praxis nur darin einig, daß das eigentliche *Leistungsentgelt* in Form von Löhnen und Gehältern nicht zu den Sozialleistungen zu rechnen ist und damit auch kein Sozialaufwand darstellt. Eine positive Begriffsfassung fällt u. a. auch deshalb schwer, weil in der Praxis — nicht zuletzt durch eine unterschiedliche Handhabung bei der buchhalterischen Erfassung und Gliederung des Sozialaufwandes — eine einheitliche Bestimmung von Inhalt und Umfang fehlt.

Eine vergleichsweise Betrachtung des in den Jahresabschlüssen der meisten Großunternehmen ausgewiesenen Sozialaufwandes ist deshalb meist wenig aussagefähig. Dennoch ist die Veröffentlichung eines wie immer definierten Sozialaufwandes — man spricht heute auch von der sog. *Sozialdividende* im Vergleich zu einer *„Kapitaldividende"* — zu einer Prestigeangelegenheit für die Unternehmen geworden; außerdem gilt bei sozialpolitischen Diskussionen die Höhe des Sozialaufwandes als wichtiges Argument der Arbeitgeberseite.

2. Arten und Bedeutung der betrieblichen Sozialleistungen

Die betrieblichen Sozialleistungen lassen sich nach verschiedenen Gesichtspunkten einteilen. Wir wollen zwischen dem sog. *obligatorischen* (unabdingbaren) Sozialaufwand und dem *freiwilligen* oder *zusätzlichen* Sozialaufwand unterscheiden. Beim obligatorischen Sozialaufwand handelt die Unternehmung als Exekutivorgan der staatlichen Sozialpolitik oder als Organ zur Erfüllung von Tarifvereinbarungen. Im Interesse der sozialen Sicherheit hat der Staat nämlich Versicherungen geschaffen, die dem Arbeitnehmer Schutz gegen die Wechselfälle des Lebens (u. a. Krankheit, Unfall, Invalidität, Alter, Arbeitslosigkeit) bieten sollen. Die dazu notwendigen finanziellen Mittel werden z. T. von den Unternehmen, z. T. aber auch von den Arbeitnehmern selbst aufgebracht. Sowohl bei diesen vom Staat festgelegten Sozialleistungen als auch bei den aus den jeweiligen Tarifverträgen sich ergebenden Leistungen, sind die zu zahlenden Beträge quasi von außen fixiert und damit der autonomen Entscheidung der Unternehmung entzogen. Zu diesem obligatorischen Sozialaufwand gehören beispielsweise die Arbeitgeberbeiträge zur Sozialversicherung, Weiterzahlung der Bezüge im Krankheitsfall innerhalb der gesetzlichen Sechswochenfrist, Aufwendungen aufgrund des Mutterschaftsgesetzes, Zuschüsse zum Krankengeld, Urlaubslöhne und bezahlte Fest- und Feiertage.

Daneben erbringen viele Unternehmen Sozialaufwendungen (sog. *nichtgesetzliche Lohnnebenkosten*), die z. T. ebenfalls auf Rechtsverpflichtungen beruhen, wie beispielsweise die Leistungen der betrieblichen Altersversorgung aufgrund von Pensionsverträgen[6]. Dennoch muß hier darauf aufmerksam gemacht werden, daß diese Leistungen *freiwillig* übernommen worden sind, daß sie allerdings auch wenn sie nicht durch Gesetz oder Tarifvertrag verbindlich vorgeschrieben sind, wegen des gewohnheitsrechtlichen Anspruchs und des oft recht starken sozialen Druckes nicht ohne weiteres widerrufen werden können. Man hat dafür auch den Ausdruck *„zusätzlicher"* Sozialaufwand geprägt. Eine Sonderstellung nimmt dabei der sog. *betriebsbedingte*, zusätzliche Sozialaufwand ein. Dazu zählen u. a. Aufwendungen für die berufliche Aus- und Weiterbildung, für hygienische

---

6 Diese „nichtgesetzlichen Lohnnebenkosten" sind in aller Regel in der sog. *Betriebsordnung* festgelegt.

Einrichtungen und Werksfürsorge, für kulturelle und sportliche Einrichtungen, Zuschüsse zum Fahrgeld, Trennungsentschädigungen und Umzugsvergütungen, sowie Barzuwendungen anläßlich von Jubiläen und Betriebsfeiern. Diese ursprünglich von Gewerkschaftsseite als *„sozialer Klimbim"* bezeichneten Aufwendungen, gewinnen in der Gegenwart zunehmend an Bedeutung und sind heute bereits Gegenstand tarifvertraglicher Vereinbarungen.

Die Bedeutung gerade des freiwilligen Sozialaufwandes geht aus der Entwicklung seit dem Jahre 1928 hervor. Damals betrug der jährliche freiwillige Sozialaufwand pro Kopf der Arbeitsnehmer 95,– RM, im Jahre 1932 188,– RM, 1949 330,– DM, 1957 725,– DM, 1960 830,– DM, 1964 1 693,– DM und 1976 bereits 4 303,– DM. Der gesamte Sozialaufwand erreichte im Jahre 1957 in Deutschland eine Höhe von 16,6 Milliarden DM. Über die Anteile des obligatorischen bzw. des zusätzlichen Sozialaufwandes am Gesamtaufwand gibt eine vom Statistischen Bundesamt im Jahre 1957 durchgeführte Erhebung in fünf Wirtschaftsbereichen (Bergbau, Eisen und Metall, verarbeitendes Gewerbe, Bau, Handel/Bank/Versicherungen) Auskunft. Danach betrugt der gesamte Sozialaufwand in Prozenten der bereinigten Lohn- und Gehaltssumme immerhin fast 45 %; davon entfielen etwas über 28 % auf den obligatorischen und etwas über 16 % auf den zusätzlichen Sozialaufwand. Fragt man einmal nach den Motiven dieser doch relativ hohen finanziellen Aufwendungen, so muß man zwischen *ethischen* und *sozialen* Erwägungen einerseits und *ökonomischen* Motiven andererseits unterscheiden. Ein großer Teil der betrieblichen Sozialpolitik hat ohne Zweifel *karitativen* Charakter, d. h., sie läßt dem Arbeitnehmer als dem wirtschaftlich schwächeren über dem ihm wirtschaftlich und rechtlich zustehenden Entgelt hinaus zusätzliche Leistungen zukommen, für deren Gewährung allein ethische und soziale Erwägungen in Frage kommen. Auf der anderen Seite aber gilt für Unternehmen in einer Marktwirtschaft das Ziel der *Gewinnmaximierung auf lange Sicht*, d. h. das Erreichen einer langfristig maximalen Rentabilität auf das eingesetzte Kapital. Es erhebt sich deshalb die Frage, ob die sozialpolitischen Maßnahmen auch mit diesem Ziel in Übereinstimmung sind.

> *Diese Frage ist durchaus mit einem Ja zu beantworten, wenn man die Zielsetzung der betrieblichen Sozialpolitik darin sieht, die sozialen Bedürfnisse der Arbeitnehmer und ihr Verlangen nach sozialer Absicherung und Gerechtigkeit so zu befriedigen, daß die Leistungsbereitschaft der Arbeitnehmer in der Unternehmung erhalten bleibt bzw. langfristig erhöht wird.*

In der amerikanischen Fachliteratur bringt man diese Vorstellung auf die knappe Formel: *it pays* – soziale Aufwendungen machen sich danach auf jeden Fall „bezahlt".

3. Die betriebliche Altersversorgung[7]

Eine Versorgung für den Fall des Alters oder der Invalidität ist an sich keine selbstverständliche Aufgabe der Unternehmung, sondern Angelegenheit jedes einzelnen, der dieses

---

[7] Nach der sog. *Drei-Säulen-Theorie* dienen die „gesetzliche Rentenversicherung" (1), die „betriebliche Altersversorgung" (2) sowie die „Private Lebensversicherung" (3) der Altersversorgung der Arbeitnehmer.

Ziel durch individuelle Selbsthilfe erreichen kann. Für die Mehrzahl der arbeitenden Menschen würde sich dieses Verfahren allerdings aus fehlender Einsicht und Willenskraft als völlig unzulänglich erweisen; außerdem war — besonders in der Vergangenheit — für viele Arbeitnehmer das Einkommen zu gering, um neben der Deckung des laufenden Bedarfs auch noch Zukunftssicherungsaufgaben zu übernehmen. Seit Ende des 19. Jahrhunderts und verstärkt seit dem 20. Jahrhundert hat der Staat aus sozialpolitischen Gründen deshalb helfend eingegriffen, und zwar durch Zwangsversicherung, die durch Beiträge der Begünstigten, der Arbeitgeber und des Staates finanziert wurden.

Die *betriebliche* Altersversorgung, die zu den wichtigsten Formen des freiwilligen Sozialaufwandes zählt, dient als Ersatz oder zur Ergänzung[8] der staatlichen Zwangsversicherung (soziale Rentenversicherung). Sie entstand zunächst aus vorwiegend *karitativen* Gründen, d. h. aus einer sittlichen Verpflichtung gegenüber dem Arbeitnehmer über die Dauer des eigentlichen Arbeitsverhältnisses hinaus. Daneben haben aber hier auch wieder *ökonomische* Motive zunehmend an Bedeutung gewonnen. So gilt die mehr oder weniger umfassende Altersversorgung besonders bei der Anwerbung von qualifizierten Bewerbern heute oft als wichtiges Entscheidungskriterium. Sie ist außerdem ein wichtiges Instrument zur Bekämpfung der Fluktuation.

Die betriebliche Altersversorgung ist grundsätzlich freiwillig; ein individueller Rechtsanspruch wird nur selten gewährt. Dennoch kann ein Anspruch auf Ruhegeld im Angestelltenvertrag rechtsverbindlich zugesagt werden. Meist wird er jedoch nur „gunstweise" in Aussicht gestellt, unter Vorbehalt des jederzeit möglichen Widerrufs. Hier fehlt dann zwar der vertraglich festgelegte Rechtsanspruch, aber aus der Normativkraft der betrieblichen Übung heraus kann sich trotzdem für den Unternehmer eine Verpflichtung zur Pensionszahlung ergeben, wenn bereits in einer größeren Anzahl von Fällen entsprechend gehandhabt wurde.

Mit der stillschweigenden oder ausdrücklichen Zusage eines Ruhegehaltes[9] übernimmt der Unternehmer eine Verpflichtung, deren Höhe unbekannt ist, weil niemand genau vorhersagen kann, wann der Versorgungsfall eintritt. Was bei einer größeren Anzahl von Arbeitnehmern sich aufgrund versicherungsmathematischer Wahrscheinlichkeitsberechnungen noch ziemlich genau bestimmen läßt, wird bei einem kleineren Personenkreis für den Unternehmer zum Problem. Grundsätzlich sind drei Möglichkeiten der Altersversorgung denkbar:

1. *Selbstdeckung durch die Unternehmung:*
    a) *ohne Rückdeckung:* die Unternehmung trägt das volle Risiko; die Ansammlung der Mittel geschieht durch Bildung von sog. Pensionsrückstellungen.
    b) *mit Rückdeckung bei einer Versicherungsgesellschaft:* die Unternehmung mindert das alleinige Risiko durch einen Rückdeckungsvertrag mit einer Versicherungsgesellschaft.
2. *Deckung durch betriebseigene, rechtlich selbständige Einrichtungen:*
    a) durch sog. *Pensionskassen:* meist überbetrieblich wirkende Einrichtungen in der

---
8 Die betriebliche Altersversorgung versucht, die Differenz zwischen Nettoeinkommen im Erwerbsleben und Altersrente, die im Durchschnitt 30–40 % des Nettoerwerbseinkommens beträgt, zu reduzieren.
9 Nach dem „Gesetz zur Verbesserung der betrieblichen Altersversorgung" aus dem Jahre 1974 sind die zugesagten betrieblichen Leistungen unverfallbar und auch bei Konkursen abgesichert.

Rechtsform eines „Versicherungsvereins auf Gegenseitigkeit", der der Versicherungsaufsicht unterliegt. Die Beiträge werden von Arbeitnehmern und Arbeitgebern in einem bestimmten Verhältnis (beispielsweise 1/3 und 2/3) aufgebracht. Der Arbeitnehmer erhält einen Rechtsanspruch unmittelbar gegen die Kasse, der auch nach dem Ausscheiden aus der Unternehmung erhalten bleibt.

    b) durch sog. *Unterstützungskassen:* gegen die meist in der Rechtsform eines „eingetragenen Vereins" oder einer GmbH firmierenden Unterstützungskassen hat der Arbeitnehmer keinen Rechtsanspruch. Die Leistungen dieser ursprünglich für „Fälle der Not oder Arbeitslosigkeit" geschaffenen Kasse sind von der Leistungsfähigkeit und der Leistungsfreudigkeit der Unternehmung abhängig.

3. *Deckung bei außerbetrieblichen Einrichtungen:*
    a) bei *privaten Versicherungsgesellschaften* in Form der Direktversicherung: die Unternehmung schließt zugunsten ihrer Arbeitnehmer mit einer Versicherungsgesellschaft einen Lebensversicherungsvertrag ab. Das Risiko trägt also die Versicherung allein.
    b) bei der *gesetzlichen Rentenversicherung:* die Unternehmung zahlt für ihre Betriebsangehörigen Beiträge zur freiwilligen Höherversicherung[10].

Die Unternehmung kann also grundsätzlich das Risiko der finanziellen Verpflichtung, das ihr aus der Zusage eines Ruhegeldes entstanden ist, auf außenstehende Versicherungsgesellschaften abwälzen oder selbst übernehmen. Im ersten Fall belastet die laufende Zahlung einer Prämie an die Versicherung die Jahre, in denen der Begünstigte aktiv im Unternehmen tätig ist. Sobald der Versorgungsfall eintritt, hören die Zahlungen der Unternehmung auf, und das Unternehmen ist frei von jeder Verpflichtung. Übernimmt die Unternehmung selbst die Verpflichtung und damit auch das gesamte Risiko, so gestaltet sich das Problem weitaus schwieriger. Eine Vorsorge für den Eintritt des Versorgungsfalls ist auf drei Arten möglich:

1. Im Wege des sog. *Umlageverfahrens:* Man geht davon aus, die Ruhegelder ebenso wie die laufenden Lohnkosten der aktiven Betriebsangehörigen aus dem laufenden Ertrag zu decken sind. Während der aktiven Dienstzeit des Begünstigten wird also keinerlei finanzielle Vorsorge getroffen. Der zur Bezahlung des Ruhegeldes aufzuwendende Betrag belastet nur die Jahre, in denen er tatsächlich bezahlt wird.
2. Im Wege des sog. *Anwartschaftsdeckungsverfahrens:* Hier wird während der aktiven Dienstzeit des Begünstigten, also in der Zeit zwischen Übernahme der Pensionsverpflichtung und Eintritt des Versorgungsfalls, in gleichmäßigen Raten das Kapital, das zur Erfüllung der Pensionsverpflichtungen notwendig ist, angesammelt. Die Unternehmung bildet während dieser Zeit Rückstellungen, die später bei der Pensionszahlung aufgelöst werden; die Zahlungen berühren dann die Gewinn- und Verlustrechnung nicht mehr.
3. Im Wege des sog. *Kapitaldeckungsverfahrens:* Dieses Verfahren kommt zum Zuge, wenn die Versorgungszusage erst dann gegeben wird, wenn der Begünstigte die Altersgrenze bereits erreicht hat und ausscheidet. Es bestand also bisher keine „Anwartschaft" und es war deshalb auch nicht nötig, eine Anwartschaftsdeckung anzusammeln. Will man nun die Erfolgsrechnung der späteren Jahre nicht mit Ruhegeld bela-

---

10 Die Übersicht S. 191 zeigt Wesensmerkmale der betrieblichen Altersversorgung.

Wesensmerkmale der betrieblichen Altersversorgung

	Ruhegeldverpflichtungen	Unterstützungskasse	Pensionskasse	Direktversicherung	Freiwillige Sozialversicherung
Träger der Versorgung	Unternehmen selbst	rechtlich selbständige Einrichtung (e. V., GmbH, seltener Stiftung)	rechtlich selbständige Einrichtung (VVaG)	Versicherungsunternehmen	Sozialversicherungsträger
Rechtsanspruch	für Rückstellungen in Steuerbilanz erforderlich; sonst nach Vereinbarung	nein	ja	ja	ja
Widerrufsmöglichkeiten	bei Rückstellungen in Steuerbilanz nur nach Maßgabe der Mustervorbehalte, sonst nach Vereinbarung	ja, soweit Gleichbehandlungsgrundsatz nicht verletzt wird; bei Rentnern nur nach billigem Ermessen	nur in Ausnahmefällen, dann aber Wahrung des Besitzstandes	ja, bei widerruflichem Bezugsrecht	nein
Erhalt der Anwartschaft bei vorzeitigem Ausscheiden (Unverfallbarkeit)	ja, nach Paragraph 1 Betriebsrentengesetz; günstigere Regelung nach Vereinbarung möglich	ja, nach Paragraph 1 Betriebsrentengesetz; günstigere Regelung nach Leistungsplan möglich	ja, nach Paragraph 1 Betriebsrentengesetz; der Betriebsangehörigen; im übrigen bei Erfüllung der Voraussetzungen des Paragraphen 1 Betriebsrentengesetz – günstigere Regelung nach Satzung	ja, nach Paragraph 1 Betriebsrentengesetz; günstigere Regelung nach Vereinbarung möglich	ja
Insolvenzsicherung durch Pensionssicherungsverein aG für nach dem Betriebsrentengesetz unverfallbar gewordene Anwartschaften und Leistungen	ja	ja	nein	nein, bei unwiderruflichem Bezugsrecht; ja, bei widerruflichem Bezugsrecht oder bei Beleihung oder Abtretung trotz unwiderruflichem Bezugsrecht	nein
Beitragsbeteiligung des Begünstigten	nicht möglich	nicht möglich	möglich	möglich	möglich
Geeignet für	allgemeine Versorgung und Führungskräfte in allen Unternehmen, † bei Kleinunternehmen nach Rückdeckungsversicherung	allgemeine Versorgung in Mittel- und Großunternehmen, insbesondere bei konjunkturabhängigkeit und bei sehr hoher Fluktuation	Großunternehmen	Mittel- und Kleinunternehmen – konjunkturabhängige Unternehmen – einzelzusagen an Führungskräfte	Weiterversicherung der befreiten Führungskräfte entsprechend den individuellen Verhältnissen – Höherversicherung in Ausnahmefällen
Nicht geeignet für	stark konjunkturabhängige Klein- und Mittelunternehmen – nur vorübergehend bestehende Unternehmen	Kleinunternehmen: Führungskräfte	Klein- und Mittelunternehmen Ausnahme: Anschluß an Gruppenkasse	allgemeine Versorgung in Großbetrieben	allgemeine Versorgung
Erzwingbare Mitbestimmung des Betriebsrats	in engem Rahmen	ja	ja	in engem Rahmen	in engem Rahmen
Lohnsteuerpflicht der Finanzierungsleistungen	Zuführung nicht lohnsteuerpflichtig	Zuwendungen nicht lohnsteuerpflichtig	Beiträge lohnsteuerpflichtig, soweit über 312 Mark jährlich (Freibetrag für Zukunftsicherung gemäß Paragraph 2 Absatz 3 Ziffer 2 LStDV) – Pauschale Versteuerung durch Unternehmen möglich, sonst Versorgungsaufwendungen im Rahmen der Höchstbeträge		
Pauschsteuerregelung	–	–	für Beiträge bis zu 2400 Mark jährlich für jeden Arbeitnehmer oder für einen durchschnittlichen Beitrag bis zu 2400 Mark jährlich, wobei der einzelne Beitrag 3600 Mark jährlich nicht übersteigen darf; für Beiträge anläßlich des Ausscheidens des Arbeitnehmers vervielfacht sich der Betrag von 2400 Mark mit der Anzahl der abgeleisteten Dienstjahre, abzüglich der pauschal besteuerten Beträge des laufenden Kalenderjahres und der 6 vorangegangenen (Paragraph 40 b EStG)	für Beiträge zur Höherversicherung bis zur Höhe von 1000 Mark jährlich unter Berücksichtigung der Vorschriften der Paragraphen 38 a und 40 EStG
Rentenleistungen	lohnsteuerpflichtig, jedoch Freibetrag von 40 Prozent (höchstens 4800 Mark jährlich) nach Paragraph 19 Absatz 2 EStG	wie bei Ruhegeldverpflichtungen	Rentenbesteuerung nach Paragraph 22 EStG	Rentenbesteuerung nach Paragraph 22 EStG	Rentenbesteuerung nach Paragraph 22 EStG; Berufs- und Erwerbsunfähigkeitsrenten nach Paragraph 55 EStDV
Kapitalleistungen	lohnsteuerpflichtig mit Freibetrag 40 Prozent (höchstens 4800 Mark jährlich) nach Paragraph 19 Absatz 2 EStG; Vergünstigungsmöglichkeit auf drei Jahre (Paragraph 34 Absatz 3 EStG, Lohnsteuer Paragraph 39 EStG)	wie bei Ruhegeldverpflichtungen	nicht steuerpflichtig	nicht steuerpflichtig; eine Ausnahme bilden Zinsen, sofern Versicherungen nach 31.12.1973 abgeschlossen und nach Form oder Mindestlaufzeit nicht nach Paragraph 10 EStG von 1975 sonderausgabenbegünstigt	–

Quelle: Gustav-Adolf Werner: „Betriebliche Altersversorgung", München 1977

sten, so muß man im Zeitpunkt der Zusage das erforderliche Kapital in voller Höhe bereitstellen.

4. Gewinnbeteiligung und Miteigentum der Arbeitnehmer

Unter Gewinnbeteiligung im engeren Sinne kann man eine aufgrund eines Arbeitsverhältnisses und als Ergänzung des Lohnes erfolgte Beteiligung der Arbeitnehmer am Gewinn eines Unternehmens verstehen.

Im Gegensatz zu Löhnen und Gehältern, bei denen wir es eindeutig mit *Kostenbestandteilen* zu tun haben, handelt es sich bei der Gewinnbeteiligung um *Ertragsbestandteile* und damit um eine *Gewinnverwendung.*

Erste Ansätze zu einer Gewinnbeteiligung der Arbeitnehmer finden sich bereits im 18. und 19. Jahrhundert; der eigentliche Anstoß zu einem unerhörten Aufschwung des Gewinnbeteiligungsgedankens in der gesamten westlichen Welt geschieht allerdings erst nach dem Zweiten Weltkrieg. Neben ausgesprochen sozialethischen Motiven stehen auch hier wieder ökonomische Erwägungen im Vordergrund. Mit einer wie immer gearteten Gewinnbeteiligung will man die Arbeitnehmer stärker an die Unternehmung binden; man hofft außerdem auf eine Verbesserung des Betriebsklimas. Das Endziel ist die *„identification",* d. h. die Identifizierung der persönlichen Ziele und der Überlegungen des Arbeitnehmers mit der unmittelbaren Zielsetzung der Unternehmung selbst.

Das Grundkonzept einer Gewinnbeteiligung der Arbeitnehmer basierte ursprünglich auf der Vorstellung, daß als Quelle des Gewinns nicht allein das beteiligte *Kapital,* sondern auch die *Arbeit* der Betriebsangehörigen anzusehen sei. Gezahlte Löhne und Gehälter gelten danach nur als ein vorausgezahlter Ertragsbestandteil — quasi als ein Vorschuß — die Endabrechnung erfolgt erst am Jahresende nach einem bestimmten Prozentsatz vom Gewinn. Je nach Wahl des jeweiligen Gewinnverteilungsschlüssels können dabei die Leistungen des Unternehmers, das investierte Kapital und andere den Gewinn beeinflussende Bestandteile berücksichtigt werden. Denkt man diese Vorstellung konsequent zu Ende, so müßte man auch eine Beteiligung der Arbeitnehmer am *Verlust* der Unternehmung fordern, denn es muß wohl als inkonsequent gelten, das Eigenkapital den gesamten Verlust tragen zu lassen, ihm aber nur einen Teil des Gewinns zuzuerkennen. Diese Forderung nach einer angemessenen Verlustbeteiligung ist demnach vom *betriebswirtschaftlichen* Standpunkt aus gesehen durchaus zu vertreten, denn wenn man dazu übergeht, einzelne Faktoren am Gewinn zu beteiligen, warum sollte man sie nicht auch am Verlust partizipieren lassen. Diese Forderung hat sich bisher allerdings in der Praxis wenig durchgesetzt. Die Einwände, die man gegen eine Verlustbeteiligung der Arbeitnehmer macht, wie beispielsweise der Arbeitnehmer hätte ja im Verlustfalle einen Gewinn*entgang* zu „tragen" *oder* der Unternehmer trüge das Kapitalrisiko, der Arbeitnehmer das Risiko des *Arbeitsplatzverlustes oder* das Unternehmen würde ohnehin eine angemessene Risikoprämie als Kosten zum Ausgleich etwaiger Verluste kalkulieren, können unserer Meinung nach in diesem Zusammenhang nicht voll akzeptiert werden.

Einer Beteiligung der Arbeitnehmer am Gewinn stehen in der Praxis vor allem folgende Schwierigkeiten entgegen:

1. Zunächst einmal ist der *Gewinn* keine eindeutige Größe. Entweder nimmt man den Gewinn der Handels- oder der Steuerbilanz, wobei sich Bewertungsspielräume ergeben, die in ihrer Auswirkung darauf hinaus laufen könnten, daß weniger Gewinn ausgewie-

sen würde und die Arbeitnehmer somit von einer Verteilung weitgehend ausgeschlossen wären. Oder man definiert den Gewinn als Überschuß der Leistungen über die Kosten, wobei der Begriff der jeweils anzusetzenden Kosten umstritten ist.

2. In den Bilanzgewinn gehen nicht nur die betrieblichen Ergebnisse, die der Arbeitnehmer mit beeinflussen kann, ein, sondern auch beispielsweise sog. außerordentliche Erträge u. a. aus dem Verkauf von Beteiligungen oder Wertpapieren. Diese Gewinnbestandteile müßte man zunächst abtrennen; der Arbeitnehmer ist nur am „Betriebsgewinn" zu beteiligen.

3. Der produktive Beitrag der einzelnen Leistungsfaktoren ist weder theoretisch noch praktisch genau zu ermitteln, so daß eine Aufteilung des Gewinns auf Arbeitnehmer und Kapitaleigner nur geschätzt werden kann.

   Es müssen *Schlüsselgrößen* gefunden werden, die als Ausdruck der Gewinnverursachung von allen Beteiligten anerkannt werden. Bei den in der Praxis bekannt gewordenen Gewinnbeteiligungssystemen wird u. a. aufgeteilt: nach dem Verhältnis von *Lohnsumme* zum *Gesamtumsatz* oder zum *betriebsnotwendigen Kapital* oder zur *Wertschöpfung;* manchmal findet man auch das Verhältnis von *Jahresumsatz* zum *betriebsnotwendigen Kapital.*

4. Ein weiteres Problem besteht in der Aufteilung des Gewinnanteils der Belegschaft auf die einzelnen Arbeitnehmer. Als Schlüsselgrößen findet man in der Praxis: die Kopfzahl der Betriebsangehörigen, der Durchschnittslohn der Arbeitnehmer, das Dienstalter und andere Leistungs- und soziale Gesichtspunkte. Oft werden verschiedene Schlüsselgrößen auch miteinander kombiniert, indem man einzelnen Schlüsseln Punktzahlen zuordnet und die Punkte addiert.

5. Schließlich sind bei der praktischen Handhabung noch die effektiven Auszahlungsformen zu klären. Denkbar sind u. a.: Jährlich einmalige Barauszahlung; Ausgabe von Zertifikaten mit fester Verzinsung; Belegschaftsaktien mit und ohne Sperrfrist und Einzahlungen auf Sparkonten mit beschränkten Abhebemöglichkeiten.

Die Vielfalt der praktischen Möglichkeiten einer Gewinnbeteiligung hat dazu geführt, daß zahlreiche Gewinnbeteiligungssysteme entwickelt worden sind. Es würde den Rahmen dieser Untersuchung sprengen, auch nur die wichtigsten abzuhandeln. Einige seien jedoch erwähnt. In Deutschland sind u. a. der sog. *Ergebnislohn* der Duisburger Kupferhütte, nach seinem Erfinder Ernst *Kuß* auch als „Kuß-Plan" bezeichnet, der *„Spindler-Plan",* das *„Pieroth-Modell",* sowie Gewinnbeteiligungssysteme der Firmen „Behrens OHG'" „Rosenthal AG" und „Bertelsmann AG" bekannt geworden[11]. Die wichtigsten Gewinnbeteiligungspläne in den USA, die z. T. auch in Deutschland Anwendung finden, sind der „Rucker-Plan", der „Scanlon-Plan" und der „Lincoln-Plan".

In jüngster Zeit wird in Deutschland eine Art Gewinnbeteiligungsplan diskutiert, der als *„Investivlohn"* bezeichnet wird. Darunter ist die Form der Gewinnbeteiligung zu verstehen, bei welcher der auf die Betriegsangehörigen entfallende Gewinnanteil ganz oder zum Teil mit beschränkten Kündigungsmöglichkeiten von diesen wieder in die Unternehmung selbst investiert wird.

---

11 Das Deutsche Industrieinstitut schätzt die Zahl der Unternehmen, die ihre Mitarbeiter in irgendeiner Form am Gewinn beteiligen, bereits auf 2 000.

Wagt man eine zusammenfassende Beurteilung einer Gewinnbeteiligung der Arbeitnehmer entsprechend der gestiegenen Produktivität einer Unternehmung, so ist diese auf jeden Fall zu begrüßen. Gewinnbeteiligung schafft Miteigentum und damit auch Mitverantwortung.

Sozialethische und ökonomische Gründe sprechen gleichermaßen für eine betriebliche Gewinnbeteiligung. Dennoch sollten an dieser Stelle einige kritische Bemerkungen gemacht werden. Eine Gewinnbeteiligung einzelner Unternehmen fördert den *Betriebsegoismus:* Arbeitnehmer in Wachstumsindustrien erhalten hohe Gewinnanteile, während Arbeitnehmer stagnierender Industrien *trotz gleichen Einsatzes* möglicherweise leer ausgehen; Betriebsangehörige kleinerer Unternehmen werden gegenüber Großunternehmen im Zweifel benachteiligt. Man diskutiert deshalb in jüngster Zeit eine Konzeption der *überbetrieblichen* Ertragsbeteiligung[12]:

alle Unternehmen liefern einen Teil ihres Gewinnes an einen zentralen Fonds ab, der wiederum das sich dabei ansammelnde Vermögen auf bestimmte Gruppen von Arbeitnehmern, etwa solche mit kleinem Einkommen, verteilt, und zwar in Form von verbrieften Anteilen am Fondsvermögen.

Ein anderer Einwand gegen eine betriebliche Gewinnbeteiligung lautet: *Behinderung der Freizügigkeit* (geringe Mobilität durch Anlegen von „goldenen Fesseln") *der Arbeitnehmer.* Schließlich wird als Kritik auch noch angeführt, daß die Betriebsangehörigen oft für Tatbestände belohnt würden, die sie z. T. gar nicht selbst beeinflussen könnten.

Die Haltung der Gewerkschaften zur betrieblichen Ertragsbeteiligung ist zurückhaltend; sie war früher sogar ablehnend. Man befürchtet vielleicht, daß eine zu gute Partnerschaft zwischen Arbeitgebern und Arbeitnehmern dazu führen kann, daß die Arbeitnehmer gegenüber den Zielen der Gewerkschaften zurückhaltender werden könnten und daß damit die Position der Gewerkschaften geschwächt würde. Unter anderem auch aus diesem Grund befürworten die Gewerkschaften eine „überbetriebliche Ertragsbeteiligung", mit der sie vor allem auch die in der BRD bestehende Vermögenskonzentration abbauen und die Vermögensbildung in Arbeitnehmerhand beschleunigen wollen.

V. Arbeitsordnung und Betriebsverfassung

Wie bei allen menschlichen Organisationen gelten auch für Unternehmen bestimmte Grundsätze, Normen und Ordnungssysteme, nach denen sich die Beziehungen der Unternehmensleitung und der Belegschaft sowie die der Arbeitnehmer untereinander vollziehen. Während diese „*Arbeitsordnung*" früher in einer mehr patriarchalischen Form realisiert wurde, wobei die Unternehmensführung gleichsam wie ein Familienoberhaupt die

---

12 Gemäß dem Regierungsentwurf vom 20. 2. 1974 sollte eine überbetriebliche Ertragsbeteiligung in Form der *Vermögensbildung* für alle Arbeitnehmer bis 1976 realisiert werden; bisher ist es allerdings noch zu keiner Regelung gekommen.

jeweiligen Arbeitsverhältnisse autokratisch regelte, ist heute eine mehr demokratische Form vorzufinden, bei der Mitbestimmung und Mitverantwortung der Arbeitnehmer als selbstverständlich akzeptiert werden. Mitbestimmung bedeutet *Partnerschaft* in der Unternehmung und damit ein *Mitsprache-* oder *Mitentscheidungsrecht* in allen Fragen, die für die Arbeitnehmer von wesentlicher Bedeutung sind. Dabei stehen zwei Ziele im Vordergrund:

1. Der Gedanke der „*Betriebsgemeinschaft*" trägt zu einer Erhöhung der sozialen und seelischen Befriedigung des arbeitenden Menschen bei.
2. Der *Partnerschaftsgedanke* führt zu einer Verbesserung des Betriebsklimas („human relations"), zur Erhaltung des sozialen Friedens in der Unternehmung und letzten Endes zu einer Steigerung der effektiven Arbeitsleistung.

In den modernen Staaten der westlichen Welt wird die *Arbeitsordnung* auf dem Wege der Gesetzgebung, durch tarifvertragliche Vereinbarungen oder durch freiwillige Vereinbarungen einzelner Arbeitgeber geregelt. In Deutschland wurde bereits 1848 in der Paulskirche die Grundkonzeption einer gesetzlichen Regelung der Betriebsverfassung fixiert. Praktisch in die Tat umgesetzt wurde dieser Gedanke allerdings erst im „*Betriebsrätegesetz*" von 1920, das eine echte Mitwirkung der Arbeitnehmer vorsah. Dazwischen lag noch die 1891 in die *Gewerbeordnung* eingefügte Möglichkeit, je nach Ermessen des Arbeitgebers besondere Arbeiterausschüsse zu bilden sowie die obligatorische Realisierung dieser Forderung im Jahre 1905 für Bergbaubetriebe mit über 100 Arbeitnehmern nach dem „preußischen Bergbaugesetz". Im Jahre 1934 wurde dann von den Nationalsozialisten ein *Arbeitsordnungsgesetz* eingeführt, das auf der Basis des „Führerprinzips" sog. Betriebsführer einsetzte, die in aller Regel politische Funktionsträger waren.

Heute gilt für Unternehmen des Kohlebergbaus und der Stahlindustrie („Montanindustrie") das sog. *Mitbestimmungsgesetz* („Gesetz über die Mitbestimmung der Arbeitnehmer in den Aufsichtsräten und den Vorständen der Unternehmen des Bergbaus und der Eisen und Stahl erzeugenden Industrie") vom 21. 5. 1951 mit einer Ergänzung aus dem Jahre 1956 und für alle anderen Unternehmen das sog. *Betriebsverfassungsgesetz* (BetrVG) vom 11. 10. 1952 in der Neufassung vom 19. 1. 1972. Das Betriebsverfassungsgesetz von 1972 bedeutet einen wesentlichen Schritt voran auf dem Wege, *mehr Demokratie in den Unternehmen, mehr Humanität im Arbeitsleben und mehr soziale Gerechtigkeit* zu verwirklichen. Die Beteiligung der Arbeitnehmer und des Betriebsrates reichen von einfachen Informations- und Anhörungsrechten über Initiativ- und Widerspruchsrechten bis zur echten Mitbestimmung bei personalpolitischen Entscheidungen. Aus der Fülle der gesetzlichen Vorschriften seien neben den *direkten* Rechten der *Arbeitnehmer,* wie etwa das Recht auf Einsicht in die Personalakten (§ 83 BetrVG), auf Erörterung von Leistungsbeurteilungen und Aufstiegschancen (§ 82) sowie das Beschwerderecht (§§ 84—86), vor allem die Mitwirkungs- und Mitbestimmungsrechte des *Betriebsrates* erwähnt, wie u. a.: bei der Gestaltung von Arbeitsplatz, Arbeitsablauf und Arbeitsumgebung (§§ 90—91), bei der Personalplanung (§ 92), bei der Ausschreibung von Arbeitsplätzen (§ 93), bei der Erstellung von Personalfragebogen, Beurteilungsgrundsätzen und Auswahlrichtlinien (§§ 94—95) sowie bei der Berufsausbildung (§ 96—98) und der Mitwirkung bei personellen Einzelmaßnahmen (Einstellung, Versetzung, Entlassungen — §§ 99—103).

VI. Literaturhinweise

Ackermann, K.-F., Reber, G. (Hrsg.), Personalwirtschaft, Stuttgart 1981; Albach, H. (Hrsg.), Arbeitswissenschaft, Wiesbaden 1984; Arbeitsring-Chemie, Betriebsverfassungsgesetz 1972, Wiesbaden 1972; Baumgarten, F., Die Psychologie der Menschenbehandlung im Betrieb, Zürich 1946; Bramesfeld, E., Euler, H., Pentzlin, K. (Hrsg.), Grundlagen des Arbeits- und Zeitstudiums, Bd. 1 bis 9, München 1954–1962; Bramesfeld, E., Arbeitsbewertung, in: HdS, Bd. 1, S. 291 ff.; Böhrs, H., Leistungslohngestaltung, 3. Aufl., Wiesbaden 1980; Böhrs, H., Leistungslohn, 2. Aufl., Wiesbaden 1967; Brandenburg, W., Hahn, G., Grundzüge des Sozialrechts, München 1978; Bundesverband der Deutschen Arbeitgeberverbände, Unternehmerische Personalpolitik, Köln 1978; Burisch, W., Industrie- und Betriebssoziologie, Berlin 1971;
Dirks, H., Die Personalbeurteilung im Betrieb, Düsseldorf 1952;
Eckardstein, D. von, Schnellinger, F., Betriebliche Personalpolitik, 3. Aufl., München 1978; Engel, P., Betriebliche Sozialleistungen, Köln 1977; Euler, H., Stevens, H., Die analytische Arbeitsbewertung, Düsseldorf 1952;
Friedmann, G., Der Mensch in der mechanischen Produktion, Köln 1952;
Gasser, C., Der Mensch im modernen Industriebetrieb, 3. Aufl., Köln und Opladen 1958; Gaugler, E. (Hrsg.), Handwörterbuch des Personalwesens, Stuttgart 1975; Gellermann, S. W., Motivation und Leistung, Düsseldorf–Wien 1972; Goosens, F., Personalleiter-Handbuch, München 1970; Gross, W., Arbeitsrecht, Wiesbaden 1978; Gutenberg, E., Grundlagen der Betriebswirtschaftslehre, Bd. 1, Die Produktion, 19. Aufl., Berlin–Heidelberg–New York 1972;
Haller, G. B. von, Handbuch der modernen Betriebspsychologie, München 1969; Handwörterbuch der Betriebspsychologie und Betriebssoziologie, hrsg. von Beckerath, P. G. v./Sauermann, P./Wiswede, G., Stuttgart 1981; Hax, K., Grundsatzfragen der betrieblichen Altersversorgung, in: Gegenwartsfragen der sozialen Betriebspraxis, Stuttgart–Düsseldorf 1953; Hax, K., Der Mensch und seine Arbeitskraft als betrieblicher Produktionsfaktor, in: Frankfurter Universitätsreden, Heft 26, Frankfurt 1961; Hax, K., Die volks- und betriebswirtschaftliche Bedeutung der „Mitbestimmung", in: ZfbF, 16. Jg. (1964), S. 261–367; Hax, K., Personalpolitik und Mitbestimmung, Köln–Opladen 1969; Hiltmann, H., Kompendium der psychodiagnostischen Tests, Bern und Stuttgart 1960;
Keller, P., Leistungs- und Arbeitsbewertung, Köln 1950; Kilger, W., Lohnformen, in: HdS, Bd. 7, S. 26 ff.; Korndörfer, W., Probleme der Mitarbeiterbeurteilung bei der Leistungsbewertung von Angestellten, in: Der grad. Betriebswirt, Nr. 4 (1972), S. 247–254; Korndörfer, W., Strukturwandlungen im Personalwesen, in: Der graduierte Betriebswirt, Nr. 2 (1974), S. 77–84; Korndörfer, W., Unternehmensführungslehre, 3. Aufl., Wiesbaden 1983; Kosiol, E., Leistungsgerechte Entlohnung, Wiesbaden 1962; Kroeber-Keneth, L., Erfolgreiche Personalpolitik, 4. Aufl., Düsseldorf 1957; Kroeber-Keneth, L., Wie findet man qualifizierte Mitarbeiter?, Düsseldorf 1960;
Mand, J., Betriebliche Personalpolitik, Wiesbaden 1956; Maucher, H., Zeitlohn, Akkordlohn, Prämienlohn, 2. Aufl., Neuwied–Berlin 1965; Marx, A., Die Personalplanung in der modernen Wettbewerbswirtschaft, Baden-Baden 1963; Marx, A., (Hrsg.). Personalführung, Bd. I–IV, Wiesbaden 1969/1972; Moede, W., Betriebliche Arbeitswissenschaft, Essen 1954;
Neuloh, O., Die deutsche Betriebsverfassung und ihre Sozialformen bis zur Mitbestimmung, Tübingen 1956; Nietzer, H., Die Kostennatur betrieblicher Sozialleistung, München 1963;
Pohle, E., Das Betriebsverfassungsgesetz in der Praxis, Wiesbaden 1979; Ponne, H., Schult, G., Personalwesen, Bielefeld 1978; Potthoff, E., Personalwesen, in: HdW, Bd. I, 2. Aufl., S. 81 ff.; Preller, L., Notwendigkeit und Grenzen betrieblicher Sozialleistungen, Stuttgart–Düsseldorf 1953;
REFA-Buch, Bd. 1 bis Bd. 5, München 1958 ff.; Roethlisberger, F. J., Betriebsführung und Arbeitsmoral, Köln und Opladen 1954; Rosenstiel, L. von, Motivation im Betrieb, München 1972; Rosenstiel, L., von, Grundlagen der Organisationspsychologie, Stuttgart 1980;
Schwarz, H., Arbeitsplatzbeschreibung, 8. Aufl., Freiburg 1981; Siebke, J., Überbetriebliche Ertragsbeteiligung der Arbeitnehmer, Tübingen 1968; Spiegelhalter, F., Der unsichtbare Lohn, Neuwied/Rhein 1961; Spindler, G. P., Neue Antworten im sozialen Raum, Leitbilder für Unternehmer, Düsseldorf 1964; Stahl, A., Gewinnbeteiligung der Arbeitnehmer, Dissertation Bonn 1954;
Uris, A., Der richtige Mann am richtigen Platz, Stuttgart 1960;
Wächter, H., Einführung in das Personalwesen, Herne–Berlin 1979; Wibbe, J., Entwicklung, Verfahren und Probleme der Arbeitsbewertung, München 1953; Wysocki, Kl. von, Sozialbilanzen, Stuttgart 1981; Zander, E., Knebel, H., Taschenbuch für Arbeitsbewertung, Heidelberg 1978; Zander, E., Knebel, H., Taschenbuch für Leistungsbeurteilung und Leistungszulagen, Heidelberg 1980; Zander, E., Lohn- und Gehaltsfestsetzung in Klein- und Mittelbetrieben, 7. Aufl., Freiburg 1983.

C. Der Beschaffungs- und Lagerbereich der Unternehmung (Beschaffungs- und Lagerwirtschaft)

I. Beschaffung und Beschaffungsplanung

1. Begriff und Wesen der Beschaffung

In einer Marktwirtschaft ist die Gestaltung der Beziehungen zu den *Märkten* für jede Unternehmung von großer Bedeutung. Vom *Beschaffungsmarkt* bezieht die Unternehmung die für die Produktion im weitesten Sinne erforderlichen Güter; über den *Absatzmarkt* werden die hergestellten Güter und erbrachten Dienstleistungen abgesetzt. In diesem Zusammenhang soll zunächst einmal der Beschaffungsmarkt näher untersucht werden.

Wenn man einmal davon ausgeht, daß der Beschaffungsmarkt aus drei selbständigen Teilmärkten, dem *Waren- und Dienstleistungsmarkt,* dem *Arbeitsmarkt* und dem *Geld- und Kapitalmarkt* besteht, so könnte man in Anlehnung an diese Dreiteilung den Beschaffungsbegriff relativ weit fassen und alle Güter und Dienstleistungen einbeziehen, die grundsätzlich Gegenstand von Beschaffungsmaßnahmen sein können. Der Begriff „Beschaffung" im weiteren Sinne umfaßt damit:

1. die Beschaffung von Sachgütern (Anlagegüter, Roh-, Hilfs- und Betriebsstoffe u. a.), von Dienstleistungen und Rechten;
2. die Beschaffung und Einstellung von Arbeitskräften;
3. die Aufnahme von Eigen- und Fremdkapital.

Diese an sich mögliche Begriffsfassung wird vom Standpunkt der einzelnen Unternehmung als zu umfassend abgelehnt werden müssen. Bestimmte Beschaffungsmaßnahmen fallen nämlich zwangsläufig in andere betriebswirtschaftliche Aufgabengebiete und weisen meist unterschiedliche Probleme auf. Eine Abgrenzung und damit eine Einengung des Beschaffungsbegriffs ist also angebracht. Sowohl funktionell als auch organisatorisch halten wir deshalb eine Einengung des Begriffs auf die Beschaffung von *Sachgütern* angebracht. Die Beschaffung von Arbeitskräften wird nämlich vom *Personalbereich,* die Kapitalbeschaffung vom *Finanzbereich* durchgeführt, und die von der Unternehmung beanspruchten Dienstleistungen und Rechte werden meist von den Abteilungen direkt beschafft, von denen sie tatsächlich in Anspruch genommen werden. Die Fassung des Begriffs „Beschaffung", wie wir sie damit vorgenommen haben, deckt sich in groben Zügen mit dem Begriff „*Einkauf",* wie ihn vor allem die *industrielle* Praxis gebraucht.

Oft werden in der Literatur und auch in der Praxis außerdem noch die Betriebsmittel aus dem Beschaffungsbegriff ausgeklammert, so daß letzten Endes nur noch Roh-, Hilfs- und Betriebsstoffe, fremdbezogene Einbauteile und sonstige Einzelteile, soweit sie als

Ausgangs- und Grundstoffe für die Herstellung von Erzeugnissen zu dienen bestimmt sind, in den Beschaffungsvorgang miteinbezogen werden. Da es bei einer so engen Fassung des Begriffs allerdings in der Praxis zu Überschneidungen kommen muß, wollen wir für unsere Untersuchung den auf die Beschaffung von *Sachgütern* erweiterten Beschaffungsbegriff unterstellen.

2. Bedarfsplanung und Beschaffungsplanung

Um optimale Entscheidungen fällen zu können, bedarf es auch im Beschaffungsbereich einer planerischen Tätigkeit, deren Aufgabe darin besteht, die für die Durchführung des Leistungserstellungsprozesses notwendigen Güter in der erforderlichen Menge und Güte termingerecht zur Verfügung zu stellen.

Voraussetzung einer optimalen Beschaffungsplanung ist die Erstellung eines möglichst genauen *Bedarfsplanes*. Wie alle betrieblichen Teilpläne basiert der Bedarfsplan — jedenfalls auf lange Sicht — auf dem Absatzplan. Dieser fixiert Art und Umfang der im Produktionsbereich herzustellenden Leistungen. Kurzfristig baut der Bedarfsplan allerdings direkt auf dem Fertigungsplan auf, der den fertigungsbedingten Verbrauch an Produktionsfaktoren nach Menge und Güte vorgibt.

Als Grundinformation für diesen Bedarfsplan dienen beispielsweise in der Maschinenbauindustrie und in der Fahrzeug- und Elektroindustrie sog. *Auftrags(-stücklisten)*. Eine Stückliste ist eine Aufstellung, die sämtliche Angaben über das für die Erzeugung eines Produktes oder für die Durchführung eines Auftrages benötigte *Fertigungsmaterial* enthält. Die einzelnen Materialarten sind gewöhnlich mit Materialnummern versehen, aus denen Art und Qualität der benötigten Stoffe zu ersehen ist. In den Stücklisten sind dann lediglich die Nummern — bei meist genormtem Material — die Normbezeichnungen und die jeweiligen Mengenangaben enthalten. Der Inhalt aller Stücklisten wird dann auf sog. *Materialscheine* übertragen, die an einer zentralen Stelle (Materialwirtschaft) gesammelt, geprüft und entweder direkt an den Einkauf oder über das Lager an den Einkauf weitergegeben werden. Dadurch entsteht die erste Teilinformation unseres *Bedarfsplans*. Neben dem Bedarf an Fertigungsmaterial wird nun auch der Bedarf an *Gemeinkostenmaterial* (Hilfsstoffe und Betriebsstoffe) festgestellt. Dies geschieht durch die einzelnen Kostenstellen des Betriebes aufgrund von Erfahrungswerten früherer Perioden. Auch diese Information schlägt sich im Bedarfsplan nieder. Schließlich geht auch der Bedarf an *Handelswaren*, der in der Regel den Unterlagen der Verkaufsabteilungen zu entnehmen ist, in den Bedarfsplan ein. Der so entstandene Teilplan ist zunächst einmal im Hinblick auf *geplante Beschäftigungsänderungen* zu variieren, er ist durch den Bedarf, der aufgrund *spekulativ begründeter Lagerveränderungen* entsteht, zu ergänzen und er ist um einen aus Erfahrungswerten bestehenden Prozentsatz *für Ausschuß, Verderb, Diebstahl und Schwund* zu verändern.

Im Gegensatz zu dem nun vorliegenden Bedarfsplan, der in erster Linie für Industriebetriebe Geltung hat, entfällt bei *Handelsbetrieben* der Umweg über die Fertigungspläne. Einzige Informationsquelle ist vielmehr der zu *erwartende Absatz*, der aufgrund vergangener Erfahrungen und einer Vorausschätzung der zukünftigen Entwicklung der Unternehmung mehr oder weniger genaue Unterlagen bietet.

Die Hauptinhalte unseres Bedarfsplans bestehen bisher aus *Art* und *Menge* der zu beschaffenden Güter. Ergänzt werden muß dieser Plan zunächst einmal um die *Termine*, zu denen oder bis zu denen die Beschaffung zu geschehen hat. Dabei ist auf die zeitliche Verteilung des Verbrauchs entsprechend dem Absatz- bzw. dem Fertigungsrhythmus zu achten. Für eine zeitliche Disposition ist die Unterscheidung des notwendigen Materials in:

1. Material, mit einer *fertigungssynchronen Anlieferung,* d. h. Material, das eine genau geplante und terminierte Materialzuführung von außen unmittelbar an die verbrauchenden Stellen im Betrieb erfordert, und
2. Material, welches erst über das Lager (Vorratshaltung) bereitgestellt wird,

von Bedeutung. Das Ideal einer Beschaffungsplanung ist offensichtlich eine fertigungssynchrone Anlieferung, denn dadurch wäre eine Unterhaltung von Eingangslägern überflüssig. Man spricht in diesem Zusammenhang auch von dem *„Prinzip einer lagerlosen Sofortverwendung".*

Die Durchführung einer Synchronisation von Beschaffung und Verbrauch setzt zunächst einmal voraus, *daß die Lieferanten jederzeit lieferfähig sein müssen.* Mit Hilfe bindender, durch hohe Konventionalstrafen gesicherter Lieferungsverträge müssen die Lieferanten veranlaßt werden, an festen, durch den Produktionsablauf bestimmten Terminen das notwendige Material zu liefern.

Außerdem setzt das Prinzip der lagerlosen Sofortverwendung voraus, daß die Unternehmung ihre Bestelltermine exakt zu fixieren vermag, was erforderlich macht, daß die Produktion keinerlei Schwankungen bzw. vorhersehbaren Schwankungen unterliegt.

Die Vorteile einer fertigungssynchronen Anlieferung sind für jede Unternehmung offensichtlich: das Mengen-, Qualitäts-, Raum- und Zeitproblem, vor allem aber das Kapitalproblem wird auf die Lieferanten abgewälzt.

Auf der anderen Seite dürfen diese Vorteile aber die mit einer lagerlosen Sofortverwendung verbundenen Risiken nicht verdecken. Denn selbst wenn mit den Lieferfirmen langfristige Kontrakte, Abrufvereinbarungen und Konventionalstrafen fixiert werden, selbst wenn die gesamte Beschaffungsdauer relativ kurz ist, besteht dennoch ein bestimmtes Ausfallrisiko beispielsweise durch ein Ausfallen der Transportmittel, durch unvorhersehbare Streiks oder durch ein sonstiges Versagen des Lieferanten. In einem solchen Fall verursacht das Stillstehen von Anlagen und Maschinen und das Nichteinhalten von Lieferfristen seitens der Unternehmung oft mehr Kosten als durch das Fehlen jeglicher Eingangslager eingespart werden kann. Aus diesen Erwägungen heraus ist der Fall der lagerlosen Sofortverwendung in der Praxis auf wenige Ausnahmen beschränkt.

Über die Bestimmung der Bestelltermine des über das Lager gehenden Materials wollen wir im Zusammenhang mit der Lagerplanung näher diskutieren.

Die mengen- und artmäßigen Daten sowie die zeitliche Fixierung im Bedarfsplan sind das wichtigste Gerüst der *Beschaffungsplanung.* Der meist rahmenartige Beschaffungsplan ist für die Organisation und die technische Durchführung des eigentlichen Einkaufs eine wertvolle Hilfe. Eine mögliche Weiterentwicklung dieses Planes läge in einer Bewertung der Mengen mit den erwarteten *Einkaufspreisen*. Da die Beschaffung der Güter in die Zukunft gerichtet ist, müßte der Preis angesetzt werden, der für den Einkaufszeitpunkt zu erwarten steht. Es handelt sich also bei diesen Preisen um *Planpreise,* wodurch eine gewisse Unsicherheit in den Beschaffungsplan gelangt. Marktanalysen und Marktbeobachtungen sind dabei wichtige Hilfsmittel, um den Beschaffungsplan wenigstens mit annähernd genauen Werten zu versehen. Oft reicht es in der Praxis auch schon aus, daß für den Einkauf bestimmte *Preisobergrenzen* vorgegeben werden, die u. a. durch eine retrograde Rechnung aus den Limits der zukünftigen Verkaufspreise gewonnen werden. Das Bestreben des Einkaufsleiters muß es dann sein, diese vorgegebenen Planpreise zu unterbieten oder sie wenigstens einzuhalten.

Der endgültige Beschaffungsplan sollte zwar möglichst genau fixiert sein, er sollte aber auch gleichzeitig dem Einkaufsleiter einen bestimmten Spielraum für Einzelentscheidungen frei halten, die im Interesse der Rentabilität und der Sicherheit der Beschaffung getroffen werden müssen.

Der Grundsatz der Elastizität jeglicher Planung gilt auch im Beschaffungsbereich als wichtige Maxime.

3. Der Ablauf der Beschaffung

a) Die Vorbereitung der Beschaffung

aa) Bedarf und Bestellung

Bei dem eigentlichen Beschaffungsvorgang ist zunächst einmal zu unterscheiden zwischen dem *Bedarf* und der *Bestellung* und damit auch zwischen der *Bedarfsmenge* und der *Bestellmenge*. Die verbrauchsorientierte Bedarfsermittlung — wie wir sie in unserem Bedarfsplan durchgeführt haben — ist für den Einkauf ein Datum, das ihm vorgegeben wird. Die eigentliche Bestellung braucht nun jedoch nicht mit dieser vorgegebenen Menge übereinzustimmen, sondern kann — je nach dem Ermessensspielraum, den man dem Einkauf einräumt — darüber liegen. Der Bedarf gilt dann nur noch als globale Richtlinie, von der dann abgewichen werden darf, wenn spekulative oder andere marktliche Überlegungen dies als richtig erkennen lassen.

In der Praxis kann es vorteilhaft sein, die Bedarfsmeldung zunächst über das Lager zu leiten. Damit wird entschieden, ob der bestehende Bedarf ganz oder teilweise aus dem Lager gedeckt werden soll oder kann. Die danach modifizierte Bedarfsmeldung wird unter Einbeziehung der Materialanforderung des Lagers an den Einkauf weitergereicht. Auch wenn die Bedarfsmeldung nicht über das Lager geleitet wird, erscheint es zweckmäßig, die laufenden Bedarfsmeldungen der verbrauchenden Stellen mit den zur Verfügung stehenden Lagerbeständen in Übereinstimmung zu bringen, um durch Berücksichtigung geplanter Bestandsveränderungen im Lager zu einer insgesamt richtigen Ermittlung des Bedarfs zu gelangen.

ab) Anfrage und Angebotsanalyse

Vor jeder Bestellung muß sich der Einkauf über die möglicherweise in Betracht kommenden Bezugsquellen informieren. Dies erscheint relativ einfach bei einer *wiederholten Bestellung*. Hier kann man sich nämlich auf die Angaben stützen, die im Laufe der Zeit aus abgeschlossenen Beschaffungsvorgängen gesammelt werden konnten. Dabei ermöglichen systematisch geordnete Karteien eine rationelle Beschaffung. Dazu zählen u. a. eine *Materialkartei* (nach Gütern geordnete Bezugsquellenkartei), eine *Lieferantenkartei* (nach Lieferanten geordnete Bezugsquellenkartei) und in Verbindung damit meist eine *Preiskartei* (alle seitherigen Preise und Rabatte der Lieferanten); außerdem oft eine *Musterkartei* (zur Aufbewahrung von Materialproben) und eine *Bezugs- und Gegenbezugskartei* (zur Fixierung und Intensivierung gegengeschäftlicher Beziehungen).

Handelt es sich allerdings bei dem Beschaffungsvorgang um einen *erstmaligen Beschaffungsakt,* dann gestaltet sich das Informationsproblem über die in Frage kommenden Bezugsquellen weitaus schwieriger. Als wichtiges Hilfsmittel erweist sich hier auf jeden Fall das Anlegen einer *Bezugsquellenkartei*, die oftmals nur in Form einer systematisch geordneten Prospektsammlung geführt wird. Andere Informationsträger für das Anlegen einer solchen Kartei sind u. a. Messekataloge, Adreßbücher, Lieferantenverzeichnisse oder Anzeigen in Fachzeitschriften. Eine telefonische oder schriftliche Anfrage leitet dann den formalen Beschaffungsvorgang ein und bewirkt eingehende Angebote der potentiellen Lieferfirmen.

Die jeweiligen Angebote sind systematisch zusammenzustellen und im Rahmen einer *Angebotsanalyse* miteinander zu vergleichen. Dabei ist zunächst einmal darauf zu achten, daß Anfrage und Angebot übereinstimmen. Es sind ferner Preise, Qualitäten, Termine, Kapazitäten sowie die gesamten Lieferungs- und Zahlungsbedingungen in die Analyse miteinzubeziehen. Das Ergebnis dieser Angebotsanalyse ist die Ermittlung des „günstigsten" Angebots. Dabei ist jedoch der für die Unternehmung „optimale" Lieferant nicht immer der, der beim „materiellen" Leistungsvergleich am besten abschneidet, sondern manchmal spielen auch weniger quantifizierbare Faktoren, wie u. a. Zuverlässigkeit, Erfahrung, Ruf, Kundendienst, Vertrautheit mit der Leistungsfähigkeit des Lieferanten oder gegenseitige Geschäftsbeziehungen eine ausschlaggebende Rolle.

b) **Die Abwicklung des Beschaffungsvorganges**

ba) Die Bestellung

Auf die Wahl des Lieferanten erfolgt die Bestellung, die in der Regel schriftlich erfolgt. Da die formale Gestaltung der Bestellung wichtig erscheint, werden meist Vordrucke, die alle notwendigen Bestandteile enthalten, benutzt. Durch Anfertigung von mehreren

Durchschlägen werden interessierte Stellen in der Unternehmung, wie u. a. Wareneingangskontrolle, Lager, Rechnungskontrolle und Buchhaltung sowie Terminkontrolle und Arbeitsvorbereitung, informiert.

Bei der Bestellung muß die Beschaffungsabteilung entscheiden, welche *Mengen* insgesamt oder welche in Teillieferungen beschafft werden sollen und welche *zeitlichen* Wünsche mit der Bestellung verbunden werden. Zeitliche Anforderungen werden entsprechend den weiter oben erwähnten verbrauchsbedingten Terminen unter Beachtung von Lieferfristen und Transportzeiten fixiert. Die Beschaffungsmengen richten sich in erster Linie nach dem Bedarfsplan. Außerdem muß die jeweilige Preisentwicklung als entscheidende Determinante erwähnt werden. Schließlich spielen Überlegungen eine Rolle, die man in der einschlägigen Literatur mit „*optimaler Bestellmenge*" umschreibt. Überlegungen dieser Art gehören eigentlich schon nicht mehr in die technische Abwicklung des Einkaufs, sondern sie sind je nach der individuellen organisatorischen Gliederung einer Unternehmung einer zentralen kaufmännischen Stelle untergeordnet. Die Ermittlung der „optimalen Bestellmenge" erfordert nämlich umfassende betriebswirtschaftliche Kenntnisse, die über technische Detailfragen des Einkaufs hinausgehen; *sie macht interdependente Überlegungen und eine planerische Gesamtkonzeption notwendig*. Eine solche zentrale Stelle ist in industriellen Großunternehmen meist die Vorstandsfunktionen ausführende „*Materialwirtschaft*", die das Beschaffungs- und Lagerwesen koordiniert.

bb) Die optimale Bestellmenge

Bei der Ermittlung der optimalen Bestellmenge geht man von folgenden Überlegungen aus: Bestellt ein Unternehmen für einen längeren Zeitraum größere Mengen, so ergeben sich durch Mengenrabatte und günstigere Lieferungs- und Zahlungsbedingungen niedrigere Beschaffungspreise als bei häufigerem Einkauf in kleineren Mengen. Dem steht auf der anderen Seite der Nachteil gegenüber, daß die Lagerkosten bei wenigen Beschaffungsakten in großen Mengen erheblich höher sind. Mit größeren Beschaffungsmengen nehmen nämlich die *Raumkosten* (Abschreibungen, Zins, Beleuchtung, Heizung usw.) und die Kosten der *Lagerbestände* selbst durch hohe Kapitalinvestitionen und größere Risiken in Form von Veralterung und Schwund zu. Bei mehrmaliger Beschaffung in kleineren Mengen dagegen sind die Lager- und Zinskosten niedriger, die Beschaffungskosten dafür aber höher.

Die „optimale" Bestellmenge, d. h. die Menge, bei der die Kosten pro beschaffter Mengeneinheit insgesamt ein Minimum erreichen,

läßt sich durch folgende Formel ermitteln:

$$x_{opt} = \sqrt{\frac{200 \cdot M \cdot F}{e \cdot (p + l)}}$$

Dabei enthalten die Symbole der Formel folgende Tatbestände:

x_{opt} = optimale Bestellmenge

M = Jahresbedarf (abhängig vom zukünftigen Absatz)

F = fixe Bezugskosten, die bei jeder Bestellung unabhängig von der Menge anfallen (bestellfixe Kosten)

e = Einstandspreis pro eingekaufter Einheit

p = Jahreszinssatz für die Zinsbelastung des für die lagernde Menge gebundenen Kapitals

l = Lagerkostensatz

Bei dieser Formel, die von *Stefanic-Allmayer* bereits im Jahre 1927 entwickelt wurde, wird von einem feststehenden Jahresbedarf (M) ausgegangen, und es sind die zu beschaffenden Teilmengen zu ermitteln, die die geringsten Stückkosten verursachen. Da ein Teil der Beschaffungskosten unabhängig von der bezogenen Menge pro Bestellung fix ist (F), werden diese bestellfixen Kosten um so geringer – bezogen auf eine Mengeneinheit –, je größere Mengen pro Bestellakt beschafft werden. Mit zunehmender Bestellmenge besteht damit eine *Kostendegression*. Bestellfixe Kosten sind z. B. Verwaltungskosten sowie Reise-, Schreib-, Porto- und Telefonkosten. Auf der anderen Seite steigen die Lager- und Zinskosten pro Mengeneinheit mit zunehmender Bestellmenge proportional an.

Geometrisch gesehen ergibt sich die optimale Bestellmenge dort, wo das Steigungsmaß der beiden gegeneinander verlaufenden Kostenkurven gleich ist.

Algebraisch gesehen geht man zunächst von den Beschaffungskosten pro Stück aus: $e + \frac{F}{x}$. Die Lager- und Zinskosten (p + l) werden der Einfachheit halber zusammengefaßt, auf den durchschnittlich gebundenen Bestand $\frac{(e \cdot x)}{2}$ bezogen und mit der Lagerdauer (t) multipliziert. Ersetzt man die Größe t durch $\frac{x}{M}$, so erhält man für die Lager- und Zinskosten pro Stück folgenden Ausdruck:

$$\frac{\frac{e \cdot x}{2} \cdot \frac{(l + p)}{100} \cdot \frac{x}{M}}{x} = \frac{e \cdot x}{2} \cdot \frac{(l + p)}{100 \, M}$$

Zählt man dazu die Beschaffungskosten pro Stück, ergibt sich folgende Formel, die die insgesamt anfallenden Kosten pro Stück wiedergibt:

$$K_{St} = e + \frac{F}{x} + \frac{e \cdot x}{2} \cdot \frac{(l + p)}{100 \, M}$$

Man erhält nun die gesuchte optimale Bestellmenge mit Hilfe der *Differentialrechnung*, mit der es möglich ist, Maximum- bzw. Minimumprobleme zu lösen. In diesem Falle handelt es sich um ein Minimumproblem, denn es ist die Menge gesucht, bei der die Stückkosten minimal sind.

Die obige Gleichung ist deshalb nach x zu differenzieren und die erste Ableitung gleich Null zu setzen:

$$0 = -\frac{F}{x^2} + \frac{e(l+p)}{200\,M}$$

$$\frac{F}{x^2} = \frac{e(l+p)}{200\,M}$$

$$x^2 = \frac{F \cdot 200\,M}{e(l+p)}$$

$$x = \sqrt{\frac{200\,M \cdot F}{e(l+p)}}$$

Unterstellen wir einmal folgende Zahlenwerte:

M = 20 000 Stück
F = 100 DM
e = 10 DM
(p + l) = 10 %

so ergibt sich die optimale Bestellmenge:

$$x_{opt} = \sqrt{\frac{200 \cdot 100 \cdot 20\,000}{10 \cdot 10}} = 2\,000 \text{ Stück}$$

Nach obiger Formel müßten wir also unseren Jahresbedarf von 20 000 Stück durch 10 Beschaffungsakte von jeweils 2 000 Stück befriedigen. Erst dann würden wir bei den oben gemachten Prämissen die Kosten pro Stück minimieren.

Gegen die obige Formel sind in Literatur und Praxis eine Menge Bedenken vorgetragen worden, die die praktische Verwendbarkeit stark in Frage gestellt haben. So muß zunächst einmal bezweifelt werden, ob die für die Formel notwendigen Daten mit ausreichender Sicherheit beschafft werden können. Der Jahresbedarf beispielsweise ist besonders bei Beschäftigungsschwankungen von vornherein nicht genau festzustellen, und die Größen für p und l sind nach den Prämissen der Formel von der Größe x_{opt} abhängig, die ihrerseits jedoch nicht errechnet werden kann, solange p und l nicht fixiert sind. Außerdem wendet man gegen die Formel ein, daß sie nicht in der Lage sei, die sich in der Praxis oft bietende Möglichkeit, größere Mengen mit Mengenrabatten in Auftrag zu geben, in der Rechnung mit zu erfassen. Fraglich erscheint außerdem, ob die als „optimal" erkannte Bestellmenge auch tatsächlich realisiert werden kann. So könnten beispielsweise *finanzielle, technisch-kapazitative*, oder *marktliche* Engpässe die Realisierbarkeit in Frage stellen. Schließlich können auch zu erwartende Preisschwankungen nach der einen oder anderen Seite die Bestellmenge aus spekulativen Erwägungen heraus variieren lassen. Desgleichen wirken zukünftige Nachfrageverschiebungen, Modeänderungen, technischer Fortschritt sowie Veraltung und Verderb von Waren auf die Beschaffungsplanung ein.

In den letzten Jahren ist allerdings die obige Bestellmengen-Formel u. a. durch Arbeiten von *Kosiol*[1] und *Pack*[2] erheblich geändert worden, so daß ein Teil der hier vorgebrachten Einwendungen gegen die praktische Verwendung der Formel ausgeräumt ist.

Sieht man einmal von den praktischen Schwierigkeiten der Datenbeschaffung für die in der Bestellmengen-Formel vorgegebenen Größen sowie von den anderen oben erwähnten Einwänden ab, so gilt dennoch für die Praxis *das Erreichen wirtschaftlicher Bestellmengen grundsätzlich als beschaffungspolitische Maxime*. Eine solche Forderung erhält insbesondere durch die Tatsache, daß die Lagervorräte in Deutschland und damit die kapitalmäßige Bindung und die kostenmäßige Belastung unwirtschaftlich hoch sind, entsprechendes Gewicht.

Wählt man für beschaffungs- und lagerwirtschaftliche Entscheidungen die „optimale Bestellmenge" wenigstens als grobe Richtlinie und läßt konkrete Berechnungen an die Stelle des hier meist praktizierten Fingerspitzengefühls treten, so trägt man zweifelsohne zur Steigerung der Wirtschaftlichkeit im Bereich der Materialwirtschaft bei. Die Materialwirtschaft gilt nämlich in der Praxis auch heute noch als der Bereich, in welchem Rentabilitätsüberlegungen und Wirtschaftlichkeitsbetrachtungen höchst selten angestellt werden und in dem gerade solche Überlegungen und Berechnungen sich als lohnend erweisen müßten.

c) Terminüberwachung und Lieferung

Der planmäßige Fertigungsablauf darf nicht durch eine verspätete Lieferung gestört werden. Eine laufende Überwachung der Liefertermine und eine sorgfältige Kontrolle der Lieferungen, unterstützt durch eine wendige Mahnabteilung sind deshalb unbedingt notwenidg. In der Praxis erweist sich meist eine sogenannte *Terminkartei,* in die alle Bestellungen, Termine, Terminänderungen und Mahnungen eingetragen werden als ein sehr wichtiges Hilfsmittel für eine termingerechte Überwachung der Lieferungen.

Der Wareneingang ist die letzte Phase im Rahmen der Abwicklung des Beschaffungsvorganges, wenn man einmal davon absieht, daß beispielsweise auch Mängelrügen einer bestimmten organisatorischen Abwicklung bedürfen. Die mit der Warenannahme betraute Stelle wird deshalb zunächst Menge und Qualität der Lieferung prüfen und den Eingang der Materialien dem Einkauf melden.

Die vertragsmäßige Regulierung der Einkaufsrechnungen, die in aller Regel in den Zahlungs- und Finanzbereich gehört, kann mitunter auch von der Beschaffungsstelle dadurch beeinflußt werden, daß sie im Interesse der guten Beziehungen zum Lieferanten darauf drängt, daß die ausgehandelten Zahlungsbedingungen korrekt eingehalten werden.

4. *Kontrolle und Statistik im Beschaffungsbereich*

Der Begriff Kontrolle wird hier nicht in seiner engen Fassung ausgelegt und umfaßt also nicht nur die Wareneingangskontrolle oder die Rechnungskontrolle, sondern er geht

---

1 E. Kosiol, Die Ermittlung der optimalen Bestellmengen, in: ZfB, 28. Jg. (1958), S. 287–299.
2 L. Pack, Optimale Bestellmenge und optimale Losgröße, 3. Aufl., Wiesbaden 1975.

darüber hinaus und enthält wesentliche Elemente einer *Revision*. Die Kontrolle hat damit nicht nur die Aufgabe, unlauteres Zusammenwirken zwischen den Beschaffungsstellen und dem Lieferanten, wie u. a. die Annahme von „Schmiergeldern", zu unterbinden, sondern sie hat auch darauf zu achten, daß eine *„bestmögliche"* Sicherstellung des Bedarfs erreicht wird. Das erfordert u. a. eine Überprüfung, ob die getätigten Abschlüsse in bezug auf Mengen, Preise, Lieferungs- und Zahlungsbedingungen den Interessen der Unternehmung entsprechen, ob die günstigsten Bedingungen ausgehandelt und der „optimale" Lieferant gefunden wurde. Neben einer gewissen personellen und sachlichen Unabhängigkeit der in der „Beschaffungskontrolle" arbeitenden Personen, erfordern die aufgezeigten Aufgaben deshalb auch entsprechende Sachkenntnisse. „Kontrollstellen" sind damit oft sogenannte *Stabsstellen* im Materialbereich.

Die Kontrollfunktion im Beschaffungsbereich wird ergänzt durch die *Statistik*. Sie bietet der Kontrolle nicht nur eine unentbehrliche Hilfe, sondern sie ist zu einem großen Teil selbst Kontrolle, denn ihre Ergebnisse zeigen oft gerade das, worauf die Kontrolle hinzielen muß. Die Statistik hält nämlich alle zahlenmäßig erfaßbaren Vorgänge der Vergangenheit fest, soweit sie es überhaupt wert sind, festgehalten und damit laufend beobachtet und kontrolliert zu werden.

Die Bedeutung der Statistik geht daneben auch daraus hervor, daß sie über das Beschaffungswesen hinaus auch die anderen benachbarten und korrespondierenden Teilbereiche der Unternehmung mit Zahlenmaterial versieht und damit bereits eine Voraussetzung für eine spätere Koordinierung der einzelnen Teilpläne im Rahmen des übergeordneten Gesamtplanes schafft.

II. Lagerhaltung und Lagerplanung

1. *Begriff und Wesen der Lagerhaltung*

Im Rahmen des betrieblichen Umsatzprozesses folgt die Lagerhaltung zeitlich auf den Beschaffungsvorgang. Betrachtet man dagegen beide Bereiche vom organisatorischen Aufbau der Unternehmung her, so haben wir es beispielsweise in der Großindustrie mit zwei nebeneinander geschalteten Hauptabteilungen zu tun, die beide unter dem zentralen Bereich *„Materialwirtschaft"* eingeordnet sind.

Der Ausdruck „Lager" kann zunächst einmal drei verschiedene Begriffsinhalte umfassen: Unter „Lager" sind die eingelagerten *Gegenstände selbst* zu verstehen, beispielsweise dann, wenn man erklärt „das Lager sei in letzter Zeit zusammengeschmolzen". Man kann unter „Lager" außerdem die *Räume* und *Einrichtungen* verstehen und man zieht schließlich auch noch die *Lagerverwaltung* in den Begriffsinhalt mit ein und zwar dann, wenn man beispielsweise davon spricht, daß „das Lager falsch disponiert habe". Alle drei Begriffsinhalte sind in der Praxis gebräuchlich; der jeweils gemeinte ergibt sich meist aus den Umständen und dem Sinngehalt.

Eine eindeutige Definition des Lagerbegriffs in seiner Vielfalt erweist sich auch deshalb als schwierig, weil das Lager zunächst einmal je nach Wirtschaftszweig unterschiedliche

Funktionen zu erfüllen hat. Je nachdem, ob es sich um ein Lager in einem Industriebetrieb, in einem Handelsbetrieb oder sogar in einem Verkehrsbetrieb handelt,

> *ist die Lagerfunktion eine Folge der typischen Aufgabe, die der spezifische Wirtschaftszweig in der Wirtschaft zu lösen hat.*

Abgesehen von der allgemeinen Formulierung, daß das Lager eine wichtige Versorgungsfunktion im Rahmen des gesamtwirtschaftlichen Umsatzprozesses zwischen den Naturgegebenheiten einerseits und dem menschlichen Bedarf andererseits erfüllt, muß eine exakte Begriffsfassung der Terminus „Lager" an einen bestimmten Wirtschaftszweig angelehnt sein. Die größte Bedeutung mißt man der Lagerhaltung im *Handel* und der *Industrie* zu. Ein eindeutiges Indiz dafür sind die Lagerbestände in der deutschen Wirtschaft, die in den letzten Jahren kontinuierlich gestiegen sind. Im Jahre 1964 beispielsweise rechnete man in der Industrie mit insgesamt 58,4 Mrd. DM und im Handel (Groß- und Einzelhandel) mit 31,4 Mrd. DM.[3] Die Bedeutung dieser Zahlen möge daraus hervorgehen, daß der Bundeshaushaltsplan für das gleiche Jahr in Einnahmen und Ausgaben auf rund 60 Mrd. DM festgestellt wurde.

Der größeren materiellen Bedeutung entsprechend, vor allem aber auch im Hinblick auf die Tatsache, daß die verschiedenen *Arten* von Läger besonders im *Industriebetrieb* vielfältige betriebswirtschaftliche Probleme aufwerfen, wollen wir uns im weiteren Verlauf der Untersuchung auf die Lagerhaltung des Industriebetriebs beschränken. Dabei sind jedoch eine Reihe von Überlegungen sicherlich auch auf das Lagerwesen des Handelsbetriebes anzuwenden; spezifische Probleme einer Lagerwirtschaft können nur im Rahmen einer Industriebetriebslehre bzw. einer Handelsbetriebslehre erörtert werden. Wir befinden uns damit in Übereinstimmung mit der Fachliteratur, die bei der Behandlung der Lagerhaltung im Rahmen der Betriebswirtschaftslehre in aller Regel auch allgemeine lagerwirtschaftliche Probleme des Industriebetriebes vorzieht.

2. Arten und Aufgaben der Läger im Industriebetrieb

Versteht man unter der Lagerhaltung *das bewußte Bilden von Beständen an beweglichen Sachgütern, die eine unmittelbare oder mittelbare Beziehung zum Fertigungs- und Absatzprozeß haben,* so kann man nach dem Betriebsablauf drei Arten von Läger unterscheiden:

1. die zeitlich *vor* der Produktion befindlichen Roh-, Hilfs- und Betriebsstoffläger,
2. die zeitlich *mit* dem Produktionsprozeß verlaufenden Zwischenläger,
3. die zeitlich *nach* der Produktion verlaufenden Fertigwarenläger.

(1) Die zeitlich *vor* der Produktion befindlichen Läger haben die Aufgabe, einen reibungslosen Ablauf der Fertigung dadurch zu ermöglichen, daß die von der Fertigung benötigten Materialien in genügender Menge und zur richtigen Zeit bereitgestellt werden.

---

[3] Vgl. H. Laumer, Die Lagerhaltung des Handels in volkswirtschaftlicher und betriebswirtschaftlicher Sicht, Berlin 1965.

Da Bereitstellung und Verbrauch — sieht man einmal von dem Fall einer fertigungssynchronen Anlieferung ab — in der Praxis aus den verschiedensten Gründen nicht automatisch übereinstimmen, erfüllen die zeitlich von der Produktion gelegenen Läger in der Überbrückung dieser Spannungen eine sehr wichtige Funktion. Dabei lassen sich in der Praxis eine Reihe von unterschiedlichen Lagertypen unterscheiden:

1. die eigentlichen *Eingangsläger*, in welchen die Materialien nur vorübergehend gelagert werden;
2. die stofforientierten *Haupt-* oder *Zentralläger*, die alle für die Fertigung notwendigen Materialien übernehmen;
3. die fertigungsorientierten *Hand-* oder *Werkstoffläger*, die das für die spezifischen Arbeitsplätze notwendige Kleinmaterial und die Werkzeuge bereithalten;
4. die *Hilfs-* oder *Reserveläger*, die als eine Art Vorratslager eventuelle Überschußmengen aus Gelegenheitskäufen aufnehmen;
5. die *Konsignationsläger*, die vom Lieferanten auf seine eigenen Kosten im Industriebetrieb angelegt werden;
6. die aufgrund des Zollgesetzes bzw. der verschiedenen Zollordnungen anzulegenden *Zollgutläger* und die *Zollaufschubläger*.
7. *Eingangsläger*, in denen keine Materialien, sondern Güter des Anlagevermögens, wie Maschinen, Vorrichtungen und Modelle vorübergehend gelagert werden.

(2) Die zeitlich *mit* dem Produktionsprozeß verlaufenden Zwischenläger haben in erster Linie *zwei* Aufgaben: Sie dienen zunächst einmal dazu, gefertigte Zwischenerzeugnisse dann aufzunehmen, wenn ein Fertigungsbereich einen Ausstoß hat, der zeitlich und mengenmäßig von dem im Fertigungsablauf nachfolgenden Bereich nicht aufgenommen und weiterverarbeitet werden kann (eigentliche Zwischenläger). Immer dann, wenn kapazitätsmäßig disproportionierte Fertigungsabläufe vorliegen, wie beispielsweise bei einer teil-automatisierten Fertigung, sind solche Zwischenläger notwendig.

Zum anderen werden Zwischenläger dann gebraucht, wenn bestimmte Einzelteile bei aufeinanderfolgenden Fertigungsstufen in unterschiedlichen Mengen und Zeiten benötigt werden. Je nach Fortschreiten des Produktionsprozesses werden beispielsweise bei der Fließbandfertigung unterschiedliche Mengen an Einbauteilen und Hilfsstoffen zur Montage benötigt.

Zeitlich mit dem Produktionsprozeß verlaufende Läger sind schließlich auch solche, die als ein Teil des Fertigungsprozesses selbst anzusehen sind und einen bestimmten Reifeprozeß an den gelagerten Gütern vollziehen. Dabei werden die Güter dem Lager meist in einem noch nicht verarbeitungsfähigen Zustand zugeführt und verlassen es dann mit einer qualitativen Veränderung, um in einer darauf folgenden Produktionsstufe verarbeitet oder dem Absatz direkt zugeführt zu werden. Typisch dafür sind Gärungs- und Reifeprozesse bei Bier, Wein und Sekt, Gerbeprozesse beim Leder oder bestimmte qualitative Veränderungen bei der Lagerung von Holz.

(3) Die zeitlich *nach* dem Produktionsprozeß befindlichen Läger sind zunächst einmal die *Fertigwarenläger* im üblichen Sinne, die Läger mit veräußerungsfähigen *Nichtfertigfabrikaten* und die Läger für *Handelswaren*. Die Aufgabe dieser Läger wird im wesentlichen mit der Überbrückung der Spannung zwischen Produktion und Absatz begründet: Wären Produktions- und Absatzkurve identisch, so könnte man praktisch auf Fertigwarenläger verzichten. Dies ist jedoch meist nicht einmal im Falle der sog. *Auftragsproduktion* möglich. Im Falle der sog. *Marktproduktion* werden die meist saisonalen oder konjunkturellen Schwankungen unterliegende Absatzkurve und die oft durch entgegengesetzte Schwankungen beeinflußte Produktionskurve sich nicht decken, so daß Fertigwarenläger erforderlich werden.

Faßt man die *drei* Arten von Läger und ihre grundsätzlichen Aufgaben einmal abschließend zusammen, so könnte man auch sagen, daß die Lagerhaltung im Industriebetrieb folgende Funktionen erfüllt:

1. eine *Versorgungs-* und *Sicherungsfunktion:*
   sie *versorgen* die Produktion mit Materialien, um einen reibungslosen Fertigungsablauf zu *sichern;*
2. eine *Ausgleichsfunktion:*
   sie ermöglichen den *Ausgleich* von Marktschwankungen in Beschaffung und Absatz sowie bei diskontinuierlicher Produktion;

3. eine *Produktivfunktion:*
   sie realisieren als Teil des *Produktionsprozesses* einen bestimmten Reife- oder Gärungsprozeß.

Schließlich bleibt noch eine vierte Funktion zu erwähnen, der wir bisher kaum Beachtung geschenkt haben, die sogenannte *Spekulativfunktion.* Spekulativläger können beispielsweise als Folge unternehmerischer Dispositionen entstehen, die in bestimmten Preisentwicklungen ihre Ursache haben. Dies gilt sowohl für Eingangsläger als auch für Fertigwarenläger. Bei der Höhe der Lagervorräte in Deutschland wird es verständlich, daß Lagermanipulationen spekulativer Art in größerem Umfang einen wesentlichen Einfluß auf die Konjunktur auszuüben vermögen.

Wir haben bisher Aufgaben und Arten der Läger im Industriebetrieb abgehandelt und wollen nun im Rahmen dieses Abschnittes zu einer Abgrenzung kommen. Aus der Tatsache, daß wir das Lagerwesen im Rahmen der Beschaffungs- und Lagerwirtschaft behandelt haben ergibt sich zwangsläufig die folgende Abgrenzung:

Als Lager sollen in diesem Zusammenhang nur die zeitlich vor der Produktion befindlichen Läger verstanden werden, die als Puffer zwischen dem Beschaffungsrhythmus und dem Produktionsrhythmus ihre wesentliche Aufgabe erfüllen. Die Läger in diesem Sinne sollen dabei die beschafften Güter wirtschaftlich annehmen, werterhaltend aufbewahren und bedarfsgerecht bereitstellen.

Die sogenannten Zwischenläger sind Gegenstand einer Produktionswirtschaft; die Fertigwarenläger gehören in den Bereich der Absatzwirtschaft.

3. Lagerplanung und Lagerpolitik

Wie die Beschaffungsplanung so steht auch die Lagerplanung im Rahmen der unternehmerischen Gesamtplanung nicht isoliert da, sondern es bestehen enge Beziehungen zu anderen bereichsorientierten Teilplanungen, wie beispielsweise zur Beschaffungsplanung, zur Produktionsplanung, zur Absatzplanung und auch zur Finanzplanung. Als bereichsbezogene Teilkomponente der unternehmerischen Gesamtplanung hat auch die Lagerhaltung den Leitlinien der Unternehmenführung Folge zu leisten. Sieht man einmal von der generellen Ausrichtung lagerpolitischer Entscheidungen entsprechend der obersten Unternehmensmaxime ab, so gibt es allerdings auch im Rahmen der Lagerplanung eigenständige Ziele, die dem im Lager Arbeitenden verbindliche Richtlinien setzen. Entsprechend der Aufgabe der Lagerhaltung sind dabei zwei gegenpolige Ziele zu beachten:

Absicherung eines bestimmten Bedarfs seitens des Produktionsbereiches — bei gleichzeitig möglichst niedrigem Lagerbestand!

Das Problem der Planung eines adäquaten Lagerbestandes ist nämlich noch nicht dadurch gelöst, daß man umfangreiche Läger hält. Im Bereich einer Lager*wirtschaft* zwingt vielmehr das Streben nach Wirtschaftlichkeit auch gleichzeitig *Kapital, Kosten* und *Risiko* der Lagerhaltung zu minimieren. In der Praxis jedoch wird gerade die letztere Zielsetzung kaum beachtet. Die Vorteile großer Materialbestände gegenüber den eventuellen Nachteilen, wie u. a. die Gefahr des Veraltens, starke Kapitalbindung, hohe Versicherungskosten, Vermögensteuerbelastung und unter Umständen progressiv wachsende Lagerkosten, werden überbewertet.

> *Eine rationelle Lagerpolitik dagegen strebt immer nach dem „optimalen Lagerbestand", d. h. nach einem Bestand, bei dem den Forderungen der Produktion jederzeit in ausreichender Menge und Güte Genüge getan werden kann und bei dem gleichzeitig die größte Wirtschaftlichkeit der Lagerhaltung erreicht wird.*

Der Forderung nach ständiger Lagerbereitschaft trägt die Lagerhaltung dadurch Rechnung, daß zunächst einmal eine *Bestandsgröße* fixiert wird, bei der eine Meldung an den Einkauf zwecks Auffüllung des Lagers aufgegeben werden muß. Dieser sogenannte *Meldebestand* — auch *Bestellpunkt* oder *Bestellbestand* genannt — wird bei kontinuierlichem Lagerabgang durch zwei Größen bestimmt:

1. durch den Verbrauch pro Periode (Tag/Woche/Monat) = V,
2. durch die Beschaffungszeit = t, d. h. durch den Zeitraum von der Bedarfsmeldung bis zur Bereitstellung des Materials am Lager.

Bezeichnet man den Meldebestand mit B, so gilt:

$$B = V \cdot t$$

Unterstellt man einen Anfangsbestand von 3 000 Einheiten, einen Verbrauch pro Tag von 100 Einheiten und eine Beschaffungszeit von 5 Tagen, so beträgt der Meldebestand: 5 · 100 = 500. Dieser Bestand würde gerade ausreichen, bis die neue Lieferung auf Lager liegt. Geht man allerdings von der Prämisse ab, daß sich der Lagerabgang — wie geplant — kontinuierlich entwickelt, so muß eine zusätzliche Sicherung in Form des sogenannten *eisernen Bestandes* (E) eingeplant werden. Der Meldebestand wird dann durch folgenden Ausdruck ermittelt:

$$B = V \cdot t + E$$

Unterstellt man wieder einen Anfangsbestand von 3 000, einen Verbrauch von 100 Einheiten pro Tag und eine Beschaffungszeit von 5 Tagen, so wird bei einem geplanten eisernen Bestand von 600 der Meldebestand dann erreicht, wenn der Anfangsbestand auf 1 100 Einheiten (500 + 600) gesunken ist. Tritt nun eine unvorhergesehene Störung in der Beschaffung ein, so kann die Fertigung solange fortgesetzt werden bis der eiserne Bestand aufgebraucht ist. In unserem Falle könnte die Produktion noch insgesamt 6 Tage fortgesetzt werden.

Der eiserne Bestand kann in der Praxis dadurch ermittelt werden, daß man
1. den Durchschnittsverbrauch in der Vergangenheit mit der durchschnittlichen Beschaffungsdauer in der Vergangenheit multipliziert, für unser Beispiel nahmen wir an: 5 · 100 = 500;
2. etwaige für die Zukunft zu erwartende Schwankungen in der Beschaffungszeit durch kleinere Zuschläge zum obigen Durchschnittswert der Vergangenheit hinzuaddiert; für unser Beispiel haben wir für die Zukunft 100 Einheiten unterstellt: 500 + 100 = 600.

In der neueren Literatur versucht man in obige Formel noch den sogenannten *Bestellrhythmus*, d. h. die Anzahl der Bestellakte in der Beschaffungszeit, mit in die lagerpolitischen Überlegungen einzubauen. Bezeichnet man den Bestellrhythmus mit Br., so lautet nun unsere Formel:

$$B = E + \frac{V \cdot t}{Br.}$$

Geht man beispielsweise von einem eisernen Bestand von 4 000 Einheiten aus, einem Verbrauch von 300 Einheiten pro Tag und einer Beschaffungszeit von 30 Tagen, so errechnet sich der Meldebestand bei einem unterstellten Bestellrhythmus von 3 (alle 10 Tage wird bestellt bzw. beschafft):

$$B = 4\,000 + \frac{9\,000}{3} = 7\,000 \text{ (Einheiten)}.$$

Aufgrund unserer ursprünglichen Formel würde sich dagegen ein Meldebestand von:

$$B = 4\,000 + (300 \cdot 30) = 13\,000 \text{ (Einheiten)}$$

ergeben. Durch die Forderung nach einer Art *„überlappender"* Bestellung und Beschaffung während der Beschaffungszeit wird also der durchschnittliche Lagerbestand und damit auch die Kapitalbindung gesenkt.

Mit der Bestimmung eines exakten Meldebestandes haben wir uns bisher nur mit einer Komponente der *rationellen Lagerpolitik* beschäftigt, nämlich der Sicherung der Produktion. Dabei haben wir jedoch rein *ökonomische* Gedanken in bezug auf einen sinnvollen Höchstbestand vernachlässigt. Im Hinblick auf den anzustrebenden optimalen Lagerbestand müssen wir uns deshalb auch noch kurz mit den anfallenden *Lagerkosten* beschäftigen.

Die Lagerkosten lassen sich ganz grob in drei Kategorien unterteilen:

1. Kosten der *reinen Lagerung*:
    a) *Raumkosten,* wie u. a. Abschreibungen, Zinsen, Versicherungen — jeweils in bezug auf Lagergebäude und Lagerinventar; Beleuchtung, Heizung und Instandhaltung.
    b) *Kosten der Lagerbestände,* wie u. a. Verzinsung, Versicherung, Verderb, Schwund, Veraltung (und dadurch Mengen- und Güteminderung).
2. Kosten der *Behandlung lagernder Güter*, wie u. a. für die Güterbewegung, für die quantitative und qualitative Erhaltung, für die quantitative und qualitative Veränderung und für sonstige Behandlungen.
3. Kosten der *Lagerverwaltung,* wie u. a. Personalkosten.

Wirtschaftlichkeitsbetrachtungen bei den Lagerkosten zielen auf eine Lagerkostensenkung. Neben einer laufenden Beobachtung, Kontrolle und möglicher Rationalisierung der obigen Kostenarten dient die Erhöhung der *Umschlagsgeschwindigkeit* dieser Zielsetzung. Wir wollen uns in diesem Zusammenhang besonders der letzteren Fragestellung zuwenden, da eine eingehende Überprüfung und Analyse der einzelnen Kostenarten den Umfang dieses Abschnittes sprengen würde.

Die *Umschlagsgeschwindigkeit* oder auch *Lagerumschlag* genannt ist eine sehr wichtige Kennziffer der Lagerpolitik. Sie wird durch den folgenden „*Umschlagskoeffizienten*" ermittelt:

$$\frac{\text{Lagerabgang (Verbrauch/Ausstoß)}}{\text{(durchschnittlicher) Lagerbestand}}$$

Beträgt diese Kennziffer beispielsweise 6 pro Jahr, so heißt das, daß das gesamte Lager sich insgesamt sechsmal umgeschlagen hat. Daraus ergibt sich die *Lagerdauer* (Lagerfrist) in Tagen:

$$\frac{\text{Zahl der Tage des Rechnungszeitraums}}{\text{Umschlagshäufigkeit}}$$

Bei unterstellten 240 Tagen im Rechnungszeitraum, beträgt die Lagerdauer bei obigem Koeffizienten gleich 40 Tage.

Mit Hilfe eines gut ausgebauten Informations- und Kontrollsystems im Lagerwesen werden nun die Güter, die sich gar nicht oder kaum umschlagen und dadurch die durchschnittliche Umschlagsgeschwindigkeit (Umschlagshäufigkeit) verlangsamen, registriert; im Anschluß daran außerdem eine Typen- und Sortimentsbereinigung durchgeführt. Eine dadurch erzielte Beschleunigung der Umschlagshäufigkeit wirkt sich in Verbindung mit einem optimalen Bestellrhythmus auf die Höhe der Lagerkosten aus und hat durch eine gleichzeitig verstärkte Kapitalfreisetzung auch einen bedeutenden *Finanzierungseffekt*.

Wie wir weiter oben bereits erwähnt haben, werden in der Praxis in aller Regel zu hohe Lagerbestände gehalten, weil ohne Zweifel das Sicherheitsstreben im Vordergrund lagerpolitischer Überlegungen steht. Die dadurch bedingte hohe Kapitalbindung, die entstehenden Kosten und das Risiko sollten Grund genug dafür sein, Überlegungen, die wir bisher hinsichtlich eines optimalen Lagerbestandes angestellt haben, in lagerpolitische Entscheidungen mit einzubeziehen. Der Grund dafür, daß über den optimalen Lagerbestand in der Praxis meist unklare Vorstellungen bestehen, liegt u. a. auch darin, daß Lagerhaltungsprobleme in der Fachliteratur lange Zeit vernachlässigt wurden. Die in jüngster Zeit mit Hilfe der Methoden des „*Operations Research*" sehr zahlreich entwickelten Lagerhaltungsmodelle sind außerdem in mathematischer Hinsicht für den Praktiker meist zu schwierig; ihre praktische Verwendbarkeit scheitert darüber hinaus oft an den Schwierigkeiten der Datenbeschaffung. Umfassende praktische Untersuchungen mit überzeugenden Ergebnissen stehen deshalb heute noch immer aus.

III. Optimale Beschaffungs- und Lagerpolitik

Beschaffungs- und Lagerpolitik arbeiten Hand in Hand. Die beide Bereiche verbindende gemeinsame Zielsetzung ist einerseits auf die Absicherung eines bestimmten Bedarfs seitens der Produktion gerichtet, zum anderen findet sie in der gleichzeitigen Minimierung der Beschaffungs- und Lagerkosten ihre Erfüllung.

Dieses Ziel in Form einer optimalen Beschaffungs- und Lagerpolitik wird in der Praxis dann erreicht, wenn man die „optimale Bestellmenge" und den „eisernen Bestand" einführt. Durch die optimale Bestellmenge wird nämlich eine dem Bedarf entsprechende Minimierung sämtlicher Beschaffungs- und Lagerkosten erreicht; durch die Fixierung eines eisernen Bestandes wird darüber hinaus einem zusätzlichen Sicherheitsbedürfnis Rechnung getragen.

Betrachtet man den Beschaffungs- und den Lagerbereich organisatorisch als eine Einheit, die einem zentralen Funktionsbereich *„Materialwirtschaft"* untergeordnet ist, so können wir abschließend dessen Aufgabe wie folgt formulieren:

Die betriebliche Materialwirtschaft hat die Aufgabe, die für den Leistungserstellungs- und Leistungsverwertungsprozeß benötigten Güter unter Beachtung des Wirtschaftlichkeitsprinzips bereitzustellen.

IV. Literaturhinweise

Arbeitskreis „Beschaffung, Vorrats- und Verkehrswirtschaft" (Hrsg.), Beschaffung und Unternehmensführung, Stuttgart 1981.
Arbeitskreis Hax der Schmalenbachgesellschaft, Unternehmerische Entscheidungen im Einkaufsbereich und ihre Bedeutung für die Unternehmens-Struktur, in: ZfbF, 24. Jg. 1972, S. 765–783.
Arnolds, H., Heege, F., Tussing, W., Materialwirtschaft und Einkauf, 4. Aufl., Wiesbaden 1982.
Beste, Th., Fertigungswirtschaft und Beschaffungswesen, in: HdW, Bd. I, 2. Aufl., Köln und Opladen 1966, S. 111 ff.
Bichler, K., Beschaffungs- und Materialwirtschaft, Wiesbaden 1984.
Book, H., Rationelle Materialwirtschaft im Maschinenbau, München 1966.
Budde, R., Materialmanagement, Berlin 1973.
Dorloff, F. D., Roth, P. (Hrsg.), Service- und Materialmanagement, Wiesbaden 1984.
Gabler Lexikon Materialwirtschaft und Einkauf, Wiesbaden 1983.
Göldner, J., Aufbauorganisation der industriellen Lagerwirtschaft, Berlin 1960.
Grochla, E., Grundlagen der Materialwirtschaft, 3. Aufl., Wiesbaden 1978.
Grochla, E., Schönbohm, P., Beschaffung in der Unternehmung, Stuttgart 1980.
Heinen, E., Industriebetriebslehre, 6. Aufl., Wiesbaden 1978.
Henzel, F., Lagerwirtschaft, Essen 1950.
Klemm, H., Mikut, M., Lagerhaltungsmodelle, Berlin 1972.
Kosiol, E., Einkaufsplanung und Produktionsumfang, Berlin 1956.
Pack, L., Optimale Bestellmenge und optimale Losgröße, 3. Aufl., Wiesbaden 1975.
Theisen, P., Grundzüge einer Theorie der Beschaffungspolitik, Berlin 1970.
Trautmann, W. P., Erfolgskontrolle und Leistungsrechnung im Einkauf, Ludwigshafen–Rheingönheim 1969.
Weber-Hax (Arbeitskreis der Schmalenbach-Gesellschaft), Der Einkauf im Industriebetrieb als unternehmerische und organisatorische Aufgabe, Köln und Opladen 1960.
Zeigermann, J., Elektronische Datenverarbeitung in der Materialwirtschaft, Stuttgart 1970.

D. Der Produktionsbereich der Unternehmung (Produktionswirtschaft)

I. Begriff und Wesen der Produktion: Abgrenzung der Sachleistung von der Dienstleistung

Wir haben am Anfang dieser Untersuchung den Begriff „Produktion" bzw. den der „Leistungserstellung" relativ weit definiert und sowohl die Erbringung einer Sachleistung als auch die Bereitstellung einer Dienstleistung darunter eingeordnet. Eine *Produktionswirtschaft* gibt es demnach nicht nur dort, wo Grundstoffe gefördert und Investitions- oder Konsumgüter hergestellt werden, sondern auch in Dienstleistungsbetrieben; dort entspricht die Handels-, Verkehrs- oder bankbetriebliche Funktion der Leistungserstellungsfunktion des Sachleistungsbetriebes. Danach müßten also die Sammlung und Verteilung von Sachgütern als der primären Aufgabe von *Handelsbetrieben,* der Transport und die Nachrichtenübermittlung als Funktion der *Verkehrsbetriebe* und etwa die Gewährung von Krediten und die Abwicklung des Zahlungsverkehrs als Dienstleistung von *Bankbetrieben* mit in den Begriff der Produktionswirtschaft einbezogen werden. Die Fachliteratur wählt allerdings meist eine engere begriffliche Fassung des Terminus „*Produktion*". Sie versteht darunter die Herstellung einer *Sachleistung* und ordnet darunter sowohl die Rohstoffgewinnung als auch die Herstellung von Investitions- und Konsumgütern ein. Eine andere noch engere Fassung des Produktionsbegriffs klammert auch die Gewinnung von Rohstoffen und Naturprodukten aus, so daß nur noch die Be- und Verarbeitung von Stoffen übrigbleibt, wie sie von Handwerks- und Industriebetrieben durchgeführt wird. Die schließlich engste Fassung des Begriffs grenzt die Produktion auf den Industriebetrieb ein, so daß die „Produktionswirtschaft" als Teil einer Industriebetriebslehre ihren endgültigen Inhalt findet. Eine solch enge Fassung des Produktionsbegriffs kann im Rahmen einer „Allgemeinen Betriebswirtschaftslehre" keine Verwendung finden. Die von uns für die folgenden Überlegungen gewählte Einengung auf den *Sachleistungsbetrieb* ist an sich schon problematisch genug. Sie kann – wenn überhaupt – nur damit begründet werden, daß die mit der Herstellung von Sachleistungen zusammenhängenden betriebswirtschaftlichen Probleme der Planung, der Organisation und des Produktionsablaufs sowie die damit im Zusammenhang stehenden Kostenprobleme im Vergleich zu ähnlichen Problemen bei der Bereitstellung von Dienstleistungen derart umfassend und vielschichtig sind, daß sie auch im Rahmen einer „Allgemeinen Betriebswirtschaftslehre" Erwähnung finden müssen. Auch hier gilt dann natürlich wieder die weiter oben gemachte Feststellung, daß bestimmte Überlegungen auf dem Gebiet der Planung oder der Organisation im Wege des Analogieschlusses auch auf den Bereich der Dienstleistungen übertragen werden können.

Die von uns auf Sachleistungsbetriebe eingeengte „Produktionswirtschaft" der Unternehmung hat die Aufgabe, Grundsatzentscheidungen bei der Wahl und Gestaltung der

Erzeugnisse sowie bei der Vorbereitung und dem Ablauf des eigentlichen Produktionsprozesses zu fällen; darüber hinaus sollen produktions- und kostentheoretische Überlegungen, die mit der Leistungserstellung im Zusammenhang stehen, in diesem Abschnitt angestellt werden.

Typisch für die meisten produktionswirtschaftlichen Entscheidungen in der Praxis ist die Tatsache, daß es sich dabei um *integrierte technisch-ökonomische* Entscheidungen handelt. Trotzdem soll in diesem Abschnitt versucht werden, die dabei angesprochenen *betriebswirtschaftlichen* Fragen und Probleme isoliert zu behandeln. Die mit produktionswirtschaftlichen Entscheidungen im Zusammenhang stehenden technisch-organisatorischen Gegebenheiten sind nur am Rand Untersuchungsobjekt der Betriebswirtschaftslehre; sie gehören in den Bereich der technischen Betriebsführung und damit in das Aufgabengebiet der Techniker und Ingenieure.

II. Inhalt und Aufgabe der Produktionswirtschaft — dargestellt am Sachleistungsbetrieb

1. *Programmplanung und Vollzugsplanung als wichtigste Phasen des Produktionsprozesses*

Die erste Phase des Produktionsprozesses bildet die Planung des *Produktionsprogrammes*. Das Produktionsprogramm einer Unternehmung enthält diejenigen Erzeugnisse, die im Rahmen der Produktionswirtschaft hergestellt werden sollen. Dadurch wird gleichzeitig die Produktionswirtschaft einem bestimmten Zweck gewidmet, von dessen mehr oder weniger erfolgreicher Realisierung oft Gedeih und Verderb des ganzen Unternehmens abhängt. Damit das vorgesehene Produktionsprogramm auch termingerecht durchgeführt werden kann, muß der gesamte Produktionsablauf im voraus geplant werden. Die zweite Phase des Produktionsprozesses bezeichnet man deshalb als *Vollzugs-* oder *Durchführungsplanung*. Dabei sind zwei Teilpläne zu unterscheiden: der *Bereitstellungsplan*, dem die Aufgabe der Vorbereitung und Bereitstellung der im Verlauf der Produktion benötigten Produktionsmittel zukommt, und der *Ablaufplan*, der in erster Linie der zeitlichen Fixierung des Produktionsablaufes dient.

2. *Die Planung des Produktionsprogramms als Ausgangspunkt des Produktionsprozesses*

a) Die Bestimmungsfaktoren des Produktionsprogramms

Mit der globalen Festlegung der Erzeugnisse, die das Unternehmen herstellen will, ist nur der erste Teil der Programmplanung beendet. Will die Produktionswirtschaft aus der Planung des Produktionsprogramms einen Nutzen ziehen, so bedarf es einer Verfeinerung des Programms, einer Konkretisierung von Inhalt und Umfang. Dabei sind u. a. folgende Fragen zu diskutieren:

1. Welche *Breite* des Produktionsprogrammes wird gewünscht, d. h. wieviel Artikel, Typen, Sorten und Varianten sollen von jedem Erzeugnis hergestellt werden?
2. Welche *Tiefe* des Produktionsprogrammes wird gewünscht, d. h. welche vor- oder nachgelagerten Fertigungsstufen sollen in das Programm aufgenommen werden?
3. Welche Form, Größe, Farbe, Qualität usw. werden für die zu erstellenden Erzeugnisse im Rahmen der *Produktgestaltung* gewünscht?
4. Welche Erzeugnisse sollen aus dem seitherigen Programm abgestoßen und welche neu in das Programm aufgenommen werden?

Eine endgültige Antwort auf diese Fragen und damit eine Entscheidung im Hinblick auf das Produktionsprogramm, das in die Fertigung geht, erfordert eine Analyse der wesentlichsten Bestimmungsfaktoren (*Programmpolitik*). Grundsätzlich bildet der *Absatz* in einem marktwirtschaftlich orientierten System die dabei entscheidende Determinante (Bestimmungsgröße). Man wird in aller Regel nur die Erzeugnisse produzieren, für die eine nachhaltige Nachfrage besteht. Die jeweiligen Bedarfsverhältnisse sind damit − *langfristig* gesehen − die das Produktionsprogramm bestimmenden Größen. Eine einseitig auf den Absatzplan ausgerichtete Programmplanung ist allerdings dann keine sichere Grundlage, wenn *kurzfristig* auftretende Engpässe kapazitätsmäßiger, beschaffungswirtschaftlicher oder finanzieller Art übersehen werden. Auf kurze Sicht bildet deshalb jeweils der schwächste Teilbereich die Determinante, nach der sich die Produktionsplanung richten muß. *Gutenberg* spricht in diesem Zusammenhang auch von der „*Dominanz des Minimumsektors*", und er hat daran anschließend sein „*Ausgleichsgesetz der Planung*" formuliert.

Sieht man einmal von diesen „passiven" Einflußfaktoren ab, die ein Produktionsprogramm einengen oder kurzfristig sogar ganz verhindern können, so bilden in jeder Marktwirtschaft die absatzwirtschaftlichen Größen die „aktiv" wirksamen Bestimmungsfaktoren. Jede Produktion ist von Anfang an für den Markt bestimmt und erhält von der Bedarfsseite her ihre entscheidenden Impulse. Dabei ist die Beziehung von Produktions- und Absatzplanung nicht nacheinander geschaltet, sondern es sollte sich stets um eine einheitliche ökonomische Entscheidung handeln und damit um ein Neben- und Miteinander im Hinblick auf den gemeinsamen Unternehmenserfolg. Dem steht allerdings nicht entgegen, daß zwischen der Produktions- und Absatzplanung polare Spannungen im Hinblick auf das aufzustellende Programm und damit *sachliche* Abgrenzungsprobleme entstehen können. So sind etwa bei unternehmerischen Entscheidungen über Produktionstiefe, Sortimentsbreite, über ein bestimmtes Qualitätsniveau oder über die Preise der herzustellenden Produkte auf der einen Seite bestimmte produktionsimmanente Ziele wie beispielsweise die nach einer einheitlichen Massenfertigung und auf der anderen Seite absatzorientierte Zielsetzungen, wie die Anpassung an differenzierte Bedarfsverhältnisse zu beachten. Außerdem wirft die Erstellung des Produktionsprogrammes bestimmte *zeitliche* Abgrenzungsprobleme zwischen Produktions- und Absatzplanung auf. Sieht man einmal von einer reinen *Auftragsfertigung* ab, wie sie beispielsweise in Maschinenfabriken mit Spezialkonstruktionen vorliegen mag, bei denen eine Programmplanung aufgrund konkreter Bestellungen möglich ist, so produziert der größte Teil der Verbrauchs- und Konsumgüterindustrie für einen anonymen Markt und ist damit auf eine zeitliche Abstimmung von Produktions- und Absatzplan angewiesen. Sofern die monatlichen Absatzmengen noch annähernd konstant sind, können diese ohne weiteres in das Produktionsprogramm übernommen werden; Verkaufs- und Produktionsprogramm sind damit gleich. Eine Lagerhaltung ist abgesehen von bestimmten Sicherheitsbeständen nicht notwendig; Beschäftigungsschwankungen treten nicht auf. Dieser Idealfall einer Programmplanung ist meist nur dort gegeben, wo bestimmte Unternehmen einen konstanten, lebensnotwendigen Bedarf decken, wie beispielsweise bei Brotfabriken; aber auch dann, wenn Zulieferer aufgrund langfristiger Lieferungsverträge für Großabnehmer jeweils bestimmte Mengen produzieren können.

In aller Regel wird jedoch der Absatz aufgrund konjunktureller und/oder saisonaler Schwankungen mehr oder weniger uneinheitlich verlaufen. Die Unternehmung hat in einem solchen Fall zunächst einmal drei Aktionsmöglichkeiten: Sie kann entweder das mengenmäßige Produktionsprogramm den Schwankungen des Absatzes anpassen (vollständige *Synchronisierung* von Absatz- und Produktionsplan), oder sie kann unabhängig von den Absatzschwankungen, das Produktionsprogramm konstant halten (vollständige *Emanzipation* von Absatz- und Produktionsprogramm). Schließlich ist eine ,,treppenförmige" Anpassung denkbar (*Eskalation* von Absatz- und Produktionsprogramm).

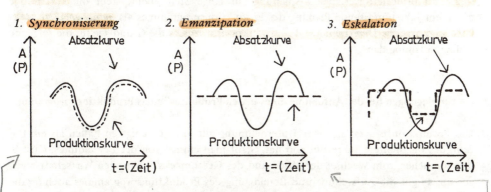

Paßt die Unternehmung ihr Produktionsprogramm unmittelbar der Absatzkurve an, so hat sie zwar den Vorteil eines geringen Fertigwarenlagerbestandes und damit geringer Lager- und Zinskosten; auf der anderen Seite muß sie jedoch – da sie ihre Kapazität den jeweiligen Saisonspitzen anpaßt – mit erheblichen Beschäftigungsschwankungen und als Folge davon mit relativ hohen Fertigungsstückkosten rechnen.

Löst die Unternehmung dagegen ihr Produktionsprogramm völlig vom Absatzplan und zielt auf eine gleichmäßige Beschäftigung und Auslastung ihrer Betriebsmittel hin, so sind zwar die Fertigungsstückkosten geringer, die durch die dann notwendig werdende Einschaltung von Fertigwarenlager induzierten Lager- und Zinskosten dagegen werden steigen.

Bei einer ,,treppenförmigen" Anpassung schließlich werden die Vor- und Nachteile der beiden bisher erwähnten Methoden nivelliert: die Vorteile einer zeitweilig gleichmäßgen Produktion müssen mit den Nachteilen relativ kleiner Fertigwarenläger verglichen und gegeneinander abgewogen werden.

In der Praxis werden weder eine vollständige Synchronisierung, eine totale Emanzipation, noch eine Eskalation von Produktions- und Absatzprogramm allgemein akzeptierte, optimale Lösungen darstellen. Man müßte vielmehr mit Hilfe einer Optimierungsrechnung das Produktionsprogramm feststellen, bei dem die Lager- und Zinskosten und die Kosten der Betriebsbereitschaft ein Minimum darstellen.

Sonderprobleme sachlicher und zeitlicher Art wirft die Programmplanung in *Saisonbetrieben* auf. Dabei geht es meist um das Erreichen einer über die Saison hinausgehenden relativ gleichmäßigen Beschäftigung. Dieses Ziel versucht man dadurch zu realisieren, daß man zusätzlich Erzeugnisse in das Produktionsprogramm aufnimmt, deren *Absatzmaximum* gerade in die Zeit hineinfällt, in der die seitherigen Produkte ihr *Absatzminimum* hatten. Das Verwirklichen dieser sog. Ergänzungsplanung setzt u. a. voraus, daß die Fertigungsanlagen auch für die zusätzlich in das Programm aufgenommenen Produkte verwendbar sind. Eine so begründete Ausdehnung des Produktionsprogrammes findet man beispielsweise in der Textilindustrie: Ergänzung von Sommer- und Winterbekleidung; außerdem auch in der Spielwaren- und in der Sportgeräteindustrie.

Die Planung des Produktionsprogrammes sollte sowohl in Form einer *langfristigen Grobplanung* als auch in Gestalt einer *kurzfristigen Detailplanung* realisiert werden. Während die zwei und mehr Jahre umfassende langfristige Programmplanung einer am Absatzmarkt orientierten Kapazitätsplanung auf lange Sicht dient, stellt die kurzfristige meist ein Jahr umfassende Planung des Produktionsprogrammes als *mengenmäßige, zeitliche* und *örtliche* Determinante des Produktionsprozesses die Grundlage für die folgende Vollzugsplanung dar.

b) Überlegungen bei der Aufnahme eines neuen Produktes in das Produktionsprogramm

Das Produktionsprogramm einer Unternehmung gilt in den wenigsten Fällen als ein Datum, das für mehrere Jahre Bestand hat. Sieht man einmal von der Bekleidungsindustrie und ähnlichen vom Wechsel der Mode und des Geschmacks abhängigen Wirtschaftszweigen ab, so gilt die Aufstellung und Bereinigung des Produktionsprogrammes auch für die meisten anderen Unternehmen nicht als Aufgabe, die nur in sehr weiten Zeitabständen zu lösen ist. Überlegungen über die Gestaltung des Produktionsprogrammes gehören heute zu den wichtigsten Aufgaben einer modernen Unternehmensführung. Ein Unternehmen, das am Markte Erfolg haben will, muß jederzeit ein marktgerechtes Programm anbieten können. Dabei sind heute zwei Erscheinungen zu beachten, die zunehmend an Bedeutung gewinnen:

1. Die Lebensdauer der Produkte und der Märkte nimmt ab;
2. die Entwicklungszeit neuer Produkte bis hin zur Marktreife nimmt zu.

Das bedeutet für den Unternehmer, daß er ständig darauf vorbereitet sein muß, neue Produkte in das bestehende Produktionsprogramm einführen zu können.

Überlegungen hinsichtlich der Ausarbeitung und Bereinigung des Produktionsprogrammes schließen sowohl *Erweiterungen* des seitherigen Programmes durch Aufnahme neuer Produkte als auch eine *Beschränkung* desselben durch Aufgabe bestimmter Erzeugnisse mit ein. Während jedoch Entscheidungen in bezug auf die Aufgabe von Produkten deshalb meist einfacher zu treffen sind, weil Produktions- und Vertriebskostenstatistiken sowie Preise und andere Marktdaten, wie abgesetzte Menge und Umsatz, in der Regel bekannt sind und zur Verfügung stehen, sind die mit der Einführung neuer Produkte verbundenen Probleme vor allem deshalb so schwer zu lösen, weil die meisten Bestimmungsfaktoren in die Zukunft gerichtet und damit nur unvollkommen vorausgesagt werden können.

Den Eintritt in einen neuen Produktbereich, d. h. die Aufnahme neuer bisher von der Unternehmung nicht geführter Produkte in das Produktionsprogramm, bezeichnet man auch als *„Diversifikation"*. Grundsätzlich sind drei Arten von Diversifikation denkbar:

1. Eine **horizontale Diversifikation**, bei der es sich um den „Anbau" von Produkten an das bisherige Programm, die mit diesem in einem *„sachlichen"* Zusammenhang stehen, handelt. Ein Unternehmen zur Herstellung von Linoleum nimmt neben Linoleumbelägen in Zukunft auch Kunststoffbeläge in das Produktionsprogramm auf.
2. Eine **vertikale Diversifikation**, bei der vor- und nachgelagerte Produkte in das Programm aufgenommen werden. Eine Zementfabrik stellt beispielsweise in Zukunft auch Betonfertigteile her; ein Zellstofferzeuger befaßt sich zusätzlich mit der Papierherstellung.
3. Eine **laterale Diversifikation**, bei der überhaupt kein sachlicher Zusammenhang zwischen alten und neu ins Programm aufgenommenen Produkten besteht. Eine Baumaschinenfabrik baut beispielsweise Kühlschränke oder eine Brauerei widmet sich der Güterproduktion auf dem Nahrungsmittelsektor.

Je nachdem, um welche Art von Diversifikation es sich handelt, werden entweder beschaffungswirtschaftliche, produktionswirtschaftliche oder absatzwirtschaftliche Gründe ausschlaggebend sein. In einer Marktwirtschaft stehen meist marktwirtschaftliche Überlegungen im Vordergrund: Die Abschätzung eines zukünftigen Bedarfs aufgrund eingehender Marktanalyse und Marktforschung und eine sich daran anschließende Bewertung des neuen Erzeugnisses aus der Sicht der potentiellen Käufer sollte — jedenfalls auf lange Sicht — die Grundlage für eine optimale Entscheidung auf dem Gebiet der Diversifikation darstellen.

Das Beziehungsschema[1] auf der nächsten Seite mit den Merkmalen *Gründe, Art, Ziel* sowie den Hauptrichtungen *Produkt* und *Markt* zeigt in einer schematischen Übersicht, wie komplex Diversifikationsvorhaben geplant werden sollten.

Wenn man sich einmal die nach dieser Übersicht denkbaren Kombinationen errechnet, so ergeben sich für Diversifikationen immerhin weit über 10 000 Kombinationsmöglichkeiten. Welche der jeweiligen Diversifikationsobjekte letzten Endes gewählt werden, hängt von den von der Unternehmensführung vorgegebenen Bewertungsmaßstäben ab. Neben rein quantitativen Kriterien, wie etwa die zu erwartende *Wachstumsrate* des Produktes oder der *zukünftige Umsatz pro Mitarbeiter*, müssen auch qualitative Bewertungsgrößen bei dieser Programmentscheidung beachtet werden. Diese werden meist in einer sog. *Check-Liste* zusammengestellt, um die in Aussicht genommenen Produkte besser und systematischer beurteilen zu können.

---

[1] Vgl. Dubsch, P., Diversifikation, Konzentration und industrielle Marktforschung, in: Industrielle Organisation (1968), Heft Nr. 4.

Merkmal	Element							
	1	2	3	4	5	6	7	8
A. Gründe für Diversifikationen	Umsatz-schrumpfung	Stagnation	neues Unterneh-mungsziel	Lebenszyklus des Produktes				
B. Arten der Diversifikationen	vertikal	horizontal	lateral					
C. Ziel der Diversifikationen	Umsatz-sicherung	Umsatz-ausweitung	Saison-ausgleich	Verlagerung		Sortiments-ausweitung	Auslastung	Erhöhung der Rentabilität
D. Zielrichtung Produkt	vorhandenes Produkt	verbessertes Produkt	kombiniertes Produkt	benachbares Produkt		Substitutions-produkt	fremdes Produkt	neues Produkt
E. Zielrichtung Markt	vorhandener Markt	benachbarter Markt	fremder Markt	neuer Markt				
F. Wege zum Produkt	Forschung	Entwicklung	Weiter-entwicklung	Übernahme Lizenz				

Bei einer Erweiterung des Produktionsprogramms ergeben sich für die Unternehmensführung eine ganze Reihe von Fragen und Problemen, die letzten Endes fast sämtliche Teilbereiche der Unternehmung berühren. Die wichtigsten seien an dieser Stelle kurz erwähnt:

1. Welche Verwandtschaftsbeziehungen bestehen zwischen den alten und den neuen Produkten (Substitutions- oder Komplementärprodukte)?
2. Paßt das neue Produkt nach Material, Herstellungsverfahren und Absatzwegen in das bestehende Programm?
3. Können dieselben Rohstoffe wie bei den seitherigen Produkten verwendet werden?
4. Werden die mit der Aufnahme des neuen Erzeugnisses eventuell verbundenen verfahrenstechnischen Besonderheiten von der Produktionsabteilung beherrscht?
5. Wie weit können bereits vorhandene Produktionsanlagen und die diese bedienenden Arbeitskräfte verwendet werden?
6. Ist mit der Einführung des neuen Erzeugnisses eine bessere Auslastung seither freier Kapazitäten verbunden oder sind eventuelle neue Investitionen notwendig?
7. Ist es möglich, mit Hilfe des neuen Erzeugnisses Saisonschwankungen auszugleichen?
8. Beeinflußt die Aufnahme des neuen Erzeugnisses in das Sortiment den Absatz der anderen Produkte und wenn ja, in welchem Sinne?
9. Ist der Absatz des neuen Produktes mit der vorhandenen Vertriebsorganisation und den bisher bestehenden Kundendiensteinrichtungen realisierbar?
10. Welche Ergebnisse werden aufgrund von Wirtschaftlichkeitsüberlegungen und Rentabilitätsberechnungen erwartet?

Besonders die letztere Frage ist für eine sorgfältig planende Unternehmensführung von größter Bedeutung. Sie ist allerdings nur sehr schwer zu beantworten, da sie u. a. voraussetzt, daß Kosten ermittelt, Preise festgelegt und zukünftige Umsatz- und Gewinnentwicklungen geschätzt werden. Trotz dieser mit der Informationsbeschaffung verbundenen Schwierigkeiten und Probleme sollten derartige Rentabilitätsüberlegungen immer angestellt werden, da sie letzten Endes den Ausschlag dafür geben, ob das neue Erzeugnis in das Produktionsprogramm aufgenommen werden soll. Die primäre Forderung, die in einer Marktwirtschaft an das Produktionsprogramm gestellt wird, kann immer nur lauten:

Nur die Erzeugnisse sind in das Programm aufzunehmen, die den vergleichsweise höchsten Gewinn bringen!

Von diesem Postulat kann kurzfristig nur dann abgegangen werden, wenn dadurch die auf lange Sicht angestrebte Gewinnmaximierung nicht gefährdet erscheint. Demzufolge wird diese Forderung ihrem Sinngehalt nach auch dann nicht durchbrochen, wenn beispielsweise ein Unternehmen ein neues Produkt kurzfristig unter seinen Herstellungskosten anbietet, um in einen bestehenden Markt einzudringen oder einen neuen Markt aufzubauen; die Forderung nach Gewinnmaximierung gilt auch dann, wenn eine Unternehmung ein Produkt, das sie nur mit Verlust produzieren kann deshalb in das Programm aufnehmen muß, weil der Kunde entweder das gesamte Sortiment mit dem verlustbringenden Erzeugnis abnimmt oder überhaupt nichts kauft.

Eine ständige Produktanpassung an den Markt ist heute für die meisten Unternehmen zu einer Existenzfrage geworden. Entsprechend der Bedeutung des „planmäßigen Schaffens neuer Produkte" hat man in Großunternehmen in jüngster Zeit eigene Stabstellen geschaffen, die in engem Kontakt mit allen Bereichen der Unternehmung ständig damit befaßt sind, die Möglichkeiten der Aufnahme neuer Produkte zu analysieren. Die neu geschaffene Position des *„Product-Managers"* etwa trägt dieser Bedeutung Rechnung. Daneben hat es sich als zweckmäßig erwiesen, verschiedene auf diesem Gebiet erfahrene Beratungsfirmen mit den erforderlichen Untersuchungen zu beauftragen. Wenn man einmal davon ausgeht, daß heute der Zeitraum von der systematischen Suche nach neuen Produktideen bis zur Einführung der endgültigen Erzeugnisse von der Praxis mit 3 bis 7 Jahren angegeben wird, so ergibt sich daraus die Bedeutung einer planmäßigen und zielstrebigen Durchführung des gesamten Entwicklungsprozesses für neue Produkte. Damit die terminliche Abstimmung der einzelnen Phasen dieses Prozesses ohne größere Störungen abläuft, bedient man sich heute schon in größeren amerikanischen Unternehmen der Methode der sog. *Netzplantechnik*. Auf die Grundlagen dieser Methode zur Bewältigung umfangreicher Planungsaufgaben werden wir in einem anderen Zusammenhang noch näher eingehen.

c) **Die Bestimmung des optimalen Produktionsprogramms:**
   Lösungsversuch mit Hilfe eines einfachen „linearen Programmierungs-Ansatzes"

Ein „optimales" Produktionsprogramm wird durch eine sinnvolle Abstimmung der einzelnen betrieblichen Teilbereiche ausgearbeitet. In einer Marktwirtschaft ist dieses Programm durch die Zielsetzung nach *Gewinnmaximierung* charakterisiert. Man ist nun in jüngster Zeit in der Fachliteratur, zum Teil auch bereits in der Praxis dazu übergegangen, das optimale Produktionsprogramm mit Hilfe rechnerischer Verfahren zu bestimmen. Die notwendigen Instrumente dazu sind auf der einen Seite die *Deckungsbeitragsrechnung*, bei der als Kriterium für ein optimales Produktionsprogramm der mit der Aufnahme oder dem Ausscheiden eines Produktes verbundene Rohüberschuß (Deckungsbeitrag) herangezogen wird, und auf der anderen Seite die *lineare Programmierung*, bei der es um die Ermittlung gewinnmaximaler Produktionsmengenkombinationen bei gegebenen Verkaufspreisen, Kosten, Maschinenleistungen und Kapazitäten geht. In der Praxis arbeiten beide Instrumente dann zusammen, wenn die Deckungsbeitragsrechnung der linearen Programmierung die notwendigen Informationen in Form von Deckungsbeiträgen je produzierter Einheit liefert.

Wir wollen in diesem Zusammenhang auf die Deckungsbeitragsrechnung als Informationsmittel nicht näher eingehen, sondern vielmehr nur auf die Grundgedanken der linearen Programmierung an Hand eines einfachen Beispiels zu sprechen kommen. Für ein spezifischeres Studium dieser Methode muß,[3] allerdings auf die einschlägige Literatur verwiesen werden.

Für die Bestimmung des optimalen Produktionsprogrammes sind zunächst einmal die zukünftigen *Verkaufspreise* und die *variablen* Kosten je Stück zu ermitteln; die Differenz beider Größen ergibt den *Rohüberschuß* oder *Rohgewinn* (Deckungsbeitrag) je Einheit. Der Zielsetzung nach Gewinnmaximierung entsprechend sind nur die *Produkte* in das Produktionsprogramm aufzunehmen, bei denen der Rohüberschuß relativ am größten ist.

Die Auswahl der günstigsten Produktmengenkombination wird jedoch dann schwieriger, wenn bestimmte Engpässe die Ausdehnung der Produktion begrenzen. Beschränkungen dieser Art können sowohl in der Beschaffungssphäre, der Produktionssphäre als auch im finanziellen Bereich der Unternehmung vorkommen. In der Regel jedoch sind Engpässe im Produktionsbereich in Form einer beschränkten Anzahl von Maschinenstunden oder von Mitarbeiterstunden zu beachten. Umfangreiche Probleme dieser Art können meist nur mit den Rechentechniken der mathematischen Programmierung gelöst werden. Die von der praktischen Verwendbarkeit her gesehen bisher erfolgreichste Programmierungsmethode ist die *lineare Planungsrechnung*, deren Bedeutung wir nun an Hand eines kleineren Beispiels zeigen wollen.

Ein Produktionsbetrieb stellt zwei Erzeugnisse A und B her, die in den Mengen x_1 und x_2 gefertigt werden sollen. Zur Herstellung der beiden Produkte werden drei Maschinen M_1, M_2 und M_3 benötigt, die nacheinander von den zu fertigenden Erzeugnissen durchlaufen werden müssen.

Gegeben sind die verfügbaren Kapazitäten pro Produktionsperiode in Form von Maschinenstunden und außerdem die Beanspruchung durch die Produktion der beiden Erzeugnisse.

Folgende Informationen liegen vor:

Maschine	Beanspruchung der Maschinen in Stunden zur Erzeugung einer Einheit		insgesamt in der Produktionsperiode zur Verfügung stehende Maschinenstunden
	A	B	
M_1	5	9	225
M_2	–	20	400
M_3	10	3	300

Bekannt sind weiterhin die *Preise* (Stückerlöse), die *variablen Stückkosten* und damit auch der jeweilige *Rohgewinn* (Rohüberschuß) je produzierter Einheit. Von *Fixkosten* wird in diesem Beispiel der Einfachheit halber abgesehen. Folgende Informationen werden unterstellt:

	Produkt A	Produkt B
Preise (DM je Produkt)	95,–	140,–
variable Stückkosten	45,–	80,–
Rohgewinn je Produkt	50,–	60,–

Das vorliegende Problem kann nun wie folgt formuliert werden:

Gesucht sind diejenigen Mengen x_1 und x_2 der Erzeugnisse A und B, die in der Produktionsperiode hergestellt werden sollen, unter der Bedingung, daß nur die Mengenkombination gewählt werden soll, die den Rohgewinn der Unternehmung maximiert!

Der Rohgewinn ist definiert als die Summe der Überschüsse der Preise der in den Mengen x_1 und x_2 hergestellten Güter A und B über die bei der Erzeugung dieser Gütermengen jeweils angefallenen variablen Stückkosten, also:

$$G = 50\, x_1 + 60\, x_2 = \text{Max!} \quad (1)$$

Diese Funktion bezeichnet man auch als *Zielfunktion*.

Die Herstellung der Mengen x_1 und x_2 sind nun dadurch Grenzen gesetzt, daß die Kapazität der zur Erzeugung notwendigen Maschinen durch Engpässe begrenzt ist. Wir sind beispielsweise bei unserem Ansatz davon ausgegangen, daß zur Herstellung je einer Einheit von Gut A und B die Maschine M_1 5 und 9 Stunden beansprucht wird oder anders ausgedrückt, zur Produktion von x_1 und x_2 Einheiten wird M_1 insgesamt $5\, x_1 + 9\, x_2$ Stunden in Anspruch genommen. Die Beanspruchung der Maschine M_1 darf allerdings in der Produktionsperiode insgesamt nicht größer sein als die vorgegebene Kapazität von 225 Stunden. Es gilt also:

$$5\, x_1 + 9\, x_2 \leqq 225 \quad (2)$$

Analog gilt für die Beanspruchung der Maschinen M_2 und M_3:

$$0\, x_1 + 20\, x_2 \leqq 400 \quad (3)$$

$$10\, x_1 + 3\, x_2 \leqq 300 \quad (4)$$

Die Koeffizienten der Mengen x_1 und x_2 werden auch als *Produktionskoeffizienten* bezeichnet. Die obigen drei *Nebenbedingungen* sind in Form von sog. *Ungleichungen* formuliert.

Ausgehend von den von uns gesetzten Prämissen haben wir nun ein sog. *Modell* mit einer Zielfunktion und drei Nebenbedingungen.

Aus der großen Zahl von Mengenkombinationen, die die obigen Nebenbedingungen erfüllen, ist diejenige auszuwählen, die gleichzeitig unsere Zielfunktion maximiert.

Solange man es nur mit *zwei* Variablen zu tun hat — in unserem Beispiel mit x_1 und x_2 —, kann die vorliegende Aufgabe noch *geometrisch* gelöst werden. Bei mehr als zwei Variablen ist nur noch eine *algebraische* Lösung möglich.

Zur Ermittlung des optimalen Programms bedienen wir uns bei unserem einfachen Beispiel eines Koordinatensystems mit den Koordinaten x_1 und x_2. Da keine negativen Mengen erzeugt werden können, wird der Lösungsbereich zunächst einmal auf den ersten Quadranten begrenzt. Außerdem wird dieser Bereich nun dadurch weiter beschränkt, daß die obigen Nebenbedingungen eingehalten werden müssen. Wir ersetzen deshalb zunächst das Ungleichheitszeichen durch ein Gleichheitszeichen und tragen die durch diese Gleichungen entstehenden Geraden in das Koordinatensystem ein. Nehmen wir beispielsweise einmal die Gleichung (2) und unterstellen, daß nur Produkt A erzeugt werden würde, dann könnte die gesamte Kapazität der Maschine M_1 zur Herstellung von A verwendet werden, also insgesamt:

$$x_1 = 225 : 5 = 45$$

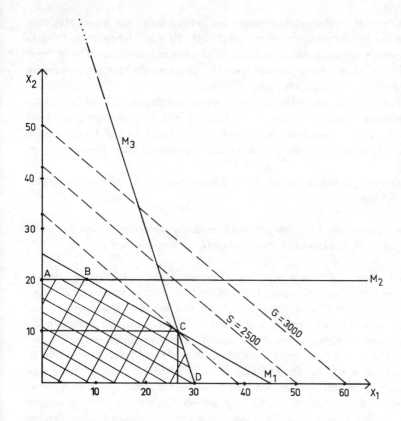

In der Produktionsperiode könnten damit 45 Stück von Produkt A hergestellt werden. Würden wir dagegen die gesamte Kapazität von M_1 zur Herstellung des Produktes B benutzen, dann könnten wir dieses in der Menge:

$x_2 = 225 : 9 = 25$

herstellen. Beide möglichen Mengenkombinationen: $x_1 = 45$, $x_2 = 0$ *und* $x_1 = 0$, $x_2 = 25$ lassen sich geometrisch im Koordinatensystem darstellen: Wir tragen die jeweiligen Werte für x_1 und x_2 auf den Koordinaten ab und verbinden die Punkte durch eine Gerade. Diese Gerade ist *der geometrische Ort aller denkbaren Mengenkombinationen, die der Bedingung (2) genügen,* d. h. aller Kombinationen, zu deren Herstellung die vorhandene Kapazität von M_1 *in voller Höhe* benötigt wird. Realisierbar sind aber nicht nur alle Kombinationen, die *auf* dieser Geraden liegen, sondern auch diejenigen, die in dem Bereich *zwischen* Koordinatenursprung und der Geraden liegen, denn auch sie genügen unserer ursprünglichen Ungleichung (2). Allerdings wird bei Realisierung einer solchen Mengenkombination die vorhandene Maschinenkapazität nicht mehr voll ausgelastet.

Nun durchlaufen aber die Produkte A und B nicht nur die Maschine M_1, sondern — bis auf eine Ausnahme — auch die Anlagen M_2 und M_3. Auch für die Kapazitätsbegrenzungen dieser Maschinen müßten wir analog dem obigen Vorgang weitere Begrenzungen in unser Koordinatensystem eintragen. Dabei zeigt sich, daß die Produktion von Produkt

A durch die Maschine M_2 offensichtlich nicht beschränkt wird. Auf dieser Maschine können deshalb in der Produktionsperiode maximal 400 : 20 = 20 Einheiten des Produktes B hergestellt werden. Grafisch drückt sich das durch eine waagrechte vom Punkt x_2 = 20 verlaufende Linie aus. Gäbe es nur die Maschine M_2, so wären alle Mengenkombinationen auf oder unterhalb dieser Linie zulässig.

Betrachten wir nun unser Koordinatensystem, so ist ersichtlich, daß letzten Endes nur solche Mengenkombinationen realisierbar sind, die alle drei Bedingungen (2–4) gleichzeitig erfüllen, die also innerhalb des schraffierten Feldes oder auf dessen Begrenzungslinien liegen, denn sonst würde die Kapazitätsbegrenzung einer Maschine überschritten.

Um nun die für uns günstigste Mengenkombination zu finden, müssen wir unsere Zielfunktion heranziehen.

Wir fragen uns, welche der im Lösungsbereich mögliche Mengenkombination maximiert gemäß unserer Zielfunktion den Rohgewinn der Unternehmung?

Je nachdem, welche Werte wir für x_1 und x_2 einsetzen, ergibt sich aufgrund unserer Gewinnfunktion ein bestimmter Gewinn. Unterstellen wir beispielsweise einmal einen Rohgewinn von 3 000 DM, so gibt es eine ganze Menge von Kombinationen von x_1 und x_2, um zu diesem Gewinn zu kommen. Wir könnten beispielsweise 60 Einheiten des Produktes A (bei einem Rohgewinn pro Stück von 50) und keine Einheiten von B; wir könnten 50 Einheiten von B (bei einem Rohgewinn von 60) und keine Einheit von A; wir könnten 30 Einheiten von A *und* 25 Einheiten von B herstellen oder beliebig viele andere Kombinationen, die auf der gestrichelten Gewinngeraden mit einem Rohgewinn von 3 000 DM liegen. Wir können nun auch für andere Gewinnbeträge – in unserer Zeichnung noch für einen Gewinn von 2 500 DM – sog. *Isogewinnlinien* (Linien gleichen Gewinns) einzeichnen, die alle parallel verlaufen und sich nur hinsichtlich der Höhe des Gewinnbetrages unterscheiden. Je höher der ausgewiesene Gewinn, um so weiter liegt die Gewinngerade vom Ursprung des Koordinatensystems entfernt.

Die Lösung unseres Ausgangsproblems besteht geometrisch gesehen nun darin, den Punkt zu finden, bei dem eine Gewinngerade den Bereich realisierbarer Mengenkombinationen tangiert.

Verschieben wir in unserem Koordinatensystem die außerhalb des Lösungsbereichs liegenden Gewinngeraden parallel zu sich selbst immer weiter nach unten, so finden wir schließlich eine Gewinngerade, die den Punkt C des Lösungsraumes gerade tangiert. An dieser Stelle ist der Punkt des höchstmöglichen Gewinnes erreicht. Jeder andere Punkt des Lösungsraumes liegt auf einer Linie niedrigeren Gewinns. Liest man die Koordinaten des Punktes C aus der Zeichnung ab, so haben wir mit x_1 = 27 und x_2 = 10 das optimale Produktionsprogramm ermittelt. Wenn wir also von Produkt A 27 und von Produkt B 10 Stück herstellen, so haben wir unseren Rohgewinn G = 27 × 50 + 10 × 60 = 1 950 maximiert.

Setzt man die beiden Werte für x_1 und x_2 in die drei Ungleichungen ein, so sieht man sofort, daß die Kapazitäten der Maschinen M_1 und M_3 ausgelastet sind, daß aber die Anlage M$_2$ noch genügend Kapazitätsreserven aufweist, die nicht ausgeschöpft werden können. Das gleiche zeigt auch ein Blick auf unsere geometrische Darstellung: Während die Maschinen M$_1$ und M$_3$ voll ausgelastet sind, ist es die Maschine M$_2$ nicht, denn die gewinnoptimale Mengenkombination liegt unterhalb der Kapazitätslinie der Anlage M$_2$.

Die obige Aufgabe konnte deshalb geometrisch gelöst werden, weil sie nur aus *zwei* Variablen bestand. Hat man es dagegen mit n (n > 2) Variablen zu tun, so bedarf es zu einer geometrischen Darstellung eines *n-dimensionalen* Raumes, dessen Darstellung praktisch ohne Bedeutung ist. Man benutzt dann vielmehr *algebraische* Lösungsverfahren, wie beispielsweise die sog. *Simplexmethode* oder auch die sog. *Transportmethode.* Die Anwendung dieser Verfahren setzt voraus, daß das zu lösende konkrete betriebliche Problem in Form von mathematischen Funktionen beschrieben werden kann. Einen formalen mathematischen Ansatz wollen wir im folgenden kurz darstellen; auf die Technik der Lösungsverfahren kann in diesem Zusammenhang nicht eingegangen werden.

Ein Unternehmen der Maschinenbaubranche stellt in *sechs* verschiedenen Abteilungen (1, 2, 3 ... 6) *fünf* Erzeugnisse (A, B, C, D, E) her. Alle Abteilungen werden nacheinander von den Erzeugnissen durchlaufen. Gegeben seien die verfügbaren Kapazitäten jeder Abteilung und die Beanspruchung seitens der einzelnen Produkte. Gegeben sei weiterhin der jeweilige Rohüberschuß (Rohgewinn).

Folgende Informationen werden zugrunde gelegt:

Abteilung	Beanspruchung der Abteilung zur Erzeugung einer Einheit					insgesamt pro Periode verfügbare Kapazitäten der Abteilungen
	A	B	C	D	E	
1	80	2	2	12	3	200
2	20	1	1,5	3	2	100
3	30	2	4	4,5	1	100
4	240	4	24	32	16	800
5	40	3	5	8	4	200
6	90	6	24	18	12	600

Folgende Rohgewinne je Stück werden vorgegeben:

A = 6 000   D = 1 200

B =   300   E =   300

C =   750

Zu formulieren sind zunächst Zielfunktion (1) und Nebenbedingungen [(2)–(7)]:

(1) $G = 6\,000 x_1 + 300 x_2 + 750 x_3 + 1\,200 x_4 + 300 x_5 = Max!$

(2) $80 x_1 + 2 x_2 + 2 x_3 + 12 x_4 + 3 x_5 \leq 200$

(3) $20 x_1 + 1 x_2 + 1{,}5 x_3 + 3 x_4 + 2 x_5 \leq 100$

(4) $30 x_1 + 2 x_2 + 4 x_3 + 4{,}5 x_4 + 1 x_5 \leq 100$

(5) $240 x_1 + 4 x_2 + 24 x_3 + 32 x_4 + 16 x_5 \leq 800$

(6) $40 x_1 + 3 x_2 + 5 x_3 + 8 x_4 + 4 x_5 \leq 200$

(7) $90 x_1 + 6 x_2 + 24 x_3 + 18 x_4 + 12 x_5 \leq 600$

Zur Vervollständigung des mathematischen Programmierungsmodells ist schließlich noch die sog. *Nichtnegativitätsbedingung* (8), die ebenfalls als System von Ungleichungen dargestellt wird, und die sog. *Ganzzahligkeitsbedingung* (9) einzuführen:

(8) $\quad x_1 \geqq 0; \quad x_2 \geqq 0; \quad x_3 \geqq 0; \quad x_4 \geqq 0; \quad x_5 \geqq 0$

(9) $\quad x_1, x_2, x_3, x_4, x_5 \rightarrow$ ganzzahlig!

Die Nichtnegativitätsbedingung besagt, daß das optimale Programm keine negativen Werte eines Produktes enthalten darf. Eine solche Situation würde zwar den mathematischen Bedingungen des Modells genügen, wäre aber wirtschaftlich unsinnig.

Die Ganzzahligkeitsbedingung bewirkt, daß nur ganze und keine Bruchteile von Produkten in der optimalen Lösung enthalten sind.

Die konkrete Aufgabenstellung für diesen etwas umfangreicheren formalmathematischen Ansatz lautet dann:

Gesucht ist die optimale Mengenkombination der zu produzierenden Produkte, die unter Beachtung der Bedingungen (2) bis (9) die Zielfunktion (1) maximiert[2].

Es bleibt nachzutragen, daß es sich bei beiden Aufgabenstellungen um *lineare* Funktionen handeln muß, wenn die bekannten Rechenverfahren (u. a. Simplexmethode) anwendbar sein sollen. Die neuere Forschung hat auch für *nichtlineare* Funktionen Lösungsverfahren entwickelt oder versucht, nichtlineare Funktionen durch lineare zu approximieren (anzunähern). Allgemein anwendbare und von der Praxis akzeptierte Rechentechniken haben sich jedoch noch nicht herausgeschält. Die Bewährung in der Praxis steht noch offen.

3. Die Vorbereitung des Produktionsprozesses (Bereitstellungsplanung)

a) Die Planung von Betriebsmitteln, Arbeitsplätzen und Werkstoffen

Mit der Aufstellung ihres Produktionsprogrammes legt die Unternehmensleitung die Breite und Tiefe des zukünftigen Programms fest. Die *Programmplanung* ist Voraussetzung und zugleich Basis für die nachfolgende *Vollzugs-* oder *Durchführungsplanung*. Der erste Teil dieser Vollzugsplanung dient der Vorbereitung des eigentlichen Produktionsprozesses. Mit Hilfe einer *Bereitstellungsplanung* wird dafür gesorgt, *daß Betriebsmittel, Arbeitskräfte und Werkstoffe in entsprechender Quantität und Qualität, zur rechten Zeit am rechten Ort für den betrieblichen Erstellungsprozeß zur Verfügung steht.*

Was zunächst die Betriebsmittel betrifft, so ist deren Bereitstellung in quantitativer und qualitativer Hinsicht meist eine relativ *langfristig* zu lösende Aufgabe. Sie setzt deshalb einen langfristigen *Programmplan* voraus. Mit seiner Hilfe wird entweder die Ausrüstung der Produktionswirtschaft mit Maschinen und maschinellen Anlagen innerhalb einer unveränderten Kapazität geplant oder eine Verminderung des Bestandes an Betriebs-

---

[2] Die mit Hilfe eines Computers errechnete optimale Lösung ergibt ohne Ganzzahligkeitsbedingung das folgende Programm:

Produkt C = 8,235 Einheiten
Produkt D = 11,765 Einheiten
Produkt E = 14,118 Einheiten

Produkt A und B werden nicht produziert.

mitteln durch Stillegung bzw. eine Vermehrung und damit oft eine Änderung des Betriebsmittelstandes durch Einführung neuer rationeller arbeitender Maschinen im voraus festgelegt. Bei Veränderungen des Betriebsmittelbestandes durch Neuinvestitionen ist besonders bei mehrstufigen Produktionsprozessen darauf zu achten, daß die Teilkapazitäten der einzelnen Anlagen optimal aufeinander abgestimmt sind, damit keine Leerkapazitäten und keine Engpässe entstehen. Außerdem ist bei Bereitstellung neuartiger Maschinen darauf zu achten, daß die Leistungskraft der Maschinen auf ihre Aufgabe im Produktionsprozeß abgestellt ist. Rationell arbeitende und teuere Maschinen, die nur zum Teil genutzt werden, können unrentabler sein, als ältere und weniger leistungsfähigere, dabei aber auch voll ausgenutzte Anlagen. Meist kommt auch der jeweiligen *Betriebsgröße* eine entscheidende Bedeutung zu: Da Maschinen, die auf dem neuesten Stand der Technik stehen, meist mit einer Steigerung der quantitativen und der qualitativen Kapazität verbunden sind, lohnen sich bestimmte Anlagen erst ab einer gewissen Betriebsgröße. So werden beispielsweise in Klein- und Mittelbetrieben traditionelle Werkzeugmaschinen kostengünstiger arbeiten als numerisch gesteuerte Fertigungssysteme („NC-Maschinen").

Eine optimale Bereitstellungsplanung im Hinblick auf die Betriebsmittel ist in aller Regel eine Aufgabe, die dem Techniker zukommt. *Betriebswirtschaftliche* Probleme entstehen in erster Linie bei der Schätzung der Nutzungsdauer im Hinblick auf die Bemessung von Abschreibungen. Neben diesen primär rechnungstechnischen Gründen sollten Kaufleute neben Technikern vor allem auch bei der Lösung von kostenwirtschaftlichen Problemen des Einsatzes von Maschinen mitwirken. *Das Ziel einer jeden Produktionswirtschaft sollte nämlich nicht nur auf die Erreichung technisch-optimaler Bedingungen des Betriebsmitteleinsatzes gerichtet sein, sondern auch die Wirtschaftlichkeit des Einsatzes sollte als richtungsweisende Maxime die notwendige Beachtung finden.*

Gegenstand einer Bereitstellungsplanung ist außerdem die Feststellung der notwendigen *Arbeitskräfte*. Die Bestimmung des Arbeitskräftebedarfs erfolgt an Hand von sog. *Arbeitsverrichtungsplänen*, aus denen die quantitativen und die qualitativen Anforderungen des Arbeitsplatzes hervorgehen. Zieht man an diesem Gesamtbedarf die vorhandenen Arbeitskräfte ab, so erhält man gleichzeitig den Plan für die notwendigen Neueinstellungen.

Eine Bereitstellungsplanung von Arbeitskräften kann nicht unabhängig von der Betriebsmitteldisposition und den damit verbundenen Fertigungsverfahren durchgeführt werden. So entstehen bei Betriebserweiterungen und der damit meist verbundenen Änderungen von Anlagen und Fertigungsverfahren oft dadurch Bereitstellungsprobleme, daß Neueinstellungen oder Umschulungen der vorhandenen Arbeitskräfte notwendig werden. Weiterbildung und Ausbildung der Belegschaft sind deshalb Forderungen denen man zumindest in der Bereitstellungsplanung auf lange Sicht Gehör schenken muß.

Aber auch umgekehrt ist eine Beziehung von Arbeitskräfteplanung und Betriebsmitteldisposition im Rahmen der Bereitstellungsplanung erkennbar: So werden insbesondere im Rahmen einer vollbeschäftigten Wirtschaft und des damit verbundenen Arbeitskräftemangels Betriebsmittel und Fertigungsverfahren oft deshalb geändert, weil knappe Arbeitskräfte eingespart und anderweitig eingesetzt werden sollen oder weil nicht genügend Arbeitskräfte vorhanden sind.

Die Bereitstellungsplanung muß schließlich noch dafür Sorge tragen, daß die zur Produktion notwendigen *Roh-, Hilfs-* und *Betriebsstoffe*, die im Rahmen des Produktionsprozesses verwendet werden, jederzeit bereitstehen. Das Zentralproblem einer Bereitstellung von Werkstoffen besteht darin, daß das von der Fertigung verlangte Material nach Art und Menge termingerecht zur Verfügung steht. In Abstimmung mit der Lagerplanung muß die Bereitstellungsplanung darauf achten, daß die Werkstoffbeschaffung gesichert ist, die Lagerkapazität ausreicht und umgekehrt, keine unnötige Materialhortung vorliegt.

b) Die Planung der Fertigungsverfahren

Neben einer Bereitstellung von Betriebsmitteln, Arbeitskräften und Werkstoffen erfordert die Vorbereitung des eigentlichen Produktionsprozesses auch eine Entscheidung hinsichtlich der anzuwendenden Fertigungsverfahren, eine Frage, die meist im Zusammenhang mit der Planung des Betriebsmitteleinsatzes beantwortet wird. Da der Ausdruck „Fertigungsverfahren" in der Fachliteratur in verschiedener Bedeutung gebraucht wird, soll zunächst eine begriffliche Klärung folgen. Grundsätzlich sind folgende Interpretationen des Begriffes möglich:

1. *Einteilung nach rein technologischen Merkmalen.*
   Als Fertigungsverfahren bezeichnet man die alternativen Möglichkeiten der:
   a) *mechanischen* (physikalischen) Verfahren, bei denen durch Formen, Trennen und Fügen von Stoffen Werkstoffe be- und verarbeitet werden, ohne daß sich die Substanz verändert (u. a. drehen, bohren, hobeln);
   b) *chemischen* Verfahren, bei denen in synthetischen oder analytischen Prozessen die Werkstoffsubstanz geändert wird.
2. *Einteilung nach der Zahl der hergestellten Produkte.*
   Danach werden die Verfahren eingeteilt in:
   a) *Einzelfertigung*, bei der die einzelnen Erzeugnisse untereinander verschieden sind. Beispiele bieten der Schiffs-, Brücken- und der Großmaschinenbau.
   b) *Serienfertigung*, bei der verschiedenartige Produkte in begrenzter Stückzahl hergestellt werden. Je nach Größe der aufgelegten Serien kann man zwischen *Groß*- und *Kleinserienfertigung* unterscheiden.
   c) *Sortenfertigung*, bei der aus dem *gleichen* Ausgangsstoff und/oder mit der *gleichen* Apparatur von vornherein bestimmte Produktsorten hergestellt werden. So beispielsweise verschiedene Blechsorten oder verschiedene Biersorten.
   d) *Massenfertigung*, bei der die *gleichen* Erzeugnisse in unbegrenzter Zahl hergestellt werden. Dabei kann man zwischen *einfacher* und *mehrfacher* Massenfertigung unterscheiden.

Oft wird in der Fachliteratur die Auffassung vertreten, daß es sich bei dieser Einteilung[3] nicht um Fertigungsverfahren handele, sondern nur um die *Bedingungen* für die Anwendung von Fertigungsverfahren. Die Kriterien zur Bestimmung und Systematisierung von Fertigungsverfahren sind danach aus der technischen Natur der Verfahren selbst und nicht aus den Bedingungen für ihren Einsatz abzuleiten.

---

[3] Sehr schwer einzuordnen ist die sog. *Chargenfertigung*, bei der die Höhe der einzelnen Chargen durch die Kapazität des Produktionsmittels (z. B. Hochofen) begrenzt ist. Meist erlaubt das Verfahren selbst keine exakte Festlegung der Qualität des Endproduktes (z. B. in der Färberei); die Qualität der Chargen ist meist unterschiedlich.

3. *Einteilung nach der Anordnung der Betriebsmittel („Organisationstypen der Fertigung")*.
Je nachdem, wie einzelne Produktionsphasen zu fertigungstechnischen Einheiten miteinander verbunden sind, unterscheidet man:

a) *Handwerkliche* Fertigung, bei der sämtliche Produktionsphasen in der Person *eines* Arbeitenden vereinigt sind und bei der meist keine Arbeitsteilung vorliegt.

b) *Industrielle* Fertigung, bei der Arbeitskräfte und Betriebsmittel meist auf bestimmte Arbeitsoperationen spezialisiert sind. In bezug auf den *dispositiven* Spielraum bei der Gestaltung des Produktionsprozesses kann man unterscheiden in:

ba) *kontinuierliche* Fertigung, bei der Arbeitsgang und Arbeitszeit durch die Produktionsbedingungen vorgeschrieben sind, wie beispielsweise in der chemischen Industrie (meist „24-Stundenproduktion");

bb) *diskontinuierliche* oder *intermittierende* Fertigung, bei der der Produktionsprozeß *dispositiv* bestimmbar ist.

In bezug auf die benutzten Fertigungsverfahren wird die *intermittierende* Fertigung nochmals unterteilt in:

(1) *Werkstattfertigung,* bei der gleichartige oder ähnliche Arbeitsoperationen in spezialisierten Werkstätten zusammengefaßt werden; der Arbeitsablauf folgt hier meist der Anordnung der Werkstätten (z. B. Dreherei, Fräserei, Schleiferei).

(2) *Reihenfertigung,* bei der die Reihenfolge der Arbeitsplätze den Bearbeitungsstadien entspricht, die ein Produkt mit zunehmender Produktionsreife durchlaufen muß. Arbeitsplätze und Betriebsmittel sind hier nach dem Produktionsablauf angeordnet.

Man unterscheidet *Reihenfertigung ohne* und *Reihenfertigung mit Zeitzwang;* letztere bezeichnet man auch als *Band-* oder *Fließfertigung.*

(3) *Automatische Fertigung,* bei der als letzte Konsequenz des Fließprinzips die einzelnen Bearbeitungsphasen durch (meist elektronische) Steuerungsanlagen miteinander verbunden sind, bei der sich also der Übergang von der einen zur anderen Phase selbsttätig vollzieht.

Eine *vollautomatische* Fertigung wird meist durch die folgenden vier Kriterien charakterisiert:

○ Vollautomatisch arbeitende Maschinen,
○ Transferstraßen, die die Werkstücke automatisch dorthin befördern, wo sie gebraucht werden,
○ automatische Steuerung des gesamten Fertigungsprozesses,
○ automatische Kontrolle des gesamten Fertigungsprozesses mit Hilfe automatischer Überwachungsgeräte.

Die im Rahmen der Vorbereitung des Produktionsprozesses zu treffende Wahl in bezug auf das *optimale* Fertigungsverfahren basiert zunächst einmal auf *technischen* bzw. *technologischen* Daten. Daneben spielen aber auch *Wirtschaftlichkeitsüberlegungen* in Form von Kostenvergleichen eine entscheidende Rolle. Betrachtet man beispielsweise einmal die in der Praxis oft zu treffende Entscheidung zwischen *Werkstatt-* und *Reihenfertigung,* so sollte man in erster Linie auf zwei Kriterien achten:

1. Auf das *„kritische Ausbringungsvolumen",* welches besagt, daß ein technisch perfektioniertes Verfahren erst ab einer bestimmten Produktionsmenge je Periode günstiger

ist als ein weniger vollkommenes Produktionsverfahren. Der Übergang zu einem kapitalintensiveren Verfahren lohnt sich nach *Gutenberg*[4] erst dann, wenn eine bestimmte, die sogenannte *kritische Menge, dauernd* produziert werden kann. Eine Frage, die letzten Endes nur von der Absatzentwicklung her bewertet werden kann.

Folgende Fälle alternativer Fertigungsverfahren seien gegeben:

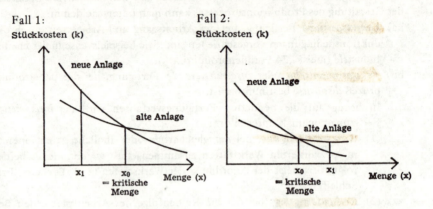

Zu Fall 1:
Arbeitet der Betrieb mit einer im wesentlichen unveränderten Kapazität von x_1, so sind die Stückkosten der neuen, kapitalintensiveren Anlage höher als die der alten Anlage. Obwohl die neue Anlage bei größeren Stückzahlen (ab der Menge x_0) mit niedrigeren Stückkosten arbeiten kann, ist eine Anschaffung der neuen Anlage bei der gegenwärtig geforderten Leistungsmenge nicht vorteilhaft.

Zu Fall 2:
Bei der nun vom Betrieb geforderten Stückzahl (x_1) liegen die Stückkosten der neuen Maschine unter den Kosten der alten. Ein Ersatz der alten durch die neue Maschine wäre aus Kostenüberlegungen heraus vorteilhaft.

Fassen wir diese Gedanken in einer kurzen Faustregel zusammen, so können wir sagen: Ein Ersatz der alten durch die neue Maschine kommt dann nicht in Frage, wenn die „kritische Menge" größer ist als die verlangte Leistung.

2. Auf das „*kritische Standardisierungsmaß*", welches besagt, daß die Einführung einer Reihenfertigung wiederkehrende, gleichartige Operationen, mit anderen Worten, standardisierte Produkte verlangt. Kann ein neues Verfahren deshalb nicht eingeführt werden, weil die notwendigen Standardisierungsmöglichkeiten noch nicht voll ausgenutzt sind, so ist das „*kritische Standardisierungsmaß*" noch nicht erreicht.[5]

---
4 Gutenberg, E., a.a.O., S. 111.
5 Vgl. Gutenberg, E., a.a.O., S. 113.

Nicht immer werden technologische und kostenwirtschaftliche Überlegungen allein den Ausschlag für produktionswirtschaftliche Entscheidungen dieser Art geben. So werden oft auch *finanzwirtschaftliche* (finanzielle Schwierigkeiten bei einer Neuanschaffung), *bilanzielle* (Ausbuchungen von Restwerten können das Bilanzbild verschlechtern und damit die Kreditwürdigkeit beeinflussen) und vor allem auch *absatzwirtschaftliche* Bestimmungsfaktoren zu beachten sein. Daneben können auch gewisse Unwägbarkeiten (Imponderabilien), die sich zahlenmäßig meist nicht fixieren lassen, wie etwa die Vorteile einer neuen Anlage im Hinblick auf Zuverlässigkeit, Präzision, Einfachheit der Bedienung, geringe Hitze- und Staubbelästigung oder Unfallsicherheit mitentscheidend sein.

c) Exkurs: Die optimale Losgröße

Im Gegensatz zur Einzel- und zur Massenfertigung besteht bei der Serien- und Sortenfertigung das Problem die Produktionsmengen zu bestimmen, die beim Auflegen einer neuen Serie bzw. bei einem Sortenwechsel gefertigt werden sollen. Das Problem der Ermittlung optimaler Losgrößen im Rahmen der Fertigungsvorbereitung stellt sich somit bei der *Serienfertigung* dann, wenn eine Serie ausgelaufen ist und eine neue aufgelegt werden soll. Bietet ein Unternehmen dagegen mehrere *Sorten* eines Produktes an, die nacheinander auf denselben Produktionsanlagen hergestellt werden, so stellt sich auch bei der *Sortenproduktion* die Frage, ob es wirtschaftlicher ist, den gesamten Bedarf jeder Sorte nacheinander zu produzieren oder immer nur ein Teil der verlangten Sorte zu fertigen und dann zur nächsten Sorte überzugehen. Sowohl bei der Serien- als auch bei der Sortenfertigung besteht damit das Problem die Menge zu bestimmen, die jeweils in die Fertigung gegeben werden soll. Man bezeichnet diese Menge auch als *„Fertigungslos"*.

> *Die jeweilige Losgröße ist dann die Menge gleicher Erzeugnisse, die hintereinander auf ein und demselben Aggregat produziert wird.*

Geht man der Frage nach den Bestimmungsfaktoren der Losgröße nach, so gibt es für das obige Problem zunächst folgende Alternativen zu beachten: eine größere Anzahl von Produkten ohne Unterbrechung nacheinander zu produzieren und die über den Bedarf hinausgehende Menge auf Lager zu legen *oder* die jeweils zu produzierende Menge dem Bedarf entsprechend niedrig zu halten und dadurch die Lagerhaltung zu vermindern oder ganz einzusparen. Ausschlaggebend für diese Entscheidung sind vom betriebswirtschaftlichen Standpunkt aus gesehen in erster Linie *Kostengesichtspunkte*. Dabei handelt es sich auf der einen Seite um *Fertigungskosten* und auf der anderen um *Lager-* und *Zinskosten*.

Die Fertigungskosten in Form der Auflagekosten kann man unterteilen in sogenannte **auflagenfixe Kosten** und **auflagenvariable Kosten.** Auflagenfixe Kosten entstehen einmalig bei der Inangriffnahme eines neuen Loses unabhängig von dessen Umfang. Man bezeichnet sie in der Fachliteratur auch als „Rüst"- oder „Sortenwechselkosten". Dazu gehören u. a. die Entwicklungs- und Anlaufkosten beim Auflegen einer neuen Serie oder

Sorte, die Umstellungs-, Reinigungs- und Einrichtungskosten sowie anteilige Verwaltungskosten. Diese Kostenarten unterliegen dem „Gesetz" der *Auflagendegression:* Die auf die Leistungseinheit entfallenden auflagenfixen Kosten nehmen mit wachsender Auflagengröße ab oder anders ausgedrückt, mit steigender Losgröße wird eine Senkung der Kosten pro Leistungseinheit erreicht. Die auflagenvariablen Kosten dagegen wachsen als proportionale Stückkosten mit zunehmender Auflagenhöhe.

Bedingt durch eine umfangreichere Lagerhaltung nehmen mit größerer Auflage auch die Lager- und Zinskosten zu. Sie sind bei den herkömmlichen Ansätzen meist stückbezogen und verhalten sich damit ebenso wie die auflagenvariablen Kosten.

Gesucht ist nun die sogenannte optimale Losgröße, bei der sich unter Berücksichtigung der auflagenfixen und auflagenvariablen Fertigungskosten sowie der Zins- und Lagerkosten ein Minimum an Kosten pro produzierter Einheit ergibt.

Die zur Berechnung der optimalen Losgröße entwickelte Formel, die bereits 1922 von *Camp* in den USA und 1929 von *Andler* in Deutschland formuliert wurde, basiert auf folgenden Symbolen:

E = auflagenfixe Kosten der Fertigung,

s = auflagenproportionale Kosten der Fertigung,

m = Bedarfsmenge, die innerhalb der Planperiode gefertigt werden soll,

p = Zins-, Lager- und Risikokostensatz pro Planperiode.

Die „optimale Losgröße" ergibt sich aus:

$$x_{opt} = \sqrt{\frac{E \cdot m \cdot 200}{s \cdot p}}$$

Für die *algebraische* Ableitung der Formel gelten im großen und ganzen die weiter vorne für die Ermittlung der „optimalen Bestellmenge" gemachten Ausführungen.

Eine *geometrische* Lösung ergibt sich dadurch, daß man zunächst einmal die proportionalen Zins- und Lagerkosten und die auflagenfixen Kosten in ein Koordinatsystem einträgt mit den Koordinaten k (Stückkosten) und x (Menge). Aus der Addition der proportionalen und auflagenfixen Kosten ergibt sich eine *Summenkurve* dieser Kostenarten. Diese Kurve zeigt, daß die Summe aus auflagenfixen und proportionalen Kosten mit wachsender Auflagengröße abnimmt, solange die steigenden proportionalen Kosten durch die Degression der auflagenfixen Kosten kompensiert werden. Das Problem besteht nun in der Bestimmung jener Losgröße, bei der die Summe der auflagenfixen und proportionalen Kosten ein Minimum ergibt.

Das ist aber genau die Größe, wo das Steigungsmaß der beiden gegeneinander verlaufenden Kostenkurven gleich ist — wenn auch mit umgekehrten Vorzeichen — oder wo die Summationskurve ihr Minimum hat.

Die folgende schematische Darstellung möge diesen Sachverhalt verdeutlichen:

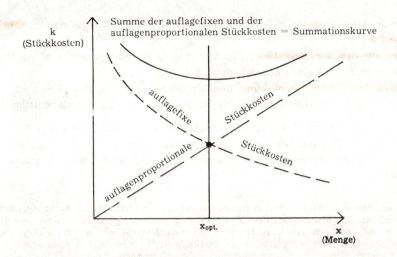

Auch gegen die Losgrößen-Formel bzw. gegen die zugrundegelegten Prämissen sind in Literatur[6] und Praxis Einwendungen gemacht worden, die zum Teil zu einer Erweiterung der Formel, zum Teil aber auch zu völlig neuen Ansätzen im Rahmen der Methoden des *„Operations Research"* geführt haben. Trotz dieser Einwendungen werden in der Praxis auf der obigen mehr oder weniger veränderten Grundformel *Losgrößentabellen, Losgrößenkurven* und *Losgrößenrechenschieber* als brauchbare Hilfsmittel entwickelt, mit denen der Praktiker optimale Losgrößen mit ausreichender Genauigkeit auf relativ einfache Weise feststellen kann. Außerdem ermöglicht der Einsatz von elektronischen Datenverarbeitungsanlagen bei komplizierteren Formeln mit zahlreichen Variablen eine exakte Ermittlung der Optimalwerte. Man sollte jedoch gerade an dieser Stelle darauf hinweisen, daß die Beachtung der Wirtschaftlichkeit als Grundregel auch hier gilt: **der mit der Ermittlung von optimalen Losgrößen entstehende Aufwand darf die aufgrund der Anwendung der Formel eingesparten Kosten nicht überkompensieren.**

4. Der Ablauf des Produktionsprozesses (Ablaufplanung)

a) Aufgaben und Probleme einer Ablaufplanung

Neben der *Bereitstellungsplanung* zählt die *Ablaufplanung* als zweite wesentliche Teilkomponente zur Vollzugsplanung. Auch für die Ablaufplanung ist die vorgelagerte *Programmplanung* mit ihren in sachlicher und zeitlicher Hinsicht fixierten Wünschen ein Planungsdatum. Die Ablaufplanung hat dafür zu sorgen, daß der Fertigungsdurchlauf im Hinblick auf die drei Größen: *Auftrag, Zeit* und *Kapazität* optimal erfolgt. Sie hat damit drei zentrale Aufgaben zu erfüllen:

---

6 Vgl. dazu insbesondere: Pack, L., Optimale Bestellmenge und optimale Losgröße, a.a.O.

1. Optimale Abstimmung der Fertigungstermine mit den Auftragsterminen („Terminplanung").
2. Verkürzung der Durchlaufzeit und damit Senkung der Fertigungskosten. Als Ziel gilt das „Prinzip des geringsten Zeitaufwandes".
3. Weitgehende Kapazitätsauslastung und damit Minimierung der „Leerzeiten" von Betriebsmitteln und Arbeitskräften. Als Ziel gilt das „Prinzip der Vollauslastung".

Wenn wir einmal unterstellen, daß der Fertigungsprozeß unabhängig von außerbetrieblichen Terminen ablaufen würde, so verbleiben zunächst als primäre Aufgaben einer Ablaufplanung: *die Verkürzung der Durchlaufzeit bei weitgehender Auslastung der Kapazität.*

Will man der ersten Forderung gerecht werden, so gilt es, den Durchlauf der Fertigungsaufträge so zu gestalten, daß die Durchlaufzeit des zu bearbeitenden Materials gleich der *Förder- und Bearbeitungszeit* ist, daß also Leerzeiten, d. h. Zeiten, in denen das Material ruht und damit weder transportiert noch bearbeitet wird, entsprechend den jeweiligen betrieblichen Bedingungen minimiert oder sogar ganz ausgemerzt werden. Dieser Forderung steht auf der anderen Seite das „Prinzip der Vollauslastung" der Produktivkräfte gegenüber, d. h. die Forderung nach möglichst günstiger Auslastung der vorhandenen Betriebsmittel und Arbeitskräfte. Jede Ablaufplanung muß nun versuchen, diese beiden Forderungen so gut wie möglich zu erfüllen. Je mehr es nämlich gelingt, die Forderung nach einer optimalen Durchlaufzeit mit der Forderung nach optimaler Kapazitätsauslastung in Übereinstimmung zu bringen, desto größer ist der Erfolg der Ablaufplanung und um so höher ist die Ergiebigkeit der gesamten Faktorkombination. Da die Möglichkeit, diese beiden Bestwerte einander anzunähern — je nach den Besonderheiten im Produktionsbereich der Unternehmung — mit zum Teil großen Schwierigkeiten verbunden ist, spricht *Gutenberg* in diesem Zusammenhang auch vom „*Dilemma der Ablaufplanung*".[7]

Die Ablaufplanung in der Praxis erweist sich nun als um so einfacher, je mehr es sich bei dem Produktionsprozeß um gleichbleibende Bearbeitungsobjekte und Bearbeitungsvorgänge handelt. So sind im Falle der Massen- und Sortenfertigung, die meist als *Reihen-* oder *Fließfertigung* organisiert werden, sowohl die Durchlaufzeit des Materials als auch die Auslastung der Kapazität bei einer wirksamen Ablaufplanung relativ optimal in Übereinstimmung zu bringen.

Wechseln dagegen die Bearbeitungszeiten und Bearbeitungsvorgänge in den einzelnen Abteilungen und den Maschinen- und Arbeitsplätzen — wie es bei der meist als *Werkstattfertigung* organisierten Einzelfertigung anzutreffen ist — so erweist sich die Ablaufplanung als besonders schwierig. Da in einem solchen Falle Arbeitsplätze und Maschinen von verschiedenartigen Fertigungsaufträgen beansprucht werden, kann es zu einer Über- bzw. Unterbeschäftigung von Betriebsmitteln und Arbeitsplätzen kommen und damit zu Zwischenlagern und Wartezeiten. Das Planungsdilemma liegt nun meist darin, daß gewählt werden muß zwischen toten Zeiten im Materialdurchlauf, aber relativ konstanter Belastung von Betriebsmitteln und Arbeitsplätzen, *und* optimalem Materialdurchlauf, dabei aber teilweiser Überbeanspruchung und teilweiser Unterbeschäftigung der Betriebsmittel und Arbeitskräfte. Das Problem kann man schematisch wie folgt umreißen:

Bei drei hintereinander geschalteten Maschinen M_1, M_2 und M_3 umfassen die jeweils auf den Maschinen durchzuführenden Operationen A, B und C Bewegungszeiten von 10, 20 und nochmals 10 Minuten:

A	B	C
M_1	M_2	M_3
10	20	10

Entweder lastet man die Maschine M_1 laufend voll aus, dann bilden sich allerdings vor der Maschine M_2 Zwischenlager, der Materialdurchfluß wird mit Wartezeiten belastet, was die produktive Lei-

---

7 Gutenberg, E., a.a.O., S. 213 ff.

stung des Betriebes herabsetzt, *oder* die Maschine M1 wird nicht voll ausgelastet, so daß sich keine Zwischenlager bilden; dafür fallen aber Kosten der Nichtauslastung der Kapazität bei M1 an. Das gleiche gilt im Prinzip für Maschine M2 bzw. M3.

Bei diesem Problem geht es nun darum, die kostengünstigste Variante zu finden, deren exakte rechnerische Lösung in der Praxis allerdings nur schwer zu finden sein wird.

Bei unserem kleinen Beispiel lassen sich Zwischenlager und Wartezeiten dann allerdings vermeiden, wenn man entweder für die zweite Operation eine weitere Maschine bzw. weitere Arbeitskräfte frei macht und damit den Engpaß beseitigt oder wenn man die Maschine M1 und M3 vorübergehend mit anderen Arbeiten beschäftigt. Anfallende Umrüst- und Einrichtungskosten müßten bei letzterer Variante allerdings berücksichtigt werden.

b) Ablaufplanung und Terminplanung: Lösungsansätze mit Hilfe des „Balken-Diagramms" und der „Netzplantechnik"

Wir haben bisher terminliche Probleme und Wünsche seitens des Marktes bei unseren Betrachtungen ausgeklammert. Die meisten in einer Marktwirtschaft arbeitenden Unternehmen müssen jedoch neben sachlichen auch zeitliche Markterfordernisse berücksichtigen, wollen sie weiterhin konkurrenzfähig bleiben. Den sachlich orientierten Wünschen des Marktes wurde bereits in der Programmplanung Rechnung getragen. Auch die zeitlichen Anforderungen in Form von Lieferfristen sind dort fixiert: sie gelten für die Ablaufplanung meist als ein Datum. Neben den beiden eben diskutierten Grundsätzen einer optimalen Ablaufplanung: Verkürzung der Durchlaufzeiten und Kapazitätsauslastung, kommt nun noch die Einhaltung zugesagter Lieferfristen auf die Ablaufplanung zu. Sie vergrößert das Planungsdilemma etwa dadurch, daß die Einhaltung eines zugesagten kurzfristigen Liefertermins für die Unternehmung insgesamt von größerer Bedeutung sein kann als eine minimale Durchlaufzeit des Materials oder eine kostenoptimale Ausnutzung der Produktionskapazitäten.

Die im „Terminplan" vorgegebenen Auftragstermine, bis zu denen die gewünschten Produkte fertiggestellt sein müssen, gelten als Ausgangspunkte für die genaue terminliche Fixierung des Ablaufs des eigentlichen Produktionsprozesses. Dabei sollte man darauf achten, daß jeder eingehende Auftrag zunächst einmal in Form eines Grobplanes terminlich nach den zu durchlaufenden Abteilungen bzw. den jeweils durchzuführenden Arbeitsoperationen systematisiert wird. Schematisch kann man einen solchen „*Zeit-Funktionsplan*" in Form eines Balken-Diagramms wie folgt darstellen:

Arbeitsoperation je nach Funktion	mit der Operation betraute Abteilung	Arbeitstage in Kalenderreihenfolge 4 5 6 7 ... 12 13 14 ... 20
Anfertigung von Zeichnungen	Konstruktionsbüro	—
Bau eines Modells (Prototyps)	Modellschlosserei	—
Bestellung und Lieferung fremdbezogener Teile	Einkauf	—
Gießen des Gehäuses	Gießerei	—
Bearbeitung des Gehäuses	Werkstatt I	—
Montage	Werkstatt II	—
Kontrolle	Technisches Büro	—
Verpackung	Tischlerei	—

Aus diesem Grobplan werden die *zeitlich nacheinander* durchzuführenden Arbeitsoperationen ebenso sichtbar wie die *zeitlich überlappenden* und damit parallel durchführbaren Funktionen. Neben diesem Zeitplan wird ferner ein *Maschinenbelegungsplan* und ein *Arbeitsbereitstellungsplan* herangezogen um feststellen zu können, inwieweit die einzelnen Aggregate und die vorhandenen Mitarbeiter bereits durch andere Aufträge belegt sind. Aufgrund dieser drei Teilpläne und unter Berücksichtigung der Auftragstermine sowie der Forderung nach optimaler Kapazitätsauslastung und optimaler Durchlaufzeit wird der „günstigste" Ablaufplan fixiert.

Die Bewältigung von umfangreichen und komplexen Planungsaufgaben dieser Art konnte in der Praxis bisher nur mit sehr großen Schwierigkeiten realisiert werden. Besonders dann, wenn bei größeren Projekten beispielsweise im Tiefbau oder im Hochbau die Fertigstellung von Einzelteilen oder einzelnen Bauabschnitten zeitlich genau aufeinander abgestimmt werden muß, sind die zu lösenden Planungsprobleme offensichtlich. Man hat deshalb nach Methoden gesucht, die bei Überprüfung des jeweiligen Arbeitsfortschrittes und unter Beachtung der auftretenden Probleme dafür zu sorgen haben, daß der gesamte Leistungserstellungsprozeß zur festgesetzten Zeit auch tatsächlich abgeschlossen wird. Während man lange Zeit sich hier mit Faustregeln und einfachen Planungshilfen behelfen mußte, sind in den letzten 10 bis 15 Jahren Methoden entwickelt und praktisch angewandt worden, die unter dem Begriff *„Netzplantechnik"* zusammengefaßt werden.

Mit Hilfe der Netzplantechnik ist es möglich, einzelne Teilprozesse von komplizierten und vielfältigen Projekten optimal zu koordinieren und dadurch bestimmte (Fertigungs-)zeiten einzuhalten bzw. die Projekte zu einem früheren Zeitpunkt zu vollenden.

Die Netzplantechnik wurde in den Jahren 1957 bis 1958 in den USA entwickelt und erstmals auch erfolgreich angewandt. Damals haben unabhängig voneinander zwei amerikanische Forschungsteams an unterschiedlichen Aufgaben zwei verschiedene Systeme der Netzplantechnik erprobt: Das „UNIVAC Department" der „Sperry Rand Corporation" hatte in Zusammenarbeit mit dem Chemie-Konzern „Du Pont de Nemours & Co." an einer Planungsmethode gearbeitet deren Zweck es war, die Stillstandzeiten hochwertiger Anlagen während der Überholungsarbeiten zu verkürzen. Mit Hilfe der von ihnen entwickelten sog. *Critical Path Method* (CPM) konnte die Zeit für Instandhaltungs- und Überholungsarbeiten von seither 125 auf 78 Stunden verkürzt werden.

Zur etwa gleichen Zeit hatte die amerikanische Marine in Zusammenarbeit mit der Raketenabteilung der Firma „Lockheed" sowie mit dem „Special Projects Office" der Firma *„Booz. Allen & Hamilton"* ein ähnliches System entwickelt, um die Planungen für das *„Polaris-Raketen-Programm"* termingerecht abschließen zu können. Bei diesem „Milliarden-Dollar-Projekt" bestand das Problem darin, mit mehr als 3 000 Unternehmen, die an der Entwicklung der „Polaris-Rakete" beteiligt waren, ständig in Kontakt zu bleiben und darauf zu achten, daß deren Zulieferungen termingerecht ausgeführt wurden. Das dabei entwickelte System der Netzplantechnik ist später unter der Bezeichnung *„Programm Evaluation and Review Technique"* (PERT) bekannt geworden. Mit Hilfe dieses Planungssystems soll die gesamte Entwicklung der „Polaris-Rakete" um *zwei* Jahre früher als zu dem ursprünglich geschätzten Termin abgeschlossen worden sein. In der Zwischenzeit hat sich eine Vielzahl von Verfeinerungen und Erweiterungen dieser beiden ursprünglichen Netzwerksysteme ergeben, wie beispielsweise das von der Firma „IBM" entwickelte System *„Least Cost Estimating and Scheduling"* (LESS) oder das von der Firma „Ceir Ltd." angebotene System *„Resource Allocation and Multi Project Scheduling"* (RAMPS). Da die meisten Systeme der Netzplantechnik im wesentlichen davon ausgehen, daß die logische Struktur von Arbeitsprozessen in Form von Netzwerken („net works") dargestellt wird und sich meist nur in Einzelheiten der Zeitschätzung und Zeitanalyse sowie in Art und Umfang der Rechenoperationen unterscheiden, sollen an dieser Stelle nur einige allgemeine Überlegungen zum Aufbau und Ablauf der Netzplantechnik, angelehnt an die *„CPM-Methode"*, gemacht werden.

Bei der Netzplantechnik kann man meist drei hintereinander geschaltete Phasen unterscheiden:

1. die Ablaufplanung,
2. die Zeitplanung,
3. die Kostenplanung.

Mit Hilfe der *Ablaufplanung* wird zunächst einmal das jeweilige Projekt in Form eines Netzwerkes dargestellt. Das Bild eines Netzwerkes entsteht dadurch, daß man alle Vorgänge eines bestimmten Projektablaufes in ihrer gegenseitigen zeitlichen Abhängigkeit grafisch festhält. Dabei werden die einzelnen Tätigkeiten bzw. Vorgänge („activity") durch einen Pfeil symbolisch dargestellt, dessen Richtung dem zeitlichen Ablauf entspricht. Ein Kreis-Symbol — auch „Knoten" genannt — zeigt den Beginn bzw. das Ende eines jeden Vorganges an; man spricht hier in der Fachliteratur auch von Ereignissen, Situationen oder Zuständen („event"). Durch eine Hintereinanderschaltung von verschiedenen Vorgängen gemäß Projektablauf stellt sich nun ein Netzwerk als eine Kette von Pfeilen dar, die durch Kreise miteinander verbunden sind. Ein einfaches Netzwerk hat demnach folgendes Aussehen:

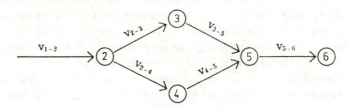

Die einzelnen Vorgänge sind hier also ihrer Ablaufrichtung entsprechend durch Pfeile symbolisiert und durch Angabe ihres Anfangs- und Endknotens benannt. Beispielsweise der Pfeil von Knoten 1 zu Knoten 2 mit V_{1-2}, oder anders ausgedrückt: der Knoten 2 bedeutet das Ende von V_{1-2} und der Beginn von V_{2-3} und V_{2-4}.

Der zweite Schritt der Netzplantechnik besteht in der *Zeitplanung*, bei der es darum geht, jedem Vorgang durch gewissenhafte Erfassung der einzelnen Projektzeiten eine bestimmte Vorgangsdauer zuzuordnen.

Überträgt man einmal unser obiges formales Schema mit den Symbolen V in konkrete Vorgänge im Rahmen der *Produktionsplanung* und ordnet jedem Vorgang bestimmte Zeitangaben zu, so hat unser Netzwerk nun das folgende Aussehen.

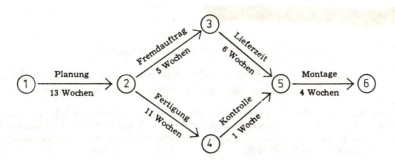

Man trägt nun im Rahmen der Netzplantechnik nicht nur diese absoluten Zeitangaben in das Netzwerk ein, sondern man errechnet sich darüber hinaus den jeweils „frühestmöglichen" bzw. „spätesterlaubten" Starttermin sowie den „frühestmöglichen" und den „spätestzulässigen" Endtermin eines jeden Vorganges. Danach ermittelt man bei der „CPM-Methode" den sogenannten *kritischen Weg* („Critical Path"), d. h. den *zeitlängsten* Weg durch das gesamte Netz, der die Dauer des Projektes bestimmt. In unserem obigen Beispiel wäre das der Weg ① ② ④ ⑤ ⑥, denn er benötigt im Gegensatz zu dem Weg ① ② ③ ⑤ ⑥ insgesamt *29 Wochen;* er bestimmt damit die Gesamtdauer des Projektes. Die Bestimmung des „kritischen Weges" ist das Hauptanliegen der *Zeitplanung.* Dadurch erfährt die Projektleitung nämlich, auf welche Vorgänge sie achten muß, damit der Projektendtermin nicht überschritten wird.

Als letzte Phase der Netzplantechnik ist eine systematische *Kostenplanung* vor allem dann angebracht, wenn es darum geht, den gesamten Zeitplan im Hinblick auf das gesteckte Ziel zu analysieren bzw. die gesetzten Termine umzugestalten. Eine Kürzung des „kritischen Weges" und damit ein günstiger Projektendtermin ist nämlich oft durch Einsatz zusätzlicher Produktionsfaktoren, wie Betriebsmittel, Werkstoffe und Arbeitskräfte möglich, aber dann natürlich nur mit steigenden Kosten. Man wird allerdings irgendwann an eine Grenze stoßen, bei der eine weitere Verkürzung der Projektdauer aus Kostengründen nicht mehr lohnend erscheint. Um bei umfangreicheren Projekten bei einer schrittweisen Verkürzung der Projektdauer und dadurch wachsenden Kosten nicht den Überblick zu verlieren, ist es also unbedingt notwendig, neben dem zeitlichen Ablauf der Funktionsketten eines Projektes auch den Kostenablauf zu erfassen.

Die Netzplantechnik, die u. a. bei Großprojekten im Hoch- und Tiefbau, bei der Produktionsplanung, bei der Entwicklung neuer Produkte, bei der Einführung elektronischer Datenverarbeitungsanlagen und beim Planen von Werbefeldzügen eingesetzt wird, zeichnet sich durch folgende Vorteile aus:

1. Große Genauigkeit bei der Planung;
2. Übersichtlichkeit über das Projekt und damit gute Verständnismöglichkeit aller am Projekt Beteiligten über Einzelheiten des Ablaufs;
3. gute Zusammenarbeit zwischen *planenden* und *ausführenden* Stellen auch außerhalb der Unternehmung;
4. straffere Überwachung und Steuerung des Ablaufs;
5. leichtere Optimierung des Planes hinsichtlich *Dauer* und *Kosten.*

III. Produktions- und Kostentheorie[8]

1. Die Aufgaben einer Produktions- und Kostentheorie

Obwohl produktions- und kostentheoretische Überlegungen bei allen Unternehmen unabhängig von Wirtschaftszweig anzustellen sind, hat man in der Fachliteratur auch in diesem

---

[8] Vgl. dazu: Busse v. Colbe, W., Laßmann, G., Betriebswirtschaftstheorie, Bd. 1, Grundlagen, Produktions- und Kostentheorie, Berlin–Heidelberg–New York 1975; Heinen, E., Produktions- und Kostentheorie, in: Jacob, H. (Hrsg) Allgemeine Betriebswirtschaftslehre in programmierter Form, 3. Aufl., Wiesabden 1976, S. 205–296.

Zusammenhang Beispiele und Probleme dem Industriebetrieb entnommen. Wir wollen in diesem Zusammenhang versuchen, die Grundlagen einer Produktions- und Kostentheorie aufzuzeigen; für ein spezielles Studium dieses Problembereichs muß auf die einschlägige Literatur verwiesen werden.

Wir haben zu Beginn unserer Untersuchung den Produktionsprozeß als einen *Kombinationsprozeß* bezeichnet, bei dem sämtliche Produktionsfaktoren zur Erbringung der Betriebsleistung zusammengefügt werden.

> *Aufgabe einer Produktions- und Kostentheorie ist es nun, die funktionalen Beziehungen zwischen dem mengen- und wertmäßigen Einsatz (Input) an Produktionsfaktoren und der jeweiligen Ausbringung (Output) zu erforschen und mit Hilfe von theoretischen Modellen darzustellen.*

Um diese funktionalen Beziehungen *symbolisch* auszudrücken, bedient man sich der sogenannten **Produktionsfunktion.** Bezeichnet man die Ausbringung mit x und die Faktoreinsatzmengen mit $r_1, r_2, r_3, \ldots$ und r_n, so kann man die Produktionsfunktion durch folgende allgemeine Gleichung darstellen:

$$x = f(r_1, r_2, r_3, \ldots, r_n)$$

2. Die Produktionsfunktion als Grundlage einer Produktionstheorie

a) Die Produktionsfunktion auf der Grundlage des Ertragsgesetzes

aa) Inhalt und Darstellung des **Ertragsgesetzes**

Historischer Ausgangspunkt der Produktionstheorie bildet das „Gesetz vom abnehmenden Ertragszuwachs" (*Ertragsgesetz*), das von J. H. *von Thünen* und von *Jacques Turgot* für die Landwirtschaft entwickelt und formuliert wurde. Es besagt, daß auf einer bestimmten Anbaufläche und unter konstantem Einsatz von Saatgut, Düngemittel und sonstigen landwirtschaftlichen Produktionsfaktoren eine sukzessive Vermehrung des variablen Faktors Arbeit zunächst zu einer steigenden Erntemenge führt, schließlich aber immer geringer werdende Erntemengen erbringt, bis der pro aufgewandter Arbeitsstunde erzielte Ertrags*zuwachs* gleich Null wird. Das gleiche Ergebnis erhält man, wenn man andere landwirtschaftliche Produktionsfaktoren variiert und die jeweils übrigen konstant hält. Allgemein formuliert lautet das „Ertragsgesetz":

> *Jeder Mehraufwand an Produktionsfaktoren erbringt über ein bestimmtes Optimum hinaus einen abnehmenden Ertragszuwachs.*

Die Gültigkeit dieses Gesetzes ist für die Landwirtschaft durch eine Untersuchung von *Mitscherlich*[9] überprüft und empirisch bestätigt worden. Das Gesetz muß auch deshalb

---
[9] Mitscherlich, E. A., Das Ertragsgesetz, Berlin 1948.

Gültigkeit haben, da sonst – theoretisch gesehen – mit erhöhtem Aufwand an landwirtschaftlichen Produktionsfaktoren die Ernte eines *ha* Ackerbodens so gesteigert werden könnte, daß man darauf den gesamten Weltbedarf an Getreide produzieren könnte („Ad-Absurdum-Beweis").

Zur *geometrischen* Demonstration geht man davon aus, daß ein Produktionsfaktor (r) frei variierbar ist, und daß die übrigen Faktoren konstant gehalten werden. Eine Ertragsänderung kann dann nur durch die Variation der Einsatzmengen des Faktors r erzielt werden. Dabei nimmt der Gesamtbetrag allmählich zu, und zwar zunächst progressiv, d. h. mit steigender Zuwachsrate, dann aber nur noch mit abnehmender Zuwachsrate, da der überhöhte Einsatz des variablen Faktors hemmend auf die Ertragsentwicklung einwirkt. Der Gesamtertrag erreicht schließlich ein Maximum und nimmt dann bei weiterem Einsatz des variablen Faktors auch absolut ab. Man erhält nun als *Gesamtertragskurve* einen S-förmig gekrümmten, kubisch-parabolischen Kurvenzug, der wie folgt aussieht:

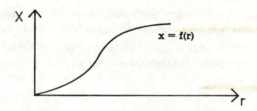

Fragt man nach den Veränderungen dieses Gesamtertrages, so muß man den sog. *Grenzertrag* des variablen Faktors ermitteln. Der Grenzertrag ist definiert als *der Zuwachs zum Gesamtertrag der durch den Einsatz einer weiteren Einheit des variablen Faktors verursacht wird*. Man spricht auch von der Grenzproduktivität des variablen Faktors. Kennt man den mathematischen Aufbau der Gesamtertragskurve – in unserem Falle eine Funktion dritten Grades – so entsteht die Grenzertragskurve *analytisch* dadurch, daß man die Gesamtertragsfunktion differenziert; man erhält damit eine Funktion zweiten Grades. *Grafisch* ist der Grenzertrag gleich dem Steigungsmaß einer an jedem beliebigen Punkt der Gesamtertragskurve angelegten Tangente.

Der *Durchschnittsertrag* schließlich läßt sich dadurch bestimmen, daß man den Gesamtertrag durch die eingesetzte Menge des variablen Faktors dividiert.

Trägt man alle drei Kurven in ein einziges Koordinatensystem, so erhält man das in der Fachliteratur bekannte Ertragskurvenschema, das zur näheren Charakterisierung von *Gutenberg* in *vier* Phasen eingeteilt wurde. Wir wollen in diesem Zusammenhang nicht näher auf diesen mehr am Rande unserer Zielsetzung liegenden Problembereich eingehen.

Später hat man das Ertragsgesetz durch einfachen Analogieschluß auf die *industrielle* Produktion übertragen, obwohl hier ausführliche empirische Untersuchungen fehlen.

Man unterstellte dabei das Modell einer Produktionsfunktion, bei der sämtliche Produktionsfaktoren innerhalb bestimmter Grenzen gegeneinander ausgetauscht werden können, ohne daß der Ertrag sich ändert.

Zwischen dem Ertrag und den Einsatzmengen besteht keine eindeutige und feste Beziehung, sondern ein bestimmter Ertrag kann mit unterschiedlichen Mengenkombinationen von Produktionsfaktoren erzielt werden. Eine derartige Produktionsfunktion, bei der die Produktionsfaktoren innerhalb gewisser Grenzen *substituierbar* sind, bezeichnet man in der Theorie allgemein als *Ertragsgesetz* oder – wie *Gutenberg* sagt – als *Produktionsfunktion vom Typ A.*

ab) **Die Minimalkostenkombination**

Wenn man von einer Produktionsfunktion mit substituierbaren Produktionsfaktoren ausgeht — es können beispielsweise Arbeitseinheiten durch Betriebsmittel oder umgekehrt ersetzt werden, ohne daß sich der Ertrag ändert —, so gibt es in der Praxis sicherlich eine Anzahl verschiedener Kombinationsmöglichkeiten, die den gleichen Ertrag erbringen. Folgende Frage erscheint deshalb angebracht: Welche der möglichen Kombinationen ist für das Unternehmen die günstigste? Da wir am Anfang unserer Untersuchung bereits das Wirtschaftlichkeitsprinzip als eine für die Unternehmung wichtige Maxime herausgestellt haben, wird von der Unternehmensleitung demnach die Kombination angestrebt, bei der die Gesamtkosten der für die Erzeugung einer bestimmten Ausbringungsmenge eingesetzten Produktionsfaktoren ein Minimum erreichen. Die Unternehmung strebt also nach der sogenannten *Minimalkostenkombination* oder, wie die Amerikaner sagen, nach der „least cost combination".

Da es sich bei der Bestimmung der Minimalkostenkombination nicht mehr um *Einsatzmengen*, sondern um *Kosten* handelt, müssen zwangsläufig die Preise der Produktionsfaktoren, die sogenannten Faktorpreise, mit in die Untersuchung einbezogen werden. Nach *Gutenberg* gelten sie als das eigentliche Regulativ in dem technischen Produktionsprozeß. Die Theorie hat die Minimalkostenkombination auch mathematisch abgeleitet und als Ergebnis festgehalten:

Die Minimalkostenkombination ist dann erreicht, wenn sich die Grenzerträge der Produktionsfaktoren verhalten wie ihre Preise.

ac) **Die Gültigkeit des Ertragsgesetzes im industriellen Bereich**

Die Frage, ob das Ertragsgesetz für den Bereich der industriellen Produktion Gültigkeit besitzt, ist heute umstritten. Eine Reihe von Wirtschaftswissenschaftlern sehen das Ertragsgesetz auch für die industrielle Produktion als repräsentativ an; andere wieder, in erster Linie *Gutenberg* und *Kilger*, bestreiten die Gültigkeit im Rahmen des industriellen Produktionsprozesses. Vor allem *Gutenberg* ist es zu danken, daß dieser Problembereich eine gewisse sachliche Klärung erfahren hat.

Für den Bereich der industriellen Produktion werden insbesondere zwei Prämissen des Ertragsgesetzes angezweifelt: einmal die weitgehende Substituierbarkeit der Produktionsfaktoren, zum anderen das Vorhandensein eines konstanten Produktionsfaktors. *Gutenberg* unterstellt zunächst, daß Maschinen, manuelle Arbeit und Material den Kombinationsprozeß bilden. Bei den Maschinen unterscheidet er zwei Arten:

1. *Maschinen*, deren Leistungsabgabe konstant ist, d. h. solche die mit konstanter Geschwindigkeit laufen und dabei immer gleiche Mengen pro Periode produzieren. Durch die vorgegebene konstante Geschwindigkeit wird gleichzeitig die Aufnahme der Produktionsfaktoren Arbeit und Material fixiert.
Gehen wir davon aus, daß es sich bei der Maschine um einen automatischen Webstuhl handelt, der jeweils 10 m Stoff pro Stunde produziert, so bringt der Einsatz einer zusätzlichen Menge an Garnen, an menschlicher Arbeit oder an Schmierstoffen keinen Mehrertrag an Stoffen. Eine Vermehrung der Stoffmenge kann in diesem Falle nur dadurch erzielt werden, daß man *alle* Einsatz-

faktoren *zugleich* erhöht. Es handelt sich bei Maschinen dieses Typs also nicht um substitutionale Faktoren, sondern vielmehr um sog. *limitationale*, bei denen die Beziehungen zwischen den Faktoren fest sind und die Einsatzmengen in Relation zu dem Ertrag sich als *lineare* Funktionen erweisen. Für diese Art von Maschinen hat also der S-förmige Kurvenverlauf des Ertragsgesetzes keine Gültigkeit.

2. *Maschinen*, die in gewissen technischen Grenzen ihre Laufgeschwindigkeit und damit ihre Leistungsabgabe variieren können. So wird beispielsweise auf einer Hobelbank mehr Holz verarbeitet, je schneller sie läuft; weitere Beispiele gibt es für jede Branche. Da in all diesen Fällen der Maschinenbestand *konstant* bleibt und unterschiedliche Erträge erzielt werden können, hat man in der Literatur angenommen, daß damit der Tatbestand ertragsgesetzlicher Prämissen gegeben sei. *Gutenberg* hat nun nachgewiesen, daß der Maschinenbestand zwar konstant bleibt, daß aber die eigentlichen Leistungsabgaben der Maschine mit zunehmender Laufgeschwindigkeit variieren. Das kostenmäßige Äquivalent der Leistungsabgabe ist nämlich u. a. der Verschleiß, die verschleißbezogenen Abgaben, der Verbrauch an Energie und an Hilfsstoffen, die alle mit der Nutzung variieren. Es existiert also auch bei Maschinen dieses Typs der vom Ertragsgesetz unterstellte konstante Faktor nicht. Erhöht sich nämlich die Drehzahl einer Maschine, so erhöht sich auch der Verbrauch an Maschinenverschleiß, Werkzeugverbrauch, Schmiermittel usw. *und die Erhöhung der Ausbringung um eine Einheit ist nicht mehr nur die Folge der Veränderung eines Produktionsfaktors, beispielsweise des Materials, sondern resultiert aus der Vermehrung aller Produktionsfaktoren.*

Auch bei diesem Maschinentyp sind die Relationen zwischen den Produktionsfaktoren meist alle technisch eindeutig bestimmt und es ändert sich die herzustellende Menge nicht, wenn nur ein Produktionsfaktor vermehrt wird. Damit entfällt aber auch wieder die dem Ertragsgesetz zugrundeliegende Voraussetzung der Substitutionalität, wonach die Produktionsfaktoren gegenseitig beliebig ausgetauscht werden können, ohne daß sich die Ertragsmenge ändert.

Gutenberg und mit ihm der Großteil der neueren Literatur kommt deshalb zu dem Ergebnis, daß das Ertragsgesetz für die industrielle Produktion nicht als repräsentativ anzusehen sei, wenn auch der S-förmige Kurvenverlauf in wenigen Sonderfällen denkbar ist. *Gutenberg* stellt deshalb neben seine Produktionsfunktion vom *Typ A* eine solche vom *Typ B*, deren Faktoreinsatzmengen nicht mehr frei variierbar sind, sondern durch bestimmte technische Relationen fest vorgegeben werden. Dadurch entsteht eine meist *lineare* Beziehung zwischen Faktoreinsatzmenge und Ertragsmenge.

b) Die Produktionsfunktion auf der Grundlage von Verbrauchsfunktionen

Ein anderer Einwand gegen die „traditionelle" auf ertragsgesetzlichen Überlegungen basierende Produktionstheorie betrifft den Tatbestand, daß sie eine *unmittelbare* Beziehung zwischen der Ausbringung (Output) und dem Verbrauch an Produktionsfaktoren herzustellen versucht. In der Wirklichkeit läßt sich aber für den Bereich der Industrie eine solch unmittelbare Beziehung nur selten finden. Zwischen dem Einsatz an Produktionsfaktoren und den letztlich hergestellten Enderzeugnissen sind vielmehr eine Reihe von Zwischenstufen geschaltet, wie Werkstätten, Hilfsbetriebe und sonstige Produktionsstätten, in denen die ursprünglichen Einsatzfaktoren in abgeleitete Produktionsfaktoren (wie Maschinenarbeit oder innerbetriebliche Leistung) transformiert werden, um dann erst in die Endprodukte einzugehen. Es liegt deshalb nahe, nicht die Beziehung zwischen Produktionsfaktoren und Enderzeugnis zu analysieren, sondern vielmehr auf die unmittelbare Beziehung zwischen dem Einsatz an Produktionsfaktoren und der adäquaten Maschinenleistung einzugehen. *Gutenberg* bedient sich dazu der *sogenannten Verbrauchsfunktion, die die funktionalen Beziehungen wiedergibt, die zwischen dem Verbrauch an Faktoreinsatzmengen und der technischen Leistung eines Aggregates bestehen.*

Betrachtet man beispielsweise einmal die Verbrauchsfunktion eines Benzinmotors, so ist die Leistung des Motors von der Drehzahl abhängig; die Drehzahl bestimmt aber gleichzeitig auch den Brennstoffverbrauch. Nun ist der Brennstoff (Benzin) aber nur *ein* Einsatzfaktor; daneben existieren noch Schmiermittel, Verschleiß, Instandsetzung usw. Auch diese Einsatzfaktoren variieren in gleicher oder ähnlicher Weise mit der vom Motor verlangten Leistung. Es ist deshalb notwendig für *jede* Faktorart eine eigene Verbrauchsfunktion aufzustellen, die je nach gefordertem Leistungsgrad unterschiedlich reagiert. Dabei entstehen verschiedene Funktionen und Kurvenverläufe, die im Gegensatz zur ertragsgesetzlichen Produktionsfunktion keinem einheitlichen gesetzmäßigen Zusammenhang unterliegen.

Bei Maschinen, die mit unterschiedlichem Leistungsgrad arbeiten können, erhebt sich die Frage nach dem jeweils *optimalen* Leistungsgrad. Diese Frage ist deshalb nicht einfach zu beantworten, da jede Maschine verschiedene Verbrauchsfunktionen aufweist, die jedoch ihren Optimalpunkt nicht alle beim gleichen Leistungsgrad erreichen. Zu suchen ist deshalb der im Hinblick auf sämtliche Verbrauchsfunktionen einer Maschine optimale Leistungsgrad.

Da auch hier wieder die Preise der einzelnen Einsatzfaktoren eine Rolle spielen, ist der Optimalpunkt dann erreicht, wenn die Summe der mit ihren Preisen bewerteten Verbrauchsmengen aller Einsatzfaktoren pro Erzeugungseinheit ein Minimum bildet.

Betrachtet man zusammenfassend noch einmal die bisher erörterten Arten von Produktionsfunktionen, so gibt es grundsätzlich zwei verschiedene Typen: Zunächst einmal die *ertragsgesetzliche Produktionsfunktion* (Typ A), die eine freie Variierbarkeit der Faktoreinsatzproportionen voraussetzt. Auf der anderen Seite gibt es die auf *Verbrauchsfunktionen* basierenden Produktionsfunktionen, wobei man je nach Maschinentyp zwei Arten von Produktionsfunktionen unterscheiden muß: Bei dem einen Maschinentyp ist eine gewisse Änderung der Leistungsabgaben möglich, die dazu notwendigen Variationen der Einsatzfaktoren sind jedoch technisch fixiert und nicht disponibel. Die Faktoreinsatzmengen ändern sich nach Maßgabe ihrer jeweiligen Verbrauchsfunktion. Wir haben es hier mit dem reinen „Typ B" einer Produktionsfunktion zu tun. Bei dem zweiten Maschinentyp ist eine Variation der Leistungsabgabe grundsätzlich nicht möglich. Die Beziehungen zwischen den Faktoreinsatzmengen sind nicht variierbar und die Einsatzmengen sind eine lineare Funktion der Ausbringung. Wir haben es hier mit einem Grenzfall der Produktionsfunktion vom Typ B zu tun.

3. Die Beziehungen zwischen Produktions- und Kostentheorie

a) Die aus dem Ertragsgesetz abgeleiteten Kostenverläufe

Entsprechend der dem Ertragsgesetz zugrundeliegenden Konzeption haben wir bei der geometrischen Darstellung der S-förmigen Gesamtertragskurve auf der Ordinate den *mengenmäßigen* Ertrag und auf der Abszisse die Einsatzmenge des variablen Faktors — beim Vorliegen eines konstanten Produktionsfaktors — abgetragen. Bewertet man nun alle Faktoreinsatzmengen mit festen Preisen, so erhält man eine *monetäre Produktionsfunktion* (Ertragsfunktion). Diese Funktion beginnt allerdings nicht im Nullpunkt, sondern ihr Ursprung ist um den Betrag der „festen" Kosten auf der Abszisse nach rechts verschoben. Das erklärt sich aus der Tatsache, daß der Ertrag dann noch immer Null ist, wenn zwar bereits ein „fester" Faktor (Maschine) zur Verfügung gestellt, darauf jedoch keine einzige Einheit des variablen Faktors aufgewandt wird. Man kann nun die S-förmige monetäre Gesamtertragskurve, bei der der Ertrag von den Kosten der Produktionsfaktoren abhängt, formal auch wie folgt umschreiben:

$$E = f(K)$$

Die Umkehrung dieser Funktion ergibt $K = f(E)$ und damit die *Gesamtkostenfunktion*. Die Gesamtkostenfunktion entsteht also als Umkehrfunktion (inverse Funktion) der monetären Produktionsfunktion (Ertragsfunktion). Geometrisch erhält man diese Umkehrfunktion dadurch, daß man im Koordinatensystem die Urfunktion (Ertragsfunktion) an der 45°-Achse spiegelt. Die Gesamtkostenfunktion verläuft also symmetrisch zu der an der 45°-Achse (Symmetrieachse) gespiegelten Gesamtertragskurve:

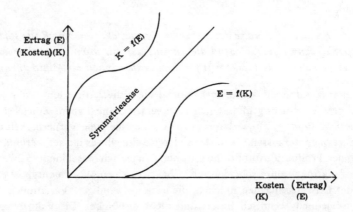

Die *Gesamtkostenkurve* steigt zunächst ziemlich steil an, da die fixen Faktoren noch in zu starkem Maße überwiegen, als daß bereits eine günstige Kostenentwicklung auftreten könnte. Die Kurve steigt von Anfang an allerdings mit *abnehmendem* Steigungsmaß, d. h. die prozentuale Kostenzunahme ist hier kleiner als die prozentuale Ertragszunahme. Das ändert sich erst ab dem Wendepunkt, denn hier steigen nun die Gesamtkosten prozentual schneller als die Erträge.

Wie bei der Produktionsfunktion die Grenzerträge so bilden bei der Kostenfunktion die *Grenzkosten* einen Maßstab für die Veränderung der Gesamtkosten. *Als Grenzkosten bezeichnet man den Kostenzuwachs, der durch die Produktion einer zusätzlichen Produkteinheit entsteht.* Mathematisch entstehen die Grenzkosten auch hier wieder durch Differenzieren der Gesamtkostenfunktion.

Dividiert man die Gesamtkosten durch die ausgebrachte Menge, so erhält man die *Durchschnittskosten* oder auch *Stückkosten* genannt. Entsprechend der Zusammensetzung der Gesamtkosten aus *variablen* und *fixen* Bestandteilen, kann man „gesamte Durchschnittskosten", „variable Durchschnittskosten" und „fixe Durchschnittskosten" unterscheiden.

Trägt man alle bisher erwähnten Arten von Kosten in Form verschiedener Kostenkurven in *ein* Koordinatensystem ein, so lassen sich die Zusammenhänge zwischen den Kostenkurven in Abhängigkeit von der Ausbringungsmenge relativ gut durchleuchten. Das bereits erwähnte „Vierphasenschema" läßt sich auch hier wieder anwenden und erleichtert eine eingehende Analyse.

Auf den Grundgedanken dieser „ertragsgesetzlichen" Kostenverläufe hat die „traditionelle" betriebswirtschaftliche Fachliteratur, vertreten u. a. durch *Schmalenbach* und *Mellerowicz*, eine abgeschlossene betriebswirtschaftliche *Kostentheorie* konzipiert. Wir werden im Verlauf dieses Abschnittes unserer Untersuchung im Zusammenhang mit den sog. *kritischen Kostenpunkten* auf diese Frage noch näher eingehen.

b) Die aus Verbrauchsfunktionen abgeleiteten Kostenverläufe

Im Gegensatz zu den aus dem Ertragsgesetz abgeleiteten Kostenkurven besteht bei den aus Verbrauchsfunktionen abgeleiteten Gesamtkostenverläufen keine Gesetzmäßigkeit. Die Kostenkurven sind vielmehr das Ergebnis der technischen Bedingungen der jeweiligen Verbrauchsfunktion.

Grundsätzlich sind alle theoretisch denkbaren Formen von Kostenverläufen möglich, wie beispielsweise *lineare, progressive* (mit zunehmender Ausbringung zunehmendes Steigungsmaß), *degressive* (mit zunehmender Ausbringung abnehmendes Steigungsmaß) oder auch *S-förmige* Kostenkurven. Der Einfachheit wegen unterstellt man meist *lineare* Gesamtkostenverläufe. Abgesehen von wenigen Ausnahmen liegt man damit innerhalb der in der Praxis praktikablen Beschäftigungsintervallen. Die von einem *linearen* Gesamtkostenverlauf abgeleiteten *Grenzkosten* ergeben eine parallel zur Abszisse verlaufende *Gerade*, da die auf das Stück bezogen variablen Kosten sich nicht ändern und somit pro zusätzlicher Einheit immer die gleichen Kosten (Grenzkosten) anfallen. Die abgeleiteten gesamten *Durchschnittskosten* fallen — beim Vorhandensein von Fixkosten — mit wachsender Zahl produzierter Einheiten asymptotisch zur Kurve der variablen Stückkosten.

4. Sonderfragen der Kostentheorie

a) Kosteneinflußfaktoren und Kostentheorie

Die Kostenstruktur einer Unternehmung wird von verschiedenen Einflußfaktoren bestimmt. Da die Höhe der Kosten stets das Produkt aus *Faktormenge* und *Faktorpreis* ist, kann man nach *Gutenberg* insgesamt *fünf* Kosteneinflußgrößen unterscheiden:

1. Faktorpreise,
2. Faktorqualität,
3. Beschäftigung,
4. Betriebsgröße,
5. Produktionsprogramm.

Diese fünf Einflußgrößen gelten allerdings nicht für Kosten die kein „Mengengerüst" haben, wie beispielsweise Zinsen, Steuern und Gebühren.

Wir wollen im folgenden auf die einzelnen Einflußfaktoren etwas näher eingehen. Dabei wählen wir die Form einer sog. *ceteris-paribus-Analyse*, d. h. wir variieren jeweils nur *einen* Einflußfaktor und halten die anderen Größen konstant. Nur dadurch ist es möglich, die einzelnen Einflußgrößen in ihrer Einwirkung auf die Kostenstruktur zu analysieren.

aa) Der Einfluß von Faktorpreisen und Faktorqualitäten

Das Kostenniveau einer Unternehmung wird wesentlich von den *Preisen* der Betriebsmittel und der Werkstoffe sowie vom Arbeitsentgelt beeinflußt. Neben dieser offensichtlichen Beeinflussung ist auch eine *mittelbare* Einflußnahme der Preise auf das *Mengengerüst* der Kosten möglich, wie beispielsweise dann, wenn im Preis gestiegene Produktionsmittel oder Werkstoffe durch andere, billigere ersetzt werden.

Die *Qualität* der Produktionsfaktoren bleibt im Zeitablauf nicht gleich, sondern sie unterliegt dauernd Schwankungen. Gleichen sich solche Schwankungen auf die Dauer und im Schnitt gesehen aus, dann spricht *Gutenberg* von sog. *oszillativen* Schwankungen. Ihr Einfluß auf die Gesamtkostenstruktur ist insgesamt gesehen gleich Null.

Daneben gibt es aber auch Änderungen in den Faktorqualitäten, die trendartige Verbesserungen oder Verschlechterungen bewirken. Nimmt man beispielsweise einmal den „technischen Fortschritt", der sich meist in einer Verbesserung der Produktionsbedingungen äußert, so wird er sich entweder *stetig* oder *stoßweise* (mutativ) vollziehen. Wenn man dabei an die Erfindung neuer Werkstoffe, an die Entwicklung kostengünstiger arbeitender Aggregate oder an den Übergang zur Fließfertigung bzw. an die Einführung vollautomatischer Maschinen denkt, so ist klar ersichtlich, daß dadurch ein wesentlicher Einfluß auf die Kostenstruktur ausgeübt wird. Oftmals entstehen sogar völlig neue *Produktionsfunktionen*.

Die Unternehmensleitung wird stets bestrebt sein, die Faktorqualität und die Produktionsbedingungen zu verbessern, um damit die Stückkosten zu senken.

ab) Der Einfluß von Beschäftigungsänderungen auf die Kostenstruktur

Die Abhängigkeit der Kosten von der Beschäftigung hat erstmals *Schmalenbach* in einer grundlegenden Abhandlung untersucht. Nach ihrem Verhalten bei Beschäftigungsschwankungen hat er und nach ihm ein Großteil der betriebswirtschaftlichen Literatur die Kosten in folgende fünf Kostenkategorien eingeteilt:

1. fixe (feste) Kosten,
2. proportionale Kosten,
3. progressive Kosten,
4. degressive Kosten,
5. regressive Kosten.

Die Kostenarten 2 bis 5 werden auch unter dem Begriff der *variablen* (veränderlichen) Kosten zusammengefaßt. Rein schematisch lassen sich die Kosten in Abhängigkeit von der Beschäftigung wie folgt darstellen:

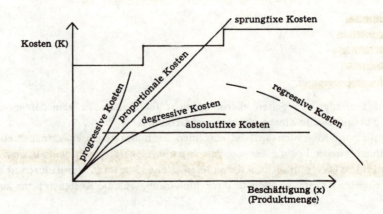

(1) Die fixen Kosten

Die *fixen* Kosten oder auch feste bzw. konstante Kosten genannt sind nach *Schmalenbach* all die Kostenbestandteile, die bei einer Änderung der Beschäftigung konstant bleiben. Sie entstehen aus der Bereitschaft zur Leistungserstellung und werden deshalb auch oft als *„Kosten der Betriebsbereitschaft"* bezeichnet.

Da Fixkosten definitionsgemäß auf eine Erhöhung der Beschäftigung nicht reagieren, nimmt ihr Anteil pro Stück ab, da sich die Kosten auf eine immer größer werdende Stückzahl verteilen. Die Stückkostenkurve verläuft demnach degressiv fallend und nähert sich asymptotisch der Abszisse.

Unternehmen, die nur Fixkosten aufweisen, gibt es nicht. Allerdings sind Unternehmen der Großmaschinenindustrie und der eisen- und stahlerzeugenden Industrie sowie der Großchemie sehr stark *fixkostenintensiv*. Unternehmen einzelner Wirtschaftszweige, wie beispielsweise Wasserkraftwerke, haben sogar einen Fixkostenanteil von nahezu 90 %.

In der Fachliteratur gibt es eine Auffassung, wonach grundsätzlich alle Kosten *dispositionsbedingt* seien. Danach gibt es also keine von Haus aus fixen oder variablen Kosten, sondern sie werden erst vom Unternehmer als fix oder variabel geplant. Diese Auffassung ist zum Teil sicherlich richtig, wie man beispielsweise an den Personalkosten erklären kann: Ein Großteil der Personalkosten ist durch Arbeitsverträge, gesetzliche Kündigungsbestimmungen usw., also in erster Linie durch *Unternehmerentscheidungen* zu festen Kosten geworden, die beim Rückgang der Beschäftigung nicht ohne weiteres abgebaut werden können. Würde man dagegen mit der Arbeitskraft eine tägliche oder wöchentliche Kündigung vereinbaren, so wäre eine schnellere Anpassung an Beschäftigungsschwankungen möglich. Auf der anderen Seite gibt es aber auch Kostenarten, wie beispielsweise Fremdkapitalzinsen bei *stilliegenden Betrieben*, die — da das Fremdkapital fest gebunden ist — nicht durch Beschäftigungsänderungen variiert werden können und damit der Dispositionsfreiheit des Unternehmens entzogen sind.

In der Fachliteratur unterteilt man die Fixkosten u. a. auch in: *absolut-fixe Kosten* und *intervallfixe Kosten*. Während die absolut-fixen Kosten bei Beschäftigungsänderungen konstant bleiben, verändern sich die intervall-fixen Kosten — auch *relativ-fixe* Kosten bzw. *Sprungkosten* genannt — in aller Regel wegen der *mangelnden Teilbarkeit* vieler Produktionsfaktoren in kleineren oder größeren Sprüngen. Ein Beispiel dafür bilden die Personalkosten für leitende Angestellte, Meister oder Vorarbeiter. Überwacht ein Vorarbeiter beispielsweise in einer Werkstatt die Herstellung von 4000 Einheiten und überfordert eine Produktionssteigerung über 4 000 hinaus seine Aufsichtspflicht, so muß ein weiterer Vorarbeiter eingestellt werden. Die Personalkosten machen also bei 4 000 Einheiten einen Sprung, bleiben allerdings dann wieder fix bis auch die Grenze dieses Intervalls überschritten ist. Anders ausgedrückt: mit Einstellung eines neuen Vorarbeiters steigen die Personalkosten sprunghaft an und sind dann erneut für ein bestimmtes Beschäftigungsintervall konstant.

Zusammenfassend kann man sagen, *daß die Höhe der Fixkosten sowohl durch die Dispositionen der Unternehmensleitung als auch durch die begrenzte Teilbarkeit der Produktionsfaktoren bestimmt ist.*

Liegen in einer Unternehmung die Fixkosten durch eine bestimmte Kapazität und eine gewisse Betriebsbereitschaft fest, so ist es für die Unternehmensleitung interessant zu wissen, welche dieser Fixkosten ausgenutzt sind und welche nicht. Man hat deshalb den Ausdruck der *Leerkosten* und den der *Nutzkosten* geprägt. *Leerkosten sind Kosten der ungenutzten Kapazität; Nutzkosten sind diejenigen Kosten, die durch die Produktion voll genutzt werden.* Wird ein Aggregat überhaupt nicht genutzt, so betragen die Leerkosten 100 % und die Nutzkosten sind gleich Null. Steigt die Beschäftigung, so nehmen die Leerkosten in dem gleichen Umfang ab, in dem die Nutzkosten steigen. Bei voller Ausnutzung betragen die Nutzkosten dann 100 % und die Leerkosten sind gleich Null.

In der Praxis kommt der Aufteilung der Fixkosten in Nutz- und Leerkosten beispielsweise bei rückläufiger Beschäftigung deshalb Bedeutung zu, da man bei gleichartigen Aggregaten besser einzelne voll auslastet und andere, die zum großen Teil aus Leerkosten bestanden hätten, ganz abbaut.

Für unternehmerische Entscheidungen ist schließlich noch die Aufteilung der *fixen* Kosten in:

(1) Kosten, die relativ kurzfristig zu Ausgaben werden (u. a. Gehälter),
(2) Kosten, die auf lange Sicht zu Ausgaben führen (u. a. Abschreibungen),
(3) Kosten, die überhaupt nicht zu Ausgaben führen (u. a. Unternehmerlohn, Zins auf Eigenkapital)

von Bedeutung, damit die Unternehmensleitung sieht, welche Kostenbestandteile sie neben den variablen Kosten auf jeden Fall im Preis hereinholen muß und auf welche sie zumindest kurzfristig verzichten kann.

Im Gegensatz zu den fixen Kosten sind die variablen Kosten der Teil der Gesamtkosten, der von der Höhe der Beschäftigung abhängig ist. Typische variable Kosten sind die *Rohstoffkosten* und die *Fertigungslöhne*.

(2) Die proportionalen Kosten

Die *proportionalen* Kosten variieren im gleichen Maße wie die Beschäftigung; die *durchschnittlichen* proportionalen Kosten sind bei unterschiedlicher Beschäftigung jeweils konstant.

Beispiel:

Produzierte Menge	Gesamtkosten
10	50
20	100
40	200
80	400

Die durchschnittlichen proportionalen Kosten betragen jeweils 5.

(3) Die progressiven Kosten

Progressive Kosten sind überproportional steigende Kosten, d. h. sie steigen stärker als die Beschäftigung.

Beispiel:

Produzierte Menge	Gesamtkosten
10	50
20	120
40	260
80	550

Progressive Kosten können durch Engpässe im Produktionsablauf entstehen, wie u. a. durch Mehrarbeitszuschläge für Überstunden oder Nachtarbeit oder durch Überbelastung von Maschinen.

Gutenberg ist hier im Gegensatz zu anderen Betriebswirten allerdings der Auffassung, daß es sich dabei um pretiale und qualitative Kosteneinflußgrößen handelt, die im Zusammenhang mit den *Faktorpreisen* und *Faktorqualitäten* als Einflußgrößen zu behandeln seien, nicht jedoch hier im Zusammenhang mit dem Faktor „*Beschäftigung*".

(4) Die degressiven Kosten

Degressive Kosten sind unterproportional steigende Kosten, d. h. sie steigen nicht im gleichen Maße wie die Beschäftigung. Sie sind nach *Schmalenbach* dadurch gekennzeichnet, daß sie zwar absolut steigen, aber relativ sinken.

Beispiel:

Produzierte Menge	Gesamtkosten
10	50
20	80
40	150
80	280

Degressive Kosten können in der Praxis beispielsweise bei Hochöfen entstehen, wo die Kosten für Koks und Strom mit zunehmendem Beschäftigungsgrad nicht im gleichen Maße wie die Beschäftigung zunehmen; außerdem beim Beladen von Fahrzeugen, wo Benzinkosten ebenfalls nicht im gleichen Umfang mit der Auslastung wachsen. Auch die Kosten für Hilfsarbeiten und Aufsichten entwickeln sich in vielen Fällen degressiv. Das gleiche gilt oft auch *nach* der Überwindung von kapazitätsmäßigen Engpässen.

(5) **Die regressiven Kosten**

Im Gegensatz zu den bisher erörterten Kostenarten sinken die *regressiven* Kosten bei zunehmender Beschäftigung nicht nur relativ, sondern auch absolut. Die in der Literatur meist angeführten Beispiele für regressive Kosten, wie fallende Heizungskosten in einem zunehmend besetzten Kino *oder* das Entfallen eines Nachtwächters beim Einlegen von Nachtschichten sind jedoch relativ weit hergeholt, so daß man diese Kostenkategorie in der Praxis vernachlässigen kann.

ac) **Der Einfluß der Betriebsgröße auf die Kostenstruktur**

Eine eindeutige Aussage über die Kostenstruktur einer Unternehmung bei wachsender Betriebsgröße läßt sich generell nicht machen; es bedarf dazu einer Analyse des in der Praxis vorkommenden Einzelfalles. Trotz dieser Einschränkung ist man in der Fachliteratur der Auffassung, daß der *Großbetrieb* in fast allen Bereichen angefangen vom Beschaffungs- über den Produktions- und Absatzbereich bis hin zum Verwaltungsbereich Kostenvorteile habe, die zu fallenden Stückkosten führen können.
Als Beispiele dafür sind u. a. anzuführen:

Niedrigere *Einkaufs- und Bezugskosten* durch Mengenrabatte und durch starke Marktstellung; Einsatzmöglichkeit großer, kostengünstiger arbeitender Einzweckmaschinen, Auflegen großer Serien, Spezialisierung des Arbeitseinsatzes, Anwendung intensiver Fertigungsverfahren (automatische Fertigung) mindern die Stückkosten im *Fertigungsbereich;* passive *Vertriebskosten* (Kosten der Auftragsbearbeitung, der Versandsachbearbeitung sowie die Kosten der Auslieferung) werden mit zunehmender Betriebsgröße sinken. Schließlich sind auch im *Finanzbereich* der Unternehmung kostenmäßige Vorteile bei der Finanzierung aufzuzeigen.

Der Einfluß der Betriebsgröße auf die Führungs-, Leitungs- und Verwaltungskosten wird in der Literatur unterschiedlich beurteilt. Wie wir im Zusammenhang mit den Unternehmenszusammenschlüssen weiter vorne bereits festgestellt haben, gibt es Auffassungen, wonach bei übergroßen Unternehmungsgebilden die Verwaltungskosten derart ansteigen würden, daß die Kostenvorteile in anderen Bereichen überkompensiert werden. Wir schließen uns jedoch der Auffassung an, daß auch im Verwaltungsbereich das Großunternehmen wegen besserer Informationsmöglichkeiten, wegen des Einsatzes von Großcomputern und wegen der besseren Qualität der Führungsinstrumente Planung, Organisation und Kontrolle eindeutig Kostenvorteile hat.

ad) Der Einfluß des Produktionsprogramms auf die Kostenstruktur

Jede Änderung des *Produktionsprogramms,* so beispielsweise die Einführung neuer Produkte, führt in der Regel zu einer neuen Kombination der Produktionsfaktoren und damit zu einer Änderung der Kostenstruktur. Dabei kann es sich einmal um eine vom *Markt* erzwungene Änderung handeln, bei der sich die Produktionsbedingungen dadurch verschlechtern können, daß Teilkapazitäten innerhalb des Betriebes nicht mehr ausgenutzt werden, wodurch ein Ansteigen der Produktionskosten unabänderlich wird; es kann aber auch sein, daß die Unternehmung von sich aus eine Programmänderung vornimmt, um vorhandene Kapazitäten besser ausnutzen zu können. Durch die dadurch verbesserten Produktionsbedingungen wird ein Sinken der Stückkosten erreicht. Insgesamt kann man bei diesem Einflußfaktor keine generellen Aussagen machen. So sind als Folge einer Programmänderung beispielsweise auch gegenläufige Tendenzen denkbar: während bei einer Ausdehnung des Sortiments die *Vertriebsstückkosten* durch höhere Kundenaufträge sinken können, kann es gleichzeitig bei den *Fertigungsstückkosten* durch den dann häufigen Sortenwechsel zu steigenden Kosten kommen.

b) Betriebliche Anpassungsmöglichkeiten und Kostenstruktur

Bei einer Veränderung der Absatzsituation der Unternehmung, die nicht über das *Fertigwarenlager* abgefangen werden kann, erhebt sich für die Unternehmensführung immer die Frage, auf welche Weise sie sich an die veränderte Absatzmethode anpassen soll. Nach *Gutenberg* gibt es grundsätzlich drei Arten betrieblicher Anpassung: die *quantitative*, die *zeitliche* und die *intensitätsmäßige* Anpassung. Wir wollen in diesem Zusammenhang ganz kurz auf die einzelnen Arten eingehen, weil je nach der von der Unternehmung gewählten Anpassungsform Einflüsse auf die Kostenstruktur ausgehen.

Eine *quantitative* Anpassung liegt vor, wenn sich der Unternehmer entschließt, die Anpassung an die veränderte Absatzlage dadurch vorzunehmen, daß er die Anzahl der im Unternehmen eingesetzten Faktoreinheiten erhöht oder vermindert. Man spricht in diesem Zusammenhang auch von einer „Veränderung des Beschäftigungsquerschnittes". Eine quantitative Anpassung wird bei einer Verminderung des Absatzes beispielsweise dadurch realisiert, daß das Unternehmen einzelne Aggregate stillegt oder verkauft, daß es Angestellte oder Arbeiter entläßt und daß es Gebäude vermietet oder verkauft. Bei einer Absatzsteigerung gilt das eben Gesagte in umgekehrter Form.

Im *Produktionsbereich* der Unternehmung hängt die Möglichkeit einer quantitativen Anpassung vor allem von der *relativen Teilbarkeit* der Anlagen ab. Bei sonst gleichen Bedingungen ist hier der Großbetrieb gegenüber dem Klein- und Mittelbetrieb im Vorteil.

Im Hinblick auf die Kostenstruktur bleibt festzustellen, daß für eine quantitative Anpassung *ein linearer, durch Stufen unterbrochener (Sprungkosten) Gesamtkostenverlauf typisch ist*. Die *Stückkosten sinken* meist bis zur Kapazitätsgrenze, wo auch das Minimum der Stückkosten liegt. Zu steigenden Stückkosten kann nur eine Hereinnahme von qualitativ schlechten Maschinen und Arbeitern bei zunehmender Beschäftigung führen. Da man in einem solchen Fall bestrebt sein wird, zunächst einmal die qualitativ besseren Produktionsfaktoren wieder in Betrieb zu nehmen, spricht *Gutenberg* auch von einer „*selektiven*" Anpassung. Bei einer selektiven Anpassung sind die treppenförmig verlaufenden Gesamtkosten nicht mehr von Intervall zu Intervall gleich, sondern der proportionale Anstieg der Kosten nimmt von Intervall zu Intervall zu. Wir haben es dann mit asymmetrisch ansteigenden Stufen (Treppen) zu tun:

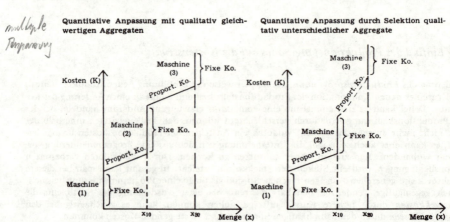

Eine *zeitliche* Anpassung liegt dann vor, wenn eine Angleichung an Absatzveränderungen durch Variation der Arbeitszeiten geschieht. Die fixen Kosten bleiben bei zeitlicher Anpassung unverändert, ebenso der Anstieg der variablen Kosten. Im Hinblick auf den Verlauf der Stückkosten ist eine eindeutige Antwort nicht möglich: Die Stückkosten können beispielsweise sinken, wenn bei Zunahme der täglichen Betriebszeit die Gesamtlebensdauer eines Aggregates gleichbleibt, denn durch die weiterhin konstanten Abschreibungsbeträge ergeben sich fallende Stückkosten. Die Stückkosten können allerdings auch steigen, wenn eine überproportionale Abnahme der Lebensdauer der Anlagen ein Ansteigen der Abschreibungsbeträge bewirkt oder wenn Überstunden- und Nachtzuschläge bezahlt werden müssen und etwa Leistungsminderungen bei der Nachtschicht auftreten.

In der Praxis herrschen meist kombinierte *zeitlich-quantitative* Anpassungen vor.

Eine *intensitätsmäßige* Anpassung schließlich liegt dann vor, wenn bei gleichbleibendem Bestand an Produktionsfaktoren und gleichbleibender Arbeitszeit die Leistungsfähigkeit der Produktionsfaktoren unterschiedlich stark in Anspruch genommen wird. Der Gesamtkostenverlauf bei intensitätsmäßiger Anpassung wird von den jeweiligen *Verbrauchsfunktionen* der einzelnen Anlagen bestimmt. Eine allgemeingültige Aussage ist deshalb schwierig, weil die verschiedenen in der Industrie eingesetzten Aggregate unterschiedliche Verbrauchsfunktionen und damit auch unterschiedliche Kostenverläufe aufweisen können. Auch über den Stückkostenverlauf bestehen verschiedene Auffassungen. Da jedes Aggregat einen optimalen Leistungsgrad besitzt, bei dem die Stückkosten am geringsten sind, kann es bei Abweichungen von diesem Optimalpunkt wegen Überbelastung zu einer Erhöhung der verbrauchsbedingten Stückkosten kommen. Infolgedessen ist es bei Beschäftigungsänderungen meist wirtschaftlicher, die Arbeitszeit zu variieren oder die Zahl der Aggregate zu verändern als einen nichtoptimalen Leistungsgrad zu wählen.

Man kann für die Industrie deshalb die allgemeingültige Aussage machen, daß zeitlich-quantitative Anpassungsformen weit eher vorkommen als eine intensitätsmäßige Anpassung.

Letztere findet — wenn überhaupt — nur auf sehr *kurze* Sicht Anwendung.

c) Exkurs: **Die Kostenremanenz**

In der einschlägigen Literatur wird im Zusammenhang mit den verschiedenen Anpassungsprozessen ein weiterer sehr wichtiger Kosteneinflußfaktor genannt, nämlich die sog. *Kostenremanenz* (Kostenresistenz).

Darunter versteht man die Tatsache, daß in der Praxis bei rückläufiger Beschäftigung manchmal kostensenkende Anpassungsprozesse unterbleiben, da das Unternehmen die Kapazität nicht ohne weiteres einschränken kann.

Die Folge davon ist, daß die Gesamtkostenkurve in der Rückwärtsbewegung entsprechend langsamer dem Beschäftigungsrückgang folgt, als man es nach der Vorwärtsbewegung hätte erwarten können. Die Kostenentwicklung bleibt zurück (lat. remanere = zurückbleiben).

Remanenzerscheinungen treten in erster Linie bei *intervallfixen* Kosten auf, wenn bei rückläufiger Beschäftigung ein technisch und organisatorisch möglicher Anpassungsprozeß unterbleibt. Die Ursachen dafür können einmal darin bestehen, daß im Zusammenhang etwa mit den *Personalkosten* arbeitsrechtliche und soziale Gründe einen schnellen Abbau dieser Kosten verhindern, da Kündigungsfristen oder langfristige Verträge mit leitenden Angestellten eingehalten werden müssen. Daneben sind *dispositionsbedingte* Gründe der Unternehmensführung anzuführen, wie beispielsweise dann, wenn man erwartet, daß der Absatzrückgang keine dauerhafte Erscheinung ist. Man unternimmt hier deshalb keinen Abbau der Produktionsfaktoren, weil man die hohen Anlaufkosten vermeiden möchte oder weil man Angst hat, gutes Stammpersonal für immer zu verlieren. Schließlich sind Remanenzerscheinungen auch darauf zurückzuführen, daß die Unternehmensführung die *technisch-organisatorischen* Zusammenhänge nicht genügend durchschaut, um erkennen zu können, wo bei einem Beschäftigungsrückgang intervall-fixe Kosten eingespart werden können. So sind beispielsweise in den oft übersetzten Verwaltungsabteilungen Remanenzerscheinungen nur sehr schwer zu erkennen.

Auch im Bereich der *variablen* Kosten sind für die Unternehmensführung mitunter Remanenzprobleme zu lösen, wie beispielsweise dann, wenn bei rückläufiger Beschäftigung die Arbeitsintensität deshalb sinkt, weil die Arbeiter aus Furcht vor Entlassungen die Arbeit „strecken". Insgesamt gesehen jedoch spielt die Kostenremanenz bei variablen Kosten eine weitaus geringere Rolle als bei den intervall-fixen Kosten.

d) Die sog. sechs kritischen Kostenpunkte

Die Konzeption der „sechs kritischen Kostenpunkte" geht auf *Mellerowicz* zurück[10]. Trotz der zahlreichen Einwendungen, die gegen dieses Modell vorgebracht wurden, hat es nach wie vor deshalb Bedeutung, weil der Unternehmer einmal gedanklich und theoretisch die Bedeutung einzelner Punkte seiner Kosten- und Ertragsentwicklung analysieren kann.

Mellerowicz unterstellt bei seinem Modell:

1. nichtlinearen (ertragsgesetzlichen) Verlauf der *Gesamtkosten;*
2. eine von der Menge unabhängige Preis-(Erlös-)Kurve, oder anders ausgedrückt: der Preis ist für den Anbieter ein Datum.

Trägt man unter diesen Voraussetzungen eine *Preis-(Erlös-)Kurve*, eine *Durchschnittskostenkurve* (Stückkostenkurve), eine Kurve der *durchschnittlichen variablen Kosten* (variable Stückkostenkurve) und eine *Grenzkostenkurve* in ein Koordinatensystem ein, so erhält man folgende schematische Darstellung:

---

10 Mellerowicz, K., Allgemeine Betriebswirtschaftslehre, II. Bd., 9. Aufl., Berlin 1956, S. 66–72.

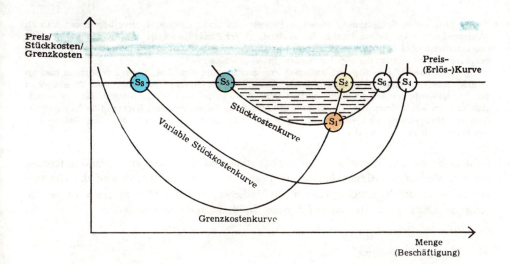

S_1: Der Schnittpunkt zwischen der Grenzkostenkurve und der (totalen) Stückkostenkurve bezeichnet man auch als „*Betriebsoptimum*" oder als „*optimaler Kostenpunkt*". Während die übrigen „kritischen Punkte" alle durch Schnittpunkte einer *Kostenkurve* mit der *Preisgerade* entstehen, ist der optimale Kostenpunkt der einzige Schnittpunkt von *zwei Kostenkurven*. In diesem optimalen Kostenpunkt arbeitet das Unternehmen mit den geringsten Stückkosten. Grenzkosten und Stückkosten sind hier einander gleich. Vor diesem Punkt ist der Kostenzuwachs durch Mehrproduktion (Grenzkosten) *kleiner* als die Stückkosten und die Stückkosten müssen damit fallen. Nach diesem Punkt jedoch sind die Grenzkosten höher als die Stückkosten, die Mehrproduktion erhöht also die Stückkosten.

S_2: Den Schnittpunkt zwischen der Preisgeraden und der Grenzkostenkurve bezeichnet man als „*Gewinnmaximum*" (maximaler Nutzenpunkt). In einem marktwirtschaftlich organisierten System ist dies der wichtigste Punkt, denn der Unternehmer wird nicht nach dem Betriebsoptimum, sondern immer nach dem Gewinnmaximum streben. Obwohl die Kosten für die vermehrte Produktion nach Verlassen des optimalen Kostenpunktes progressiv wachsen, lohnt sich für das Unternehmen die weitere Produktion deshalb, weil diese vermehrten Kosten durch den Erlös (Preis) aus der zusätzlichen Produktion meistens gedeckt werden. Der zu maximierende Gesamtgewinn des Unternehmens steigt nämlich solange, wie eine zunehmende Beschäftigung über das Betriebsoptimum hinaus noch einen Gewinnzuwachs erbringt. Das *Gewinnmaximum* ist folglich erst in dem Punkt erreicht, in welchem die Grenzkosten gleich dem Preis sind.

S_3: Den *ersten* Schnittpunkt zwischen der Preisgeraden und der Kurve der durchschnittlichen variablen Kosten bezeichnet man als „*Betriebsminimum*". Dieser Punkt ist deshalb ein besonders kritischer Punkt für das Unternehmen, weil er einen Beschäftigungsgrad verkörpert, bei dem sich die Beschäftigung gerade noch lohnt. Denn in diesem Punkt werden zumindest die variablen Stückkosten noch gedeckt; jeder Beschäftigungsgrad unterhalb dieses Punktes sichert nicht einmal mehr die Deckung der durchschnittlichen variablen Kosten.

Fällt die Beschäftigung auf das *Betriebsminimum*, dann sollte sich der Unternehmer auf jeden Fall die Frage stellen, ob er die Produktion weiter führen will oder den Betrieb schließen soll. Dabei kommt es u. a. auch auf die sog. *Stillegungskosten* bzw. auf bestimmte *Kosten* einer späteren *Wiederingangsetzung* an. Sind nämlich diese Kostenarten *niedriger* als der Verlust bei einer Weiterproduktion, so ist es besser, den Betrieb vorübergehend zu schließen; sind sie dagegen höher, so ist es besser, zunächst weiterzuproduzieren. Auf lange Sicht müßten natürlich neben den variablen Kosten auch die fixen Kosten gedeckt werden.

S_4: Den *zweiten* Schnittpunkt zwischen der Preisgeraden und der Kurve der variablen Stückkosten bezeichnet man als „*Betriebsmaximum*". Dieser Punkt gibt die *obere* Grenze an, bei der es besser ist, den Betrieb zu schließen, statt weiter zu produzieren. Das Betriebsmaximum spielt für die Unternehmenspolitik deshalb keine Rolle, weil niemand auf den Gedanken kommen würde, die Produktion soweit zu steigern, daß der Preis nicht einmal mehr die vermeidbaren Kosten der Produktion decken würde.

S5: Den *ersten* Schnittpunkt zwischen Preisgeraden und Stückkostenkurve bezeichnet man als „*Nutzschwelle*". An diesem Punkt, der auch als „*toter Punkt*" oder als „*break-even-point*" näher charakterisiert wird, werden die gesamten Stückkosten gerade durch den Preis gedeckt. Die Unternehmung kommt hier aus der sog. *Verlustzone* in die „*Gewinnzone*".

S6: Den zweiten Schnittpunkt zwischen Preisgeraden und Stückkostenkurve bezeichnet man als „*Nutzgrenze*". An dieser Stelle haben die Stückkosten, die nach dem Überspringen der Preiskurve an der Nutzschwelle zunächst sanken und ab dem Betriebsoptimum wieder stiegen, die Preisgerade zum zweiten Mal berührt. Die Unternehmung kommt aus der Gewinnzone wieder in die Verlustzone. Zwischen Nutzschwelle und Nutzgrenze liegt ein Bereich, der in der Literatur auch als „*Kosten- oder Gewinnlinse*" bezeichnet wird.

Geht man von der Voraussetzung eines nichtlinearen Kostenverlaufs ab und unterstellt *linearen* Verlauf der *Gesamtkosten,* so liegen das *Betriebsoptimum und* das *Gewinnmaximum* an der Kapazitätsgrenze. Beim Vorliegen *linearer* Gesamtkosten wird die Unternehmensleitung also stets darauf dringen, ihre Kapazität voll auszulasten.

IV. Literaturhinweise

Adam, D., Produktionspolitik, 3. Aufl., Wiesbaden 1980.
Agthe, K., Blohm, H., Schnaufer, E., Industrielle Produktion, Baden-Baden–Bad Homburg 1967.
Beste, Th., Fertigungsverfahren, in: HdB, Stuttgart 1956, Sp. 1764 ff.
Beste, Th., Fertigungswirtschaft und Beschaffungswesen, in: HdW, Bd. I, 2. Aufl., Köln und Opladen 1966, S. 111 ff.
Ellinger, Th., Wildemann, H., Planung und Steuerung der Produktion aus betriebswirtschaftlich-technologischer Sicht, Wiesbaden 1978.
Gutenberg, E., Grundlagen der Betriebswirtschaftslehre, Bd. 1, Die Produktion, 24. Aufl., Berlin–Heidelberg–New York 1983.
Hansmann, K.-W., Industriebetriebslehre, München 1984.
Heinen, E. (Hrsg.), Industriebetriebslehre, 7. Aufl., Wiesbaden 1983.
Heinen, E., Betriebswirtschaftliche Kostenlehre, Kostentheorie und Kostenentscheidungen, 5. Aufl., Wiesbaden 1978.
Hendrikson, K. H., Rationelle Unternehmensführung in der Industrie, Wiesbaden 1966.
Jacob, H. (Hrsg.), Industriebetriebslehre, 2. Aufl., Wiesbaden 1983.
Kahle, E., Produktion, München 1980.
Kern, W., Industrielle Produktionswirtschaft, 3. Aufl., Stuttgart 1980.
Kern, W. (Hrsg.), Handwörterbuch der Produktionswirtschaft (HWProd), Stuttgart 1979.
Kilger, W., Produktions- und Kostentheorie, Wiesbaden 1958.
Kilger, W., Optimale Produktions- und Absatzplanung, Opladen 1973.
Krelle, W., Künzi, H., Lineare Programmierung, Zürich 1959.
Krüger, K., Optimale Projektfortschrittsplanung, Berlin 1962.
Krycha, K.-Th., Produktionswirtschaft, Bielefeld–Köln 1978.
Lücke, W., Produktionsplanung, in: HdS, Bd. 8, S. 574 ff.
Männel, W., Die Wahl zwischen Eigenfertigung und Fremdbezug, 2. Aufl., Stuttgart 1981.
Mellerowicz, K., Betriebswirtschaftslehre der Industrie, Bd. 1 und 2, 7. Aufl., Freiburg 1981.
Müller-Merbach, H., Operations Research, 3. Aufl., Berlin–Frankfurt/Main 1973.
Pentzlin, K., Rationelle Produktion, Methodik, Grundregeln und praktische Beispiele, 2. Aufl., Kassel 1950.
Riebel, P., Industrielle Erzeugungsverfahren in betriebswirtschaftlicher Sicht, Wiesbaden 1973.
Schäfer, E., Der Industriebetrieb, 2. Aufl., Wiesbaden 1978.
Schweitzer, M., Einführung in die Industriebetriebslehre, Berlin und New York 1973.
Thumb, N., Grundlagen und Praxis der Netzplantechnik, 3. Aufl., München 1975.
Waffenschmidt, W., Die Produktion, Meisenheim a. G. 1955.
Wagner, G., Netzplantechnik in der Fertigung, München 1968.
Weber, H., Die Produktionsplanung, Wien 1982.

E. Der Investitions- und Finanzbereich der Unternehmung (Investitions- und Finanzwirtschaft)

I. Die Investitionswirtschaft der Unternehmung

1. Begriff und Wesen der Investition

Wir haben am Anfang dieser Untersuchung den *betrieblichen Umsatzprozeß* als einen Umwandlungsprozeß definiert, der Geldkapital in Betriebsvermögen und dieses wiederum in Geldkapital verwandelt. Ohne eine Umwandlung von Geldmitteln in wirtschaftliche Güter ist eine betriebliche Leistungserstellung nicht möglich.

> *Das Umwandeln von Geldkapital (Geldmitteln) in Produktivgüter nennt man auch Investition.*

Über den Umfang und Inhalt der Produktivgüter gibt es in der Literatur und Praxis unterschiedliche Auffassungen; dementsprechend wird der Investitionsbegriff einmal relativ eng und einmal relativ weit gefaßt. Die ältere Fachliteratur und zum großen Teil auch heute noch die betriebliche Praxis versteht unter dem Begriff der Investition nur die langfristige Anlage von Geldkapital in materielles Anlagevermögen (Anlageinvestition). Die moderne Investitionsliteratur (u. a. E. Schneider, Gutenberg, Lohmann und Albach) dagegen bezieht in den Investitionsbegriff auch das weitere „werbende" Vermögen der Unternehmung mit ein, so das immaterielle Anlagevermögen, das Finanzanlagevermögen und Teile des Umlaufvermögens, wie etwa Vorräte und Forderungen.

2. Die Aufgabe der Investitionswirtschaft

Entscheidungen über Investitionen gehören zu den folgenschwersten im ganzen Unternehmen. Im Bereich der Investitionswirtschaft werden die Weichen für die Unternehmenspolitik auf lange Sicht gestellt. Kaum eine unternehmerische Entscheidung erfordert deshalb heute soviel Weitblick für künftige Entwicklungen in der Technik und auf den Märkten wie gerade die Investitionsentscheidung. Die Unternehmensführung sollte sich deshalb vor der Durchführung einer Investition zunächst einmal über Sinn und Zweck der Investition Klarheit verschaffen und im voraus prüfen, ob die angestrebten Unternehmungsziele mit Hilfe der geplanten Investition überhaupt erreichbar sind. Dabei lassen sich zwei generelle Zielsetzungen unterscheiden: Die Unternehmensführung verfolgt *defensive* Ziele, d. h. die Investitionen sind auf die Erhaltung der gegenwärtigen Marktstellung gerichtet, oder man verfolgt *aggressive* Ziele, d. h. die vorzunehmenden Investitionen haben den Zweck, neue Märkte zu erobern oder neue Konsumentenkreise für die Unternehmung zu gewinnen.

Hat sich die Unternehmensführung im Hinblick auf Ziel und Zweck der geplanten Investitionen festgelegt, so beginnt die eigentliche *Investitionswirtschaft*. Aufgabe der Investitionswirtschaft ist zunächst einmal die Feststellung des mit der geplanten Investition verbundenen Kapitalbedarfs. Die Investitionswirtschaft hat ferner die in Frage kommenden Investitionsobjekte im Hinblick auf die Unternehmensziele zu bewerten und Kriterien für die Auswahl möglicher Alternativen aufzustellen. Sie enthält schließlich auch die Durchführung von *Investitions-* oder *Wirtschaftlichkeitsrechnungen*, die die eigentliche Investitionsentscheidung vorbereiten. Das Kontrollieren der Effizienz realisierter Investitionen schließt den Aufgabenbereich der Investitionswirtschaft und liefert an Hand gewonnener Erfahrungen wesentliche Erkenntnisse für zukünftige Investitionsvorhaben.

Die Investitionswirtschaft beschäftigt sich mit der Investitionsplanung, der Investitionsanalyse von der Kapitalbedarfsrechnung über die Auslese von alternativen Investitionsprojekten bis zur endgültigen Investitionsentscheidung, der Investitionsdurchführung sowie der Überprüfung und Kontrolle realisierter Investitionen.

Diesen Ablauf des Entscheidungsprozesses im Rahmen der Investitionswirtschaft könnte man schematisch auch wie folgt skizzieren:

1. *Investitions-Datenbeschaffung*
   (da Investitionsentscheidungen in aller Regel „totale" Entscheidungen sind, werden Anregungen, Ideen und Daten aus allen korrespondierenden Funktionsbereichen benötigt)
2. *Investitionsplanung und Entscheidungsvorbereitung*
   (Investitionsanalyse auf Grund technischer und wirtschaftlicher Prüfung in Frage kommender Alternativen und Vorgabe entscheidungsreifer Sollwerte)
3. *Investitionsentscheidung*
   (Projekt- und Gesamtentscheidung mit endgültiger Festlegung der Soll-Werte)
4. *Investitionsdurchführung*
   (Bestellung, Lieferung, Inbetriebnahme und damit Feststellung von Ist-Werten)
5. *Investitionskontrolle*
   (Budget- und Projektkontrolle auf der Basis eines Soll-Ist-Vergleichs)

3. *Investitionsarten* (*Investitionsanlässe*)

Für die Einteilung der in der Praxis möglichen Investitionsarten gibt es verschiedene Kriterien. So kann man zunächst einmal nach dem *zeitlichen Ablauf* der Unternehmung zwischen Investitionen, die zur Gründung des Unternehmens notwendig waren (Gründungs-, Erst-, Anfang- oder Ausrüstungsinvestitionen) und solchen, die im weiteren Verlauf der Unternehmung erfolgen („Folgeinvestitionen"), unterscheiden.

Eine andere Unterscheidung von Investitionen ist die nach der *Art der beschafften und bereitgestellten Produktivgüter:* Danach gibt es Investitionsobjekte im Hinblick auf das Anlagevermögen oder in bezug auf das Umlaufvermögen. Investitionen in das Anlagevermögen können sich auf Sachanlagen („Realinvestitionen") oder auf Finanzanlagen („Finanzinvestitionen") beziehen. Diese der Bilanzgliederung entnommene Einteilung der Investitionsobjekte reicht jedoch in aller Regel deshalb nicht aus, weil auch Investitionen getätigt werden, die nicht aktivierbar sind und deshalb auch nicht in der Bilanz erscheinen. Dazu zählen beispielsweise alle Aufwendugnen für Forschung und Entwicklung, für den Ausbau der Innen- und der Außenorganisation sowie für die Werbung. Man bezeichnet diese bilanzmäßig nicht erfaßbaren Investitionen auch als Investitionen in den „Geschäftswert" der Unternehmung. Diese Art von Investitionen sind streng zu trennen von den Investitionen in das sog. immatrielle Anlagevermögen der Unternehmung, das in der Bilanz ausgewiesen wird. Zusammenfassend kann man diese Unterscheidung der Investitionsarten wie folgt schematisch darstellen[1]:

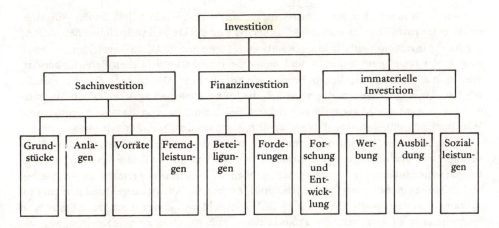

Nach dem *Zweck*, den Investitionen verfolgen, kann man schließlich noch — meist im Hinblick auf Anlageinvestitionen — unterscheiden in:

1. *Neuinvestitionen*
   (Beschaffung eines Anlagengutes zur völlig neuen Leistungserstellung)
2. *Ersatzinvestitionen*
   (Ersatz der alten Anlage durch eine neue mit gleicher Kapazität und gleichen Kostenbedingungen)
3. *Rationalisierungsinvestitionen (Verbesserungsinvestitionen)*
   (Ersatz der alten Anlage durch eine neue, die bei gleicher Kapazität kostengünstiger arbeitet)
4. *Erweiterungsinvestitionen*
   (Ersatz der alten durch eine neue Anlage, die bei gleichen Kostenbedingungen eine größere Kapazität besitzt)

In der Praxis lassen sich die Investitionsarten 3 und 4 allerdings meist nur schwer trennen, da eine neue und größere Anlage meist auch zugleich kostengünstiger arbeitet.

---

1 So bei Wöhe, G., Einführung in die Allgemeine Betriebswirtschaftslehre, 13. Aufl., München 1978, S. 537.

5. *Umstellungsinvestitionen*
(Investitionen zur Herstellung neuer Produkte oder zur Herstellung alter Produkte mit neuen Produktionsverfahren)
6. *Diversifikationsinvestitionen*
(produktionswirtschaftlicher Art: Erweiterung des Produktionsprogramms; finanzwirtschaftlicher Art: Erwerb von Beteiligungen)

4. Investitionsplanung und Investitionspolitik

a) Wesen und Inhalt der Investitionsplanung

Wie wir im Kapitel „Investitionswirtschaft" bereits festgestellt haben ist der Ausgangspunkt einer jeden Investitionsplanung zunächst eine exakte und vollständige Beschaffung der für die Investitionsentscheidung wichtigen Informationen. Da die Investitionsentscheidung in der Regel eine totale ist und damit die meisten betrieblichen Bereiche berührt, müssen aus diesen betrieblichen Bereichen und aus dem Absatzmarkt Daten beschafft werden. Als langfristige Planung wird sich die Investitionsplanung bei erhöhten Absatzerwartungen nach der *Absatzplanung* richten; bei Vornahme von Rationalisierungs- und Modernisierungsinvestitionen dagegen unmittelbar nach der *Produktionsplanung*.

Im Rahmen der Investitionsplanung sind weiterhin die Voraussetzungen zur Realisierung einer beabsichtigten Investition zu untersuchen und es sind Folgen und Auswirkungen durchzuführender Investitionen in allen Unternehmensbereichen zu analysieren und im Sinne einer Planung gedanklich vorwegzunehmen. Auswirkungen sind u. a. im Produktions-, Beschaffungs-, Forschungs- und Entwicklungsbereich und im Absatz- und Finanzbereich zu erwarten. Im *Produktionsbereich* ist etwa zu prüfen, inwieweit die Produktionskostenstruktur durch Rationalisierungsinvestitionen verändert wird und inwieweit der gesamte Produktionsablauf durch bestimmte verfahrenstechnische Investitionen neu zu gestalten ist. Der *Beschaffungsbereich* wird beispielsweise durch die Notwendigkeit, neue Werkstoffe zu beschaffen, beeinflußt und der *Absatzbereich* bei Erweiterungsinvestitionen hinsichtlich des Volumens, vielleicht auch im Hinblick auf Absatzwege und absatzpolitisches Instrumentarium berührt. Auch der Bereich „*Forschung und Entwicklung*" ist im Hinblick auf geplante Investitionen in die Analyse mit einzubeziehen, sei es, daß die Forschung durch die vorzunehmende Investition beeinflußt wird, sei es, daß von der Forschung die Initialzündung zur Investitionsplanung ausgeht. Auswirkungen auf den *Finanzbereich* schließlich erscheinen in diesem Zusammenhang am einleuchtendsten: Bei einer jeden Investitionsplanung ist die Frage zu beantworten: welcher Kapitalbedarf steht als Folge der geplanten Investition zu erwarten, und – hier sieht man die direkte Beziehung zum Finanzbereich – wie kann das notwendige Kapital beschafft werden? Die Planung der Investition und die Planung der Kapitalbeschaffung gehen deshalb Hand in Hand, denn keine Investition ist möglich ohne vorherige Kapitalbeschaffung. Ist der Bedarf an Kapital im Hinblick auf die Beschaffungsmöglichkeiten zu groß, müssen etwa geplante Investitionen sogar unterbleiben.

Kapitalbedarfsrechnungen sollten im Rahmen der Investitionsplanung für jede vorzunehmende Investition durchgeführt werden. Sie dürfen sich nicht nur auf das Anlagevermögen beziehen, sondern sie sollten gleichzeitig auch den Bedarf im Umlaufvermögen berücksichtigen. So ist der Kapitalbedarf für die einer Investition zuzurechnenden Roh-, Hilfs- und Betriebsstoffe ebenso festzuhalten, wie etwa die voraussichtliche Höhe der Außenstände, die mit der Produktion im geplanten Umfange zusammenhängen, denn auch dadurch wird Kapital gebunden. Schließlich sollte in einer Kapitalbedarfsrechnung auch der Bedarf der im Hinblick auf den Geschäftswert vorzunehmenden Investitionen festgehalten werden. Für Fragen der Finanzierung geplanter Investitionen kommt es nicht allein auf die absolute Höhe des Kapitalbedarfs an, sondern auch auf Struktur und Fristigkeit des notwendigen Kapitals. Außerdem sind Teile früher investierten Geldkapitals, die in Form von Abschreibungsgegenwerten laufend zurückfließen, zu berücksichtigen, denn sie mindern — wenn sie wieder investiert werden sollen — den errechneten absoluten Kapitalbedarf.

Aus diesen äußerst fragmentarisch vorgetragenen Überlegungen zur Investitionsplanung geht bereits hervor, wie wichtig es ist, alle für die geplante Investition relevanten Daten zu sammeln und im Plan festzuhalten.

Die bisher erwähnten Interdependenzerscheinungen zwingen deshalb zu einer integrierten Planung, deren Qualität in erheblichem Umfang von der richtigen und umfassenden Datenbeschaffung abhängt.

Das mit jeder Investition verbundene Risiko kann durch eine solche Planung erheblich gemindert werden.

Man hat in der Fachliteratur bisher diese für jede Investitionsplanung notwendige Analyse sämtlicher Investitionsvorgänge stark vernachlässigt. Statt dessen hat man sich damit befaßt, wie man etwa die mathematischen Verfahren der Investitionsrechnung noch genauer gestalten könne. Es wird dabei jedoch meist übersehen, daß eine in der Praxis durchgeführte Investitionsrechnung meist soviel Unbekannte aufweist, daß es ohnehin fraglich ist, ob sich der mit der Entwicklung und Anwendung komplizierter mathematischer Formeln verbundene Aufwand eigentlich lohnt. *Wichtiger als die Vervollkommnung rechentechnischer Methoden der Investitionsrechnung scheint uns für die Praxis eine genaue Analyse sämtlicher mit der Investition zusammenhängender Voraussetzungen und Auswirkungen auf die anderen betrieblichen Bereiche zu sein.*

b) Investitionsplanung und Investitionsentscheidung

Die eigentliche Investitionsentscheidung steht am Ende der Investitionsplanung und bildet das Kernstück des gesamten Investitionsentscheidungsprozesses. In der Investitionsentscheidung werden alle im Rahmen der Investitionsplanung angestellten Überlegungen mehr oder weniger vollständig realisiert. Wie diese Entscheidung jedoch letzten Endes aussieht, bzw. was zu einer wie immer gearteten Entscheidung führt, ist besonders in der Praxis auch heute noch umstritten. Während der theoretisch geschulte Betriebswirt auf die Möglichkeit, durch bestimmte rechnerische Verfahren solche Entscheidungen quantifizierbar und damit rechenbar zu machen, verweist, wird der vorwiegend praktisch orientierte Betriebswirt nach wie vor auch das Fingerspitzengefühl und das „Gespür" des Unternehmers für rentable Investitionen mit heranziehen.

ba) Die Methoden der Investitionsrechnung

(1) Hilfsverfahren der Praxis („statische" Verfahren)

Wirtschaftlichkeitsüberlegungen in Form von primitiven Faustregeln gibt es auch heute noch in der Praxis. Dazu zählt etwa die Vorstellung, daß eine Ersatzinvestition dann notwendig erscheint, wenn die alte Anlage voll abgeschrieben ist *oder* wenn der Reparatur- und Instandhaltungsaufwand der alten Anlage größer ist als der Abschreibungsaufwand der neuen Anlage.

Abgesehen von diesen nicht immer ernst zu nehmenden Faustregeln gibt es in der Praxis auch Investitionsrechnungsverfahren, die dadurch charakterisiert sind, daß bei ihnen der *Zeitablauf* keine Rolle spielt oder anders ausgedrückt, daß bei ihnen die Änderung der in die Rechnung eingehenden Größen (Erträge, Gewinne, Kosten und Umsatz) im Zeitablauf nicht berücksichtigt wird. Man bezeichnet sie deshalb auch oft als sog. *statische* Methoden. Ihr Vorteil liegt darin, daß sie im Ansatz relativ einfach sind und meist nicht mit unsicheren und komplizierten Zukunftsschätzungen verknüpft werden müssen. Außerdem sind die zur Entscheidungsfindung notwendigen Informationen in der Regel einfacher zu beschaffen.

Wir wollen in diesem Zusammenhang insgesamt fünf verschiedene Methoden unterscheiden:

1. die Kostenvergleichsrechnung,
2. die Gewinnvergleichsrechnung,
3. die Rentabilitätsrechnung,
4. die Amortisationsrechnung,
5. das MAPI-Verfahren.

Zu 1:

Bei der *Kostenvergleichsmethode* werden die bei vorgegebener Beschäftigung anfallenden Kosten zweier oder mehrerer Investitionsobjekte miteinander verglichen. Es kann sich dabei sowohl um das Problem der Ersatzinvestition handeln: Kostenvergleich zwischen alter und neuer Anlage, als auch um die Frage der Erweiterungsinvestition: Kostenvergleich zwischen mehreren neuen Anlagen. Kostenbestandteile sind dabei u. a. Lohnkosten, Energie- und Hilfsstoffkosten, Reparatur- und Instandhaltungskosten sowie Abschreibungs-, Versicherungs- und Zinskosten — letztere auf das durchschnittlich gebundene Kapital (die Hälfte des Anschaffungswertes). Da die *Kostenersparnis* als Beurteilungsmaßstab gewählt wird, fällt die *Entscheidung zugunsten der Anlage, die die geringsten Kosten verursacht*.

Die „einfache" Kostenvergleichsrechnung setzt gleich große Kapazitäten der zu vergleichenden Anlagen voraus; andernfalls müssen statt der Gesamtkosten die Stückkosten verglichen werden.

Dadurch daß die jährliche Kostenersparnis einziger Beurteilungsmaßstab ist, findet diese Methode nur dann Anwendung, wenn die zu erwartenden Erträge und die in Zukunft anfallenden Kosten der zu vergleichenden Investitionsobjekte immer konstant bleiben. Damit ist aber zugleich der größte Mangel dieser Methode offensichtlich: der durchgeführte statische Kostenvergleich ermöglicht keine Berücksichtigung zukünftiger Kosten- und Erlösentwicklung, die durch einen Wechsel der Anlage entstehen können (beispielsweise Erlössteigerung durch Kapazitätserweiterung oder durch Qualitätsverbesserung). Außerdem wird bei dieser Methode bei Reinvestitionen der Restwert der alten Anlage, der beim Verkauf gleich dem Liquidationswert ist, nicht weiter berücksichtigt.

Zu 2:

Bei der *Gewinnvergleichsmethode* wird bei Erweiterungsinvestitionen der Jahresgewinn (Differenz der Erträge und der Aufwendungen) zweier oder mehrerer zur Wahl stehender Anlagen miteinander verglichen; bei Ersatzinvestitionen bezieht sich der Vergleich auf den Gegenwartsgewinn, der bei Verwendung der Altanlage gegeben ist, und den Jahresgewinn beim Einsatz der neuen Anlage.

Abgesehen davon, daß die Gewinnvergleichsmethode im Gegensatz zur bloßen kostenorientierten Methode auch die Erlöskomponente berücksichtigt, gelten hier die gleichen Einwendungen wie oben. Dazu kommt noch das Problem der Gewinnzurechnung, was nur bei isolierten Investitionsprojekten eindeutig lösbar ist.

Will man schließlich zukünftige Gewinne berücksichtigen, so muß man im Zeitpunkt der Entscheidung unbekannte Größen ermitteln und damit unsichere Zukunftsschätzungen in die Rechnung einbeziehen.

Zu 3:

Die *Rentabilitätsrechnung,* die — in einer erweiterten Form — unter der Bezeichnung *„return on investment"* (Rückfluß des investierten Kapitals) in der amerikanischen Praxis zu einer gebräuchlichen Investitionsregel geworden ist, kann als eine Kombination der beiden ersteren Methoden betrachtet werden. Man vergleicht dabei bestimmte Rentabilitätskennzahlen alternativer Anlagen und versucht, die durchschnittliche jährliche Verzinsung auf das eingesetzte Kapital zu errechnen. In der einfachsten Form bezieht man den erwarteten Jahresgewinn auf das investierte Kapital:

$$\text{Rentabilität} = \frac{\text{Gewinn} \cdot 100}{\text{Kapital}}$$

In der Praxis differenziert man diese Kurzformel noch im Hinblick auf Erweiterungsinvestitionen und in bezug auf Rationalisierungsinvestitionen:

$$\text{Rentabilität bei Erweiterungsinvestitionen:} \quad \frac{\text{jährlicher Gewinnzuwachs} \cdot 100}{\text{zusätzlicher Kapitaleinsatz}}$$

$$\text{Rentabilität bei Rationalisierungsinvestitionen:} \quad \frac{\text{jährliche Kostenersparnis} \cdot 100}{\text{zusätzlicher Kapitaleinsatz}}$$

Man hat nun diese Form der Investitionsrechnung dadurch noch aufschlußreicher gemacht, daß man den *Jahresumsatz* einbezog:

$$\text{„return on investment"} = \frac{\text{Gewinn}}{\text{Umsatz}} \cdot \frac{\text{Umsatz}}{\text{inv. Kapital}} \cdot 100$$

Der erste Faktor dieser Formel kennzeichnet den sogenannten *Umsatzerfolg,* der zweite den sogenannten *Kapitalumschlag.* Multipliziert man beide, so erhält man die jährliche Rentabilität des investierten Kapitals. Durch die Aufschlüsselung dieser beiden an der Rentabilitätsermittlung beteiligten Faktoren werden die Komponenten der Rentabilität einzeln analysiert. Eine solche Rentabilitätsrechnung kann nicht nur für vergleichsweise Investitionsprojekte aufgemacht werden, sondern auch für das gesamte Unternehmen oder einzelne Betriebe oder Abteilungen.

Auch dieser Praktikermethode haften die weiter oben bereits erwähnten Mängel an: es handelt sich um eine kurzperiodische Betrachtung, bei der die zukünftigen Veränderungen der Kosten- und Ertragsentwicklung sowie ein etwa entstehender Liquidationswert nicht berücksichtigt werden. Man hat deshalb in der Praxis dadurch Verbesserungen vorgenommen, daß man zu einer sogenannten kumulativen Rentabilitätsrechnung übergegangen ist, bei der die durchschnittlichen Rentabilitätswerte für die zukünftige Nutzungsdauer einzeln ermittelt und kumuliert werden. Die dadurch entstehenden Probleme einer Schätzung zukünftiger Werte sind bereits erwähnt worden.

Zu 4:

Bei der *Amortisationsmethode,* die auch als „Pay-off-Methode" oder als „Pay-back-Methode" bezeichnet wird, ist die sogenannte Wiedergewinnungszeit zu ermitteln, d. h. die Zeitspanne, in der sich eine Investition amortisiert.

Im Fall der *Neuinvestition* wird also der Zeitraum ermittelt, in welchem die Anschaffungsausgaben durch die Nettoeinnahmen (Differenz der zusätzlichen Erträge und der zusätzlichen Aufwendungen ohne Abschreibungen) wieder „verdient" werden. Unterstellen wir einmal Anschaffungsausgaben von 100 000 DM und jährliche Nettoeinnahmen von 20 000 DM, so ergibt sich eine Amortisationsdauer („Pay-back-Periode") von 5 Jahren.

Da die mit Neuinvestitionen verbundenen Risiken meist relativ hoch sind, könnte man in der Praxis seitens der Unternehmensleitung beispielsweise die generelle Verhaltensmaxime festlegen, daß nur die Investitionen durchgeführt werden dürfen, die sich innerhalb eines Zeitraums von 3 bis 5 Jahren amortisiert haben. Gegen eine solche Verhaltensregel muß man allerdings einwenden, daß in der Praxis langlebige Investitionen rentabler sein können als kurzlebige.

Bei alternativen Investitionsobjekten wählt man nach dieser Methode die Investition mit der kürzesten Wiedergewinnungszeit.

Im Fall der *Reinvestition* auf der Grundlage von Rationalisierungsinvestitionen prüft man mit Hilfe der „Pay-off-Methode" in welcher Zeit, die neue Maschine durch die laufende Betriebskostenersparnis amortisiert ist. Unterstellen wir beispielsweise Anschaffungsausgaben in Höhe von 10 000 DM und eine jährliche Kostenersparnis von 2 000 DM, so beträgt die Wiedergewinnungszeit 5 Jahre. Auch hier könnte man für die Praxis etwa die Regel aufstellen, daß eine Investition nur dann vorgenommen werden darf, wenn sie nicht mehr kostet als das Zwanzigfache der jährlichen Betriebskostenersparnis.

Auch bei der Amortisationsmethode gelten die oben gemachten Schwierigkeiten analog: Probleme entstehen insbesondere bei der Ermittlung und Zurechnung zukünftiger Einnahmenüberschüsse, durch die Vernachlässigung von nach der Amortisationszeit anfallenden Einnahmenüberschüssen und durch die Nichtberücksichtigung eines etwaigen Restwertes.

Zu 5:

Das von *George Terborgh*[2] entwickelte und nach dem „Machinery and Allied Products Institute" in Washington genannte „MAPI-Verfahren" ist im Prinzip eine Mischform zwischen den einfachen und den finanzmathematischen Methoden der Investitionsrechnung. Aus der Gegenüberstellung von Erträgen und laufenden Kosten versucht das „MAPI-Verfahren"

> einen absoluten Gewinn zu ermitteln, indem der Zustand
> bei Durchführung der Investition mit dem verglichen wird,
> der ohne die Investition bestehen würde.

Entscheidungskriterium ist die „relative Rentabilität", die bei Ersatz der alten Anlage im nächsten Jahr erzielt werden kann. Das „MAPI-Verfahren", das als eine Spielart der Rentabilitätsrechnung aufgefaßt werden kann, wird vor allem bei *Ersatzinvestitionen* angewandt. Es dient der Ermittlung der *Dringlichkeit* von Ersatzinvestitionen, indem es mit Hilfe einfacher Formulare, Diagramme und Formeln den Rentabilitätsentgang mißt, der in Zukunft eintreten wird, wenn die Ersatzinvestition nicht zustande kommt.

Obwohl das „MAPI-Verfahren" im Prinzip nur auf das der Betrachtung folgende Jahr abstellt – insoweit ist das Verfahren statischer Natur – werden dennoch über angenommene „Normverläufe" Paramter einbezogen, die sich auf eine längere Nutzungsdauer beziehen. Dadurch und durch die Abzinsung zukünftiger Nutzungswerte auf den Gegenwartswert enthält das Verfahren bereits finanzmathematische Elemente.

In der Praxis werden Investitionsentscheidungen in erster Linie auf Grund von Kostenvergleichsrechnungen und Amortisationsrechnungen getroffen. Zuweilen bedient man sich auch noch der Rentabilitätsrechnung, weniger allerdings der Gewinnvergleichsmethode[3].

---

[2] Vgl. dazu insbesondere: Terborgh, G., Leitfaden der betrieblichen Investitionspolitik, Wiesbaden 1962.
[3] Gestützt wird diese Aussage durch eine empirische Untersuchung über die Verwendung von Methoden der Investitionsrechnung in der Praxis. Vgl. *Meier, Reto*, Planung, Kontrolle und Organisation des Investitionsentscheides, Stuttgart 1970, S. 52.

(2) **(Finanz-)mathematische Methoden der Investitionsrechnung** („dynamische" Verfahren)

Im Gegensatz zur „mathematischen Investitionstheorie", nach der die nun zu besprechenden Verfahren der Investitionsrechnung auch noch als „statisch" bezeichnet werden, wollen wir die nun folgenden Methoden deshalb auch als „dynamisch" bezeichnen, da sie die Tatsache berücksichtigen, daß sich Kosten und Erträge während der Investitionsdauer ändern können. Man spricht in diesem Zusammenhang auch von *heterogenen Zukunftsvorstellungen*, die in die dynamischen Methoden der Investitionsrechnung eingehen.

Der Vorteil der (finanz-)mathematischen Methoden der Investitionsrechnung liegt in einer wesentlich genaueren, spätere Abläufe mit in das Kalkül setzenden Berechnung. Dadurch setzt man jedoch gleichzeitig für die Zukunft zu erwartende Größen als Daten in die Rechnung ein, wodurch unsichere Erwartungen in die Investitionsrechnung Eingang finden.

Wir wollen folgende drei Verfahren behandeln:

1. Die Kapitalwertmethode,
2. die Annuitätenmethode,
3. die Methode des „internen Zinsfußes".

Zu 1: Die Kapitalwertmethode

Bei einer jeden Investition ist der ursprüngliche Kapitaleinsatz nicht die einzige Ausgabe. Dazu kommen noch im Zeitablauf durch die Nutzung und Erhaltung des Investitionsobjektes laufende Kosten, wie Fertigungslöhne, Reparatur- und Instandhaltungskosten, Abschreibungen, Versicherungen und Steuern. Auf der anderen Seite fließen der Unternehmung aus der Verwertung der durch das Investitionsprojekt erstellten Leistungen Erträge zu. Der gesamte Investitionsprozeß besteht also aus einem *Kosten-* und einen *Ertragsstrom* — manche Autoren sprechen auch von einem *Ausgaben-* und *Einnahmenstrom*. Da diese beiden Ströme im zeitlichen Ablauf unterschiedlich anfallen und verschieden hoch sein können, sind sie zunächst nicht direkt miteinander vergleichbar und auch nicht addierbar. Es ist nämlich unbestritten, daß zeitlich weit entferntere Ertragsbestandteile im Denken der Unternehmer eine Minderschätzung erfahren. Der Ertrag, der beispielsweise in den ersten Jahren anfällt, ist für den Unternehmer mehr wert als ein Ertrag, der weiter in der Zukunft liegt. Desgleichen belasten die Kosten der *ersten* Jahre den Unternehmer mehr als die zu einem späteren Zeitpunkt anfallenden Kostenbeträge. Um nun die Erträge und Kosten vergleichbar zu machen, bezieht man sie auf *einen* Zeitpunkt. Dieser Zeitpunkt liegt unmittelbar vor Beginn der Investition und wird auch als *Kalkulationszeitpunkt* bezeichnet. Durch Abzinsung (Diskontierung) werden sämtliche Erträge und Kosten auf diesen Zeitpunkt bezogen. Man erhält dadurch den sogenannten *Kapitalwert* der Investition, d. h. den Gegenwartswert der Differenz der Erträge und der Kosten (Ertragsüberschüsse).

Bei vorgegebener Nutzungsdauer der Investitionsobjekte geht die Kapitalwertrechnung von folgenden Größen aus:

1. Einem *Kostenstrom* vom Anfang bis zum Ende der Nutzung (einschließlich der Anschaffungskosten in Form von Abschreibungen); als Symbol für die Jahreskosten wählen wir k in den Zeitpunkten $k_1, k_2, k_3, \ldots, k_n$.
2. Einem *Ertragsstrom* vom Anfang bis zum Ende der Nutzung; als Symbol wählen wir für die Jahreserträge e in den Zeitpunkten $e_1, e_2, e_3, \ldots, e_n$.
3. Einem irgendwie zu bestimmenden *Kalkulationszinsfuß* p als Maßstab für die Vorteilhaftigkeit der Investition.
4. Einem Restwert des Investitionsobjektes nach Ablauf der Nutzungsdauer meist in Form eines *Liquidationserlöses* L.

Finanzmathematisch ausgedrückt besteht der Kapitalwert einer Investition aus der Differenz der *Barwerte* der Erträge und der Kosten. Bezeichnet man den Barwert der Erträge mit E, den Barwert der Kosten mit K, den Zinsfaktor 1 + p mit q und daran anschließend den Abzinsungs- oder Diskontierungsfaktor mit $\frac{1}{q^n}$, so erhalten wir mit Hilfe der Formel für eine *„nachschüssige Abzinsung"*:

$$E = \frac{e_1}{q} + \frac{e_2}{q^2} + \frac{e_3}{q^3} + \ldots \frac{e_n}{q^n} + \frac{L}{q^n};$$

$$K = \frac{k_1}{q} + \frac{k_2}{q^2} + \frac{k_3}{q^3} + \ldots \frac{k_n}{q^n}.$$

Die Differenz von E und K ergibt den *Barwert* der Investition.

Betrachtet man die Kapitalwertrechnung — wie es heute in der Fachliteratur üblich ist — als einen *Einnahmen-* und *Ausgabenstrom,* so ergibt sich der Kapitalwert als:

```
  Barwert der Einnahmen
+ Barwert des Liquidationserlöses
− Barwert der Ausgaben
− Anschaffungsausgaben
= Kapitalwert der Investition
```

Nach der *Kapitalwertmethode* ist eine Investition vorteilhaft, deren Kapitalwert mindestens Null oder positiv ist. Ein positiver Kapitalwert liegt vor, wenn der Barwert der Einnahmen den Barwert der Ausgaben übersteigt. Je größer diese Differenz ist, um so rentabler ist die Investition. Denn immer dann, wenn eine Differenz besteht, ist die erzielte Verzinsung höher als der angesetzte Kalkulationszinsfuß.

Folgendes *Beispiel* möge den Sachverhalt der Kapitalwertmethode verdeutlichen:

Ein Unternehmer überlegt sich, ob er eine Anlage kaufen soll, die in den nächsten fünf Jahren jährliche Einnahmenüberschüsse von 100 DM abwirft. Die Anschaffungsausgaben betragen 400 DM; der Kalkulationszinsfuß sei 8 %.

Jahr	Einnahmenüberschüsse	Abzinsungsfaktor $\frac{1}{(1+p)^n}$ für 8 %	Barwert der Einnahmenüberschüsse
1	100	0,926	92,60
2	100	0,858	85,80
3	100	0,794	79,40
4	100	0,735	73,50
5	100	0,681	68,10
	500		399,40 ≈ 400,−

Nach der Kaptialwertmethode ist eine Investition bereits vorteilhaft, wenn ihr Kapitalwert nicht negativ ist. In unserem Beispiel ist der Barwert der Einnahmenüberschüsse ca. 400 DM gleich den Anschaffungsausgaben von 400 DM. Die Investition verzinst sich also zum gewählten Kalkulationszinsfuß von 8 %. Die Investition gilt damit als vorteilhaft oder zum mindesten als noch vertretbar.

Die Wirtschaftlichkeit einer Investition wird bei der Kapitalwertmethode in hohem Maße vom *Kalkulationszinsfuß* bestimmt. Zur Festlegung dieses Zinsfußes gibt es bisher kein allgemein akzeptiertes und anwendbares Verfahren. Grundsätzlich läßt sich sagen, daß bei der Finanzierung einer Investition mit *fremdem* Kapital der Kalkulationszinsfuß nicht kleiner sein sollte als der Zinsfuß für die Überlassung des Fremdkapitals. Bei einer Finanzierung mit Eigenkapital wird der Investor meist mit dem Kalkulationszinsfuß rechnen, den er bei Durchführung einer anderen mit gleichem Risiko ausgestatteten Investition erzielen könnte. Bietet sich keine vergleichbare Möglichkeit in seinem Unternehmen, so könnte der Investor etwa auch den Sparkassenzins als Kalkulationszinsfuß wählen, denn er könnte ja sein Geld auf die Sparkasse bringen. Meistens jedoch wird der Unternehmer eine höhere, *seinen persönlichen Präferenzen entsprechende Mindestverzinsung* anstreben.

In der Praxis hilft man sich meist dadurch, daß man den allerdings umstrittenen *landesüblichen Zinsfuß* unterstellt und darüber hinaus eine Risikoprämie und evtl. einen Mindestgewinn als Zuschlag berücksichtigt. Je größer der Unternehmer das mit der Investition verbundene Risiko einschätzt, desto höher sollte der Kalkulationszinsfuß angesetzt werden. Mit wachsendem Kalkulationszinsfuß *sinkt* nämlich der Kapitalwert. Risikoreiche Investitionen haben dadurch einen vergleichsweise geringeren Kapitalwert.

Die Kapitalwertmethode in der obigen Form ist an sich nur für die Berechnung der Wirtschaftlichkeit einer *isolierten* Investition anwendbar und nicht bei zwei oder mehreren Investitionsmöglichkeiten, die mit *unterschiedlich hohen Kapitaleinsätzen* arbeiten. Im letzteren Falle können nämlich die Kapitalwerte alternativer Investitionsobjekte nicht mehr ohne weiteres miteinander verglichen werden. Man hat für einen solchen Fall in der einschlägigen Literatur unter Beibehaltung der Kapitalwertmethode ein Verfahren entwickelt, daß mit dem Gedanken sogenannter *Differenzinvestitionen* (Supplementinvestitionen) arbeitet. Gehen wir beispielsweise einmal davon aus, daß eine Investition mit einem Kapitaleinsatz von 15 000 DM und einem vergleichsweise niedrigem Kapitalwert mit einer Investition von 17 000 DM und einem relativ höherem Kapitalwert verglichen werden soll. Da die zweite Investitionsmöglichkeit den höheren Kapitalwert hat, müßte man daraus schließen, daß sie auch relativ günstiger sei. Dabei wird jedoch die Tatsache nicht berücksichtigt, daß wir ja bei der ersten Investition 2 000 DM gespart haben. Um beide Investitionen vergleichbar zu machen, müßte rein rechnerisch zu dem Kapitalwert der ersten Investition ein Kapitalwert einer anderen Investition von 2 000 DM – vielleicht in Wertpapieren – hinzugezählt werden.

Ein weiterer Einwand gegen die Kapitalwertmethode besteht schließlich darin, daß sie unterstellt, jeden beliebigen Betrag zum gewählten Kalkulationszinsfuß ausleihen *und* anlegen zu können. Das setzt aber einen in der Praxis nie vorzufindenden vollkommenen Kapitalmarkt voraus, auf dem Soll- und Habenzinsen gleich sind. Da diese Voraussetzung in der Praxis nicht gegeben ist, gibt die Kapitalwertmethode die Wirtschaftlichkeit eines Investitionsobjektes verzerrt wieder.

Insgesamt kann man zur *Kapitalwertmethode* sagen, daß sie rechnerisch zwar sehr genau, gleichzeitig aber mit unbekannten Zukunftswerten arbeitet. Die Problematik der Methode liegt damit zunächst in der Beschaffung der aus dem Absatzmarkt, dem Finanzmarkt und dem Produktionsbereich stammender Zukunftsinformationen. In der neueren Investitionstheorie hat man deshalb einige Vorschläge zur Einführung von Wahrscheinlichkeiten in das Investitionskalkül gemacht. Da es sich bei den meisten Investitionsentscheidungen um einmalige, nicht programmierbare Entscheidungen handelt, können meist nur sog. *subjektive* Wahrscheinlichkeiten (Glaubwürdigkeiten) für die Streuung der Werte angegeben werden. Sie basieren entweder auf früheren Erfahrungen oder auf Annahmen über den mutmaßlichen Trend der für die Investitionsentscheidung relevanten absatzwirtschaftlichen, finanzwirtschaftlichen und produktionswirtschaftlichen Größen.

Betrachtet man diese mit der Datenbeschaffung verbundenen Schwierigkeiten, so erhebt sich für die Praxis zweifelsohne die Frage, ob es überhaupt einen Sinn hat, beim Vorliegen mehr oder weniger unsicherer Informationen über Einnahmen und Ausgaben mit komplizierten, für den Praktiker ungewohnten Formeln und Tabellen abzuzinsen, um einen „korrekten" Gegenwartswert zu erhalten.

Nicht alles nämlich, was formal-mathematisch als richtig erscheint, ist gleichzeitig auch zweckmäßig und praktisch!

Zu 2: Die Annuitätenmethode

Die Annuitätenmethode, die in einer vereinfachten Form in der Praxis noch am meisten benutzt wird, baut im Prinzip auf der Kapitalwertmehtode auf. Man rechnet bei dieser Methode mit Hilfe der Zinsrechnung den Anschaffungswert und alle zukünftigen Ausgaben und Einnahmen in gleich große Jahreswerte um.

Die beiden Reihen der zunächst ungleichen Ausgaben und Einnahmen werden dabei mit Hilfe des sog. Kapitalwiedergewinnungsfaktors (Annuitätenfaktors) in äquivalente (gleichwertige), uniforme (einander gleichende) Reihen überführt.

Mit anderen Worten: man bestimmt die Höhe der *durchschnittlichen* Ausgaben und Einnahmen für die Dauer der Investition.

Die Annuitätenmethode kennt *drei* Varianten: eine theoretisch exakte Berechnungsmethode, eine an die praktischen Bedürfnisse angelehnte vereinfachte theoretische Version und eine typische Praktikermethode.
1. Geht man davon aus, daß die jährlichen Einnahmen und Ausgaben schwanken, so müssen sie zunächst einmal abgezinst werden, d. h. man errechnet den Kapitalwert der Investition. Danach muß man den Gegenwartswert dieser abgezinsten Einnahmenüberschüsse und den ursprünglichen Anschaffungswert wieder aufzinsen, d. h. mit Hilfe des Wiedergewinnungsfaktors in äquivalente, uniforme Jahreswerte umformen. Dadurch stehen sich nun in jedem Jahr vergleichbare Einnahmen und Ausgaben gegenüber und man braucht nur noch *ein* Jahr in die Analyse einzubeziehen.
Eine Investition ist dann rentabel, wenn die durchschnittlichen Jahreseinnahmen über den durchschnittlichen Jahresausgaben liegen.

$$a = \frac{i \cdot q^n}{q^n - 1}$$

2. Für die praktische Handhabung unterstellt man, daß die jährlichen Ausgaben einerseits und die jährlichen Einnahmen andrerseits bereits gleichgroß sind. Beim Schätzcharakter der gesamten Investitionsrechnung kann man diese Vereinfachung durchaus akzeptieren. Die jährlichen Einnahmen und Ausgaben werden dann unmittelbar in die Investitionsrechnung übernommen und man braucht nun nur noch die Anschaffungsausgaben gleichmäßig auf die Jahre der Nutzung zu verteilen. Das geschieht wieder dadurch, daß man die Anschaffungssumme mit dem Annuitätenfaktor multipliziert. Wir wollen diese Methode an einem einfachen *Beispiel* erläutern:

Der Anschaffungswert einer Maschine beträgt 100 000 DM. Die laufenden Ausgaben werden mit jährlich 20 000 DM und die Einnahmen mit jährlich 50 000 DM veranschlagt. Die Nutzungsdauer soll 5 Jahre und der Kalkulationszinsfuß 6 % betragen.
Die Anschaffungsausgaben von 100 000 DM sind zunächst mit dem Annuitätenfaktor zu multiplizieren:

$$\frac{\frac{p}{100} \cdot \left(1 + \frac{p}{100}\right)^n}{\left(1 + \frac{p}{100}\right)^n - 1} \cdot 100\,000 = \frac{0{,}06 \cdot 1{,}06^5}{1{,}06^5 - 1} \cdot 100\,000 = \underline{\underline{23\,740}}$$

Zählt man zu diesem Kapitaldienst von 23 740 DM die jährlichen Ausgaben von 20 000 DM hinzu, so erhält man eine durchschnittliche Gesamtbelastung von 43 740 DM. Vergleicht man diesen Betrag mit den durchschnittlich veranschlagten Einnahmen von 50 000 DM, so zeigt sich, daß die Investition vorteilhaft ist.

3. Die Annuitätenmethode gilt als theoretische Grundlage für die in der Praxis üblichen Vergleiche von Jahreswerten. Da man in der Praxis die Zinseszinsrechnung vermeiden möchte, führt man eine vereinfachte und dabei äußerst praktikable Annuitätenrechnung durch. Man errechnet zunächst getrennt die Werte für Abschreibungen und Zinsen. Unterstellt man der Einfachheit wegen eine *lineare* Abschreibung, so ergeben sich die jährlichen Abschreibungen als K : n, also 100 000 : 5 = 20 000 DM. Da der Wert der Anlage in der Regel gleichmäßig fällt, rechnet man gewöhnlich die jährlichen Zinsen auf das durchschnittlich gebundene Kapital, d. h. auf den halben Neuwert der Anschaffung, also K/2 · p/100. In unserem Beispiel:

$$\frac{100\,000}{2} \cdot \frac{6}{100} = 3\,000{,}-$$

Man errechnet mit dieser vereinfachten Methode also einen Kapitaldienst von insgesamt 23 000 DM gegenüber dem exakt errechneten Wert von 23 740 DM. Es ergibt sich damit eine für die Praxis bei der Gesamtgröße des Projektes durchaus vernachlässigbare Differenz.

Besteht bei einem Investitionsprojekt ein Restwert der zu ersetzenden Altanlage, so wird dieser bei der Berechnung der Einfachheit halber von den einmaligen Anschaffungsausgaben abgezogen; der verbleibende (korrigierte) Anschaffungswert wird mit Hilfe des Annuitätenfaktors auf die Jahre der Nutzung verteilt. Bezeichnet man die Anschaffungsausgaben mit K, den Restwert mit R und die laufenden jährlichen Betriebs- und Instandhaltungskosten mit k, so ergibt die abgeänderte obige Formel die durchschnittlichen jährlichen Ausgaben:

$$(K - R) \cdot \frac{\frac{p}{100} \cdot \left(1 + \frac{p}{100}\right)^n}{\left(1 + \frac{p}{100}\right)^n - 1} + k$$

Wenn man unterstellt, daß im Falle einer *Reinvestition* die durchschnittlichen Einnahmen bei beiden Wahlmöglichkeiten gleich bleiben, genügt für die Praxis ein bloßer Vergleich der durchschnittlichen Ausgaben.
Zusammenfassend kann gesagt werden, daß nach der Annuitätenmethode eine Investition bei vorgegebenem Kalkulationszinsfuß dann vorteilhaft ist, wenn die durchschnittlichen jährlichen Einnahmen nicht kleiner sind als die durchschnittlichen jährlichen Ausgaben. Der dabei anzuwendende, in mathematischen Formelsammlungen relativ leicht aufzufindende *Annuitätenfaktor* wird in der Fach-

literatur oft auch deshalb als „Wiedergewinnungsfaktor" bezeichnet, da der Investor bestrebt ist, seine Anschaffungsausgaben zu dem verwendeten Kalkulationszinsfuß in jährlichen Raten „wiederzugewinnen".

Zu 3: Die Methode des „internen Zinsfußes"

Obwohl der Begriff des „internen Zinsfußes" für das investitionswirtschaftliche Denken in der Praxis nicht ungewöhnlich ist, wird diese Methode der Investitionsrechnung in der Praxis vor allem wegen rechentechnischer Schwierigkeiten nicht oft angewandt.

Bei der Methode des „internen Zinsfußes" geht man zunächst nicht von einem vorgegebenen Kalkulationszinsfuß aus, sondern man sucht den Zinsfuß, der auf Grund der vorausgeschätzten Ausgaben und Einnahmen die tatsächliche Verzinsung des investierten Kapitals wiederspiegelt; man sucht also nach der Effektivverzinsung des Investitionsobjektes.

Der interne Zinsfuß ist nun der Zinsfuß, bei dem der Kapitalwert der Investition, d. h. die Differenz aus den Barwerten der Einnahmen und der Ausgaben, gleich Null ist. Je höher die Ausgaben im Vergleich zu den Einnahmen sind, desto geringer ist der interne Zinsfuß.

Ist der interne Zinsfuß beispielsweise 6 %, so bedeutet das, daß die Einnahmen eine Wiedergewinnung der Ausgaben mit einer Verzinsung von 6 % ermöglichen, oder anders ausgedrückt: die Nettoeinnahmen bringen neben der Rückgewinnung der Ausgaben eine Verzinsung von 6 %.

Der interne Zinsfuß eines Investitionsprojektes wird nach seiner Errechnung mit dem von der Unternehmung als Mindestzinsfuß (Mindestzinssatz) angesehenen Kalkulationszinsfuß verglichen. Beträgt in unserem Beispiel letzterer nur 5 %, so bedeutet das, daß die interne Rendite unseres Projektes (6 %) größer ist als der von uns angesetzte Mindestzinsfuß.

Beim Vergleich mehrer Investitionsmöglichkeiten gilt die Investition als am günstigsten, die den höchsten internen Zinsfuß aufweist.

Abgesehen von der auch hier wieder problematischen Ermittlung zukünftiger Ausgaben- und Einnahmenströme, wendet man in der einschlägigen Literatur gegen diese Methode auch noch ein, daß rechentechnische Schwierigkeiten auftreten.

Besteht die geplante Investition aus einmaligen Anschaffungskosten von K und später anfallenden Einnahmen von $e_1, e_2, e_3 \ldots e_n$, so hat die Bedingungsgleichung zur Errechnung des internen Zinsfußes r folgende Form:

$$K = e_1 \cdot (1+r)^{-1} + e_2 \cdot (1+r)^{-2} + \ldots e_n \cdot (1+r)^{-n}$$

Sind die jährlichen Einnahmen gleich hoch ($e_1 = e_2 = \ldots e_n$), so läßt sich diese Gleichung auf den Ausdruck:

$$\frac{K}{e} = \frac{(1+r)^n - 1}{r(1+r)^n}$$

reduzieren.

Für den Ausdruck auf der rechten Seite der Gleichung gibt es Tabellen zur Auffindung des numerischen Wertes des internen Zinsfußes. Außerdem läßt sich der interne Zinsfuß durch Probieren finden.

Erfolgen die Einnahmen allerdings unregelmäßig und sind nicht gleich groß ($e_1 \neq e_2 \neq \ldots e_n$), so gilt nach wie vor die obige Bedingungsgleichung. Der interne Zinsfuß kann aber dann nur durch einen erheblich langwierigeren Probiervorgang, für den die Fachliteratur praktikable Verfahrensvorschläge gemacht hat, ermittelt werden.

Weitere Schwierigkeiten bei der Methode des internen Zinsfußes treten dann auf, wenn etwa die ersten Einnahmenüberschüsse zeitlich vor den ersten Ausgaben liegen, wie das etwa der Fall sein kann, wenn von einem Auftraggeber noch vor der Anschaffung des Investitionsobjektes eine Anzahlung an den Investor zu leisten ist. Außerdem können Probleme dadurch entstehen, daß Einnahmen- und Ausgabenüberschüsse während der Laufzeit der Investition wechseln; ferner dadurch, daß im Falle eines Alternativvergleiches konkurrierender Investitionen die Differenzbeträge und die jeweiligen Rückflüsse wieder zum internen Zinsfuß der Ursprungsinvestition angelegt werden müssen. Letztere Forderung erscheint allerdings im Hinblick auf eine isoliert durchgeführte Investition wirklichkeitsfremd.

Die *Methode des internen Zinsfußes* ist zwar in der Regel rechentechnisch weitaus schwieriger zu handhaben und meist auch umständlicher als die *Kapitalwertmethode*, sie hat dafür aber auf der anderen Seite den Vorteil, daß sie zunächst ohne eine vorherige Bestimmung des Kalkulationszinsfußes auskommt. Außerdem ist positiv zu erwähnen, daß der errechnete interne Zinsfuß unmittelbar mit dem Zinssatz einer alternativen Finanzanlage vergleichbar ist; er ist damit anschaulicher als entsprechende Ergebnisse seitens der Kapitalwertmethode.

Zusammenfassend ist für alle drei Methoden der Investitionsrechnung festzustellen, daß sie bei der Bestimmung der Vorteilhaftigkeit einer *einzelnen* Investition alle zum gleichen Ergebnis führen müssen.

> *Sie sind nämlich nur Umformulierungen des Fundamentalprinzips, wonach eine Investition dann vorteilhaft ist, wenn sie eine „Wiedergewinnung" sämtlicher Ausgaben (Kosten) einschließlich einer vom Unternehmer als hinreichend angesehenen Verzinsung ermöglicht.*

Bei der Bestimmung der Vorteilhaftigkeit unter mehreren Investitionsmöglichkeiten dagegen führen die drei Methoden dann nicht mehr zu identischen Ergebnissen, wenn man Investitionsvorhaben mit unterschiedlichem Kapitaleinsatz und unterschiedlicher Investitionsdauer miteinander vergleicht.

Bei der kritischen Betrachtung der (finanz-)mathematischen Methoden der Investitionsrechnung lassen sich eine Reihe von Einwendungen machen. Wir wollen die wichtigsten kurz aufzeigen:

1. Die traditionelle Investitionsrechnung arbeitet mit der Prämisse einwertiger Erwartungen hinsichtlich der wichtigsten Schlüsselvariablen jedes Projektes. Man unterstellt also eine vollständige Voraussicht bezüglich der Variablen Einnahmen (Erträge), Ausgaben (Kosten), wirtschaftliche Lebensdauer usw. über den gesamten Verlauf der Investitionsperiode.
Auch die im Hinblick auf einzelne Variable (Lebensdauer, Kalkulationszinsfuß usw.) mit Wahrscheinlichkeiten für die Streuung dieser Größen arbeitende neuere Investitionstheorie konnte bisher noch nicht voll befriedigen.
2. Die traditionelle Investitionsrechnung hat bisher keine allgemein akzeptierte Methode gefunden, den Kalkulationszinsfuß exakt zu ermitteln. Von dem gewählten Wert des Kalkulationszinsfußes hängt jedoch zum großen Teil die Wirtschaftlichkeit eines Investitionsprojektes ab.
3. Es wird in der traditionellen Investitionsrechnung — wie auch bei den weiter vorne erwähnten Praktikermethoden — unterstellt, daß Ausgaben (Kosten) und Einnahmen (Erträge) einzelnen Investitionsobjekten zurechenbar sind. Während in der Praxis dieses Zurechnungsproblem für die Ausgaben vielleicht noch lösbar erscheint, muß dies für die Einnahmen bezweifelt werden, da diese meist durch verschiedene, nacheinander oder parallel im Produktionsprozeß verbundene Investitionsobjekte erzielt werden.
4. Die Methoden unterstellen, daß zum Kalkulationszinsfuß beliebige Summen von Kapital ausgeliehen bzw. beschafft werden können. Das setzt einen *vollkommenen Kapitalmarkt* voraus, auf dem der Sollzinssatz gleich dem Habenzinssatz ist. Trifft diese Voraussetzung nicht zu, so wird die Rentabilität bei der Kapitalwert- und der Annuitätenmethode verzerrt wiedergegeben.

Tabellen ausgewählter Zahlenwerte zur Erleichterung der Arbeit beim Umgang mit den finanzmathematischen Methoden der Investitionsrechnung

1. Zahlenwerte zur Anwendung des **Abzinsungsfaktors** $\left[\dfrac{1}{(1+p)^n}\right]$ im Rahmen der **Kapitalwertmethode**:

n	p = 4 %	6 %	8 %	10 %
1	0,962	0,943	0,926	0,909
2	0,925	0,890	0,857	0,826
3	0,889	0,840	0,794	0,751
4	0,855	0,792	0,735	0,683
5	0,822	0,747	0,681	0,621
6	0,790	0,705	0,630	0,565
7	0,760	0,665	0,584	0,513
8	0,731	0,627	0,540	0,467
9	0,702	0,592	0,500	0,424
10	0,676	0,558	0,463	0,386
15	0,555	0,417	0,315	0,239
20	0,456	0,312	0,215	0,149

2. Zahlenwerte zur Anwendung des **Annuitätenfaktors** $\left[\dfrac{p(1+p)^n}{(1+p)^n - 1}\right]$ im Rahmen der **Annuitätenmethode**:

n	p = 4 %	6 %	8 %	10 %
1	1,040	1,060	1,080	1,100
2	0,530	0,545	0,561	0,576
3	0,360	0,374	0,388	0,402
4	0,276	0,289	0,302	0,315
5	0,225	0,237	0,251	0,264
6	0,191	0,203	0,216	0,230
7	0,167	0,179	0,192	0,205
8	0,149	0,161	0,174	0,187
9	0,135	0,147	0,160	0,174
10	0,123	0,136	0,149	0,163
15	0,090	0,103	0,117	0,131
20	0,074	0,087	0,102	0,117

3. Zahlenwerte zur Anwendung des (nachschüssigen) **Rentenbarwertfaktors** (Diskontierungsfaktor) $\left[\dfrac{(1+p)^n - 1}{p(1+p)^n}\right]$ im Rahmen der **Methode des „internen Zinsfußes"**.

n	p = 4 %	6 %	8 %	10 %
1	0,962	0,943	0,926	0,909
2	1,886	1,833	1,783	1,736
3	2,775	2,673	2,577	2,487
4	3,630	3,465	3,312	3,170
5	4,452	4,212	3,993	3,791
6	5,242	4,917	4,623	4,355
7	6,002	5,582	5,206	4,868
8	6,733	6,210	5,747	5,335
9	7,435	6,802	6,247	5,759
10	8,111	7,360	6,710	6,144
15	11,118	9,712	8,560	7,606
20	13,590	11,470	9,818	8,514

*bb) **Die Bedeutung von Imponderabilien** bei der Investitionsentscheidung*

Die eigentliche Investitionsentscheidung sollte in der Praxis so weit als möglich auf rein rechnerischen Faktoren basieren. Daneben erfahren allerdings oft auch solche Faktoren eine Berücksichtigung, die sich einer direkt quantitativen Erfassung entziehen. Es sind die sog. Imponderabilien, d. h. die seitens des Investors unwägbaren Faktoren.

Faßt man den Begriff der Imponderabilien sehr weit, so kann man *technische* und *wirtschaftliche* Unwägbarkeiten unterscheiden. Zu den technischen Imponderabilien zählen u. a. Einfachheit und Unfallsicherheit bei der Bedienung, Präzision und Arbeitsgüte der Aggregate, lautloser und erschütterungsfreier Arbeitsgang, Hitze-, Lärm- und Staubbelästigung und der mehr oder weniger große Raumbedarf für die Anlagen. Als wirtschaftliche Unwägbarkeiten gelten u. a. die Zahl der zur Bedienung notwendigen Arbeitskräfte im Hinblick auf die jeweilige Arbeitsmarktlage, die Geschwindigkeit der Gütererstellung in bezug auf die Liefertermine, Firmenruf und Lieferzeiten der Lieferfirmen sowie bestehende geschäftliche Beziehungen zu diesen. Daneben ist auf die „Interdependenz aller wirtschaftlichen Prozesse" zu achten. Eine jede Investition muß in den gesamten Betriebsablauf passen, d. h. es sind bei einer Investition jeweils die interdependenten Beziehungen zu den anderen betrieblichen Bereichen, vom Beschaffungs-, Finanz-, und Produktionsbereich bis zum Absatzbereich zu beachten, damit die Investition optimal in das Gesamtgefüge der Unternehmung paßt. Wir haben auf die Bedeutung dieser Fragen bereits bei der Investitionsplanung hingewiesen.

Da Investitionsentscheidungen — sieht man einmal von kleineren Reparaturen und normalen Ersatzvornahmen ab — meist von der Unternehmensführung selbst getroffen werden, ist außerdem die jeweils psychologische Einstellung des Unternehmers zum Risiko ein mitentscheidender Faktor. Persönliche Präferenzen, wie Expansionsdrang, Freude an erstellten Leistungen, soziale Rücksichten, Nachahmung sowie Repräsentation und Prestige spielen bei der Auswahl von Investitionsobjekten eine oft größere Rolle als die eigentliche Wirtschaftlichkeitsrechnung. Dabei bleibt festzuhalten, daß das Gewicht dieser psychologischen Unwägbarkeiten von der *Rechtsform* des Unternehmens, von der *Betriebsgröße* und auch von der damit meist zusammenhängenden *Organisation* der betrieblichen Willensbildung in der Führungsspitze des Unternehmens abhängig ist. In der Praxis jedenfalls gibt auch heute noch manchmal das mitunter spöttisch zitierte „Fingerspitzengefühl" und das „Gespür" des Unternehmers für rentable Investitionen den Ausschlag.

II. Die Finanzwirtschaft der Unternehmung

1. Begriff und Wesen der Finanzierung

Auch der Finanzierungsbegriff wird in Literatur und Praxis nicht einheitlich definiert. So kennt man einmal den sog. klassischen Finanzierungsbegriff, der vor allem in der älteren Fachliteratur gebraucht wird. Es ist ein relativ eng gefaßter Begriff, der sich aus rein bilanzmäßigem Denken ableitet und sich an den traditionellen Kapitalbegriff — als der abstrakten Wertsumme des in der Unternehmung eingesetzten Vermögens, die in der Bilanz auf der Passivseite erscheint – anlehnt.

Danach spricht man dann von Finanzierungsvorgängen, wenn diese die Passivseite der Bilanz verändern.

Es kann sich dabei sowohl um Kapitalbeschaffung als auch um Kapitalrückzahlung handeln. Außerdem sind sämtliche Umstrukturierungsvorgänge auf der Passivseite im Hinblick auf eine Veränderung der Kapitalstruktur eingeschlossen.

Dieses primär bilanzmäßige Denken bei der Begriffsbestimmung erscheint heute nicht mehr umfassend genug, so daß der „klassische" Finanzierungsbegriff im Rahmen der Finanzdisposition der Unternehmung eigentlich nur noch im Hinblick auf die sog. externe Finanzierung von Bedeutung ist. Neben externen Finanzierungsvorgängen spielen aber auch die internen Quellen der Finanzierung in der Unternehmung eine bedeutende Rolle. So müßten in einen erweiterten Finanzierungsbegriff u. a. auch die Finanzierung aus Abschreibungsgegenwerten oder die Finanzierung durch Vermögensumschichtung in Form eines Verkaufs von nichtbetriebsnotwendigen Vermögensteilen einbezogen werden, die – da sie nur die Aktivseite und nicht die Passivseite der Bilanz berühren – nicht mit in den „klassischen" Finanzierungsbegriff einzubeziehen wären. Zusätzliches Passivkapital entsteht hier nämlich nicht.

Außerdem erscheint ein bloßes bilanzmäßiges Denken bei der Begriffsbestimmung auch deshalb nicht ausreichend, weil sich in der Bilanz nicht der gesamte Kapitalbedarf niederschlägt. So fehlen beispielsweise die weiter vorne erwähnten Investitionen in den Geschäftswert der Unternehmung, weil diese Investitionen z. T. nicht aktivierungsfähig sind, z. T. auch nicht aktiviert werden.

Wir wollen deshalb zusammenfassend den Finanzierungsbegriff relativ weit fassen und darunter die Versorgung mit disponiblem Geldkapital (Zahlungsmittel) verstehen. In diesen umfassenden Finanzierungsbegriff sind damit sowohl die externe Kapitalaufbringung als auch die interne Bereitstellung von Kapital einbezogen.

Diese erweiterte Fassung ist auch deshalb angebracht, weil wir in diesem Kapitel u. a. auf die wechselseitigen Beziehungen von Finanzierung und Investition eingehen wollen, und hier spielt natürlich die Freisetzung investierter Mittel aus Abschreibungen für die Durchführung neuer Investitionen eine große Rolle.

2. Die Aufgabe der Finanzwirtschaft

Neben den drei güterwirtschaftlich orientierten Bereichen der Beschaffungs-, Produktions- und Absatzwirtschaft existiert in der Unternehmung mit dem finanzwirtschaftlichen Bereich ein weiterer betrieblicher Funktionsbereich, der sich allerdings von den drei anderen Bereichen zunächst einmal dadurch unterscheidet, daß er nicht unmittelbar mit der Herstellung und Verwertung betrieblicher Leistungen betraut ist: die von der Unternehmung hergestellten Leistungen durchlaufen die finanzielle Sphäre der Unternehmung nicht. Auf der anderen Seite besteht jedoch seitens der Finanzwirtschaft eine wechselseitige Interdependenz mit allen anderen Bereichen dadurch, daß jeder güterwirtschaftliche Vorgang, von der Beschaffung über die Produktion bis hin zur Verwertung, Finanzdispositionen irgendwelcher Art auslöst.

Die Vorgänge im güterwirtschaftlichen Bereich der Unternehmung sind deshalb die eine große Determinante des finanzwirtschaftlichen Geschehens.

Die finanzielle Sphäre der Unternehmung selbst besitzt aber darüber hinaus soviel an Eigenständigkeit, daß bestimmte finanzielle Aktivitäten die Dispositionen im güterwirtschaftlichen Bereich bestimmend beeinflussen. Wir haben es also in der Unternehmung nicht mit einem Nebeneinander von isolierten Bereichen zu tun, sondern mit einem wechselseitigen Mit- und Ineinander sämtlicher Teilbereiche.

Fragt man nach den grundlegenden Aufgaben der betrieblichen Finanzwirtschaft, so sind die Auffassungen in der einschlägigen Literatur ähnlich unterschiedlich wie bei dem Begriff der Finanzierung selbst. Allerdings kann man heute von einer weitgehenden Einigung zumindest im Hinblick auf drei zentrale Aufgaben sprechen:

1. Die *Kapitalbeschaffung*, in dem von uns definierten Sinne: Kapitalbeschaffung aus externen und internen Quellen; außerdem die Kapitalrückzahlung.
2. Die *Kapitalverwendung* im Sinne der weiter vorne umrissenen Investitionsaufgaben.
3. Die *Kapitalverwaltung* im Sinne einer Zahlungsmittelwirtschaft. Dazu zählt nicht nur die Verwaltung der beiden ersten Aufgaben der Finanzwirtschaft, sondern auch sämtliche Maßnahmen zur Aufrechterhaltung der Zahlungsfähigkeit und des finanziellen Gleichgewichts.

In diesem Zusammenhang soll die Aufgabe (2) ganz ausgeklammert werden, da wir im Rahmen dieser Untersuchung zwischen Finanzierung und Investition getrennt haben und letztere bereits darstellten. Im Mittelpunkt der folgenden Abhandlung steht vielmehr nur die Kapitalbeschaffung; Probleme der Zahlungsmittelwirtschaft werden u. a. bei der Behandlung der Finanzplanung angeschnitten.

3. *Finanzierungsarten* (*Finanzierungsanlässe*)

Für eine Systematisierung der verschiedenen Finanzierungsarten gibt es grundsätzlich vier Kriterien, von denen wir allerdings nur das vierte und letzte für den Aufbau unserer weiteren Untersuchung beibehalten wollen.

Man kann zunächst im Hinblick auf den *zeitlichen Ablauf* der Unternehmung unterscheiden:

1. Erst- oder Gründungsfinanzierung (Errichtungsfinanzierung);
2. Folgefinanzierung in Form von u. a.:
   a) Erweiterungsfinanzierungen (Sachanlagevermögen / Umlaufvermögen / Beteiligungen usw.),
   b) Umfinanzierungen (Umwandlung, Fusion, Sanierung usw.).

Nach der *Häufigkeit des Finanzierungsanfalles* kann man unterteilen:

1. laufende Finanzierung;
2. einmalige oder gelegentliche Finanzierung (besondere oder außerordentliche Finanzierung).

Während man unter (1) die Beschaffung von disponiblem Geldkapital für tägliche oder periodisch vorkommende Bedarfsfälle versteht, umfaßt die einmalige oder gelegentlich vorkommende Finanzierung besondere Finnanzierungsfälle, wie etwa Gründung, Sanierung oder Fusion.

Nach der *Fristigkeit* des beschafften Kapitals kann man unterscheiden:

1. kurzfristige Finanzierung;
2. mittelfristige Finanzierung;
3. langfristige Finanzierung.

Schließlich kann man die Finanzierungsarten noch nach den *Finanzierungsquellen* unterteilen, und zwar in:

1. externe Finanzierung;
2. interne Finanzierung.

Mit dieser letzten Unterscheidung, die wir auch für den weiteren Verlauf unserer Untersuchung als Gliederungskriterium aufrechterhalten wollen, lehnen wir uns an die Überlegungen an, die wir bereits bei der begrifflichen Klärung des Finanzierungsbegriffs angestellt haben, wonach die Aufbringung des disponiblen Geldkapitals von außerhalb der Unternehmung befindlichen Quellen oder aus der Unternehmung selbst heraus ermöglicht wird.

Bei der *externen* Finanzierung kann es sich um die sog. *Eigenfinanzierung* (Beteiligungsfinanzierung) oder um die sog. *Fremdfinanzierung* (Kreditfinanzierung) handeln. Unter Eigenfinanzierung versteht man die Finanzierung durch die Anteilseigner. Sie wird durch folgende Faktoren näher charakterisiert:

1. Beteiligung der Anteilseigner am Gewinn;
2. Einfluß der Anteilseigner auf die Geschäftsführung;
3. Anteil der Anteilseigner am Liquidationserlös;
4. Haftung der Anteilseigner — meist in Höhe der Kapitaleinlage —.

Bei der Fremdfinanzierung handelt es sich um eine Finanzierung durch Aufnahme von Krediten. Die Fremdfinanzierung ist wie folgt charakterisiert:

1. Anspruch auf Rückzahlung des gewährten Kapitals seitens der Kapitalgeber;
2. Anspruch auf eine feste Verzinsung seitens der Kreditgeber;
3. in der Regel keinen Einfluß der Kreditgeber auf die Geschäftsführung;
4. keine Haftung der Kreditgeber;
5. Gläubigerrechte der Kapitalgeber im Falle der Auseinandersetzung (Anspruch auf den Nominalbetrag des zur Verfügung gestellten Kapitals).

Trotz dieser Charakteristika ist in der Praxis eine exakte Abgrenzung zwischen Eigen- und Fremdfinanzierung nicht immer möglich. So entstehen beispielsweise Einordnungsschwierigkeiten im Falle der sog. Gewinnobligation, da hier sowohl eine Gewinnbeteiligung als auch eine feste Verzinsung Vertragsbestandteil sein können, oder auch bei der Kapitalaufbringung seitens der Gesellschafter einer „stillen Gesellschaft" – hier entscheidet dann meist die spezielle Gestaltung des Unternehmensvertrages.

Bei der *internen* Finanzierung haben wir es mit intern beschafften Geldmitteln, die aus den Umsatzerlösen oder aus sonstigen Vermögenserlösen stammen, zu tun. Man denkt dabei in erster Linie an die Tatsache, daß ein Teil des Gewinns nicht ausgeschüttet, sondern in der Unternehmung behalten wird. In der Fachliteratur bezeichnet man diese Art der internen Finanzierung auch als („eigentliche") *Selbstfinanzierung*. Daneben zählen aber auch die *Finanzierung aus Abschreibungen* (über den Umsatz hereinkommende Abschreibungsgegenwerte sind disponibles Geldkapital) und die Finanzierung aus *Rückstellungen* (die zu Lasten der Gewinn- u. Verlustrechung gebildeten langfristigen Rückstellungen werden erst viel später wieder zu Ausgaben) zur internen Finanzierung. Bei den Rückstellungen ist dabei in erster Linie an die Finanzierung aus Pensionsrückstellungen gedacht; man spricht in diesem Zusammenhang auch vom sog. Sozialkapital der Unternehmung. In der Literatur wird allerdings auch die Auffassung vertreten, daß es sich bei der Finanzierung aus Rückstellungen um eine Art der Fremdfinanzierung handele, da die rein wirtschaftlich betrachtet „noch" zum Eigenkapital zählenden Rückstellungen in einer juristischen Betrachtungsweise bereits zum Fremdkapital gerechnet werden müßten.

Schließlich ist in einer *Vermögensumschichtung* auf der Aktivseite der Bilanz, einmal in Form einer Verminderung des betriebsnotwendigen Vermögens (Verminderung von Lagervorräten und Außenständen bei gleichbleibendem Umsatz; Einsatz von Betriebsmitteln, die weniger Kapital erfordern usw.), zum anderen in Form des Verkaufs nichtbetriebsnotwendiger Vermögensteile (Grund und Boden, Fabrikhallen oder auch Anlagen) eine weitere interne Finanzierungsquelle zu erkennen.

Zusammenfassend kann man diese nach der *Quelle* systematisierten Finanzierungsarten wie folgt darstellen:

1. *Externe Finanzierung*:
    a) Eigen- oder Beteiligungsfinanzierung
        aa) ohne Effekten
        ab) mit Effekten
    b) Fremd- oder Kreditfinanzierung
        ba) Langfristige Fremdfinanzierung
            (1) ohne Effekten
            (2) mit Effekten
        bb) kurzfristige Fremdfinanzierung
            (u. a. Lieferantenkredit, Kontokorrentkredit, Diskontkredit, Akzeptkredit)
2. *Interne Finanzierung*:
    a) Finanzierung aus dem Umsatzerlös
        aa) Finanzierung durch Einbehaltung von Gewinn = Selbstfinanzierung
        ab) Finanzierung aus Abschreibungsgegenwerten
        ac) Finanzierung durch Bildung langfristiger Rückstellungen
    b) Finanzierung durch Vermögensumschichtung
        ba) durch Verminderung des betriebsnotwendigen Vermögens
        bb) durch Verkauf nichtbetriebsnotwendiger Vermögensteile

In der neueren Literatur werden außerdem die finanzierungsähnlichen Vorgänge „Leasing" und „Factoring" als Finanzierungsquellen unabhängig von der obigen Unterteilung bezeichnet. Der finanzierungsähnliche Charakter ist dabei offensichtlich: durch Leasing wird *Geldkapital* zunächst eingespart; durch *Factoring* wird Geldkapital vorzeitig bereitgestellt.

4. Die Beschaffung von „disponiblem" Geldkapital

a) Die Beteiligungsfinanzierung („externe Eigenfinanzierung")

aa) Die Beteiligungsfinanzierung *personenbezogener Unternehmen*

Die Einlage von Eigenkapital durch die Anteilseigner (Eigentümer bzw. Gesellschafter) hängt wesentlich von der jeweiligen Rechtsform der Unternehmung ab. Bei unseren Überlegungen hinsichtlich der Möglichkeit einer Eigenfinanzierung wollen wir deshalb auf der einen Seite die Einzelunternehmung und die Personengesellschaften untersuchen und uns auf der anderen Seite mit den Kapitalgesellschaften befassen, wobei die Aktiengesellschaft im Gegensatz etwa zur GmbH wiederum eine Sonderstellung einnimmt. Man könnte auch verallgemeinernd zwischen „personenbezogenen" Gesellschaften auf der einen und großen „Publikumsgesellschaften" auf der anderen Seite unterscheiden bzw. zwischen „nichtemissionsfähigen" und „emissionsfähigen" Unternehmen.

Im Gegensatz zu dem hochorganisierten Kapitalmarkt der großen Publikumsgesellschaften fehlt für personenbezogene Unternehmen eine in diesem Sinne organisierte Institution. Die sich über den nicht organisierten Kapitalmarkt — eine begrenzte Anzahl von Finanzinstituten und Maklern bemüht sich, Angebot und Nachfrage zum Ausgleich zu bringen — und über Inserate in Fachzeitschriften und großen Tageszeitungen vollziehende Beteiligungsfinanzierung ist eng begrenzt. Das erscheint deshalb als ein besonderer Finanzierungsnachteil, da bei personenbezogenen Klein- und Mittelbetrieben meist auch die Möglichkeiten der Selbstfinanzierung („interne Eigenfinanzierung"), vor allem aber die der Fremdfinanzierung beschränkt sind.

Grundsätzlich kann bei nichtemissionsfähigen Unternehmen die Eigenfinanzierung in Form von Einlagen der bisherigen Teilhaber erfolgen, die bisher nicht in der Unternehmung eingesetztes, aber noch vorhandenes Kapital (wie z. B. auf Sparkonten, in Wertpapieren, in Schmuck, in Haus- und Grundbesitz usw.) dem Unternehmen zuführen. Eine Eigenfinanzierung dieser Art scheitert jedoch in der Praxis meist an der Tatsache, daß die Teilhaber neben ihrem Geschäftsvermögen in der Regel kein nennenswertes Privatvermögen besitzen. Daneben ist eine Ausweitung der Eigenmittel durch *Aufnahme* neuer Anteilseigner denkbar. Aber auch hier zeigen sich sehr schnell die Grenzen der Finanzierung: Die Aufnahme neuer Gesellschafter scheitert einmal meist daran, daß besonders bei Personengesellschaften die Zahl der Gesellschafter in Anbetracht der oft geringen Größe der Unternehmen nicht beliebig erhöht werden kann. Außerdem macht man von dieser Finanzierungsart in mittelständischen Klein- und Mittelbetrieben nur ungern Gebrauch, da man die Familienfirmen als solche erhalten möchte und meist nicht bereit ist, den neuen, nicht der Familie angehörenden Kapitalgebern, größere Informations- und Mitspracherechte einzuräumen. Der Grundsatz der unternehmerischen Selbständigkeit in Verbindung mit einem gewissen Maß an Unabhängigkeit und Dispositionsfreiheit personenbezogener Unternehmen ist mit das größte Hindernis für die Erweiterung der Eigenkapitalbasis durch Aufnahme neuer Anteilseigner.

Auf der anderen Seite trägt das Kapitalrisiko der Anleger dazu bei, daß sich nicht allzu viel Kapitalgeber finden, um die Kapitalbasis einer personenbezogenen Unternehmung zu erweitern. Der Hauptgrund ist wohl darin zu sehen, daß sich an nichtemissionsfähigen Unternehmen vorzunehmende Beteiligungen meist nicht in gleichem Maße durch die Stellung von Sicherheiten absichern lassen wie es etwa bei der Überlassung von Bankkrediten üblich ist. Diese damit relativ hohen Kapitalanlagerisiken können eigentlich nur durch eine entsprechend hohe Gewinnerwartung kompensiert werden. Die meisten Kapitalgeber ziehen allerdings eine nachhaltig erzielbare mittlere Verzinsung ihres Kapitals bei geringem Risiko einer hohen Verzinsung bei vergleichsweise hohem Risiko vor.

Betrachtet man einmal die grundsätzlich in Frage kommenden Rechtsformen im Überblick, so hat die OHG gegenüber der Einzelunternehmung zweifelsohne dadurch Vorteile, daß sie beliebig viele Gesellschafter aufnehmen kann — sieht man einmal von der bereits erwähnten natürlichen Begrenzung ab, wonach ein Unternehmen dieser Größenordnung nicht mehr sinnvoll von einer allzu großen Zahl von Gesellschaftern geleitet werden kann. Außerdem ist besonders bei der OHG das Risiko durch die persönliche und unbeschränkte Haftung aller Gesellschafter relativ groß. Günstiger erscheint dagegen die Eigenfinanzierung durch Aufnahme neuer Gesellschafter bei der KG, denn einmal wird die Anzahl der Gesellschafter durch die Möglichkeit der nicht an der Geschäftsführung beteiligten Kommanditisten keinerlei Begrenzungen unterliegen, zum anderen ist die Haftung durch die Beschränkung auf die Einlage vergleichsweise gering. Unter den nichtemissionsfähigen Gesellschaften hat deshalb die KG hinsichtlich der Beteiligungsfinanzierung verhältnismäßig große Möglichkeiten[4].

Nicht viel anders ist die Situation bei der GmbH. Hier haben wir es zwar mit einer Kapitalgesellschaft zu tun, aber auch bei der GmbH soll nach den Vorstellungen des Gesetzgebers das Eigenkapital von Personen aufgebracht werden, die sich ohne Vermittlung der Börse kennenlernen und eine Unternehmung gemeinsam finanzieren. Der Gesetzgeber hat deshalb die Anteile an einer GmbH dem Börsenhandel entzogen und gleichzeitig die Marktgängigkeit dadurch erschwert, daß eine Abtretung von Gesellschaftsanteilen an bestimmte formschwere Bedingungen geknüpft ist. Ein Markt für Gesellschaftsanteile an einer GmbH existiert jedenfalls nicht.

Obwohl bei der GmbH die Bedingungen für eine Eigenfinanzierung insofern besser sind, als die Gesellschafter nicht gleichzeitig Geschäftsführer sein müssen, zeigt doch die Praxis, daß auch bei der GmbH der Kreis der Gesellschafter meist klein ist.

Für eine GmbH wie übrigens auch für kleine, nichtbörsenfähige Aktiengesellschaften gilt deshalb das Problem der Beschaffung von Eigenkapital ebenso wie für Einzelunternehmungen und Personengesellschaften. Meist verbleiben nur noch private Darlehen und stille Beteiligungen durch Verwandte und Freunde, die den Charakter von „mitgliedseigenem"

---

4 In den letzten Jahren sind zahlreiche Kommanditgesellschaften („Publikums-Kommanditgesellschaften") entstanden, die auf Grund der sehr großen Anzahl von Kommanditisten mit kleinen Beteiligungsbeträgen eher Aktiengesellschaften als Kommanditgesellschaften ähneln.

Femdkapital haben und meist als eine besondere Form der Ausstattung des Unternehmens mit „Eigenkapital" bezeichnet werden.

Zu diesen typischen Beschaffungsproblemen der Eigenfinanzierung kommt bei personenbezogenen Unternehmen meist noch hinzu, daß das Eigenkapital nicht immer den langfristigen Charakter hat, den man ihm in der Literatur zuschreibt. Nach § 132 HGB steht jedem Gesellschafter jeweils zum Ende eines Geschäftsjahres mit einer Kündigungsfrist von 6 Monaten ein Kündigungsrecht zu. Man spricht deshalb auch von *„kündbarem Eigenkapital"*. Für den Kapitalnehmer erscheint es deshalb zweckmäßig, sich durch eine Vereinbarung längerer Kündigungsfristen vorbeugend zu schützen. Wegen möglicherweise zu erwartender Liquiditätsschwierigkeiten wird im Vertrag gleichzeitig eine Klausel im Hinblick auf eine ratenweise Ausschüttung des Kapitalanteils sich als zweckmäßig erweisen.

Weitere Schwierigkeiten entstehen beim Ausscheiden von Gesellschaftern im Hinblick auf die Zurechnung „stiller Reserven" zu ihrem (nominalen) Anteil. Um den wirklichen Wert der einzelnen Beteiligung zu ermitteln, muß meist der sog. Gesamtwert des Unternehmens festgestellt werden. Die zur Errechnung des Gesamtwertes von Unternehmen in Literatur und Praxis entwickelten Methoden sind allerdings äußerst problematisch[5].

Die Schwierigkeit der Eigenkapitalbeschaffung gilt nicht nur für Deutschland, sondern auch für die meisten Industrienationen als zentrales Problem der Finanzierung. Man hat deshalb beispielsweise in den USA versucht, durch Gründung von Investmentgesellschaften für mittlere Unternehmen die Eigenfinanzierung dieser mittelständischen Betriebe zu fördern. Auch in Deutschland sind in den letzten Jahren von einigen Banken Kapitalbeteiligungsgesellschaften gegründet worden, die sich an mittleren Unternehmen meist in Form von Kommanditisten oder stillen Gesellschaftern beteiligen.

*ab) Die Beteiligungsfinanzierung **börsenfähiger Publikumsgesellschaften***

Unter börsenfähigen Publikumsgesellschaften verstehen wir zunächst einmal nur Aktiengesellschaften, da beispielsweise auch relativ große Gesellschaften mit beschränkter Haftung den Kapitalmarkt nur durch die Begebung von Gläubigerpapieren in Anspruch nehmen können. Aber auch von den Aktiengesellschaften bedient sich nur ein Teil des hochorganisierten Kapitalmarktes zur Beschaffung von Eigenkapital. Im Jahre 1977 wurden von den 2 149 westdeutschen Aktiengesellschaften nur die Aktienkurse von 465 Gesellschaften amtlich notiert.

Bei einer Eigenkapitalbeschaffung über den organisierten Kapitalmarkt fehlt im Gegensatz zur Eigenfinanzierung personenbezogener Unternehmen das persönliche Moment, da die Effekten, die Mitgliedschafts- und Informationsrechte sowie sämtliche Vertragsbedingungen vereinheitlicht und damit genormt sind. Insbesondere die Tatsache, daß die Aktie als rechtlich genormter und standardisierter Anteil meist gleichmäßig ausgestattet ist, untereinander ausgetauscht und jederzeit verkauft werden kann, zeigt den enormen Vorteil einer Finanzierung mit Aktien:

---

5 Vgl. dazu insbesondere: Moxter, A., Grundsatz ordnungsmäßiger Unternehmensbewertung, 2. Aufl., Wiesbaden 1983. Bellinger, B., Vahl, G., Unternehmensbewertung in Theorie und Praxis, Wiesbaden 1984.

Für den Kapitalnehmer wird langfristiges Beteiligungskapital zur Verfügung gestellt; für den Kapitalgeber ist sein Anteil dennoch jederzeit zu verkaufen.

Eine Kapitalbeschaffung durch Ausgabe von Aktien kommt entweder bei der *Gründung* der Unternehmung oder später in Verlauf einer *Kapitalerhöhung* vor. Dabei kann man unterscheiden zwischen:

1. Inhaber- und Namensaktien,
2. Stamm- und Vorzugsaktien und
3. Nennwert- und Quotenaktien.

Auf Begriff und Wesen dieser Aktienkategorien sowie auf den Gründungsvorgang sind wir bereits im Zusammenhang mit der Behandlung der Rechtsformen näher eingegangen. Wir wollen uns deshalb an dieser Stelle nur kurz mit den verschiedenen Aktienarten bzw. -gattungen befassen und uns vor allen den Fragen und Problemen der Finanzierung auf dem Wege einer Kapitalerhöhung zuwenden.

In Deutschland hat sich im Gegensatz zu anderen Ländern die Inhaberaktie weitgehend durchgesetzt. Der Hauptgrund für die Einführung und das Durchsetzen liegt wohl in der einfachen Eigentumsübertragung, nämlich der Übertragung durch Einigung und Übergabe. Namensaktien werden meist nur dann ausgegeben, wenn die Aktien nicht voll eingezahlt sind, außerdem bei „Familien-Aktiengesellschaften", bei Versicherungs- und Wirtschaftsprüfungsgesellschaften.

Von Vorzugsaktien, die mit besonderen Vorrechten ausgestattet sind, wird im Gegensatz zu den Stammaktien beispielsweise dann Gebrauch gemacht, wenn durch eine augenblickliche Schwäche des Kapitalmarktes Stammaktien nicht gefragt sind, und man den Geldanlegern meist besondere finanzielle Vorteile zukommen lassen will. In Deutschland werden solche Vorzugsaktien in der Regel als Aktien ohne Stimmrecht ausgegeben. Wird allerdings in zwei aufeinanderfolgenden Jahren nicht die volle Vorzugsdividende (einschließlich bestehender Rückstände) gezahlt, so erhalten diese Aktionäre wieder ihr Stimmrecht zurück. Vorzugsaktien können auch als Mehrstimmrechtsaktien ausgegeben werden. Man trifft sie besonders bei in Aktiengesellschaften umgewandelten Familienunternehmen, wobei sich die seitherigen Gesellschafter über das Mehrstimmrecht einen entsprechenden Einfluß sichern wollen. Seit 1965 sind Mehrstimmrechtsaktien allerdings nur dann noch zulässig, wenn gesamtwirtschaftliche Gründe und die Genehmigung des Bundeswirtschaftsministeriums vorliegen.

Nennwertlose Aktien (Quotenaktien) — die auf eine bestimmte Quote am Reinvermögen, z. B. 1/10 000 laufen — sind in Deutschland nach wie vor verboten; die Aktien müssen vielmehr auf einen Nennbetrag von mindestens 50,— DM — höhere Nennbeträge auf volle 100,— DM — lauten. Der seit 1966 in Deutschland vollzogene Übergang von der Prozentnotierung zur *Stücknotierung* bedeutet noch nicht — wie man vielleicht glauben könnte — die Einführung nennwertloser Aktien, sondern es ist höchstens ein erster Schritt auf dem Wege dorthin. Das Verbot von Quotenaktien in Deutschland ist vor allem darauf zurückzuführen, daß bei uns das Grundkapital eine Art „Garantiekapital" für die Gläubiger ist, die darauf vertrauen, daß das ausgewiesene Grundkapital in seiner nominellen Höhe eingezahlt bzw. durch Nachzahlungsverpflichtungen der Aktionäre gesichert ist. Deshalb ist auf der Aktie der Nennwert anzugeben und es besteht das Verbot einer

„Unter-pari-Emission", d. h. einer Ausgabe von Aktien unter ihrem Nennwert. In der Fachliteratur wird jedoch auch zuweilen die Auffassung vertreten, daß es logisch richtiger wäre, die Aktie in Form einer Stück- oder Quotenaktie ohne Nennwert als Teil des Gesamtkapitals einzuführen, da die Aktie ohnehin keinen Anspruch auf Rückzahlung eröffne und in der Regel auch nicht zurückgezahlt werde.

Bei einer Kapitalbeschaffung auf dem Wege der Kapitalerhöhung kann man nach dem Aktiengesetz zunächst zwischen einer **Kapitalerhöhung gegen Einlagen** (§§ 182 ff.) und einer **Kapitalerhöhung aus Gesellschaftsmitteln** (§§ 207 ff.) unterscheiden. Außerdem zählen die sog. bedingte Kapitalerhöhung (§§ 192 ff.) und das sog. genehmigte Kapital (§§ 202 ff.) zu den besonderen Formen einer Kapitalerhöhung.

Bei der *Kapitalerhöhung aus Gesellschaftsmitteln* handelt es sich um eine Umwandlung offener Rücklagen in Grundkapital. Dazu können die sogenannten freien Rücklagen in voller Höhe und die sogenannten gesetzlichen Rücklagen nur soweit verwendet werden, als sie den 10. oder den in der Satzung bestimmten höheren Teil des bisherigen Grundkapitals übersteigen. Sonderposten mit Rücklagenanteil dürfen grundsätzlich nicht umgewandelt werden. Die Aktionäre erhalten die auch als Zusatz- oder Gratisaktien bzw. Berichtigungsaktien bezeichneten Aktien ohne Gegenleistung. Da ihr Anteil am Gesellschaftsvermögen der gleiche bleibt wie vorher, ändern sich durch diese Art der Kapitalerhöhung die Vermögensrechte der Aktionäre nicht. Dadurch aber, daß sich das Gesellschaftsvermögen nunmehr auf eine größere Anzahl von Aktien verteilt, sinkt der Wert der einzelnen Aktie. Damit sinkt aber auch gleichzeitig der Börsenwert der Aktie und sie wird damit leichter verkäuflich. Bei einer Kapitalerhöhung aus Gesellschaftsmitteln handelt es sich im eigentlichen Sinne nicht um eine Form der Eigenfinanzierung, denn es fließen dem Unternehmen keine zusätzlichen Mittel zu; wir haben es vielmehr nur mit einem bloßen Passivtausch zu tun.

Bei der *Kapitalerhöhung gegen Einlagen* dagegen handelt es sich um eine Form der Eigenfinanzierung, wie wir sie weiter vorne definiert haben: durch Ausgabe neuer Aktien werden der Unternehmung finanzielle Mittel zur Verfügung gestellt. Diese auch als *„ordentliche Kapitalerhöhung"* bezeichnete Form der Finanzierung bedarf nach § 182 AktG zunächst einmal einer sogenannten qualifizierten Mehrheit in der Hauptversammlung, d. h. einer Mehrheit von 3/4 des bei der Beschlußfassung vertretenen Grundkapitals. Gemäß § 186 AktG hat danach jeder Aktionär ein sogenanntes Bezugsrecht auf die neuen Aktien, das allerdings unter gewissen Umständen ganz oder zum Teil ausgeschlossen werden kann. Davon zu unterscheiden ist die in Deutschland übliche Praxis der formellen (unechten) Ausschließung des Bezugsrechtes. Dabei wird durch einen Hauptversammlungsbeschluß das Bezugsrecht der Aktionäre zunächst ausgeschlossen, damit die Aktien durch eine Großbank bzw. durch ein Bankenkonsortium übernommen und gezeichnet werden können („Fremdemission" im Gegensatz zur in der Praxis selteneren „Selbstemission"). Danach sind die Banken verpflichtet, die neuen Aktien den Aktionären zum Kauf anzubieten. Nun kann der Aktionär entweder sein Bezugsrecht ausüben oder er kann sein Bezugsrecht verkaufen.

Grundsätzlich gilt, daß dem Aktionär — wie auch immer er sich entscheidet — kein Schaden entstehen darf.

Die jeweiligen Emissionsbedingungen richten sich zunächst einmal nach der Geld- und Kapitalmarktlage. Eine Emission hat meist nur dann Erfolg, wenn genügend finanzielle Mittel am Kapitalmarkt vorhanden sind. Aus diesem Grund erweist sich ein Emissionszeitpunkt in der Mitte des Jahres meist deshalb als besonders günstig, weil Zins- und Dividendenzahlungen fällig werden. Günstige Emissionszeiten werden auch durch steigende Börsenkurse angezeigt; die jeweilige Konjunkturphase, die Wirtschaftsentwicklung innerhalb der Branche und unvorhergesehene Änderungen am Aktienmarkt sind darüber hinaus zu beachten. Ein entscheidender Faktor ist schließlich auch der zu wählende Emissionskurs. Er sollte auf der einen Seite niedrig genug sein, um den Geldanlegern einen Anreiz zu bieten; er sollte auf der anderen Seite möglichst hoch sein, um der emittierenden Gesellschaft eine dem (inneren) Wert der Kapitalanteile entsprechende Finanzierung zu sichern.

Für die Besitzer alter Aktien lautet die Frage zunächst einmal: Ausüben des Bezugsrechtes oder Verkauf ihrer an der alten Aktie „haftenden" Rechte. Dabei spielt der Wert des Bezugsrechtes keine geringe Rolle: Der *rechnerische* Wert des Bezugsrechtes, der mit dem Börsenkurs — Bezugsrechte werden an der Börse gehandelt — nicht übereinstimmen muß, stützt sich zunächst allgemein auf die Feststellung, daß der *Bezugskurs* für die neuen Aktien wesentlich unter dem Börsenkurs der alten Aktien liegen muß, denn niemand wird den gleichen oder einen wenig geringeren Kurs für neue Aktien bezahlen, wenn er dafür alte Aktien bekommt.

Außerdem wird der rechnerische Wert des Bezugsrechtes noch von den geplanten *Bezugsverhältnissen* bestimmt. Wird beispielsweise das Grundkapital einer Aktiengesellschaft von 100 auf 150 Mill. DM erhöht, so können auf zwei alte Aktien eine junge Aktie bezogen werden, das Bezugsverhältnis ist damit gleich 2 : 1. Wer also zwei alte Aktien besitzt, hat damit Anspruch auf Bezug einer jungen Aktie. Das Verhältnis könnte aber auch lauten: 5 : 1, dann bezieht nur der eine junge Aktie, der bereits fünf alte Aktien besitzt. Derjenige dagegen, der nur eine alte Aktie besitzt, der kann entweder sein Bezugsrecht verkaufen oder vier Bezugsrechte hinzukaufen.

Bei der rechnerischen Ermittlung des Bezugsrechtes geht man davon aus, durch eine Art Mischungsrechnung den vermutlichen Wert der Aktie *nach* der Kapitalerhöhung festzustellen. Vergleicht man diesen Kurs mit dem Bezugskurs der jungen Aktien, so ergibt sich ein Gewinn, der beim Bezug einer jungen Aktie anfällt. Verteilt man diesen Gewinn auf die Zahl der alten Aktien, so erhält man den Wert des Bezugsrechtes pro Aktie.

Geht man beispielsweise davon aus, daß eine Aktiengesellschaft 10 000 alte Aktien zu einem Nennwert von je 50,– DM bei einem augenblicklichen Börsenkurs von 340,– DM (Stücknotierung) im Umlauf hat und 5 000 junge Aktien zu einem Kurs von 160,– DM ausgeben möchte (Bezugsverhältnis also 2 : 1), so errechnet sich der sog. Mischaktienkurs wie folgt:

	Nennwert		Kurswert		Gesamtwert
Alte Aktien	500 000	zu	340	=	1 700 000
Junge Aktien	250 000	zu	160	=	400 000
	750 000	zu	?	=	2 100 000

Der neue Kurs („Mischaktienkurs") errechnet sich nun:

$$\frac{2\,100\,000 \cdot 100}{750\,000} = 280,- \text{DM}$$

Durch einen Vergleich dieses (Misch-)Kurses mit dem Bezugskurs der jungen Aktien (160,– DM) ergibt sich die Gewinnchance beim Bezug der jungen Aktien, nämlich:

$$280,- - 160,- = 120,-$$

Verteilt man diesen Gewinn auf die Zahl der alten Aktien, die zum Bezug einer jungen Aktie berechtigen (2 : 1), dann erhält man das Bezugsrecht je alte Aktie in Höhe von:

$$120 : 2 = 60,- \text{DM}$$

Man kann das Bezugsrecht auch rein rechnerisch durch folgende Formel ermitteln:

$$\text{Bezugsrecht} = \frac{A - B}{\frac{a}{b} + 1}$$

Dabei bedeuten A den Kurswert der alten Aktien, B den Ausgabekurs der jungen Aktien und a/b verkörpern das Ausgabeverhältnis (alte zu neuen Aktien); in unserem Beispiel also:

$$\text{Bezugsrecht} = \frac{340 - 160}{\frac{2}{1} + 1} = \frac{180}{3} = 60,- \text{DM}$$

Nach dieser Bezugsrechtsberechnung erleidet der Aktionär, der sein Bezugsrecht ausübt ebensowenig einen Vermögensverlust als wenn er es verkauft.

Nehmen wir an, daß ein Aktionär mit nur einer Aktie sein Bezugsrecht verkauft, so ist sein bisheriges Anteilsrecht im Werte von 340 DM (Stückkurs) nun nach der Kapitalerhöhung aufgeteilt in: eine

Aktie im Werte von 280 DM und ein Bezugsrecht im Barwerte von 60 DM. Wenn nach Einführung der jungen Aktien nach der Kapitalerhöhung der Börsenkurs wieder auf die alte Höhe steigt — in unserem Beispiel auf 340 DM so bedeutet die Kapitalerhöhung einen Vorteil für den Aktionär, den man als zusätzlichen Kapitalertrag (60 DM bei Verkauf des Bezugsrechtes) ansehen kann.

Nutzt der Aktionär dagegen sein Bezugsrecht und erwirbt eine junge Aktie, so muß er ein Bezugsrecht hinzukaufen. Seine Rechnung sieht dann so aus:

$$280 + 60 + 60 + 160 = 280 \text{ und noch einmal } 280 \text{ DM.}$$

Er hat also nach der Kapitalerhöhung nun zwei Aktien im Werte von jeweils 280 DM.

Da sich der tatsächliche Wert des Bezugsrechtes nach Angebot und Nachfrage richtet, kann der effektive Wert, der sich im Börsenhandel ergibt, von der *rechnerischen* Parität nach oben oder unten abweichen.

Nach Ausübung des Bezugsrechtes kommt der Kursabschlag im Kurs der alten Aktie zum Ausdruck; der Kurs trägt den Vermerk „eB" (ex Bezugsrecht), in unserem Falle wird die Aktie also mit 340 DM abzüglich 60 DM = 280 DM gehandelt. Diesen Preis müßte auch ein Interessent zahlen, der nur auf Grund eines Bezugsrechtskaufs bezieht, ohne bisher an der Aktiengesellschaft beteiligt gewesen zu sein. Die Rechnung sieht dann wie folgt aus: Zwei Bezugsrechte zu je 60 DM ist gleich 120 DM zuzüglich des Preises der neuen Aktien in Höhe von 160 DM ergibt 280 DM. Dieser Preis entspricht dem Börsenkurs ex Bezugsrecht.

Der Erfolg einer Emission hängt neben den bereits weiter oben erwähnten allgemeinen Emissionsbedingungen hauptsächlich auch von der Festsetzung des sogenannten Bezugskurses und von der Wahl der jeweiligen „Bezugsverhältnisse" ab.

Was die Fixierung des *Bezugskurses* betrifft, so ist zunächst festzustellen, daß die Obergrenze auf jeden Fall unter dem Börsenkurs der alten Aktien liegen sollte, die Untergrenze stellt — wegen des Verbots einer Unter-pari-Emission — der Nennwert einschließlich der zu erwartenden Emissionskosten dar. Daneben sind die jeweiligen Marktbedingungen für die Festlegung des Bezugskurses von entscheidender Bedeutung. Höhere Bezugskurse sind bei steigender Tendenz der Aktienkurse eher möglich als umgekehrt. Schließlich spielen die Zusammensetzung der Aktionäre (Großaktionäre / Kleinaktionäre) sowie die in Zukunft geplante Nominaldividende eine Rolle.

Bei der Festlegung der *Bezugsverhältnisse* sind zwei entgegengesetzte Interessenslagen aufzuzeigen: man wird von seiten der Unternehmensleitung im Interesse einer reibungslosen Durchführung der Kapitalerhöhung darauf achten, daß kein zu ungünstiges Kapitalverhältnis (z. B. 9 : 1) gewählt wird, da dann besonders die Kleinaktionäre ihr Bezugsrecht alle veräußern wollen und das könnte die Durchführung gefährden. Auf der anderen Seite jedoch könnten die wenigen Großaktionäre daran interessiert sein, daß die Bezugsrechte verkauft werden, damit sie sich auf diesem Wege neue Anteile sichern können, um so die bestehenden Besitzverhältnisse allmählich zu ändern.

Zusammenfassend kann festgestellt werden: Ob sich eine Kapitalerhöhung ohne Schwierigkeiten realisieren läßt, kann meist von vornherein nicht gesagt werden. Neben der allgemeinen Börsenkonstellation hängt das wesentlich davon ab, ob das Publikum grundsätzlich zum Kaufen neigt oder ob es sich — wie in Zeiten politischer Unsicherheit — nicht lieber von seinem Besitz trennen möchte als ihn zu erweitern. Schließlich spielt natürlich immer auch die „Spekulation" eine Rolle.

Dennoch darf man nicht übersehen, daß sich durch eine Kapitalerhöhung dem Aktionär die Möglichkeit bietet, seine Beteiligung an dem Unternehmen zu einem mehr oder weniger unter dem Börsenkurs liegenden Preis zu erweitern und daß er auch für diese neuen Aktien spätestens im nächsten Geschäftsjahr die für die alten Aktien gezahlte Dividende erhält. Junge Aktien, die zunächst — also für das Jahr ihrer Emission — noch nicht mit der vollen Dividende ausgestattet sind, werden daher mit einem Kursabschlag notiert. Erst mit der „Gleichberechtigung" entfällt der Abschlag und nach der offiziellen Einführung zur amtlichen Notierung an der Börse auf Grund eines Prospektes fällt der Unterschied zwischen alten und jungen Aktien völlig fort.

Da die *ordentliche Kapitalerhöhung* als ein juristisch schwerfälliger Akt betrachtet wird, hat der Gesetzgeber das „genehmigte Kapital" und die „bedingte Kapitalerhöhung" geschaffen. Beim *genehmigten* Kapital kann die Satzung den Vorstand für höchstens fünf Jahre ermächtigen, das Grundkapital zu erhöhen. Das kann jedoch auch durch die Hauptversammlung durch einen satzungsändernden Beschluß geschehen. Dazu bedarf es allerdings der qualifizierten Mehrheit der Hauptversammlung. Das dadurch genehmigte Kapital darf die Hälfte des Grundkapitals nicht übersteigen; im Geschäftsbericht sind darüber Angaben zu machen.

Der Sinn des genehmigten Kapitals liegt darin, daß bei günstigen Situationen am Kapitalmarkt, das Grundkapital durch eine Emission neuer Aktien erhöht werden kann, ohne daß es — wie im Falle der ordentlichen Kapitalerhöhung — dazu erst der Einberufung einer außerordentlichen Hauptversammlung bedarf.

Bedingtes Kapital liegt vor, wenn die Hauptversammlung mit gleichsam qualifizierter Mehrheit beschließt, daß die Erhöhung des Grundkapitals nur in dem Umfange durchgeführt wird, in dem von Dritten unentziehbare Umtausch- oder Bezugsrechte geltend gemacht werden können. Die bedingte Kapitalerhöhung ist deshalb zweckgebunden. Sie wird vorgenommen zur Gewährung von Umtausch- oder Bezugsrechten an Gläubiger von Wandelschuldverschreibungen, zur Ausgabe von Arbeitnehmer-Aktien oder etwa auch zur Vorbereitung und Durchführung geplanter Fusionen. Auch beim bedingten Kapital darf die Kapitalerhöhung die Hälfte des Grundkapitals nicht übersteigen; das bedingte Kapital ist in der Bilanz zu vermerken.

Wir haben im Zusammenhang mit der Eigenfinanzierung börsenfähiger Publikumsgesellschaften ausschließlich die Aktiengesellschaft erwähnt. Natürlich gehören auch die Finanzierung *bergrechtlicher Gewerkschaften* durch deren Anteilspapiere die sog. Kuxe und die Finanzierung durch sog. Bohranteile bei *Bohrgesellschaften* hier in diesen Abschnitt. Während jedoch die Bohrgesellschaften — wie auch die Reedereien — bereits seit längerer Zeit nur eine.äußerst untergeordnete Rolle in unserer Wirtschaft spielen, ist in jüngster Zeit auch die Bedeutung der bergrechtlichen Gewerkschaften sehr stark zurückgegangen. Der hohe innere Wert einzelner Kuxe und die formschwere Eigentumsübertragung bedeuten eine relativ geringe Fungibilität dieser Anteilspapiere und sind damit daran schuld, daß die für diesen speziellen Wirtschaftszweig ursprünglich große Beliebtheit des Kuxes heute sehr stark zurückgegangen ist. Viele bergrechtliche Gewerkschaften werden heute in die Rechtsform der Aktiengesellschaft übergeführt; bei Neugründungen wird die Rechtsform der bergrechtlichen Gewerkschaft bereits nicht mehr gewählt.

Zusammenfassend sollen kurz die Vor- und Nachteile der Eigenfinanzierung herausgestellt werden: Bei der Eigenfinanzierung handelt es sich meist um nichtkündbares Eigenkapital — so im Falle der Aktiengesellschaft — das der Gesellschaft langfristig zur Verfügung steht. Es bildet die Basis für die Kreditwürdigkeit der Unternehmung und kann für alle Zwecke — auch für risikoreiche Finanzierungsanliegen — verwendet werden. Mit der Aufnahme dieser finanziellen Mittel entstehen keine laufenden festen Ausgaben und Aufwendungen. Ein schlechtes Geschäftsergebnis wirkt sich über eine geringer werdende Vergütung an die Kapitaleigner aus, während beispielsweise Zinsen für Fremdkapital ohne Rücksicht auf die Gewinnlage der Unternehmung zu zahlen sind.

Dagegen bleibt festzustellen, daß die Eigenfinanzierung vergleichsweise teuer ist, da der an die Anteilseigner auszuschüttende Gewinn — im Gegensatz zu den Zinsen für Fremdkapital — versteuert werden muß. Außerdem erwartet hier der Kapitalgeber neben einer bestimmten Rentabilität auch eine angemessene Risikoprämie. Nachteilig kann sich schließlich noch auswirken, daß mit dem Eigenkapital meist auch gewisse Mitwirkungs- und Kontrollrechte auf die Unternehmung zukommen.

b) Die Kreditfinanzierung („externe Fremdfinanzierung")

ba) Die langfristige Kreditfinanzierung

(1) Wesen und Probleme langfristiger Kreditfinanzierung

Neben der Eigenkapitalbeschaffung ist als weiteres *externes* Finanzierungsinstrument die Beschaffung von Fremdkapital zu erwähnen. Je nachdem ob es sich um langfristiges oder um kurzfristiges Fremdkapital handelt, wird der Kapital- oder der Geldmarkt angesprochen. Die Grenze zwischen kurz- und langfristigem Fremdkapital ist meist nur sehr schwer zu ziehen. Gewöhnlich zählt man Kredite mit einer vereinbarten Rückzahlungsfrist von unter sechs Monaten zu den kurzfristigen Krediten. Langfristig gelten nach dieser Auffassung nur die Kredite mit einer Laufzeit von mehr als vier Jahren; die dazwischenliegende Zeitspanne könnte man als mittelfristig bezeichnen. Noch mehr als bei der Eigenfinanzierung hängen die Möglichkeiten einer Kreditgewährung und die jeweiligen Kreditbedingungen von der Größe und der Rechtsform, von den zu stellenden Sicherheiten, dem Ansehen und der jeweils wirtschaftlichen Lage des kreditsuchenden Unternehmens ab. Das gilt einmal im Hinblick auf die Gewährung kurzfristiger Kredite, noch mehr jedoch in bezug auf die langfristige Fremdfinanzierung. Die großen und angesehenen Unternehmen sind auch bei der Fremdfinanzierung wieder eindeutig besser gestellt als die Klein- und Mittelbetriebe. Nach übereinstimmender Auskunft der Praxis wird die mittel- und langfristige Finanzierung durch Bankkredite für mittelständische Unternehmen nach wie vor als „ein Tropfen auf einem heißen Stein" empfunden; manche Autoren in der Fachliteratur sprechen sogar von einer Lücke im deutschen Kreditsystem.

Da Klein- und Mittelbetriebe besonders im Hinblick auf die Bewältigung der mit zunehmender Technisierung auch für sie immer umfangreicher werdenden Anlagenfinanzierungsprobleme langfristiges Geldkapital benötigen, wollen wir zunächst einmal auf verschiedene Möglichkeiten der langfristigen Fremdfinanzierung für kleinere und mittlere Unternehmen eingehen. Im Anschluß daran wollen wir in gesonderten Abschnitten die Finanzierungsmöglichkeiten für Großunternehmen behandeln.

(2) Möglichkeiten einer langfristigen Kreditfinanzierung für Klein- und Mittelbetriebe

Klein- und Mittelbetriebe haben gegenüber ihren großen Mitbewerbern vor allem deshalb Schwierigkeiten bei der Beschaffung von langfristigem Fremdkapital, da ihnen der organisierte Kapitalmarkt verschlossen ist. Sie können sich deshalb die notwendigen finanziellen Mittel weder durch die Begebung von Obligationen oder Wandelschuldverschreibungen, noch durch die Aufnahme von Schuldscheindarlehen beschaffen, denn beides ist an eine bestimmte Anleihenhöhe gebunden. Da außerdem die großen Kreditbanken bei der Gewährung langfristiger Kredite an Klein- und Mittelbetriebe früher sehr zurückhaltend waren — meist genügten diese mittelständischen Unternehmen nicht den Anforderungen in bezug auf eine Kreditsicherung — verblieben eigentlich nur die sog. *Hypothekarkredite* der Realkreditinstitute (Hypothekenbanken)[6], der Sparkassen und Volksbanken. Ein Hypothekarkredit kann nur aufgenommen werden, wenn belastbarer Haus- und Grundbesitz vorhanden ist. Daneben begrenzen institutionelle Faktoren, wie u. a. die jeweilige Beleihungsgrenze, die je nach der Art des Grundstückes und des darlehensgewährenden Kreditinstituts (bei Sparkassen ca. 50 % des Grundstückswertes) bis zu 66 2/3 % des Beleihungswertes betragen kann, die Kredithöhe. Außerdem ist bei den privaten Hypothekenbanken und bei den Sparkassen die Beschränkung auf *„erststellige"* Hypotheken die Regel.

---

6 In Deutschland gibt es heute 29 private Hypothekenbanken und 14 öffentlich-rechtliche Grundkreditanstalten. Die älteste deutsche private Hypothekenbank ist die 1862 gegründete „Frankfurter Hypothekenbank".

Hypothekarkredite werden heute meist in Form des sogenannten *Annuitätendarlehens* gegeben. An den Hypothekengläubiger ist nämlich zu bestimmten Terminen stets der *gleiche* Betrag zu zahlen. Dieser Betrag wird an Hand der festgesetzten Zins- und Tilgungssätze auf Grund des ursprünglichen Darlehensbetrages errechnet. Bei einem Darlehen von 100 000 DM, einem Zinsfuß von 6 % p. a. und einer Tilgung von 1 % p. a. beträgt die jährliche Annuität 7 000 DM. Die im Laufe der Zeit eintretende Zinsersparnis wird zur verstärkten Tilgung verwandt, so daß ein mit jährlich 1 % zu tilgendes Darlehen nicht erst nach 100 Jahren zurückgezahlt ist, sondern bereits nach etwa 30 Jahren.

Man sieht also, daß die weiter oben bereits erwähnte Lücke im Kreditsystem durchaus besteht. Diese Lücke wird nun zum Teil durch die Möglichkeit ausgefüllt, meist über die Hausbank Anträge auf langfristige Kredite an bestimmte *Spezialkreditinstitute* mit Sonderaufgaben zu richten. Es handelt sich dabei um:

1. die Industriekreditbank AG in Düsseldorf,
2. die Kreditanstalt für Wiederaufbau in Frankfurt und
3. die Lastenausgleichsbank in Bad Godesberg.

Die im Jahre 1949 als Nachfolgerin der „Deutschen Industriebank" gegründete *Industriekreditbank* ist ein privates Bankinstitut, dessen Grundkapital sich voll in privaten Händen befindet. Die Industriekreditbank ist sozusagen eine Selbsthilfeeinrichtung der deutschen Wirtschaft und hat die Aufgabe, mittelständischen Gewerbebetrieben, die sich nicht auf dem Kapitalmarkt durch die Ausgabe von Obligationen langfristige Mittel beschaffen können, mit langfristigen Investitionskrediten zu versorgen. Die Finanzierungsmittel beschafft sich die Industriekreditbank durch Ausgabe von börsengängigen Obligationen und durch Aufnahme von langfristigen Darlehen, die überwiegend aus öffentlichen Mitteln stammen.

Das Kapital der 1948 als Körperschaft des öffentlichen Rechts gegründeten *Kreditanstalt für Wiederaufbau* befand sich 1972 mit 130 Mio DM zu 80 % beim Bund und zu 20 % bei den Ländern. Die Kreditanstalt gewährt insbesondere langfristige Kredite zu Rationalisierungszwecken, für die Finanzierung von Außenhandelsgeschäften und zur Finanzierung der Entwicklungshilfe. Die Finanzierungsmittel stammen meist aus Mitteln der öffentlichen Hand; daneben auch aus eigenen Schuldverschreibungen. Soweit es sich um deutsche Kreditnehmer handelt, erfolgt die Kreditgewährung grundsätzlich nur über die Hausbank des Kreditnehmers („Hausbankenverfahren").

Die Kreditanstalt für Wiederaufbau wie auch die Lastenausgleichsbank haben sich ursprünglich vor allem auf die Mittel aus dem sogenannten Marshall-Plan-Funds (ERP-Funds = European Recovery Program-Fund) gestützt.

Für langfristige öffentliche Kredite kommt außerdem noch die *Lastenausgleichsbank* in Frage, die in erster Linie Aufbaudarlehen an die von den Kriegsfolgen betroffenen Personen (Kriegs-Sachbeschädigte, Vertriebene und Zonenflüchtlinge) erteilte. Heute wirkt die Lastenausgleichsbank vor allem auch bei der Durchführung von Finnanzierungs- und Förderungsprogrammen von Bund und Ländern mit. Auch hier erfolgt die eigentliche Kreditgewährung über die jeweiligen Hausbanken.

Der *Staat* schließlich hilft mittelständischen Klein- und Mittelbetrieben in begrenztem Umfang durch *Kreditprogramme* mit jeweils spezifischer Zielsetzung, wobei allerdings — wie die Praxis zeigt — der zeitraubende Vorgang der Antragstellung und ein äußerst umständliches Formularwesen meist abschreckend wirken. Positiv zu erwähnen sind außerdem noch die *Kreditgarantiegemeinschaften* von Handel, Handwerk und Gewerbe, die bei der Beschaffung von langfristigen Krediten für Klein- und Mittelbetriebe vor allem dann von Bedeutung sind, wenn die erforderlichen dinglichen Sicherheiten fehlen. Kreditgarantiegemeinschaften übernehmen gegenüber Kreditinstituten eine Ausfallbürgschaft bis zu 80 % des Gesamtbetrages des zu gewährenden Kredits. Bund und Länder übernehmen ihrerseits wieder gegenüber den Kreditgarantiegemeinschaften Rückbürgschaften zu Lasten der öffentlichen Haushalte. Die Bürgschaften sollen im Einzelfall 100 000 DM (für

Handels-, Verkehrs- und Handwerksbetriebe) bzw. 150 000 DM (für Industriebetriebe) nicht überschreiten. Auch hier laufen wieder die Anträge über die jeweilige Hausbank.

(3) Die langfristige Kreditfinanzierung von Großunternehmen

● Die Finanzierung mit Effekten

Für Großunternehmen ist die Finanzierung durch eine Begebung von *Schuldverschreibungen* bzw. *Obligationen* im Rahmen der langfristigen Fremdfinanzierung zu nennen.

Schuldverschreibungen sind Wertpapiere, in denen verzinsliche Forderungsrechte verbrieft sind.

Es handelt sich dabei meist um verkehrsfähige Teilschuldverschreibungen, die den Gesamtbetrag der Anleihe in kleine Beträge bzw. Stücke in Höhe von 100, 200, 500, 1 000 und 5 000 DM unterteilen. Die Urkunden bestehen meist aus der eigentlichen Obligation, auch „Mantel" genannt, und dem sog. Zinsscheinbogen mit den einzelnen Zinsscheinen. Im Unterschied zu den Aktien dürfen Schuldverschreibungen nur mit staatlicher Genehmigung in den Verkehr gebracht werden. Ihre Marktgängigkeit ist zum großen Teil davon abhängig, ob sie zum Handel an der Börse zugelassen sind oder nicht, was wiederum an eine bestimmte Kapitalhöhe (ca. 10 bis 20 Mill. DM) gebunden ist. Grundsätzlich können Anleihen auch von *Gesellschaften mit beschränkter Haftung* aufgenommen werden. Dies wird allerdings nur in Sonderfällen möglich sein. Hauptschwierigkeit ist nämlich dabei die fehlende Publizität der GmbH. Beim Antrag auf Zulassung von Obligationen verlangen die Börsenzulassungsstellen, daß sich die GmbH einem Prospektzwang und der Publizitätspflicht unterwirft. Neben der Höhe des Anleihebetrages kommt deshalb hier eine weitere Hürde auf die emissionswillige Gesellschaft zu. In der Regel kommen nur größere und allgemein bekannte Gesellschaften zum Zuge.

Die in unserem Zusammenhang interessierenden „*Industrieobligationen*" — daneben existieren noch Anleihen des Bundes und der Länder sowie Pfandbriefe von privaten Hypothekenbanken bzw. öffentlich-rechtlichen Pfandbriefanstalten — werden meist „unter-pari" ausgegeben, während der Rückzahlungskurs manchmal auch „über-pari" (z. B. 97 % — 102 %) liegt. Nach dem Aktiengesetz (§ 156) muß der Schuldner die Anleiheschuld mit dem Rückzahlungsbetrag passivieren. Das sog. Anleihendisagio (der Unterschied zwischen Rückzahlungs- und Ausgabebetrag — in unserem Beispiel 5 %) darf aktiviert werden und zwar in gesonderter Form unter der Position „Rechnungsabgrenzungsposten"; der aktivierte Betrag muß während der Laufzeit der Obligation abgeschrieben werden.

Die Laufzeit einer Obligation beträgt gewöhnlich 10 bis 20 Jahre — bei schlechter Aufnahmefähigkeit des Marktes muß der Emittent auch kürzere Laufzeiten in Kauf nehmen. Die Anleihegläubiger können die Obligation nicht kündigen; der Schuldner jedoch ist meist dazu berechtigt. Die Anleihe wird planmäßig nach einer tilgungsfreien Zeit von meist fünf Jahren durch Auslosung verschiedener Serien getilgt. Daneben behält sich das emittierende Unternehmen in der Regel das Recht vor, die Anleihe nach einer gewissen Zeit durch freihändigen Rückkauf außerplanmäßig zu tilgen. Das Zurückkaufen an der Börse erscheint für die Unternehmung dann vorteilhaft, wenn der Börsenkurs niedriger ist als der vertraglich festgelegte Rückzahlungskurs.

Dieses Verfahren wird auch von den Besitzern von Obligationen gerne gesehen, da der Kurs der Oblationen durch die laufenden „Tilgungs"-Käufe günstig beeinflußt wird.

Obligationen werden in der Regel durch Belastung von Grundstücken des Unternehmens in Form der Eintragung einer *Hypothek* oder bevorzugt durch eine sog. *Grundschuld*[7] gesichert. Verzichtet man jedoch auf diese Art der Sicherung, so findet auf jeden Fall die sog. *Negativ-Klausel* Anwendung, d. h. eine Vereinbarung, nach der das emittierende Unternehmen seine Grundstücke nicht für andere Zwecke belasten und anderen Gläubigern keine besseren Sicherheiten geben darf.

Beurteilt man Industrieobligationen nach ihren Vor- und Nachteilen, so muß man zunächst einmal die *Kosten* veranschlagen: Neben den zu zahlenden festen Zinsen und dem Agio bzw. Disagio sind das die sog. Begebungskosten, wie die Bankprovision, die Provision für die Börseneinführung und sonstige Begebungskosten von zusammen ca. 4 %. Teilt man diese Kostenbestandteile auf in einmalige und laufende Kosten, so bleibt festzustellen, daß die laufende Belastung meist geringer ist als beispielsweise bei einem Bankkredit, daß dagegen die einmaligen Kosten vergleichsweise hoch sind.

Im Vergleich zur Eigenfinanzierung ist der Vorteil hervorzuheben, daß die zu zahlenden Zinsen als Betriebsausgaben den zu versteuernden Gewinn mindern, während die Dividenden aus dem steuerpflichtigen Gewinn zu zahlen sind. Auf der anderen Seite bedeutet jedoch die Festsetzung eines für die gesamte Laufzeit der Obligation geltenden Zinssatzes eine starre Belastung für die Unternehmung, wohingegen sich die Dividendenzahlung dem jeweiligen Ertragsniveau der Unternehmung anpaßt. Feste Zinsen und Tilgungsraten bedeuten für ein Unternehmen insbesondere in Verlustjahren eine schwere Belastung. Steigt allerdings der Marktzinssatz während der Laufzeit der Obligation, dann erscheint der aufgenommene Kredit der emittierenden Unternehmung vergleichsweise billig.

In der Praxis haben sich im Laufe der Zeit einige Sonderformen der hier dargestellten allgemeinen Form der Industrieobligation entwickelt. Es sind dies:

1. die Gewinnobligation,
2. die Wandelschuldverschreibung und
3. die Optionsanleihe

Zu 1:

Bei der *Gewinnobligation im engeren Sinne* handelt es sich um eine Schuldverschreibung, bei der außer einem festen Zins noch eine bestimmte, nach oben oder unten begrenzte Gewinnbeteiligung gewährt wird. Daneben kennt man noch die Obligation mit variabler Verzinsung, bei der die gesamte Verzinsung gewinnabhängig ist, ein fester Zins also nicht vereinbart wird. Gewinnobligationen bedürfen genau wie die Industrieobligationen einer staatlichen Genehmigung; daneben ist ein qualifizierter Mehrheitsbeschluß der Hauptversammlung des emittierenden Unternehmens notwendig.

Als Beispiel für eine Gewinnobligation mit variabler Verzinsung könnte man die folgende Vereinbarung nehmen:

6 % Zinsen in allen Fällen bis zu einer Dividende von 12 %, und je 1/2 % Zinszuschlag für je 2 % Dividende, die über 12 % liegt. Bei einer Dividende von 18 % würden demnach 7 1/2 % Zinsen gezahlt.

Gewinnobligationen haben in Deutschland bisher keine große Bedeutung erlangt.

---

7 Im Gegensatz zur Hypothek ist das Bestehen einer Forderung nicht Voraussetzung zur Entstehung einer Grundschuld (Grundschuld = „Schuld ohne Grund").

Zu 2:

Nach § 221 des Aktiengesetzes versteht man unter Wandelschuldverschreibungen sowohl die *Wandelschuldverschreibungen im engeren Sinne* („Wandelanleihen" bzw. „Convertible Bond") als auch die sogenannten *Optionsanleihen* („Optionsbond"). Sie stimmen beide darin überein, daß der Gläubiger ein Recht auf den Bezug von Aktien hat, was rein formell nach § 192 AktG auf dem Weg über die „bedingte Kapitalerhöhung" realisiert werden kann. Im Gegensatz zur Wandelschuldverschreibung im engeren Sinne, bei der ein Umtauschrecht besteht, d. h. die in Zahlung gegebene Aktie tritt an die Stelle der Obligation, hat der Gläubiger bei den Optionsanleihen ein *Bezugsrecht* auf Aktien, wobei die Optionsschuldverschreibung auch nach Ausübung des Bezugsrechtes bestehen bleibt.

Wandelschuldverschreibungen wurden immer dann am Kapitalmarkt plaziert, wenn die Verfassung des Aktienmarktes nicht stabil ist und man nicht damit rechnen kann, Aktienkapitalerhöhungen gut unterzubringen[8]. Das ist im Konjunkturverlauf meist dann der Fall, wenn der Aufschwung bereits vorüber ist oder wenn andere — wirtschaftliche oder politische — Gründe, die Aufnahmefähigkeit des Aktienmarktes negativ beeinflussen. Die daraus folgenden, meist niedrigen Aktienkurse lassen das Risiko für eine Kapitalerhöhung als zu groß erscheinen und verweisen das Unternehmen auf die Möglichkeit der Wandelschuldverschreibung.

Wandelschuldverschreibungen sind für den Kapitalgeber, der eine Kapitalanlage in Aktien anstrebt, aber durch die zur Zeit ungünstigen Aktienkurse abgehalten werden würde, deshalb von Vorteil, weil sie das in nicht stabilen Zeiten mögliche Risiko dadurch niedrighalten, daß sie eine feste Verzinsung mit einer gleichzeitigen Sicherung gegen Geldwertverschlechterung (Umtauschmöglichkeit in Aktien bietet Geldanlage in Sachwerte) verbinden.

Für den *Kapitalnehmer* haben Wandelschuldverschreibungen zunächst einmal den Vorteil, daß gegenüber den Obligationen die zu zahlenden Zinsen im allgemeinen niedriger sind, und daß gegenüber den Aktien die Zinsen abzugsfähig sind. Auf der anderen Seite aber sind mit der Ausgabe von Wandelschuldverschreibungen Nachteile im Hinblick auf die endgültige Kapitalstruktur der Unternehmung verbunden. Die emittierende Unternehmung weiß im voraus nie ganz genau, wie das Verhältnis von Eigen- und Fremdkapital aussehen wird. Da sich die Kapitalstruktur im Laufe der Zeit immer mehr zugunsten des Eigenkapitals verändern wird, ergeben sich daraus Folgen für Dividendenpolitik und Börsenkurse.

Damit das emittierende Unternehmen den Umtauschwünschen der Kapitalgeber nicht ganz ausgeliefert ist, kann es die *„Umtauschbedingungen"* entsprechend ausstatten. Von diesen Umtauschbedingungen hängt aber meist gleichzeitig auch die Attraktivität einer Wandelschuldverschreibung ab. Wir wollen deshalb kurz auf einige dieser Bedingungen eingehen. In Deutschland besteht üblicherweise zunächst eine Umtauschsperrfrist von 2 bis 3 Jahren. Die Wandlung kann entweder zu bestimmten Umtauschterminen oder ganzjährig unter Beachtung der Umtauschsperrzeit erfolgen. Andere Umtauschzeiten können festgelegt werden.

Grundsätzlich hängt von der Begrenzung des Umtauschzeitraums die Anziehungskraft einer Wandelschuldverschreibung mit ab. Je mehr man den Umtauschzeitraum einengt und je mehr man ihn an das Ende der Laufzeit der Anlage legt, desto weniger attraktiv wird die Wandelschuldverschreibung für den Kapitalanleger. Gekündigt werden können Wandelschuldverschreibungen vom Inhaber nie; Kündigungsmöglichkeiten seitens des emittierenden Unternehmens bestehen jedoch.

Von Bedeutung für die Anziehungskraft einer Wandelanleihe ist außerdem die Festlegung des sogenannten *Umtauschverhältnisses*. Während wir in Deutschland vor 1955 meist ein Umtauschverhältnis von 1 : 1 hatten, d. h. für nominal 100 DM Teilschuldverschreibung konnte eine Aktie von nominal 100 DM erworben werden, gab es später auch andere Umtauschverhältnisse, wie etwa 3 : 2 oder 10 : 7. Für die Gestaltung des jeweiligen Umtauschverhältnisses gibt es keine allgemein gültigen Regeln; meist sind die besonderen Verhältnisse des emittierenden Unternehmens ausschlaggebend.

Schließlich ist für die Attraktivität von Wandelanleihen der Betrag von Bedeutung, der für die Umwandlung zu zahlen ist, quasi ein „Preis" für das Umwandlungsrecht. Zuzahlungen können in Form von festen Beträgen vereinbart werden, beispielsweise 10 % oder 30 % des Nennwertes der Obligation, aber auch als sogenannte gleitende Zuzahlung, d. h. mit im Zeitablauf sinkenden oder steigenden Beträgen. Mit der letzteren Möglichkeit hat die Unternehmung gleichzeitig ein Instrument an der Hand, den Umtauschvorgang nach ihrer Vorstellung zu beeinflussen. Will sie nämlich die Umwandlung zeitlich möglichst weit hinausschieben, so kann sie eine in Zeitablauf sinkende Zuzahlung vereinbaren, im umgekehrten Falle eine steigende Zuzahlung. Die jeweiligen Zuzahlungen sind — unabhängig

---

8 Als Grund für eine Emission von Wandelschuldverschreibungen wird neuerdings auch das im Vergleich zu einer sofortigen Kapitalerhöhung durch Aktien höhere Emissionsagio angeführt.

von der im Aktiengesetz vorgeschriebenen 10 %-Klausel (vgl. § 150 AktG) – der gesetzlichen Rücklage zuzuführen.

Obwohl die Unternehmensleitung den Umtauschvorgang durch die Gestaltung der Umtauschbedingungen beeinflussen kann, verbleibt dennoch eine relativ große Unsicherheit über die Ausübung des Umtauschrechts seitens des Obligationärs. Dies ist mit ein Grund, daß trotz der Vorteile, wie vergleichsweise niedrigere Zinsen und steuerliche Abzugsfähigkeit, Wandelschuldverschreibungen in Deutschland bei einer Normalisierung des Kapitalmarktes die traditionellen Finanzierungsinstrumente Aktien und Industrieobligationen nicht verdrängen können[9].

Zu 3:

Bei sogenannten *Optionsbonds*, die – wie gesagt – ein Bezugsrecht auf Aktien beinhalten, fließt der emittierenden Unternehmung zweimal Kapital zu: einmal das ursprüngliche Obligationskapital und zum anderen bei Ausübung der Option ein weiterer Kapitalbetrag für die bezogene Aktie. Mit der Ausgabe der Optionsanleihe wird hier gleichzeitig auf dem Wege der „bedingten Kapitalerhöhung" das Kapital für die nachfolgende Option erhöht. Auch bei Optionsbonds sind die jeweiligen Anleihebedingungen von großer Bedeutung für die Attraktivität der Anleihe. Zu diesen Bedingungen zählt einmal die Festlegung einer bestimmten *Optionsfrist*, d. h. einer Zeit, in der die Aktien bezogen werden können. Außerdem das sogenannte *Optionsverhältnis*, welches angibt, wieviel Optionsbonds erforderlich sind, um eine Aktie zu beziehen. So könnte beispielsweise vereinbart sein, daß 500 DM Optionsbonds erforderlich sind um eine Aktie im Nennwert von 50 DM beziehen zu können. Schließlich muß auch der sogenannte *Optionskurs* fixiert werden, d. h. der Kurs, zu dem die Aktien bezogen werden können. Der Optionskurs kann dabei im Laufe der Zeit fallen oder steigen. Dadurch hat die emittierende Unternehmung es auch hier wieder in der Hand, den Zeitpunkt der Option zu beeinflussen.

Optionsbonds wurden in Deutschland bisher nur selten emittiert.

● Die Finanzierung ohne Effekten: Die Finanzierung mit Schuldscheindarlehen

Im Rahmen der langfristigen Fremdfinanzierung ohne Effekten hat in den letzten Jahren eine besondere Form zunehmend an Bedeutung gewonnen: die Finanzierung mit *Schuldscheindarlehen*.

Unter Schuldscheindarlehen versteht man anleiheähnliche langfristige Großkredite, die in erster Linie von privaten Versicherungsunternehmen, von Trägern der Sozialversicherung und anderen Kapitalsammelstellen, die nicht Kreditinstitute sind, an private Unternehmen, aber auch an Körperschaften des öffentlichen Rechts gegeben werden.

Die Finanzierung vollzieht sich heute in der Regel innerhalb des Bankensystems indem die Hausbank des Kreditnehmers oder ein Bankenkonsortium eingeschaltet wird, um die erforderlichen Unterlagen zu beschaffen, die Kreditwürdigkeit des Kreditnehmers zu überprüfen, besonders aber um die sog. Deckungsstockfähigkeit nachzuweisen.

Unter einem Deckungsstock versteht man einen Prämienfonds, der insbesondere von Lebensversicherungsgesellschaften (vgl. die §§ 54a und 66 des Versicherungsaufsichtsgesetzes) zu bilden ist, um die Ansprüche der Versicherungsnehmer zu sichern. Die Mittel des Deckungsstocks dürfen nur in sog. deckungsstockfähigen Werten (vgl. § 1807 BGB) angelegt werden.

---

9 In Deutschland wurden immerhin zwischen 1964 und 1971 2 295 Mill. DM an Wandelschuldverschreibungen emittiert; das sind ca. 45 % des Volumens an Industrieobligationen im gleichen Zeitraum.

Schuldscheindarlehen, die an Unternehmen der gewerblichen Wirtschaft gegeben werden, sind nur dann deckungsstockfähig, wenn sie den Bedingungen entsprechen, die das „Bundesaufsichtsamt für das Versicherungs- und Bausparwesen" vorgibt. Dazu zählen beispielsweise die Sicherung durch Eintragung von Grundschulden an erster Stelle („dingliche Sicherung"), und eine Beleihungsgrenze von meist 30 % des Wertes der belasteten Grundstücke. Außerdem sollte bei den kreditnehmenden Unternehmen das Verhältnis von Fremd- zu Eigenkapital in der Regel nicht höher sein als 2 : 1.

Die Banken treten — wie bereits erwähnt — bei der Gewährung von Schuldscheindarlehren nur als verwaltende Institutionen in Form eines Treuhänders auf und beziehen dafür meist eine bestimmte Treuhandgebühr. Manchmal übernimmt aber auch die entsprechende Bank eine Vorfinanzierung später gewährter Schuldscheindarlehen.

Schuldscheindarlehen werden ausnahmsweise in Form von Einzelkrediten gewährt, die Regel bilden jedoch meist aus Gründen der besseren Risikostreuung sog. Konsortialdarlehen, bei denen mehrere Kreditgeber beteiligt sind. Außerdem können die hier meist gewährten Großkredite von einem einzelnen Institut nur selten aufgebracht werden. Obwohl Schuldscheindarlehen keine Wertpapiere sind und damit nicht an der Börse gehandelt werden können hat ihnen die Tatsache, daß sie in Teilabschnitten angeboten werden und damit weitgehend gestückelt sind, dennoch eine gewisse Handelsfähigkeit gegeben.

Die rechtliche Übertragung der Forderungen aus dem Schuldschein geschieht durch privatrechtliche Abtretung.

Diese Abtretungen besorgen meist die Banken, die auch die Zins- und Tilgungszahlungen einbeziehen. Die Laufzeit von Schuldscheindarlehen ist meist kürzer als die von Obligationen; sie beträgt in der Regel zwischen acht und fünfzehn Jahren.

Die heutige Beliebtheit der Schuldscheindarlehen als langfristiges Finanzierungsinstrument hatte zunächst einmal eine wesentliche Voraussetzung in der wachsenden Bedeutung der Kapitalsammelstellen in unserer modernen Wirtschaft, die entsprechend ihrer Eigenart ständig darauf bedacht sein müssen, große Kapitalbeträge langfristig anzulegen. Außerdem sollten Schuldscheindarlehen eine Emission ersetzen, was als Folge der Emissionssperre nach 1933 an Bedeutung gewann. Durchgesetzt hat sich diese Form der Finanzierung aber erst nach 1948.

Schuldscheindarlehen bringen sowohl für den Kapitalnehmer als auch für den Kapitalgeber eindeutige Vorteile: Der *Kapitalnehmer* braucht zunächst einmal keine staatliche Genehmigung für die Kapitalaufnahme, außerdem besteht keine Publizitätspflicht. Es entfällt eine ganze Anzahl der bei einer Effektenemission entstehenden Kosten, wie etwa das Ausdrucken der Stücke, die Börsenzulassung und die Börseneinführung; außerdem entfallen etwaige Aufwendungen für Kurspflege, wie sie bei Obligationen manchmal notwendig sind. Statt dessen entstehen relativ geringe Kosten für die Vermittlung (etwa 1/2 bis 2 %) und die Eintragung der Grundpfandrechte. Außerdem kommen hinzu die laufenden Zinsen, die meist leicht über der am Rentenmarkt üblichen Effektivverzinsung liegen.

Weitere Vorteile liegen in der individuellen Gestaltung der Konditionen und der Unabhängigkeit von der jeweiligen Marktverfassung. Während bei Obligationen die Aufnahmefähigkeit des Kapitalmarktes eine große Rolle spielt, können Schuldscheindarlehen entsprechend der Entwicklung des Kapitalbedarfs, d. h. im Zeitablauf etwaiger Investitionsvorhaben, aufgenommen werden. Der Kapitalnehmer hat schließlich zwar nicht das Recht, Schuldscheindarlehen außer zu den festgelegten Terminen zu kündigen, er kann aber Teilabschnitte zurückkaufen und dadurch zusätzlich tilgen.

Nachteilig wirken sich Schuldscheindarlehen für den Kreditnehmer nur dadurch aus, daß die Kreditaufnahme durch die weiter vorne bereits erwähnten institutionellen Schwierigkeiten — in der Regel das Stellen dinglicher Sicherheiten — begrenzt ist. Es kommen deshalb meist nur Unternehmen in Frage, die über großes Anlagevermögen verfügen, wie etwa Unternehmen der Grundstoff- und der Chemischen Industrie oder auch der Automobilindustrie. Außerdem sind die Kapitalgeber meist nur an sehr großen Darlehen interessiert, so daß auch aus diesem Grunde nur Großunternehmen in Frage kommen. Für kleinere und mittlere Unternehmen gibt es bisher noch keine befriedigende Regelung mit Schuldscheinen.

Für den *Kapitalgeber* haben Schuldscheindarlehen den Vorteil, daß wegen der *kleinen* Stückelung der ausgeliehenen Darlehensabschnitte kaum Verwaltungskosten entstehen, daß die Zinsen relativ hoch sind und daß die Darlehen keinen Kursschwankungen unterliegen. Allerdings besteht für die Kreditgeber der Nachteil, daß Schuldscheindarlehen im Gegensatz zu börsengängigen Obligationen nicht an der Börse verwertet werden können.

Schuldscheindarlehen können deshalb liquiditätsmäßige Nachteile und Anspannungen bringen, die man aber durch eine entsprechende Planung und das Aufstellen genauer Tilgungs- und Zinspläne minimieren kann.

Bis vor einigen Jahren hatte das Schuldscheindarlehen in der Form des *Revolving-Systems* — bekannt wurde das „Revolving-System 7 M" von Rudolf Münemann — erhebliche Bedeutung. Darunter ist ein System zu verstehen, in dem ein Kreis von im Zeitverlauf revolvierenden, also neu hinzutretenden und ausscheidenden Kapitalsammelstellen, insbesondere Versicherungen, *kurzfristig* verfügbare Mittel einem Finanzmakler zuleitet, der sie *langfristig* an kapitalsuchende Unternehmen weitergibt. Im Revolvingsystem findet also eine *Fristentransformation* statt.

Da der Kapitalmarktzins gewöhnlich über dem Geldmarktzins liegt, profitieren beide Seiten von diesem System: die *Geldgeber* erhalten einen höheren Zinsfuß als bei einer anderen Anlage auf dem Geldmarkt, die *Kreditnehmer* zahlen einen Zins, der etwas unterhalb dem sonst üblichen Kapitalmarktzinsfuß liegt. Allerdings liegt hierin auch ein gewisses Risiko für den Kreditnehmer. Da die Zinsen jeweils neu ausgehandelt werden, ist die Zinshöhe auf längere Sicht für den Kapitalnehmer nicht zu übersehen. Auf der anderen Seite kann der Kreditnehmer dafür aber auch die Kredithöhe seinen Bedürfnissen anpassen. Durch die Fristentransformation bestehen für den Vermittler schließlich noch bestimmte Zins- und Terminrisiken.

○ Die Finanzierung durch langfristige Lieferantenkredite

Abschließend soll im Zusammenhang mit der Möglichkeit langfristiger Fremdfinanzierung noch das Instrument des Lieferantenkredites erwähnt werden. Langfristige Lieferantenkredite spielen nur in bestimmten Wirtschaftszweigen eine größere Rolle, wie beispielsweise im Dienstleistungsgewerbe. Man denke dabei an die Finanzierung des Inventars von Gaststätten durch Brauereien oder der Einrichtungen von Tankstellen durch

Mineralölgesellschaften. Die Rückzahlung des gewährten Kredites ist meist so geregelt, daß der Kapitalnehmer für Lieferungen des Kreditgebers neben dem üblichen Preis noch einen Zuschlag zu zahlen hat, der eine bestimmte Zins- und Tilgungsrate für den ursprünglich gewährten Einrichtungskredit beinhaltet.

bb) *Die kurzfristige Kreditfinanzierung*

Bei den kurzfristigen Krediten kann man auf der einen Seite den *Lieferantenkredit* und den *Kundenkredit* und auf der anderen Seite die verschiedenen Arten kurzfristiger *Bankkredite* unterscheiden Wir wollen im folgenden auf die einzelnen Kreditarten kurz eingehen.

(1) Der Lieferantenkredit

Von einem Lieferantenkredit spricht man dann, wenn der Lieferant seinem Abnehmer ein bestimmtes Zahlungsziel einräumt. Der Lieferantenkredit ist unter den kurzfristigen Kreditarten der in der Praxis häufigste, eine Tatsache, die vor allem darauf zurückzuführen ist, daß es für ein Unternehmen verhältnismäßig einfach ist, einen solchen Kredit zu erhalten, weil sie insbesondere keine dingliche Sicherheiten zu stellen braucht. Die Sicherstellung des Kredites erfolgt vielmehr meist durch den sogenannten Eigentumsvorbehalt an den gelieferten Waren, in der Praxis oft in Form des sogenannten verlängerten Eigentumsvorbehalts.

Auf der anderen Seite hat jedoch der Lieferantenkredit den großen Nachteil, daß er vergleichsweise teuer ist. Lautet die Zahlungsbedingung beispielsweise: Fälligkeit in 30 Tagen *oder* 2 % Skonto bei Zahlung innerhalb von 10 Tagen, so beläuft sich die Belastung — wenn man das Skonto nicht in Anspruch nimmt und quasi 2 % für nur zwanzig Tage zahlt — auf insgesamt 36,5 % p. a.

Aus diesem Grunde ist es in aller Regel vorteilhafter, billigere Bankkredite aufzunehmen, mit Skonto zu bezahlen und den teueren Lieferantenkredit nicht in Anspruch zu nehmen.

Für die Lieferanten stellt die Gewährung eines Zahlungszieles an den Abnehmer oft ein absatzpolitisches Instrument dar, das bei sonst gleichen absatzwirtschaftlichen Bedingungen besonders dann zu einem wichtigen Wettbewerbsmittel wird, wenn keine Preisnachlässe gewährt werden dürfen.

(2) Der Kundenkredit

Unter einem Kundenkredit versteht man eine Vorauszahlung (Anzahlung) auf die zu liefernden Waren, die gewöhnlich sofort nach Auftragsabschluß vom Besteller zu leisten ist. Diese Art der Finanzierung spielt besonders im *Großanlagengeschäft* eine bedeutende Rolle und soll dem Hersteller besonders im Hinblick auf Spezialanfertigungen eine gewisse Sicherheit dafür geben, daß der Besteller gewillt ist, seinen vertraglichen Verpflichtungen im Hinblick auf Abnahme der Lieferung und Bezahlung des Kaufpreises nachzukommen. Anzahlungen dieser Art dienen dem Hersteller zur *Finanzierung* auftragsgebundener Konstruktions- und Planungsarbeiten, von Ausgaben zur Beschaffung der notwendigen Roh-, Hilfs- und Betriebsstoffe sowie der An- und Zwischenzahlung an Unterlieferanten für Fertigprodukte.

Die Höhe der Anzahlung hängt u. a. von der Länge der Lieferzeit sowie der zeitlichen Aufeinanderfolge etwaiger Zwischenzahlungen ab und schwankt zwischen 15 und 35 % des Auftragswertes. Anzahlungen und Zwischenzahlungen werden bei der endgültigen Übernahme der Lieferung und der Bezahlung des Kaufpreises verrechnet.

Eine Sicherung dieser Vorauszahlungen des Bestellers wird meist durch eine „Anzahlungsgarantie" einer bestimmten Bank realisiert, wonach der Besteller die dem Lieferer geleisteten An- und Zwischenzahlungen zurückerhält, wenn der Hersteller seinen Verpflichtungen nicht nachkommen kann.

(3) Die kurzfristigen Bankkredite

Zu den kurzfristigen Bankkrediten zählen u. a. folgende Kreditarten: Kontokorrentkredit, Diskontkredit, Akzeptkredit, Lombardkredit und Avalkredit.

○ Der Kontokorrentkredit

Unter einem Kontokorrentkredit versteht man einen kurzfristigen Buchkredit von drei bis sechs Monaten, der während der Laufzeit in wechselnder Höhe in Anspruch genommen werden kann.

Da bei dieser Kreditart dem Kreditnehmer gestattet wird, sein Konto bemäß § 355 HGB bis zur Höhe des Kreditbetrages zu überziehen, bezeichnet man den Kontokorrentkredit auch als „Überziehungskredit".

Der Kontokorrentkredit gilt als besonders elastisch, da der Kreditnehmer meist nur auf den ausgenutzten Kreditbetrag Zinsen zahlen muß. Für den nichtausgenutzten Teil der Kreditzusage entstehen dann keinerlei Kosten.

Die Kurzfristigkeit des Kontokorrentkredites besteht oft nur formal, da die Kreditzusage in aller Regel von den Banken prolongiert (verlängert) wird. De facto kann der Kontokorrentkredit zuweilen also auch als langfristiger Kredit gesehen werden. Dennoch sollten Investitionen in das Anlagevermögen oder langfristige Debitorenziele nicht mit Hilfe von Kontokorrentkrediten finanziert werden.

Kontokorrentkredite werden durch Bürgschaften, bevorzugt durch Grundschulden gesichert; daneben kommen Abtretungen von Forderungen und Rechten, Sicherungsübereignungen von beweglichen Sachen oder Verpfändungen von Wertpapieren oder Waren in Frage. Kontokorrentkredite als sogenannte Blankokredite, d. h. ohne zusätzliche Sicherheiten allein auf Grund der persönlichen Lage des Kreditnehmers, werden meist nur an Unternehmer mit einwandfreier Bonität gewährt.

Die *Kosten* bestehen bei dem sogenannten gespaltenen Zinssatz aus den eigentlichen Zinskosten (ca. 1,5 % über dem Diskontsatz der Deutschen Bundesbank) und einer Provision (Kreditprovision, Bereitstellungsprovision, Überziehungsprovision usw.), bei dem sogenannten Nettozinssatz aus dem Bundesbankdiskontsatz und *einem* einzigen Kreditkostenbetrag (etwa 4,5 %–5 % p. a.) für den tatsächlich in Anspruch genommenen Kredit. Je nach Bundesbankdiskontsatz ergibt sich eine Gesamtbelastung für einen Kontokorrentkredit zwischen 7,5 % und 12 %.

○ Der Diskontkredit

Der Diskontkredit ist ein kurzfristiger Wechselkredit, bei dem die kreditgebende Bank Wechsel vor ihrer Fälligkeit ankauft und dem Kreditnehmer den Wechselbetrag unter Abzug von Wechselzinsen (Diskont) gutschreibt.

Durch eine sogenannte Diskontzusage nennt das jeweilige Kreditinstitut den Kreditnehmer den Rahmen, innerhalb dem sie bereit ist, Wechsel zum Diskont hereinzunehmen („Wechseldiskonkontingent"). Allerdings behält sich die Bank in der Regel vor, formell oder materiell zum Diskont nicht geeignete Wechsel vom Ankauf auszuschließen. Jeder eingereichte Wechsel wird also stets auf die Einhaltung bestimmter Rechtsvorschriften überprüft. Dabei sind neben den Vorschriften des Wechselgesetzes vor allem die Formvorschriften der Deutschen Bundesbank für die Rediskontifähigkeit zu beachten.

Als Absicherung für den relativ verbreiteten Diskontkredit genügen meist die strengen Bestimmungen des Wechselrechts.

Zu den Kosten des Wechselkredites ist allgemein festzustellen, daß der Diskontkredit dann billiger ist als der Kontokorrentkredit, wenn es sich bei den Wechseln um bei der Bundesbank rediskontfähige Wechsel handelt. Die *Diskontzinsen* liegen meit 1/2 bis 1 % über dem Diskontsatz der Deutschen Bundesbank und sind um so niedriger, je höher die Wechselsumme ist. Daneben ist noch die *Wechselsteuer* von 0,15 DM pro angefangene 100 DM zu berücksichtigen. Die in früheren Jahren außerdem zu berechnende *Diskontprovision* ist nach Aufhebung der Zinsbindung im allgemeinen weggefallen.

In den letzten Jahren hat es sich in der Praxis eingebürgert, den relativ teueren Lieferantenkredit durch den Wechselkredit zu ersetzen. Dabei stellt der Lieferant einen Wechsel in Höhe des Rechnungsbetrages abzüglich Skonto aus und überläßt seinem Abnehmer als Akzeptant die Verwertung des Wechsels. Der Abnehmer reicht dann diesen Wechsel seiner Bank zum Diskont ein. Die Bank überweist den Wechselbetrag an den Lieferanten und stellt dem Abnehmer den Diskont in Rechnung. Diese Finanzierungsart erweist sich für den Abnehmer deshalb als günstig, weil der von ihm dadurch ausgenutzte Skonto des Lieferanten meist höher ist als der Wechseldiskont der Banken. Sie setzt allerdings voraus, daß der Abnehmer ein ausreichendes Wechseldiskontkontingent bei seinem Kreditinstitut besitzt.

○ Der Akzeptkredit

Unter einem Akzeptkredit versteht man einen kurzfristigen Wechselkredit, bei dem eine Bank einen von ihrem Kunden auf sie gezogenen Wechsel unter der Bedingung akzeptiert, daß der Kunde die Wechselsumme vor Fälligkeit des Wechsels bereitstellt.

Akzeptkredite werden meist nur erstklassigen Kunden („Kunden erster Bonität") gewährt und sie finden heute in erster Linie zur Finanzierung von Außenhandelsgeschäften Anwendung.

Das bei dieser Kreditart dem Kreditnehmer zur Verfügung gestellte Bankakzept kann dieser entweder in Zahlung geben oder sich durch dessen Diskontierung flüssige Mittel beschaffen. Im ersteren Falle eines Akzeptkredites, der hauptsächlich in der Vergangenheit vorkam, handelt es sich materiell gesehen eigentlich nicht um eine Geldleihe, sondern mehr um eine sogenannte Kreditleihe. Heute ist es dagegen üblich geworden, den Wechsel sofort bei der akzeptierenden Bank zu diskontieren, so daß der Kreditnehmer sogleich über den Gegenwert verfügt. Die Bank kann dann ihr eigenes Akzept gegen das anderer Banken eintauschen.

Bei dem Akzeptkredit handelt es sich um ein relativ billiges Finanzierungsmittel. Neben einer *Akzeptprovision* von 1/4 % p. M. und der *Wechselsteuer* von ca. 0,6 % p. a. fallen bei einer sofortigen Diskontierung die weiter oben erwähnten Sätze für Diskontkredite an.

○ **Der Lombardkredit**

Unter einem Lombardkredit versteht man einen kurzfristigen Bankkredit gegen Verpfändung verwertbarer Gegenstände.

Je nach der Art der verwertbaren Gegenstände unterscheidet man u. a.: Effektenlombard, Warenlombard, Wechsellombard, Edelmetallombard, die quasi als „Faustpfand" die Sicherung des Kredits realisieren. Die Höhe eines Lombardkredits richtet sich einmal nach der Art der verpfändeten Waren und einem Beleihungssatz, dessen Höhe bei Waren zwischen 50 % und 65 % schwankt; bei Effekten geht der Beleihungssatz bis zu 90 %. Wegen der technischen Schwierigkeit ist es meist üblich, nicht die Waren selbst, sondern vielmehr die diese repräsentierenden Dokumente (z. B. Konnossemente) zu verpfänden.

Im Gegensatz zum Kontokorrentkredit erfolgt beim Lombardkredit die Zinsberechnung vom insgesamt eingeräumten Kredit, der als fester Betrag gewährt wird und in der Regel in einer Summe zu tilgen ist. Für den nicht in Anspruch genommenen Teil des eingeräumten Kredites vergütet die Bank Habenzinsen, die jedoch niedriger sind als die zu zahlenden Sollzinsen. Dieser sogenannte *echte* Lombardkredit kommt heute in der Praxis nur noch selten vor. Üblich ist vielmehr der sogenannte *unechte* Lombardkredit, bei dem ein Kontokorrentkredit eingeräumt wird, der dann durch die gerade zur Verfügung stehenden Werte abgesichert wird.

Der Lombardzins liegt meist ca. 1 % über dem allgemeinen Diskontsatz; unechte Lombardkredite werden wie Kontokorrentkredite abgerechnet.

○ **Der Avalkredit**

Der an dieser Stelle nur der Vollständigkeit wegen erwähnte Avalkredit ist an sich keine Finanzierungsart, da der Bankkunde und Kreditnehmer kein Geld erhält.

Das jeweilige Kreditinstitut übernimmt beim Avalkredit vielmehr nur eine Bürgschaft oder eine Garantie zugunsten des Kunden.

Das Kreditinstitut verpflichtet sich nämlich gegenüber einem Dritten, für eine Verbindlichkeit des Kreditnehmers dann einzustehen, wenn dieser seinen Verpflichtungen nicht nachkommt. Kommt der Kreditnehmer seinen Verpflichtungen nach, dann wird ein Kredit überhaupt nicht in Anspruch genommen. Man spricht deshalb auch beim Avalkredit von einem „Kreditleihgeschäft".

Für die Übernahme der Haftung berechnet die Bank eine sogenannte Avalprovision, deren Sätze nach Art, Laufzeit und Höhe der Bürgschaft gestaffelt sind und im allgemeinen zwischen 2 und 3 % p. a. liegen.

Die in der Praxis wichtigsten Formen eines Avalkredites findet man als Zollbürgschaft gegenüber einer Zollbehörde, als Frachtstundungsbürgschaft gegenüber der „Deutschen Verkehrs-Bank", die als Hausbank der Deutschen Bundesbahn die Abrechnung der im Rahmen des Frachtstundungsverfahrens zu zahlenden Frachtbeträge vornimmt und schließlich in Form der Übernahme von Garantien bei Gewährleistungsgarantien oder Garantien für Vertragsstrafen.

bc) Exkurs: Die Außenhandelsfinanzierung

Zur Abwicklung von Außenhandelsgeschäften können grundsätzlich auch die bisher erwähnten Kreditarten eingesetzt werden. So ist zuweilen der Kontokorrentkredit, der

Akzeptkredit und sogar der Lombardkredit (Barvorschuß gegen Inkasso von Dokumenten) anzutreffen Es haben sich allerdings zur Finanzierung von Außenhandelsgeschäften spezifische Außenhandelkreditformen herausgebildet, die wir in diesem Zusammenhang hang kurz erwähnen wollen.

(1) Der Rembourskredit

Der Rembourskredit ist ein abgewandelter Akzeptkredit, bei dem die Bank des Exporteurs im Rahmen eines Akkreditivs im Auftrag der Bank des Importeurs eine vom Exporteuer meist auf sie gezogene Tratte akzeptiert. Dieser Akzeptkredit wird dem Exporteuer nicht auf einmal gewährt, sondern vielmehr Zug um Zug gegen Übergabe bestimmter (Verschiffungs-)Dokumente. Bei diesem sogenannten direkten Rembourskredit kann man im chronologischen Ablauf folgende Phasen unterscheiden.

1. Der Importeuer gibt seiner Bank den Auftrag, einen ausländischen Lieferanten (Exporteur) einen Akzeptkredit einzuräumen.
2. Es erfolgt die Akzeptzusage seitens der Importeurbank an den Exporteur, der daraufhin die Waren absendet.
3. Der Exporteuer zieht entweder eine Tratte auf die Importeurbank und gibt diese Tratte zusammen mit den Dokumenten (u. a. Konossement, Versicherungspolice) an seine Bank (Exporteuerbank) oder er zieht unter dem Obligo der Hausbank des Importeurs auf seine Bank.
Einmal kann also die Bank des Importeurs die Funktion der Akzeptbank übernehmen, zum anderen aber auch die Bank des Exporteurs.
4. Die Exporteurbank bevorschußt dem Exporteur die Tratte und gibt sie dann zusammen mit den Dokumenten an die Importeurbank.
5. Die Importeurbank gibt dann die Dokumente gegen Zahlung an den Importeur.

Ein Rembourskredit – wie immer er in der Praxis abläuft – bringt sowohl dem Exporteur als auch dem Importeur gleichermaßen Vorteile: Der Importeuer braucht die gekauften Waren effektiv erst dann zu bezahlen, wenn das Akzept der Importeur- bzw. der Exporteurbank fällig wird; das ist normalerweise erst drei Monate nach Aufnahme der Dokumente der Fall. Der Exporteur dagegen erhält bei Vorlage der Versandpapiere ein Bankakzept, durch dessen Diskontierung er sich sofort flüssige Mittel verschaffen kann.

Bei dem sogenannten indirekten Rembourskredit erfolgt die Akzeptleistung durch eine zusätzlich eingeschaltete Remboursbank, die ihren Sitz in einem dritten Land hat. Der Vorteil dieser Art eines Rembourskredites lag meist darin, daß der Exporteur das Akzept einer solchen Bank – früher waren es meist englische Banken – leichter verwerten konnte.

(2) Der Negoziationskredit

Ein Negoziationskredit ist dann gegeben, wenn eine Bank des Exporteurs eine auf den Importeur gezogene und von den zugehörigen Versanddokumenten begleitete Tratte ankauft. Dabei haben sich im internationalen Bankgeschäft zwei Formen des Negoziationskredites entwickelt:

1. die sogenannte authority to purchase,
2. die sogenannte order to negotiate.

Bei der *„authority to purchase"* erklärt sich die Bank des Importeurs bereit, gegen Übergabe der Dokumente die vom Exporteur auf den Importeur gezogene Tratte anzukaufen bzw. zu bevorschussen. Die Importbank gibt diese Zusage an die Bank des Exporteurs mit der Bitte, bei Vorlage entsprechender Dokumente seitens des Exporteurs die Tratte in voller Höhe oder zum Teil zu bevorschussen und die Dokumente an die Importeurbank zu übersenden. Obwohl die Tratte hier also nur auf den Importeur gezogen ist, ist das Risiko, daß die Tratte nicht eingelöst wird, praktisch nicht gegeben, da von der Importeurbank die Ankaufs- bzw. Bevorschussungszusage vorliegt. Eine solche Zusage wird aber die Importeurbank im Rahmen eines Akkreditivs oder eines „Commercial letter of Credit" nur dann erteilen, wenn eine spezielle Prüfung der Bonität des Importeurs positiv verlaufen ist.

Auch hier liegt der Vorteil für den Exporteur wieder darin, daß er den Exporterlös sofort nach Einreichung der Dokumente erhält und nicht zu warten braucht, bis der Importeur die Dokumente einlöst.

Bei der *„order to negotiate'* wird eine Tratte vom Exporteur auf eine von der Importeurbank bezeichnete Korrespondenzbank im Landes des Exporteurs gezogen. Meist ist diese Korrespondenzbank identisch mit der Hausbank des Exporteurs. Gegen Vorlage der Dokumente wird diese Tratte dann von der Korrespondenzbank entweder sofort diskontiert oder zunächst nur akzeptiert. Wird die Tratte zunächst nur akzeptiert und auf Wunsch des Exporteurs anschließend auch diskontiert, so unterscheidet sich diese Form eines Negotiationskredites kaum mehr vom Rembourskredit. Für die Einlösung der Tratte haftet auch hier wieder die Importeurbank in vollem Umfang.

(3) Der Privatdiskontkredit

Eine weitere Form der Außenhandelsfinanzierung die sowohl zur Finanzierung von Import- als auch von Exportgeschäften dient, ist der sogenannte Privatdiskontkredit. Bei dieser Finanzierungsart zieht beispielsweise ein Importeur eine Tratte auf seine Bank; diese akzeptiert und diskontiert die eingereichte Tratte. Die Bank kann nun ihr Bankakzept an die „Privatdiskont-AG", die den amtlichen Handel mit Privatdiskonten führt, weitergeben. Privatdiskonte sind Akzepte, die von einer Firma erster Bonität ausgestellt, von einer privatdiskontfähigen Bank akzeptiert, auf einem Bankplatz zahlbar sein müssen und meist nur eine Restlaufzeit bis zu 90 Tagen haben dürfen. Privatdiskonte, die zu besonders günstigen Sätzen abgerechnet werden, müssen mindestens über 100 000 DM und höchstens über 1 000 000 DM lauten und entweder nur Laufzeiten von 30–59 Tagen (kurze Sicht) oder von 60–90 Tagen (lange Sicht) haben.

Die Deutsche Bundesbank kauft Privatdiskonte von der Privatdiskont-AG zu normalerweise unter dem offiziellen Diskontsatz liegenden Sätzen. Die Kosten für einen Privatdiskontkredit setzen sich aus den von der Privatdiskont-AG nach Abstimmung mit der Deutschen Bundesbank fixierten Privatdiskontsätzen, aus einer Bearbeitungsgebühr, einer Akzeptprovision (der akzeptierenden Bank) und der Wechselsteuer zusammen.

(4) Die langfristige Außenhandelsfinanzierung: Exportfinanzierung „à forfait"

Finanzierungsprobleme entstehen im Exportgeschäft vor allem auch deshalb, weil die Kreditfristen immer länger werden und politische und wirtschaftliche Einflüsse unvorhersehbare Risiken schaffen. Zur Lösung dieser Probleme sind in Deutschland auf dem Exportsektor Lieferantenkredite der Ausfuhrkredit GmbH („AKA") und der Kreditanstalt für Wiederaufbau (KfW) in Verbindung mit einer „Hermes-Bürgschaft" oder „Hermes-Garantie" („Hermes-Kreditversicherungs-AG" Hamburg) bekannt geworden. Dabei hat ein Exporteur für seine Exportgeschäfte zunächst eine „Hermes-Ausfuhrdeckung" beantragt und sich unter Einschaltung seiner Hausbank über die AKA oder die KfW einen „Lieferantenkredit" beschafft. Danach – und nach Erfüllung einiger zusätzlicher Voraussetzungen – kann sich der Exporteur an eine inländische Finanzierungsgesellschaft – meist seine Hausbank – wenden, um dieser die Restforderung gegenüber dem ausländischen Abnehmer zu verkaufen.

Neben dieser Form der Finanzierung hat sich mit der sogenannten *Forfaitierungsmethode* eine weitere Möglichkeit im Rahmen der Exportfinanzierung aufgetan. Das Charakteristische dieser Methode liegt darin, daß ein Exporteur seine in erster Linie langfristigen Forderungen für die keine „Hermes-Deckung" gewährt wurde bzw. für deren Refinanzierung die Kreditlinien nicht ausreichen oder nicht blockiert werden sollen, an eine Finanzierungsgesellschaft „in Bausch und Bogen" („à forfait") verkauft. Dieser Verkauf wird ohne Regreßpflicht für den Exporteur vorgenommen. Da dabei das volle Risiko auf die Finanzierungsgesellschaft übergeht, finden die Forfaitierungsgeschäfte in aller Regel auf Wechselbasis statt. Dabei wird meist vom ausländischen Importeur ein Solawechsel ausgestellt, der von einer erstklassigen Bank im Lande des Importeurs mit einem Aval versehen wird – bei Ortsgeschäften mit einer Garantie der staatlichen Außenhandelsbank. Der Exporteur gibt diesen Solawechsel seiner Hausbank und diese reichen das Wechselmaterial an ausländische Finanzierungsgesellschaften zum Ankauf weiter. Die ausländischen Forfaitierer refinanzieren sich wiederum, indem sie die Wechsel an risikofreudige Anleger bei entsprechender Rendite weiterverkaufen. Die Kosten dieser Finanzierungsart sind nach Land und Laufzeit verschieden und belaufen sich auf 6 bis 11 % auf den zu finanzierenden Warenwert.

Zusammenfassend könnte man die Forfaitierung auch vereinfacht als regreßloser Verkauf von Auslandsforderungen auf Wechselbasis bezeichnen.

Bei einer abschließenden Betrachtung der Vor- und Nachteile der Fremdfinanzierung bleibt festzustellen, daß die Vorteile neben dem Tatbestand der steuerlichen Abzugsfähigkeit der Zinsen vor allem in einem meist schwachen Mitbestimmungsrecht der Kapitalgeber (Gläubiger) zu den einzelnen Unternehmensentscheidungen liegen. Dagegen kann man als Nachteile aufzeigen, daß das Kapital in der Regel zeitlich begrenzt ist und für riskante Zwecke meist nicht zur Verfügung steht. Fremdkapital ist Ergänzungskapital, d. h. es ist weitgehend abhängig von einer bereits vorhandenen Eigenkapitalausstattung. Als Nachteil ist schließlich noch auf die starre Zinsbelastung hinzuweisen, die unabhängig von der Ertragslage der Unternehmung gleichbleibend fixe Aufwendungen und Ausgaben bedeutet.

c) Die interne Finanzierung

Neben den beiden Formen der externen Finanzierung: Beteiligungs- und Kreditfinanzierung, besteht die zweite große Quelle der Beschaffung von zusätzlichem Geldkapital in der internen Finanzierung, d. h. in erster Linie in der Finanzierung über den Umsatzerlös und darüber hinaus auch durch Liquidation nichtbetriebsnotwendiger Vermögensteile. Wir wollen im folgenden zunächst auf die beiden wichtigsten Formen der internen Finanzierung eingehen, nämlich der Finanzierung aus einbehaltenem Gewinn („Selbstfinanzierung") und der Finanzierung aus Abschreibungen und anschließend dann die weiteren Formen kurz darstellen.

ca) Die Finanzierung aus einbehaltenem Gewinn (Selbstfinanzierung)

Die Finanzierung aus einbehaltenem Gewinn ist für kleinere und mittlere Unternehmen — betrachtet man die bisher erwähnten Formen der Finanzierung — meist die einzige Möglichkeit, ihren Kapitalfonds zu erweitern. Aber auch für Großunternehmen spielt die Selbstfinanzierung eine entscheidende Rolle, da sie heute eine unentbehrliche Voraussetzung für Technisierung Rationalisierung und Automation sowie für angestrebtes Unternehmenswachstum darstellt. Die Möglichkeit der Selbstfinanzierung erlaubt den Unternehmen außerdem eine gewisse Unabhängigkeit vom Kapitalmarkt.

Für die Selbstfinanzierung aus einbehaltenem Gewinn ist zunächst einmal die Höhe des jeweiligen Gewinns sowie die Art und Weise der Gewinnbesteuerung von Bedeutung. Normalerweise verbleibt für eine Selbstfinanzierung nur der um die Ertragssteuern und die Ausschüttungen an die Gesellschafter verkürzte Restgewinn. Dabei muß man zwischen personenbezogenen Gesellschaften auf der einen und Kapitalgesellschaften auf der anderen Seite unterscheiden. Bei Personengesellschaften ist die Frage nach einer generellen Begründung des Verhältnisses zwischen Einbehaltungs- und Ausschüttungsquote schwer zu beantworten. Diese Frage wird nur beantwortet werden können bei Beachtung der von der Unternehmensführung fixierten kurz- und langfristigen Ziele, unter Berücksichtigung eventuell bestehender außerbetrieblicher Finanzierungsalternativen und im Hinblick auf die außerbetrieblichen Möglichkeiten der Gewinnverwendung seitens der Gesellschafter. Entscheiden sich die Gesellschafter einer Personengesellschaft für eine Selbstfinanzierung, so wird der zurückbehaltene Gewinn gewöhnlich unmittelbar den Kapitalkonten gutgeschrieben.

Auch für die Selbstfinanzierungspolitik von Kapitalgesellschaften gilt zunächst einmal das eben erwähnte gleichermaßen: die unternehmungspolitischen Ziele, die in Frage kommenden externen Finanzierungsmöglichkeiten und die Frage des Verhältnisses von Außen- und Innenrendite sind als Kriterien zu beachten. Daneben kommt bei Kapitalgesellschaften, insbesondere bei Aktiengesellschaften noch hinzu, daß bestimmte vom Gesetz vorgesehene Organe in den Gewinnverwendungsprozeß eingeschaltet sind. So können beispielsweise Großaktionäre, die über Sitz und Stimme im Aufsichtsrat einer Aktiengesellschaft verfügen, dadurch ihren Einfluß geltend machen, daß sie als Gesellschaftsorgan an der Beschlußfassung über die Verwendung des Gewinns beteiligt sind. Im Gegensatz zum Kleinaktionär könnten sie bei der Beschlußfassung eine eindeutig betriebsorientierte Entscheidung fällen. Außerdem sind bei Aktiengesellschaften Einflüsse der Selbstfinanzierungspolitik auf Dividende, Börsenkurs und Emissionspolitik zu beachten. Weiterhin müssen steuerliche Überlegungen berücksichtigt werden, da nach § 23 KStG die Körperschaftsteuer in der Regel 56 % des einbehaltenen Gewinns beträgt, während sich die Belastung des ausgeschütteten Gewinns („Ausschüttungsbelastung") nach § 27 KStG auf 36 % beläuft.

Grundsätzlich erfolgt bei Kapitalgesellschaften die Selbstfinanzierung durch Bildung von Rücklagen, wobei man „offene", „stille" und „versteckte" Rücklagen unterscheiden kann. Offene Rücklagen sind in der Bilanz gesondert ausgewiesenes Eigenkapital, wobei die sog. *freien* Rücklagen im Gegensatz zu den bei Aktiengesellschaften vorgeschriebenen *„gesetzlichen"* bzw. *„statutarischen"* die weit größere Bedeutung für die Selbstfinanzierung haben. Nach § 58 AktG können Vorstand und Aufsichtsrat höchstens die Hälfte des um einen Verlustvortrag und die Beiträge zur gesetzlichen Rücklage gekürzten Jahresüberschusses in die freien Rücklagen einstellen. Die Hauptversammlung kann allerdings darüber hinaus im Beschluß über die Verwendung dieses Überschusses weitere Beträge in die freien Rücklagen geben. Neben den freien Rücklagen können außerdem auch die in der Bilanz auszuweisenden „Sonderposten mit Rücklagenanteil" zur Selbstfinanzierung verwendet werden. Da sie bei ihrer späteren Auflösung allerdings das steuerliche Ergebnis erhöhen, tragen sie zum Teil den Charakter von Rückstellungen für die später entstehende Steuerschuld. Bekannt sind hier vor allem „Rücklagen für Preissteigerungen" oder „Rücklagen für Entwicklungshilfe". Zu erwähnen — jedenfalls als eine Möglichkeit der *kurzfristigen* Finanzierung — ist schließlich auch noch der jeweilige Gewinnvortrag.

Neben den bisher genannten Formen der Selbstfinanzierung, die man auch als „offene Selbstfinanzierung" bezeichnen könnte, kennt man außerdem noch die Selbstfinanzierung durch Bildung von sog. stillen und versteckten Rücklagen.

Stille Rücklagen entstehen durch Unterbewertung der Aktiva und sind als zusätzliches Eigenkapital zu betrachten.

Demnach ist eine stille Rücklage immer dann gegeben, wenn der Buchwert unter dem Zeitwert liegt.

Versteckte Rücklagen dagegen entstehen durch Überbewertung der Passiva und sind im Gegensatz zu den stillen Rücklagen in der Bilanz vorhanden.

Da es versteckte Rücklagen in der Regel nur bei Rückstellungen und Valutaverbindlichkeiten geben kann, ist der Umfang der versteckten meist viel kleiner als der der stillen Rücklagen. Es ist hier jedoch darauf aufmerksam zu machen, daß die Unterteilung in *stille* und *versteckte* Rücklagen keine herrschende Auffassung in der Literatur darstellt, daß vielmehr beide Arten meist als stille Rücklagen bezeichnet werden.

Die Selbstfinanzierung hat ohne Zweifel sowohl für mittelständische Unternehmen wie für Großbetriebe gleichermaßen Vorteile, da sie *billig* (keine Zinsen, Tilgungen, Emissionskosten), *sicher* (keine starren Verpflichtungen), *schnell* (ohne zeitraubende Kredit- oder Kapitalerhöhungsverhandlungen) und *bequem* (keine Kontroll- und Mitwirkungsrechte; keine Machtverschiebung) ist. Daneben wird man die finanziellen Mittel aus internen Quellen eher für risikoreiche Investitionen einsetzen können. Auf der anderen Seite hängt natürlich diese Form der Finanzierung von einem in ausreichendem Maße zur Verfügung stehenden Gewinn ab, wie er insbesondere bei Klein- und Mittelbetrieben meist nicht vorhanden ist. Daneben verweist man in der Literatur auf die Gefahr einer „Überfinanzierung" hin, da relativ leicht und billig zu erhaltenes Geldkapital dem notwendigen Kapitalbedarf nicht immer entsprechen würde. Die Folge davon seien betriebswirtschaftlich nicht mehr zu rechtfertigende Investitionen. Ein ähnliches Argument stellt schließlich die Behauptung dar, daß die Selbstfinanzierung der Gefahr einer Kapitalfehlleitung ausgesetzt sei, da die aus einbehaltenem Gewinn finanzierten Investitionen der Kontrolle des Kapitalmarktes entzogen seien. An diesen beiden zuletzt aufgezeigten Gefahren der Selbstfinanzierung könnte deshalb etwas Wahres dran sein, weil durch die Finanzierung aus einbehaltenem Gewinn die institutionellen Kontrolleinrichtungen (u. a. Kreditwürdigkeitsprüfungen bei Fremdfinanzierungen) sowie der Verzinsungs- und Rückzahlungszwang nicht zum Tragen kommen und die Neigung der Unternehmung zu relativ unsicheren Investitionen mit fehlender Kostenbelastung wachsen könnte. Allerdings haben wir bereits für Klein- und Mittelbetriebe erwähnt, daß die Durchführung einer Selbstfinanzierung meist an fehlendem Gewinn scheitern wird; für Großunternehmen sollten Rentabilitäts- und Wirtschaftlichkeitsrechnungen vor Durchführung einer jeden Investition gerade diese Bedenken zerstreuen können.

cb) Die Finanzierung aus Abschreibungserlösen

Bei der Finanzierung aus Abschreibungsgegenwerten geht man davon aus, daß die über den Produktpreis hereinkommenden Abschreibungserlöse, die an sich für die verschleißbedingte Erneuerung der Anlagengüter, d. h. in der Regel für die Ersatzbeschaffung vorgesehen sind erst später zu effektiven Ausgaben werden, da im Zeitpunkt des Rückflusses die Anlagengüter noch nicht ersetzt werden müssen.

Wir haben es hier also mit einer *vorübergehenden* Kapitalfreisetzung zu tun. Investiert man diese zwischenzeitlich freigesetzten Beträge, so ergibt sich zwangsläufig eine Kapazitätserweiterung, ohne daß eine Zuführung neuer Mittel von außen erfolgt ist. Diese Kapazitätserweiterung ist aber nun nicht — wie man vielleicht glauben könnte — nur vorübergehender Art, sondern sie ist unter bestimmten Voraussetzungen sogar dauerhafter Natur, da als Folge einer laufenden Reinvestition eine Altersumschichtung des Anlagenbestandes eintritt: an Stelle einer aus völlig neuen Anlagen bestehenden Erstausstattung erhalten wir in einem sog. Gleichgewichtszustand einen Anlagenbestand, der sich auf alle Altersstufen verteilt. Der Buchwert der einzelnen Anlage muß dann im Durchschnitt immer gleich der Hälfte des Neuwertes sein. Da man außerdem bei dieser Betrachtung die Prämisse einer laufenden Reinvestition angefallener Abschreibungserlöse unterstellt, bleibt der Buchwert des gesamten Maschinenparks stets auf der gleichen, seiner anfänglichen Höhe. Durch die Feststellung, daß der Buchwert der Anlagen im Durchschnitt gleich der Hälfte des Neuwertes ist und durch die Prämisse des durch eine laufende Reinvestition der Abschreibungserlöse immer gleichbleibenden Buchwertes des gesamten Maschinenparks, müssen nach Abschluß des Abschreibungsprozesses doppelt soviel Anlagen vorhanden sein wie am Anfang.

Eine weitere Prämisse unterstellt, daß jedes Aggregat in jeder Periode seiner gesamten Nutzungszeit die gleiche Leistung erbringt. Man spricht in diesem Zusammenhang auch von der sog. *Periodenkapazität*, d. h. von der Anzahl an Nutzungen, die von einer Anlage während der Periode abgegeben werden können. Diese Prämisse führt aber damit zur Feststellung, daß mit einer Verdoppelung der Maschinenzahl gleichzeitig auch eine Verdoppelung der Periodenkapazität verbunden ist. Die sog. *Totalkapazität* dagegen, d. h. der in dem jeweils bestehenden Maschinenbestand noch vorhandene Nutzungsvorrat, bleibt stets gleich, da die verbrauchten Nutzungen wieder durch die laufenden Reinvestitionen ersetzt werden. Dabei wird allerdings unterstellt, daß der Abschreibungsverlauf dem Nutzungsverlauf entspricht.

Zur Demonstration des bisher Gesagten diene folgendes Beispiel:

Ein *Einproduktunternehmen* beginnt mit einem Anfangsbestand von zehn Aggregaten, die jeweils einen Anschaffungswert von 1 000 DM haben sollen. Die Nutzungsdauer pro Maschine beträgt der Einfachheit wegen 5 Jahre und der Abschreibungssatz bei unterstellter linearer Abschreibung also 20 %.

Die Periodenkapazität jedes Aggregats beträgt 200 Leistungseinheiten und die Totalkapazität also insgesamt 1 000 Einheiten pro Maschine.

Jahre	Anzahl der Maschinen			Gesamtwert der Maschinen	jährliche Abschreibung Ende des Jahres	Reinvestition Anfang des nächsten Jahres	Periodenkapazität
	Zg.	Abg.	Best.				
1	0	0	10	10 000	2 000	2 000	2 000
2	2	0	12	10 000	2 400	2 000	2 400
3	2	0	14	9 600	2 800	3 000	2 800
4	3	0	17	9 800	3 400	3 000	3 400
5	3	0	20	9 400	4 000	4 000	4 000

Bis zum 5. Jahr also wächst der Maschinenpark und damit auch die Periodenkapazität auf das Doppelte. Im beginnenden 6. Jahr jedoch fallen nun die 10 ursprünglich angeschafften Maschinen (Erstausstattung) aus und aus den letztjährigen Abschreibungserlösen werden 4 neue Aggregate hinzugekauft, so daß der Bestand im sechsten Jahr nun 14 Maschinen beträgt:

6	4	10	14	9 400	2 800	3 000	2 800
7	3	2	15	9 600	3 000	3 000	3 000
8	3	2	16	9 600	3 200	3 000	3 200
9	3	3	16	9 400	3 200	3 000	3 200
10	3	3	16	9 200	3 200	4 000	3 200
11	4	4	16	10 000	3 200	3 000	3 200
12	3	3	16	9 800	3 200	3 000	3 200

Der Maschinenpark steigt also ab dem 6. Jahr genau wie die Periodenkapazität wieder bis zum 8. Jahr und umfaßt dann insgesamt 16 Maschinen mit einer Periodenkapazität von 3 200 Einheiten. Diese Maschinen- und Periodenkapazität hält der Anlagenpark dann konstant bei.

Man sieht an diesem Beispiel, daß unter bestimmten Voraussetzungen die Periodenkapazität sich bis zum 5. Jahr verdoppelt hat und danach immerhin noch auf 60 % ihres Ausgangswertes steigt. Der Zustand ab dem 8. Jahr könnte man auch als einen Gleichgewichtszustand bezeichnen, der dadurch charakterisiert ist, daß die Maschinen eine gleichmäßige Altersverteilung (ein- bis fünfjährige Maschinen) aufweisen und daß sich nun Zu- und Abgänge jeweils ausgleichen, oder mit anderen Worten, daß jetzt die Abschreibungen gerade zum Ersatz ausreichen. Der Kapazitätserweiterungseffekt ist also ein einmaliger Vorgang, der danach in den Gleichgewichtszustand überführt wird.

In der Literatur zur Investitionstheorie hat man aus dem Verhältnis der gesamten Nutzungsdauer (n) zur mittleren Kapitalbindungsdauer eine Formel entwickelt, die die Erweiterung der jeweiligen Periodenkapazität unter den gegebenen Voraussetzungen festlegt. Dieser sog. *Erweiterungsmultiplikator* lautet:

$$2 \cdot \frac{n}{n+1}$$

oder anders ausgedrückt:

$$\frac{2}{1+\frac{1}{n}}$$

Mit zunehmendem n nimmt auch die Steigerung der Periodenkapazität zu, im Grenzfall bis auf das Doppelte der ursprünglichen Kapazität. Beträgt aber beispielsweise n gleich 1, so ist der Erweiterungsmultiplikator auch gleich 1 und es tritt damit keine Erweiterung ein.

Bei der vorliegenden Form der internen Finanzierung handelt es sich nicht um eine Finanzierung über den Gewinn. Das verfügbare Vermögen der Unternehmung hat sich nämlich nicht geändert, da sich der Buchwert in der Bilanz bei direkter Abschreibung ebenfalls nicht geändert hat. Verändert hat sich vielmehr nur die Vermögensstruktur, denn der Buchwert verteilt sich nun auf eine größere Anzahl von Maschinen. Da in diesem Falle keine Veränderung des Bilanzbildes erfolgt ist, läßt sich in der Praxis ein Erweiterungseffekt von einem Bilanzkritiker nur schwer erkennen. Lediglich bei indirekter Abschreibung ließe sich aus der Höhe des ausgewiesenen Anlagevermögens die Steigerung der Periodenkapazität bei laufender Reinvestition erkennen.

Der Kapazitätserweiterungseffekt, der bereits 1867 in einem Briefwechsel zwischen *Karl Marx* und *Friedrich Engels* — es ging damals um das Problem der Kapazitätserweiterung einer Spinnerei — beschrieben wurde, wird in der Fachliteratur auch als „*Lohmann-Ruchti-Effekt*" bezeichnet, obwohl man ihn der Priorität entsprechend auch „*Marx-Engels-Effekt*' nennen könnte. Wir wollen in unserer Untersuchung den Ausdruck *Kapazitätserweiterungseffekt* beibehalten, da dieser wohl am aussagefähigsten ist.

Man hat den „Kapazitätserweiterungseffekt besonders in der Praxis oft als „graue Theorie" abqualifiziert, obwohl er beim Vorliegen der zum Teil bereits erwähnten Voraussetzungen voll wirksam ist. Sind jedoch nicht alle Voraussetzungen bzw. nur ein Teil davon in der Praxis gegeben, so gilt dennoch das obige Modell in seiner Konzeption mit der Einschränkung, daß dann der Erweiterungseffekt eben entsprechend kleiner ist. Wir wollen im folgenden deshalb einmal die wichtigsten Prämissen im Hinblick auf ihre Wirklichkeitsnähe überprüfen:

(1) Der Kapazitätserweiterungseffekt unterstellt zunächst einmal unveränderte Anschaffungspreise während des gesamten Prozesses. Diese Prämisse erscheint allerdings besonders bei langfristiger Betrachtungsweise relativ unrealistisch. In Wirklichkeit werden Preissteigerungen im Beschaffungsmarkt den Erweiterungseffekt mindern.

(2) Man unterstellt bei diesem Modell eine identische Reinvestition, d. h. man klammert jeglichen technischen Fortschritt aus. Auch diese Voraussetzung erscheint in unserer Zeit unwirklich. Im Gegensatz zur ersten Prämisse wird aber durch die wirklichen Verhältnisse hier der Erweiterungseffekt positiv berührt, da man unterstellen kann, daß die im Zeitablauf neuinvestierten Anlagen leistungsfähiger sein werden.

(3) Die Prämisse „verdienter" Abschreibungen, d. h. die Forderung, daß die Erlöse die Aufwendungen decken, kann bei Ausweitung der Periodenkapazität nur dann als realistisch gelten, wenn eine entsprechende Absatzsteigerung vorliegt. Eine Kapazitätserweiterung ohne eine analoge Erweiterung der Absatzmöglichkeiten erscheint wirtschaftlich nicht als sinnvoll. Die Investitionspolitik der Unternehmung wird sich also nicht nach den Kapazitätserweiterungsmöglichkeiten richten, sondern in erster Linie nach dem potentiellen Absatz.

(4) Die in dem Modell unterstellte relativ große Teilbarkeit der Anlagen ist natürlich bei Klein- und Mittelbetrieben weniger gegeben als bei Großunternehmen, insbesondere als bei Konzernunternehmen. Je größer die Teilbarkeit der Anlagen ist und je kontinuierlicher eine Reinvestition erfolgen kann, desto größer ist der Erweiterungseffekt. Wenn wir in unserem obigen Beispiel statt 10 Maschinen zu je 1 000,— DM nur ein Großaggregat von 10 000,— DM zur Verfügung hätten, dann wäre überhaupt keine Kapazitätserweiterung in unserem Sinne möglich.

(5) Es wird weiterhin unterstellt, daß das zurückfließende Geldkapital auch tatsächlich für Kapazitätserweiterungszwecke zur Verfügung steht. In Wirklichkeit benötigt die Unternehmung jedoch auch zusätzliches Anlagevermögen (Grundstücke/Gebäude), auf jeden Fall aber zusätzliches Umlaufvermögen (Vorräte/Forderungen), die ebenfalls aus den Abschreibungserlösen zu finanzieren sind. Vielleicht ist man außerdem auch darauf angewiesen, das über den Umsatz zurückfließende Kapital für Fremdkapitalzinsen oder für die Tilgung der aufgenommenen fremden Mittel zu verwenden. Der Kapazitätserweiterungseffekt jedenfalls wird durch eine jede zusätzliche Belastung zurückfließender Mittel negativ beeinflußt.

(6) Die im Modell unterstellte konstante Leistungsfähigkeit während der gesamten Lebensdauer ist für die meisten Aggregate in der Praxis unrealistisch. Im allgemeinen sinkt die Leistungsfähigkeit mit zunehmender Lebensdauer, wodurch eine Abschwächung des Erweiterungseffektes eintritt.

(7) Im Modell wird die lineare Abschreibung unterstellt. Geht man dagegen von der linearen auf die insbesonders in der Handelsbilanz von Aktiengesellschaften (aber auch in der Steuerbilanz) mögliche und auch meist praktizierte degressive Abschreibung über, so geht der Abschreibungsverlauf dem Nutzungsverlauf voraus oder anders ausgedrückt: die mittlere Kapitalbindungsdauer ist — da der Geldrückfluß sich nun rascher vollzieht — kürzer als die mittlere Nutzungsdauer. Als Folge dieser degressiven Abschreibung verstärkt sich also der Erweiterungseffekt. Dabei wird sich außerdem nicht nur die Periodenkapazität erweitern sondern es kann sich auch um eine Erweiterung der Totalkapazität handeln. Allerdings handelt es sich bei einer solchen „Überabschreibung" nicht mehr um unseren obigen Kapazitätserweiterungseffekt im engeren Sinne, sondern wir haben es dann durch das Leben stiller Rücklagen mit einer Finanzierung aus Gewinnbestandteilen zu tun. Man könnte auch von einer „verdeckten Selbstfinanzierung" sprechen, da sich der Betrag des zu investierenden Geldkapitals vergrößert, ohne daß dies in den Buchwerten zum Ausdruck kommt. Mit dem zusätzlich investierten Kapital wächst dann der insgesamt vorhandene Nutzungsvorrat und damit zugleich die Totalkapazität.

Man spricht im Zusammenhang mit der Finanzierung aus Abschreibungserlösen auch von einem sog. *Kapitalfreisetzungseffekt*. Man versteht darunter die Möglichkeit, durch einen stufenmäßigen Ausbau der Kapazität zu erreichen, daß sich ab einem bestimmten

Zeitpunkt eine reibungslose Reinvestition aus Abschreibungserlösen realisieren läßt, und daß daneben bestimmte nicht mehr benötigte Abschreibungsgegenwerte dauernd freigesetzt werden. Das folgende Beispiel möge diesen Sachverhalt verdeutlichen:

Eine Unternehmung plant für die nächsten *fünf* Jahre den Aufbau eines Anlagenparks von *fünfzig* Aggregaten und kauft deshalb zunächst 10 Maschinen und dann nach und nach weitere Anlagen jeweils in der Anzahl von zehn zu Beginn des 2., 3., 4. und 5. Jahres. Jede Maschine kostet 100 DM und hat eine Nutzungsdauer von fünf Jahren. Es wird lineare Abschreibung unterstellt.

Die folgende Übersicht zeigt die Entwicklung der Abschreibungen, Ersatzbeschaffungen und der darüber hinaus verfügbaren liquiden Mittel:

Jahresende	jährliche Abschreibung	Summe der jährlichen Abschreibungen	Reinvestition	„freigesetzte" (verfügbare) liquide Mittel
1	200	200	–	200
2	400	600	–	600
3	600	1 200	–	1 200
4	800	2 000	–	2 000
5	1 000	3 000	1 000	2 000
6	1 000	3 000	1 000	2 000
⋮	⋮	⋮	⋮	⋮
usw.				

Bei einem „stufenweisen" Aufbau unseres Anlagenparks entsteht also ein dauernd freigesetzter Betrag von 2 000,– DM. Diesen Betrag könnte die Unternehmung nun entweder für zusätzliche Investitionen verwenden oder aber auch – vom ersten Jahr der Freisetzung an – auf einem Bankkonto ansammeln. Die Unternehmung würde dadurch einen zusätzlichen Zinsgewinn erhalten.

cc) Die Finanzierung aus langfristigen Rückstellungen

Bei der Finanzierung aus langfristigen Rückstellungen handelt es sich meist um Pensionsrückstellungen. Der in der Regel nur einmalige Finanzierungsvorgang entsteht dadurch, daß bestimmte Unternehmen auf Grund von Pensionszusagen über viele Jahre oder gar Jahrzehnte durch meist jährliche Zuführung zu den Rückstellungen einen Kapitalfonds ansammeln, der – bevor die Pensionen endgültig ausgezahlt werden müssen – zwischenzeitlich zur Finanzierung verwandt werden kann. Mit dem Eintreten der ersten Versicherungsfälle nehmen die Zuführungen zu den Pensionsrückstellungen langsam ab, die Abgänge für auszuzahlende Renten zu. Nach dreißig bis vierzig Jahren wird dann ein Zustand eintreten, bei dem die Pensionszahlungen für die aus der Unternehmung ausgeschiedenen Arbeitnehmer im Durchschnitt etwa den Zuführungen für die noch aktiv tätigen Mitarbeiter entsprechen. Von diesem Zeitpunkt an ist eine weitere Finanzierung von Investitionen aus Pensionsrückstellungen nicht mehr möglich. Die früher angesammelten Mittel jedoch werden auch dann noch nicht alle auf einmal benötigt und können weiter in der Unternehmung verbleiben. Diese vorwiegend in den ersten Jahren freigesetzten Mittel werden allerdings dann früher gebraucht, wenn durch eine etwaige Verringerung des Personalbestandes oder durch eine unerwartet lange Lebensdauer der Pensionierten die Zahlungen der Unternehmung größer sind als die Zuführungen zu den Rückstellungen.

Für die Anlage vorübergehend freigesetzter Beträge gilt insbesondere für mittlere Unternehmen, daß sie einen Teil der Pensionsrückstellungen in leicht liquidierbaren Vermögensgütern, wie etwa börsengängige Wertpapiere, halten sollten, damit sie bei zufällig häufenden Versorgungsfällen nicht in Liquiditätsschwierigkeiten kommen.

cd) Die Finanzierung durch Vermögensumschichtung im engeren Sinne

Bei der Finanzierung durch Vermögensumschichtung handelt es sich um eine *interne* Finanzierungsmethode, die sich konkret in zwei Formen zeigt:

1. in einer Freisetzung betriebsnotwendiger Vermögensteile durch Rationalisierung, und
2. im Verkauf nicht-betriebsnotwendiger Vermögensgegenstände.

Bei der Kapitalfreisetzung durch *Rationalisierungsmaßnahmen* geht es darum, das weiterhin gleiche Produktions- und Umsatzvolumen mit einem geringeren Kapitaleinsatz als bisher durchzuführen und damit Kapitalbeträge für andere Finanzierungszwecke freizusetzen. Man denkt dabei beispielsweise an Rationalisierungsmaßnahmen im Einkauf (gute Einkaufsdispositionen führen zu geringeren Lagerbeständen), in der Fertigung (durch Normung und Typung sowie durch eine Verminderung der Lagerdauer von Halb- und Fertigungsprodukten wird weniger Kapital gebunden) und im Vertrieb (Rationalisierungseffekte durch Aussonderung von nicht-gängigen Produkten aus dem Sortiment), wodurch man insgesamt gesehen bei gleichem Umsatz einen vergleichsweise geringeren Kapitaleinsatz benötigt. Hat ein Unternehmen zum Beispiel seither einen Umsatz von 1 Mill. DM mit einem Kapitaleinsatz von 500 000 DM erzielt, so hat sich damit das Kapital in der Planperiode zweimal umgeschlagen. Wenn man nun durch verschiedene Rationalisierungsmaßnahmen die Umschlagsgeschwindigkeit auf vier erhöhen könnte, so bedeutet das, daß der nach wie vor gleiche Umsatz mit einem Kapitaleinsatz von nur 250 000 DM durchgeführt werden kann, daß also die Hälfte des ursprünglichen Einsatzes für andere Finanzierungszwecke frei würde.

Eine Finanzierung durch *Verkauf nicht-betriebsnotwendiger Vermögensteile*[10], wie beispielsweise nicht-genutzter Grundstücke oder Fabrikhallen, wird meist nur in Zeiten angespannter Liquiditätslage oder rückläufiger Konjunktur für die Unternehmung eine vorübergehende Finanzierungshilfe darstellen.

d) Betriebswirtschaftliche Beurteilung der Finanzierungsquellen

Versucht man abschließend die bisher erwähnten Finanzierungsquellen miteinander zu vergleichen, so sollen zunächst rein quantitative Faktoren herangezogen werden. d. h. es sollen in erster Linie *Kostengesichtspunkte* beim Vergleich berücksichtigt werden. Im Hinblick auf das damit gleichzeitig angesprochene Kriterium der Wirtschaftlichkeit der jeweiligen Finanzierungsquelle müßte die Grundregel lauten:

---

10   Eine Form interner Finanzierung könnte man auch im sog. *Sale-and-Lease*-back-Verfahren sehen, wobei ein Unternehmen seine ihm gehörenden Verwaltungsgebäude an eine Leasing-Gesellschaft verkauft („Sale") und diese gleichzeitig wieder mietet ("Lease").

Der Finanzbedarf einer Unternehmung ist durch diejenige Finanzierungsart zu decken, die insgesamt gesehen den geringstmöglichen Aufwand (Kosten) verursacht.

Nach diesem Kriterium haben zunächst einmal die internen Finanzierungsquellen gegenüber den externen den Vorteil, daß keine Kapitalbeschaffungskosten (Emissionskosten bei der Ausgabe von Aktien und Obligationen) anfallen, und daß im allgemeinen keine laufenden Zins- und Dividendenkosten entstehen. Man sollte sich jedoch von der weitverbreiteten Ansicht freimachen, daß überhaupt keine Kapitalkosten anfallen. So sollte man auch bei denjenigen internen Finanzierungsquellen, bei denen keine effektive Kostenbelastung entsteht mit sog. Opportunitätskosten rechnen. Damit bezeichnet man die Erträge, die einer Unternehmung dadurch entgehen, daß sie auf einen anderweitigen Einsatz des Kapitals *außerhalb* der Unternehmung verzichtet. Wir haben es hier also mit einer Art Marktzins in Form des Habenzinses zu tun.

Vergleicht man unter Kostengesichtspunkten innerhalb der externen Finanzierung die Eigen- und Fremdfinanzierung miteinander, so muß man bei der Fremdfinanzierung den *Zins* und die sonstigen Kapitalkosten (Provisionen und Gebühren) betrachten; die vergleichbaren Kosten bei der Eigenfinanzierung bestehen beispielsweise bei der Aktiengesellschaft aus der zu zahlenden Dividende. Eine Unternehmung wird von der Fremdfinanzierung im allgemeinen immer dann Gebrauch machen, wenn dadurch die Rendite des Eigenkapitals gesteigert wird. Das ist aber gerade der Fall, wenn der Gewinn je investierter Kapitaleinheit höher ist als der Kostensatz für das Fremdkapital. Beträgt der Investitionsgewinn pro Kapitaleinheit beispielsweise 10 % und der Kostensatz für das Fremdkapital unter Einbeziehung der Zinsen und der Kapitalbeschaffungskosten gleich 7 %, so wird durch den zusätzlichen Einsatz von Fremdkapital gleichsam auch die Rendite des Eigenkapitals erhöht[11]. Außerdem ist bei einer Renditeberechnung für das Fremdkapital noch zusätzlich zu beachten, daß die Fremdkapitalzinsen steuerlich abzugsfähig sind. Folgendes einfaches Beispiel möge diesen Sachverhalt näher erläutern.

	Alternative I: Eigenfinanzierung	Alternative II: gemischte Eigen- und Fremd- finanzierung
Investitionssumme	100 000	100 000
Finanzierungsart	Eigenkapital	Eigenkapital: 40 000 Fremdkapital: 60 000 (zu 10 % Fremdkapitalzinsen)
Investitionsgewinn: abzüglich	25 000	25 000
Fremdkapitalkosten	—	6 000
zu versteuernder Gewinn	25 000	19 000
bei 50 % Gewinnbesteuerung	12 500	9 500
Nettogewinn	12 500	9 500

---

11 Die Erhöhung der Eigenkapitalrentabilität durch Fremdfinanzierung von Investitionen, deren Gesamtkapitalrentabilität *über* dem Fremdkapitalzins (Sachzins > Marktzins) liegt, bezeichnet man in der angelsächsischen Literatur auch als *„Leverage-Effekt"*.

Errechnet man sich mit diesen Werten die jeweilige Rendite, bezogen auf das *Eigenkapital*, so ergibt sich für die Alternative I (Finanzierung mit Eigenkapital):

$$\frac{12\,500 \cdot 100}{100\,000} = 12,5\,\%,$$

und für die Alternative II (gemischte Finanzierung):

$$\frac{9\,500 \cdot 100}{40\,000} = 23,75\,\%.$$

Durch einen zusätzlichen Einsatz von Fremdkapital steigt also die Rentabilität des vorhandenen Eigenkapitals.

Betrachtet man die Fremdfinanzierung für sich, so wird man auch hier wieder — jedenfalls unter Kostengesichtspunkten — die Finanzierungsart bevorzugen, die am billigsten ist. Vergleichsweise billig ist hier zunächst der *Diskontkredit*, dessen Zinsbelastung einschließlich aller Nebenkosten gewöhnlich unter 6 % — bei Großunternehmen noch darunter — liegt. Danach folgen die langfristigen Kredite in Form der *Obligationen*. Der Zinssatz liegt hier heute zwischen 6 und 8 %, wozu noch die Emissionskosten kommen. *Langfristige Darlehen* sind je nach Fristigkeit und Sicherung zu einem Zinssatz zwischen 8 und 15 % zu erhalten. Im Vergleich dazu werden *Schuldscheindarlehen* allerdings zu einem etwas günstigeren Zinssatz gewährt, dessen Höhe in etwa dem der Obligationen entspricht. Durch das Einsparen von Emissionskosten ist hier die Gesamtbelastung sogar noch günstiger als bei der Emission von Obligationen. In der Rangordnung der Zinshöhe folgt dann der *Kontokorrentkredit*, bei dem man einen allerdings weitstreuenden Durchschnittswert von 9 % unterstellen kann — für Überziehung bereitgestellter Kredite werden oft sogar bis zu 12 % belastet. Am teuersten für die Unternehmung erweist sich die Nichtausnutzung von Skonto im Rahmen des *Lieferantenkredits*.

Bei der Wirtschaftlichkeitsbetrachtung im Rahmen der *Fremdfinanzierung* sind neben den eigentlichen Zinskosten natürlich auch die Kosten der rechtlichen Sicherung, die dem Kreditnehmer regelmäßig angelastet werden, zu beachten. Man denke hier etwa an die Möglichkeit der Sicherungsübereignung, der Forderungsabtretung oder an die Eintragung von Pfandrechten an Immobilien bzw. Mobilien, wobei zum Teil erhebliche Gebühren anfallen.

Eine rein quantitative Betrachtung allein reicht jedoch beim Vergleich verschiedener Finanzierungsquellen meist nicht aus, um eine endgültige Entscheidung zu treffen. Berücksichtigt werden müssen vielmehr eine Reihe *qualitativer* Kriterien, die in ihrer Vielfalt allerdings an dieser Stelle nicht vollständig abgehandelt werden können. Vergleicht man unter Berücksichtigung nicht-quantifizierbarer Faktoren die interne und die externe Finanzierung, so hat auch hier die interne Finanzierung eindeutige Vorteile: Bei der internen Finanzierung haben wir es in aller Regel mit *dauerhaftem* Kapital zu tun, da — sieht man einmal von den Pensionsverpflichtungen ab — keine Rückzahlungsverpflichtungen bestehen. Die Unternehmung ist außerdem durch die Möglichkeit der internen Finanzierung unabhängig vom Kapitalmarkt; sie kann jederzeit investieren, ohne vorher lange mit den Kapitalgebern verhandeln zu müssen. Da sie nicht — wie etwa bei der Fremdfinanzierung — bestimmten Kreditgebern unmittelbar verantwortlich ist, kann sie die intern gebildeten Mittel auch für risikoreiche Investitionen verwenden. Bei einer Finanzierung aus einbehaltenem Gewinn schließlich wird die finanzielle Widerstandsfähigkeit und damit meist auch die Kreditwürdigkeit gegenüber Banken und sonstigen Finanzierungsinstituten erheblich gesteigert.

Berücksichtigt man diese Vorteile bei einer Finanzierungsentscheidung und bezieht die — wenn überhaupt — relativ geringe Kostenbelastung der internen Finanzierung mit in die Wahlhandlung ein, so müßte man im Finanzierungsbereich als Faustregel vorgeben:

Es sind zunächst sämtliche internen Finanzierungsmöglichkeiten auszuschöpfen ehe man Kapital von außen bezieht.

Bei einem Vergleich zwischen Eigen- und Fremdfinanzierung ist in diesem Zusammenhang darauf zu verweisen, daß auch dann, wenn die Fremdfinanzierung vielleicht kostengünstiger erscheint, jede Unternehmung aus Sicherheitsgründen zunächst einmal mit Eigenkapital finanziert sein muß, da sonst die Aufnahme von Fremdkapital nicht möglich ist. Die Einstellung von Fremdkapital hängt zu einem Teil also von der Bonität der Eigenkapitalausstattung ab, zum anderen aber auch von den von den Gläubigern verlangten dinglichen Sicherheiten, wobei in der meist üblichen Beleihungsgrenze von 40 bis 60 % des Zeitwertes der Vermögensgüter eine gewisse Grenze besteht. Außerdem gibt es für eine Unternehmung insbesondere in der Zeit nach der Gründung einen Finanzbedarf dadurch, daß sehr viele Investitionen immaterieller Art durchzuführen sind, wie etwa den Aufbau einer Innen- und Außenorganisation oder die Durchführung von Werbekampagnen. Diese Investitionen können meist deshalb nur mit Eigenkapital finanziert werden, da sie keinen Beleihungswert haben. Eine gewisse Grundausstattung mit Eigenkapital ist also für jede Unternehmung eine zwingende Notwendigkeit.

Sind besonders bei stark expandierenden Unternehmen die internen Finanzierungsquellen nicht ausreichend und ist die Verschuldungsgrenze für eine Aufnahme von Fremdkapital bereits erreicht, so bleibt schließlich für Einzelunternehmen, Personengesellschaften und kleinere Gesellschaften mit beschränkter Haftung nur noch die Möglichkeit einer *Umwandlung* in eine andere im Hinblick auf die Finanzierung begünstigtere Rechtsform, die Zugang zum Kapitalmarkt hat und dadurch die Möglichkeit einer Beschaffung von zusätzlichem Eigenkapital bietet.

e) Exkurs: **Finanzierungsähnliche Vorgänge: Leasing und Factoring**

In den letzten Jahren sind in Deutschland hauptsächlich zwei neue Finanzierungsformen aufgetaucht, die wir deshalb als finanzierungsähnliche Vorgänge bezeichnet haben, da sie in der Lage sind, bestimmte Finanzierungsprobleme der Unternehmung zu erleichtern bzw. zu lösen. Es handelt sich dabei um die Verfahren „Leasing" und „Factoring", auf die wir im folgenden etwas näher eingehen wollen.

ea) *Leasing*

Wenn man einführend unter dem Begriff des Leasing zunächst ganz allgemein das Mieten von Wirtschaftsgütern versteht, so ist der Grundgedanke eines solchen Mietverfahrens relativ alt. Bereits 1877 beschloß die „Bell Telephone Company" in den USA, ihre Telefonapparate nicht zu verkaufen, sondern zu vermieten. Andere Unternehmen schlossen sich an. Dennoch dauerte es fast hundert Jahre bis im Jahre 1952 in San Francisco (USA) die „United States Leasing Corperation" als erste spezielle Leasing-Gesellschaft gegründet wurde. Leasing wurde in den USA „marktgängig". In Deutschland wurde mit der „Deutschen Leasing GmbH" im Jahre 1962 die erste Gesellschaft ihrer Art errichtet. Danach wurden weitere Leasing-Gesellschaften — am Anfang meist unter direkter oder indirekter Beteiligung amerikanischer Leasing-Unternehmen, später durch deutsche Großunternehmen der Investitionsgüterindustrie und der Banken — gegründet. Heute gibt es in Deutschland[12] ca. 325 Leasing-Gesellschaften, von ihnen sind jedoch nur 50 von größerer Bedeutung. Die 1971 entstandene „*Deutsche Leasing AG*" in Frankfurt galt mit 20 000 Kunden, über 40 000 vermieteten Maschinen und rund 200 Mitarbeitern Ende 1972 als größtes deutsches Leasing-Unternehmen.

Der Begriff des Leasing ist nicht eindeutig. Im weiteren Sinne kann man darunter das Vermieten von Sachanlagengegenständen verstehen, wobei als Vermieter die jeweiligen Hersteller (direktes Leasing) oder besondere Leasing-Gesellschaften (indirektes Leasing) fungieren können. Im engeren Sinne dagegen versteht man unter Leasing nur das Verpachten durch spezielle Leasing-Unternehmen.

Gegenstand eines Leasing-Vertrages können einmal bewegliche Sachgüter, wie Büromaschinen, Büromöbel, Fahrzeuge und etwa auch Werkzeugmaschinen, sein — man spricht dabei auch von „*Equipment-Leasing*" (Ausrüstungsvermietung) —, oder es kann sich bei dem Mietobjekt um bebaute Grundstücke in Form von selbständig arbeitenden Industrieanlagen, Zweigfabriken, Produktions- und Versorgungsanlagen, Büro- und Verwaltungsgebäuden handeln — man bezeichnet dies auch mit „*Plant-Leasing*" (Anlagenvermietung). Während beim ersteren Fall des Leasing die Dauer des Leasing-Vertrages in der Regel bei 3 bis 5 Jahren liegt, beträgt die Laufzeit beim „Industrieanlagen-Leasing" meist bis zu 30 Jahren.

Man unterscheidet schließlich noch in „*Operating-Leasing*" und „*Financial-Leasing*" auf der einen Seite und in „*Term-Leasing*" und „*Revolving-Leasing*" auf der anderen Seite. Während die erste Unterscheidung nach dem Verpflichtungscharakter der Mietverträge im Hinblick auf die Kündigung erfolgt — beim „Financial-Leasing" ist im Gegensatz zum „Operating-Leasing" eine Kündigung innerhalb der Grundmietzeit nicht möglich — handelt es sich beim „Term-Leasing" um das Vermieten von Einzelobjekten auf eine bestimmte Zeit, beim „Revolving-Leasing" dagegen um das Austauschen der gemieteten Objekte in gewissen Zeitabständen.

Das Charakteristikum des Leasing liegt zunächst einmal darin, daß bestimmte Sachanlagen nicht gekauft, sondern gemietet werden. An die Stelle der Zahlung der Kaufpreise für die Anlagen tritt also eine laufende Mietzahlung, die so bemessen ist, daß während der gesamten Laufzeit des Mietvertrages der Anschaffungspreis und ein Aufschlag, der die laufenden Kosten des Vermieters (Zinsen, Steuern, Verwaltungskosten usw.) und den Gewinn umfaßt, an die Leasing-Gesellschaft vergütet werden. Die Mietzahlungen, die

---

[12] In Köln ist der Sitz des „Bundesverbandes Deutscher Leasing-Gesellschaften e. V.", in Brüssel sitzt der europäische Dachverband („LEASEUROPE") von 15 nationalen Leasing-Verbänden.

monatlich, viertel-, halb- oder ganzjährig vereinbart werden können, werden in der Praxis als gleichmäßige oder fallende Raten festgelegt. Ihre Höhe ist abhängig von der Laufzeit des Vertrages und vom Objektwert, und zwar in der Weise, daß bei längerer Laufzeit das höhere Delkredererisiko und der höhere Zinsaufwand und bei großen Mietobjekten der vergleichsweise geringere Verwaltungsaufwand berücksichtigt werden können. Wird der Leasing-Vertrag vom Mieter über die Grundmietzeit hinaus verlängert, so verringert sich die Miete unter Berücksichtigung der steuerlichen Vorschriften meist um einen Bruchteil des ursprünglichen Betrages.

Geht man davon aus, daß es in der Praxis üblich ist, eine Anzahlung in Form einer einmaligen Erhöhung der ersten Mietrate zu verlangen, so kann man folgende Mietsätze im Durchschnitt angeben[13]:

1. Anzahlung: 0 bis 10 % des Anschaffungswertes,
2. laufende Montasmiete bei einer Laufzeit von
   drei Jahren: 3,20 bis 3,70 %,
   vier Jahren: 2,60 bis 3 %,
   fünf Jahren: 2,20 bis 2,60 %,
3. Verlängerungsmieten: 1/20 bis 1/10 der Grundmietsätze.

Unter Berücksichtigung dieser Kostenarten ergeben sich bei einer Mietdauer von drei Jahren Gesamtmieten von 125—133 % des Anschaffungswertes, bei vier Jahren Mieten von 135—144 % und bei fünf Grundmietjahren sogar 145—155 %. Ein Mieter einer Anlage muß also mit einer Gesamtmiete kalkulieren, die im Durchschnitt um 25 bis 55 % den Anschaffungswert übersteigt. Außerdem muß er sämtliche Lasten des Eigentums übernehmen, er trägt die Gefahr des zufälligen Unterganges, die Kosten für die Versicherung und übernimmt die Verpflichtung, die Anlagen in ordnungsmäßigem Zustand zu erhalten.

Fragt man nach den Vor- und Nachteilen des Leasing, so resultiert daraus die zentrale Frage: Ist es günstiger ein Anlagengut zu kaufen oder zu mieten? Bei der Beantwortung dieser Frage spielen zunächst Finanzierungsüberlegungen (Leasing hat den Effekt einer 100 %igen Fremdfinanzierung) und Liquiditätsbetrachtungen eine entscheidende Rolle. Beim Kauf eines Anlagengutes entstehen einmalig hohe Anschaffungskosten, während beim Mieten laufende Mietraten zu zahlen sind. In absoluten Zahlen betrachtet sind die Mietzahlungen in ihrer Gesamtheit zwar größer als die Anschaffungsausgaben beim Kauf, dafür liegen aber die Ausgaben beim Kauf am Anfang der Nutzungsperiode, während sich die Mietraten gleichmäßig über die Mietdauer verteilen. Um die beiden Alternativen vergleichen zu können, müßte man deshalb den Gegenwartswert der Mietraten ermitteln. Außerdem gilt es bei einem Kostenvergleich zu berücksichtigen, ob die Güter bei der Kaufalternative mit Eigen- oder mit Fremdkapital finanziert werden sollen.

Wir haben am Anfang dieses Abschnittes Leasing als finanzierungsähnlichen Vorgang bezeichnet:

Es werden zwar keine finanziellen Mittel bereitgestellt, durch Leasing wird jedoch zunächst Geldkapital eingespart.

---

[13] Vgl. dazu: Hagenmüller, K., F., (Hrsg.), Leasing-Handbuch, 3. Aufl., Frankfurt 1973, S. 80. Die hier angegebenen Durchschnittswerte können im Einzelfall erheblich voneinander abweichen.

Damit wird auch gleichzeitig ein Vorteil des Leasing aufgezeigt, der darin besteht, daß durch einen zunächst vergleichsweise geringen Einsatz an eigenen bzw. fremden Mitteln die *Liquidität* des mietenden Unternehmens nicht belastet wird. Auf der anderen Seite könnte damit allerdings auch der Nachteil verbunden sein, daß durch das Eingehen von zunächst nicht belastenden Leasing-Verpflichtungen spätere Belastungen durch laufende Mietzinsen und Kosten in ihrer Wirkung nicht richtig vorausgesehen werden, wodurch in späteren Zeiten Liquiditätsschwierigkeiten auftreten können.

Gegenüber einer Finanzierung mit Fremdkapital hat das Leasing-Verfahren auch deshalb Vorteile, da bei einer Fremdfinanzierung die Kapitalgeber meist auf bestimmte Sicherheiten achten und darüber hinaus Beleihungsgrenzen von 30 bis 50 % in der Regel nicht überschreiten. Fremdfinanzierungen setzen also meist bereits vorhandene, durch vorherige Eigen- oder Selbstfinanzierung beschaffte Vermögensgüter voraus. Das ist beim Leasing zunächst einmal nicht notwendig. Der Vermieter finanziert das Investitionsobjekt praktisch zu 100 % ohne Beleihungsgrenze. Aus diesem Grunde erscheint Leasing vor allem für die Unternehmen von Bedeutung, die einen Engpaß im Eigenkapital aufweisen. Zu beachten ist auf der anderen Seite jedoch, daß gerade beim Leasing-Verfahren die Kreditwürdigkeit des Mieters besonders sorgfältig untersucht wird, so daß aus diesem Grunde insbesondere die langfristige Anlagenvermietung nur für sehr große, vor allem auch gut fundierte Unternehmen, in Frage kommt.

Darüber hinaus hat das Leasing-Verfahren den Vorteil, daß die gemieteten Anlagen nicht aktiviert werden (Leasing ist „bilanzneutral") und die aus dem Mietvertrag erwachsenden Verpflichtungen nicht passiviert zu werden brauchen[14]. Bei einer Finanzierung mit Fremdkapital dagegen wird sich die Bilanzstruktur: Eigen- zu Fremdkapital verschlechtern, was sich bei Aufnahme neuer Kredite in der Kreditwürdigkeit negativ auswirken könnte. Allerdings müssen auch Leasing-Verträge von größerer Bedeutung im Geschäftsbericht erwähnt werden. Ob und inwieweit steuerliche Vorteile beim Leasing überwiegen, kann generell nicht beantwortet werden. Da die Mietraten steuerlich voll als Aufwendungen abgesetzt werden können, ist Leasing nur dann steuerlich vorteilhaft, wenn die Laufzeit des Leasing-Vertrages kürzer ist als die steuerlich zulässigen Abschreibungsfristen. Dabei sind ferner die *Höhe der Steuersätze* und die in der Steuerbilanz zulässigen *Abschreibungsverfahren* als Entscheidungskriterien zu beachten.

Schließlich fallen beim Leasing keine investitionsbezogenen Steuern (Gewerbesteuer, Vermögensteuer) an; außerdem wird die Gefahr der technischen Überalterung eingeschränkt.

Zusammenfassen ist festzustellen, daß für die Entscheidung Barkauf oder Miete in jedem Fall eine sorgfältige *Wirtschaftlichkeitsrechnung* aufzustellen ist, in die sämtliche rechenhafte Faktoren eingehen. Dabei sollte auch berücksichtigt werden, daß beim Leasing im Gegensatz zum Kauf der Mieter nicht über den Restwert der gemieteten Anlage verfügen kann; ist der Restwert vergleichsweise hoch, so spricht das zweifelsohne für einen

---

14 Auch nach dem Grundsatzurteil des Bundesfinanzhofs (IV R 144/66 v. 26. 1. 1970) braucht das Mietobjekt weiterhin nicht beim Mieter aktiviert zu werden, wenn bei der Festlegung der Mietraten die *Verlängerungszeit* entsprechend den Vorstellungen des „Leasing-Erlasses" vom 19. 4. 1971 („Mobilien-Erlaß") gestaltet wird. Die Verlängerungsmieten müssen danach entsprechend dem *linearen Restbuchwert* (lt. amtl. AfA-Tabellen) bzw. dem niedrigeren *„gemeinen Wert" und der Restnutzungsdauer* berechnet werden. Vgl. dazu u. a.: Bordewin, A., Leasing im Steuerrecht, Stuttgart–Wiesbaden 1976.

Kauf. Schließlich sollte beachtet werden, daß — je nach Vertragsgestaltung — das Risiko der technischen Überalterung und der Marktveränderungen durch Auswechseln und Erneuerung der Mietobjekte in gewissen Zeitabständen gemindert werden kann und daß das Funktions- und Bereitschaftsrisiko in Form von Reparatur- und Wartungsverträge ebenfalls auf den Vermieter abgewälzt werden kann.

Nach Ablauf der Mietdauer kann der Mieter das Mietobjekt zurückgeben, er kann den Vertrag verlängern, das Objekt kaufen oder ein technisch verbessertes und neues Gut mieten. Welche Alternative gewählt werden sollte, kann generell nicht beantwortet werden. Genausowenig können die letzthin entscheidenden Motive in verallgemeinernder Art und Weise aufgezeigt werden. Neben Finanzierungs-, Liquiditäts- und Risikoüberlegungen, die als bevorzugte Gründe für das Leasing angesehen werden müssen, gibt es außerdem noch eine Reihe anderer, meist qualitativer Gründe, die jedoch an dieser Stelle nicht alle erwähnt werden können.

Die Wachstumschancen der Leasing-Branche in der Bundesrepublik werden von allen Seiten als überdurchschnittlich gut bezeichnet. So schätzt das „Ifo-Institut für Wirtschaftsforschung" in München die jährlichen Zuwachsraten ab 1979 auf etwa 20 — 30 %. Nach Aussagen dieses Instituts soll sich das Ende 1978 auf ca. 37 bis 39 Milliarden DM verleaste Anlagevermögen in der Bundesrepublik in den nächsten fünf Jahren verdoppeln. Spektakuläre Großprojekte, wie das von einem Leasing-Konsortium unter Führung der fünf größten deutschen Kreditinstituten im Auftrag der „Rheinisch-Westfälischen Elektrizitätswerke" (RWE) und der „Bayernwerke AG" für rund *vier* Milliarden DM finanzierte Kernkraftwerk im bayrischen Grundremmingen, werden in Zukunft vermehrt durch Leasing-Gesellschaften finanziert werden. Auch der Blick in die USA, wo zur Zeit die Gesamtinvestitionen mit 17–20 % — bei uns etwa 5 % — per Leasing finanziert werden, zeigt die zukünftigen Marktchancen. Die „American Association of Equipment Lessors" schätzt, daß das gesamte Leasinggeschäft von zur Zeit etwa 60 bis 80 Milliarden Dollar bis 1985 auf etwa 150 Milliarden Dollar anwachsen wird.

Weiter an Bedeutung gewinnen wird in Zukunft insbesondere der sog. Second-hand-Markt vor allem für gebrauchte EDV-Anlagen; ähnlich interessant wird sicherlich auch auf Dauer das Sale-and-Lease-back-Geschäft, bei dem Unternehmen Vermögensgegenstände an eine Leasing-Gesellschaft verkaufen und sie gleichzeitig zurückmieten. So haben beispielsweise die „Thyssen AG" und die „Conti Gummi AG" ihre Hauptverwaltungsgebäude an eine Leasing-Gesellschaft verkauft und diese sofort wieder gemietet.

eb) **Factoring**

Bei dem in den USA entwickelten und über England 1959 nach Deutschland[15] gelangtem Factoring handelt es sich um ein Verfahren, bei welchem ein sog. Factor oder eine Factoringgesellschaft Verträge mit Industrie- und Handelsunternehmen abschließt und sich darin verpflichtet, alle offenen Buchforderungen aus Warenlieferungen und Dienstleistungen anzukaufen, zu verwalten, einzuziehen und für die Zeit zwischen Ankauf und Geldeingang zu bevorschussen.

---

15 In Deutschland betreiben das Factoring-Geschäft u. a.: die „Deutsche Factoring Bank", Bremen, die „Heller Factoring Bank AG" Mainz, und die „Inter Factor Bank AG", Mainz. Insgesamt gibt es zur Zeit etwa 20 einschlägige Unternehmen.

Die Factoring-Gesellschaft kauft dabei nicht die einzelne Forderung des Vertragspartners, sondern übernimmt aus Gründen der Arbeitsvereinfachung täglich oder wöchentlich *sämtliche* Buchforderungen auf Grund eines Rahmenvertrages. In der „amerikanischen" Form des Factoring übernimmt der Factor mit der Forderungsabtretung gleichzeitig auch das volle Kreditrisiko („Delkredere-Risiko"), nicht jedoch das Garantie- oder Gewährleistungsrisiko. Im Gegensatz dazu wurde bei der in Deutschland üblichen Form des Factoring in der Regel das Kreditrisiko nicht vom Factor übernommen; er behält sich vielmehr das Recht vor, nicht einzutreibende Forderungen zurückzubelasten. In der Zwischenzeit gibt es auch bei uns Firmen, die das Kreditrisiko übernehmen.

Bei der praktischen Handhabung des Factoring-Verfahrens sind die Industrie- und Handelsunternehmen entweder verpflichtet, auf ihren Rechnungen an ihre Kunden zu vermerken, daß die Zahlungen nur an bestimmte Factoringgesellschaften zu leisten sind („offenes" bzw. „notifiziertes" Verfahren), oder die Industrie- und Handelsunternehmen ziehen als Treuhänder der Factoring-Gesellschaft die Forderungen selbst ein und sind verpflichtet, sämtliche geleisteten Anzahlungen und Zahlungen sofort an den Factor weiterzuleiten. Da bei diesem Verfahren dem Schuldner des Industrie- oder Handelsunternehmens nicht bekannt ist, daß sein Partner mit einer Factoring-Gesellschaft zusammenarbeitet, bezeichnet man diese Art auch als „stilles" Verfahren („nicht-notifiziertes" Verfahren). Beim „stillen" Verfahren richten die Factoring-Gesellschaften meist ein Konto bei der Hausbank ihres Vertragspartners ein, auf das dann dessen Debitoren ihre Zahlungen leisten. Dieses Konto wird nach außen hin nicht als Konto der Factoring-Gesellschaft gekennzeichnet. Heute überwiegt das „offene" Factoring.

Beim Factoring-Verfahren handelt es sich um die Ausgliederung einer an sich typischen Unternehmensfunktion (Prüfung und Überwachung der Kreditwürdigkeit des Abnehmers, Debitorenbuchhaltung, Inkassodienst mit Mahnwesen, Erstellung von Fakturen usw.), die für den Factoring-Kunden folgende Vorteile bringt:

1. Der Kunde erhält meist ohne besondere Formalitäten für alle Warenlieferungen und Dienstleistungen eine zwischen 80 und 90 % der Forderungen liegenden Bevorschussung. Es entfallen also für das Unternehmen die Außenstände, und es vermindert sich das betriebsnotwendige Vermögen und der entsprechende Kapitalbedarf. Factoring hat also finanzierungsähnlichen Charakter, da es sich eigentlich um den *Verkauf* von Vermögensgegenständen handelt.
   Die Tatsache, daß der Kunde nur bis zu 80 bzw. 90 % seiner Forderungen sofort bevorschußt bekommt — die Differenz bis zu 100 % wird von dem Factor einem sog. Sperrkonto gutgeschrieben — ist darauf zurückzuführen, daß eventuelle Rechnungsabzüge durch Mängelrügen, Retouren und Skonti abgefangen werden können, ohne daß eine umständliche Rückübertragung von zuviel gewährten Vorschüssen notwendig ist.
2. Die Factoring-Gesellschaft übernimmt die gesamte Debitorenbuchhaltung: sie verbucht und stimmt ab, erstellt Rechnungen, zieht Forderungen ein, mahnt und klagt. Dadurch, daß solche Gesellschaften meist eine sehr große Anzahl von Kundenkonten führen, lohnt sich der Einsatz spezieller elektronischer Datenverarbeitungsanlagen, die die Debitoren weitaus rationeller überwachen können als die Buchhaltungsverfahren beim Kunden der Factoring-Gesellschaft.

Der mit der Übernahme der Debitorenbuchhaltung vom Factor meist angebotene relativ preiswerte Service ist mit ein Grund für die Beliebtheit des Factoring.
3. Bei der amerikanischen Form des Factoring — neuerdings auch in Deutschland — übernimmt der Factor das volle Kreditrisiko. Die Gesellschaften legen deshalb Wert darauf, daß sämtliche Forderungen — auch die mit einem vergleichsweise geringen Delkredere-Risiko — mit einbezogen werden. Außerdem übernimmt der Factor das Risiko dann nicht, wenn die Kontrolle der Kreditwürdigkeit negativ ausgefallen ist.
4. Manche Factoring-Gesellschaften erstellen für ihre Kunden gleichzeitig umfangreiche Absatz- und Umsatzstatistiken, die oft nach Artikelgruppen, Vertreterbezirken und Abnehmergruppen differenziert sind und dadurch der Unternehmung wichtige Absatzinformationen übermitteln. Andere Nebenleistungen im betrieblichen Rechnungswesen, im Rahmen von Marktuntersuchungen und Marktbeobachtungen sind denkbar.

Durch die Bevorschussung der Forderungen entsteht den Factoring-Gesellschaften ein enormer Kapitalbedarf, der meist im Rahmen des langfristigen Kreditgeschäftes von Banken übernommen wird. Eine Reihe von Kreditinstituten betreibt das Factoring-Geschäft selbst, andere haben Factoring-Gesellschaften gegründet.

Die *Kosten* des Factoring setzen sich einmal aus den üblichen *Zinsen* für Bankkredite im Hinblick auf die Bevorschussung der Forderungen und einer *Factoringgebühr* für die Dienstleistungen zusammen. Die Zinsen werden für die Zeit festgestellt, die zwischen dem Tag der Vorschußgewährung und dem durchschnittlichen Fälligkeitstag für die Forderungen liegt. Meist wird der für den Kontokorrentkredit übliche Zinssatz berechnet. Als Gebühren errechnet man einen Prozentwert vom monatlichen Nettoumsatz — meist 0,5 bis 2 % — (manchmal auch zwischen 0,5 und 3 % der *Brutto*rechnungsbeträge), wobei u. a. die Umsatzhöhe, die Anzahl der Rechnungen, die eingeräumten Zahlungsziele, die Bonität der Debitoren und der Umfang der Mängelrügen und Preisnachlässe Kriterien für die endgültige Fixierung der Factoringgebühr sind. Für das Gewähren von Sonderleistungen seitens des Factors (u. a. Erstellen von Absatzstatistiken, Umsatzsteuerberechnungen) werden zusätzliche Gebühren berechnet.

Eine Entscheidung für oder gegen das Factoring kann nur im Einzelfall auf der Basis einer *Wirtschaftlichkeitsrechnung* erfolgen. Dazu sind die oben erwähnten Kosten mit den Vorteilen des Factoring für den Unternehmer zu vergleichen. Dabei sind bei den Vorteilen nicht nur quantitative Faktoren, wie etwa die ertragsbringende Anwendung des durch das Factoring freigesetzten Kapitals, ins Kalkül zu setzen, sondern es sind auch überwiegend qualitative Tatbestände zu berücksichtigen, wie beispielsweise die Entlastung der Unternehmung durch das Fehlen einer Debitorenbuchhaltung oder teilweise auch die Risikominderung durch einen nicht-vorhersehbaren Debitorenausfall.

5. Die Finanzierungsregeln und ihre Bedeutung für das finanzielle Gleichgewicht der Unternehmung

Eine Unternehmung befindet sich dann im finanziellen Gleichgewicht, wenn der sog. Kapitalfonds ausreicht, um in jedem Zeitpunkt das aus der Differenz der Einzahlungs- und Auszahlungsreihen resultierende Volumen des Kapitalbedarfs zu decken.

Dabei ist an dieser Stelle uninteressant — da bereits von uns näher besprochen — aus welchen Quellen die Kapitalzufuhr erfolgt.

Damit die Unternehmung jederzeit im finanziellen Gleichgewicht ist, hat man in Literatur und Praxis sog. *Finanzierungsregeln* entwickelt, die quasi als Hilfsinstrumente oder Faustregeln die jeweiligen Finanzierungsmaßnahmen so kombinieren sollen, daß eine ideale Finanzierungsstruktur geschaffen wird. Von dieser Idealstruktur erwartet man spezifische Einflüsse, die die Unternehmung vor einem finanziellen Ungleichgewicht bewahren sollen.

Finanzierungsregeln sind einerseits aus dem Bedürfnis des Unternehmers heraus entstanden, mit Hilfe von Faustregeln eine gewisse Gesetzmäßigkeit in die „Kunst des Finanzierens" zu bringen, andererseits ist eine Quelle für diese Regeln im Bemühen der Kreditabteilungen der Banken zu sehen, Entscheidungskriterien dafür zu finden, ob ein Kredit nachsuchendes Unternehmen in seiner Finanzierungsstruktur so gesund ist, daß der Kredit gewährt werden kann. Besonders die letztere Quelle erscheint uns als Ausgangspunkt der folgenden Betrachtung mitentscheidet: Es handelt sich nämlich bei den sog. Finanzierungsregeln nicht — wie man vielleicht glauben könnte — um bestimmte Richtlinien an die die Finanzierung geknüpft ist, sondern meist um eine nachträgliche Beurteilung von Finanzierungsmaßnahmen durch Dritte auf Grund von Bilanzen bzw. um eine generelle Beurteilung der Finanzstruktur einer Unternehmung durch außenstehende Dritte. Wer nun diese Regeln als maßgebend akzeptiert bzw. wer damit rechnet, daß seine Bilanz einmal zu einem späteren Zeitpunkt auf Grund derartiger Regeln beurteilt wird, der kann möglicherweise bereits bei den vorausgehenden Finanzierungsmaßnahmen auf diese späteren Ziele vorsorgend hinarbeiten. Meist wird von diesen Unternehmen eine bewußte Bilanzpolitik betrieben, oder, um einen Ausdruck aus der englischen Bankpraxis zu gebrauchen, ein bewußtes „window-dressing", d. h. mit einem Blick auf diese Regeln wird das „Schaufenster" der Unternehmung „dekoriert".

Ohne daß wir Anspruch auf Vollständigkeit erheben wollen, sollen an dieser Stelle einige der bekanntesten Finanzierungsregeln dargestellt und kurz kritisiert werden[16]. Für die meist dem *„Prinzip der Fristenkongruenz"* entsprechenden Finanzierungsregeln gibt es verschiedene Einteilungskriterien. Wir wollen diese Regeln danach unterteilen, ob sie die *Kapitalstruktur* der Unternehmung betreffen — man spricht auch von *„vertikalen Proportionssystemen"* oder ob es sich um Regeln über die Finanzierung des *Vermögens* handelt — hier spricht man auch von *„horizontalen Proportionssystemen"*.

a) Vertikale Proportionsregeln (Kapitalstrukturregeln)

Es gibt in Literatur und Praxis eine Anzahl von Regeln, die sich mit der betriebswirtschaftlich richtigen vertikalen Proportion der Kapitalteile beschäftigen. Meist wird die sog. 1:1-Regel genannt, d. h. ein Verhältnis von 1:1 in der Beziehung von Eigen- zu Fremdkapital gefordert. Manchmal wird auch ein Verhältnis von Fremd- und Eigenkapital von 2:1 als betriebswirtschaftlich sinnvoll bezeichnet.

Diese meist in Form eines Mindestanspruchs formulierten Regeln stimmen allerdings meist mit der Finanzierungspraxis nicht überein. Der Grund dafür liegt einmal in der Tatsache, daß durch die Kapitalverluste insbesondere im zweiten Weltkrieg und die danach einsetzende Phase eines stürmischen

---

[16] Nicht zu den betrieblichen Finanzierungsregeln zählen die in jüngster Zeit so häufig genannten Kennzahlen der Finanzanalyse: *„Gewinn pro Aktie"*, *„Cash Flow"* (tatsächlich erwirtschaftetes Geldkapital) und *„Working Capital"* (finanzieller Fonds *nach* Deckung der kurzfristigen Verbindlichkeiten durch das Umlaufvermögen).

Wiederaufbaus mit nachfolgender Expansion die meisten Unternehmen mit einer Firnanzierungsstruktur begannen, in der das Eigenkapital oft nur 10 bis 20 % des Gesamtkapitals ausmachte. Wohl haben sich in der Zwischenzeit diese Relationen zum Teil erheblich verbessert, sie sind jedoch in großem Umfang von der oben genannten Idealstruktur noch immer entfernt. Das Fremdkapital überwiegt bei weitem, wenn auch wesentliche Teile des vorhandenen Eigenkapitals durch die „stille" Selbstfinanzierung nicht sichtbar werden.

Außerdem werden bei diesen Finanzierungsregeln die jeweiligen *Wirtschaftzweige* (für die heutige *Bank*praxis wird beispielsweise ein Verhältnis von 1:3 als zulässig angesehen), die spezifische *Vermögenstruktur* (Unternehmen mit eigenem Grundbesitz sollten mindestens 30 %, Unternehmen in gemieteten Räumen mindestens 50 % des Gesamtkapitals in Form von Eigenkapital haben), die jeweils aktuelle *Kapitalmarktlage* (Kosten für Eigen- bzw. Fremdkapital) und damit die *Wirtschaftlichkeit*, sowie die *Risiko- und Gewinnaussichten* und die *Unabhängigkeit* des Unternehmers nicht berücksichtigt. Die „vertikalen" Finanzierungsregeln sind deshalb für eine optimale Finanzierungspolitik nur bedingt brauchbar, da sie zu allgemein und wenig aussagefähig sind.

b) Horizontale Proportionsregeln (Bindungsregeln)

ba) Die sogenannte goldene Finanzierungsregel

Man bezeichnet diese Verhaltensregel oft auch als „klassische Finanzierungsregel" oder auch als „goldene Bankregel". Die letztere Bezeichnung rührt daher,

> *daß als alte Bankregel, quasi als ungeschriebenes Gesetz der Kreditwirtschaft gilt, daß kurzfristige Mittel grundsätzlich nur kurzfristig ausgeliehen und langfristige Kredite nur aus langfristig aufgenommenen Gelder gewährt werden sollen.*

Wir wollen in diesem Zusammenhang nicht untersuchen, ob sich die Banken immer an die Regel halten — es gibt Autoren, die behaupten, die Banken würden sich nicht nur nicht in Sonderfällen, sondern auch nicht im Regelfall daran halten — sondern wir wollen zunächst einmal die Übertragung dieser Vorstellung auf Unternehmen der gewerblichen Wirtschaft formulieren. Danach lautet die „goldene Finanzierungsregel":

> *Aufgenommenes Fremdkapital soll nicht langfristiger als bis zu seinem Rückzahlungstermin investiert werden.*

Oder anders ausgedrückt: Langfristige Vorhaben sollte man nicht mit kurzfristigen Mitteln finanzieren, um im Zeitpunkt der Fälligkeit dieser Mittel nicht in Schwierigkeiten zu kommen. Dabei stellt man auf das *einzelne* Investitionsobjekt ab und fragt, wie muß dieses Objekt finanziert werden, damit die Bindungsdauer des Kapitals mit der Überlassungsdauer übereinstimmt. Man spricht in diesem Zusammenhang auch von einer objektbezogenen Betrachtung.

Die mit dieser Finanzierungsregel geforderte Entsprechung von Kapitalbindungs- und Kapitalüberlassungsfristen vernachlässigt die Tatsache, daß bestimmte Investitionen zwar kurzfristig sind, sofort nach ihrer Wiedergeldwerdung aber eine sog. Anschlußinvestition erforderlich machen. In einem solchen Fall ist zwar eine Rückzahlung des Fremdkapitals möglich; es entsteht jedoch gleichzeitig eine finanzielle Lücke, da die Anschlußinvestition nicht gesichert ist. Von einer anderen Sicht betrachtet können „de jure" kurzfristige Kredite „de facto" langfristig sein, wenn der Kredit immer wieder verlängert wird (z. B. Kontokorrentkredit). Man sieht also auch hier, daß bestimmte Einwendungen eine generelle Handhabung dieser Finanzierungsregel nicht als sinnvoll erscheinen lassen.

bb) Die sogenannte goldene Bilanzregel

Die „goldene Bilanzregel" im engeren Sinne fordert, daß das Anlagevermögen eines Unternehmens durch Eigenkapital bzw. durch langfristiges Fremdkapital und das Umlaufvermögen durch kurzfristiges Fremdkapital zu decken sei. Es gibt betriebswirtschaftliche Autoren, die in diesem Zusammenhang sogar von einem „heiligen" Finanzierungsgrundsatz sprechen, der unumstößlich ist.

In neuerer Zeit hat diese Finanzierungsregel eine Ausweitung erfahren, so daß die „goldene Bilanzregel" im weiteren Sinne zusätzlich fordert, daß neben dem Anlagevermögen auch Teile des Umlaufvermögens mit anlageähnlichem Charakter — man denkt dabei an die in dem sog. Eisernen Bestand gebundenen Materialien, Werkzeuge und Ersatzteile — langfristig zu finanzieren seien.

Wenn man die „goldene Bilanzregel" einmal konsequent zu Ende denkt, dann müßten alle unbefristeten Teile des Finanzbedarfs durch unbefristetes Kapital finanziert werden. Da aber das gesamte Umlaufvermögen (Warenbestände, Forderungen, Liquiditätsreserven usw.) *ständig* im Unternehmen vorhanden ist, müßte man daraus schließen, daß das gesamte Vermögen abgesehen von einer kurzfristig auftretenden Spitzenbelastung mit Eigenkapital bzw. mit langfristigem Fremdkapital zu finanzieren sei. Denkt man aber in diesem Zusammenhang an Personengesellschaften, so ist — wie bereits erwähnt — nicht einmal das Eigenkapital unbefristet; für die Realisierung der obigen Regel kämen also zunächst einmal nur Kapitalgesellschaften in Frage. Im Hinblick auf das Anlagevermögen ist darauf hinzuweisen daß Teile des abnutzbaren Vermögens *dauernd* freigesetzt werden, so daß die Konsequenz das Anlagevermögen nur mit Eigenkapital zu finanzieren sich nicht als genügend detailliert erweist. Außerdem enthält bekanntlich die Bilanz nicht den gesamten Kapitalbedarf, da immaterielle Investitionen in den Geschäftswert nicht ausgewiesen werden. Auf der Kapitalseite muß schließlich noch berücksichtigt werden, daß kurzfristig in Anspruch genommene Kredite verlängert werden können und daß auf der anderen Seite langfristige Anleihen sofern sie zur Tilgung anstehen zu kurzfristigen Verbindlichkeiten werden können.

Die Bedeutung der „goldenen Bilanzregel", die von Banken, insbesondere aber von Instituten der Bilanzanalysen und auch der Finanzpresse im Hinblick auf eine Beurteilung der *finanziellen* Sicherheit einer Unternehmung herangezogen wird, kann — abgesehen von den obigen Einwendungen — niemals verallgemeinert werden, da es auch in diesem Zusammenhang auf die individuellen betrieblichen Besonderheiten ankommt. Vermögens- und Kapitalstrukturen werden in ihrer Differenziertheit zu wenig erfaßt, als daß man sie als eindeutiges Rezept bei Finanzierungsproblemen berücksichtigen kann.

bc) Liquiditätsregeln

Wie bereits am Anfang dieser Untersuchung erwähnt, sollen die Liquiditätsregeln auf eine bestimmte Proportion von Teilen des Umlaufvermögens und kurzfristigen Verbindlichkeiten achten. Genannt wurden u. a. die „2:1-Regel", wonach das Verhältnis zwischen dem Umlaufvermögen und den kurzfristigen Verbindlichkeiten gleich 2:1 sein soll; oder etwa die „1:1-Regel", nach der das „Finanzumlaufvermögen" gleich den kurzfristigen Verbindlichkeiten sein sollte. Neben der bereits weiter oben angeführten Kritik an diesen Liquiditätsregeln kann hier noch einmal gesagt werden, daß eine Unternehmung kein statisches Gebilde ist, sondern daß sie nur in ihrem Ablauf zu beurteilen ist. Bei einer rein statischen Betrachtung mit Hilfe der genannten Liquiditätsregeln geht beispielsweise eine *Kreditzusage*, die ja nicht in der Bilanz steht, aber dennoch die zukünftige Liquidität beeinflußt, im Rahmen der Liquiditätsbeurteilung völlig unter.

bd) Prinzip der Wertgleichheit in der Bilanz

Nach diesem von *Fritz Schmidt* konzipierten Prinzip sollen Sachwerte immer mit Eigenkapital und Nominalwerte mit Fremdkapital finanziert werden. Auch mit dieser Finanzierungsregel ist eine „optimale" Liquidität nicht zu erreichen; sie zielt vielmehr nur auf eine Absicherung des Unternehmens gegen Geldverluste ab.

Abschließend bleibt festzustellen, daß die hier erwähnten Regeln und Rezepte keine allgemeingültigen Maßstäbe für die Finanzierung von Unternehmen darstellen: *Eine Vernachlässigung der Regeln muß nicht Illiquidität zur Folge haben; während umgekehrt eine strikte Befolgung noch keine dauernde Liquiditätsgarantie bietet.* Die Finanzierung wird zu sehr unter dem Gesichtspunkt der *Sicherheit* betrachtet und weniger unter Kostengesichtspunkten sowie unter Berücksichtigung der Kapitalmarktlage, der Gewinnaussichten und der Unabhängigkeit. Meist ist auch der jeweils spezifische Wirtschaftszweig zu beachten. Schließlich bleibt festzustellen, daß das finanzielle Gleichgewicht einer Unternehmung solange nicht von den einzelnen Finanzierungsregeln und deren Fristenkongruenz beeinflußt wird, solange der Kapitalfonds unter Berücksichtigung der Einnahmen- und Ausgabenströme ausreicht, den Kapitalbedarf jederzeit zu decken. Dabei kann der Bedarf sowohl intern als auch extern gedeckt werden. Für den Teil des extern zu beschaffenden

Kapitals, das von nichtbeteiligten Dritten aufzunehmen ist, spielt natürlich die *Kreditwürdigkeit* einer Unternehmung, die u. a. von der *Bilanzstruktur* (aber auch von der zukünftigen Ertragslage, den zukünftigen Absatzchancen, dem Ruf der Unternehmung usw.) abhängig ist, eine bedeutende Rolle. Und nur in diesem Zusammenhang werden dann die einzelnen Finanzierungsregeln — sofern sich die Banken bei der Beurteilung der Kreditwürdigkeit danach richten — bei der Finanzierung der Unternehmung Anwendung finden. Wesentlich wirkungsvollere Instrumente für die Erhaltung des finanziellen Gleichgewichtes sind dagegen in der Finanzplanung und der Finanzkontrolle zu erblicken. Beide Instrumente sollen im folgenden näher behandelt werden.

6. Die Finanzplanung und -kontrolle als Instrumente zur Erhaltung der Zahlungsbereitschaft und des finanziellen Gleichgewichtes

Unter Finanzplanung im weiteren Sinne versteht man: eine methodische Vorschau, bei der die finanziellen Vorgänge und Maßnahmen einer Unternehmung in ein bestimmtes Ordnungsgefüge gebracht werden.
Die Finanzplanung im engeren Sinne besteht dagegen aus: einer systematischen Gegenüberstellung der innerhalb eines Zeitraums zu erwartenden Einnahmen und Ausgaben sowie sämtlichen Maßnahmen zu ihrem Ausgleich.

Das generelle *Ziel* einer jeden Finanzplanung besteht in der vorsorglichen Lenkung der finanziellen Entwicklung einer Unternehmung im Hinblick auf ein „optimales" finanzielles Gleichgewicht. Dieses Gleichgewicht besteht — wie bereits erwähnt — wenn unter Berücksichtigung der Einnahmen- und Ausgabenströme der Kapitalbedarf von dem jeweiligen Kapitalfonds jederzeit gedeckt werden kann. Dabei sollen weder zu wenig, noch zu viel finanzielle Mittel zum Ausgleich des Kapitalbedarfs vorhanden sein. Es ist also gleichermaßen auf *Liquidität* und *Rentabilität* zu achten.

Kapitalbedarf und vorhandene Deckungsmöglichkeiten sind jedoch nicht nur aus finanzwirtschaftlichen, sondern auch aus *güterwirtschaftlichen* Vorgängen und Prozessen abzuleiten. Die Finanzplanung ist deshalb sehr stark von den übrigen Teilplänen der Unternehmung, wie etwa dem Absatz-, Produktions-, Investitions- und Beschaffungsplan abhängig. Eine vollständige, alle güterwirtschaftlichen und finanzwirtschaftlichen Bewegungen in der Unternehmung umfassende Finanzplanung kann deshalb nur als eine integrierte Gesamtplanung verstanden werden. Der Finanzplan ist dabei um so aussagefähiger, je präziser die in den Plan einmündenden Informationen seitens der anderen Teilpläne sind. Dazu gehören u. a. die voraussichtlichen Einnahmen aus dem Absatzplan, die Ausgaben für Roh-, Hilfs- und Betriebsstoffe aus dem Beschaffungsplan, die zu zahlenden Löhne und Gehälter aus dem Personalplan und die sonstigen Einnahmen und Ausgaben.

Bei einer jeden Finanzplanung lassen sich rein methodisch *vier Phasen* unterscheiden:

1. Auf der ersten Planstufe wird zunächst einmal eine vorläufige *Finanzprognose* durchgeführt, wobei die für einen bestimmten Zeitraum voraussichtlich anfallenden Einnahmen mit den Ausgaben verglichen werden. Das Ergebnis ist entweder ein *Fehlbetrag* oder ein *Überschußbetrag*.
Eine Finanzprognose wird meist in Form einer Tabelle ausgearbeitet, die in ungefährer Anlehnung an H. Koch[17] auf der folgenden Seite dargestellt wird.

---

17 H. Koch, Betriebliche Planung, Wiesbaden 1961, S. 71/72.

Finanzprognose

Position	Zeitraum			
	1. Monat oder 1. Jahr	2. Monat oder 2. Jahr	3. Monat oder 3. Jahr	4. Monat oder 4. Jahr
A. Ordentliche Einnahmen und Ausgaben aus Produktion und Absatz: 1. Umsatzerlöse 2. Laufende Ausgaben (Personal, Material, Energie usw.)				
= **Betriebliches Finanzergebnis**				
B. Sonstige ordentliche (regelmäßige) Einnahmen und Ausgaben: 1. Mieteinnahmen, Zinseinnahmen, Dividenden, Einnahmen aus sonstigen Beteiligungen usw. 2. Zinszahlungen, Steuern Abgaben usw.				
A−B = **Geldbedarf bzw. Geldüberschuß aus ordentlichen Zahlungsvorgängen**				
C. Außerordentliche Einnahmen und Ausgaben: 1. Einnahmen aus dem geplanten Verkauf von Beteiligungen oder Anlagen usw. 2. Ausgaben für bereits begonnene Investitionen, Ausgaben für geplante Beteiligungen oder auch Investitionen usw.				
= **Geldbedarf bzw. Geldüberschuß aus außerordentlichen Einnahmen bzw. Ausgaben**				
D. Finanzeinnahmen und Finanzausgaben: 1. Übernahme von Barmitteln aus der Vorperiode (Anfangsbestand der flüssigen Mittel); Zufluß aus vereinbarten Krediten; Auflösung von Finanzreserven usw. 2. Übertrag von Barmitteln an die Folgeperiode (Endbestand der flüssigen Mittel); Tilgung von in Anspruch genommenen Krediten; Bildung von Finanzreserven usw.				
A−D = **Gesamtgeldbedarf bzw. gesamter Geldüberschuß**				
E. Mögliche Einnahmen und Ausgaben durch Übernahme zusätzlicher Kredite: 1. Einnahmen aus zusätzlichen Krediten 2. Zins- und Tilgungszahlungen für zusätzliche Kredite				
F. Möglicher Geldeingang aus Kapitalerhöhungen oder Einlagen				
A−F = **Fehlbetrag bzw. Überschußbetrag (Über- oder Unterdeckung):**				

2. Auf der zweiten Stufe der Finanzplanung wird nach Möglichkeiten gesucht, diesen (vorläufigen) Finanzplan zu korrigieren, d. h. den festgestellten Geldbedarf oder den Geldüberschuß zu beseitigen: Besteht ein Geldüberschuß, so wird man nach zusätzlichen Investitionsmöglichkeiten suchen; besteht ein Fehlbetrag, so sind folgende Möglichkeiten zur Überwindung des zweitweiligen Liquiditätsengpasses zu prüfen:
   a) Erhöhung bzw. Vorverlegung der Einnahmen,
   b) Senkung bzw. Verschiebung der Ausgaben.
   Dabei kann es sich beispielsweise darum handeln, bestimmte Neu- und Rationalisierungsinvestitionen hinauszuschieben, bei umfangreichen Liquiditätsengpässen geplante Erweiterungsinvestitionen auch aufzugeben. Manchmal werden sogar notwendige Ersatzinvestitionen – auch wenn dadurch bestimmte Unwirtschaftlichkeiten und zwischenzeitlich höhere Reparaturkosten anfallen – zeitlich weiter in die Zukunft verlegt. Man opfert damit bei der Finanzplanung oft die *Rentabilität*, um die *Liquidität* aufrecht erhalten zu können. Das Aufschieben einer Einführung neuer Produkte in das Produktionsprogramm, des Erwerbs von Beteiligungen oder der Durchführung einer Werbekampagne sind weitere Folgeerscheinungen von Liquiditätsengpässen.
   Sofern allerdings von vornherein im Finanzplan keine Investitionsobjekte enthalten sind, dann hilft naütlich auch kein Verzicht auf Investitionsvorhaben, um Fehlbeträge auszugleichen. Dann muß die Unternehmung vielmehr versuchen, vorhandene Bestände beschleunigt zu verkaufen, auch wenn dadurch zusätzliche Aufwendungen und Ertragsminderungen zu erwarten sind, oder es müssen sogar Halbfertigwaren und Materialbestände verkauft werden.
3. Auf der dritten Stufe der Finanzplanung wird nun aus den verschiedenen Möglichkeiten zur Korrektur unseres Finanzplanes die gewinngünstigste Alternative ausgewählt. Ob diese dritte Phase von Erfolg gekrönt sein wird oder nicht, wird u. a. auch davon abhängen, inwieweit der Leiter der Finanzwirtschaft bei seinen liquiditätspolitischen Überlegungen auf die Unterstützung der anderen Bereichsleiter (Beschaffung, Produktion und Absatz) rechnen kann, bzw. inwieweit seine Maßnahmen dort auf Unverständnis stoßen. In aller Regel stellen nämlich diese Bereichsleiter eine bereichsorientierte Denkweise über eine gesamtbetriebliche Betrachtungsweise und denken aus ihrer Sicht in erster Linie an die Wirtschaftlichkeit und die Rentabilität und weniger an die Liquidität.
4. Als Folge der Planungshandlungen in den drei ersten Stufen entsteht als vierte und letzte Phase der endgültige Finanzplan, der als ein Plan mit Soll-Werten für alle Bereiche der Unternehmung vollzugsverbindlich ist.

Dieses Vierphasenschema hat sowohl für den kurzfristigen als auch für den langfristigen Finanzplan Gültigkeit.

Der kurzfristige Finanzplan, der meist drei bis vier Monate, maximal ein Jahr umfaßt, hat die Aufgabe, der Unternehmensführung einen Überblick über die voraussichtlichen, schwebenden Zahlungsverpflichtungen und die zu erwartenden Geldeingänge der kommenden Wochen/Monate zu geben.

Er enthält vor allem die normalen Finanzierungsvorgänge des *laufenden* Betriebsablaufes oder anders ausgedrückt, er enthält eine finanzielle Planung über den Eingang von *Betriebseinnahmen* und für die laufenden *Betriebsausgaben*. Beim kurzfristigen Finanzplan handelt es sich meist um einen detaillierten Feinplan, dessen hoher Genauigkeitsgrad eine Folge der relativ kurzen Planperiode ist.

Der langfristige Finanzplan, der meist für mehrere Jahre erstellt wird, kann als ein grober Umrißplan auf lange Sicht beschrieben werden.

Er findet in der Regel seine Informationsbasis in einem langfristigen Investitions- und Kapazitätenplan bzw. in dem daraus resultierenden Kapitalbedarf. Daneben fließen natürlich auch Angaben aus dem kurzfristigen Finanzplan in den längerfristigen Plan ein. Kurzfristige und langfristige Finanzplanung stehen also nicht isoliert nebeneinander, sondern der langfristige Finanzplan wird auf Grund der Entwicklung des kurzfristigen Planes laufend kontrolliert, und falls erforderlich, auch berichtigt werden müssen.

Neben der Fristigkeit als Unterscheidungsmerkmal findet man in Literatur und Praxis oft auch die Unterscheidung in *ordentliche* (regelmäßige) und in *außerordentliche* (unregelmäßige) Finanzpläne.

Als Ziel einer jeden Finanzplanung, insbesondere der kurzfristigen Finanzplanung, haben wir die Erhaltung des finanziellen Gleichgewichtes herausgestellt. Um diese Zielsetzung endgültig realisieren zu können, benötigt die Unternehmensleitung neben der Planung auch noch das Instrument der (Finanz-)Kontrolle. Nur durch eine laufende Kontrolle der *geplanten* und der *tatsächlich erreichten* Einnahmen bzw. Ausgaben auf dem Wege eines „Soll-Ist-Vergleiches" und einer daran anschließenden Analyse eventuell bestehender Abweichungen kann die Unternehmensführung feststellen, ob sie sich in der als optimal erkannten Gleichgewichtszone befindet, oder ob Maßnahmen ergriffen werden müssen, damit die Unternehmung wieder zum finanziellen Gleichgewicht zurückfindet. Bei dieser zentralen Aufgabe innerhalb der Finanzwirtschaft kann sich die Unternehmensführung außerdem bestimmter zeitpunktbezogener Instrumente (wie wir sie weiter vorne erwähnt haben) so z. B. Liquiditätskennzahlen, Kennzahlen der Kapital- und Vermögensstruktur bedienen, oder sie kann sich von bestimmten Finanzierungsregeln leiten lassen. Die Wirksamkeit des letzteren Instrumentes beim Erreichen eines finanziellen Gleichgewichtes haben wir bereits weiter vorne bezweifelt. Auch die Bedeutung finanzieller Kennzahlen im Rahmen der Finanzwirtschaft sollte nicht zu hoch veranschlagt werden. Betrachtet man allerdings diese Kennzahlen in einem Zeitvergleich von Planungsperiode zu Planungsperiode und ist sich außerdem ihrer begrenzten Aussagefähigkeit bewußt, so können solche Kennzahlen durchaus nützlich sein und die Ergebnisse der Finanzplanung positiv ergänzen.

III. Beziehungen und Abstimmung zwischen Investitions- und Finanzbereich

Finanzierungs- und investitionspolitische Entscheidungen führen auf der einen Seite ein Eigenleben: Die finanzpolitischen Entschlüsse werden durch den Geld- und Kapitalmarkt, die Investitionsentscheidungen primär durch den Gütermarkt beeinflußt. Auf der anderen Seite jedoch sind beide Problembereiche miteinander verknüpft.

Jede Investition setzt eine Finanzierung voraus; oder umgekehrt: Keine Investition ist ohne vorherige Finanzierung möglich.

Auf Grund dieser Interdependenz hängt der Erfolg der gesamten Unternehmenstätigkeit deshalb auch davon ab, inwieweit es gelingt, diese beiden Bereiche optimal miteinander zu kombinieren und damit aufeinander abzustimmen. Eine simultane Optimierung könnte etwa so vor sich gehen, daß man sowohl die einzelnen in Frage kommenden Investitionsobjekte als auch die möglichen Finanzierungsalternativen in eine bestimmte Rangordnung bringt. Die Investitionsobjekte können dabei nach der Höhe ihrer erwarteten Rendite, die Finanzierungsmöglichkeiten entsprechend der Höhe ihrer Finanzierungskosten eingeordnet werden.

Unter Berücksichtigung der jeweiligen Finanzierungskosten müßten danach die Investitionsobjekte nach der Reihenfolge ihrer Rendite in das Investitionsprogramm aufgenommen werden, und zwar solange, wie die Rendite der letzten Investition (Grenzinvestition) über den Finanzierungskosten der letzten Finanzierungsmöglichkeit liegen.

In der Fachliteratur werden Überlegungen dieser Art im Rahmen der *„Theorie des Kapitalbudgets"* behandelt.

In der modernen investitionstheoretischen Literatur hat man mit Hilfe der mathematischen Programmierung versucht, eine simultane Abstimmung von Investitions-, Finanzierungs- und sogar von Produktionsvorhaben zu erreichen. Meist handelt es sich dabei allerdings um sog. Erklärungsmodelle und weniger um praktikable Entscheidungsmodelle. Abgesehen von den bei diesen Modellen meist unterstellten äußerst vereinfachenden Prämissen, scheitern mathematische Ansätze dieser Art in der Praxis vor allem an der Schwierigkeit der Quantifizierung betrieblicher Interdependenzerscheinungen.

IV. Literaturhinweise

Albach, H., Investition und Liquidität, Wiesbaden 1962.
Albach, H., Wirtschaftlichkeitsrechnung bei unsicheren Erwartungen, Köln und Opladen 1959.
Bierich, M., Schmidt, R. (Hrsg.), Finanzierung deutscher Unternehmen heute, Stuttgart 1984.
Blohm, H., Lüder, K., Investition, 5. Aufl., München 1983.
Buchner, R., Grundzüge der Finanzanalyse, München 1981.
Büschgen, H. E. (Hrsg.), Handwörterbuch der Finanzwirtschaft (HWF), Stuttgart 1976.
Dean, J., Capital Budgeting, New York 1951.
Deutsch, P., Grundfragen der Finanzierung im Rahmen der betrieblichen Finanzwirtschaft, 2. Aufl., Wiesbaden 1967.
Drukarczyk, J., Finanzierungstheorie, Berlin–Frankfurt 1980.
Gutenberg, E., Grundlagen der Betriebswirtschaftslehre, Bd. 3, Die Finanzen, 8. Aufl., Berlin–Heidelberg–New York 1980.
Härle, D., Finanzierungsregeln und ihre Problematik, Wiesbaden 1961.
Hahn, O., Finanzwirtschaft, München 1975.
Hax, H., Investitionstheorie, Würzburg–Wien 1970.
Hax, K., Die Kapitalwirtschaft des wachsenden Industrieunternehmens, in: ZfbF 1964, S. 252 ff.
Hax, K., Langfristige Finanz- und Investitionsentscheidungen, in: HdW, Bd. I, 2. Aufl., Köln und Opladen 1966, S. 399 ff.
Hagenmüller, K. F., Der Bankbetrieb, 3 Bde., Wiesbaden 1976–1984.
Hagenmüller, K. F. (Hrsg.), Leasing-Handbuch, 3. Aufl., Frankfurt 1973.
Hill, W., Brevier der Unternehmensfinanzierung, 2. Aufl., Bern 1971.
Hofmann, R., Bilanzkennzahlen, 4. Aufl., Wiesbaden 1977.
Jacob, H., Kurzlehrbuch Investitionsrechnung, 3. Aufl., Wiesbaden 1984.
Janberg, H., Finanzierungs-Handbuch, 2. Aufl., Wiesbaden 1970.
Kern, W., Grundzüge der Investitionsrechnung, Stuttgart 1976.
Kortzfleisch, G. V., Die Grundlagen der Finanzplanung, Berlin 1957.
Lipfert, H., Optimale Unternehmensfinanzierung, 3. Aufl., Frankfurt 1969.
Lücke, W. (Hrsg.), Investitionslexikon, München 1975.

Lücke, W., Finanzplanung und Finanzkontrolle in der Industrie, Wiesbaden 1965.
Munz, M., Investitionsrechnung, 2. Aufl., Wiesbaden 1974.
Perridon, L., Steiner, M., Finanzwirtschaft der Unternehmung, 3. Aufl., München 1983.
Pupka, H. v., Investitionsplanung, Wiesbaden 1979.
Rittershausen, H., Die kurzfristigen Finanzdispositionen, in: HdW, Bd. I, 2. Aufl., Köln und Opladen 1966, S. 343 ff.
Sandig, C., Finanzierung mit Fremdkapital, 2. Aufl., Stuttgart 1974.
Seibel, J. J., Finanz-Management, München 1970.
Schmidt, R. H., Grundzüge der Investitions- und Finanzierungstheorie, Wiesbaden 1983.
Schneider, D., Investition und Finanzierung, 5. Aufl., Wiesbaden 1980.
Schulte, K. W., Wirtschaftlichkeitsrechnung, 2. Aufl., Würzburg, Wien 1981.
Sieben, G., Zapf, B. (Hrsg.), Unternehmensbewertung als Grundlage unternehmerischer Entscheidungen, Stuttgart 1981.
Staehle, W., Die Schuldscheindarlehen, Wiesbaden 1965.
Süchting, J., Finanzierungsmanagement, 4. Aufl., Wiesbaden 1984.
Swoboda, P., Betriebliche Finanzierung, Würzburg–Wien 1981.
Vormbaum, H., Finanzierung der Betriebe, 6. Aufl., Wiesbaden 1981.
Witte, E., Die Liquiditätspolitik der Unternehmung, Tübingen 1963.
Wöhe, G., Bilstein, J., Grundzüge der Unternehmensfinanzierung, 2. Aufl., München 1981.

F. Der Absatzbereich der Unternehmung (Absatzwirtschaft)

I. Begriffliche Klarstellung und Wesen des Absatzes

Unter dem auf marktwirtschaftliche Systeme bezogenen Begriff „Absatz" wollen wir sämtliche Tätigkeiten[1] dispositiver, vorbereitender und ausführender Art verstehen, die im Rahmen eines Leistungsverwertungsprozesses ausgeführt werden müssen, damit die erstellten Sach- oder Dienstleistungen ihrer marktlichen Zielsetzung entsprechend verwertet werden können.

Der Absatz gilt danach als die Endphase des betrieblichen Umsatzprozesses. Dabei werden unserer obigen Definition entsprechend nicht nur die *ausführenden* Tätigkeiten in den Absatzbegriff einbezogen, sondern man ordnet insbesondere in der neueren Literatur auch die *dispositiven* und die *organisatorischen* Maßnahmen der Absatztätigkeit zu.

Unsere Definition des Absatzbegriffes reicht allerdings noch nicht aus, um diesem Abschnitt einen eindeutigen Begriff als Ausgangspunkt zugrunde zu legen. Hinzukommen muß nämlich noch eine Abgrenzung gegenüber den teils in gleicher, teils in verschiedener Bedeutung gebrauchten Begriffe Umsatz, Verkauf und Vertrieb[2]. Schließlich empfiehlt sich auch eine begriffliche Klärung und Abgrenzung gegenüber dem Ausdruck „Marketing", der nach dem zweiten Weltkrieg, aus Amerika kommend, auch in unseren Sprachgebrauch übernommen wurde und der gleichfalls sinnverwandt gebraucht wird.

Die Auffassungen in Literatur und Praxis über den Inhalt der oben genannten Begriffe sind recht kontrovers. Wenn wir im folgenden dennoch versuchen, eine Art herrschende Meinung vorzutragen, so soll damit kein Anspruch auf Vollständigkeit erhoben werden.

Versucht man zunächst einmal den Begriff *Absatz* von dem Ausdruck *Umsatz* abzugrenzen, so gibt es für letzeren grundsätzlich zwei Möglichkeiten der Interpretation: Der Begriff Umsatz kann sich einmal im Sinne des „Umsatzprozesses" auf die gesamte Tätigkeit der Unternehmung von der Beschaffung, Lagerung und Produktion bis in zur Verwertung der Betriebsleistung beziehen; Umsatz wäre danach inhaltlich weiter gefaßt als Absatz. Mit dem Ausdruck Umsatz kann aber auch der Verkaufswert (Erlös) der abgesetzten Güter oder Leistungen gemeint sein. Hier erscheint der Begriff in enger Anlehnung an die in der Buchhaltung erfaßten Verkaufskontenwerte und damit als eine Größe des Rechnungswesens; eine Abgrenzung vom oben definierten umfassenderen Absatzbegriff erscheint damit relativ leicht.

---

[1] Unter *Absatz* wird in einem Teil der Fachliteratur oft auch die physische Weiterleitung von Gütern verstanden; *Absatz* bedeutet aber manchmal auch nur die bloße Kennzeichnung der verkauften Warenmenge (Absatzmenge).

[2] Von einer Begriffsklärung der Ausdrücke „Distribution" (Verteilung im weiteren Sinne) und „Handel" (Institution bzw. Tätigkeit des Güteraustausches) wollen wir hier absehen; sie ist Gegenstand einer speziellen „Handelsbetriebslehre".

Größere Abgrenzungsprobleme bestehen dagegen bei den Begriffen Absatz, Vertrieb und Verkauf. Während man den Ausdruck *Verkauf* in der Regel enger faßt als die beiden anderen und darunter nur die eigentliche Verkaufsabwicklung in Form eines konkreten Verkaufsaktes — man denke an die Begriffe Verkaufskontor oder Verkaufsbedingungen — versteht, gestaltet sich die Abgrenzung der Begriffe *Absatz* und *Vertrieb* deshalb als schwierig, weil beide inhaltlich weiter gefaßt werden und sowohl die Vorbereitung, die Anbahnung und die Durchführung der absatz- bzw. vertriebsorientierten Tätigkeit umfassen als auch die Erhaltung und Pflege der Beziehungen zu den Kunden mit einzubeziehen.

Es erscheint uns deshalb als sinnvoll und es entspricht auch dem Sprachgebrauch, beide Begriffe als identisch zu gebrauchen.

Werden Absatz und Vertrieb in der Praxis dennoch einmal in verschiedener Bedeutung benutzt, so versteht man unter Vertrieb in Anlehnung an die in der Praxis üblichen Ausdrücke wie Zeitungsvertrieb oder Vertriebsspesen meist die allein auf den Warenausgang gerichtete Aktivität bzw. die Apparatur des „Vertreibens"; Vertrieb wäre damit enger definiert als Absatz.

Weitaus schwieriger als die bisherigen begrifflichen Klärungen gestaltet sich die Begriffsfassung und Abgrenzung im Hinblick auf den Ausdruck *„Marketing"*. In der einschlägigen deutschen Literatur wird dieser Begriff oft relativ weit gefaßt und den Begriffen Absatz und Vertrieb gleichgestellt, manchmal wird Marketing allerdings auch nur auf die eigentliche Verkaufsdurchführung bezogen. Weder die eine noch die andere Auffassung ist im Hinblick auf Zielsetzung und Inhalt des Begriffes Marketing haltbar. Man kann diesem Ausdruck eigentlich nur gerecht werden, wenn man sich einmal kurz die historische Entwicklung der sog. *Marketing-Konzeption* vergegenwärtigt. Damit wollen wir zugleich einige wesentliche Gedanken zur wachsenden Bedeutung der „Absatzwirtschaft" in einem marktwirtschaftlich orientierten System vortragen.

Betrachtet man einmal die Zeit vor dem zweiten Weltkrieg, so ist diese — absatzwirtschaftlich gesehen — dadurch charakterisiert, daß zwischen Produzenten und Konsumenten ein direkter, oft sogar persönlicher Kontakt bestand, der ausreichende Informationen über den Markt und damit über das erwünschte Marktangebot ermöglichte. Da es noch nicht die Möglichkeit der Massenproduktion gab und ein Bedarf immer vorhanden war, konnte jeder Produzent den größten Teil seiner Kräfte und Möglichkeiten auf die Produktion konzentrieren. Da alles, was produziert wurde, auch verkauft werden konnte, richtete sich das primäre Unternehmensziel auf eine möglichst kostengünstige Produktion. Damals entstand auch die Vorstellung von einem *„Primat der Produktion"*, womit man zum Ausdruck bringen wollte, daß den Produktionsproblemen bei der Steuerung und Führung von Unternehmen vorrangige Bedeutung einzuräumen sei.

Diese typische *„Verkäufermarkt-Situation"* änderte sich in Europa und damit gleichsam in Deutschland auch kurz nach dem zweiten Weltkrieg noch nicht, da durch den Nachholbedarf der Bevölkerung weiterhin eine ungeheure Nachfrageentwicklung festzustellen war. Der Übergang zum *„Käufermarkt"*, der sich in Amerika bereits während der zwanziger Jahre anbahnte, in Deutschland dagegen erst Mitte der fünfziger Jahre festzustellen war, kann einmal als Folge einer zunehmenden Marktsättigung bezeichnet werden. Zum anderen haben im Produktionsbereich der Unternehmen größere und leistungsfähigere Aggregate, eine größere Spezialisierung, ein wachsender Kapitaleinsatz und allgemein betrachtet der technologische Fortschritt es ermöglicht, daß die Erzeugnisse in Massen und damit meist auch billiger hergestellt werden konnten. Da außerdem die Kunden mit zunehmender Sättigung in ihrer Nachfrage wählerischer wurden, mußten die Produzenten — wollten sie bei der zunehmenden Konkurrenz am Markte bleiben — den Forderungen und Wünschen der Verbraucher weitgehend entgegenkommen. Mit dieser Entwicklung war aber gleichzeitig eine Schwerpunktverlagerung in der Unternehmung notgedrungen verbunden, nämlich von der Produktion zum Absatz. Die Orientierung nach dem Markt wurde für die meisten Unternehmen zu einer Existenzfrage; aus dem „Primat der Produktion" wurde das *„Primat des Absatzes"*. Damit begann dann auch bei uns die sprunghafte Entwicklung des „Marketing" — zu deutsch: „markten" bzw. „zum Markte bringen" als Ausdruck einer marktorientierten Aktivität. Gleichzeitig setzte in der einschlägigen Literatur eine gewisse Verwässerung des ursprünglichen Begriffsinhaltes ein, die sich bis heute in zahlreichen Veröffentlichungen in Deutschland gehalten hat. Unter „Marketing" versteht man nämlich oft nur das „Marktsuchen" oder „Marktschaffen" und grenzt so den Begriff einseitig auf absatzwirtschaftliche Belange ab.

Betrachtet man einmal das „Primat des Absatzes" vom betriebswirtschaftlichen Standpunkt, so muß eine solche Konzeption, die einseitig auf die Belange des Absatzes zuungunsten der Produktion abstellt, nicht als sehr zweckmäßig und erfolgversprechend beurteilt werden. Auf dieser Feststellung basiert auch das sog. *Marketing-Konzept.* Marketing ist nämlich mehr als nur die Endphase des betrieblichen Umsatzprozesses. Es ist ein unternehmerisches Programm, wonach marktorientiertes Planen und Entscheiden zwar als Grundmaxime gelten müssen, ohne daß dabei allerdings die absatzwirtschaftlichen Entscheidungen losgelöst von den anderen Teilbereichen der Unternehmung getroffen werden dürfen. *Marketingdenken ist damit integrierendes (ganzheitliches) Denken, ausgerichtet auf das jeweils marktorientierte Unternehmungsziel.*

Marketing bedeutet das Ausrichten und Anpassen der Unternehmenspolitik in sämtlichen betrieblichen Bereichen auf die Erfordernisse und dynamischen Bedingungen des Marktes.

Dieser Begriff schließt damit die systematische Marktsuche, die Markterschließung und aktive Marktschaffung, die Absatzplanung und Marktbearbeitung ebenso ein wie beispielsweise die gesamte Unternehmensplanung oder die bereichsorientierte Beschaffungs- und Fertigungsplanung. Als eine Folge dieser Marketing-Konzeption — man spricht in Amerika sogar von einer „Marketing-Philosophie" — kann man die in der Praxis neu geschaffene Stelle des sog. *Product-Managers*[3] werten, die in jüngster Zeit auch in deutschen Unternehmen als Führungsposition geschaffen wurde.

Der Begriff Marketing, wie wir ihn umschrieben haben, ist damit weiter gefaßt als der oben definierte Ausdruck Absatz. Wir wollen in diesem Abschnitt jedoch nur den Teil der „Marketing-Konzeption" behandeln, der sich in erster Linie mit absatzwirtschaftlichen Aktivitäten befaßt; eine zusammenfassende Betrachtung aller anderen Teilbereiche unter

---

[3] Ein *Produkt-Manager* koordiniert sämtliche Betriebs- und Absatztätigkeiten bezüglich *eines* Produktes bzw. *einer* Produktgruppe.

dem „Primat des Absatzes" bringen wir im Anschluß an diesen Abschnitt bei der Koordination der einzelnen Teilbereiche.

Damit haben wir gleichzeitig für die folgenden Überlegungen den weiter oben definierten Absatzbegriff unterstellt.

II. Absatzpolitik und Absatzentscheidung

Unter der Absatzpolitik einer Unternehmung wollen wir sämtliche Entscheidungen der Unternehmensführung bzw. der von ihr beauftragten Personen im Hinblick auf das anzustrebende Absatzziel und die zur Erreichung dieses Zieles einzusetzenden Mittel verstehen.

Dieser Definition entsprechend umfaßt die Absatzpolitik zunächst die Entscheidungen über die *Absatzziele*. Da die Absatzpolitik ein Teilbereich der gesamten Unternehmenspolitik ist, gilt auch für sie die generelle Zielsetzung der Unternehmung: langfristige Gewinnmaximierung. Die jeweils konkreten Absatzziele sind nun entsprechend dieser unternehmungspolitischen Handlungsmaxime zu formulieren. Wird beispielsweise die *Absatzmenge* als absatzpolitische Zielvariable gewählt, so lautet das konkrete Absatzziel unter Berücksichtigung dieser übergeordneten unternehmerischen Zielsetzung: Erzielung der gewinnmaximalen Mengenkombination! Andere absatzpolitische Ziele können sich auf den *Umsatz*, die sog. Distributionsquote[4] oder den *Marktanteil* beziehen. Manchmal werden auch rein qualitative Kriterien, wie beispielsweise Macht, Prestige oder Unabhängigkeit, in einer dann allerdings wenig konkreten absatzpolitischen Zielsetzung vorgegeben.

Unternehmen, die unter marktwirtschaftlichen Bedingungen arbeiten, können jedoch die jeweils geplanten Ziele nicht eo ipso realisieren, sondern es sind in aller Regel Marktwiderstände zu überwinden, die teils in der Person von Abnehmern oder Konkurrenten begründet sind, teils aber auch konjunkturell oder saisonal bedingt sein können. Marktwiderstände erschweren oder verhindern eine Verwirklichung der gesetzten Ziele. Nun hat jedoch jede Unternehmung im Rahmen ihrer Absatzpolitik ein bestimmtes *absatzpolitisches Potential*, d. h. Mittel und Möglichkeiten, die sie je nach Marktlage isoliert oder kombiniert einsetzen kann, um den Marktwiderstand zu überwinden. Dabei wird sie versuchen, die jeweiligen Mittel so auszuwählen, daß eine vorgegebene absatzpolitische Zielsetzung realisiert werden kann, beispielsweise unter der Bedingung, daß ein bestimmtes Absatzkostenbudget nicht überschritten und/oder bestimmte Preise nicht unterschritten werden sollen.

Wir wollen im folgenden den Ablauf des durch die Absatzpolitik konkretisierten Absatzprozesses umschreiben und dabei insgesamt vier Phasen unterscheiden:

1. Beschaffung und Bereitstellung der für die Absatzentscheidungen notwendigen *Informationen*;

---

4 Unter der *„Distributionsquote"* versteht man den Anteil etwa der Einzelhandlungen, die das Produkt des Herstellers führen an der Gesamtzahl aller Einzelhandlungen.

2. die Stellung der *Absatzplanung* im Absatzprozeß;
3. die eigentliche *Absatzdurchführung*;
4. *Absatzüberwachung* und *Absatzkontrolle*.

III. Der Ablauf des Absatzprozesses

1. Beschaffung und Bereitstellung von Informationen

Die für die einzelnen Absatzentscheidungen notwendigen Informationen beziehen sich nicht allein — wie man auf den ersten Blick glauben könnte — auf den für die Unternehmung relevanten *Markt*, sondern man benötigt auch verschiedene Informationen aus der Unternehmung selbst. Diese für absatzpolitische Entscheidungen notwendigen *internen* Informationen bestehen beispielsweise aus verfügbaren Kapazitätsdaten, aus bestimmten Kosteninformationen über die vom Markt verlangten Erzeugnisse, aus Daten über die Spanne zwischen den geplanten Kosten und den erzielbaren Erlösen oder aus Daten über die Produktentwicklung und über die Wirkung der in der Vergangenheit eingesetzten absatzpolitischen Maßnahmen. Als Quelle dieser in der Praxis meist zu wenig benutzten Informationen dienen u. a. die „Arbeitsvorbereitung" und das betriebliche Rechnungswesen, dessen instrumentaler Ausbau ein Anliegen der modernen Betriebswirtschaftslehre ist.

Neben diese internen Informationen tritt eine Reihe von Marktinformationen, deren exakte Beschaffung und systematische Bereitstellung eine wichtige Voraussetzung für den gesamten Absatzerfolg bildet. Sofern die Gewinnung dieser Informationen über den Markt als eine einfache unsystematische Markterkenntnis oder „Marktwitterung" erfolgt, spricht man auch von *„Markterkundung"*; haben wir es dagegen mit einer systematisch und methodisch durchgeführten Marktuntersuchung zu tun, so spricht man von *„Marktforschung"*. Letzteren Begriff wollen wir näher definieren als:

systematische, auf wissenschaftliche Methoden gestützte Untersuchung der für eine Unternehmung wirtschaftlich relevanten Marktbedingungen, mit dem Ziel, objektive Unterlagen und Informationen für absatzwirtschaftliche Entscheidungen bereitzustellen.

Ist die Marktforschung auf die Stellung der Unternehmung im gegenwärtigen Markt bezogen und soll ein Situationsbild über Struktur und Größe des Marktes (u. a. Bedarfsanalyse, Käuferanalyse, Konkurrenzanalyse) hergestellt werden, so haben wir es mit einer *Marktanalyse* zu tun; sollen dagegen die Veränderungen und Entwicklungen der Märkte im Zeitablauf registriert werden, so spricht man von *Marktbeobachtung*. Die Grenzen zwischen Marktanalyse und Marktbeobachtung sind in der Praxis allerdings flüssig.

Die für absatzwirtschaftliche Entscheidungen notwendigen Informationen gelangen über verschiedene Kanäle im Rahmen der Markterkundung bzw. der Marktforschung zu den Entscheidungsträgern. Zu nennen sind zunächst einmal die beiden Möglichkeiten der *sekundär-statistischen* und der *primär-statistischen Erhebungen*. Bei *sekundär-statisti-*

schen Erhebungen werden Daten, die im Rahmen anderer Untersuchungen bereits ermittelt wurden, für absatzpolitische Ziele der Unternehmung ausgewertet. Da wir es bei dieser Methode nur mit einer „mittelbaren" Beschaffung von empirischen Unterlagen zu tun haben, ist der bezeichnende Ausdruck „Schreibtischarbeit" („desk-research") angebracht. Quellen für sekundär-statistisches Material sind die amtlichen Statistiken, die Branchen- und Verbandsstatistiken, das „Statistische Jahrbuch" und die Zeitschrift „Wirtschaft und Statistik" sowie u. a. auch die sog. Kaufkraftzahlen („Absatz-Kennziffern") der Gesellschaft für Konsumforschung (GfK) in Nürnberg. Das Sammeln von allgemeinen Informationen von Beratern und Verbänden sowie von Zeitungsausschnitten im Archiv muß hier ebenfalls erwähnt werden.

Primärmaterial dagegen beschafft sich die Unternehmung durch gezielte, für einen spezifischen Zweck bestimmte Erhebungen an den Quellen im Markt. Hier spricht man dann auch von einer „unmittelbaren" Marktforschung oder von „Feldarbeit" („field-research"). Primär-statistische Erhebungen können entweder von der eigenen Marktforschungsabteilung durchgeführt werden oder von verschiedenen dazu besonders spezialisierten Marktforschungsinstituten. Erhebungen dieser Art dienen beispielsweise einer Analyse der Stellung des Unternehmers am Markt (Marktanteil), einer Analyse über Stand und Entwicklung der Nachfrage (Verbraucherstruktur, Kaufkraft, Einfluß der Preisgestaltung), oder der Konkurrenzanalyse bzw. -beobachtung. Zu den Primärerhebungen zählen auch die mehr oder weniger periodisch durchgeführten Befragungen von Groß- und Einzelhändlern und vor allem auch die Berichte des Verkaufspersonals und der Vertreter. Insbesondere die Informationen der Verkäufer und Vertreter im Außendienst, die ein wichtiges Bindeglied zwischen dem Unternehmen und der Kundschaft darstellen, sind als schnell verfügbare, aktuell und kostengünstig zu beschaffende Daten für zukünftige absatzpolitische Entscheidungen gut geeignet.

Die folgende Gliederungsmatrix gibt einen schematischen Überblick über die Möglichkeiten der teils extern, teils intern primär-statistisch oder sekundär-statistisch zu beschaffenden Absatzinformationen.

Überblick über die Erhebungsmethodik der zu beschaffenden Absatzinformationen

	sekundärstatistische Erhebungen	primärstatistische Erhebungen
extern	Auswertung von Quellen, die im Rahmen anderer Untersuchungen bereits ermittelt wurden, z. B. Auswertung amtlicher Statistiken	Erhebung spezieller Daten an den Quellen im Markt durch Befragung oder Beobachtung
intern	Auswertung vorhandener Quellen im Unternehmen, z. B. Umsatzstatistiken	Erhebungen im Unternehmen, u. a. durch Befragung der Mitarbeiter im Außendienst

Neben diese beiden *Erhebungsmethoden* müssen in diesem Zusammenhang auch Methoden der *Verarbeitung* genannt werden, wie etwa „Zeitreihenanalysen" historischer Daten (z. B. Analyse der Umsatzentwicklung in der Vergangenheit nach Erzeugnissen, Erzeugnisgruppen, Abnehmergruppen oder Absatzgebieten).

Markterkundung und Marktforschung liefern in erster Linie Unterlagen über Vergangenheit und Gegenwart. Da die meisten der im Absatzbereich zu fällenden Entscheidungen in die Zukunft gerichtet sind, müssen diese Marktinformationen unter Berücksichtigung bestimmter Entwicklungstendenzen extrapoliert werden. Daneben ist es aber auch wichtig zu erfahren, wie der Markt für die erstellten Leistungen in Zukunft aussehen wird. Die letzte Vervollkommnung der Marktforschung ist deshalb eine prognostisch ausgerichtete Marktforschung in Form der *„Marktprognose"*. Auch dazu liefern wieder das Verkaufspersonal im Außendienst und systematische Befragungen der Groß- und Einzelhändler sowie periodische Stichprobeninterviews der Endverbraucher die wichtigsten Informationen. So werden beispielsweise Vertreterberichte als Informationsquelle im Rahmen einer Marktprognose insbesondere für die Absatzmengen- und Umsatzplanung, für die zukünftige Produktgestaltung, für die Preispolitik und auch für die anderen geplanten Maßnahmen der Absatzförderung verwendet werden können.

2. Absatzplanung und Planungsprozeß

Bei einer jeden Planung handelt es sich um die gedankliche Vorwegnahme künftiger Formen des betrieblichen Geschehens. Bezieht man diesen Planungsbegriff auf den Absatzbereich, so könnte man die

Absatzplanung als einen in die Zukunft gerichteten, auf systematischen Überlegungen beruhenden Entwurf der Absatzpolitik definieren.

Je nach Fristigkeit kann man zwischen einer *langfristigen* und einer *kurzfristigen* Absatzplanung unterscheiden. Der langfristige Absatzplan, der als eine Art globaler Rahmenplan die für die nächsten Jahre (fünf, zehn, manchmal sogar fünfzehn Jahre) einzuschlagende *Marktstrategie* der Unternehmung fixieren soll, umfaßt die auf lange Sicht vorgesehenen absatzpolitischen Ziele und die dazu notwendigen Maßnahmen zu ihrer Verwirklichung. Die meist bis zu einem Jahr mit quartalsmäßiger oder monatlicher Unterteilung zu fixierende kurzfristige Absatzplanung dagegen bildet die detaillierte Grundlage für die absatzpolitischen Ziele der nahen Zukunft und für die vorgesehenen absatzpolitischen Maßnahmen.

Im Rahmen des für die Realisierung der Absatzplanung notwendigen absatzpolitischen *Planungsprozesses* werden insgesamt vier Entscheidungsbereiche angesprochen, auf die wir im folgenden näher eingehen wollen:

1. Festlegung der konkreten Absatzziele für die Planperiode (Absatzmengen- bzw. Umsatzplanung);
2. Bestimmung der zur Realisierung der vorgegebenen Ziele notwendigen Absatzmaßnahmen (Aktionsprogrammplanung);
3. Bestimmung der voraussichtlich anfallenden Vertriebskosten und der Rentabilität;
4. Planung und Festlegung der gesamten Absatzabwicklung.

Faßt man alle vier Entscheidungsbereiche der *Absatzplanung* in einem sog. *Absatzgesamtplan* schematisch zusammen, so entsteht die folgende Systematik:

Absatzgesamtplan

1. Planung der Absatzziele (Absatzplan im engeren Sinne)	2. Planung der Absatzmaßnahmen u. a.:	3. Planung der Vertriebskosten (eventuell mit Erfolgsplan)	4. Verkaufsabwicklungsplanung u. a.:
(a) Absatzmengenplanung nach: Absatzperioden, Absatzgebieten, Abnehmergruppen, Artikelgruppen (b) Umsatzplanung nach: Absatzperioden, Absatzgebieten Abnehmergruppen, Artikelgruppen	(a) Absatzmethode (b) Preispolitik (c) Produktgestaltung (d) Werbung (e) Service usw.	(a) variable Vertriebskosten (aa) aktive, (ab) passive (b) fixe Vertriebskosten (ba) aktive, (bb) passive (c) eventuell: Erfolgsplan	(a) Verpackungsplan (b) Abfertigungsplan (c) Lieferplan (d) Finanzierungsplan (e) Kundenkreditplan

Wir wollen im folgenden auf die einzelnen Entscheidungsbereiche im Rahmen der Absatzplanung näher eingehen.

a) **Absatzmengen- oder Umsatzplanung**

Die erste Phase des Planungsprozesses dient der Bestimmung des für die Planperiode vorzugebenden konkreten Absatzzieles. Dabei sollte man das jeweilige Ziel so genau wie möglich formulieren, einmal um den Mitarbeitern im Absatzbereich eine klare Zielsetzung vorzulegen, zum anderen, um das geplante *Soll* zu einem späteren Zeitpunkt mit dem erreichten *Ist* besser und aussagefähiger vergleichen zu können.

Als Zielvorgabe findet man in der Praxis sowohl den *Absatzmengenplan* als auch den *Umsatzplan*. Der Absatzmengenplan enthält Angaben über das angestrebte Absatzquantum der jeweiligen Planperiode. Ausgehend von dem mengemäßigen Ist-Absatz der letzten Periode(n) zuzüglich einer für die Planperiode erwarteten Zuwachsrate, bestimmt der Absatzplan als Sollvorgabe das Absatzziel der Unternehmung. Der Absatzmengenplan ist um so aussagefähiger, je detaillierter er vorgegeben wird. Es empfiehlt sich deshalb, diesen Plan nach Einzelprodukten und Produktgruppen, nach Abnehmergruppen und Absatzgebieten zu differenzieren.

Die Absatzmengenplanung dient nicht nur der Aufstellung von Verkaufszielen, sondern sie gilt gleichzeitig als wichtige Unterlage für das viertel- oder halbjährlich zu erstellende *mengenmäßige* Produktionsprogramm im Fertigungsbereich. Außerdem besteht eine enge Abhängigkeit zwischen dem Absatzmengenplan, dem Bereitstellungs- und Ablaufplan im Produktionsbereich sowie dem Beschaffungs-, dem Investitions- und dem Kostenplan. Schließlich bildet der mengenmäßige Absatzplan die Basis für den Umsatzplan und damit auch für den Erfolgs- und Rentabilitätsplan.

Wird der *Umsatzplan* als Zielvorgabe fixiert, so kann er einmal entstehen durch die Bewertung der geplanten Absatzmengen mit erwarteten Preisen oder durch eine *direkte* Umsatzschätzung entweder durch die Unternehmensführung, die Marketing- bzw. die Verkaufsleitung sowie durch das Verkaufspersonal. Daneben ist eine Umsatzschätzung mit Hilfe mathematisch-statistischer Methoden (u. a. mit Hilfe der Korrelationsrechnung oder der Trendberechnung) denkbar. Bei einer solchen direkten Festlegung der Umsatzzahlen kommt es in der Praxis vor, daß die Absatzmengen erst nachträglich aus den bereits budgetierten Umsatzzahlen gewonnen werden. Eine solche Rückrechnung ist natürlich nur dann akzeptabel, wenn die Umsatzzahlen möglichst sorgfältig und exakt fundiert sind. Auch in diesem Falle hängt die Aussagefähigkeit des Umsatzplanes wieder vom Umfang einer sinnvollen Detaillierung ab. Eine Unterteilung nach Absatzperioden, Absatzgebieten, Abnehmergruppen und Artikelgruppen ist deshalb angebracht.

Die Qualität der Absatzmengen- bzw. der Umsatzplanung hängt zu einem großen Teil von der Genauigkeit und Sicherheit des der Planung zugrunde liegenden Zahlenmaterials ab. Neben der bisherigen Absatzmengen- bzw. Umatzentwicklung gilt die Feststellung zukünftiger Absatz- und Umsatzzahlen unter Berücksichtigung der geplanten absatzpolitischen Maßnahmen als zentrales Problem.

Die erste Phase des Planungsprozesses ist mit der Vorgabe fester Absatz- und Umsatzzahlen abgeschlossen. Mit diesen *Sollgrößen* ist damit gleichzeitig das konkrete Absatzziel für die Planungsperiode vorgegeben. Der zu einem späteren Zeitpunkt durchgeführte Vergleich mit den absatzwirtschaftlichen *Istzahlen* und eine daran anschließende Abweichungsanalyse erweist sich in jedem Fall als sinnvoll.

b) Aktionsprogrammplanung

ba) Die Planung der absatzpolitischen Maßnahmen

(1) Arten und Systematik der absatzpolitischen Maßnahmen

Neben der Vorgabe eines konkreten Absatzzieles beinhaltet der Absatzplan weiterhin die zur Realisierung der vorgegebenen Zielsetzung notwendigen absatzpolitischen Mitteln und Maßnahmen. Sei es, daß zunächst die Ziele vorgegeben werden und im Anschluß daran die notwendigen Maßnahmen geplant werden, oder sei es, daß zuerst bestimmte Maßnahmen fixiert werden und daraus die erreichbaren Ziele abgeleitet werden, es ist auf jeden Fall in Literatur und Praxis unbestritten, daß die einzusetzenden absatzpolitischen Mittel im voraus geplant werden müssen.

Über Einteilung und Inhalt der absatzpolitischen Instrumente gibt es in der Fachliteratur keine einheitliche Auffassung. Während *Erich Schäfer* nur *vier* absatzpolitische Maßnahmen unterscheidet, nämlich die Warenpolitik, die Werbepoliitk, die Preis- und die Kreditpolitik, bringen es *Edmund Sundhoff* (Qualitätspolitik, Konditionspolitik, Servicepolitik, Gestaltung des Vertriebsprogramms, Wahl des Absatzweges, Preispolitik, Gestaltung des Kundendienstes, Werbepolitik) auf insgesamt sechs absatzpolitische Mittel. *Erich Gutenberg* und mit ihm die meisten Untersuchungen jüngeren Datums unterscheiden als Teile eines sog. *absatzpolitischen Instrumenatariums*:

1. Absatzmethode (Vertriebssystem, Absatzform, Absatzweg),
2. Preispolitik,

3. **Produktgestaltung** (einschl. Sortimentsgestaltung),
4. **Werbepolitik**.

Für die vorliegende Untersuchung sollen im Rahmen der Aktionsprogrammplanung folgende absatzpolitische Mittel exemplarisch behandelt werden:

1. Produkt- und Programm- oder Sortimentspolitik,
2. Abnehmergruppen und räumlicher Absatzbereich,
3. Absatzwege und Verkaufsorganisation,
4. Preispolitik,
5. Werbepolitik und Verkaufsförderungspolitik („Kommunikationspolitik" einschließlich Öffentlichkeitsarbeit),
6. Servicepolitik,
7. Absatzkreditpolitik und Lieferungsbedingungen.

(2) Entscheidungen und Probleme bei der Planung der einzelnen absatzpolitischen Mittel

○ **Entscheidungen im Bereich der Produkt- und der Programm- oder Sortimentspolitik**

Planungsentscheidungen in bezug auf die abzusetzenden Produkte bzw. im Hinblick auf das anzubietende Sortiment sind in aller Regel *langfristige* Entscheidungen. Während diese Entscheidungen ursprünglich vor allem im Verantwortungsbereich der Produktionsabteilung gefällt wurden, hat man insbesondere in den letzten zwanzig Jahren erkannt, daß von einer optimalen Gestaltung der Erzeugnisse und des Sortiments eine wichtige akquisitorische Wirkung ausgeht, und man hat deshalb Dispositionen dieser Art primär unter absatzwirtschaftlichen Aspekten zu treffen versucht. Überlegungen im Rahmen der Produktplanung und der Sortimentspolitik gehören ohne Zweifel in den Aufgabenbereich der langfristigen Absatzplanung. Ihre detaillierte Fixierung und Vorgabe in Form einer Sollplanung ist dagegen Gegenstand des kurzfristigen Absatzplanes im engeren Sinne.

Die *Produktplanung* enthält die Gestaltung in bezug auf das Einzelprodukt. Da die Basis für den absatzpolitischen Erfolg bereits mit dem Erzeugnis selbst gelegt wird, kommt der Produktgestaltung im Rahmen der gesamten Absatzpolitik eine grundlegende Bedeutung zu. Als Mittel der Produktgestaltung sind vor allem zu nennen:

1. Die **Qualitätsgestaltung** (Qualitätspolitik),
2. die **Form- und Farbgestaltung**,
3. die **Verpackungsgestaltung**.

Bei der *Qualitätsgestaltung* geht es zunächst einmal um die Gestaltung der Stoffqualität, wobei eine laufende Verbesserung der Stoffqualität als absatzpolitisches Prinzip gelten kann. Je nachdem ob es sich bei den herzustellenden Produkten um Konsumgüter oder um Investitionsgüter handelt, kann allerdings die Entscheidung der Unternehmensleitung auch dahin gehen, die Stoffqualität des Produktes bewußt zu vermindern, um eine kürzere Lebensdauer und eine schnelle Wiederbeschaffung durch den Abnehmer zu erreichen. Neben der Stoffqualität gilt es außerdem die Nutzqualität des abzusetzenden Produktes zu gestalten. Im Hinblick auf die Erfüllung rationaler Funktionen ist die Nutzqualität meist abhängig von der Stoffqualität. In bezug auf die Eignung zur Erfüllung emotionaler Funktionen dagegen, ist die Nutzqualität nicht unbedingt von der Stoffqualität abhängig. Es kommt vielmehr — insbesondere bei Luxusgütern — vor allem auf den Prestigewert oder die Novität eines Produktes an und damit auf die Forderung, dem Verbraucher ein bestimmtes Erlebnis- bzw. Demonstrationsbedürfnis (z. B. Auto) zu befriedigen; man spricht in diesem Zusammenhang auch von „imaginärer Qualität".

Die *Form- und Farbgestaltung* eines Produktes ist besonders im Bereich der Konsumgüter nicht rational, sondern emotional begründet. Form und Farbe der Produkte beeinflussen in mehr oder weniger großem Umfange die Werbewirkung. Je nachdem ob das Erzeugnis eine solide, auffallende, extravagante oder gar rassige Form hat, ob die gewählten Muster oder Dessins farblich beim Kunden ankommen, wird der Absatz entsprechend sein.

Was die *Verpackungsgestaltung* schließlich betrifft, so kommt heute einer optimalen Verpackung neben einer Informationsfunktion (Angaben über Zusammensetzung, Gewicht, Herstellungsdatum usw.) und einer bestimmten Werbefunktion vor allem eine gewisse Identifizierungsfunktion zu: Der Konsument soll auf Anhieb einer bestimmten Verpackung das zugehörige Produkt zuordnen können.

Ein nicht weniger wichtiges absatzpolitisches Instrument stellt das *Sortiment* bzw. das *Absatzprogramm* dar. Die in diesem Zusammenhang zu treffenden Entscheidungen zielen einmal auf die Bestimmung einer gewissen Sortiments- bzw. Programmbreite (wieviel verschiedene Grundprodukte sollen hergestellt werden?), einer bestimmten Sortiments- oder Programmtiefe (wieviel Arten sollen von den einzelnen Grundprodukten entstehen?) und auf die verschiedenen Ausführungen jeder Art des Grundproduktes (in bezug auf Farbe, Form, Qualität usw.). Meist existieren für den Unternehmer die beiden Alternativen der *Programmausweitung* und der *Programmbeschränkung*. Eine Programmerweiterung kann erfolgen durch Diversifikation, Produktdifferenzierung und Produktvariation, eine Beschränkung durch Spezialisierung auf homogene Produktbereiche, Begrenzung der Arten und Einschränkung der Varianten. Einige der für diese Entscheidungsalternative in Frage kommenden Bestimmungsfaktoren haben wir bereits weiter vorne bei der Bestimmung des Produktionsprogrammes erörtert. Meist sind es produktionswirtschaftliche und absatzwirtschaftliche Argumente, die sich allerdings zum Teil widersprechen, die darüber entscheiden, ob das Verkaufsprogramm der Unternehmung ausgeweitet oder eingeschränkt werden soll. Der Forderung der Produktion nach rationeller Massenfertigung einiger weniger Erzeugnisse steht der absatzwirtschaftlich motivierte Wunsch nach einem reichhaltigen Sortiment gegenüber. Der akquisitorische Effekt des Verkaufsprogrammes ist um so größer, je besser es der Unternehmung gelingt, den differenzierten Wünschen der Kunden gerecht zu werden.

Sind die Entscheidungen im Hinblick auf Produkt und Verkaufsprogramm endgültig gefallen, so gilt dieses detaillierte Ergebnis als Grundlage für den Absatzplan im engeren Sinne. Dabei bleibt allerdings darauf hinzuweisen, daß das jeweilige Sortiment oder Verkaufsprogramm, mit dem das Unternehmen an den Markt tritt, nicht identisch zu sein braucht mit dem weiter vorne bereits erörterten Produktionsprogramm. Während das Produktionsprogramm nur die in der Planperiode zu erzeugenden Produkte enthält, umfaßt das Sortiment alle abzusetzenden Erzeugnisse, also beispielsweise auch die fremdbezogenen Waren, die zugekauft und unverarbeitet direkt in den Absatz gehen.

○ Entscheidungen in bezug auf die räumlichen Absatzbereiche und die Abnehmergruppen

Entscheidungen im Hinblick auf Absatzgebiete und Abnehmergruppen sind in der Regel grundlegende, strukturbestimmte Entscheidungen und finden deshalb meist ihren Niederschlag in einem langfristigen Absatzplan. Wegen ihrer unmittelbaren Interdependenz haben wir beide absatzpolitischen Instrumente hier zusammengefaßt: mit der Festlegung bestimmter Absatzbereiche ist oft gleichzeitig auch eine Entscheidung hinsichtlich gewisser Abnehmergruppen gefallen und umgekehrt. Allerdings kann es auch innerhalb eines vorgegebenen Absatzgebietes zu einer Selektion bestimmter Abnehmer kommen.

Die ersten Entscheidungen im Hinblick auf die räumlichen Absatzgebiete werden bereits mit der Standortwahl der Unternehmung gefällt. Wird die Wahl des Standortes ausschließlich oder zumindest teilweise unter Absatzgesichtspunkten getroffen, so muß sie als absatzpolitische Instrumentalentscheidung betrachtet werden.

Später muß die Unternehmung dann Entscheidungen darüber fällen, ob sie ihre Produkte auf lokaler, regionaler, nationaler oder internationaler Basis vertreiben will. Entscheidungskriterium sollte das Konzept einer langfristigen Gewinnmaximierung sein, wobei der erzielbare Erlös und die Höhe der Frachtkosten wichtige Komponenten darstellen. Abweichungen von dem Prinzip, nur gewinnbringende Absatzgebiete zu beschicken, sind allerdings in der Praxis denkbar. So könnten etwa bis dahin noch nicht belieferte Gebiete mit höheren Frachtkosten und gegebenenfalls sogar unter Preisopfern dann beliefert werden, wenn eine bis jetzt unterbeschäftigte Unternehmung ihre freien Kapazitäten kostendeckend auslasten will.

Oft wird eine Ausdehnung des Absatzbereiches von der Art des hergestellten Erzeugnisses bestimmt: Leicht verderbliche Produkte können meist nur lokal oder regional vertrieben werden, es sei denn, sie lassen sich durch Tiefkühlung oder andere Frischhaltemaßnahmen auch für einen überregionalen Absatzmarkt haltbar machen. Bei geringwertigen und schweren Erzeugnissen können die Transportkosten eine Ausweitung des Absatzgebietes verhindern; bei hochwertigen Produkten kann dagegen eine wirtschaftliche Produktion unter Umständen nur bei einem Großabsatz auf internationaler Basis gegeben sein, wobei u. a. Devisenkurse und Zölle sowie die jeweiligen politischen Verhältnisse als Randbedingungen ständig beobachtet und bei der Entscheidung berücksichtigt werden müssen.

Sieht man einmal davon ab, daß mit der Entscheidung hinsichtlich der Absatzgebiete oft auch bereits eine gewisse Vorentscheidung im Hinblick auf die Abnehmergruppen getroffen wurde, so gilt für die Praxis, daß die Wahl der Kunden oft dem Zufall oder dem subjektiven Vorgehen der im Außendienst Beschäftigten überlassen wird. Ein systematisches Vorgehen in Form einer bewußten Kundenselektion („selektive Absatzpolitik") — bestimmte Abnehmergruppen werden vernachlässigt, andere dagegen besonders intensiv bearbeitet — müßte sich dagegen je nach dem vorgegebenen Absatzziel als erfolgversprechend erweisen. Entsprechend dem anzubietenden Erzeugnis und der Absatzpolitik der Unternehmung könnte man versuchen, entweder besonders kaufstarke Käufergruppen oder besonders sichere Abnehmerkreise anzusprechen und zu beliefern.

○ Entscheidungen über Absatzwege und Verkaufsorganisation

Entscheidungen in bezug auf die einzuschlagenden Absatzwege und die jeweils zu realisierende Verkaufsorganisation (Vertriebssysteme, Absatzformen) sind ebenfalls im Rahmen der langfristigen Absatzplanung zu treffen.

Bei der Wahl zwischen alternativen Absatzwegen dreht es sich um die Entscheidung: Direktvertrieb oder Einsatz von Wiederverkäufern. *Direkter* Vertrieb liegt vor, wenn sich das Unternehmen bei der Veräußerung seiner Erzeugnisse unmittelbar an die Verbraucher oder Weiterverarbeiter wendet; mit *indirektem* Absatz haben wir es dagegen zu tun, wenn Handelsbetriebe eingeschaltet werden. Dabei kann man zwischen dem „einstufigen" und dem „mehrstufigen" Absatz (Einzel- und Großhandel) unterscheiden.

Entscheidungskriterien für die Wahl der Absatzwege sind neben Wirtschaftlichkeitsüberlegungen vor allem auch finanzwirtschaftliche Überlegungen. Es ist zu berücksichtigen, daß mit der Ausschaltung des Handels bestimmte Handelsfunktionen (u. a. Lagerfunktion, Kreditfunktion, Preisausgleichsfunktion, Sortimentsfunktion) von der (Industrie-)Unternehmung selbst übernommen werden müssen, wodurch sowohl die Kosten (insbesondere Vertriebs- und Lagerkosten), die Absatzrisiken als auch der Kapitalbedarf steigen werden.

Darüber hinaus sind vorwiegend qualitative Faktoren bei der Entscheidungsfindung zu beachten: So etwa:

1. Notwendigkeit und Umfang der Verkaufsberatung und der Serviceleistungen;
2. die auf dem Markt etablierten Absatzmittlergruppen (Handel), ihr eigener Kundenstamm und ihre Eignung für den Verkauf des jeweiligen Produktes;
3. die Konkurrenz und ihre Stellung beim Handel;
4. der angestrebte Umsatz und der Marktanteil des Unternehmens;
5. die Breite und Tiefe des angebotenen Sortiments.

Eine in diesem Zusammenhang anfallende Entscheidung trifft das Unternehmen bei der Wahl zwischen „intensivem" oder „totalem" Vertrieb auf der einen Seite und „selektivem" Vertrieb auf der anderen. Während der „intensive" Vertrieb den Absatz an alle in Betracht kommenden Abnehmer und Handelsstufen vorsieht, beschränkt sich der „selektive" Vertrieb entweder auf eine bestimmte Handelsstufe, beispielsweise den Großhandel, oder innerhalb einer Handelsstufe auf die Auswahl bestimmter Abnehmer.

Die Entscheidung über die Gestaltung der *Verkaufsaußenorganisation* betrifft zunächst einmal die Wahl des optimalen *Vertriebssystems*. Dabei kann sich die Unternehmung für einen zentralisierten Verkauf ohne eigene Verkaufsniederlassungen entscheiden, sie kann rechtlich unselbständige Verkaufsniederlassungen („Filialsystem") wählen, sie kann den gesamten Vertriebsapparat rechtlich ausgliedern und selbständige Vertriebsgesellschaften gründen die durch Beteiligungen oder Verträge wirtschaftlich an das Stammhaus gebunden sind, und es besteht schließlich noch die Möglichkeit eine rechtliche und wirtschaftliche Ausgliederung des gesamten Vertriebs vorzunehmen und hier vor allem sog. Verkaufssyndikate zu gründen.

Ein besonderes Vertriebssystem für Waren und Dienstleistungen ist in jüngster Zeit aus Amerika kommend auch bei uns diskutiert und von einigen wenigen Unternehmen bereits eingeführt worden: das „*Franchise-Vertriebssystem*"[5]. Dieses vertikal gegliederte System besteht im allgemeinen darin, daß ein selbständiger Gewerbetreibender (der „Franchisegeber") ein Erzeugnis oder eine bestimmte Serviceleistung unter der Verwendung eines Namens, Warenzeichens oder Symbols und einer bestimmten Ausstattung entwickelt hat und seinen Vertragspartner (dem „Franchisenehmer") den Vertrieb des Produktes bzw. der Serviceleistung überträgt. Im Rahmen des „Franchise-Vertrages" übermittelt der „Franchisegeber" laufend geschäftlichen Beistand, Schulung, Werbung und das „Know-how", gelegentlich sogar die komplette Einrichtung für den Geschäftsbetrieb. Daneben hat der „Franchisenehmer" den Nutzen aus der Vertriebsorganisation und dem Image eines Großunternehmens. Er kann unter der mehr oder minder großen Kontrolle des „Franchisegebers" ein selbständiges Unternehmen führen und zahlt dafür neben einer relativ niedrigen Vertragsabschlußgebühr eine im allgemeinen umsatzbezogene „Franchisegebühr".

In Deutschland findet man das Franchise-System schwerpunktmäßig im Kraftfahrzeughandel und -zubehörhandel, beim Kraftstoffvertrieb, bei Reinigungsbetrieben und Gaststätten sowie beim Vertrieb von Erfrischungsgetränken. So vertreibt beispielsweise die „Coca-Cola-Gesellschaft" ihre Erfrischungsgetränke über „franchisierte" Einzelhändler; daneben ähneln die Vertriebssysteme der „Rosenthal AG" und der „Photo Porst KG" dieser neuen Methode.

Außerdem enthält die *Verkaufsorganisation* die Entscheidungsalternative hinsichtlich der jeweiligen *Absatzformen*. Dabei kann sich die Unternehmung einmal auf betriebseigene Verkaufskräfte stützen, wie beispielsweise auf den Verkauf durch den Unternehmer selbst, durch Personen des „top-managements" oder des „middle-managements" im Absatzbereich oder durch Einschaltung spezieller Reisender. Auf der anderen Seite sind hier betriebsfremde Verkaufsorgane, die im Gegensatz zu den Handelsbetrieben auf fremde Rechnung verkaufen, zu nennen, wie beispielsweise Handelsvertreter, Makler oder Kommissionäre. Auch bei der Entscheidung über die Gestaltung der Verkaufsorganisation, die zum Teil branchenüblich vorgegeben ist, spielen wieder Wirtschaftlichkeitsüberlegungen eine entscheidende Rolle. Die Grenzen zwischen *Absatzwegen* und *Verkaufsorganisation* sind flüssig.

○ Entscheidungen im Bereich der betrieblichen Preispolitik

Preisbildung im Rahmen der Absatzplanung bedeutet betriebliche Fixierung der Preisforderung für das Leistungsangebot, mit dem die Unternehmung auf den Markt tritt.

Überlegungen und Entscheidungen über die Gestaltung dieser Preisforderung werden mit Preispolitik bezeichnet. Entscheidungen im Bereich der Preispolitik sind für den Erfolg einer Unternehmung deshalb von großer Bedeutung, weil einmal die geforderten Preise die Absatzchancen wesentlich mitbestimmen, und weil es zum anderen von der Höhe der erzielbaren Preise abhängt, ob die anfallenden Kosten gedeckt werden und darüber hinaus ein Gewinn erzielt werden kann. Für die Preispolitik der Unternehmung sind auf der einen Seite die *Kosten* und auf der anderen die jeweiligen *Marktbedingungen* von Bedeutung.

---

5 Vgl. dazu insbesondere: W. Skaupy, H. Gross, „Das Franchise-System", Düsseldorf 1968.

Eine aktive Preispolitik kann demnach eine Unternehmung nur dann betreiben, wenn sie genaue Informationen über die eigenen Selbstkosten und damit auch über die Preisuntergrenze besitzt und wenn ihr darüber hinaus der erzielbare Marktpreis sowie die Konkurrenz- und Nachfragestruktur bekannt sind.

Der Prozeß der betrieblichen Leistungserstellung hat auf die Dauer gesehen in einer Marktwirtschaft nur dann einen Sinn, wenn die erzielten Erlöse mindestens die Summe der verursachten Kosten decken. Daraus könnte die Erkenntnis folgen, daß der nach dem Kostenprinzip errechnete Preis – der *„Kostenpreis"* also – der einzig richtige ist, mit dem die Unternehmung auf den Markt tritt. Diese These wird außerdem durch die in der Praxis üblichen Kalkulationsmethoden gestützt: die Unternehmen ermitteln ihre Angebotspreise dadurch, daß sie auf die vollständig erfaßten Kosten einen branchenüblichen Gewinnzuschlag verrechnen. In der Regel wird allerdings ein so errechneter Preis nur bei solchen Produkten möglich sein, die keinen „allgemeinen" Marktpreis haben, weil sie sich durch einen hohen Grad von Vielgestaltigkeit und mindere Massenhaftigkeit von gleichartigen Wettbewerbserzeugnissen unterscheiden. Außerdem wird beim Neuantritt eines Produktes in den Markt, in dem bisher kein gleiches oder ähnliches Erzeugnis existiert, eine genaue Kostenkenntnis unerläßlicher Bestandteil des Preisbestimmungsprozesses sein.

Die mit der Leistungserstellung verbundenen Kosten spielen schließlich noch eine entscheidende Rolle bei der Ermittlung der *Preisuntergrenze*. Die Frage nach der Untergrenze der Preisfixierung gewinnt insbesondere bei rückläufiger Konjunktur an Bedeutung. Dabei sollte man zwischen einer Preisuntergrenze auf lange und einer auf kurze Sicht unterscheiden. Die Preisuntergrenze auf lange Sicht sind die Stückkosten, wobei sämtliche kalkulatorischen Kostenarten einzubeziehen sind. Für die Berechnung der Preisuntergrenze auf kurze Sicht sind zunächst nur die sog. Grenzkosten (durchschnittliche proportionale Kosten) von Bedeutung. Die durchschnittlich variablen Kosten gelten allerdings nur dann als kurzfristige Preisuntergrenze, wenn die Unternehmung über ausreichende Liquiditätsreserven bzw. Kreditbeschaffungsmöglichkeiten verfügt. Ist die Liquidität dagegen sehr angespannt, dann sollte man die kurzfristige Preisuntergrenze auf die Kosten abstellen, die kurzfristig zu Ausgaben werden. Die Preisuntergrenze ist in einem solchen Falle also *liquiditätsorientiert*.

Die *kostenorientierte* kurzfristige Preisuntergrenze kann dann unterboten werden, wenn die einzelnen Erzeugnisse des Verkaufsprogramms absatzwirtschaftlich verbunden sind. Man spricht dann auch von einer *absatzorientierten* Preisuntergrenze.

Wir haben bereits angedeutet, daß neben den Kosten auch die Marktbedingungen für die Preispolitik von Bedeutung seien. Wir wollen diese Feststellung nun sogar in die These umformulieren, daß in einem marktwirtschaftlich organisierten System die Preise grundsätzlich *„Marktpreise"* sind, d. h. für ihre Höhe und Entwicklung sind die Marktverhältnisse bestimmend. Nun sind aber die Marktverhältnisse von außerordentlicher Vielfalt, so daß es fast unmöglich ist, generelle Feststellungen über die Methoden der Preisbildung zu treffen. Sie hängen davon ab, ob der Anbieter eine „Monopolstellung" besitzt oder ob es sich um ein „oligopolistisches" oder um ein „polypolistisches" Angebot handelt. Für die Preispolitik der Unternehmung sind deshalb die Strukturmerkmale des jeweiligen Marktes und damit die sog. *Marktformen*, daneben aber auch die sog. *Marktverhaltensweisen*, die sich nicht notwendigerweise decken müssen, von großer Bedeutung. Wir wollen deshalb im folgenden einmal kurz auf die Marktformen eingehen; für ein spezifisches Studium muß auf die einschlägige Literatur verwiesen werden.

Exkurs: Preistheorie: Marktformenlehre

Seit der klassischen Nationalökonomie steht die Preistheorie und mit ihr die Marktformenlehre im Mittelpunkt der Volkswirtschaftslehre. Dabei hat insbesondere das Marktformenschema von *Heinrich von Stackelberg* weitestgehende Beachtung gefunden. Sieht man einmal von weitergehenden Differenzierungen ab, so unterscheidet Stackelberg ganz allgemein drei Hauptformen:

1. das „Polypol" oder der „atomistische" Markt, bei dem viele Anbieter und/oder Nachfrager vorhanden sind;
2. das „Oligopol", bei dem wenige (relativ große) Anbieter und/oder wenige (relativ große) Nachfrager vorhanden sind;
3. das „Monopol", bei dem nur ein Anbieter und/oder Nachfrager vorhanden ist.

Neben Stackelberg haben sich auch andere Autoren, wie u. a. Eucken, Triffin, R. Frisch, E. Schneider und in neuerer Zeit W. Krelle mit der Marktformenlehre beschäftigt, wobei vor allem Frisch und Schneider eine eigene „Lehre von den Verhaltensweisen" der Nachfrager und Anbieter entwickelt haben.

In der Betriebswirtschaftslehre hat sich in erster Linie Gutenberg mit diesen speziellen Fragen der Preistheorie befaßt. Er unterscheidet zwischen der Preispolitik eines monopolistischen Anbieters, der Preispolitik mit atomistischer Konkurrenz und der Preispolitik bei oligopolistischer Konkurrenz.

Ist auf dem Markt für eine bestimmte Ware nur ein Anbieter vorhanden, besteht also kein Konkurrenzbetrieb, dessen Preis- und Absatzpolitik den Anbieter beeinflussen könnte, so haben wir es mit einem „Angebots-Monopolisten" zu tun. Dieser kann wahlweise entweder die Absatzmenge oder den Preis als sogenannte Aktionsparameter festlegen; er steht damit vor einer sogenannten konjekturalen Preis-Absatzbeziehung. Senkt der Monopolist die Menge, so steigt der Preis, erhöht er den Preis, so sinkt die Menge.

Nach der Preistheorie erreicht der Monopolist im Schnittpunkt von Grenzkosten und Grenzerlöskurve sein Gewinnmaximum („Cournotscher Punkt").

Die Marktform des Angebots-Monopols (noch viel weniger die des sogenannten Nachfrage-Monopols) kommt in der Praxis selten vor, da fast immer eine Konkurrenz durch sogenannte *Substitutionsgüter* vorhanden ist. Außerdem ist für den Monopolisten zu beachten, daß durch eventuell existierende und am Markt bekannt gewordene hohe Gewinnspannen potentielle Konkurrenten angelockt werden könnten. Der Monopolist wird also nicht immer eine monopolistische Verhaltensweise bei der Mengen- und Preisfixierung an den Tag legen.

Bei der *atomistischen* Konkurrenz ist die Zahl der Anbieter so groß, daß von den preispolitischen Maßnahmen des einzelnen Anbieters keine Einflüsse auf die Absatzmengen der übrigen Anbieter festzustellen sind. Jeder Anbieter hat bestimmte persönliche, sachliche oder räumliche Präferenzen und damit einen bestimmten Bereich, in dem er sich wie ein Monopolist verhalten kann. Dabei ist das monopolistische Preisintervall in der Regel allerdings relativ klein. Erhöht der Anbieter dennoch seine Preise über den Rahmen des Preisintervalls, so wird er Kunden verlieren, senkt er den Preis unter das Preisintervall, so wird er Käufer gewinnen. Beides wirkt sich allerdings auf einem atomistischen Markt kaum auf den Absatz der Mitkonkurrenten aus.

Auch bei dieser Marktform wird der Anbieter den Preis wählen, bei dem seine Grenzkosten gleich seinem Grenzerlös sind, da er nur dann seinen Gewinn maximieren kann.

Für die *praktische* Preispolitik hat das bisher über die Bestimmung des gewinnmaximalen Preises Gesagte keine große Bedeutung.

So lassen sich bei den in der Praxis üblichen Mehrproduktbetrieben, bei denen die Erzeugnisse des Verkaufsprogramms außerdem absatzwirtschaftlich verbunden sind, weder die Grenzkosten noch die Grenzerlöse und damit auch nicht die gewinnmaximale Preis-Mengenkombination exakt ermitteln.

Bei einer *oligopolistischen* Angebotssituation schließlich stehen einige wenige Anbieter einigen oder zahlreichen Nachfragern gegenüber. Die einfachste Oligopolform ist das sogenannte *Dyopol*, bei dem zwei Anbieter der gesamten Nachfrage gegenüberstehen. Preispolitisch ist die Oligopolsituation dadurch gekennzeichnet, daß jeder Unternehmer auf Grund seiner Prämissen ein bestimmtes Preisintervall hat, in welchem Preisänderungen keine Reaktionen der Konkurrenz hervorrufen. Erhöht der eine

Anbieter dennoch seine Preise über das reaktionsfreie Preisintervall, dann muß er mit einem hohen Absatzrückgang rechnen; senkt er seine Preise dagegen unter den unteren Grenzpreis, so muß er mit preispolitischen Reaktionen der Konkurrenz rechnen. Je gleichartiger die Produkte bei einem Angebotsoligopol sind, desto eher wird es auf dem Markt zu einem Zustand kommen, den man auch als „*Quasi-Kartell*" zu bezeichnen pflegt, d. h. ein Zustand, bei dem die Anbieter der Oligopolgruppe in der Preisfixierung stillschweigend übereinstimmen, ohne daß es dazu einer vertraglichen Abmachung bedarf.

Denkbar ist außerdem auf oligopolistischen Märkten das Verhalten der sogenannten *Preisführerschaft*, bei dem ein Unternehmen, das über einen großen Marktanteil verfügt, die preispolitische Situation derart beherrscht, daß sich die übrigen Anbieter anschließen („*dominierende*" Preisführerschaft), oder daß ein Unternehmen aus einer Gruppe gleichgroßer Anbieter aus irgendwelchen Gründen die Preispolitik bestimmt und die anderen Großunternehmen und die Gruppe der weniger großen Unternehmen sich anschließen („*barometrische*" Preisführerschaft).

Neben der Bestimmung kosten-, liquiditäts- oder auch absatzorientierter Preisuntergrenzen besteht ein weiteres vieldiskutiertes Problem der Preispolitik in der sog. *Preisdifferenzierung*.

Von einer Preisdifferenzierung spricht man dann, wenn ein Anbieter das gleiche Gut verschiedenen Käufern bzw. Käufergruppen zu unterschiedlichen Preisen anbietet.

Voraussetzung für eine Preisdifferenzierung ist zunächst einmal eine möglichst vollkommene Isolierung der einzelnen Käuferschichten; außerdem das Bestehen unterschiedlicher Preiselastizitäten auf den Teilmärkten.

Unter der Preiselastizität der Nachfrage versteht man das Verhältnis der relativen Änderung der Absatzmenge zur relativen Änderung des Absatzpreises.

Eine Preisdifferenzierung verlangt also, daß die einzelnen Käufergruppen auf Preisänderungen entsprechend reagieren.

In der Praxis existieren verschiedene Arten der Preisdifferenzierung:

1. Die personelle Preisdifferenzierung
   Hier erfolgt eine Differenzierung nach den einzelnen Abnehmern bzw. Abnehmergruppen. Als Beispiele seien genannt: die Tarifpolitik der Eisenbahnen, die Staffelung der Arzthonorare oder der Funktionsrabatt im Einzel- bzw. im Großhandel.
2. Die räumliche (geographische) Preisdifferenzierung
   Hier erfolgt eine Preisdifferenzierung in bezug auf die geographische Lage der Käufer. Da die Nachfrage im Inland meist „unelastischer" ist als im Ausland, wird der Unternehmer auf dem Auslandsmarkt den Angebotspreis meist unter dem Inlandspreis festsetzen. Wir haben es dann mit einer räumlichen Preisdifferenzierung zu tun, ein Vorgang, den man auch mit „Dumping" bezeichnet.
3. Die zeitliche Preisdifferenzierung
   Als Beispiele für eine zeitorientierte Staffelung der Absatzpreise sind die jahreszeitlich unterschiedlichen Kohlepreise, unterschiedliche Hotelpreise je nach Saison oder „Werktags-" und „Sonntagspreise" in Gaststätten zu nennen[6].

---

6 Bei der zeitlichen Preisdifferenzierung und der Preisdifferenzierung nach Absatzmengen werden in der Praxis die Vergünstigungen oft auch an *dieselben* Käufer bzw. Käufergruppen gewährt.

4. Die Preisdifferenzierung nach Absatzmengen
   Hier erfolgt die Staffelung der Preise in bezug auf Klein- oder Großaufträge in Form von Mengenrabatten[6].
5. Die materielle Preisdifferenzierung
   Hier erfolgt die Presidifferenzierung nach dem Verwendungszweck. Als Beispiele seien genannt: Elektrizitätsverwendung für Hausbeleuchtung oder für industrielle Zwecke (Haushaltsstrom ist teurer als Industriestrom) oder: Alkohol für Industriezwecke ist billiger als zur Herstellung von Spirituosen.

Preisdifferenzierungen sind in der Praxis meist sehr schwer durchzusetzen, da jeder Kunde sich benachteiligt fühlt, wenn er erfährt, daß andere Kunden ohne ersichtlichen Grund billiger beliefert worden sind. Außer der meist von allen akzeptierten Form des „Mengenrabatts", müssen die übrigen Arten von Preisdifferenzierungen in der Regel nach außen hin „getarnt" werden. Man geht deshalb beispielsweise bei „Markenartikeln" so vor, daß man die gleiche Ware ohne Markenbezeichnung und in einfacher Verpackung auf anderen Absatzwegen (u. a. über Warenhäuser oder Versandgeschäfte) zu niedrigeren Preisen verkauft als über exklusive Spezialgeschäfte.

Als eine Ergänzung zur Preispolitik sind in diesem Zusammenhang die einzelnen Formen der *Rabattgewährung* (neben der bereits erwähnten Form des Mengenrabatts sind das der „Funktionsrabatten" der „Barzahlungsrabatt", der „Treuerabatt" und andere Arten von sog. „Sonderrabatten") zu erwähnen, die ebenfalls eine Differenzierung der Käuferschichten ermöglichen.

Spezielle Probleme einer praktischen Preispolitik liegen schließlich noch in der Preisfixierung von Mehrproduktbetrieben und in der Preispolitik bei sog. Kuppelprodukten.

Die Preispolitik der in der Praxis meist vorkommenden *Mehrproduktionsbetriebe* berücksichtigt die Kostensituation und die Marktchancen der einzelnen Erzeugnisse des Verkaufsprogramms. Entsprechend dem sog. *Tragfähigkeitsprinzip* („Deckungsbeitragsprinzip"), bei dem gefragt wird, ob bestimmte Produkte in ihrem Preis nicht-direkt-zurechenbare Gemeinkosten „tragen" können, müssen die Angebotskalkulationen der einzelnen Produkte so aufeinander abgestimmt werden, daß ein sog. preispolitischer Ausgleich („kalkulatorischer" Ausgleich) erfolgen kann.

Die Preispolitik von *Kuppelprodukten* — von Kuppelprodukten spricht man dann, wenn aus meist technisch-organisatorischen Gründen bei ein und demselben Produktionsgang verschiedenartige Produkte zwangsläufig anfallen[7] — gestaltet sich deshalb so schwierig, weil eine genaue Kostenzurechnung aus der Sache heraus nicht möglich ist. Es existieren in der Praxis zwar verschiedene Hilfsmethoden, die jedoch im Hinblick auf die Kalkulation von Angebotspreisen keineswegs befriedigen können.

Die im Rahmen preispolitischer Überlegungen endgültig fixierten Angebotspreise sind innerhalb der Absatzplanung einmal Gegenstand der *Aktionsprogrammplanung*, zum anderen Grundlage für die *Umsatzplanung*. Die praktische Bedeutung preispolitischer Aktivität im absatzpolitischen Aktionsprogramm der Unternehmung ist umstritten. Vielfach wird behauptet, daß die Preispolitik in der Fachliteratur gegenüber anderen Instrumenten der Absatzpolitik zu sehr in den Vordergrund gerückt worden sei. Dies

---

[7] Von Kuppelprodukten spricht man auch wenn Produkte aus Verwertungsprozessen (Abfallverwertung) und damit aus *ökonomischen* Gründen zwangsweise anfallen.

entspreche nicht der praktischen Bedeutung preispolitischer Bemühungen. In den Jahren der Geltung der „vertikalen Preisbindung" (bis 1974) konnte man nämlich in vielen Wirtschaftszweigen eine Verlagerung des *Preis-* auf den *Qualitätswettbewerb* feststellen. Die Gründe dafür liegen auch in einem mit steigendem Wohlstand geringeren Preisbewußtsein der Verbraucher bei gleichzeitig zunehmender Differenzierung der Verbraucherwünsche. Außerdem hat in den letzten Jahrzehnten die Marktform des Oligopols wesentlich zugenommen, bei der sich jedoch eine Ausdehnung des Marktanteils — wie wir bereits erwähnt haben — nicht durch preispolitische Maßnahmen, sondern in erster Linie durch den Qualitätswettbewerb erzielen läßt.. Schließlich bewirkt das Ansteigen der Fixkosten in sehr vielen Branchen, daß die Unternehmen die Preiskonkurrenz scheuen und sich statt dessen zu stillschweigenden Preisvereinbarungen bzw. zu Kartellen entschließen.

In jüngster Zeit ist in der Praxis allerdings festzustellen, daß durch laufende Qualitätsvariationen und Qualitätsdifferenzierungen auch die Preispolitik wieder in Bewegung gerät, und daß damit das preispolitische Instrument im Rahmen der Aktionsprogrammplanung wieder an Bedeutung gewinnt.

○ **Entscheidungen im Bereich der Werbepolitik und der Verkaufsförderung**

Werbepolitik und Verkaufsförderung bilden einen integrierten Bestandteil der Absatzstrategie und stellen entscheidende Instrumente im Rahmen der Aktionsprogrammplanung dar.

Mit Absatzwerbung bezeichnet man ein absatzpolitisches Mittel, dessen Funktion die Beeinflussung des Umworbenen zugunsten der werbetreibenden Unternehmung ist.

Andere über diese betriebliche Grundzielsetzung der Werbung hinausgehenden Begriffsbestimmungen sind denkbar. Unter dem Begriff *Verkaufsförderung* kann man einmal im engeren Sinne sämtliche Maßnahmen der Unternehmung verstehen, mit denen sie den Absatz an ihre Händler („sales promotion") fördert; außerdem diejenigen Maßnahmen, mit denen sie den Absatz des Händlers an dessen Kunden („merchandising") unterstützt.

Je nach Wirtschaftszweig hat die *Absatzwerbung* ein unterschiedliches Gewicht und unterschiedliche Aufgaben zu erfüllen. Verwiesen sei in diesem Zusammenhang nur auf die verschiedene Bedeutung der Werbung in der Markenartikelindustrie, in den sonstigen Zweigen der Konsumgüterindustrie und in der Investitionsgüterindustrie sowie auf den mehr suggestiven Charakter bei Konsumgütern und den mehr informatorischen Charakter bei Investitionsgütern. Die Werbung kann sich auf den Firmennamen bzw. die Unternehmung als Ganzes beziehen („Firmen-", „Marken-" oder „Imagewerbung") oder sie kann sich lediglich auf ein Produkt beziehen („Produktwerbung"). Im letzteren Fall kann man zwischen „Einführungswerbung", „Expansionswerbung" und „Stabilisierungswerbung" unterscheiden. Die Werbung kann schließlich „Alleinwerbung", „Sammelwerbung" oder „Gemeinschaftswerbung" sein. Eine Begriffsbestimmung und Abgrenzung zwischen Sammel- und Gemeinschaftswerbung wird in der Literatur unterschiedlich herbeigeführt. Manche Autoren charakterisieren die Sammelwerbung als eine Werbung, bei der die beteiligten Werbetreibenden nach außen hin in Erscheinung treten, während die

Gemeinschaftswerbung anonym (z. B. für Bier oder Milch) durchgeführt wird. Andere wieder sprechen dann von Sammelwerbung, wenn Unternehmen verschiedener Wirtschaftszweige gemeinsam werben („Verbundwerbung") und von Gemeinschaftswerbung, wenn die Werbetreibenden einem einzigen Wirtschaftszweig angehören.

Die im Rahmen der Aktionsprogrammplanung zu treffenden werbepolitischen Entscheidungen konkretisieren sich zunächst einmal auf die Vorgabe eines *Werbeziels*. Da die Werbepolitik durch die übergeordnete Absatzpolitik mit der gesamten Unternehmenspolitik in enger Verbindung steht, muß sich auch die werbepolitische Zielsetzung am gesamtbetrieblichen Ziel orientieren; sie trägt damit derivativen Charakter. Werbeziele sind danach so vorzugeben, daß sie die Grundmaxime unternehmerischen Handelns: die langfristige Gewinn- oder Rentabilitätsmaximierung unterstützen. Neben dem obersten Ziel aller absatzpolitischen Maßnahmen: Gewinnung von Käufern und Herbeiführung von Kaufkontakten, können spezifische Werbeziele etwa lauten: Aufrechterhaltung des bisherigen Umsatzes („Stabilisierungswerbung"), Umsatzausdehnung („Expansionswerbung") oder etwa „Marktschaffung" bei Neueinführung eines Erzeugnisses („Einführungswerbung").

Sind die für die Planperiode vorgegebenen Werbeziele eindeutig fixiert, so müssen außerdem folgende werbepolitischen Entscheidungen getroffen werden:

1. die Bestimmung des Werbeprojektes,
2. die Bestimmung des Werbesubjektes,
3. die Bestimmung der Werbeinhalte,
4. die Bestimmung der Werbeperiode,
5. die Bestimmung des Werbebudgets,
6. die Bestimmung der Werbemittel,
7. die Bestimmung der Werbeträger.

Zu 1: Unter dem Begriff *Werbeobjekt* sind alle Sachgüter und/oder Dienstleistungen zu verstehen, die Gegenstand der Absatzwerbung sein können. Neben einzelnen Produkten oder Dienstleistungen kann auch das gesamte Verkaufsprogramm der Unternehmung Gegenstand der Werbung sein. In aller Regel wird man aus der Schar der potentiellen Werbeobjekte diejenigen auswählen, bei denen erwartungsgemäß die durch Werbung erzielten Mehrerlöse höher sind als die zusätzlich aufgewandten Kosten. Von diesem Grundprinzip gibt es allerdings dann Abweichungen, wenn es sich um das Durchsetzen eines speziellen Werbeziels, wie etwa Produkteinführungswerbung oder Stabilisierungswerbung, handelt.

Zu 2: Mit dem Begriff *Werbesubjekt* („Zielgruppe der Werbung") wollen wir die Personen oder Personengruppen bezeichnen, die durch Werbeaktionen zur Erfüllung des Werbezweckes veranlaßt werden sollen. Auch bei dieser Entscheidung gilt wieder als allgemeines Auswahlkriterium, daß nur diejenigen Werbesubjekte auszuwählen sind, bei denen die Kosten der werblichen Beeinflussung niedriger sind als die zusätzlich entstehenden Erlöse. Da eine solche Bestimmung des Werbeerfolges im vorhinein äußerst schwierig ist, greift man auf andere Bestimmungskriterien zurück. Je nachdem, ob ein neuer Markt geschaffen werden soll oder ob ein bereits vorhandener umsatzmäßig stabilisiert oder ausgedehnt werden soll, wird man sich an unterschiedliche Personenkreise wenden. Außerdem wird durch das bereits vorgegebene *Werbeobjekt* oft das jeweilige *Werbesubjekt* mitbestimmt: So wird sich eine Werbung für Wasch- und Reinigungsmittel, für Kosmetika und Körperpflegemittel meist an weibliche, die für Pfeifentabak in der Regel an männliche Werbesubjekte wenden. Werbeaktionen für relativ teuere Werbeobjekte (Luxusartikel) werden vor allem die Bevölkerungskreise in Betracht ziehen, die über ein relativ hohes Einkommen verfügen.

Zu 3: Bei der Bestimmung der *Werbeinhalte* geht es um die Vorgabe der inhaltlichen Grundkonzeption in Form von Kerninhalten, Schlüsselideen u. ä.; man spricht in der Praxis auch von der Bestimmung der „Copy Platform". Es handelt sich also nicht um die Vorgabe ausformulierter Texte oder gestalteter Bildinhalte, sondern lediglich um umschriebene Inhaltsvorgaben für die Texter, Bildgestalter usw.

Zu 4: Bei der Bestimmung der *Budgetperiode* geht es u. a. um den Zeitpunkt, zu dem die Werbeaktion gestartet werden soll. Dabei spielen saisonale und konjunkturelle Schwankungen eine große Rolle. Im Hinblick auf die saisonmäßigen Schwankungen ist festzustellen, daß der Effekt der Werbemaßnahmen um so günstiger ist, je mehr die Werbemaßnahmen die Saisonzeit und damit die Zeit der höchsten Kaufbereitschaft treffen.

Für den *zeitlichen* Einsatz der Werbung gibt es die Möglichkeit des „prozyklischen" Verhaltens, d. h. man erhöht die Werbeausgaben mit steigender Konjunktur und damit wachsenden Umsätzen, des „antizyklischen" Verhaltens, d. h. man erhöht die Werbeaufwendungen trotz rückläufiger Konjunktur und sinkendem Umsatz und drittens die Möglichkeit einer „Nivellierung", d. h. man bestimmt die Werbeausgaben unabhängig vom Konjunkturverlauf immer in der gleichen Höhe. Welche Verhaltensweise für die Unternehmung am günstigsten ist, läßt sich generell nicht beantworten. In der Praxis findet man für alle drei Verhaltensweisen Beispiele.

Zu 5: Die Bestimmung des *Werbebudgets* ist deshalb von zentraler Bedeutung, weil die meisten anderen Größen des Werbeplanes (u. a. Werbemittel, Werbeträger) von dieser Entscheidung beeinflußt werden.

Unter dem Werbebudget oder Werbeetat einer Unternehmung versteht man die ziffernmäßige Aufstellung des für die Planperiode veranschlagten Werbeaufwandes.

Der Werbeetat bildet also den Finanzplan der Werbung.

Die Problematik der Bestimmung des Werbebudgets liegt im Auffinden objektiver Methoden zur Feststellung der Budgethöhe. Zwar gibt es in der amerikanischen und deutschen Werbepraxis eine Reihe von praktischen Faustregeln und Hilfsmethoden (u. a. Bestimmung der Budgethöhe nach einem vorgegebenen Prozentsatz vom Umsatz oder Gewinn), die jedoch weder sachlich noch logisch haltbar sind und zum Teil nachweislich zu falschen Ergebnissen führen. Uns erscheint eine Bestimmung der Budgethöhe nach dem jeweiligen Werbeziel oder der zu lösenden werblichen Aufgabe als einzig sinnvolle Budgetmethode.

Neben der Bestimmung der Budgethöhe ist eine weitere Entscheidung im Hinblick auf die Verteilung des Werbebudgets zu fällen. Dabei läßt sich ein „simultanes" und ein „sukzessives" Vorgehen unterscheiden. Von einer simultanen Lösung des Budgetproblems sprechen wir dann, wenn Budgethöhe und Verteilungsverhältnis in einem einheitlichen Vorgang zu einem bestimmten Zeitpunkt bestimmt werden. Bei der sukzessiven Behandlung des Problems werden in zwei zeitlich hintereinandergeschalteten Aktionen zuerst die Gesamtaufwendungen für die Werbung bestimmt und danach nach optimalen Schlüsseln verteilt.

In jüngster Zeit hat man in der Fachliteratur auch auf diesem Gebiet versucht, mit Hilfe der Methoden des „Operations Research" zu optimalen Lösungen zu gelangen. Die dabei entwickelten mathematischen Ansätze können in diesem Zusammenhang nicht behandelt werden; wir müssen stattdessen auf die einschlägige Literatur[8] verweisen.

Zu 6: Unter den „*Werbemitteln*" versteht man in der Fachliteratur die Zusammenfassung von „Werbeelementen" und/oder „Werbefaktoren", die als letzte, nicht weiter zerlegbare Bestandteile die eigentliche Werbewirkung auslösen. Als Beispiele seien genannt: Anzeigen in Zeitschriften und Zeitungen, Werbung im Rundfunk und Fernsehen und die Anschlagswerbung.

Für die Auswahl der Werbemittel sind zunächst einmal technische, künstlerische und psychologische Bestimmungsfaktoren maßgebend. Daneben bestimmen die Budgethöhe (es gibt kostspielige und weniger kostspielige Werbemittel) und das Werbeobjekt (Werbung für Konsumgüter als Anzeigen-, Rundfunk- und Fernsehwerbung; Werbung für Investitionsgüter durch Inserate in Fachzeitschriften, durch Werbebriefe und durch Werbung auf Ausstellungen und Messen) die Entscheidung in bezug auf die Werbemittelauswahl. Schließlich sind die Absatzwege (Direktwerbung oder Werbung über Händler und Großhändler) und die Werbepolitik der Konkurrenz von Einfluß auf die Wahl der Werbemittel.

---

8 Vgl. dazu u. a.: F. Edler, Werbetheorie und Werbeentscheidung, Wiesbaden 1966; W. Korndörfer, Die Aufstellung und Aufteilung von Werbebudgets, Stuttgart 1966.

Zu 7: Unter dem Begriff *Werbeträger* versteht man die stofflichen oder personellen Mittel durch die die Werbemittel an die Umworbenen herangeführt werden. Als Beispiele seien genannt: Zeitungen, Zeitschriften, Schaufenster, Plakatsäulen oder auch Verkehrsmittel.

Entscheidend für die Auswahl der richtigen Werbeträger sind einmal die jeweiligen „Streuungsmöglichkeiten", d. h. die Anzahl der durch den spezifischen Werbeträger erreichbaren potentiellen Käufer, zum anderen die dabei entstehenden Kosten in Form der Nutzungsgebühren. Das Auswahlproblem kann demnach in Form eines Wirtschaftlichkeitsvergleiches formuliert werden:

Von den grundsätzlich in Frage kommenden Werbeträgern sind diejenigen auszuwählen, die bei vergleichbarer streutechnischer Eignung am preiswertesten sind.

Das Ziel einer jeden Werbeplanung im Rahmen der Aktionsprogrammplanung ist die Festlegung eines zu einem einheitlichen Ganzen zusammengefaßten *Werbeprogramms*, das die *künftigen* Werbeaktionen, deren konkrete Ziele und die Instrumente, mit denen die werbepolitischen Ziele erreicht werden sollen, sowohl in sachlicher als auch in finanzieller Zusammensetzung enthält.

○ Entscheidungen im Bereich der Servicepolitik

Servicepolitik und *Kundendienst*, die in ihrer Wirkung in den Bereich der Verkaufsförderung und Werbung tendieren, gewinnen mit zunehmender Oligopolsituation der Absatzmärkte immer mehr an Bedeutung. Beim Vorliegen einer vergleichsweisen starren Preispolitik helfen sie, beim Nachfrager Präferenzen zu schaffen und damit den Reaktionsbereich der Unternehmung auszuweiten. Ihr instrumentaler Charakter im Rahmen der Absatzpolitik wird insbesondere bei Investitionsgüter und beim Verkauf „langlebiger" Konsumgüter offensichtlich.

Dienstleistungen im Rahmen der Servicepolitik der Unternehmung, die zum Teil unentgeltlich gewährt werden, zum Teil aber auch gesondert berechnet werden, sind u. a. technische Information und Beratung, Wartung, Überprüfung und Reparaturdienste. Daneben hat der Kunde meist Gewährleistungsansprüche und Umtauschrechte, er kann an allen größeren Orten des Absatzgebietes Ersatzteile erhalten und geschulte Kundendienst-Techniker übernehmen seine fachliche Betreuung.

Die im Rahmen der Absatzplanung festzulegende Servicepolitik sollte als Endziel anstreben, jeden Kunden und potentiellen Abnehmer davon zu überzeugen, daß man von keinem Konkurrenten eine entsprechend fachmännische und kostengünstige Dienstleistung erhalten kann.

○ Entscheidungen im Bereich der Zahlungs- und Lieferungsbedingungen

Neben der Servicepolitik liegt in der Gestaltung der *Konditionen* im Bereich der Zahlungs- und Lieferungsbedingungen insbesondere auf oligopolistischen Märkten mit den dort vorhandenen Preisabsprachen ein weiteres wichtiges absatzpolitisches Instrument im Kampf mit den Konkurrenten.

Unter den *Zahlungsbedingungen*, die als absatzpolitisches Instrument zum Teil den Bereich der Preispolitik berühren, versteht man u. a. das Einräumen hoher Skontosätze an zahlungskräftige Abnehmer, das Gewähren langer Zahlungsziele an weniger liquiditätsstarke Verbraucher oder die verschiedenen Formen der Teilzahlungskredite, bei denen der Abnehmer nur eine Anzahlung zu leisten braucht. Zu den *Lieferungsbedigungen* zählen etwa die Gesaltung der Lieferzeiten, die Übernahme einer bestimmten Mengengarantie oder die Vereinbarung spezifischer Frachtklauseln (u. a. Lieferung frei Haus).

bb) *Die Abstimmung der absatzpolitischen Mittel und ihre Koordination im „Marketing-Mix"*

Für die im Absatzplan vorgesehenen absatzpolitischen Maßnahmen, die zum Teil *strategischer* Art sind, wie etwa die Produkt- und Sortimentspolitik, die Absatzwege und die Verkaufsorganisation oder die Abnehmergruppenselektion und die Absatzbereichspolitik, zum Teil aber auch *taktische* Bedeutung haben, wie u. a. die Preis- und Werbepolitik oder die Gestaltung der Lieferzeiten, gilt als Grundproblem, daß sie aufeinander abgestimmt bzw. miteinander kombiniert werden müssen. Solange sich eine Unternehmung nur einer absatzpolitischen Maßnahme bedient, existiert dieses Abstimmungsproblem nicht. In der Praxis setzen jedoch die meisten Unternehmen ein ganzes Bündel absatzpolitischer Mittel ein; das Problem einer Abstimmung und Koordination stellt sich dann von selbst.

Die Aufstellung eines „optimalen" absatzpolitischen Programms erfordert eine *sachliche*, eine *zeitliche* und eine *finanzielle* Abstimmung der einzelnen Instrumente. Eine sachliche oder inhaltliche Koordination der Absatzmittel ist deshalb angebracht, da die vorgegebenen Absatzziele dann besonders wirkungsvoll erreicht werden können, wenn es sich bei den Absatzentscheidungen um sog. *integrierte* Entscheidungen handelt. Eine sachliche Abstimmung ist beispielsweise erforderlich bei den Instrumenten Werbung, Verpackung und Produktgestaltung. Die Werbung informiert den Verbraucher über den „Nutzwert" des jeweiligen Erzeugnisses und mobilisiert darüber hinaus zusätzliche Wertschätzungen, wie etwa bei Produkten, deren Besitz soziales Prestige verleiht; auf der anderen Seite gehen von der Produktgestaltung und der Verpackung bestimmte Werbeeffekte aus, die es zu nutzen gilt. Koordinationsprobleme sachlicher Art entstehen beispielsweise auch bei den Instrumenten Werbung und Sortimentserweiterung oder Werbung und Preispolitik. Im ersteren Fall wird eine Einführungs- oder auch eine Expansionswerbung die Sortimentserweiterung vorbereiten, im zweiten Fall werden Preisveränderungen (in erster Linie Preiserhöhungen, aber auch Preissenkungen) durch die Werbung den Verbrauchern plausibel gemacht. Bei der Einführung eines neuen Produktes liegt es an der Werbung durch die Schaffung eines „Grund-Image" (vielleicht in Form eines „Snob-Effektes") die Basis für eine bestimmte Preispolitik vorzubereiten. Daneben gibt es in der Praxis zahlreiche andere Abstimmungsprobleme, wie etwa die zwischen Produktgestaltung und Preispolitik oder zwischen Werbung und Vertriebsorganisation.

Neben einer inhaltlichen Koordination bedarf ein optimales Absatzprogramm auch einer *zeitlichen* Abstimmung. Das gilt in erster Linie für die Neueinführung eines Produktes.

Vom Suchen einer ertragswirksamen „Produktidee" über die Markt- und Produktforschung bis hin zur Produktgestaltung, der Ermittlung einer optimalen Preisstellung durch Kalkulation und Preistests, der Umwerbung der Händler und Verbraucher und dem Auffinden der günstigsten Absatzbereiche, Abnehmergruppen und Absatzwege ist eine intensive zeitliche Abstimmung notwendig.

Die Bedeutung einer zeitlichen Abstimmung aller Absatzmaßnahmen mag daraus hervorgehen, daß man in der Praxis versucht, Probleme dieser Art mit Hilfe der Methoden der *Netzplantechnik* in den Griff zu bekommen.

Da die meisten absatzpolitischen Instrumente Aufwendungen verursachen, bedarf es schließlich auch noch einer finanziellen Abstimmung. Die Ermittlung einer optimalen Kombination der einzelnen Instrumente unter dem finanziellen Aspekt erweist sich deshalb als besonders schwierig, weil die einzelnen Mittel innerhalb gewisser Grenzen gegenseitig substituierbar sind und sich ihre Auswirkungen auf den Absatz außerdem nicht genau quantifizieren lassen. Unter Berücksichtigung der Erfolgskomponenten Aufwand und Absatzwirkung und im Hinblick auf die Möglichkeit der Substituierbarkeit gilt es sich zu entscheiden, auf welche absatzpolitischen Mittel man zurückgreifen will bzw. auf welche man mehr und auf welche man weniger Gewicht zu legen gedenkt.

Rein theoretisch ist die optimale Kombination der absatzpolitischen Instrumente bei gegebenem Absatzkostenbudget dann gegeben, wenn deren *Grenzerträge* gleich groß sind.

Das bedeutet mit anderen Worten, daß die letzte „Vertriebskosten-Mark" nur dann für Werbung ausgegeben werden darf, wenn ihr Einsatz für andere absatzwirtschaftliche Mittel keine höhere Absatzwirkung, d. h. keinen höheren Ertrag bringen würde.

Diese formal-logisch exakte Problemlösung hat allerdings für die Praxis den Nachteil, daß eine genaue Wirkungsanalyse und damit auch eine isolierte Ertragszurechnung für die einzelnen absatzpolitischen Instrumente kaum möglich ist. Außerdem geht es bei der Absatzplanung nicht um die Zuordnung eines bereits realisierten Einzelerfolges, sondern um eine im Stadium der Planung notwendige Ertragsvorausschätzung. Denn nur beim Vorliegen von bestimmten Ertragserwartungen läßt sich das vorliegende Kombinationsproblem angehen.

Für die praktische Handhabung verbleibt deshalb meist nur die mehr oder weniger schematische Übernahme der in der Vergangenheit geübten Verfahrensweisen, eine Möglichkeit, die man deshalb ablehnen muß, weil sie einer zukunftsorientierten Planung nicht entspricht. Oder man geht von den vorgegebenen *Absatzzielen* aus und versucht, das Absatzkostenbudget so zu verteilen, wie es den konkreten Aufgaben angemessen erscheint. Gründliche Marktanalysen und Marktbeobachtungen erleichtern dabei diese zentrale Aufgabe der Absatzplanung.

Sind sämtliche in Frage kommenden absatzpolitischen Mittel sowohl sachlich als auch zeitlich und finanziell aufeinander abgestimmt, so entsteht aus der Gesamtheit der als optimal betrachteten Alternativen das zu realisierende absatzpolitische *Aktionsprogramm* der Unternehmung oder — wie man auch sagen kann — das sog. *Marketing-Mix*[9].

In der neueren Fachliteratur hat man in dem Zusammenhang die Frage diskutiert, ob eine exakte Bestimmung der optimalen Kombination mit Hilfe der Methoden des

---

[9] Durch die **gegenseitige Verknüpfung und Ergänzung** der eingesetzten Marketinginstrumente entstehen Wirkungen, die über den isolierten Einsatz einzelner Instrumente hinausgehen; man spricht auch von einem sog. Synergie-Effekt.

Operations Research möglich wäre. Da die Zahl der absatzpolitischen Variablen meist sehr groß ist und außerdem die entscheidenden Beziehungen in ihrer Interdependenz nur schwer zu quantifizieren sind, muß die Realisierung eines *Gesamtoptimums* aus dieser Sicht skeptisch beurteilt werden. Möglich erscheint dagegen das Erreichen von sog. *Teiloptima*, beispielsweise im Bereich der Absatzmethode oder der Werbepolitik; hier hat man auch bisher in der einschlägigen Literatur verschiedene mathematische Ansätze entwickelt, die auch für die Praxis relativ erfolgversprechend zu sein scheinen.

c) Die Bestimmung der voraussichtlich anfallenden Vertriebskosten (Vertriebskostenplanung)

Neben der Absatzmengen- bzw. Umsatzplanung und der Aktionsprogrammplanung sollte der Absatzgesamtplan auch eine Fixierung der voraussichtlich anfallenden Vertriebskosten, die zum Teil als Folge der Planung des Aktionsprogramms entstehen, aufweisen. Dazu gehören u. a. Werbekosten, Kundendienst- und Servicekosten, Verpackungskosten, Kosten der Vertriebsorganisation und anteilige Personalkosten. Für eine später durchzuführende *Kostenanalyse* erscheint eine Einteilung in *fixe* (u. a. Personalkosten) und *variable* (u. a. Verpackungskosten) Bestandteile sowie jeweils in *aktive* (u. a. Werbekosten) und *passive* (u. a. Abfertigungs- und Lieferkosten) Vertriebskosten zweckmäßig.

Die Zahlen des Vertriebskostenplanes münden in einen übergeordneten, gesamtbetrieblichen Ertrags- und Kostenplan ein und stellen damit eine Teilkomponente eines *Bruttoerfolgsplanes* dar. Andere Komponenten eines solchen meist unmittelbar aus der *Absatzmengenplanung* entwickelten Bruttoerfolgsplanes sind die auf Grund der Absatzmengen und der Absatzpreise geschätzten *Erlöse*; außerdem meist die direkten Herstellkosten.

d) Die Planung der Absatzabwicklung

Der letzte Planungsbereich im Rahmen des Absatzgesamtplanes umfaßt die gesamte *Verkaufsabwicklung*, d. h. die rein *technische* Seite des Vertriebes, wie u. a. den eigentlichen Verkaufsabschluß, die Auftragsabwicklung sowie die gesamte nach außen gerichtete Vertriebsapparatur. Auch in diesem bei Planungsüberlegungen meist vernachlässigten Bereich sollten die zukünftigen Aktionen – soweit wie möglich – im voraus festgelegt werden. Im einzelnen zählen zur Verkaufsabwicklungsplanung beispielsweise ein Verpackungsplan sowie ein Fakturierungs- und Inkassoplan und ein Absatzfinanzierungs- und Kundenkreditplan.

3. Absatzdurchführung

Mit der endgültigen Fixierung des *Absatzgesamtplanes* hat sich die Unternehmensleitung im Hinblick auf bestimmte Absatzziele und Absatzmaßnahmen festgelegt. Sie versucht damit ein Plansoll vorzugeben, das von den untergeordneten Instanzen im Absatzbereich für die vorausgeplante Periode zu befolgen ist. Die im Absatzplan vorgesehenen Mengen, Werte und Aktionen werden also zu Sollgrößen; der gesamte Plan wird für die im Absatzbereich Beschäftigten vollzugsverbindlich und ist damit möglichst genau durchzuführen.

Die optimale Erfüllung und Durchführung des Absatzplanes hängt von verschiedenen Faktoren ab. Zunächst sollte jeder Absatzplan möglichst realistisch sein, d. h. er muß tatsächlich erfüllt werden können. Um das bestmöglich zu erreichen, sollte man bereits bei der erstmaligen Planerstellung und jeder notwendigen Abwandlung auf eine gut fundierte sachliche Informationsgewinnung ebenso Wert legen wie auf die Forderung, daß auch die unmittelbar an der Durchführung des Geplanten Beteiligten, d. h. diejenigen, die später das Plansoll zu erfüllen haben, bei der Planung von Anfang an mitwirken sollten. Nur sie können in Zusammenarbeit mit der Unternehmensleitung beurteilen, ob die vorliegenden Markt- und Konkurrenzverhältnisse das geplante Absatzziel als realisierbar erscheinen lassen, nur sie sind auf Grund ihrer praktischen Erfahrung in der Lage, vorzuschlagen, welche absatzpolitischen Mittel und Maßnahmen notwendig sind, um das Absatzziel zu erreichen.

Im Hinblick auf eine optimale Durchführung des geplanten Absatzprozesses ist weiterhin darauf zu achten, daß der Absatzgesamtplan vollständig und lückenlos ist. Das bedeutet allerdings nicht, daß das Plansoll des Absatzplanes jederzeit buchstabengetreu zu erfüllen ist. Jeder Absatzplan sollte vielmehr so elastisch sein, daß auch beim Eintritt unvorhersehbarer Marktänderungen durch Konkurrenten oder Konsumenten eine schnelle und wirkungsvolle Anpassung an neue Marktsituationen möglich erscheint.

Schließlich erfordert eine optimale Erfüllung des Plansolls auch noch, daß die im Absatzbereich Beschäftigten ein mehr oder weniger starkes Interesse an der Planerfüllung zeigen. Dabei spielen nicht zuletzt materielle Gesichtspunkte eine Rolle. Relativ erfolgversprechend scheint deshalb auch im Absatzbereich die Einführung eines Systems der „pretialen" Lenkung in Form einer irgendwie gearteten Beteiligung der im Absatzbereich Beschäftigten am jeweiligen Absatzerfolg zu sein.

4. Absatzkontrolle

Die Aufstellung geplanter Sollgrößen bietet die Möglichkeit, an Hand eines sog. *Soll-Ist-Vergleiches* — denkbar wäre auch ein *Zeitvergleich* aufeinanderfolgender Perioden oder ein *„zwischenbetrieblicher Vergleich"* ähnlich strukturierter Unternehmen innerhalb der gleichen Branche — die Realisierung des Absatzzieles zu kontrollieren. Durch einen solchen Vergleich sollen bestehende Abweichungen zwischen Plan und Wirklichkeit aufgezeigt werden. Dabei genügt allerdings die bloße Feststellung der Abweichungen nicht; hinzukommen muß außerdem eine Analyse der jeweiligen Ursachen. Je nachdem, ob die Abweichungen intern verursacht wurden oder ob sie als Folge externer Marktvorgänge zu betrachten sind, wird man aus der Abweichungsanalyse Ansatzpunkte für neue Aktionsmöglichkeiten finden.

Eine wirksame Absatzkontrolle sollte jedoch nicht nur das vorgegebene mengen- oder wertmäßige Absatzziel als Globalgröße kontrollieren, sondern die Kontrolle sollte ihr Augenmerk hauptsächlich auch auf die Überprüfung der Erfolgssituation einzelner Erzeugnisgruppen, bestimmter Auftragsgrößen, Abnehmergruppen und Absatzperioden richten. Außerdem ist die Überprüfung der Wirksamkeit einzelner Instrumente, wie etwa der vorhandenen Absatzwege bzw. Absatzmethoden oder der eingesetzten Werbemittel Gegenstand der Absatzkontrolle.

Eine Überprüfung der Erfolgssituation in Form einer *Erfolgsanalyse* erfordert zunächst eine Unterteilung des jeweils vorgesehenen Kontrollobjektes in Teilbereiche. Nehmen wir als Beispiel eine Erfolgskontrolle der Verkaufsbezirke, so muß das gesamte Absatzgebiet zunächst in vergleichbare Teilbereiche unterteilt werden, also in unserem Beispiel in die Verkaufsbezirke 1, 2, 3 usw. Danach wird versucht, durch entsprechende Zurechnung der Erlöse und der Kosten den Erfolgsbeitrag für jeden Verkaufsbezirk zu ermitteln.

Ein vereinfachtes Verfahren einer Erfolgsermittlung für einzelne Verkaufsbezirke könnte wie folgt aussehen:

	Verkaufsbezirke							
	1	2	3	4	5	6	7	8
Umsatz in den Bezirken ./. direkt zurechenbare Herstellungskosten								
= Deckungsbeitrag A (Bruttoerfolg) ./. Erlösschmälerungen ./. direkt zurechenbare Vertriebskosten								
= Deckungsbeitrag B (Bruttoerfolg) ./. nicht zurechenbare Gemeinkosten								
= Nettoerfolg								

Die Durchführung einer in Form der sog. *Deckungsbeitragsrechnung* realisierten Erfolgsermittlung gehört an sich in den Aufgabenbereich des Rechnungswesens. Das schließt allerdings nicht aus, daß diese für absatzpolitische Entscheidungen benötigte Kontrollrechnung von der Vertriebsleitung veranlaßt oder sogar von der Vertriebsleitung selbst auf Grund der vom Rechnungswesen bereitgestellten Daten durchgeführt wird. Die Auswertung der bei der Erfolgsanalyse gewonnenen Informationen für die Gestaltung der zukünftigen Absatzpolitik ist auf jeden Fall Aufgabe der Vertriebsleitung.

Ohne daß wir an dieser Stelle näher auf die Problematik einer Erfolgsermittlung einzelner Verkaufsbezirke mit Hilfe der Deckungsbeitragsrechnung eingehen können, sollen zusammenfassend noch einmal die primären Ziele einer solchen Erfolgsanalyse herausgestellt werden:

1. Mit Hilfe der Erfolgsanalyse soll festgestellt werden, in welchen Teilbereichen des Absatzgebietes, des Verkaufsprogramms oder der Abnehmergruppen *Gewinn* und in welchen *Verlust* gemacht wird.

2. Neben dieser absoluten Aussage soll eine Erfolgsanalyse außerdem detaillierte Informationen darüber ermöglichen, ob einzelne Teilbereiche besonders oder weniger gewinn- bzw. verlustbringend sind.

Wenden wir uns der Kontrolle der Wirksamkeit einzelner Absatzinstrumente zu, so erscheint neben einer Kontrolle der Absatzmethoden insbesondere eine Kontrolle des Werbeerfolges als notwendig. Eine Werbewirkung läßt sich zunächst einmal im *psychologischen* Bereich durch die Feststellung bestimmter psychischer Wirkungen der Werbung (z. B. Aufmerksamkeitswirkung, Vorstellungswirkung, Gedächtniswirkung) kontrollieren. Die Bedeutung der Psychologie gerade auf dem Gebiet der Werbung ist bekannt und zugleich umstritten. Ähnlich umstritten sind auch die in der Praxis angewandten Methoden zur Feststellung der psychischen Werbewirkung.

Von der übergeordneten unternehmerischen Zielsetzung her gesehen, erscheint uns allerdings mehr die Kontrolle des sog. ökonomischen Werbeerfolges, d. h. der Differenz aus werbebezogenen Umsatzänderungen (Werbeertrag) und den Kosten des werbebedingten Mehrabsatzes, als primäre Aufgabe.

Den Unternehmer interessieren nämlich in der Praxis nicht so sehr die psychischen Wirkungsweisen seiner Werbeaufwendungen, sondern er will klar und eindeutig wissen, inwieweit die in die Werbung investierten finanziellen Beträge auf ökonomisch-quantitativer Ebene zu Buch geschlagen haben.

Die in der Praxis bei der Ermittlung des Werbeerfolges auftretenden Schwierigkeiten können die grundlegende Gültigkeit dieser Forderung nicht aufheben.

Erfolgs- und Wirkungskontrollen im Absatzbereich sind eine notwendige Ergänzung der Absatzplanung. Je detaillierter und exakter eine solche Absatzkontrolle durchgeführt wird, desto besser sind ihre Ergebnisse als Grundlage für neue Absatzpläne und zukünftige Absatzentscheidungen zu verwenden.

IV. Literaturhinweise

Arbeitskreis Hax der Schmalenbach-Gesellschaft, Unternehmerische Entscheidungen im Absatzbereich, in: ZfbF 1966, S. 759 ff.
Batzer, E., Greipl, E., Laumer, H., Marketing-Lexikon, München 1973.
Beckhaus, K., Investitionsgüter-Marketing, München 1982.
Behrens, K. Chr., Demoskopische Marktforschung, 2. Aufl., Wiesbaden 1966.
Behrens, K. Chr., Absatzwerbung, 2. Aufl., Wiesbaden 1976.
Behrens, K. Chr. (Hrsg.), Handbuch der Marktforschung, Bd. 1 u. 2, Wiesbaden 1974/1977.
Bidlingmaier/Jacobi/Uherek (Hrsg.), Absatzpolitik und Distribution, Wiesbaden 1967.
Gutenberg, E., Grundlagen der Betriebswirtschaftslehre, Bd. 2, Der Absatz, 16. Aufl., Berlin–Heidelberg–New York 1979.
Gutenberg, E. (Hrsg.), Absatzplanung in der Praxis, Wiesbaden 1962.
Hill, W., Marketing I und II, 2. Aufl., Bern und Stuttgart 1972.
Hünerberg, R., Marketing, München 1984.
Hüttner, M., Grundzüge der Marktforschung, Ein Leitfaden für Studium und Praxis mit 107 Beispielen, 3. Aufl., Wiesbaden 1977.

Jacob, H., Preispolitik, 2. Aufl., Wiesbaden 1971.
Jacob, H. (Hrsg.), Marketing und Unternehmensführung, Wiesbaden 1971.
Jaspert, F., Methoden zur Erforschung der Werbewirkung, Stuttgart 1963.
Jaspert, F., Marketing-Intensivkurs, 2. Aufl., München 1984.
Koch, W., Grundlagen und Technik des Vertriebs, 2 Bde., 2. Aufl., Berlin 1959.
Korndörfer, W., Die Aufstellung und Aufteilung von Werbebudgets, Stuttgart 1966.
Korndörfer, W., Absatzpolitik und Absatzentscheidung in der modernen Unternehmung, in: Dr. Gablers Wirtschaftsberater, Bd. 1, Wiesbaden 1972, S. 157—208.
Kotler, Ph., Marketing-Management, Stuttgart 1977.
Kroeber-Riel, W., Konsumentenverhalten, 2. Aufl., München 1980.
Leitherer, E., Betriebliche Marktlehre, 1. Teil: Grundlagen und Methoden, Stuttgart 1974; 2. Teil: Die Aktionsbereiche, Stuttgart 1978.
Meffert, H., Marketing, 6. Aufl., Wiesbaden 1982.
Meffert, H., Marktforschung, Wiesbaden 1984.
Müller-Hagedorn, L., Konsumentenverhalten, Wiesbaden 1984.
Nagtegaal, H., Grundlagen des Marketing, Wiesbaden 1972.
Poth, L. G. u. a., Praktisches Lehrbuch der Werbung, München 1975.
Poth, L., Produkt-Management, Düsseldorf 1968.
Schäfer, E., Absatzwirtschaft, 3. Aufl., Stuttgart 1981.
Seyffert, R., Werbelehre Theorie und Praxis der Werbung, 2 Bde., Stuttgart 1966.
Simon, H., Preismanagement, Wiesbaden 1982.
Simon, H., Goodwill und Marketingstrategie, Wiesbaden 1984.
Sundhoff, E., Absatzorganisation, Wiesbaden 1958.
Tietz, B., Die Grundlagen des Marketing, 3 Bde., München 1975/76.
Tietz, B. (Hrsg.), Handwörterbuch der Absatzwirtschaft (HWA), Stuttgart 1974.

G. Exkurs: Das Rechnungswesen der Unternehmung

I. Begriffliche Klarstellung und Wesen des betrieblichen Rechnungswesens

Jedes Unternehmen wird durch die Unternehmensführung auf bestimmte Ziele hin ausgerichtet. Solche Unternehmensziele können als *monetäre* Ziele sich in Geldeinheiten messen lassen, wie etwa Gewinn- und Umsatzziele, oder sie können *nichtmonetär* sein, wie beispielsweise Wachstumsziele, das Streben nach Sicherheit und Existenzsicherung oder etwa auch das Streben nach Unabhängigkeit, nach Macht und Prestige.

Um diese Ziele zu erreichen, wird die Unternehmung versuchen, bestimmte Leistungen (Sachgüter oder Dienstleistungen) zu erstellen und am Markt abzusetzen. Zur Erzeugung dieser Leistungen werden Produktionsfaktoren beschafft (*elementare Produktionsfaktoren*: Werkstoffe, Betriebsmittel, ausführende Arbeit) und in einem Leistungserstellungsprozeß miteinander kombiniert. Dieser Kombinationsprozeß verläuft nicht nach vorgegebenen Gesetzmäßigkeiten ohne menschliches Zutun, sondern es bedarf des sog. *dispositiven Produktionsfaktors* „Unternehmensführung/Unternehmensleitung", um diesen Prozeß sinnvoll zu planen, auszuführen und zu kontrollieren.

Das entscheidende Instrument zur zahlenmäßigen Erfassung, Steuerung und Kontrolle des Prozesses der betrieblichen Leistungserstellung und Leistungsverwertung ist das betriebliche Rechnungswesen.

Da sich im Rahmen des Kombinationsprozesses alle daraus resultierenden Entscheidungen — soweit sie quantifizierbar sind — im Rechnungswesen niederschlagen, kann man

das betriebliche Rechnungswesen[1] *auch als den Bereich der rationalen Quantifizierung des betrieblichen Geschehens, d. h. als den Ort, in dem die quantifizierbaren Vorgänge der Unternehmung erfaßt, geordnet, gespeichert und aufbereitet werden, bezeichnen.*

II. Aufgaben des betrieblichen Rechnungswesens

Eine sinnvolle Planung, Steuerung und Kontrolle des Leistungserstellungs- und Leistungsverwertungsprozesses im Unternehmen ist der Unternehmensführung nur auf Grund aussagefähiger, zuverlässiger und schnell verfügbarer Informationen möglich.

---

[1] Zu unterscheiden vom *betrieblichen* Rechnungswesen ist das *„volkswirtschaftliche"* Rechnungswesen, worunter man die zahlenmäßige Darstellung volkswirtschaftlicher Transaktionen innerhalb „Volkswirtschaftlicher Gesamtrechnungen" versteht.

Eine der beiden zentralen Aufgaben des betrieblichen Rechnungswesens ist deshalb die Bereitstellung (Erfassung, Ordnung, Speicherung und Aufbereitung) quantitativer Informationen, damit der betriebliche Leistungsvollzug im Sinne des vorgegebenen Unternehmensziels optimal gestaltet werden kann.

In dieser Funktionserfüllung gilt das betriebliche Rechnungswesen heute als das bedeutendste entscheidungsorientierte Führungsinstrument im Unternehmen. Als zentrales Instrument zur Informationsgewinnung und -verarbeitung ist das betriebliche Rechnungswesen ein wesentlicher Teil eines übergeordneten „Management-Informationssystems"[2]. In dieser Eigenschaft liefert das Rechnungswesen Führungsinformationen für sog. unternehmerische *Basisentscheidungen*, wie etwa Informationen für Investitionsentscheidungen, als auch Informationen zur *kontinuierlichen Steuerung* und Führung des Unternehmensgeschehens.

Unternehmen in der Bundesrepublik Deutschland (wie auch Unternehmen in zahlreichen anderen Staaten) sind allerdings auch der staatlichen Rechtsordnung unterworfen. Diese zwingt die Unternehmen zur Sicherstellung und/oder Publikation betrieblicher Daten für außerbetriebliche Zwecke. Die Gründe für die Auferlegung dieser Rechtspflichten durch den Gesetzgeber sind zunächst einmal das Streben nach Rechtssicherheit im kaufmännischen Verkehr („Gläubigerschutz"), darüber hinaus auch die Unterrichtung der Anteilseigner und der Öffentlichkeit sowie die Heranziehung der Unternehmen zur Besteuerung.

Die zweite große Aufgabe des betrieblichen Rechnungswesens liegt deshalb in der Dokumentation und/oder Publikation betrieblicher Daten für außerbetriebliche Ziele.

Versucht man das bisher Gesagte in einer übersichtlichen Darstellung schematisch und vereinfachend wiederzugeben, so könnte man die Aufgaben des betrieblichen Rechnungswesens wie folgt umreißen:

1. *Eine instrumentale Führungsaufgabe*
   Das Rechnungswesen stellt als Instrument der Unternehmensführung betriebliche Daten zur optimalen Planung, Steuerung und Kontrolle des gesamten betrieblichen Prozesses zur Verfügung.
2. *Eine dokumentierende Rechenschaftslegungsaufgabe*
   Das Rechnungswesen dokumentiert das Ergebnis der betrieblichen Leistungserstellung und -verwertung und informiert durch die jährliche Rechenschaftslegung außenstehende Interessierte (u. a. Anteilseigner, Gläubiger, Finanzbehörde, Öffentlichkeit).

---

2 Unter einem „Management-Informationssystem" versteht man eine spezifisch organisatorische Konzeption des betrieblichen Informationswesens, die vergangene, gegenwärtige und zukünftige Informationen mit zielorientiertem Inhalt zum richtigen Zeitpunkt der Unternehmensführung (Management) zur Verfügung stellt.

III. Gliederung des betrieblichen Rechnungswesens

1. Übersicht über die herkömmlichen Gliederungsmöglichkeiten und ihre Problematik

Zur Gliederung des betrieblichen Rechnungswesens sind in Literatur und Praxis bereits zahlreiche Vorschläge gemacht worden, ohne daß es bisher freilich gelungen wäre, eine für alle Branchen und Betriebe allgemeingültige Systematisierung zu finden. Eine gewisse Verbreitung in der einschlägigen Literatur und der Betriebspraxis hat allerdings eine Einteilung gefunden, die in den „Grundsätzen zur Organisation der Buchführung im Rahmen eines einheitlichen Rechnungswesens", die vom Reichs- und Preußischen Wirtschaftsministerium am 11. 11. 1937 herausgegeben wurde, zu finden ist. Danach ist das betriebliche Rechnungswesen wie folgt zu gliedern:

1. Finanzbuchhaltung,
2. Betriebsbuchhaltung,
3. Betriebsstatistik,
4. Planungsrechnung.

In Anlehnung an diese Richtlinien, die heute keinerlei rechtliche Bindungswirkung mehr besitzen, unterteilt man das betriebliche Rechnungswesen in die folgenden vier Teilbereiche:

1. Buchführung und Jahresabschluß,
2. Kosten- und Leistungsrechnung,
3. Betriebsstatistik,
4. Planung oder betriebliche Vorschau.

Gegen diese Gliederung kann vorgebracht werden, daß ein durchgängiges, systematisches Einteilungskriterium nicht zugrunde liegt. Es handelt sich vielmehr um eine mehr oder weniger willkürliche Aneinanderreihung der in der Praxis wichtigsten Bereiche des betrieblichen Rechnungswesens. Aus dieser Tatsache heraus sind bestimmte Bemühungen in der Fachliteratur zu verstehen, das Rechnungswesen nach anderen Merkmalen oder Merkmalskombinationen zu gliedern. So findet man zuweilen als Aufteilungskriterien den *Zeitpunkt* der Rechnungsdurchführung und unterteilt in *Nachrechnungen* und *Vorrechnungen*; oder man wählt den *Bezugsinhalt* als Kriterium und unterscheidet in *Periodenrechnung* und *Stückrechnung*. Faßt man beide Einteilungskriterien zusammen, so kann die mögliche Abhängigkeit zwischen den Merkmalen „Zeitbezug" und „Bezugsinhalt" durch das folgende Schema vereinfachend wiedergegeben werden:

Bezugsinhalt / Zeitbezug	**Nachrechnungen**	**Vorrechnungen**
Periodenrechnung	Buchführung und Jahresabschluß Betriebsbuchhaltung	Investitions- und Finanzplanung Plankostenrechnung
Stückrechnung	Nachkalkulation	Vorkalkulation

Der Nachteil dieser Darstellung liegt im völligen Negieren der betriebswirtschaftlichen Statistik. Man könnte sie zwar nach dem Zeitbezug als *Nachrechnung* bezeichnen, nicht aber der Perioden- oder Stückrechnung eindeutig zuordnen. Man findet deshalb auch oft folgende schematische Darstellung:

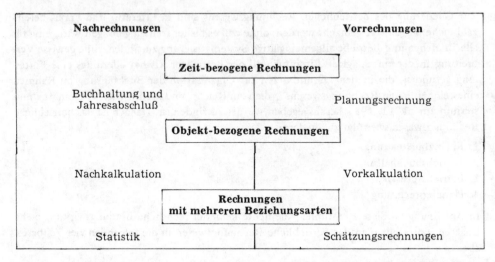

Allerdings wird auch bei dieser Darstellung der sachliche Bezug der betriebswirtschaftlichen Statistik nicht eindeutig geklärt. Da sich die Statistik auf Zeiträume, Zeitpunkte, auf Kostenarten, Kostenstellen und Kostenträger, aber auch auf Umsatzzahlen, Marktgebiete und Zahlungseingänge beziehen kann, wird ihr Standort und ihre eigentliche Aufgabe im Rechnungswesen immer recht unbestimmt sein.

2. Wesen und Aufgaben der traditionellen Teilbereiche des betrieblichen Rechnungswesens

a) Buchführung und Jahresabschluß: Wesen und Aufgaben

Grundsätzlich kann die Buchführung oder Buchhaltung wie folgt unterteilt werden:

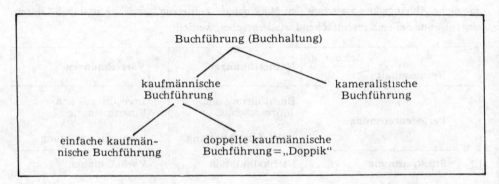

Da wir in diesem Zusammenhang nur mit dem *betrieblichen* Rechnungswesen zu tun haben, bleibt die kameralistische Buchführung im weiteren Verlauf unberücksichtigt, da es sich dabei nur um eine reine Einnahmen-Ausgabenrechnung handelt, wie sie von Staat, Gemeinden und sonstigen öffentlichen Institutionen als einfache Abrechnungsart verwendet wird.

Bei der *einfachen kaufmännischen Buchführung*, die bei Kleinbetrieben den gesetzlichen Buchführungspflichten entspricht, besteht kein systematischer Zusammenhang zwischen den einzelnen Aufschreibungen. Die heute meist übliche *doppelte kaufmännische Buchführung* geht von der natürlichen Zweiseitigkeit wirtschaftlicher Vorgänge aus, nach der jeder Geschäftsvorfall sich im Soll und Haben der betroffenen Konten niederschlägt und die Buchungen im Soll und Haben gleich groß sind.

Die (Finanz-)Buchhaltung, die kraft gesetzlichen Zwangs notwendiger Bestandteil des betrieblichen Rechnungswesens ist und deren Inhalt und Aufbau weitgehend durch gesetzliche Normen geregelt ist[3], erfaßt auf Grund von Belegen alle mit Zahlungen verbundenen Vorgänge des Güterverzehrs, der Güterentstehung und der Güterverwertung. Auf sog. Bestands- und Erfolgskonten werden Veränderungen des Vermögens und des Kapitals festgehalten, und im daraus resultierenden Jahresabschluß (Bilanz und Gewinn- und Verlust-Rechnung) wird innerhalb der Buchführung Rechenschaft über die Höhe des Vermögens und des Kapitals sowie über den Erfolg des Unternehmens während eines Zeitraums (Geschäftsjahr) abgelegt.

Die Buchführung ist damit eine Zeitrechnung, die in erster Linie der Dokumentation von Geschäftsvorfällen mit dem Ziel der Rechenschaftslegung dient.

b) Kosten- und Leistungsrechnung: Wesen und Aufgaben

Im Gegensatz zur Buchführung, die die *unternehmensbezogenen*, wirtschaftlichen Vorgänge des gesamten Unternehmens („externes" Rechnungswesen) festhält, ist die Kosten- und Leistungsrechnung („internes" Rechnungswesen) eindeutig *betriebsbezogen* und erfaßt die wirtschaftlichen Daten der Leistungserstellung und der Leistungsverwertung. Die Kosten- und Leistungsrechnung erfaßt damit nur den Teil des *Werteverbrauchs* (= *Kosten*) und des *Wertezuwachses* (= *Leistungen*), der durch die Erfüllung der eigentlichen betrieblichen Tätigkeit verursacht wird und ermittelt daraus das *Betriebsergebnis*.

Die Kosten- und Leistungsrechnung wird in der Regel in vier Teilbereiche aufgegliedert:

1. Die Kostenartenrechnung
   Hier werden alle Kostenarten (z. B. Löhne, Abschreibungen, Materialkosten) erfaßt und geordnet. Die Kostenartenrechnung bildet die Grundlage für alle weiteren Verrechnungsvorgänge.

---

3 Vgl. dazu die gesetzlichen Vorschriften im HGB (§§ 38 ff.), in der Abgabenordnung (§§ 140 ff.), im Aktiengesetz (§§ 148 ff.) und im GmbH-Gesetz (§§ 41 f.). Für die Zukunft zu beachten sind auch die Rechnungslegungsvorschriften nach der „4.-EG.-(Bilanz-)Richtlinie' aus dem Jahr 1978 bzw. die Regelungen nach dem „Bilanzrechtlinie-Gesetz" (vgl. Bundesratsdrucksache 61/82/ vom 19.3. 1982

2. Die Kostenstellenrechnung
Hier werden die Kostenarten gemäß ihrem Anfall auf Kostenstellen (= Ort der Kostenentstehung) verrechnet.

3. Die Kostenträgerrechnung
Hier werden die Kosten für die jeweils spezifische betriebliche Leistung (Kostenträger) ermittelt.

4. Die Betriebsergebnisrechnung
Hier werden Leistungen und Kosten gegenübergestellt und das Betriebsergebnis ermittelt.

Faßt man die besonderen Aufgaben in diesen vier Teilbereichen zusammen, so lassen sich die zentralen Aufgaben der Kosten- und Leistungsrechnung wie folgt beschreiben:

1. Die Kosten- und Leistungsrechnung dient der Überwachung der Wirtschaftlichkeit des betrieblichen Leistungsprozesses.

Mit Hilfe bestimmter *Kennzahlen* (u. a. Produktivität, Kostenwirtschaftlichkeit, betriebliche Wirtschaftlichkeit) und laufender *Kontrollen* (Kostenarten-, Kostenstellen- und Kostenträgervergleiche) sollen Schwachstellen im Betrieb aufgedeckt und ein rationeller Ablauf des Leistungsprozesses ermöglicht werden.

2. Die Kosten- und Leistungsrechnung dient der Kalkulation des Angebotspreises für das einzelne Erzeugnis.

Im Rahmen der Kalkulation werden die Kosten für die betriebliche Leistung ermittelt. Man unterscheidet dabei die *Kostenträgerstückrechnung* (Kosten pro Leistungseinheit) und die *Kostenträgerzeitrechnung* (Periodenkosten pro Leistungseinheit). Neben der Ermittlung des Angebotspreises (Vorkalkulation) dient die Kalkulation auch der Kostenträgerkontrolle (Nachkalkulation).

3. Die Kosten- und Leistungsrechnung dient der Ermittlung des Betriebsergebnisses.

Die Betriebsergebnisrechnung gibt Auskunft über den Erfolg der betrieblichen Tätigkeit, wobei der Erfolg auf eine Leistungseinheit, eine Leistungsgruppe oder auch den Gesamtbetrieb bezogen werden kann.

Während beim externen Rechnungswesen die Funktion der Dokumentation und der Rechenschaftslegung nach außen dominiert, steht beim internen Rechnungswesen (Kosten- und Leistungsrecnung) die Instrumentalfunktion für die Unternehmensführung im Vordergrund. Das interne Rechnungswesen hat in erster Linie die Aufgabe, quantitative Informationen für unternehmerische Entscheidungen bereitzustellen, damit die Unternehmensführung das Unternehmen im Sinne des vorgegebenen Unternehmenszielsoptimal führen und lenken kann.

c) Betriebsstatistik: Wesen und Aufgaben

Die betriebswirtschaftliche Statistik ist im Gegensatz zur Buchführung und zur Kosten- und Leistungsrechnung für den laufenden Betriebsprozeß nicht unbedingt notwendig; außerdem gibt es keine gesetzlichen Vorschriften, die sie zur Pflicht machen. Dennoch kann die Betriebsstatistik ein selbständiges und wertvolles Instrument der Unternehmensführung darstellen, wenn man sie nicht nur — wie es in der Praxis oft geschieht — als bloßes Aufzeichnungsinstrument ohne anschließende Auswertung begreift.

Die betriebswirtschaftliche Statistik ist nämlich mehr als nur Dokumentation: Sie ist Aufzeichnung und Auswertung des ermittelten Zahlenmaterials zugleich.

In dieser Eigenschaft gehört die Betriebsstatistik, ähnlich wie die Buchhaltung und die Nachkalkulation, in den Bereich der *Kontrollrechnungen*. Im Rahmen des Soll-Ist-Vergleichs wirkt die betriebswirtschaftliche Statistik sowohl bei der Vorgabe der Sollgrößen, beim Soll-Ist-Vergleich, bei der Abweichungsanalyse und bei etwaigen Plankorrekturen mit. Neben ihrer Kontrollfunktion übernimmt die Statistik damit auch eine bestimmte Informationsfunktion für die zukünftige Vorschau- oder Planungsrechnung.

Die Anwendungsmöglichkeiten der Betriebsstatistik sind praktisch unbegrenzt, da alle Betriebsvorgänge zum Gegenstand von Kontrollrechnungen gemacht werden können. Wichtige Teilbereiche sind allerdings die *Produktionsstatistiken*, die *Absatzstatistiken*, die *Personalstatistiken* sowie die *Finanz- und Bilanzstatistiken*.

d) Planungsrechnungen: Wesen und Aufgaben

Die in der Regel auf den Zahlen der Buchführung, der Kosten- und Leistungsrechnung und der Statistik beruhenden Planungsrechnungen sind heute wesentliche Führungsinstrumente für das Management. In der Unternehmensplanung bzw. in den daraus abgeleiteten betrieblichen Teilplänen finden die Unternehmensziele und die zukünftige Unternehmenspolitik in Form von Vorschaurechnungen ihren konkreten, meist zahlenmäßigen Niederschlag.

Im Rahmen der Planungsrechnung werden meist Teilpläne nach Funktionen erstellt (u. a. Beschaffungsplan, Produktionsplan, Absatzplan, Personalplan, Investitions- und Finanzierungsplan), Soll-Ist-Vergleiche durchgeführt und in enger Zusammenarbeit mit der Statistik auf der Grundlage von Abweichungsanalysen wichtige Informationen zur Führung und Kontrolle des Unternehmens bereitgestellt.

Planungsrechnungen ermöglichen:

1. eine gute Vorausschau des betrieblichen Geschehens auf Grund einer systematischen Analyse aller vorhersehbaren Einflußfaktoren;
2. eine rationelle Gestaltung des betrieblichen Ablaufs zur Erhöhung der Wirtschaftlichkeit;
3. eine erzieherische Wirkung durch Vorgabe bestimmter Planziele;
4. eine detaillierte Kontrolle vorgegebener Plansätze durch die Feststellung und Analyse der Soll-Ist-Abweichung.

3. Neuere Ansätze zur Gliederung des betrieblichen Rechnungswesens

Die Entwicklung des Rechnungswesens zu einem entscheidungs- und führungsorientierten Instrument erfordert eine grundlegende Revision des herkömmlichen Rechnungswesens. Das moderne Rechnungswesen hat heute weniger eine Dokumentations- als eine Instrumentalfunktion. Dazu bedarf es allerdings auch einer völlig neuen Konzeption und einer neuen Gliederung des Rechnungswesens. Der Österreicher *Illetschko* und der Finne *Virkkunen* und mit ihnen die neuere Fachliteratur wollen deshalb die Systematik des Rechnungswesens einzig und allein an den zu erreichenden Zwecken und Aufgaben ausrichten. In Anlehnung an die allgemeinen Führungsinstrumente einer Unternehmung, nämlich Planung, Kontrolle und Information, unterscheidet man:

1. Planungsrechnungen,
2. Kontrollrechnungen,
3. Informationsrechnungen.

Zu den zukunftsorientierten *Planungsrechnungen* zählen *Investitionsrechnungen*, *Angebotspreis-Kalkulationen* und *betriebliche Vorausschaurechnungen* jeder Art mit der Vorgabe von sog. Plansolls, Budgets und Standards.

Kontrollrechnungen sollen feststellen, inwieweit vorgegebene Planziele erreicht worden sind. Dazu gehören u. a. die Kontrolle der sog. Marktwirtschaftlichkeit als Stück- und Zeitrechnung, die Kontrolle der Kostenwirtschaftlichkeit etwa in Form einer Kostenstellenrechnung sowie die Kontrolle der technischen Produktivität durch Ermittlung technischer bzw. technisch-wirtschaftlicher Kennzahlen, wie etwa des technischen Wirkungsgrades oder des Ausbeutegrads.

Das Rechnungswesen in Form von Planungs- und Kontrollrechnungen dient primär der optimalen Steuerung und Kontrolle des betrieblichen Umsatzprozesses.

Das Rechnungswesen als *Informationsrechnung* dagegen zielt vor allem auf eine Unterrichtung Außenstehender ab. Dabei handelt es sich zunächst einmal um Informationspflichten auf Grund gesetzlicher Vorschriften, wie u. a. das Aufstellen von Steuerbilanzen oder von Handelsbilanzen bei Aktiengesellschaften. Daneben gibt es aber auch Informationspflichten, die bestimmten Eigenzielen der Unternehmung förderlich sind, wie beispielsweise das Aufstellen von Preiskalkulationen für öffentliche Aufträge oder die Aufbereitung eines Liquiditätsstatus bei Kreditverhandlungen mit Banken.

H. Die Koordination der Teilbereiche der Unternehmung

Wir haben am Anfang dieser Untersuchung als Aufgaben der Unternehmensführung die
Vorgabe der unternehmerischen Zielsetzung, die Fixierung der Unternehmenspolitik und die Koordinierung der betrieblichen Teilbereiche
herausgestellt. Bei der praktischen Realisierung dieser drei zentralen Aufgaben kommt es besonders bei der Koordinierung der Teilbereiche zu Schwierigkeiten. Die Unternehmensführung muß — wenn sie optimale Ganzheitsentscheidungen fällen will — alle in den bisher behandelten Teilbereichen getroffenen Einzelentscheidungen, seien es Beschaffungs-, Produktions-, Investitions- oder Absatzentscheidungen irgendwie in Übereinstimmung bringen. Diese Koordinationsaufgabe erweist sich deshalb als schwierig, weil die in den einzelnen betrieblichen Teilbereichen vorgegebenen konkreten Ziele keineswegs von Haus gleichgerichtet sind. Es treten vielmehr zwangsläufig Zielkonflikte auf, da die in den Teilbereichen Beschäftigten zunächst nur ihre eigenen bereichsorientierten Unterziele vor Augen haben und dazu neigen, isolierte Einzelentscheidungen zu fällen. Auf der anderen Seite zwingt jedoch die *Interdependenz* zwischen allen Teilbereichen zu integrierten Entscheidungen. Betrachtet man einmal das Netz von Beziehungen zwischen den Teilplänen der Unternehmung, so werden die folgenden Interdependenzen sichtbar.

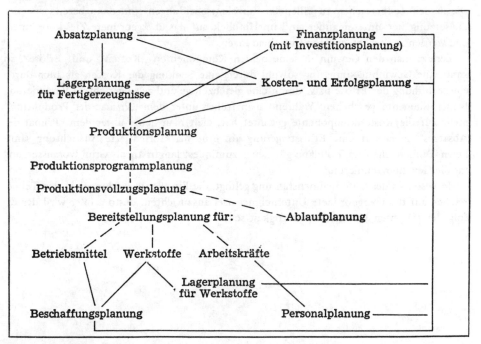

Für die die Koordination der Teilbereiche erschwerenden Zielkonflikte findet man in der Praxis zahlreiche Beispiele. So wird man beispielsweise aus absatzwirtschaftlicher Sicht darauf bestehen, den Kunden mit einem breiten und tiefen Sortiment entgegenzukommen und sämtliche individuellen Kundenwünsche beispielsweise in bezug auf die Gestaltung der Produkte oder etwa im Hinblick auf bestimmte Lieferfristen so weit wie möglich zu befriedigen, einzig und allein aus der Zielsetzung heraus, den Umsatz zu maximieren. Im Produktionsbereich dagegen wird man an dieser absatzorientierten Zielsetzung der Anpassung an differenzierte Bedarfsverhältnisse nicht allzusehr interessiert sein, sondern vielmehr eine einheitliche und kostenoptimale Massenfertigung anstreben. Der Einkaufsleiter wird unabhängig von der Wirtschaftlichkeit der Lagerhaltung versuchen, große Mengen zu bestellen, um in den Genuß günstiger Einkaufsbedingungen zu kommen; der Finanzleiter wird auch dann gegen eine an sich rentable Investition sein, wenn dadurch das finanzielle Gleichgewicht der Unternehmung gefährdet erscheint. Diese wenigen Beispiele sollten ausreichen, um zu zeigen, daß es in einer Unternehmung zu einer Fülle isolierter Einzelentscheidungen kommen kann. Will die Unternehmung allerdings ihr vorgegebenes Unternehmensziel optimal erreichen, so darf es von vornherein nicht zu einem Nebeneinander von Einzelentscheidungen und isolierten Teilplänen kommen, sondern die jeweils für die einzelnen Bereiche konkret vorzugebenden Zielsetzungen müssen bereits bei der Fixierung dieser Teilziele im Hinblick auf die oberste Unternehmensmaxime der *Gewinnmaximierung* miteinander abgestimmt werden.

Nur die beschaffungs-, finanz- oder produktionswirtschaftlichen Ziele sind anzustreben, die diesem Unternehmensziel förderlich sind.

Die in den Teilbereichen zu fällenden Einzelentscheidungen sind dann bereits von der Zielsetzung her untereinander und im Hinblick auf das übergeordnete Ziel koordiniert und werden zu sog. integrierten Entscheidungen.

Zerlegt man den Gewinn in seine beiden Komponenten „Kosten" und „Erlöse", so kann eine Gewinnmaximierung sowohl durch eine Senkung der Kosten als auch durch eine Erhöhung der Erlöse bzw. durch eine gleichzeitige und gegengerichtete Veränderung beider Elemente geschehen. Während man früher unter dem „Primat der Produktion" mehr auf die Kostenkomponente geachtet hat, zielt man heute unter dem „Primat des Absatzes" mehr auf eine Erlössteigerung ab. Eine marktorientierte Ausrichtung sämtlicher Teilbereiche und Teilpläne gilt heute zumindest langfristig als Grundvoraussetzung für die Gewinnmaximierung.

Je besser es der Unternehmensführung gelingt, die Einzelentscheidungen in den Teilbereichen auf das übergeordnete Unternehmensziel auszurichten, desto größer wird der Erfolg der gesamten Unternehmenstätigkeit sein.

Vierter Teil

Unternehmensführungslehre

und betrieblicher Entscheidungsprozeß

A. Begriff, Wesen und Abgrenzung der Unternehmensführung

Die Betriebswirtschaftslehre hat sich in jüngster Zeit verstärkt mit den Problemen der Unternehmensführung auseinandergesetzt. Dabei betrachten manchen Autoren eine dannach bezeichnete *Unternehmensführungslehre* nicht nur als einen neuen, zeitweiligen Schwerpunkt der betriebswirtschaftlichen Forschung und Lehre, sondern sie wollen damit den Charakter der Betriebswirtschaftslehre grundlegend ändern: Von einer vorwiegend analytischen, die betrieblichen Vorgänge erklärenden (explikativen) Disziplin will man zu einer Lehre gelangen, die vor allem zeigen soll, wie Unternehmen geführt bzw. wie Unternehmen „optimal" geführt werden sollen.

Historischer Ausgangspunkt der Unternehmensführungslehre waren die Arbeiten von *F. W. Taylor* und *H. Fayol*, die versuchten, Organisations- und Produktionsprobleme, aber auch Fragen der Arbeitswissenschaften in Form einer allgemeinen Lehre zu behandeln. Im Gegensatz zu diesem mehr naturwissenschaftlich orientierten „Scientific Management"' bei dem das technische Denken der Ingenieure vorherrschendes Charakteristikum war, wurde die moderne Führungslehre vor allem unter dem Einfluß der amerikanischen Management-Lehre neben ökonomisch-organisatorischen, vorwiegend auch auf betriebssoziologischen und betriebspsychologischen Gesichtspunkten aufgebaut. Dabei kann man auch eine enge Berührung mit der „Lehre von der Personalwirtschaft" feststellen, die sich ohne weiteres dadurch erklärt, daß eine Unternehmensführung vor allem auch Menschenführung sein muß. Außerdem ist auf die gleichermaßen enge Beziehung zu der „Lehre von den unternehmerischen Entscheidungen" hinzuweisen. Im Rahmen unserer Untersuchung betrachten wir nämlich die Unternehmensführungslehre als eine Disziplin, die die Aufgabe hat, Grundsätze und Methoden für das Fällen von unternehmerischen Entscheidungen („decision making") zu entwicklen.

Bevor wir auf den Prozeß der Unternehmensführung näher eingehen, sind auch in diesem Zusammenhang zunächst einige einschlägige Begriffe zu definieren, die in Literatur und Praxis gebraucht werden, bisher jedoch keine einheitliche Begriffsfassung und Abgrenzung gefunden haben. Es handelt sich um die teils synonym, teils in unterschiedlicher Bedeutung gebrauchten Ausdrücke: Führung, Leitung, Verwaltung und Management.

Was zunächst die beiden Begriffe *Führung* und *Leitung* betrifft, so werden sie in der Praxis und in einem großen Teil der Fachliteratur meist als identisch behandelt.

Man bezeichnet damit die durch leitende und dispositive Tätigkeit gekennzeichnete Spitze einer Unternehmung.

Daneben findet man aber auch eine getrennte Behandlung beider Begriffe, die dem eigentlichen Inhalt und der praktischen Bedeutung der Worte eher gerecht wird. So findet sich zunächst einmal eine Unterscheidung hinsichtlich *Institution* und *Funktion*.

Während man mit der Unternehmensleitung die Institution und damit den mit der Führung und Leitung betrauten Personenkreis meint, ist die Führung als „Menschenführung" mehr auf die Funktion und den Aufgabenbereich der Führungskräfte abgestellt und bedeutet dem Sinne nach „bewirken", daß ein bestimmtes Ziel durch Menschen erreicht wird.

Ein großer Teil der Organisationsliteratur und der speziellen Literatur zur Unternehmensführung dagegen bringt eine andere Abgrenzung, der wir uns in diesem Zusammenhang anschließen wollen. Diese Begriffsfassung, die auch in der Praxis anzutreffen ist, geht vom vertikalen Aufbau der Unternehmung aus und unterscheidet drei Ebenen:

1. Führungsebene,
2. Leitungsebene,
3. Ausführungsebene.

Dabei werden die beiden ersten Bereiche auch als Grundfunktionen zur *Steuerung* der Unternehmung bezeichnet.

Nach dieser Einteilung versteht man unter „Führung" eine geistige Tätigkeit mit dem Ziel, für das Unternehmen richtungsweisende, autonome Ganzheitsentscheidungen zu fällen. Unternehmensführung gilt damit als das grundlegende dynamische und schöpferische Element im Hinblick auf den gesamten Leistungserstellungsprozeß der Unternehmung[1].

Die Führung ist als oberstes Entscheidungszentrum Inbegriff der unternehmerischen Funktion schlechthin. Die Entscheidungen, die von der Führungsspitze getroffen werden, wollen wir als sog. unternehmerische Entscheidungen bezeichnen. Es sind autonome Ganzheitsentscheidungen, die sich im Gegensatz zu sog. Ressortentscheidungen immer auf das gesamte Unternehmen beziehen müssen. Aus diesem Grund sind sie nicht delegierbar. Entscheidungen dieser Art setzen ein hohes Maß an Selbständigkeit und damit an Verantwortung voraus. Mitglieder der Führungsspitze einer Unternehmung sollten sich ausschließlich auf diese reinen Führungsaufgaben beschränken, wenn man auch in der Praxis nicht immer ausschließen kann, daß bestimmte Ausführungs- und Routineentscheidungen mit zu fällen sind. Dennoch sollte für die Führung einer Unternehmung stets das *„Prinzip der Ausnahme"* — auch *„Management by exception"* genannt — Geltung haben, d. h. die Führung hat nur dann in das betriebliche Geschehen einzugreifen, wenn Abweichungen vom Plan, den sie selbst aufgestellt hat, auftreten bzw. wenn außerordentliche Probleme auftauchen, für die bisher noch keine Grundsatzentscheidung gefällt wurde. Zu den Führungsentscheidungen dieser Art zählen u. a.:

1. Entscheidungen über Ziel und Gegenstand der Unternehmung,
2. Entscheidungen über die einzuschlagende Geschäftspolitik und Geschäftsstrategie,
3. Entscheidungen im Hinblick auf die Erfüllung bestimmter repräsentativer Verpflichtungen in der Öffentlichkeit.

---

1 Vgl. dazu insbesondere auch: Hill, W., Beitrag zu einer modernen Konzeption der Unternehmensleitung, Basel 1971.

Während die erste Führungsaufgabe meist strukturbestimmte Grundsatzentscheidungen enthält, die nur in größeren Zeitintervallen auf die Unternehmensführung zukommen — so zum Beispiel, wenn ein Unternehmen der Textilbranche von der Herstellung von kunstseidenen Stoffen zur vollsynthetischen Faser übergeht —, gehören die Aufgaben im Rahmen der Geschäftspolitik zu den häufiger von der Unternehmensspitze zu lösenden Problemen. Dazu zählen u. a. Entscheidungen im Rahmen der Finanzierungs- und Bilanzpolitik, der Dividendenpolitik (bei Aktiengesellschaften), der Lohnpolitik, der Markt- und Exportpolitik sowie Entscheidungen im Hinblick auf unternehmerische Zusammenschlüsse.

Die Bedeutung von Führungsaufgaben in bezug auf wirtschaftspolitische Interessenvertretung, Verbindungspflege und Repräsentation („public relations") für den Erfolg der gesamten unternehmerischen Tätigkeit kann nicht hoch genug veranschlagt werden, eine Tatsache, die allerdings in den meisten betriebswirtschaftlichen Veröffentlichungen nicht genug gewürdigt wird.

Im Gegensatz zur Unternehmens*führung* handelt es sich bei der Unternehmens*leitung* nicht um originäre, sondern immer um abgeleitete Entscheidungen.

Die Leitung einer Unternehmung hat die Aufgabe, durch Anordnen, Anleiten und Kontrollieren dafür zu sorgen, daß die von der Unternehmensführung vorgegebenen Ziele und Richtlinien der Geschäftspolitik durch konkrete Anweisungen in die Tat umgesetzt werden.

Die Leitung einer Unternehmung gilt damit quasi als verlängerter Arm der Führung, als mittelbare Exekutive der obersten Unternehmensspitze. Bei den Leitungsentscheidungen handelt es sich meist um delegierbare Entscheidungen, die als Ressort- oder Abteilungsentscheidungen über mehrere Leitungsstufen bis hinunter zum Meister und Vorarbeiter führen können.

Führungs- und Leitungsaufgaben können in der Praxis nicht immer exakt getrennt werden, vor allem auch deshalb nicht, weil sie in kleineren Unternehmen oft in einer Hand liegen. Dennoch erscheint eine weitestgehende Trennung in unserem Sinne als notwendig, wenn man beispielsweise einmal daran denkt, daß Führungs- und Leitungsentscheidungen unterschiedliche Anforderungen stellen, was man nicht nur in Großbetrieben bei der Aufgabenverteilung beachten sollte. Im übrigen folgt auch der Sprachgebrauch unserer obigen Abgrenzung: In bezug auf die Teilbereiche der Unternehmung findet der Ausdruck „Führen" im Gegensatz zu „Leiten" kaum Verwendung. Man spicht nämlich in der Praxis meist von Werksleitung, Produktionsleitung, Verkaufs- und Finanzleitung oder auch von Abteilungsleitung.

In der Fachliteratur faßt man die Führungs- und Leitungsaufgaben einer Unternehmung meist unter dem Terminus der „dispositiven" Tätigkeiten zusammen und gebraucht dafür den Ausdruck *„Management"*. Gemäß unserer weiter vorn erwähnten Dreiteilung in „Top-Management", „Middle-Management" und „Lower-Management" wollen wir hier jedoch eine Differenzierung vornehmen und die Unternehmensführung, wie wir sie bisher definiert haben, allein mit dem Begriff des „Top-Managements" identifizieren. Die Funktion der Unternehmensführung gilt danach als eine Teilfunktion des Managements. Die Leitung einer Unternehmung dagegen ist als eine typisch betriebliche Funktion identisch mit dem „Middle-Management" und dem „Lower-Management".

Auch der Begriff „Verwaltung" wird oft — besonders in der Praxis — in der gleichen Bedeutung gebraucht wie die Termini Führung und Leitung. Wir sind dagegen der Auffassung,

daß der Verwaltung im Hinblick auf Führung und Leitung eine dienende Funktion zukommt in der Art, daß sie als Inbegriff einer bestimmten technischen Registratur betrieblicher Tätigkeiten und Vorgänge die notwendigen Dispositionsunterlagen für Führungs- und Leitungsentscheidungen zur Verfügung zu stellen hat.

B. Entscheidungsprozeß und Unternehmensführung

I. Die Aufgaben der Unternehmensführung als Ausgangspunkt des Entscheidungsprozesses

Die Unternehmensführung hat die Aufgabe, unternehmerische Entscheidungen zu fällen. Führungsentscheidungen dieser Art haben wir definiert als *autonome, nicht-delegierbare Entscheidungen, die das Unternehmen als Ganzes* betreffen. Eine Reihe von solchen Unternehmensentscheidungen haben wir bereits erwähnt. Wir wollen deshalb im folgenden noch einmal einen systematischen Überblick über diese Entscheidungen bringen:

1. Unternehmerische Entscheidungen sind zu fällen im Hinblick auf Ziel und Gegenstand des Unternehmens.
2. Unternehmerische Entscheidungen sind zu fällen in bezug auf die Unternehmens- oder Geschäftspolitik auf nahe und weite Sicht (Taktik und Strategie) unter Einbeziehung repräsentativer Verpflichtungen.
3. Unternehmerische Entscheidungen sind zu fällen im Hinblick auf die Koordinierung der großen betrieblichen Teilbereiche.

Echte Führungsentscheidungen in einer Unternehmung trifft also immer der, der selbständig unternehmerische Ziele setzt, die Möglichkeiten und Methoden zur Erreichung dieser Ziele auswählt und die betrieblichen Teilbereiche koordiniert.

II. Die Stufen des Entscheidungsprozesses

Der Entscheidungsprozeß in der Unternehmung vollzieht sich in vier Phasen:

1. Suchen, Erkennen und Klarstellen eines zu lösenden betrieblichen Problems.
2. Ausarbeiten und Abwägen von verschiedenen Lösungsmöglichkeiten. Dabei müssen immer alternative Wahlmöglichkeiten bestehen, die ein Mindestmaß an Entscheidungsfreiheit und Selbständigkeit des Entschlusses voraussetzen; denn sonst ist eine Entscheidung nicht denkbar.
3. Der Entscheidungsträger entscheidet sich für eine der möglichen Lösungen.
4. Die Entscheidung wird protokolliert und durch entsprechende Kommunikationsinstrumente den Ausführenden übermittelt.

Damit entsprechend diesen Phasen des Entscheidungsprozesses von der Unternehmensführung optimale Entscheidungen gefällt werden können, benötigt jede Führungsspitze zunächst einmal bestimmte *Informationen*; sie bedient sich ferner sog. Führungs*instru-*

mente. Art, Umfang und Verarbeitung der Führungsinformationen, sowie die Behandlung der Instrumente Planung, Organisation und Kontrolle sind Gegenstand des folgenden Teils der Untersuchung.

III. Die Instrumente zur Realisierung unternehmerischer Entscheidungen

1. Der Informationsprozeß als Hilfsmittel der Unternehmensführung

a) Wesen und Arten der Führungsinformationen

Die Qualität einer jeden Entscheidung hängt zum großen Teil von den der Entscheidung zugrunde gelegten Informationen ab. Je genauer und sicherer die einzelnen Informationen sind, desto besser wird unter sonst gleichen Bedingungen die Entscheidung sein. Die Größe und Komplexität der meisten Unternehmen macht es der Führung unmöglich, sämtliche Informationen selbst zu beschaffen. Dem Auf- und Ausbau eines objektiv gesicherten Nachrichtenapparates innerhalb der Unternehmung kommt deshalb große Bedeutung zu. Die technische Bewältigung der Gewinnung und zum Teil auch der Verarbeitung der Informationen obliegt der Verwaltung, deren dienende Funktion wir bereits weiter vorne herausgestellt haben.

Die notwendigen Führungsinformationen exakt zu systematisieren, fällt schwer. Man könnte vielleicht zwischen innerbetrieblichen Führungsinformationen und solchen aus der Umwelt der Unternehmung unterscheiden. Dabei müßte man die Informationen aus der Unternehmung selbst nach den einzelnen Teilbereichen unterteilen, und zwar in Informationen aus dem Personal-, dem Investitions- und Finanz-, dem Absatz- und dem Produktionsbereich. Bei den Umweltinformationen könnte man vorwiegend wirtschaftliche, soziale oder politische Informationen unterscheiden. Wichtig erscheint auch als Unterscheidungskriterium die Einteilung in *regelmäßig* zu erstellende Routine-Informationen und solche, die *unregelmäßig* nur für spezielle Anlässe und Sonderaufgaben von der Führungsebene gewünscht werden.

Eine aus der Praxis stammende Zusammenfassung der laufenden Informationen eines Vorstandes einer Aktiengesellschaft sieht wie folgt aus[1]:

1. Informationen über die Konzernunternehmungen und Betriebe:
    a) Aufwands- und Ertragsrechnung (monatlich),
    b) Investitionsübersicht (monatlich),
    c) Kosten der Hauptverwaltung (monatlich),
    d) Kostenrechnung nach Produkten (monatlich),
    e) Monatsbilanz,
    f) Übersicht über die Vorräte (monatlich);

2. Informationen über die Märkte:
    a) Absatzstatistik (monatlich),
    b) Brutto-Umsätze nach Tochtergesellschaften und Werken (monatlich),

---

[1] Vgl. W. Zangen, Die Praxis der industriellen Unternehmensführung, Essen 1961, S. 38.

c) Statistik der Preisentwicklung für die Erzeugnisse des eigenen Sortiments (monatlich);
d) Vertreterberichte aus dem In- und Ausland.

b) Die Aufbereitung und Verarbeitung von Führungsinformationen

ba) Das Problem der Informationsverarbeitung

Der Umfang und die Komplexität des Rohmaterials an Informationen setzt eine dem eigentlichen Entscheidungsprozeß vorgelagerte Auswertung und Verarbeitung der Informationen voraus. Die Bewältigung dieser Aufgabe erfordert die Bildung von Stabsstellen, die unabhängig vom Druck der täglichen Arbeit diese geistige Vorarbeit für die eigentlichen Führungsentscheidungen vollbringen. Da die Unternehmensentscheidungen — wie gesagt — abhängig sind vom Umfang und der Qualität der Informationen, sollten die wichtigsten Führungsdaten zentral zusammengestellt werden, damit Doppelarbeit vermieden und eine bessere Koordination durchgeführt werden kann. Die *laufenden* Informationen werden von der Stabsstelle systematisch geordnet und der Unternehmensführung regelmäßig zugestellt. Daneben haben wir es aber auch mit Informationen zu tun, die über den normalen routinemäßigen Ablauf des Informationsprozesses hinausgehen und die von der Führungsebene je nach Bedarf von den Mitarbeitern der Unternehmung mündlich oder schriftlich eingeholt werden. Der dabei einzuschlagende Informationsweg ist meist nicht nach der vorhandenen Dienststellengliederung des Unternehmens ausgerichtet, sondern entspricht der jeweiligen Zwecksetzung. So ist es nicht ungewöhnlich, daß sich der Vorstand einer Aktiengesellschaft auch direkt an den Sachbearbeiter wendet, um den mit dem Instanzenweg verbundenen Papierkrieg zu vermeiden.

bb) Die Bedeutung betrieblicher Kennzahlen im Rahmen des Informationsprozesses

(1) Begriff und Aufgaben betrieblicher Kennzahlen

Unter betrieblichen Kennzahlen — man spricht in der Literatur auch oft von Kennziffern — versteht man empirische, betriebsindividuelle Zahlenwerte, die als Verhältniszahlen einen schnellen und zuverlässigen Einblick in das betriebliche Geschehen vermitteln.

Sie gelten als wichtigstes Hilfsmittel bei dem Problem der Informationsgewinnung und der Informationsweitergabe und vermitteln der Unternehmensführung an Hand weniger Zahlenwerte einen sicheren Einblick in komplizierte betriebliche Zusammenhänge. Die Bedeutung betrieblicher Kennzahlen im Rahmen der Führung von Unternehmen ist damit offensichtlich:

Sowohl bei der schnellen und exakten Aufnahme von Informationen als auch bei der Weitergabe der unternehmerischen Entscheidungen an die leitenden und ausführenden Stellen haben wir es mit typischen Anwendungsgebieten betrieblicher Kennzahlen zu tun.

(2) Arten betrieblicher Kennzahlen

Über Gliederungsmöglichkeiten und Systematik von betrieblichen Kennzahlen gibt es in der Fachliteratur keine Übereinstimmung. Entsprechend ihrer in der Unternehmung möglichen Erscheinungsformen ist eine umfassende und systematische Gliederung aller Kennzahlen kaum möglich. Wir wollen für unseren Beitrag eine Zweiteilung vornehmen und die Kennzahlen danach einteilen, ob sie:

1. eine Beurteilung der Unternehmung als Ganzes anstreben oder ob sie
2. zur Beurteilung einzelner betrieblicher Teilbereiche dienen.

Zu den Kennzahlen, die eine Beurteilung der Unternehmung als Ganzes versuchen, gehören zunächst einmal die verschiedenen *Rentabilitäts-Kennzahlen* (u. a. Eigenkapital-, Gesamtkapitalrentabilität und Rentabilität des betriebsnotwendigen Vermögens), die Kennzahlen hinsichtlich der *Wirtschaftlichkeit* (u. a. Marktwirtschaftlichkeit, Kostenwirtschaftlichkeit, betriebliche Wirtschaftlichkeit) und bestimmte Kennzahlen zur Beurteilung von *Leistung* und *Produktivität*. Alle bisher erwähnten Arten von Kennzahlen wurden bereits weiter vorn eingehend dargestellt und besprochen.

Daneben kann man zu diesen die Unternehmung insgesamt betreffenden Kennzahlen auch noch die im Hinblick auf die Darstellung der *Kapital-* und *Vermögensverhältnisse* relevanten Verhältniszahlen hinzuzählen. So werden beispielsweise auf der Kapitalseite der Bilanz u. a. folgende Kennzahlen gebildet:

1. Eigenkapital : Gesamtkapital,
2. Fremdkapital : Gesamtkapital (= Anspannungsgrad),
3. Fremdkapital : Eigenkapital (= Verschuldungskoeffizient),
4. Langfristiges Kapital : Gesamtkapital,
5. Kurzfristiges Kapital : Gesamtkapital.

Diese Kennzahlen geben Aufschluß über die *Kapitalstruktur* der Unternehmung und lassen z. T. den Grad der finanziellen Abhängigkeit von fremden Kapitalgebern erkennen.

Auf der Vermögensseite der Bilanz kann man u. a. folgende Verhältniszahlen ermitteln:

6. Anlagevermögen : Gesamtvermögen,
7. Umlaufvermögen : Gesamtvermögen.

Dabei werden besondere Einsichten in die *Vermögensstruktur* dadurch gewonnen, daß man entsprechende Vermögensgruppen zueinander in Beziehung setzt, wie beispielsweise:

8. Gebäude : Gesamtvermögen,
9. Warenbestände : Betriebsvermögen,
10. Flüssige Mittel : Umlaufvermögen.

Schließlich können Kennzahlen dieser Art auch dadurch gebildet werden, daß man entsprechende Teile der Vermögens- und Kapitalstruktur ins Verhältnis setzt, wie beispielsweise die weiter vorn erwähnten *Liquiditätskennzahlen* (Barliquidität, einzugsbedingte

Liquidität und umsatzbedingte Liquidität). Daneben bestehen in diesem Zusammenhang noch folgende Kennzahlen:

11. Anlagevermögen : Eigenkapital (= Anlagendeckung),
12. Anlagevermögen : Gesamtkapital (= Anlagenintensität),
13. Umlaufvermögen : Gesamtkapital,
14. Anlagevermögen : langfristiges Kapital,
15. Umlaufvermögen : Fremdkapital.

Schließlich kann man auch noch bestimmte *Kapital*- bzw. *Vermögensumschlagskoeffizienten* zu den für die Unternehmung als Ganzes interessierenden Kennzahlen rechnen. Umschlagszahlen dieser Art entstehen durch Gegenüberstellung einer Bestandsmasse mit einer Bewegungsmasse. Als Beispiele seien genannt:

16. Umsatz : Gesamtkapital (= Kapitalumschlag),
17. Umsatz : Anlagevermögen,
18. Umsatz : Lagerbeständen,
19. Betriebserträge : Betriebsvermögen.

Neben den Kennzahlen, die eine Beurteilung der Unternehmung im ganzen anstreben, gibt es eine mehr oder minder große Anzahl von aussagefähigen Größen, die sich auf die einzelnen Teilbereiche der Unternehmung beziehen und bis auf einzelne Arbeitsplätze differenziert sein können. Entsprechend der weiter vorn behandelten Teilbereiche lassen sich:

1. Personalwirtschaftliche Kennzahlen,
2. beschaffungs- und lagerwirtschaftliche Kennzahlen,
3. fertigungswirtschaftliche Kennzahlen,
4. finanzwirtschaftliche Kennzahlen und
5. absatzwirtschaftliche Kennzahlen

unterscheiden. Die große Zahl der in diesem Zusammenhang grundsätzlich möglichen Kennzahlen lassen es als unmöglich erscheinen, auch nur die wichtigsten von ihnen zu nennen. Wir müssen Interessierte statt dessen auf die weiter hinten angeführte Fachliteratur verweisen.

Die Bedeutung betrieblicher Kennzahlen als schnelles und exaktes Informationsinstrument im Rahmen des unternehmerischen Entscheidungsprozesses ist offensichtlich. Allerdings wollen wir nicht versäumen, an dieser Stelle darauf hinzuweisen, daß den Kennzahlen auch bestimmte Grenzen gesetzt sind, die es zu beachten gilt. So hat es der Unternehmer nicht immer mit Fakten zu tun, die er quantifizieren kann oder will. Es gibt im Rahmen der Führungsentscheidungen anfallende Probleme, die zur Kennzahlenbildung ungeeignet sind. Außerdem ist darauf aufmerksam zu machen, daß Kennzahlen sehr empfindlich auf Ungenauigkeiten des zugrunde liegenden Zahlenmaterials reagieren, so daß von dieser Seite aus die Gefahr besteht, daß die Unternehmensführung bei ihrer Analyse falsche Schlüsse zieht. Trotz dieser Schwierigkeiten sind betriebliche Kennzahlen ein relativ einfach zu handhabendes Mittel der Informationsgewinnung und der Informationsweitergabe. Sie gelten als wichtiges Instrument bei der Erfüllung unternehmerischer Führungsaufgaben.

c) **Die Bedeutung der Datenverarbeitung im Rahmen des betrieblichen Informationsprozesses**

Im Zusammenhang mit der Gewinnung und Verarbeitung von Informationen hat man in den letzten zwanzig Jahren neue, unkonventionelle Hilfsmittel entwickelt, die zum Teil erst in der Fachliteratur diskutiert werden, zum Teil aber auch schon praktisch erprobt sind. Dazu zählen die Entwicklung neuer Kommunikationssysteme, Ansätze im Rahmen der Wahrscheinlichkeitstheorie, die Informationstheorie, die Spieltheorie, die Kybernetik und die Weiterentwicklung der Datenverarbeitung im Hinblick auf die Elektronik. Während die Forschung in den meisten dieser Wissenschaftsgebieten noch zum Teil in der Grundlagenarbeit steckt, stellt der Einsatz moderner Datenverarbeitungsgeräte im Rahmen des Informationsprozesses heute bereits ein praktikables Faktum dar. Mit Hilfe der Datenverarbeitung wird der Unternehmensführung die Möglichkeit gegeben, riesige Mengen an Informationen zu erfassen, zu ordnen und auszuwerten. Datenverarbeitungsanlagen ermöglichen auf Grund ihrer hohen Operationsgeschwindigkeit eine *schnelle* Gewinnung und Verarbeitung von Informationen. Diese Eigenschaft, die bereits traditionelle Anlagen besitzen, gewinnt besonders durch die Tatsache an Bedeutung, daß bei größeren Zeitverlusten bestimmte Informationen ihre Aktualität und damit ihren Wert für die Steuerung der Unternehmung verlieren. Die besten Ergebnisse werden abgewertet, wenn sie veraltet sind, wenn also der Datenfluß von der Gewinnung bis zur Verarbeitung eine zu hohe Zeit beansprucht. Der Wert der gewonnenen Informationen hängt also nicht nur vom *Informationsgehalt* ab, sondern auch von der *Aktualität*. Neben der Schnelligkeit der Verarbeitung haben moderne Datenverarbeitungsanlagen durch die Verwendung externer Speichermittel, wie beispielsweise Magnetbänder und Magnetplatten, deshalb noch enorme Vorteile, weil bereits benutzte und auch für die Zukunft benötigte Informationen gespeichert und bei späteren Arbeitsgängen mit entsprechend hoher Geschwindigkeit wieder abgerufen werden können. Ein Vorteil, der sich besonders bei der weiter vorn als Führungsaufgabe charakterisierten Koordinierung der betrieblichen Teilbereiche bemerkbar macht; denn hier können sehr viele Daten relativ schnell und parallel behandelt werden.

Datenverarbeitungsanlagen — und darauf sollte man besonders hinweisen — sind kein Ersatz für die Unternehmensführung, weil sie von sich aus nicht in der Lage sind, unternehmerische Entscheidungen selbständig zu fällen. Sie erleichtern vielmehr nur die Führungsentscheidungen dadurch, daß sie aus der großen Zahl möglicher Entscheidungsalternativen die für die Unternehmensführung effektiven Wahlmöglichkeiten im Hinblick auf eine optimale Entscheidung erkennen lassen. Sie ermöglichen ferner eine relativ genaue Einschätzung von Risiken, die mit den einzelnen Entscheidungen verbunden sind und erhöhen dadurch das Risikobewußtsein der Führungsspitze für ihre Entscheidungen. Die Bedeutung der Datenverarbeitung für die Unternehmensführung wird schließlich noch dadurch herausgestellt, daß sie den Forderungen des „Management by Exception" entgegenkommt, weil sie ein „Weniger" an schnelleren und besseren Informationen ermöglicht. Die Führung einer Unternehmung braucht nämlich nur solche Informationen, die für die endgültige Entscheidung wissenswert sind.

Die Entwicklung besonders der elektronischen Datenverarbeitung ist noch nicht abgeschlossen. Bei der praktischen Anwendung zeigt sich immer wieder, daß die Technik der Organisation davonläuft, weil sich die organisatorischen Probleme meist nur relativ langsam überwinden lassen. So sind beispielsweise die technischen Voraussetzungen beim *„Real-Time-Processing"* (Echtzeitverarbeitung), d. h. bei der Einführung von Sofortverarbeitungssystemen aller Daten unmittelbar im Anschluß an ihre Erfassung durch eine direkte Dateneingabe, weitestgehend erfüllt; für die organisatorischen Probleme dagegen fehlt bisher eine überzeugende Gesamtkonzeption. Das gleiche gilt für eine *„simultane"*, d. h. gleichzeitige Datenverarbeitung verschiedener Teilbereiche im Rahmen eines integrierten Datenverarbeitungssystems (*„Integrated Data Processing"*). Auch hier erlaubt die Schwerfälligkeit der bestehenden betrieblichen Organisation nur schrittweise Integrationseffekte. Die Lösung organisatorischer Probleme wird ohne Zweifel die Wirksamkeit von Datenverarbeitungsanlagen enorm steigern und damit gleichzeitig der Unternehmensführung schnellere und vielseitigere Informationsmittel an die Hand geben. Es sollte allerdings nicht unerwähnt bleiben, daß besonders die Einführung von integrierten Informationssystemen sicherlich auch für Großbetriebe eine Wirtschaftlichkeitsfrage sein dürfte und daß viele Unternehmen eher dazu neigen, die bestehenden Verfahren zu mechanisieren, als völlig neue und kostspielige Systeme einzuführen.

2. Die Planung als unternehmerisches Prinzip

a) Begriff, Wesen und Aufgaben der Unternehmensplanung

Die Beschaffung von Informationen reicht allein nicht aus, um optimale Unternehmensentscheidungen seitens der Führungsspitze zu garantieren. Die unternehmerischen Entscheidungen müssen vielmehr sorgfältig vorbereitet werden, wobei die zur Entscheidungsfindung wichtigen Daten gesammelt, analysiert und in Form eines meist schriftlich fixierten, systematischen Vorgehens konkretisiert werden. Damit wird erreicht, daß die eigentliche Entscheidung nicht etwa als Folge einer unsystematischen Intuition und bloßer Improvisation irrationalen Einflüssen unterworfen wird, sondern man strebt nach einer Versachlichung der Entscheidungsvorbereitung und will damit eine systematische, zielorientierte Steuerung in die Zukunft gerichteter Entscheidungen ermöglichen.

> *Unter Unternehmensplanung — und nur diese steht hier im Gegensatz zur volkswirtschaftlichen Gesamtplanung zur Diskussion — verstehen wir das Entwerfen einer vorgedachten, systematischen und zielorientierten Ordnung, nach der sich bestimmte Vorgänge des betrieblichen Geschehens vollziehen sollen.*

In der Planung findet die zukünftige Unternehmenspolitik ihren konkreten, meist zahlenmäßig detaillierten Niederschlag. Die Planung gilt damit als wichtiges Instrument der Unternehmensführung und verfolgt folgende Ziele:
1. bestmögliche Vorausschau des betrieblichen Geschehens auf Grund einer systematischen Analyse aller voraussehbaren Bestimmungsfaktoren;
2. rationale Gestaltung des zukünftigen betrieblichen Ablaufs;
3. Kontrolle der gesamten Betriebsgebarung und daran anschließend Feststellung und Analyse der Soll-Ist-Abweichungen;
4. erzieherische Wirkung durch Vorgabe und Kontrolle bestimmter Planziele bis hinunter zu den einzelnen Arbeitsplätzen.

b) **Die Stufen der Planung**

Ausgangspunkt einer jeden Planung ist die Bestimmung des anzustrebenden *Ziels*. Dabei wird man in einem marktwirtschaftlich orientierten System in der Regel das Ziel der langfristigen Gewinnmaximierung unterstellen können. Diese generelle Zielsetzung wird man allerdings in der betrieblichen Praxis durch Vorgabe konkreter Teilziele, wie etwa die volle Auslastung der vorhandenen Kapazitäten, optimale Kapitalbeschaffung oder Gewinnung bzw. Erhöhung von Marktanteilen zu realisieren versuchen. Dabei wird es in der Unternehmung je nach den Teilbereichen sicherlich zu Zielkonflikten kommen, die durch die Unternehmensführung zu lösen und miteinander abzustimmen sind. Mit der Vorgabe der jeweils konkreten Zielsetzung beginnt also der eigentliche Planungsprozeß.

Die zweite Stufe der Planung enthält die *Prognose*. Mit Hilfe einer Prognose wird versucht, eine Vorstellung über die zukünftige Entwicklung der für die Unternehmensentscheidung wichtigen Beeinflussungsfaktoren zu erhalten. Dabei sind eine Reihe sog. „exogener Variablen" zu analysieren, die der Unternehmer in der Regel nicht zu beeinflussen vermag, wie bestimmte politische und gesellschaftliche Ereignisse, gesamtwirtschaftliche Entwicklungstendenzen sowie die Entwicklung auf den spezifischen Branchenmärkten. In Bezug auf die langfristige Entwicklung der Märkte spricht man dabei auch von sog. Trenderwartungen. Daneben muß der Unternehmer auch die Beeinflussungsmöglichkeit des Marktes durch eigene Maßnahmen („Aktionserwartungen"), durch Maßnahmen der Konkurrenz („Reaktionserwartungen") und das zukünftige Verhalten der Nachfrager („Verhaltenserwartungen") bei der Analyse der gegenwärtigen und der Prognose der zukünftigen Marktlage beachten.

Die Prognose gilt als die Stufe des Planungsprozesses, bei der die Ungewißheit der Zukunft und damit die Unsicherheit der Informationen, auf denen die unternehmerischen Entscheidungen basieren, deutlich erkennbar werden. Mit Hilfe der Prognose über die zukünftige Entwicklung sämtlicher Umweltbedingungen werden verschiedene Möglichkeiten aufgezeigt, mit denen der Unternehmer das angestrebte Ziel verwirklichen kann.

Der Prognose folgt als dritte Stufe die sog. *Alternativ-* oder *Eventualplanung*. Hier schlagen sich die verschiedenen unter den prognostizierten Bedingungen grundsätzlich realisierbaren Möglichkeiten nieder.

Die vierte Stufe des Planungsprozesses enthält die eigentliche *Planungsentscheidung*. Auf dieser Stufe muß sich die Unternehmensführung unter Würdigung aller Alternativen für den Plan entscheiden, der in der jeweils spezifischen Situation des Unternehmens am geeignetsten erscheint. Damit tritt aber zugleich auch eine Wandlung des Plancharakters ein: Durch die Festlegung der zukünftigen unternehmerischen Tätigkeit auf bestimmte Ziele und Verfahren wird aus dem Eventualplan der für alle ausführenden Mitarbeiter vollzugsverbindliche Sollplan.

Damit ist aber gleichzeitig auch die fünfte und letzte Stufe des Planungsprozesses angesprochen. Mit der Aufstellung eines *Plansolls* als Vorgabe und damit zugleich als Grundlage für die spätere Kontrolle der Ausführung durch einen Soll-Ist-Vergleich wird der gesamte Planungsprozeß abgeschlossen.

Als Ergebnis unserer Ausführungen können wir also folgende fünf Stufen des Planungsprozesses unterscheiden: (1) Zielbestimmung, (2) Prognose, (3) Alternativ- bzw. Eventualplanung, (4) Entscheidung und (5) Sollplanung.

c) Grundsätze und Prinzipien der Planung

Über Notwendigkeit und Bedeutung unternehmerischer Planung gibt es in Literatur und Praxis keine Zweifel. Meinungsverschiedenheiten bestehen dagegen bei der praktischen Durchführung der Planung im Hinblick auf Umfang, Genauigkeit, Zeitraum usw. Dennoch hat man auch bei der Durchführung der Planung bestimmte Grundsätze aufgestellt, die zweckmäßigerweise überall dort angestrebt bzw. gewahrt werden sollten, wo betriebswirtschaftlich geplant wird. Dazu zählen vor allem:

1. der Grundsatz der Vollständigkeit,
2. der Grundsatz der Genauigkeit,
3. der Grundsatz der Elastizität bzw. der Flexibilität,
4. der Grundsatz der Einfachheit und Klarheit,
5. der Grundsatz der optimalen Wirtschaftlichkeit.

ca) Grundsatz der Vollständigkeit

Vom Standpunkt der Unternehmensführung aus gesehen, verlangt der Grundsatz der Vollständigkeit, daß die Planung all die Ereignisse und Vorgänge mit einzubeziehen hat, die für die Steuerung der Unternehmung von Bedeutung sind. Jede unvollständige Planung, die für das Endergebnis belangvolle Informationen außer Betracht läßt, ist deshalb mangelhaft. Dabei bezieht sich dieser Grundsatz in erster Linie auf die *Planungsbreite* und nicht auf die *Planungstiefe*. So kann beispielsweise eine die wesentlichen Unternehmensbereiche umfassende Grobplanung, von diesem Grundsatz her gesehen, umfassender sein als eine unvollständige Detailplanung.

cb) Grundsatz der Genauigkeit

Eine jede Planung sollte nicht nur den Forderungen nach Vollständigkeit genügen, sondern auch eine bestimmte Genauigkeit aufweisen. Aber auch dieser Grundsatz fordert nicht etwa eine absolute und höchste Genauigkeit, sondern man versucht, eine relative und ausreichende Genauigkeit anzustreben. Jede Planung ist danach so genau durchzuführen, wie es zur Erfüllung des Planungszieles als notwendig erachtet wird. Bei einer Grobplanung wird man also nicht soviel Wert auf Genauigkeit legen wie bei einer bis in feinste Einzelheiten detaillierten Feinplanung.

cc) Grundsatz der Elastizität bzw. der Flexibilität

Jede Planung birgt die Gefahr in sich, daß sie zur Unbeweglichkeit und Starrheit gegenüber wechselnden Situationen führt. Der Grundsatz größtmöglicher Elastizität bzw. Flexibilität sollte deshalb als zentrale Maxime herausgestellt werden. Ein guter Plan muß für eventuell eintretende Änderungen der im Planungsprozeß unterstellten Produktions- und Umweltbedingungen alternative Zielsetzungen und die dazu notwendigen alternativen Maßnahmen ihrer Verwirklichung vorsehen. Dabei gibt es in der Praxis verschiedene Möglichkeiten, dem Ziel einer elastischen Planung gerecht zu werden:

o Man sollte bei der Aufstellung eines Planes stets bestimmte *Reserven* berücksichtigen, wie beispielsweise Kapazitäts-, Zeit- oder Liquiditätsreserven. Man sollte sich ferner bei Alternativdispositionen für die Wahlmöglichkeit entscheiden, die einen gewissen Anpassungsspielraum ermöglicht. So könnte sich die Unternehmensführung beispielsweise für eine flexible statt für eine starre Kapitalbeschaffungsmöglichkeit entscheiden oder etwa ihre Wahl zugunsten einer Mehrzweckmaschine statt einer Einzweckmaschine oder zugunsten eines Batteriesystems statt einer Großanlage treffen.
Dabei ist allerdings zu berücksichtigen, daß unausgenutzte Elastizitätsreserven die Rentabilität der Unternehmung beeinträchtigen!

o Man sollte für verschieden mögliche Situationen *Eventualpläne* aufstellen, um sich wechselnden Anforderungen der Datenkonstellation, manchmal auch besseren Einsichten, reibungsloser anpassen zu können. Das kann beispielsweise dann von Bedeutung sein, wenn mit Kampfmaßnahmen der Konkurrenz oder mit einer für die Unternehmung wichtigen Gesetzesänderung des Staates zu rechnen ist. Man spricht in diesem Zusammenhang auch von „*Schubladenplanung*", ein Ausdruck, der von der militärischen Planung in die betrieblichen Planungsüberlegungen eingedrungen ist.

o Die aufgestellten Pläne sollen laufend *revidiert* werden, damit eventuelle Abweichungen rechtzeitig berücksichtigt werden können. Das geschieht in erster Linie durch die sogenannte „überlappende" Planung: man budgetiert beispielsweise im Dezember für die Monate Januar, Februar und März; im Januar dann für Februar, März und April usw.

o Man sollte sich für bestimmte Entscheidungen erst dann *endgültig* festlegen, wenn dies unumgänglich ist. Da mit fortschreitendem Zeitverlauf damit zu rechnen ist, daß zusätzliche Informationen eingehen und daß dadurch der Informationsstand größer wird, können zeitlich verschobene Entscheidungen entsprechend wirkungsvoller ausfallen. Starre Bindungen sollte man auf jeden Fall so weit wie möglich hinauszögern.

cd) Grundsatz der Einfachheit und Klarheit

Jede betriebliche Planung sollte einfach, klar und übersichtlich durchgeführt werden. Das gilt sowohl für die Vorgabe klar definierter Planungsziele als auch für die genaue Formulierung und Beschreibung der durchzuführenden Maßnahmen. Jeder der in der Unternehmung Tätigen, von der obersten Unternehmensführung über die Werks- und Abteilungsleitung bis hin zum einzelnen Mitarbeiter am Arbeitsplatz, sollte die ihm vorgegebenen Pläne sofort verstehen und deshalb in der Lage sein, seine Arbeit auf das Planungsoptimum einzustellen.

ce) Grundsatz der optimalen Wirtschaftlichkeit

Der Forderung nach Vollständigkeit, Genauigkeit und Elastizität der Planung steht das Wirtschaftlichkeitsprinzip als grundlegende Planungsmaxime gegenüber. Eine jede Planung findet ihre Grenze dort, wo der durch den Planungsprozeß erzielte Ertrag von dem dadurch verursachten Planungsaufwand überkompensiert wird. Da man sowohl den Planungsertrag als auch den korrespondierenden Aufwand nicht immer zahlenmäßig exakt ermitteln kann, ist dem Prinzip der Wirtschaftlichkeit in diesem Zusammenhang schon dadurch Genüge getan, daß eine Planungstätigkeit immer nur dort einsetzt, wo sie benötigt wird, und daß darüber hinaus eine jede Planung nur so genau, vollständig und umfassend durchgeführt wird, wie es zur Erfüllung ihres Zweckes unbedingt erforderlich erscheint.

d) Die Arten der Planung

Das Instrument betriebliche Planung kann man nach verschiedenen Planungsarten bzw. Planungsgebieten unterteilen. Über Inhalt und Umfang der einzelnen Planungsarten gibt es in der Literatur keine einheitliche Auffassung. Wir wollen in diesem Zusammenhang unterscheiden zwischen:

1. Grob- oder Umrißplanung und Detail- oder Feinplanung,
2. starrer Planung und elastischer Planung,
3. kurzfristiger und langfristiger Planung,
4. Gesamtplanung und Teilplanung.

da) Grob- oder Umrißplanung – Detail- oder Feinplanung

Eine Planung, die den gewollten Ablauf nur in seinen wichtigsten Zügen festlegt und späteren Entscheidungen durch die Planenden oder sogar durch die mit dem Vollzug der Planung beauftragten Personen relativ weiten Raum läßt, ist eine Umriß- oder Grobplanung. Sie fixiert den allgemeinen Rahmen für die zukünftige betriebliche Entwicklung und dient damit der grundsätzlichen Richtungsbestimmung für eine mehr oder weniger lange Zukunftsperiode. Eine solche Umrißplanung basiert meist auf Schätzungen, Annahmen und Erfahrungswerten.

Dagegen spricht man von einer Detail- oder Feinplanung, wenn der gewollte Ablauf bis in die feinsten Einzelheiten festgelegt wird. Eine Detailplanung basiert meist auf konkreten Tatsachen, Berechnungen und Gegebenheiten.

Eine Entscheidung über das dabei angesprochene Problem der jeweils notwendigen Planungsintensität ist oft eine Folge der vorliegenden Fristigkeit der Planung. Die Intensität der Planung ist um so größer, je geringer der zeitliche Abstand zur gewollten Verwirklichung ist: Ziele und Maßnahmen, die die nächste Periode betreffen, werden im allgemeinen intensiver und damit detaillierter geplant als die für spätere Perioden.

db) Starre Planung – elastische Planung

Von einer starren Planung sprechen wir dann, wenn sowohl Zielsetzung als auch Verhaltensstrategie im Plan fixiert sind und nicht auf eintretende Veränderungen der realen Verhältnisse reagieren. Eine starre Planung trägt dem Planungsrisiko, das durch die Ungewißheit des zukünftigen Geschehens entsteht, nicht genügend Rechnung.

Eine elastische Planung dagegen versucht, das Planungsrisiko und damit die möglichen Abweichungen der Fakten von den Erwartungsgrößen dadurch zu eliminieren, daß man – wie bereits erwähnt – bestimmte Elastizitätsreserven einbaut. Mit anderen Worten: Eine elastische Planung läßt auch der Improvisation einen gewissen Spielraum und sorgt dafür, daß die Planung nicht in Mechanismen erstarrt.

dc) Kurzfristige Planung — langfristige Planung

Für die Unterscheidung betrieblicher Pläne hinsichtlich ihrer Fristigkeit gibt es in der Literatur und der Praxis zwei verschiedene Auffassungen: Die sehr stark theoretisch orientierte Fachliteratur stellt auf den Umfang des sachlichen Planungsspielraums ab und unterscheidet die kurz- und langfristige Planung hinsichtlich der Zahl der jeweiligen Plandaten. Danach gehen in die langfristige Planung sämtliche Größen als Problem ein, die einer dispositiven Gestaltung seitens der Unternehmensführung zugänglich sind. Als Daten einer langfristigen Planung gelten dabei nur jene Größen, die die Unternehmung nicht zu beeinflussen vermag. In die kurzfristige Planung dagegen gehen nach jener Begriffsfassung auch sämtliche Größen als Daten ein, die die Unternehmensführung im Rahmen der langfristigen Planung fixiert hat. Die kurzfristige Planung nimmt damit Größen als gegeben hin, die einer dispositiven Gestaltung durchaus zugänglich sind. Man könnte auch sagen:

Die kurzfristige Planung ist auf den durch die Entscheidungen der langfristigen Planung eingeengten Raum beschränkt.

Ein großer Teil der mehr praxisorientierten Literatur — und die Praxis selbst — stellt dagegen auf die *Länge* des Planungszeitraums ab und unterscheidet hier zwischen:

1. *langfristiger* Planung, wenn die Planungsperiode ein Jahr übersteigt und etwa drei bis fünf, manchmal sogar bis zu zehn Jahre umfaßt;
2. *mittelfristiger* Planung, wenn als Planungsperiode ein Jahr unterstellt wird;
3. *kurzfristiger* Planung, wenn es um Fristen von unter einem Jahr geht, wie beispielsweise bei Halbjahres-, Monats- und Wochenplänen.

Man muß sich allerdings darüber im klaren sein, daß diese zeitliche Unterscheidung nicht für alle Wirtschaftszweige verallgemeinert werden kann: Die langfristige Planung eines Unternehmens der Damenoberbekleidung beispielsweise umfaßt vielleicht zwei Jahre; der langfristige Plan einer Schiffswerft dagegen ist möglicherweise auf zehn Jahre bemessen.

Unabhängig von der branchenabhängigen Länge der Planungszeiträume gilt in der Regel für alle Unternehmen, daß die langfristige Planung üblicherweise das Herausstellen der grundlegenden Unternehmensziele und der wesentlichen Strategien umfaßt.

Langfristige Ziele dieser Art können beispielsweise sein: Steigerung des Marktanteils für die Produktgruppe X um 30 % in den Jahren 1975 bis 1978, oder etwa: Steigerung des Umsatzes des gesamten Unternehmens um 40 % für die Jahre 1975 bis 1978. Diese Ziele werden im Plan durch die dafür vorgesehenen Strategien ergänzt, wie etwa: Vervollständigung des Verkaufssortiments durch Zukauf von Waren der Produktgruppe X von anderen Unternehmen, oder: Erschließung neuer Absatzmärkte und Absatzwege für die Produktgruppen Y und Z.

Die kurz- und auch die mittelfristigen Planungsüberlegungen dagegen sind vor allem auf die Durchführung des in der langfristigen Planung als Rahmen Vorgegebenen beschränkt; sie enthalten die zur Unternehmenstaktik zählenden Einzelmaßnahmen und haben mehr Routinecharakter.

dd) Gesamtplanung — Teilplanung

Man kann die betriebliche Planung schließlich noch dadurch unterteilen, daß man eine generelle, alle Unternehmensbereiche berührende Gesamtplanung und eine spezielle Funktionen umfassende Teilplanung unterscheidet. Die jeweiligen Teilpläne orientieren sich meist an den betrieblichen Hauptfunktionen. Im Rahmen dieses Beitrages haben wir beispielsweise die Personalplanung, die Beschaffungs- und Produktionsplanung sowie die Investitions-, Finanz- und Absatzplanung behandelt.

Die sämtliche Teilbereiche umfassende Gesamtplanung ist, *langfristig* gesehen, meist absatzwirtschaftlich orientiert, *kurzfristig* dagegen bildet der jeweils schwächste Teilbereich die Determinante (Bestimmungsgröße). Aus diesem Grund hat *Gutenberg* sein weiter vorn bereits erwähntes *„Ausgleichsgesetz der Planung"* formuliert.

Nach der „Dominanz des Minimumsektors" nivelliert sich nämlich die Planung jeweils Minimumsektor, ein. Nach dem „Ausgleichsgesetz der Planung" dagegen wird versucht, den Engpaßbereich seinerseits auf das Niveau der anderen Teilbereiche einzuregulieren.

e) Optimalplanung mit Hilfe der Methoden des „Operations Research"

ea) Historische Entwicklung und Entstehung

In den letzten Jahren haben die Methoden des „Operations Research", die sich mit der Lösung konkreter betriebswirtschaftlicher Probleme befassen, in Theorie und Praxis eine immer größere Bedeutung erlangt. Sieht man einmal von einigen fragmentarischen Ansätzen ab, so beginnt die eigentliche Entwicklung des „Operations Research" während des zweiten Weltkriegs in England, und etwas später, nachdem die USA in den Krieg eingetreten waren, auch in Amerika. Unter dem Begriff „Operations Research" wurden damals verschiedene wissenschaftliche Methoden und Techniken zusammengefaßt, mit denen quantitative Unterlagen für optimale militärische Entscheidungen bereitgestellt wurden. Dazu zählten beispielsweise die Auswahl günstiger Strategien für bestimmte Angriffs- und Abwehrsituationen, die optimale Zusammenstellung von Geleitzügen und Bombergeschwadern sowie die Berechnung optimaler Nachschubsituationen. Nach dem zweiten Weltkrieg hat man dann die für militärische Zwecke gewonnenen Methoden und Erkenntnisse auch auf ökonomische Konfliktsituationen und konkrete betriebliche Probleme übertragen. „Operations Research" hat sich auch auf diesem Gebiet relativ schnell durchgesetzt, wobei neben einer eingehenden Behandlung in der Fachliteratur in der Zwischenzeit auch die Praxis positive Erfahrungen mit den einzelnen Methoden sammeln konnte.

eb) Begriff, Wesen und Methodik

Obwohl „Operations Research" auch in Deutschland in der einschlägigen Literatur und der Wirtschaftspraxis Eingang gefunden hat, gibt es bisher weder eine allgemein akzeptierte deutsche Übersetzung des Begriffs, noch eine sachlich genau abgegrenzte Definition. So haben sich von den in Deutschland verwendeten Bezeichnungen: Entscheidungsforschung, Verfahrensforschung, Programm- oder Planungsforschung, Operationenforschung oder Unternehmensforschung keine bisher fest eingebürgert, wenn man einmal davon absieht, daß es seit 1956 eine Zeitschrift für Unternehmensforschung und seit 1961 die Deutsche Gesellschaft für Unternehmensforschung gibt. Da sich der Begriff „Operations Research" auch im internationalen Sprachgebrauch durchgesetzt hat, sollte man vielleicht dazu übergehen, diese englische Bezeichnung auch bei uns beizubehalten. Da es außerdem in der Fachliteratur keine einheitliche Auffassung hinsichtlich des begrifflichen Inhaltes gibt, läuft auch eine exakte Definition Gefahr, entweder zu eng oder zu weit zu sein. In der Literatur finden sich verschiedene Möglichkeiten, den Ausdruck „Operations Research" zu definieren. Entweder versucht man, die unter diesem Oberbegriff untergeordneten Methoden und Techniken aufzuzählen oder man beschreibt die jeweiligen Anwendungsmöglichkeiten. So werden im ersten Fall unter „Operations Research" alle Methoden verstanden, die zur Lösung konkreter betrieblicher Probleme herangezogen werden, vor allem die Methoden der Programmierung (lineare, nicht-lineare, dynamische usw.), die Spieltheorie, die Warteschlangentheorie, die Monte-Carlo-Methode, die Informationstheorie usw. Im zweiten Fall zählt man die Hauptanwendungsgebiete auf, und zwar: Lagerhaltungsprobleme, Arbeitsablaufprobleme, Zuordnungsprobleme, Warteschlangenprobleme sowie kombinierte Warteschlangen-, Zuordnungs- und Lagerprobleme. Weder die eine noch die andere Art, eine Definition auf dem Weg über die Enumeration (Aufzählung) zu erreichen, kann befriedigen. Man hat deshalb versucht, „Operations Research" durch eine verbale Beschreibung zu definieren. Dabei gibt es eine Auffassung, nach der alle Verfahren, die unter Anwendung wissenschaftlicher Methoden quantitative Unterlagen für unternehmerische Entscheidungen bereitstellen, mit dem Terminus „Operations Research" belegt werden. Diese Definition ist allerdings so weit gefaßt, daß eine exakte Abgrenzung zu den traditionellen Methoden der wissenschaftlichen Unternehmensführung, angefangen von „Scientific Management" von *Taylor* bis zu den modernen Methoden eines instrumentalen Rechnungswesens nicht mehr möglich ist. Auch diese Verfahren müßte man in diesen weiten Begriffsinhalt mit einbeziehen. Damit würde man aber dem ursprünglichen Begriff und der Bedeutung des Wortes nicht mehr gerecht. Wir wollen deshalb den Begriff einengen und nur dann von „Operations Research" sprechen, wenn es um den

Einsatz eigenständiger Verfahren und Techniken, besonders der Mathematik und der Statistik, geht, mit deren Hilfe quantitative Unterlagen für optimale Unternehmensentscheidungen beschafft werden sollen.

Dabei hat sich eine bestimmte Methodik des Vorgehens als typisch erwiesen. Die im Rahmen der Verwendung von Methoden der „Operations Research" benutzten Bearbeitungsstufen kann man schlagwortartig wie folgt systematisieren:

1. Formulierung des Problems.
2. Entwurf eines adäquaten (mathematischen) Modells für das zu untersuchende System.
3. Ausarbeitung von Lösungen für das Modell.
4. Überprüfung des Modells und der daraus abgeleiteten Lösungen an Tatbeständen der Realität.
5. Vorsorge für eine Überwachung und Kontrolle der Veränderungen einzelner Variablen des Modells.
6. Übertragung der Lösung auf das reale Problem.

Man ist davon überzeugt, daß bereits die konsequente Befolgung dieses Bearbeitungsschemas nicht nur zu einem gründlichen Durchdenken der in der Praxis anstehenden offenen Fragen und damit zu einer gedankenmäßigen Neuformulierung alter Probleme führt, sondern daß sich damit oft schon eine greifbare Lösung abzeichnet.

ec) Die Bedeutung des „Operations Research" im Entscheidungsprozeß

Wenn wir unsere obige Zielsetzung unterstellen, wonach „Operations Research" der Beschaffung quantitativer Unterlagen für optimale Entscheidungen dient, und einmal versuchen, dieses Instrument in die Stufen unseres Planungsprozesses einzuordnen, so kann das nur auf den beiden ersten Stufen — nimmt man einmal die Zielsetzung als Stufe aus — geschehen, d. h. auf der Stufe der Prognose, besonders aber des Eventualplanes. Denn hier werden verschiedene Lösungsmöglichkeiten ausgearbeitet, zwischen denen später entschieden werden muß. Mit Hilfe der Methoden des „Operations Research" werden dann also optimale Unternehmensentscheidungen dadurch vorbereitet, daß man die notwendigen quantitativen Unterlagen bereitstellt. Der aus diesem Grund in jüngster Zeit in der Literatur für „Operations Research" benutzte Ausdruck *Optimalplanung* scheint deshalb von der Sache her der Zielsetzung und Bedeutung des Begriffs am ehesten zu entsprechen.

In diesem Zusammenhang muß mit Nachdruck eine zuweilen in der Literatur und in der Praxis anzutreffende Auffassung zurückgewiesen werden, wonach „Operations-Research"-Methoden der Unternehmensführung das Fällen von Entscheidungen abnehmen würden.

Problemlösungen, die mittels „Operations Research" erzielt werden, sind jedoch niemals Ersatz für unternehmerische Entscheidungen.

Ihre Aufgabe besteht vielmehr darin, der Unternehmensführung Unterlagen an die Hand zu geben, in denen die relevanten Probleme und die zugehörigen möglichen Entscheidungen mit den zu erwartenden Folgen beschrieben werden und aus denen vor allem der günstigste Lösungsweg hervorgeht. Die eigentliche Entscheidung muß nach wie vor von der Führungsspitze selbst getroffen werden.

ed) Offene Fragen und Probleme einer Anwendung des „Operations Research"

„Operations Research" ist ein Instrument der Unternehmensführung und soll als Zielsetzung die Entscheidungen der Unternehmensführung durch objektive zahlenmäßige Unterlagen aus der Sphäre des Emotionalen in den Bereich des Rationalen überführen. Obwohl man sich auch in Deutschland zum Teil mit Erfolg dieses Instrumentes bedient, gehen auch heute noch besonders in der Praxis die Ansichten weit auseinander, ob die verschiedenen Methoden des „Operations Research" praktikabel sind, d. h. ob man sie mit Erfolg benutzen kann. Bei dem derzeitigen Stand praktischer Anwendung ist man auf jeden Fall von einem allseits akzeptierten Instrument noch weit entfernt.

Die Gründe dafür sind mannigfaltiger Art. Einmal kann man die teilweise reservierte oder ablehnende Haltung der Praxis einfach aus der Tatsache heraus erklären, daß die meisten Methoden und Techniken des „Operations Research" von sehr komplizierter mathematischer Natur sind, die dem Betriebswirt und Nicht-Mathematiker den Zugang zu dieser Methode erschweren, dem vielbeschäftigten Praktiker meist ganz verwehren. Dazu kommt, daß sich wegen dieser Eigenart des neuen Forschungsgebietes vornehmlich Mathematiker mit diesen Problemen beschäftigt haben, denen es oft am nötigen Verständnis für die zugrunde liegenden ökonomischen Fragestellungen mangelte und deren formale Arbeitsergebnisse meist nicht dazu angetan waren, Skeptiker von der betriebswirtschaftlichen Nützlichkeit zu überzeugen. In jüngster Zeit hat sich allerdings auch die betriebswirtschaftliche Theorie mit diesen Fragen beschäftigt, so daß von dieser Seite aus eine Verbindung zwischen den abstrakten Modellen und den konkreten betrieblichen Problemen zu erwarten steht.

Darüber hinaus scheitert eine Verifikation formal-mathematischer Überlegungen meist daran, daß in der Praxis das betriebliche Informationswesen nicht in der Lage ist, die im Modell geforderten Daten zu beschaffen. Der weitere Ausbau vor allem des betrieblichen Rechnungswesens ist sicherlich eine wesentliche Voraussetzung für eine umfassendere Anwendung. Schließlich sollte man noch darauf hinweisen, daß sich nicht alle betrieblichen Teilbereiche für eine Anwendung operations-analytischer Verfahren gleichermaßen eignen, obwohl man gerade in jüngster Zeit dazu übergegangen ist, auch vorwiegend qualitativ orientierte Bereiche, wie den Personalbereich oder den Bereich werbewirtschaftlicher Entscheidungen, mit in die Anwendungsgebiete einzubeziehen.

Trotz all dieser Einwände kann jedoch nicht übersehen werden, daß sich bestimmte betriebswirtschaftliche Entscheidungsprobleme ohne diese zum Teil abstrakten Verfahren nicht ohne weiteres lösen lassen. So sind bestimmte umfangreiche und komplexe Optimierungsprobleme beispielsweise bei der Planung des Lagerbestandes, bei der Arbeitsablaufplanung, bei der Bestimmung von Maschinenersatz-Zeitpunkten, bei der Belegung von Aggregaten und bei der Aufstellung von Wartungsplänen und innerbetrieblichen Transportplänen oft nur mit Hilfe der neuen Planungsmethoden möglich. Die Zukunft wird zeigen, inwieweit die Beherrschung dieser Methoden zum festen Ausbildungsziel von Betriebswirten gehören wird und in welchem Umfang die Methoden des „Operations Research" als Vorbereitung unternehmerischer Entscheidungen Anwendung finden.

3. Die Organisation als Instrument der Unternehmensführung

a) Begriff, Wesen und Aufgabe der Organisation

Im Rahmen des Prozesses der Unternehmensführung haben wir bisher den Informationsprozeß und den Planungsprozeß als Hilfsmittel unternehmerischer Entscheidungsfindung dargestellt. Ein weiteres Instrument zur Durchsetzung des Willens der Unternehmensführung ist die *Organisation*. Auch mit diesem Führungsinstrument wollen wir uns kurz befassen.

Etymologisch gesehen, stammt das Wort Organisation vom Griechischen organikos (= das Organische, organisch); es bezog sich ursprünglich auf den Aufbau mehrteiliger Körper im Bereich der Natur. Seine analoge Verwendung im sozialen Bereich zeigen sehr viele Definitionen.

Danach versteht man unter Organisation eine zweckhafte Gestaltung einer Einheit aus einer Vielfalt von einzelnen Faktoren.

Wir wollen in diesem Zusammenhang den Begriff der Organisation allerdings etwas enger fassen und die Begriffsbestimmung an Wesen und Zielsetzung des vorher behandelten Führungsinstrumentes Planung anlehnen. Während die Planung die zukünftigen Aktionen und die zu erreichenden Ziele der Unternehmung im voraus fixiert, befaßt sich die Organisation in erster Linie mit dem betrieblichen Vollzug des Geplanten. Man könnte auch sagen: Planung ist die *gedankliche* Vorwegnahme des künftigen Geschehens; Organisation dagegen ist die *materielle* Vorbereitung des Handelns. Beide Führungsinstrumente sind also eng miteinander verknüpft: die Realisierung der betrieblichen Pläne erfordert eine organisatorische Gestaltung; die Organisation ist ohne vorherige Planung undenkbar.

Wenn wir in unserem Zusammenhang die Organisation als einen besonderen Anwendungsbereich von Planungsentscheidungen definieren wollen, so sollen damit zwei Begriffsinhalte gemeint sein:

Organisation ist einmal ein System betriebsgestaltender Regelungen in Form von Anweisungen, Richtlinien und Übereinkommen bis hin zu gesetzlichen Bestimmungen und Vorschriften (so beispielsweise aktienrechtliche Vorschriften hinsichtlich der einzelnen Organe), nach denen sich das Geplante in der Unternehmung vollziehen soll.

Aber nicht nur diese Regeln und Richtlinien sind Organisation, sondern auch der betriebliche Vollzug dieser Regeln gehört eindeutig zum Begriffsinhalt. Mit anderen Worten:

Organisation ist auch das durch bestimmte Regeln und Richtlinien erreichte bewußte Zusammenführen der am Produktionsprozeß beteiligten Produktionsfaktoren zur optimalen Realisierung geplanter Ziele und Programme.

Aus den beiden hier vorgetragenen Begriffsinhalten ergeben sich die zwei zentralen Aufgabenbereiche der Organisation:

1. eine klare Verteilung und Abgrenzung der betrieblichen Aufgaben, die planmäßige Festlegung der sich daraus ergebenden Aufgabenverteilung und damit gleichzeitig eine bestimmte Ordnung der Zuständigkeiten und der Verantwortung;
2. eine planmäßige Zusammenfassung der Produktionsfaktoren und damit die Ordnung des Arbeitsablaufs, die der wiederholten Erfüllung der Aufgaben dient.

Im ersten Fall spricht man auch von der Organisation des Aufbaus der Unternehmung *(Aufbauorganisation)* und im zweiten Fall von der Organisation des Arbeitsablaufs *(Arbeitsablauforganisation)*. Beide Teilbereiche sollen im folgenden kurz dargestellt werden. Dabei muß allerdings erwähnt werden, daß die von uns gewählte isolierte Behandlung weder durch die Natur der Sache vorgegeben, noch in der Praxis zweckmäßig erscheint, da beispielsweise *der Aufbau den Ablauf bestimmt und der Ablauf sich nur in den Formen des Aufbaus vollziehen kann.* Wir haben uns aus pädagogischen Gründen dennoch für eine getrennte Behandlung entschieden, um die typischen organisatorischen Probleme in der Unternehmung einmal unter diesen beiden zentralen Gesichtspunkten zu beleuchten.

b) Die Organisation des Aufbaus der Unternehmung

ba) Wesen und Probleme des horizontalen Aufbaus

Wir haben weiter oben festgestellt, daß die Organisation als Führungsinstrument zunächst einmal ganz allgemein die Aufgabe hat, die Führungsspitze bei der Realisierung der von ihr geplanten Ziele und Maßnahmen zu unterstützen. Dazu bedarf es in der Praxis einer *Aufgabengliederung,* d. h. einer Verteilung der jeweils vorliegenden Teilaufgaben der Unternehmung auf bestimmte Aufgabenträger. Während in einer Unternehmung, die nur aus einer Person besteht, sämtliche Teilaufgaben von dieser übernommen werden müssen, ist es bei größeren Gebilden unumgänglich, daß die Aufgaben im Rahmen einer Aufgabenanalyse verteilt werden. Dabei ist zunächst einmal zu fragen, nach welchen Gesichtspunkten eine Abgrenzung der verschiedenen, nebeneinander arbeitenden Aufgabenträger vorzunehmen ist. Ohne daß wir auf die Vielfalt der in der Praxis möglichen Gliederungsprinzipien eingehen wollen, sollen in diesem Zusammenhang nur drei Gesichtspunkte erwähnt werden, die im übrigen bei organisch gewachsenen Unternehmen im Ablauf der Zeit nacheinander zu beobachten sind: der Übergang von zunächst personellen zu materiellen und schließlich zu funktionellen Organisations-Merkmalen.

1. Bei einer Gliederung nach *personellen* Gesichtspunkten, wie man sie bei der Errichtung einer Unternehmung oft beobachten kann, richtet sich die Bildung von einzelnen mit Kompetenz und Verantwortung ausgestatteten Abteilungen (Bereichen) nach den Fähigkeiten, Interessen, Sympathien oder Antipathien der vorhandenen Betriebsangehörigen. Diese an sich relativ primitive und labile Abgrenzung der einzelnen Verantwortungsbereiche hat zum Leidwesen der Unternehmensführung meist auch dann noch ein gewisses Beharrungsvermögen, wenn die größer werdende Unternehmung ihren horizontalen Aufbau bereits nach anderen Gesichtspunkten organisiert hat.
2. Bei der Gliederung nach *materiellen* Gesichtspunkten kann man u. a. zwischen vorwiegend sachlich orientierten und vorwiegend räumlich orientierten Maßstäben unterscheiden.

a) Eine *sachbezogene* Gliederung wäre beispielsweise eine Gliederung nach Produktarten, wie man sie im Handel vorfindet (Gliederung der Abteilungen nach Textilien, Hartwaren, Lebensmittel usw.) oder auch in der Industrie bei einer Gliederung nach den zu erzeugenden Produkten. In der Praxis findet sich allerdings diese Einteilung in Industriebetrieben selten, da man die Aufgabenbereiche mehr nach einzelnen Arbeitsvorgängen und weniger nach Erzeugnissen abgrenzt.

b) Eine *raumbezogene* Gliederung, d. h. eine Gliederung nach Orten, Gebäuden oder bestimmten Räumen findet man im allgemeinen nur bei räumlicher Dezentralisation.

Die in der Praxis zu beobachtende räumliche Zusammenfassung rührt meist daher, daß bereits konzipierte funktionelle Bereiche räumlich zusammengefaßt werden.

3. Die heute in der Praxis vorherrschende Einteilung nach *funktionellen* Gesichtspunkten versucht eine Gliederung nach bestimmten Sachbereichen, wie beispielsweise nach den Funktionsbereichen Beschaffung, Produktion, Absatz und Finanzierung.

Dabei bleibt festzustellen, daß je nach Wirtschaftszweig, Rechtsform, Betriebsgröße, Produktionsverfahren und nicht zuletzt je nach den personellen Voraussetzungen unterschiedlich funktionelle Gliederungsmöglichkeiten praktiziert werden.

Je exakter die einzelnen Bereiche der Unternehmung und damit auch Zuständigkeit und Verantwortung gegeneinander abgegrenzt werden können, desto wirkungsvoller wird sich die Unternehmensführung dieses Instrumentes bedienen können. Die Wirtschaftlichkeit, Güte und Schnelligkeit des Umsetzens des von der Führungsspitze Geplanten in die betriebliche Wirklichkeit hängt zum großen Teil von einer sinnvollen Aufgabenverteilung ab.

bb) Wesen und Probleme des vertikalen Aufbaus

(1) Begriff und Aufgaben

Der Gliederung einer Unternehmung in horizontale Bereiche muß eine vertikale Gliederung folgen, d. h. eine Abgrenzung nicht gegenüber den parallel arbeitenden, sondern gegenüber den vorgeordneten (Auftraggeber) und den nachgeordneten (Beauftragten) Personen bzw. Abteilungen. Es handelt sich dabei in erster Linie um den organisatorischen Aufbau eines *Befehlswegs*, durch den verbindliche Weisungen an die verschiedenen Befehlsempfänger gegeben werden. Aus der Regelung dieser Befehlswege ergibt sich meist eine hierarchische Rangordnung der einzelnen Abteilungen, d. h. ein sog. *Instanzenaufbau*. Daneben werden in der Praxis jedoch nicht nur Befehle, sondern auch verschiedene Mitteilungen, Vorschläge und Informationen sowohl von oben nach unten als auch von unten nach oben gegeben. Diese sog. *Kommunikationswege* sind meist nicht identisch mit den Befehlswegen, spielen aber in der Praxis oft noch eine größere Rolle als diese.

(2) Formen des vertikalen Aufbaus

Wir haben festgestellt, daß der Instanzenaufbau die hierarchische Rangordnung der einzelnen Abteilungen bestimmt. Unter einer Instanz ist jede mit Befehlsgewalt ausgestattete Abteilung zu verstehen. Jede Instanz hat dabei eine bestimmte *Kompetenz*, d. h. eine *sachliche* Zuständigkeit für eine Aufgabe. Um Kompetenzüberschneidungen zu vermeiden, besteht in der Praxis das Problem einer exakten Kompetenzabgrenzung. In der Literatur haben sich dabei die folgenden „klassischen" Formen von Kompetenzsystemen herauskristallisiert:

○ Das Liniensystem

Bei diesem System, das man dem Franzosen *Fayol* zuschreibt, sind alle Organisationsstellen in einen einheitlichen Befehlsweg gegliedert, der von der obersten Instanz bis zur untersten Stelle reicht. Dabei ist das Prinzip der „Einheit der Auftragserteilung" bis zur letzten Konsequenz verwirklicht, da die Verantwortungsbereiche klar und eindeutig abgegrenzt sind und für jeden Instanzenzug jeweils nur ein Verantwortlicher entscheidet.

Dem Vorzug dieses Systems in Form einer höchst wirksamen Kontrolle, Übersicht und Autorität von oben, steht der Nachteil einer ziemlichen Schwerfälligkeit gegenüber, so daß dieses System in seiner reinen Ausprägung eigentlich nur in sehr kleinen Unternehmen Anwendung findet.

○ Das Funktionssystem (Funktionsorganisation)

Bei diesem System, das auf das sog. Funktionsmeistersystem (FM) von *Taylor* zurückgeht, bestehen überhaupt keine Instanzenzüge, sondern nur nach Funktionen getrennte Zentralabteilungen, die alle direkt miteinander verkehren.

Dem Vorteil des „direkten Weges" aller spezialisierten Funktionen steht der damit verbundene Nachteil erheblicher Kompetenzschwierigkeiten entgegen. Der Grundsatz der „Einheit der Auftragserteilung" wird hier nicht gewahrt. Dieses System hat sich, von kleineren Ausnahmen abgesehen, in der Praxis ebenfalls nicht bewährt.

○ Das Stabliniensystem

Im Stabliniensystem sind die Vorteile des Liniensystems — klarer Instanzenweg, Übersichtlichkeit und gute Kontrollmöglichkeit — mit den Vorteilen des Funktionssystems — Beweglichkeit und Spezialisierung — so kombiniert, daß man deren jeweilige Nachteile nicht in Kauf zu nehmen braucht. Es werden nämlich bestimmte Funktionen in beratenden Arbeitsstäben verselbständigt, ohne daß den Organisationsträgern Weisungsbefugnisse eingeräumt werden. Stabsabteilungen dieser Art sind beispielsweise die der obersten Führungsspitze zugeordnete Rechtsabteilung, Presseabteilung oder auch statistische Abteilung, aber auch bestimmte in Großunternehmen befindliche Zentralabteilungen, wie beispielsweise die Planungsabteilung oder die Organisationsabteilung, die allerdings zur Durchführung von Spezialaufträgen oft auch mit eigener Befehlsgewalt ausgerüstet sind. In der Praxis wird personalpolitisch gesehen die strikte Trennung zwischen einer Tätigkeit in der Linie und im Stab als Alternative immer mehr abgebaut. Man propagiert heute vielmehr einen systematischen Wechsel zwischen Stabs- und Linientätigkeit als insgesamt befruchtendes Element.

Die auf S. 389 wiedergegebene einfache schematische Übersicht diene zur Veranschaulichung der genannten „klassischen Organisationsformen". Unter dem Druck wachsender Unternehmensgrößen, die eine gewisse Schwerfälligkeit im Entscheidungsprozeß, mangelnde Elastizität und Reaktionsfähigkeit sowie Schwierigkeiten in der Steuerung und

Liniensystem

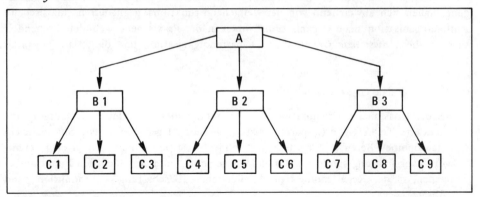

Funktionssystem

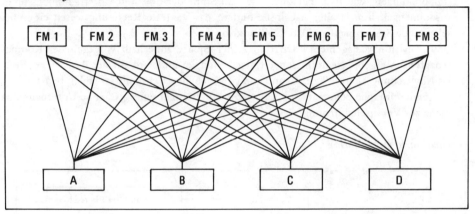

Stabliniensystem

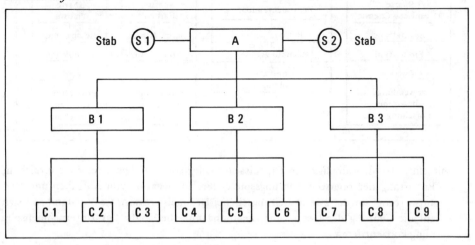

Kontrolle zur Folge haben, sowie infolge fortschreitender Diversifikation und Verzweigung, haben sich abweichend von der weitgehend funktional gegliederten „klassischen" Aufbauorganisation neue Organisationsformen in der Praxis herausgebildet. Es handelt sich um die *„Divisionale Organisation"* (Spartenorganisation) und die *„Matrixorganisation"*.

○ Die Divisionale Organisation

Bei der Divisionalen Organisation ist das Unternehmen in mehrere produktgruppenorientierte Teilbereiche („Sparten" bzw. „Divisions") gegliedert. Jede Sparte ist ein teilautonomer Bereich („Profit-Center" ohne Investitionshoheit) mit eigener verantwortlicher Führungsspitze („Division-Management") und verschiedenen Funktionsbereichen, in der Regel mindestens die Bereiche: „Beschaffung", „Produktion" und „Absatz".
Die Sparten werden durch zentrale Stabsabteilungen koordiniert und durch sog. Zentralabteilungen, wie u. a. Personalwesen im Sinne der obersten Unternehmungsspitze zusammengehalten. Dabei hat insbesondere das zentrale Rechnungswesen eine entscheidende Steuerungs- und Kontrollfunktion.
Das „Division-Management" trifft in seiner Sparte innerhalb vorgegebener Kompetenzgrenzen ergebnisbeeinflussende Entscheidungen und wird auf der Basis einer „Soll-Ist-Abweichungsanalyse" auf Grund von vorgegebenen Rentabilitätszahlen beurteilt.
Folgende einfache schematische Übersicht am Beispiel eines „Chemie-Unternehmens" diene zur Veranschaulichung.

Divisionale Organisation

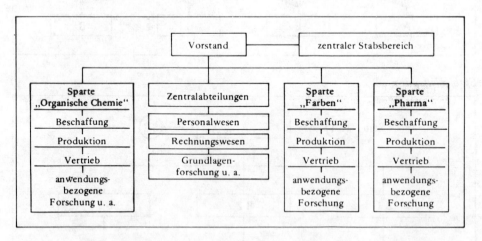

Mit Hilfe der divisionalisierten Organisation will man vor allem zwei Ziele erreichen:
1. Entlastung der obersten Führungsspitze durch Delegation von Aufgaben und Verantwortung auf die zweite Leitungsebene. Der meist ressortlose Vorstand soll sich auf die Führung der Gesamtunternehmung und die langfristige Unternehmensplanung konzentrieren.

2. Ersatz eines großen, schwerfälligen Unternehmens durch kleinere, elastischere und schlagkräftigere — marktorientierte Einheiten.

○ Die Matrixorganisation

Typisches Merkmal der Matrixorganisation, die von Fachleuten als die Organisationsform der Zukunft bezeichnet wird, ist die Überlagerung einer traditionell nach Funktionen gegliederten Organisation und einer objektbezogenen (nach Projektgruppen, Produkten oder Sparten) Organisation. Die Bezeichnung dieser aus dem militärischen Bereich der USA kommenden Organisationsform rührt von dem graphischen Zusammenspiel zweier Organisationsebenen in Form einer Matrix (üblicherweise werden vertikal Funktionen und horizontal Produktbereiche dargestellt).
Folgende einfache, schematische Übersicht am Beispiel einer Maschinenfabrik diene zur Veranschaulichung.

Matrixorganisation

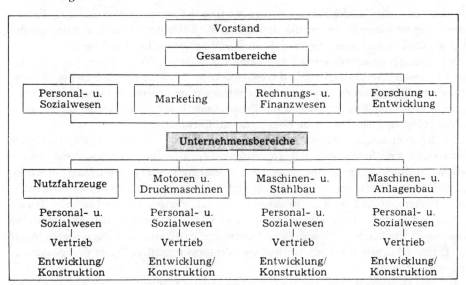

Produktorientierten Unternehmensbereichen stehen funktionsorientierte Gesamtbereiche gegenüber, die vor allem die Aufgabe haben, die einzelnen Unternehmensbereiche zu koordinieren und Planungskonzepte und Entscheidungsgrundlagen für den Vorstand zu entwerfen. Der Vorstand besteht in aller Regel aus den Leitern der Gesamtbereiche und der Unternehmensbereiche; Stabsabteilungen werden vermieden.
Gegenüber traditionellen Organisationsformen wird bei der Matrixorganisation eine Kompetenzüberschneidung *planmäßig* angestrebt. Mit dem Konzept der „Doppelverantwortung" sollen die Nachteile einer rein funktionalen Gliederung bzw. des Ressortegoismus aufgehoben werden. Im ständigen Dialog zwischen Gesamtbereichen und Unternehmensbereichen entstehen innovative (creative) Prozesse, sterile Stabsarbeiten werden vermieden und die Mitarbeiter durch eine stärkere Integration in das Gesamtgeschehen motiviert.

Der praktischen Anwendung der Matrix-Konzeption sind allerdings nach wie vor Grenzen gesetzt. Das Fehlen strenger Kompetenzregelungen erschwert und verzögert den Entscheidungsprozeß. Ständige Konfliktsituationen führen zu persönlichen Reibereien und verschlechtern das Betriebsklima. An Informations- und Kommunikationsprozesse werden erhebliche Anforderungen gestellt.

Schließlich ist jede Organisation nur so gut wie die Menschen, die diese Organisation mittragen.

Gerade hier aber wird die Matrixorganisation schnell an ihre Grenzen stoßen. Nur wenn die Mitarbeiter bereit sind, zu kooperieren und sich mit der neuen Organisationsform zu identifizieren, kann diese Organisationsform Erfolg haben.

c) Die Prinzipien der Unternehmensorganisation

Von den zahlreichen in der Praxis bestehenden Organisationsprinzipien und -grundsätzen interessieren an dieser Stelle nur die alternativen Möglichkeiten der zentralen und der dezentralen Organisation sowie die der fallweisen und der generellen Regelungen.

Von einer *Zentralisation* spricht man dann, wenn alle gleichartigen oder ähnlichen Arbeiten einheitlich von einer Stelle aus erledigt werden. Typische Beispiele für eine Zentralisation sind in Großunternehmen meist die Investitionspolitik und die langfristige Finanzierungspolitik, die Tarifpolitik und die Personalpolitik der Spitzenkräfte, die Produkt- und die Sortimentpolitik sowie die Forschung und Entwicklung.

Die der Zentralisation nachgesagten Vorteile sind u. a. der Einsatz hochqualifizierter Arbeitskräfte und hochleistungsfähiger maschineller Organisationsmittel (elektronische Datenverarbeitungsanlagen), eine rationelle und kostensparende Überwachung des Raum- und Maschinenbedarfs, der Vorratshaltung und des Faktors Arbeit sowie eine Konzentration der Interessen und der Einheitlichkeit der Entscheidungen. Die Nachteile der Zentralisation sind in erster Linie in überlasteten und wegen des meist großen Arbeitsanfalles bürokratisch arbeitenden Führungs- und Leitungsstellen zu erblicken; des weiteren ist auf eine Beeinträchtigung der Initiative und der Verantwortungsfreudigkeit nachgeordneter Stellen zu verweisen.

Bei einer *Dezentralisation* geht es um die Übertragung (Delegation) von Aufgaben, Entscheidungs- und Befehlsbefugnissen an nachgeordnete Funktionsträger. Die Vorteile einer Dezentralisation, wie u. a. Betriebsnähe, größere Elastizität, Entlastung der übergeordneten Instanzen sowie Selbständigkeit und damit oft berufliche Befriedigung der mit Leitungsaufgaben beauftragten dezentralen Funktionsträger, müssen mit den Nachteilen verglichen werden, die u. a. in der Gefahr von Kompetenzstreitigkeiten liegen können.

Eine Entscheidung kann jeweils nur im Einzelfall durch Abwägen des Für und Wider gefällt werden. Je nach Situation und Lage des Falles wird man sich bei der einen Aufgabe zugunsten einer Zentralisation, bei der anderen zugunsten einer Dezentralisation entscheiden. Wieviel an Selbständigkeit und Verantwortung die Unternehmensführung an nachgeordnete Instanzen überträgt, ist damit keine generell zu beantwortende Frage. Die jeweilige Branche, die Unternehmensgröße und in besonderem Maße die personellen Gegebenheiten sind dabei wichtige Entscheidungskriterien. Bei der Fülle der in Großunternehmen anfallenden Aufgaben wird eine bestimmte Dezentralisation unumgänglich sein. Den mit einer weitgehend dezentralen Organisation oft verbundenen Kompetenzstreitigkeiten kann man dadurch begegnen, daß man von oben bestimmte Richtlinien (Rahmenordnungen) festlegt, die von den nachgeordneten Instanzen einzuhalten sind.

Die beiden anderen hier anzuführenden Organisationsprinzipien betreffen die Alternative der generellen und fallweisen Regelungen. Der Grundsatz der *fallweisen* Regelung bedeutet, daß Entscheidungen über bestimmte Fragen der Unternehmensorganisation immer nur für einen einmaligen Vorgang oder Tatbestand gelten. Fallweise Regelungen sind dann angebracht, wenn die betrieblichen Verhältnisse unübersichtlich und unbeständig sind, wenn also beispielsweise die Bezugs-, Produktions-, Absatz- oder Finanzverhältnisse, die Erzeugnisqualitäten, Preise und Lieferzeiten oder auch die technischen Verfahren keine Stetigkeiten aufweisen. Komplizierte, unregelmäßige und ungleichartige Organisationsaufgaben verlangen meist nach fallweisen Regelungen und Augenblicksentscheidungen („Ad-hoc-Entscheidungen").

Für eine *generelle* Regelung dagegen bedarf es bestimmter gleichartiger Vorgänge, die in mehr oder minder regelmäßigen Abständen wiederkehrende, gleichartige Organisationsaufgaben enthalten. Aufgaben dieser Art sind beispielsweise das regelmäßige Entnehmen von Materialien und Werkzeugen vom Lager oder das Durchrechnen und Kalkulieren von Verkaufsangeboten. Generelle Regelungen dieser Art bestehen meist in Form von schriftlich fixierten Geschäftsgrundsätzen, die in Verbindung mit den Aufgabenverteilungsplänen aufgestellt werden. Der nach außen erkennbare Niederschlag besteht in Formularen, Karteikarten, Nummernsystemen, Terminroutine und anderen Hilfsmitteln organisatorischer Rationalisierung.

Nach *Gutenberg* ist in der Praxis ein Trend zur Ablösung fallweiser durch generelle Regelungen zu beobachten, der sich um so stärker bemerkbar macht, je größer die betrieblichen Einheiten sind. *Gutenberg* spricht in diesem Zusammenhang auch von dem „Substitutionsgesetz der Organisation".

d) Die Organisation des Ablaufs der Unternehmung

Bisher haben wir das Führungsinstrument Organisation nur im Hinblick auf die Aufgabe der Arbeitsverteilung und, damit zusammenhängend, in bezug auf die Ordnung von Zuständigkeiten und Verantwortung hin untersucht. Wir haben aber bereits am Anfang darauf hingewiesen, daß die Organisation außerdem mit der Ordnung des betrieblichen Ablaufs die zweite große Aufgabe zu erfüllen hat. Dabei ist hier nicht nur an die Abläufe im Bereich der Fertigung gedacht, sondern auch an die Arbeitsabläufe in den kaufmännischen Abteilungen, die in den letzten Jahren immer mehr in den Vordergrund treten. Unter einem Arbeitsablauf versteht man das zeitliche Hinter- und Nebeneinander von Vorgängen; er dient der rationellen Erfüllung von Teilaufgaben in der Unternehmung bzw. dem Unternehmungsverbund.

Die in der Unternehmung anfallenden Arbeitsabläufe sind jeweils so zu organisieren, daß ein Höchstmaß an Wirtschaftlichkeit, Güte, Schnelligkeit und Terminsicherheit erzielt und daß man damit gleichzeitig eine relativ hohe Arbeitsfreude bei den Betriebsangehörigen erreicht wird.

e) Die Fixierung der Organisation als Hilfsmittel der Unternehmensführung

Damit die Unternehmensführung jederzeit einen genauen Überblick über das Führungsinstrument Organisation besitzt, sollten in jeder Unternehmung verschiedene *Organisations-Schaubilder* vorhanden sein, die den organisatorischen Aufbau und damit die Organisationsstruktur der Unternehmung ebenso darstellen wie den Arbeitsablauf. Während Strukturschaubilder als vorwiegend *statische* Instrumente den bestehenden Unternehmensaufbau erläutern mit dem Ziel, die grundsätzliche Regelung der Zuständigkeits- und Verantwortungsbereiche, die Stellenbesetzung und den Instanzenweg sichtbar zu machen, zeigt das Ablaufschaubild in erster Linie die Aufeinanderfolge der einzelnen Handlungen, die in den verschiedenen Bereichen zum Zwecke der Aufgabenerfüllung zu erledigen sind. Ablaufschaubilder haben somit vorwiegend *dynamischen* Charakter.

Da der schaubildlichen Darstellung der organisatorischen Struktur und des Ablaufs bestimmte Grenzen gesetzt sind, werden in der Praxis für die Aufgabenverteilung und die Durchführung der Aufgaben textliche Ergänzungen in Form von Bezeichnungen, Richtlinien und Vorschriften formuliert und zusammen mit den Schaubildern, systematisch geordnet, in einer Art „Organisations-Handbuch" festgehalten. Durch ein solches Handbuch erhält die Führungsspitze sofort einen vollständigen Überblick über die bestehende Organisation des Unternehmens. Dabei ist allerdings darauf aufmerksam zu machen, daß ein Organisations-Handbuch nur dann seine vielseitigen und wichtigen Aufgaben erfüllen kann, wenn es laufend auf den neuesten Stand gebracht wird. Wenn man in der Praxis den damit verbundenen nicht unerheblichen Arbeitsaufwand scheut, gibt man bereits an dieser Stelle ein wichtiges Führungsinstrument aus der Hand.

4. Die Kontrolle und Revision als Schlußphase des unternehmerischen Führungsprozesses

a) Begriff und Aufgabe der Kontrolle

Von seiner etymologischen Ableitung her gesehen, weist der Begriff Kontrolle auf den Tatbestand des Vergleichens und Gegenüberstellens hin. Überträgt man diesen Begriffsinhalt auf den betriebswirtschaftlichen Bereich, so ist

Kontrolle die laufende Überwachung betrieblicher Vorgänge mit dem Ziel, die betriebliche Wirklichkeit mit den im voraus fixierten Zielen und Maßnahmen zu vergleichen und sie an Hand bestimmter Maßstäbe zu beurteilen.

In dieser Zielsetzung findet die Kontrolle auf allen Stufen der Unternehmenshierarchie ihren Ansatzpunkt, da jeder im Stufenaufbau der Unternehmung Übergeordnete das Recht und die Pflicht hat zu überwachen, ob die in seinem Aufgaben- und Verantwortungsbereich festgelegten Ziele und Anordnungen auch befolgt werden.

In der Fachliteratur versteht man deshalb auch unter Kontrolle im engeren Sinne eine in das System eingebaute, ständige oder zeitweilige Überwachung des laufenden

Arbeitsprozesses durch Personen, die für den jeweiligen Arbeitsbereich verantwortlich sind oder durch einen von ihnen abhängigen Personenkreis.

Wenn wir hier allerdings von Kontrolle sprechen, so beziehen wir den Begriff nur auf die oberste Führungsebene der Unternehmung und fassen den Begriffsinhalt weiter. Die Kontrolle als Instrument der Unternehmensführung dient damit nicht der unmittelbaren und direkten Überwachung einzelner betrieblicher Vorgänge, sondern bezieht sich als vergleichendes und überwachendes Organ auf die Unternehmung als Ganzes und bildet so die Schlußphase des unternehmerischen Führungsprozesses.

b) Wesen und Bedeutung der Kontrolle auf der Ebene der Unternehmensführung

ba) Der Ablauf des Kontrollprozesses

Die fortlaufende Überwachung des Unternehmensganzen unter dem Gesichtspunkt der bisher getroffenen Entscheidungen gilt als die logische Schlußphase des unternehmerischen Führungsprozesses. Die Kontrolle als Führungsinstrument setzt dort ein, wo auf Grund einzelner Planungsentscheidungen und organisatorischer Regelungen bestimmte Anordnungen, Weisungen oder Vorschriften ergangen sind. Dabei ist besonders die Beziehung zur Planung offensichtlich: Durch einen Vergleich der festgestellten Ist-Zustände mit den geplanten Soll-Größen wird nämlich erst die eigentliche Ausgangssituation für Kontrollentscheidungen fixiert. Solange sich das betriebliche Geschehen entsprechend dem vorgegebenen Plan vollzieht, besteht für die Unternehmensführung kein Anlaß, die eingeplanten Entscheidungen zu ändern. Zeigt jedoch die Plankontrolle mehr oder weniger erhebliche Abweichungen vom Plan, dann muß sich die Unternehmensführung im Rahmen einer Abweichungsanalyse zunächst einmal über die Ursachen des Unterschieds zwischen Plan und Wirklichkeit klar werden. Dabei kann man zwischen einer *Ergebniskontrolle* und einer *Maßnahmenkontrolle* unterscheiden. Die Abweichungsanalyse kann nämlich ergeben, daß das vorgegebene Planziel auf Grund unzureichender Informationen nicht realistisch genug formuliert wurde: Die Folge davon sind notwendige Zieländerungen oder völlig neue Zielbestimmungen. Es kann aber auch sein, daß die gewählten Mittel und Maßnahmen im Hinblick auf das geplante Ziel nicht optimal fixiert wurden: In einem solchen Fall müßten nur die Maßnahmen überprüft werden und — wenn die zukünftigen Pläne nicht gefährdet werden sollen — dem Ziel angepaßt oder völlig geändert werden.

Die Kontrolle als Führungsinstrument erweist sich deshalb immer erst dann als sinnvoll, wenn sich aus der Abweichungsanalyse Rückwirkungen für die Zukunft ergeben, die Unternehmensführung also neue Informationen erhält.

bb) Die Kontrollinformationen im Rahmen des Kontrollprozesses

Wir haben am Anfang dieses Abschnittes die Vielfalt an Informationen erwähnt, die notwendig sind, um ein Unternehmen optimal führen zu können. Damit die Unternehmensspitze ihre Kontrollfunktion ausüben kann, muß sie ebenfalls regelmäßig und rechtzeitig über die wichtigsten Kontrolldaten in präziser und knapper Form unterrichtet werden. Dabei bedient sie sich bestimmter verwaltungstechnischer Mittel, wie Bilanzen, Erfolgsrechnungen, statistische Informationen, Übersichten und Berichte aus dem gesamten Unternehmensbereich. Es genügt also in der Regel nicht, daß die Unternehmensführung nur monatliche Bilanzen und Erfolgsrechnungen liest, sondern dazu kommen müssen Informationen über Umsatz- und Produktionszahlen, über Kapitalumschlagskoeffizienten und Lagergrößen sowie Informationen aus den Bereichen Investition und Finanzierung. Dabei interessieren nicht nur die Soll-Ist-Abweichungen in den jeweiligen Teilbereichen, sondern auch deren Einfluß auf Wirtschaftlichkeit und Rentabilität der gesamten Unternehmung. Erst dann, wenn es der Unternehmensführung gelingt, die Gesamtzusammenhänge in der Unternehmung so zu überblicken, daß sie eine möglichst genaue Vorstellung über den Einfluß von Datenänderungen im Hinblick auf das Unternehmensganze besitzt, kann sie sich des Führungsinstrumentes Kontrolle mit Erfolg bedienen.

bc) Die Kontrolle als Schlußglied des Führungsprozesses

Der unternehmerische Führungsprozeß mit den Stufen Information, Planung und Organisation wird mit der Kontrolle abgeschlossen. Durch diese Schlußphase erhält die Unternehmensführung endgültig Antwort auf bestimmte Fragen, wie beispielsweise:

Sind die vorgegebenen Ziele der Unternehmung erreicht worden? In welchen Bereichen und aus welchen Gründen weicht das tatsächlich Erreichte vom Gewollten ab? Welche Folgerungen sind für die Unternehmensentwicklung daraus zu ziehen?

Man könnte die Kontrolle deshalb auch als wichtiges Informationsreservoir bezeichnen, das dadurch erst seine eigentliche Bedeutung erhält, daß es auf dem Wege der Doppelfunktion Rückwirkungen auf den gesamten Führungsprozeß ausstrahlt. Die Kontrolle gilt dabei als Vorstufe des neu beginnenden Informationsprozesses. Damit läßt sich aber der unternehmerische Führungsprozeß als eine Art Kreislauf darstellen, der als Informationsprozeß beginnt, sich der Planung und der Organisation bedient und schließlich durch die Kontrolle zu einem logischen Abschluß gebracht wird, wobei dieser Abschluß durch eine teilweise Überlappung mit dem Informationsprozeß gleichzeitig die Grundlage für einen neu beginnenden Führungsprozeß ist.

c) Die Interne Revision als Instrument der Unternehmensführung

ca) Begriff und Wesen der Internen Revision

Die Institution der Internen Revision hat in den letzten Jahren besonders in Großunternehmen zunehmend an Bedeutung gewonnen. Man versteht darunter eine meist der Unternehmensführung direkt unterstellte Stabstelle, die systematisch die an sich unternehmerische Funktion des „Nach-dem-Rechten-Sehen" ausübt. Wir gehen gerade in diesem Zusammenhang auf die Interne Revision ein, weil sie ungefähr das institutionell verkörpert, was wir gerade eben unter dem Begriff der Kontrollfunktion im weitesten Sinne erläutert haben.

Die Interne Revision als die rückschauende Überwachung abgeschlossener betrieblicher Tatbestände fand in der Vergangenheit in erster Linie in der Prüfung und Beurteilung der Zuverlässigkeit, Ordnungsmäßigkeit und Richtigkeit des im Rechnungswesen festgehaltenen Zahlenmaterials ihren wichtigsten, zum Teil einzigen Ansatzpunkt. In manchen Unternehmen beschränkt sich die Interne Revision auch heute noch auf eine vollständige oder stichprobenweise Belegprüfung des Kassen- und Geldverkehrs. Der in der Praxis oft als bloßer „Abhaker" verschriene Revisor findet hier seine Begründung.

In den letzten Jahren hat sich allerdings besonders bei Großunternehmen ein Wandel in der Aufgabenstellung bemerkbar gemacht. Das Aufgabegebiet der Internen Revision hat sich heute auf die gesamte kaufmännische Betriebsgebarung erweitert, wobei man ihr eine wesentliche *Beratungsfunktion* der Unternehmensführung zubilligt.

Um ihre Aufgabe korrekt und objektiv erfüllen zu können, bedarf die Interne Revision in der Praxis besonderer Rechte:

○ Die Interne Revision muß organisatorisch direkt dem „Top-Management" unterstellt sein und eine größtmögliche *Unabhängigkeit* gegenüber allen anderen Unternehmensbereichen besitzen.
○ Die Interne Revision muß ein uneingeschränktes *Informationsrecht* besitzen, das über das der jeweiligen Abteilungsdirektoren hinausgeht.
○ Gegenüber der Internen Revision muß eine *Informationspflicht* sämtlicher Abteilungen bestehen, d. h. es muß gewährleistet sein, daß die Abteilungen die Interne Revision laufend und lückenlos über die wichtigsten Vorfälle informieren. Man spricht hier auch von einem *passiven Informationsrecht*.

Auf der anderen Seite fehlt der Internen Revision als Stabsabteilung ein sog. *Weisungsrecht*, d. h. sie ist nicht befugt, unmittelbare Anweisungen an die von ihr geprüften und möglicherweise kritisierten Abteilungen zu geben.

In diesem Zusammenhang soll noch kurz auf den aus dem amerikanischen Sprachgebrauch herrührenden Begriff der *„internal control"* eingegangen werden. Unter „internal control" versteht man ein umfassendes System der Überwachung, das sich nicht nur auf die kaufmännische Verwaltung erstreckt, sondern von der Planung und Kontrolle über die Qualität der erzeugten Produkte und über Zeit- und Bewegungsstudien im Produktionsbereich bis hin zur Internen Revision alle Bereiche der Unternehmung umfaßt. Die Interne Revision ist damit nur ein Teilgebiet dieser überwachenden Basisfunktion der Unternehmung und hat damit den Zielen der „internal control" zu dienen.

cb) *Die Mitwirkung der Internen Revision im Rahmen des unternehmerischen Führungsprozesses*

Entsprechend ihrer gewandelten Aufgabenstellung hat die Interne Revision einmal die Aufgabe, die Unternehmensführung bei Grundsatzentscheidungen zu unterstützen. Dabei trifft sie selbst keine Entscheidungen, sondern sorgt dafür, daß die zur Entscheidungsfindung notwendigen Informationen vollständig, objektiv und sicher erfaßt und zur Verfügung gestellt werden können. Grundsatzentscheidungen dieser Art sind die weiter vorn erwähnte Fixierung der Zielsetzung und des Gegenstandes der Unternehmung sowie die Festlegung der Unternehmenspolitik. Dabei zieht man in Großunternehmen die Interne Revision heute u. a. zur Klärung und Beurteilung von Fragen im Bereich der Bilanzpolitik, der steuerlichen Vorschriften und der Finanzpolitik ebenso heran wie zur Beurteilung der Rentabilität von Investitionen, zur Vorbereitung des Einsatzes von elektronischen Datenverarbeitungsanlagen oder zur Behandlung von Konzern- und Beteiligungsfragen sowie im Rahmen der Gesamtbewertung und des Ankaufs von ganzen Unternehmen.

Daneben wirkt die Interne Revision bei der Führungsaufgabe Koordination der Teilbereiche mit sowie beim wirkungsvollen Einsatz der Führungsinstrumente Planung und Organisation. Besonders im Bereich der Organisation stellen ständig durchzuführende Organisationsprüfungen hinsichtlich der Zweckmäßigkeit der vorhandenen Organisationsstrukturen sicher, daß sich die Unternehmung laufend den innerbetrieblichen und den Umweltbedingungen anpassen kann.

Dabei ist die Entwicklung auf diesem Gebiet sicherlich noch nicht abgeschlossen. Andere Aufgabengebiete werden hinzukommen und somit die Interne Revision als wichtigstes Führungsinstrument in den Vordergrund stellen, das auch die weiter vorn erwähnten Instrumente Planung und Organisation positiv befruchten wird.

IV. Der Entscheidungsprozeß unter Unsicherheit

1. Begriff und Wesen der Entscheidung unter Unsicherheit

Unternehmerische Entscheidungen unterliegen, wie alle in die Zukunft gerichteten Entscheidungen, der Ungewißheit zukünftigen Geschehens. Die Qualität der Entscheidungen hängt deshalb zum großen Teil vom Ausmaß und der Güte an Informationen ab, mit denen die zukünftige Entwicklung vorhergesagt werden kann. Da die für unternehmerische Entscheidungen notwendigen Informationen auch beim Einsatz modernster Methoden der Markt- und Meinungsforschung nie ganz vollständig sein werden, müssen sehr viele dieser Entscheidungen unter Unsicherheit gefällt werden. Die Unternehmensführung entscheidet also unter *Risiko*, d. h. als Folge der Unsicherheit besteht die Gefahr einer falschen Entscheidung. Dabei bleibt festzustellen, daß das Risiko um so größer ist, je lückenhafter und ungenauer die zugrunde gelegten Informationen sind und je länger die Planungsperiode ausgedehnt wird. Bei häufig wiederkehrenden Entscheidungen und bei Entscheidungen, die nur einen kurzen Planungsraum betreffen, ist dagegen die Unsicherheit und damit das Risiko geringer.

In der Regel hat die Unternehmensführung bei ihren Entscheidungen die Wahl zwischen mehreren *Verhaltensweisen* oder, wie man in der „spieltheoretischen" Terminologie sagt, zwischen verschiedenen *Strategien*. Da aber auch die Umwelt in Form von Lieferanten, Konkurrenten, Kunden und dem Staat ebenfalls Strategien hat, die der Unternehmung meist nicht genau bekannt sind — man spricht in der Fachliteratur in diesem

Zusammenhang von sog. „Konstellationserwartungen" und versteht darunter die weiter vorn erwähnten Trend-, Aktions-, Verhaltens- und Reaktionserwartungen —, kommt es im rationalen Entscheidungsprozeß für die Unternehmensführung darauf an, den Sicherheitsgrad dieser Erwartungen vorzugeben.

Nach dem Sicherheitsgrad der Erwartungen kann man folgende vier Kategorien unterscheiden:

1. Sichere Erwartungen
   Die für die Entscheidung zur Verfügung stehenden Informationen sind so genau und vollständig, daß mit dem Eintreten des erwarteten Ereignisses mit Sicherheit gerechnet werden kann.
   Unternehmerische Entscheidungen in der Praxis haben meist keine sicheren Erwartungen.
2. Risikoerwartungen
   Von Risikoerwartungen spricht man dann, wenn es sich bei den Abweichungen der tatsächlichen von den erwarteten Werten um im voraus berechenbare statistische Häufigkeitsverteilungen handelt. Der Unternehmer trifft hier „Entscheidungen unter Risiko", d. h. seine Entscheidungen basieren auf einer *meßbaren* Unsicherheit der Erwartungen. So gibt es beispielsweise bei der Erwartung über den Materialverbrauch eines bestimmten Fertigungsverfahrens einen für die Vergangenheit ermittelten statistischen Ausschuß, den der Unternehmer bei seinen zukünftigen Dispositionen berücksichtigen wird.
   Im Gegensatz zu dem weiter oben erwähnten Begriff des Risikos wird hier der Terminus also sehr eng gefaßt.

Sichere Erwartungen und Risikoerwartungen werden in der Fachliteratur auch als *einwertige* (eindeutige) Erwartungen bezeichnet.

3. Subjektiv unsichere Erwartungen
   Die für die Entscheidung zur Verfügung stehenden Informationen sind ungenau und lückenhaft, so daß die Unternehmensführung das Eintreten der jeweiligen Konstellationserwartungen nur auf Grund „subjektiver" Wahrscheinlichkeiten, die man auch als *„Glaubwürdigkeiten"* bezeichnet, schätzen kann.
4. Objektiv unsichere Erwartungen
   Die Unternehmensführung hat hier überhaupt keine Anhaltspunkte mehr, ob das erwartete Ereignis überhaupt eintritt oder ob es so wie erwartet eintritt.

Subjektiv und objektiv unsichere Erwartungen werden in der Fachliteratur auch als *mehrwertige* (mehrdeutige) Erwartungen bezeichnet.

2. Die Bedeutung von Entscheidungsregeln bei mehrwertigen Erwartungen

Wir haben bei der Behandlung des Führungsinstrumentes Planung bereits eine Reihe von Maßnahmen geschildert, die mit Hilfe einer elastischen Planung versuchen, die Ungewißheit zukünftigen Geschehens und damit die Gefahr einer falschen Entscheidung zu mindern. An dieser Stelle wollen wir die in der einschlägigen Literatur entwickelten sog.

Entscheidungsregeln kritisch darstellen, die der Unternehmensführung helfen sollen, auch beim Vorliegen mehrwertiger Erwartungen eine Entscheidung zu fällen. Wir wollen die einzelnen Entscheidungsregeln in ungefährer Anlehnung an ein praktisches Beispiel von *Helmut Koch*[2] behandeln, und zwar zunächst Entscheidungshilfen, die bei subjektiv unsicheren Erwartungen, und anschließend solche, die bei objektiv unsicheren Erwartungen in Frage kommen.

Beispiel:

Die Unternehmensführung einer Automobilfabrik hat sich zu entscheiden, ob man für die Zukunft Kleinwagen bis zu 1 200 ccm, Pkw über 1 200 ccm oder Lkw herstellen soll. Diesen drei möglichen Strategien der Unternehmung stehen drei als möglicherweise in Frage kommende Strategien der Umwelt gegenüber. Und zwar kann alternativ mit folgenden Möglichkeiten gerechnet werden:

(a) stetiges Wachstum bei gleichbleibender Angebotsstruktur;
(b) Verlangsamung des wirtschaftlichen Wachstums auf Grund einer Rezession;
(c) stetiges wirtschaftliches Wachstum bei allerdings gleichzeitiger Verschärfung des Konkurrenzkampfes.

Je nach vorliegender Datenkonstellation wird mit folgenden durchschnittlichen Jahresgewinnzahlen gerechnet:

Strategie der Unternehmung		Erwartete Datenkonstellation		
		(a)	(b)	(c)
Kleinwagen	Gewinne =	52	70	60
Pkw (über 1200 ccm)	Gewinne =	100	25	50
Lkw	Gewinne =	75	50	80

Bei den beiden zunächst erwähnten Entscheidungsregeln geht man davon aus, daß die Unternehmensführung in der Lage ist, bestimmte subjektive Wahrscheinlichkeiten (Glaubwürdigkeiten) in bezug auf das Eintreten der einzelnen Ereignisse festzulegen.

Entscheidungsregel 1

Man reduziert die verschiedenen als glaubhaft angesehenen Datenkonstellationen auf die *wahrscheinlichste*. Unterstellen wir einmal, daß die Unternehmensführung der Konstellation (a) den höchsten Wahrscheinlichkeitsgrad zumißt, dann wird sie sich für die Pkw-Produktion entscheiden; denn hier würde sie die Alternative mit dem höchsten Gewinn (100) realisieren.

Diese Entscheidungsregel geht auf *Irving Fisher* und *J. M. Keynes* zurück.

Entscheidungsregel 2

Bei dieser Konzeption, die vor allem von *Albert G. Hart* vertreten wird, ordnet man den verschiedenen Datenkonstellationen subjektive Wahrscheinlichkeitsgrade in Prozenten einer Gesamtwahrscheinlichkeit von 100 % zu. Wir gehen bei unserem Beispiel davon aus, daß die Unternehmensführung der Auffassung ist, daß folgende Wahrscheinlichkeitsverteilung realistisch sei:

Datenkonstellation (a) = 50 %
Datenkonstellation (b) = 30 %
Datenkonstellation (c) = <u>20 %</u>

Gesamtwahrscheinlichkeit = 100 %

---

[2] Helmut Koch, Zur Diskussion in der Ungewißheitstheorie, in: ZfhF 1960, S. 55 ff.

Für jede alternative Strategie ermittelt man nun dadurch den *Gesamterwartungswert*, daß man die jeweiligen Gewinnzahlen mit den oben angenommenen Wahrscheinlichkeitskoeffizienten (50/100, 30/100 und 20/100) multipliziert. Man erhält dadurch für jede Strategie der Unternehmung drei Erwartungswerte, deren Summe den Gesamterwartungswert jeder Strategie ergibt.

Das Optimum liegt bei der Alternative Lkw, weil hier der Gesamterwartungswert (68,5) am höchsten ist.

Während man bei den beiden bisher angeführten Entscheidungsregeln mit sog. Glaubwürdigkeits-Koeffizienten arbeitet, abstrahiert man bei den nun folgenden Entscheidungshilfen (3) bis (7) vom Vorliegen subjektiver Wahrscheinlichkeiten. Wir haben es also im folgenden mit Entscheidungsregeln zu tun, die für objektiv unsichere Erwartungen gelten.

Strategien der Unternehmung	Datenkonstellation			Gesamt-erwar-tungswert
	(a)	(b)	(c)	
		Wahrscheinlichkeit		
	50 %	30 %	20 %	
Kleinwagen	Gewinn 52	70	60	
	Erwartungswert: 52 · 50/100 = 26	70 · 30/100 = 21	60 · 20/100 = 12	= 59
Pkw	Gewinn 100	25	50	
	Erwartungswert: 100 · 50/100 = 50	25 · 30/100 → 7,5	50 · 20/100 = 10	= 67,5
Lkw	Gewinn 75	50	80	
	Erwartungswert: 75 · 50/100 = 37,5	50 · 30/100 = 15	80 · 20/100 = 16	= 68,5

Entscheidungsregel 3: Minimax-Prinzip

Das sog. Minimax-Prinzip, das von *John v. Neumann, Oskar Morgenstern* und *Abraham Wald* vertreten wird, ist dadurch charakterisiert, daß man die Gefahr der Enttäuschung völlig ausschließen möchte. Das versucht man dadurch zu erreichen, daß man zunächst einmal unter den verschiedenen Gewinnzahlen, die bei jeder Strategie der Unternehmung vorliegen, die jeweils niedrigste herausgreift. Unter den niedrigsten Gewinnzahlen wird dann die Alternative gewählt, die den geringsten Gewinn *maximiert*. Man spricht hier auch von einem „Maximum minimorum".

In unserem Beispiel sind die jeweils niedrigsten Gewinnzahlen:

Alternative Kleinwagen: 52
Alternative Pkw: 25
Alternative Lkw: 50

Die Alternative Kleinwagen bildet also nach dieser Entscheidungsregel das Optimum. Diese Entscheidungsregel, bei der man unterstellt, daß die Umwelt das Unternehmen so schlecht wie möglich stellen will, wird in der Literatur auch als die „Politik eines vorsichtigen Pessimisten" bezeichnet.

Entscheidungsregel 4: Minimax-Risiko-Regel

Bei dieser Konzeption, die von *Leonard Savage* und *Jürg Niehans* vertreten wird, versucht man die maximale Enttäuschung zu minimieren. Man zieht deshalb zunächst vom Spaltenmaximum die jeweilige Feldeintragung ab und erhält auf diese Weise die Enttäuschung. In unserem Beispiel sieht das wie folgt aus:

Strategie der Unternehmung	Datenkonstellation (a)	(b)	(c)	Maximaler Enttäuschungswert
Kleinwagen				
Gewinn	52	70	60	
Enttäuschung	48	0	20	48
Pkw				
Gewinn	100	25	50	
Enttäuschung	0	45	30	45
Lkw				
Gewinn	75	50	80	
Enttäuschung	25	20	0	25

Nach dieser Entscheidungsregel wird die Alternative gewählt, bei der die maximale Enttäuschung am geringsten ist. In unserem Beispiel ist der maximale Enttäuschungswert bei der Lkw-Produktion am geringsten; diese Alternative wird gewählt. Die auf Grund dieser sog. Minimax-Risiko-Regel durchgeführte Entscheidung könnte man auch als die Politik eines „ängstlichen Geschäftsführer" bezeichnen.

Entscheidungsregel 5: Pessimismus-Optimismus-Kriterium

Bei dieser von *Leonid Hurwicz* stammenden und deshalb auch oft als „Hurwicz-Kriterium" bezeichneten Entscheidungsregel werden nicht nur die Minima — wie beim Minimax-Prinzip — sondern auch die Maxima, d. h. die bei jeder Wahlmöglichkeit höchsten Gewinne, mit berücksichtigt. Sowohl die jeweiligen Minimum- als auch die Maximum-Gewinne werden mit dem sog. Pessimismus-Optimismus-Index a, der für den Unternehmer eine psychologische Konstante ist, gewichtet.

Unterstellen wir einmal die Größe a sei gleich 1/3, so bedeutet das, daß die Unternehmensführung zu 1/3 optimistisch und zu 2/3 pessimistisch ist, wir haben es also mit einer relativ pessimistischen Unternehmensführung zu tun.

Gehen wir einmal bei unserem Beispiel von dieser Größe a = 1/3 aus, so erhalten wir folgende gewichtete Gewinnzahlen:

Strategie	Minimum	Maximum	Gesamtwert
Kleinwagen	52 (· 2/3) = 34 2/3	70 (· 1/3) = 23 1/3	= 58
Pkw	25 (· 2/3) = 16 2/3	100 (· 1/3) = 33 1/3	= 50
Lkw	50 (· 2/3) = 33 1/3	80 (· 1/3) = 26 2/3	= 60

Der größte Gesamtwert ergibt sich bei der Alternative Lkw; die Unternehmung wird deshalb in Zukunft zur Lkw-Produktion übergehen.

Entscheidungsregel 6: Laplace-Regel

Bei dieser auch als „Kriterium des unzureichenden Grundes" bezeichneten Entscheidungsregel werden allen Datenkonstellationen *gleiche* Wahrscheinlichkeiten zugeordnet. Das ergibt in unserem Beispiel folgende einfache Rechnung:

Kleinwagen (52 + 70 + 60) : 3 = 60,66
Pkw (100 + 25 + 50) : 3 = 58,33
Lkw (75 + 50 + 80) : 3 = 68,33

Nach dieser Entscheidungshilfe müßte sich die Unternehmensführung für die Lkw-Produktion entschließen, denn hier liegt das höchste Gesamtergebnis (68,33) vor.

Bei einer kritischen Betrachtung dieser Entscheidungsregeln lassen sich vor allem zwei grundsätzliche Einwendungen vorbringen: Zunächst einmal fehlen bei den dargestellten Systemen Überlegungen, wie die Unternehmensführung zu der den einzelnen Datenkonstellationen zugeordneten Wahrscheinlichkeitsverteilung kommt und woher sie die Informationen bezüglich der den drei Konstellationen (a), (b) und (c) zugeordneten Gewinnzahlen nimmt. Das ist ein grundsätzliches Problem und in der Praxis abhängig vom jeweiligen Informationsstand des Unternehmens. Allerdings kann man dabei wohl die Auffassung vertreten, daß das Informationsreservoir der Unternehmen in der Praxis auch bei einer Verbesserung des Rechnungswesens und beim Einsatz modernster Methoden der Marktforschung nie so vollkommen sein wird, um sichere und genaue Gewinnzahlen für alle Alternativen vorzugeben.

Außerdem wird bei den Entscheidungsregeln nicht berücksichtigt, daß die Unternehmensführung ihre Entscheidungen stets nur unter Beachtung der individuellen Situation der Unternehmung treffen kann. Von Bedeutung für oder gegen eine risikoreiche Entscheidung sind u. a. die jeweilige Liquiditätslage der Unternehmung, das vorhandene Vermögen, die augenblickliche und zukünftige Geschäftslage oder auch die jeweilige Marktform, in der sich die Unternehmung befindet. Je nach Lage und Situation des Unternehmens also wird die Unternehmensführung in ihren Entscheidungen mehr oder weniger risikobereit sein.

In der deutschen Betriebswirtschaftlehre hat sich erstmalig *Helmut Koch* mit diesen einschlägigen Fragen intensiv beschäftigt und eine eigene Konzeption vorgelegt, die wir im folgenden als letzte Entscheidungsregel kurz diskutieren wollen.

Entscheidungsregel 7: Kochsche Regel[3]

Koch geht davon aus, daß der Unternehmer in der Praxis Gewißheit darüber erhalten will, daß die Mehrwertigkeit der Zukunftsvorstellungen, auf die Dauer gesehen, nicht zu einem Verlust bzw. zu einem unerträglich niedrigen Gewinn führt. Ein solches Ziel ist jedoch dem grundlegenden Ziel der Gewinnmaximierung nicht gleichgeordnet, sondern es wird als eine Art Vorziel betrachtet, dessen Realisierung die Vorbedingung für die langfristige Gewinnmaximierung ist.

Um den erstrebten Mindestgewinn zu sichern, führt nun *Koch* sog. Sekundärkomponenten ein, d. h. Sicherungsmaßnahmen, wie beispielsweise Liquiditätsreserven, Elastizität der Produktionsmittel oder Risikoabwälzung. Risikopolitische Maßnahmen dieser Art sind jedoch kostspielig und mindern den zu erwartenden Gewinn.

Bei der Berechnung der optimalen Alternative geht nun Koch von zwei Möglichkeiten aus:

1. Gilt der Eintritt der drei möglichen Datenkonstellationen (a), (b) und (c) als gleich wahrscheinlich haben wir es also mit einer objektiven Unsicherheit zu tun, so wird die Strategie gewählt, bei der der Gewinn unter Berücksichtigung der Gewinnminderung durch die Sekundärkomponente am größten ist.
2. Kann man dagegen den Datenkonstellationen verschiedene Glaubwürdigkeitsgrade zumessen, haben wir es also mit einer subjektiven Unsicherheit zu tun, dann wird der Optimumbestimmung lediglich die wahrscheinlichste Datenkonstellation zugrunde gelegt.

Unterstellen wir bestimmte Werte für die Kosten der Sekundärkomponente, so zeigt unser Beispiel folgende Optimumbestimmung:

---

3 Vgl. dazu auch: Koch, H., Zur Diskussion in der Ungewißheitstheorie, in: ZfbF (1960), S. 49 ff., und: Schneider, D., Anpassungsfähigkeit und Entscheidungsregel unter Ungewißheit, in: ZfbF (1972), S. 745 ff.

Strategie	Ausgangs-gewinne			Kosten der Sekundär-komponente			Gewinne nach Einführung der Sekundär-komponente		
	(a)	(b)	(c)	(a)	(b)	(c)	(a)	(b)	(c)
Kleinwagen	52	70	60	10	7	8	42	63	52
Pkw	100	25	50	20	4	6	80	21	44
Lkw	75	60	80	14	10	18	61	50	62

Ist der Eintritt aller drei Datenkonstellationen für die Unternehmensführung gleich wahrscheinlich, dann wird man sich nach dieser Entscheidungsregel für die Pkw-Produktion entschließen (Gewinnmaximum von 80); gilt dagegen die Datenkonstellation (b) als die wahrscheinlichste, so wird sich die Unternehmung für die Produktion von Kleinwagen entscheiden, da hier das Gewinnmaximum zu erwarten ist (63).

Die Probleme der Informationsbeschaffung gelten auch für die Konzeption von *Koch*; den Einwand, die individuelle Lage der Unternehmung nicht zu berücksichtigen, muß auch er gegen sich gelten lassen. Die Konzeption von *Koch* hat allerdings gegenüber den weiter vorn erwähnten Entscheidungsregeln den Vorteil, daß er ähnlich wie die Praxis versucht, durch Einbau seiner Sekundärkomponenten risikopolitische Maßnahmen und damit auch die entsprechenden Kosten bei der endgültigen Entscheidung ausdrücklich zu berücksichtigen.

Abschließend läßt sich zusammenfassend sagen, daß es heute noch keine befriedigende Entscheidungstheorie und damit auch keine generell akzeptierten und praktikablen Entscheidungsregeln gibt. Dennoch können die bisher entwickelten Entscheidungsregeln beim Vorliegen entsprechender Informationen und unter Berücksichtigung der jeweils individuellen Lage der Unternehmung der Unternehmensführung bei der Durchführung des unternehmerischen Entscheidungsprozesses eine wichtige Hilfestellung leisten.

C. Möglichkeiten und Wege zur Ausbildung unternehmerischer Führungskräfte

I. Das Problem der Ausbildung unternehmerischer Führungskräfte

Die Qualität unternehmerischer Entscheidungen ist mit eine Folge des qualitativen Niveaus der mit der Unternehmensführung betrauten Personen. Über die zur Qualifikation zum Unternehmensführer notwendigen Voraussetzungen gibt es in Literatur und Praxis unterschiedliche, oft entgegengesetzte Auffassungen. Die einen sind beispielsweise der Meinung, daß man zur Führungskraft *geboren* sein müsse, daß also die Qualifikation ausschließlich auf persönlicher Begabung beruhe. Andere dagegen vertreten die Auffassung, daß man sich die zur Führung von Unternehmen erforderlichen Kenntnisse und das Beherrschen der Handlungstechniken aneignen könne, daß also Unternehmensführung durchaus *erlernbar* sei. Die Wahrheit liegt, wie so oft, in der Mitte. Die Qualität der mit der Unternehmensführung betrauten Personen hängt einerseits von bestimmten persönlichen, meist angeborenen Fähigkeiten ab, andererseits aber auch vom Grad der Bildung und Ausbildung in den speziellen der Unternehmensführung zugrunde liegenden Wissenschaften und nicht zuletzt auch von der praktischen Erfahrung.

Angeborene Anlagen (die aber auch ausgebildet werden müssen), wie intellektuelle Fähigkeiten, Pflichtbewußtsein, Willenskraft, Verantwortung, Menschenkenntnis und Menschenbehandlung, Initiative und Durchsetzungsvermögen, reichen nämlich heute allein nicht mehr aus, um die mit zunehmender Größe immer komplexer und unübersichtlicher werdenden Unternehmensgebilde zu führen und zu leiten. Man sollte aber auf der anderen Seite die Bedeutung bestimmter angeborener Fähigkeiten auch im Rahmen des Unternehmensführungsprozesses nicht unterschätzen; sie spielen eine wichtige, allerdings nicht allein ausschlaggebende Rolle.

Neben der persönlichen Eignung und damit also neben bestimmten *angeborenen* Fähigkeiten benötigt der moderne Unternehmer und Manager auch verschiedene *erworbene* Voraussetzungen für eine Position im „Top-Management". Diese können ohne Zweifel durch das „Heraufdienen von der Pike" also durch Erfahrung gewonnen werden, wobei allerdings immer die Gefahr des „trial and error" (Versuch und Irrtum) den zukünftigen Unternehmer unter Umständen lernmäßige Umwege machen läßt. Diese Erfahrungsumwege glaubt man nun heute dadurch abkürzen zu können, daß man die zukünftigen Führungskräfte durch eine gründliche wissenschaftliche Ausbildung systematisch schult.

Während man den Wert und die Bedeutung einer gezielten „Management-Education" in Amerika längst erkannt hat[1], beurteilt man bei uns die planmäßige Ausbildung von Unternehmensführern noch immer sehr skeptisch, weil man die Frage der Lehr- und

Lernbarkeit der Unternehmensführung bezweifelt. Die in diesem Zusammenhang entscheidende Frage, ob das Führen von Unternehmen eine Art Kunst ist, die in erster Linie von der persönlichen Begabung abhängt, oder ob es erlernbar ist, wie jeder andere hochwertige Beruf, ist in der Tat nur sehr schwer zu entscheiden. Es wird im Rahmen des Entscheidungsprozesses der Unternehmung immer Fragen und Probleme geben, die einer logisch-rationalen Analyse allein nicht zugänglich sind, da beispielsweise psychologische Faktoren bei jeder Entscheidung nie ganz ausgeschaltet werden können. Auf der anderen Seite stellt sich die Unternehmensführung in der Praxis zum großen Teil auch als ein sachlich-technisches Problem, bei dem durch Rechnen, Vergleichen, Auswerten von Informationen und durch rationales Ermitteln von Optimalkombinationen Entscheidungen auf der rein sachlichen Ebene vorbereitet und damit oft bereits entschieden werden können. Der zielgerichtete Einsatz der unternehmerischen Führungsinstrumente und eine gewisse Technik im Hinblick auf Problemdiagnose und Entscheidungsfällen erscheint lehrbar und damit erlernbar. Bei der endgültigen Entscheidung dagegen werden auch in Zukunft persönliche Eigenschaften, wie Durchsetzungsvermögen, Entscheidungsfähigkeit und Verantwortung unlösbar mit Führungsentscheidungen verbunden sein.

II. Möglichkeiten und Methoden zur Ausbildung unternehmerischer Führungskräfte

Eine systematische Schulung und Förderung von Führungskräften sollte grundsätzlich drei Ziele beachten:

1. Die zukünftigen Führungskräfte sind zu systematischem und folgerichtigem Denken durch Erkennen und Üben wichtiger Fähigkeiten zu veranlassen.
2. Den Führungskräften ist ein Sachwissen über das Wesen der Unternehmerfunktion und bestimmte Handlungstechniken zu vermitteln.
3. Führungskräfte müssen planmäßiges Führungshandeln als arbeitsteiligen Prozeß verstehen und anwenden lernen.

Die Universitäten und Fachhochschulen in Deutschland sind im Gegensatz zu Amerika zu einer Management-Ausbildung meist nicht in der Lage, da einmal der dazu notwendige enge Kontakt zur Praxis fehlt und da außerdem die zur speziellen Ausbildung notwendigen Methoden, die einer aktiven Mitarbeit der Führungskräfte förderlich sind, heute noch zu wenig angewandt werden. Noch immer herrscht der dozierende Lehrstil vor, der aber gerade die zu erlernende „Technik des Entscheidungsfällens" völlig vernachlässigt. Außerdem sehen letztlich die Hochschulen nicht ihre primäre Aufgabe darin, unternehmerische Führungskräfte auszubilden. Man räumt deshalb heute in Deutschland einer nachuniversitären Aus- und Weiterbildung, bei der die Führungskräfte nach einigen Jahren in der Praxis wieder in Form von sog. „Kontaktstudien" oder sonstwie organisierten Weiterbildungsmöglichkeiten zusammengefaßt und hier speziell in den Führungstechniken („Management sciences') und im Führungsverhalten („Behavioral sciences") ausgebildet werden, eine größere Bedeutung ein.

In den verschiedenen, teils inner-, teils außerbetrieblich organisierten Weiterbildungsmöglichkeiten hat sich eine Reihe von Lehrmethoden durchgesetzt, die im Sinne einer zielgerichteten Management-Ausbildung eine aktive Mitarbeit der Teilnehmer fördern. Dazu gehören die verschiedenen Variationen der *Fallmethode*; dazu zählt ferner das *Planspiel* und das *Rollenspiel*. Wir wollen abschließend auf diese Methoden kurz eingehen.

Die Fallmethode („Case-method")

Bei der Fallmethode im *engeren Sinne* werden zunächst ausführlich und mit Hilfe realer Angaben Struktur und augenblickliche Lage einer Unternehmung geschildert. Dabei wird ein kleiner Problemausschnitt aus dem komplexen Geschehen der Wirklichkeit — ein Fall also —, sei es aus dem Produktions-, Personal-, Finanz- oder Absatzbereich, herausgelöst und einer Ausbildungsgruppe vorgelegt. Die Gruppe muß dann den Fall in einer bestimmten Zeit mündlich oder schriftlich lösen.

Bei der sog. *Incident-Methode*, die auch unter der Bezeichnung „Vorfall-Methode" oder analytische Fallstudie bekannt ist, sind zum Unterschied zur obigen Methode nicht alle zur Lösung des Falles notwendigen Informationen vorgegeben, sondern sie können von den Teilnehmern vom Ausbildungsleiter zusätzlich erfragt werden.

Bei der sog. *Projectmethode* schließlich wird der Ausbildungsgruppe kein zu lösendes Problem mehr gestellt. Die Gruppe erhält vielmehr einen fingierten Auftrag, wie beispielsweise die Vorbereitung einer Hauptversammlung, und der nun vorgegebene thematische Rahmen ist durch Eigeninitiative der Gruppe zu erfüllen.

Das Unternehmensplanspiel

Unternehmensplanspiele haben die Aufgabe, Unternehmen, Betriebsabläufe und/oder Marktvorgänge zu simulieren, um so die Teilnehmer vor praktische Entscheidungssituationen zu stellen und sie in der Technik des Entscheidungsfällens zu üben. Man könnte das Planspiel auch definieren als eine Aneinanderreihung von Fällen unter Berücksichtigung eines größeren Datenkranzes. Dabei lassen sich je nach Umfang des Datenkranzes und der Anzahl der Variablen sog. *generelle Planspiele* („Integrationsspiele"), bei denen die Gesamtheit der Unternehmung Gegenstand des Planspiels ist, und sog. *Funktionsspiele* bei denen u. a. bestimmte betriebliche Funktionsbereiche simuliert werden, unterscheiden.

Das Rollenspiel

Beim Rollenspiel schließlich ist der Übungsinhalt auf soziales Handeln und auf das Üben von Einfühlungsvermögen und Kontaktfähigkeit gerichtet. Die Teilnehmer müssen dabei thematisch umrissene Rollen aus dem Stegreif heraus so spielen, wie sie meinen, daß man das Problem in Wirklichkeit angehen sollte. Die jeweilige Ausgestaltung der Rollen obliegt dabei der Phantasie und dem Geschick der Beteiligten.

III. Literaturhinweise

Ackhoff, R. L., Unternehmensplanung, Berlin–Wien 1972.
Ansoff, J., Strategisches Management, Stuttgart 1985.
Arbeitskreis Dr. Krähe der Schmalenbach-Gesellschaft, Die Organisation der Geschäftsführung. Leitungsorganisation, 2. Aufl., Opladen 1974.
Arbeitskreis Hax, Wesen und Arten unternehmerischer Entscheidungen, in: ZfbF (1964), S. 685 ff.
Argenti, J., Die Langfristplanung im Unternehmen, München 1971.
Argenti, J., Das Management-System von morgen, Frankfurt–New York 1974.
Arthur D. Little International (Hrsg.), Management im Zeitalter der Strategischen Führung, Wiesbaden 1985.
Ballmann, Blohm, u. a. Unternehmensprüfung, München 1962.
Ballmann, W., Leitfaden der Internen Revision, München 1967.
Bamberg, G., Coenenberg, G., Betriebswirtschaftliche Entscheidungslehre, 3. Aufl., München 1981.
Beyer, H. Th., Die Lehre der Unternehmensführung, Berlin 1970.
Bidlingmaier, J., Unternehmerziele und Unternehmerstrategien, 2. Aufl., Wiesbaden 1973.
Bitz, M., Entscheidungstheorie, München 1981.
Blohm, H., Organisation, Information und Überwachung, 3. Aufl., Wiesbaden 1977.
Drucker, P. F., Praxis des Management, Düsseldorf 1956.
Dworatschek, S., Management-Informations-Systeme, Berlin u. a. 1971.
Frese, E., Grundlagen der Organisation, 2. Aufl., Wiesbaden 1984.
Grochla, E., Unternehmungsorganisation, Hamburg 1972.
Grochla, E., Grundlagen der organisatorischen Gestaltung, Stuttgart 1981.
Grochla, E. (Hrsg.), Handwörterbuch der Organisation (HWO), 2. Aufl., Stuttgart 1980.
Gutenberg, E., Unternehmensführung, Wiesbaden 1962.
Hax, K., Planung und Organisation als Instrument der Unternehmensführung, in: ZfhF (1959), S. 605 ff.
Heinen, E. (Hrsg.), Betriebswirtschaftliche Führungslehre, 2. Aufl., Wiesbaden 1984.
Hennig, K. W., Betriebswirtschaftliche Organisationslehre, 5. Aufl., Wiesbaden 1971.
Hill, W., Beitrag zu einer modernen Konzeption der Unternehmensleitung, Basel 1971.
Hill, W., Unternehmensplanung, 2. Aufl., Stuttgart 1971.
Kirsch, W., Einführung in die Theorie der Entscheidungsprozesse, 2. Aufl., Wiesbaden 1977.
Kirsch, W. (Hrsg.), Unternehmensführung und Organisation, Wiesbaden 1973.
Klein, H. K., Heuristische Entscheidungsmodelle, Wiesbaden 1971.
Koch, H., Aufbau der Unternehmensplanung, Wiesbaden 1977.
Koch, H., Zur Diskussion in der Ungewißheitstheorie, in: ZfhF (1960), S. 49 ff.
Korndörfer, W., Planspiele im Unternehmen, in: Der Volkswirt (1964), S. 2395 ff.
Korndörfer, W., Die Fallstudie als Lehrmethode, in: Wirtschaft und Erziehung (1966), S. 491 ff.
Korndörfer, W., Unternehmensführungslehre, 3. Aufl., Wiesbaden 1983.
Kosiol, E., Organisation der Unternehmung, 2. Aufl., Wiesbaden 1976.
Kreikebaum, H., Strategische Unternehmensplanung, Stuttgart, Berlin, Köln, Mainz 1981.
Kuhn, A., Unternehmensführung, München 1982.
Küppers, B., Betriebliche Aus- und Weiterbildung, München 1981.
Mag, W., Entscheidung und Information, München 1977.
Mag, W., Grundfragen einer betriebswirtschaftlichen Organisationstheorie, 2. Aufl., Köln und Opladen 1971.
March, J. G., Simon, H. A., Organisation und Individuum, Wiesbaden 1976.
Nordsieck, F., Betriebsorganisation. Lehre und Technik, 2. Bd., 2. Aufl., Stuttgart 1972.
Planung in der Praxis, Zfb-Ergänzungsheft, Wiesbaden 1979.
Pöhlmann, G., Der Prozeß der Unternehmensführung, Berlin 1964.
Rühli, E., Beiträge zur Unternehmungsführung und Unternehmungspolitik, 2. Aufl., Bern – Stuttgart 1975.
Runzheimer, B., Operations Research I und II, Wiesbaden 1983 und 1978.
Scheuplein, H., Die Aufgaben unternehmerischer Führungskräfte und ihre Förderung, Köln–Opladen 1967.
Staehle, W. H., Management, München 1980.
Voßbein, R., Organisation, München 1984.

Wacker, W. H., Betriebswirtschaftliche Informationstheorie, Opladen 1971.
Wittmann, W., Unternehmung und unvollkommene Information, Köln–Opladen 1959.
Wunderer, R. (Hrsg.), Führungsgrundsätze in Wirtschaft und öffentlicher Verwaltung, Stuttgart 1983.
Zangen, W., Die Praxis der industriellen Unternehmensführung, Essen 1961.
Zentralverband der Elektrotechnischen Industrie − ZVEI − (Hrsg.), Leitfaden für die Unternehmensplanung, Frankfurt 1975.

Stichwortverzeichnis

A

Abandonrecht 100
Ablaufplanung 215, 235 ff.
    Absatz (Absatzwirtschaft) 324 ff.
    Absatzabwicklung 348
    Absatzelastizität 340
    Absatzformen 336 f.
    Absatzgesamtplan 330 f.
    Absatzkontrolle 349 ff.
    Absatzplanung 330 ff.
    absatzpolitisches Instrumentarium 332 ff.
    Absatzpolitik 327
    Absatzprozeß 328 ff.
Akkordlohn 183 ff.
Akkreditiv 296
Aktie 88 ff., 280 ff.
Aktiengesellschaft 86 ff.
Aktionsprogrammplanung 332 ff.
Akzeptkredit 294 f.
Alternativpläne 376 f.
Altersversorgung, betriebliche 188 ff.
Amortisationsrechnung 263 f.
Angebotsanalyse 201
Anleihen 287 ff.
Annuitätendarlehen 286
Annuitätenmethode 267 ff.
Anpassung, Arten der 252 f.
Anwartschaftsdeckungsverfahren 190
Arbeit 66 ff., 158 ff.
    Arbeitsablaufstudien 184 f.
    Arbeitsbedingungen 158 f.
    Arbeitsbewertung 176 ff.
        summarische 176 f.
        analytische 177 ff.
    Arbeitsgestaltung 174 ff.
    Arbeitskräftebeschaffung 165 ff.
    Arbeitsleistung 158 f.
    Arbeitsordnung 193 f.
    Arbeitspause 175 f.
    Arbeitsplatzbeschreibung 164 f.
    Arbeitsverfahren 174
    Arbeitswert 179
    Arbeitswissenschaft 38 f.
Arbeitsgemeinschaften 126
Auflagendegression 234

Aufsichtsrat 91 f., 97, 104, 106, 115
Aufwand 50 ff.
Ausbringung, kritische 231 f.
Ausgleich, kalkulatorischer
    (preispolitischer) 341
Ausgaben 50
Ausgleichsgesetz der Planung 216
Außenhandelsfinanzierung 295 ff.
authority to purchase 296
Avalkredit 295

B

backward integration 124
Bankbetriebe 27
Bankbetriebslehre 37
Bankkredite, Arten der 293 ff.
Bankregel, goldene 316
Bargründung 87
Barliquidität 55
Barwert 266
Bedarf 23
Bedarfsdeckungsprinzip 25
Bedarfsplanung 198 ff.
Bedürfnis 23
Beherrschungsvertrag 137
Bedingtes Kapital 284
Belegschaftsaktien 90
Bereitstellungsplanung 228 ff.
bergrechtliche Gewerkschaft 105 f.
Berichtigungsaktien 89 f.
Beschaffung (Beschaffungswirtschaft) 197 ff.
    Beschaffungsplanung 198 ff.
    Beschaffungsvorgang, Abwicklung des
    201 ff.
    Beschaffungsüberwachung u. Kontrolle
    205 f.
    Beschaffungsstatistik 205 f.
Bestellbestand 210
Bestellmenge, optimale 202 ff.
Bestellrhythmus 211
Beteiligungsfinanzierung (Eigenfinanzierung)
    275 f., 277 ff.
Betrieb 25, 32 ff.
    Betriebsgröße 27 f., 251
    Betriebsminimum 255
    Betriebsmittel 65, 68 ff., 228 f.

Betriebsoptimum 255
Betriebspsychologie 39
Betriebsrat 194
Betriebssoziologie 39
Betriebstypologie 25 ff.
Betriebsverfassung 193 ff.
Betriebsverfassungsgesetz 91, 194
Betriebswirtschaftslehre 34 ff.
Betriebswissenschaft 38 f.
Bezugskurs 281 f.
Bezugsrecht 282 f.
Bilanzregel, goldene 316 f.
Bilanzrichtlinie-Gesetz 94, 357
break-even-point 256

C

Charakteranalyse 169 ff.
Chargenfertigung 28, 230
Convertible Bonds 289 f.
Cournotscher Punkt 339
Critical Path Method (CPM) 238 ff.

D

Deckungsbeitragsrechnung 222, 350
Deckungsbeitragsprinzip 341
Depotstimmrecht 94
desk research 329
Dezentralisation 392 f.
Dienstleistungsbetriebe 25 f.
Differenzinvestition 267
Diskontierung 265 ff.
Diskontkredit 294
Diversifikation 219 f.
Divisionale Organisation 391
Doppelgesellschaften 109 ff.
Dyopol 339

E

Ecklohn 177
Eigenbetriebe 120
Eigene Aktien 89
Eigenfinanzierung (Beteiligungsfinanzierung) 275 f., 277 ff.
Eigenkapital 49
Eignungsanalyse 167 ff.
Einführungswerbung 343
Einheitsgründung 87
Einkauf 197
Einmanngesellschaft 95 f.
Einmann-GmbH 103
Einnahmen 52
Einzelfertigung 28, 230

Eiserner Bestand 210
Elektronische Datenverarbeitung 374 f.
Emanzipation 217
Entscheidung, integrierte 74
Entscheidungprozeß 369 f.
Entscheidungsregeln 399 ff.
Erlös 53
Ertrag 52 f.
Ertragsgesetz 241 ff.
Erwartungen 399
erwerbswirtschaftliches Prinzip 25
Erweiterungsinvestition 259
Eskalation 217
Eventualplanung 376 f.

F

Factoring 277, 312 ff.
Faktorkombination 65 ff., 75 f.
Fallmethode 407
Familien-AG 96
Fertigung, s. auch Produktion 214 ff.
Fertigungsverfahren 28 f., 230 ff.
field research 329
finanzielles Gleichgewicht 314 f., 318 ff.
Finanzierung (Finanzwirtschaft) 272 ff.
    Finanzierungsarten 274 ff.
    Finanzierungsregeln 314 ff.
    Finanzkontrolle 321
    Finanzplanung 56, 318 ff.
finanzmathematische Methoden 265 ff.
Fließfertigung 231
Förderwesen, betriebliches 71
Forfaitierung 297
forward integration 124
Franchise-Vertriebssystem 337
Fremdfinanzierung (Kreditfinanzierung) 284 ff.
Fremdkapital 49
Führungsentscheidungen 366 f.
Funktionslehre als Betriebswirtschaftslehre 37 f.

G

Ganzheitsentscheidungen 366
Ganzzahligkeitsbedingung 228
Gegenwartswert 265
Geldakkord 183 f.
Geldkapital 273
Gemeinschaftswerbung 342 f.
Genfer Schema 178
Generalversammlung 115
Genossenschaft 112 ff.
Geschäftsbericht 94

Geschichte der Betriebswirtschaftslehre 41 ff.
Gesellschaft des bürgerlichen Rechts 85 f.
Gesellschaft mit beschränkter Haftung (GmbH) 98 ff.
Gesetz gegen Wettbewerbsbeschränkung (GWB) 132 f.
Gewinnbeteiligung 191 ff.
Gewinnlinse 256
Gewinnvergleichsrechnung 262 f.
Gleichordnungskonzern 137
GmbH und Co. 107 f.
Gratisaktien 89 f.

H

Handelsbetrieb 27
Handelsbetriebslehre 37
Handelshochschulen 42
Handlager 208
Haushaltungen 24 f.
horizontaler Konzern 125, 137
Hypothekarkredit 285

I

identification 158 f., 191
Industriebetrieb 26
Industriebetriebslehre 37
Industrieobligation 287
Informationsprozeß 370 ff.
Informationsrechnung 353 f.
Instanzenaufbau 387
Instrumentarium, absatzpolitisches 332 ff.
Integrated Data Processing 375
Interessengemeinschaft 138 f.
Interne Revision 396 ff.
Interne Zinsfußmethode 269 f.
Investition (Investitionswirtschaft) 257 ff.
    Investitionsarten 258 ff.
    Investitionsplanung 260 ff.
    Investitionsrechnung, Methoden der 262 ff.
        statische Methoden 262 ff.
        dynamische Methoden 264 ff.
Investivlohn 192

J

job description 164 f.
job rotation 166
juristische Personen 86

K

Kaduzierungsverfahren 100
Käufermarkt 325

Kalkulationszinsfuß 266
Kapazität 70
Kapazitätserweiterungseffekt 302 ff.
Kapital 49
    Kapitalbedarfsrechnung 260 f.
    Kapitalbeschaffung 273 f., 277 ff.
    Kapitaldeckungsverfahren 190
    Kapitalerhöhung 281 ff.
    Kapitalfreisetzungseffekt 303 f.
    Kapitalgesellschaften 86 ff.
    Kapitalmarkt 277, 279
    Kapitalwertmethode 265 ff.
Kartelle 128 ff.
Kennzahlen 54 ff., 371 ff.
Kommanditgesellschaft 82 ff.
Kommanditgesellschaft auf Aktien (KGaA) 96 ff.
Kompetenz 387
Konsignationslager 208
Konsortien 127 f.
Kontokorrentkredit 294
Kontrolle 75, 205 f., 394 ff.
Kontrollrechnung 350, 354
Konzerne 136 ff.
Kosten 51 f.
    Kostenarten 248 ff.
    Kosteneinflußfaktoren 247 ff.
    Kostenkurven 248, 255
    Kostenpunkte, sechs kritische 254 ff.
    Kostenremanenz 253 f.
    Kostenvergleichsrechnung 262
Kräpelinsche Arbeitskurve 176
Kreditfinanzierung (Fremdfinanzierung) 275, 284 ff.
Kreditgarantiegemeinschaften 286 f.
Kreditleihe 295
kritisches Ausbringungsvolumen (Menge) 231 f.
Kundendienst 345
Kundenkredit 293
Kuppelproduktion 341
Kuxe 105

L

Lagerdauer 212
Lagerhaltung 206 ff.
Lagerkosten 211
Lagerplanung 209 ff.
Lagerpolitik 209 ff., 212 f.
Lagerumschlag 212
Leasing 308 ff.
Leerkosten 249
Leistung 53
Leistungsbedingungen 67, 159

Leistungsfaktoren 65 ff.
Leistungslohn 182, 183 ff.
Leistungsbewertung 180 ff.
Leistungstests 168 f.
Leverage-Effekt 306
Lieferantenkredit 293
Lieferungsbedingungen 345 f.
limitationale Produktionsfaktoren 244
lineare Programmierung 222 ff.
Liniensystem 388, 389
Liquidität 54 ff., 317
Liquiditätsgrade 54
Liquiditätskennzahlen (Liquiditätsregel) 55 f., 317
Lohmann-Ruchti-Effekt 302 ff.
Lohnformen 182 ff.
Lohngerechtigkeit 172 f.
Lohngruppen 177 ff.
Lohngruppenkatalog 177
Lombardkredit 295
Losgröße, optimale 233 ff.

M

Management 72, 367
Management by exception 366, 374
MAPI-Verfahren 264
Marketing 326 f.
Marketing-Mix 346 ff.
Marktanalyse 328
Marktbeobachtung 328
Markterkundung 328
Marktforschung 328 ff.
Marktformenlehre 339 f.
Marktprognose 330
Marktwirtschaft 30
Marx-Engels-Effekt 302
Massenfertigung 28, 230
Materialwirtschaft 202
Matrixorganisation 391
Mehrproduktbetrieb, Preispolitik des 341
Mehrstimmrechtsaktie 89
merchandising 342
Meldebestand 210 f.
Metageschäft 126 f.
Minimalkostenkombination 243
Mitbestimmung 91 f., 194
Mitbestimmungsgesetz 91 f., 194
Miteigentum 191 f.
Mißbrauchsprinzip 133
Monopol 339

N

Nachschußpflicht 100
Namensaktie 89, 280

Negativ-Klausel 288
Negoziationskredit 296 f.
Nennwertaktie 88, 280
Netzplantechnik 237, 238 ff.
Normalzeit 184
Normung und Typung 130
Nutzgrenze 256
Nutzkosten 249
Nutzschwelle 256

O

Obligation 287 ff.
Öffentliche Betriebe 118 ff.
ökonomisches Prinzip 60
Offene Handelsgesellschaft (OHG) 80 ff., **279**
Oligopol 339 f.
Operations Research 344, 348, 381 ff.
optimale Bestellmenge 202 ff.
optimale Losgröße 233 ff.
Optionsanleihe 288, 290
order to negotiate 296 f.
Organisation 75, 385 ff.
Organisationsformen 387 ff.
Organisationsprinzipien 392 f.

P

partiarisches Darlehen 84
Partizipation 126 f.
Partnerschaft 194
Pay-off-Methode (Pay-back-Methode) 263 f.
Personalplanung 160 ff.
Personalpolitik 160
Personengesellschaften 80 ff.
PERT-Verfahren 238
Planung 75, 228 ff., 375 ff.
Planungsrechnung 355, 359
Polypol 339
Präferenz 339
Prämienlohn 185 f.
Preisbindung der zweiten Hand 136
Preisdifferenzierung 340 f.
Preisführerschaft 340
Preispolitik 337 ff.
preispolitischer Ausgleich 341
Preistheorie 339 f.
Preisuntergrenze 338
Privatdiskontkredit 297
Produktgestaltung (Produktpolitik) 333 f.
Product-Manager 222, 326
Produktion (Produktionswirtschaft) 214 ff.
Produktionsfaktoren 65 ff.
Produktionsfunktion 241 ff.

Produktionsprogramm 215 ff., 333 f.
Produktionsprozeß 215 ff., 235 ff.
Produktions- u. Kostentheorie 240 ff.
Produktivität 60 f.
Psychotests 169 ff.
Publizitätsgesetz 103

Q

qualifizierte Gründung 87
Qualitätsgestaltung 333 f.
Quotenaktie 88, 280

R

Rabattgewährung 341
Rangfolgeverfahren 176 f.
Rangreihenverfahren 179
Rationalisierungsinvestition 259
Rationalisierungskuratorium der Deutschen
 Wirtschaft (RKW) 40
Real-Time-Processing 375
Rechnungswesen 353 ff.
Rechtsformen 77 ff.
Refa-Verband für Arbeitsstudien 40, 174
Regiebetriebe 119 f.
Reihenfertigung 231
Rembourskredit 296
Rentabilität 57 ff., 318
Rentabilitätsrechnung 263
return-on-investment 263
Revision, interne 396 ff.
Revolving-System 292
Risiko 398 f.
Rollenspiel 407
Rücklagen 93, 299 f.

S

Sachgründung 87
Sachleistungsbetrieb 25 f., 214 f.
Sale-and-Lease-back-Verfahren 305, 312
sales promotion 342
Sammelwerbung 342 f.
Schubladenplanung 378
Schuldscheindarlehen 290 ff.
Schuldverschreibung 287 ff.
Selbstfinanzierung 276, 298 ff.
Serienfertigung 28, 230, 233
Servicepolitik 345
Simplex-Methode 227
Soll-Ist-Vergleich 320, 349, 395 f.
Sortenfertigung 28, 230, 233
Sortimentspolitik 333 f.

Sozialaufwand 186 ff.
Sozialleistungen, betriebliche 187 ff.
Sozialpolitik, betriebliche 187 ff.
Stabliniensystem 388, 389
Stammaktien 88, 280
Standort 142 ff.
Standort-Bestimmungsfaktoren 144 ff.
Standortkalkulation 151 f.
Stille Gesellschaft 84 f.
Stufengründung 87
Stufenwertzahlenverfahren 179 f.
substitutionale Produktionsfaktoren 242
Substitutionsprinzip der Organisation 393
Sukzessivgründung 87
Supplement Investition 267
Synchronisierung 217
Syndikat 131, 135
Synergie-Effekt 347
System 7 M 292

T

Tariflöhne 177
Tarifverträge 180
Teilbereiche, Koordination der 361
Teilpläne, Interdependenz der 361
Teilschuldverschreibung 287
Terminplanung 236, 337 ff.
Trust 139 f.
Typung und Normung 130

U

Ubiquitäten 145
Umfinanzierung 274
Umlageverfahren 190
Umsatz 47, 324
Umsatzprozeß 45 ff.
Umschlagskoeffizient 212
unsichere Erwartungen 390
Unternehmensforschung,
 s. Operations Research
Unternehmensführung 365 ff.
Unternehmensleitung 367
Unternehmensplanspiel 407
Unternehmenszusammenschlüsse 123 ff.
Unternehmung, Lehre von der 34 ff.
Unterordnungskonzern 137

V

Verbotsprinzip 130 f.
Verbrauchsfunktion 244 f., 247

Verfahrensforschung,
   s. Operations Research
Verfahrensvergleich 231 f.
Verkäufermarkt 325
Verkauf 325
Verkaufsförderung 342
Verkehrsbetrieb 27
Verkehrsbetriebslehre 37
Verlustzone 256
Vermögen 48 f.
Vermögensstruktur 372
Verpackung 334
Versicherungsbetrieb 27
Versicherungsbetriebslehre 37
Versicherungsverein auf Gegenseitigkeit
   (VVaG) 106 f.
Verschuldungskoeffizient 372
vertikaler Konzern 125, 137
Vertrieb 325
Vertriebskosten 330, 348
Vertriebskostenplanung 348
Vertriebssysteme 336 f.
Volkswirtschaft 24
Volkswirtschaftslehre 38, 42
Vollzugsplanung 215, 228
Vorgabezeit 184
Vorratsaktie 89
Vorstand 90 f., 115
Vorzugsaktion 88 f.

W

Wandelschuldverschreibung 289 f.
Wechselkredit 294
Werbebudget (Werbeetat) 344

Werbeerfolg 351
Werbemittel 344
Werbeobjekt 343
Werbeplanung 345
Werbesubjekt 343
Werbeträger 345
Werbung 342 ff.
Werkstattfertigung 29, 231
Werkstoffe 71, 229 f.
Wettbewerbsbeschränkung 133, 136
Wirtschaften 23 f.
Wirtschaftlichkeit 60 f.
Wirtschaftlichkeitsprinzip 33, 60, 143
Wirtschaftlichkeitsrechnung,
   s. Investitionsrechnung 262 f.
Wirtschaftsordnung 30 f.
Wirtschaftsrecht 39
Wirtschaftszweiglehren 37

Z

Zahlungsbedingungen 345 f.
Zeitakkord 184 f.
Zeitlohn 182 f.
Zeitstudien 174, 176, 182
Zentralisation 392
Zentralverwaltungswirtschaft 30
Zielfunktion 224, 227
Zielhierarchie 74
Zinsfuß, interner 269
Zinsfuß, landesüblicher 266
Zubußen 106
Zuschußbetriebe 119
Zwischenläger 208